十二五现代远程教育法学专业系列教材

刑事诉讼法学

主　编◎赵兴洪

撰稿人◎（以姓氏笔画为序）
　　　　张步文　赵兴洪

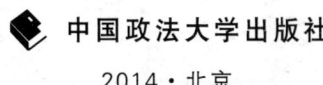
中国政法大学出版社

2014·北京

十二五现代远程教育法学专业系列教材

总顾问

李昌麒　　我国著名经济法学家、法学教育家
　　　　　西南政法大学教授、博士生导师
　　　　　西南大学法学院名誉院长

总主编

张新民　　西南大学法学院院长、教授、博士生导师
尹晓东　　西南大学党委研究生工作部部长、博士

副总主编

张步文　　西南大学法学院副院长、博士、教授、硕士生导师
赵云芬　　西南大学法学院教授、博士、硕士生导师

十二五现代远程教育法学专业系列教材编委会

主　任

宋乃庆　　国家教学名师
　　　　　原西南大学常务副校长
　　　　　教授、博士生导师

副主任

张新民　　西南大学法学院院长、教授、博士生导师
刘　林　　西南大学网络教育学院院长、研究员

委　员

宋乃庆　刘　林　张新民　李立新　尹晓东　赵云芬　张步文
时显群　汪　力　陶　林　房香荣　段　莉　黄国泽　刘怀川

作者简介
(以姓氏笔画为序)

张步文 1966年生，男，汉族，重庆市开县人，西南大学法学院教授、法学博士、硕士生导师；西南大学法学院副院长，重庆市人民政府立法评审（行政复议咨询）专家委员会委员；重庆市首届十大中青年法学、法律专家提名奖获得者，美国北亚利桑那大学访问学者。研究方向为刑事诉讼法学、证据法学、宪法政治。先后主持司法部规划项目（"群体性事件中的罪与罚"，09SFB2021）、教育部社科规划项目（"中美刑案错判与救济机制比较研究"，09YJA820063）和国家社科基金西部项目（"黑恶势力生成防控与治理"，10XFX010）等多项研究课题。代表著作有《刑事侦查权研究》（中国检察出版社2007年版）、《司法证明原论》（商务印书馆2013年版）。主编《宪法政治研究》（中央文献出版社2007年版）、《刑事诉讼法学》（重庆大学出版社2011年版）。其中，《宪法政治研究》获重庆市第六次社会科学优秀成果一等奖。

赵兴洪 1980年生，男，汉族，重庆市梁平县人，西南大学法学院讲师，北京大学法学院博士研究生。研究兴趣为刑事诉讼法学、刑法学、司法制度。先后主持教育部社科项目（"司法区划分制度研究"，09YJC820092）、西南大学"中央高校基本科研业务费"项目（"打黑除恶斗争中的权力优化与权利保障"，SWU1009003）等研究课题。代表论文有："死刑缓期两年执行适用标准研究"（载《刑事法评论》第19卷）、"确立先例标准促进死缓适用之规范化"（载《法学》2009年第11期）、"关于中国司法区划分改革的思考"（载《云南社会科学》2013年第2期）。

出版说明

人类迈进21世纪，全球性的科技革命正在越来越深刻地影响着人类的生活、工作和学习方式，教育领域当然也不例外。随着计算机网络、信息和教育技术的飞速发展，现代远程教育作为一种新型的教育形式，以其鲜明的时代特色、充满希望的生命力正在逐渐成为我国高等教育和继续教育不可缺少的组成部分。

现代远程教育突破了时间、空间的限制，为一切具有学习热情、学习能力的人敞开了接受教育的大门。学校变得没有了围墙，因此，极大地拓展了教育空间，充分体现了终身教育的先进教育理念，适应了学习化社会里人们个性化学习、多样化学习的需要。与传统的教育形式不同，远程教育以开发教学产品、通过媒介传输的手段来达到教学目的，创造了教与学过程相对分离的模式，在教育过程、教育方式和教育理念上产生了巨大变革，使高等院校的优秀教育资源冲破校园围墙的限制，让更多的学习者共享，具有开放性、交互性、共享性、协作性、自主性等特点。通过构造现代远程教育的"学习环境"，提供学生自主构建知识的空间，帮助人们随时随地的学习，实现学生个体与群体的融合，从而满足人们在校园外接受高等教育的愿望。

作为教育部首批批准举办现代远程教育的高校之一，十多年来，西南大学根据现代远程教育中教与学、成人学生工作与学习矛盾突出等特点，深入研究、不断实践，在教学方式、授课特点、教学内容、教学过程、技术手段、管理机制等方面实行一系列改革，构建了具有自己特色的现代远程教育体系。同时，对现代远程教育的理论基础也进行了系统、全面的归纳和总结，并以此为基础，结合现代远程教育的实践，构建和提出了现代远程教育的学习模式、管理模式、学习支持服务体系、质量保证体系和质量评价方法等。

经历了十几年的光明，现代远程教育由萌芽到现在的蓬勃发展，我们也积累了不少经验。为了帮助广大接受现代远程教育的学生顺利实现由传统学习观念和方法，向远程学习观念和方法的转变，我院特地组织了多年来在网络教育一线的老师有针对性的编写了专门适用于现代远程教育学生的教材。本套教材力求图文并茂、深入浅出，贴近远程学习者的需求，切实解决他们在学习中遇到的困难。

该套教材在结构设计上，以学习者为中心，把课程中最基本的内容提炼整理出来，以"学习单元"的形式安排学习。每一章的开始就把本章的学习目的、学习要求、重点难点、知识要点等内容展示出来，便于学习者合理制定自己的学习计划。对于难点重点，给出了提示"注意"，引导学习者对抽象复杂的问题加深理解。一般教材都是在各章节后给出大量的复习思考题，本系列教材只是在每个"学习单元"后给出适度、适量的问题让学习者来检验自己对基本问题的掌握情况。

在该系列教材的编写过程中，我们打破传统章节式的设置，内容注重知识的基础性、先进性和实用性，体现了现代远程教育的特色，本教材具有以下特色：

第一，简明扼要、重点突出，且改变了传统教材以文字叙述为主的编写形式。考虑到现代远程教育大部分学员多为在职工作者，因此，在对内容细致梳理的基础上，在保证知识体系完整、内容准确无误的前提下，文字表述尽量做到简明扼要，并通过多种"教学模块"将学习单元的重点展示出来，并且将一个完整、系统的学习单元的学习时间控制在30分钟左右，以便于自学。

第二，学以致用、活学活用，以多样化的模块单元展示学习内容，浅显易懂。法律是一个实用性、操作性极强的课程。在教材的编写过程中，尽量采用"案例分析模式"、"主题讨论模式"、"虚拟审判模式"等方式，突出教材的适用性和实用性，以提高学员独立思考、分析问题和解决问题的能力。

第三，图文并茂、通俗易懂。通过形式多样的结构图将学习单元中的重点展示出来，另外采用表格形式对概念或制度区分或总结，从而使教材内容脉络清晰、易于理解；在内容中有意识地增加了"考考你"、"注意"、"思考"、"小结"、"小窍门"等形式，便于学员记忆掌握，使学习者能跟随教材的提问、提示重点、学习小窍门、自测等方式达到自助学习的目的。

第四，温故而知新，注重对学生知识的巩固和能力的培养。学习单元后面附有习题和答案，另外根据每个学习单元内容的不同附有"联系实际"、"讨论交流"、"知识延伸"等形式，也有助于教师实现互动教学。

十二五现代远程教育法学专业系列教材编委会
2012年6月

编写说明

本书系十二五现代远程教育法学专业系列教材之一。本书的编写，以 2012 年修订的《刑事诉讼法》及其配套司法解释为主要依据，结合网络教育、远程教育特点，并综合考虑了高等教育自学考试、司法考试、成人高考、公务员考试等各类法律考试应试的需要，在内容和形式上都作了新的探索，以期达到知识学习、能力提升与考试复习三大目标的统一和平衡。

本书在每章学习内容之前设有"本章导学"和"学习引入"两个栏目，在学习内容之后设有"考核提示"、"主题讨论"、"阶段自测"三个栏目。其中，"本章导学"是每章主要学习内容的概括和重点难点的提示，有利于读者在学习之前把握章节逻辑结构和体系，方便预习；"学习引入"一般从编者精选的一个或数个案例切入，引入主题，提出问题，既有利于提高读者的学习兴趣，又能够增加读者对学习内容的感性认识，还可以作为课堂教学或课后实践的案例材料。可以说，"本章导学"和"学习引入"共同构成了一道"开胃菜"。而"考核提示"则有利于读者针对性地准备各种法律类考试，分门别类复习，分级分层练习提高；"主题讨论"由案例、法条、新闻报道等各种材料构成，既可以作为材料题巩固学习内容，进行答题训练，也可以作为学术讨论资料拓展视野、开阔思维，还可以作为法律实践教育材料（如模拟法庭剧本、法庭辩论材料等）；"阶段自测"则是编者精选、改编的自学考试、司法考试等各种法律考试真题，既具有实战性，又具有进阶性，方便读者自我测验。"考核提示"、"主题讨论"、"阶段自测"可谓丰富多样的"饭后甜点"——含辛茹苦之后，终究会苦尽甘来！

大致说来，本教材具有如下特色：

1. 新颖性。本书在整体逻辑结构、章节内容体例以及法律规范方面都体现了一定程度的新颖性。

2. 适应性。本书既适合作为偏重自学的网络教育、远程教育、自学考试、成人高考等的教学考试辅导用书，也适合作为法学本科教育教材，还可作为参加司法考试、从事司法实务的参考资料。

3. 基础性。尽管本书兼顾了多种法学教育、考试的需要，但是本书依然保证了刑事诉讼基本概念、基本理念、基本理论的完整性。本书既是一个完整的刑事诉讼法注释体系，也是一个完整的刑事诉讼法教义学体系。

4. 实践性。当前，中国法学教育正面临巨大转型，法学教育正从纯学术性教育向更加偏重于职业教育的方向转型，法科学生法律实践能力的培养得到了空前的重视。本书从增加案例材料、加大实务操作内容、注重实践能力培养三方面加强了教材的实践性、实务性。

总之，在中国法学教育的转型期，在"卓越法律人才教育培养计划"的大背景下，本书作者在教材的内容和形式上都作了不少探索，希望能给读者带来一些崭新的体验。

毫无疑问，由于编者学术水平有限，本书必然存在诸多遗漏和错误之处，欢迎各位读者和同行批评指正。

编 者

2013 年 11 月

致 谢

本书在编写过程中，参考了多位学界先贤的成果。限于本书编写体例，未在正文中一一注释，但我们已将所有参考文献列于教材尾部。特向各位作者、译者表示衷心的感谢！

我们参考了许多新闻报道，整合编写了数十个案例。特向各位记者、编辑表示衷心的感谢！

我们从高等教育自学考试和司法考试试题中选取、改编了部分题目作为课后自测题。特向命题者表示感谢！

我们从网络上选取了一些漫画、图片作为插图，特向各位作者表示衷心感谢！

感谢中国政法大学出版社的大力支持！感谢责任编辑程传省先生的辛勤工作！

本教材出版受西南大学法学院出版基金资助，特此致谢！

部分常见法律文件全称简称对照表

序号	全称	简称
1	《中华人民共和国宪法》	《宪法》
2	《中华人民共和国刑事诉讼法》（1979年）	1979年《刑事诉讼法》
3	《中华人民共和国刑事诉讼法》（1996年）	1996年《刑事诉讼法》
4	《中华人民共和国刑事诉讼法》（2012年）	《刑事诉讼法》 现行《刑事诉讼法》 我国《刑事诉讼法》 2012年《刑事诉讼法》
5	《中华人民共和国刑法》	《刑法》
6	《中华人民共和国律师法》	《律师法》
7	《中华人民共和国人民警察法》	《警察法》
8	《中华人民共和国国家安全法》	《国家安全法》
9	《中华人民共和国人民法院组织法》	《法院组织法》
10	《中华人民共和国人民检察院组织法》	《检察院组织法》
11	《中华人民共和国国家赔偿法》	《国家赔偿法》
12	全国人大常委会《关于司法鉴定管理问题的决定》	《司法鉴定管理决定》
13	《最高人民法院、最高人民检察院、公安部、国家安全部、司法部、全国人大常委会法制工作委员会关于实施刑事诉讼法若干问题的规定》	六机关《规定》
14	《最高人民法院、最高人民检察院、公安部、国家安全部、司法部关于办理死刑案件审查判断证据若干问题的规定》	
15	《最高人民法院、最高人民检察院、公安部、国家安全部、司法部关于办理刑事案件排除非法证据若干问题规定》	两院三部《非法证据排除规定》
16	《最高人民法院关于适用〈中华人民共和国刑事诉讼法〉的解释》	最高法《解释》
17	最高人民检察院《人民检察院刑事诉讼规则（试行）》（2012年）	2012年最高检《规则（试行）》
18	《公安机关办理刑事案件程序规定》（2012年）	公安部《规定》

目 录

第一编 绪 论

第一章 刑事诉讼法学概述 ……………………………………………… 1
  第一节 刑事诉讼法的概念 ………………………………………… 2
  第二节 刑事诉讼法学的对象和体系 ……………………………… 5
  第三节 刑事诉讼法与相关法的关系 ……………………………… 6
  第四节 刑事诉讼法律关系 ………………………………………… 9
  第五节 刑事诉讼基本理论 ………………………………………… 11

第二章 刑事诉讼法的历史发展 ………………………………………… 19
  第一节 刑事诉讼法的历史类型 …………………………………… 20
  第二节 刑事诉讼基本类型 ………………………………………… 26
  第三节 国际刑事司法准则 ………………………………………… 29
  第四节 国际刑事审判规则 ………………………………………… 34

第三章 我国刑事诉讼法的产生与发展 ………………………………… 45
  第一节 新民主主义时期刑事诉讼的产生和发展 ………………… 46
  第二节 新中国刑事诉讼法的产生和发展 ………………………… 49
  第三节 中华人民共和国刑事诉讼法的修改 ……………………… 52

第二编 总 论

第四章 刑事诉讼中的专门机关 ………………………………………… 63
  第一节 公安机关和国家安全机关 ………………………………… 63
  第二节 人民检察院 ………………………………………………… 66
  第三节 人民法院 …………………………………………………… 68

第五章 诉讼参与人 ……………………………………………………… 75
  第一节 诉讼参与人概述 …………………………………………… 75

第二节　当事人 77
　　　第三节　其他诉讼参与人 81
　　　第四节　单位诉讼参与人 83

第六章　刑事诉讼基本原则 89
　　　第一节　概述 90
　　　第二节　诉讼共有的原则 91
　　　第三节　刑事诉讼独有的原则 99

第七章　管辖 109
　　　第一节　概述 109
　　　第二节　立案管辖 111
　　　第三节　审判管辖 115

第八章　回避 125
　　　第一节　概述 125
　　　第二节　回避的种类、理由和适用的人员范围 127
　　　第三节　回避的程序 132

第九章　辩护与代理 137
　　　第一节　辩护制度概述 138
　　　第二节　辩护人的范围和辩护的种类 140
　　　第三节　辩护人的职责和地位 143
　　　第四节　辩护人的权利和义务 145
　　　第五节　刑事代理 148
　　　第六节　刑事法律援助制度 153

第十章　证据 158
　　　第一节　证据的概念和意义 159
　　　第二节　证据的种类 163
　　　第三节　证据的分类 169
　　　第四节　运用证据的原则 172
　　　第五节　证明 176
　　　第六节　证据的审查判断 180

第十一章　强制措施 ························· 187
第一节　强制措施概述 ························· 187
第二节　拘传 ························· 192
第三节　取保候审 ························· 195
第四节　监视居住 ························· 201
第五节　拘留 ························· 207
第六节　逮捕 ························· 212

第十二章　期间、送达 ························· 223
第一节　期间 ························· 223
第二节　送达 ························· 230

第十三章　刑事诉讼的中止和终止 ························· 236
第一节　刑事诉讼的中止 ························· 236
第二节　刑事诉讼的终止 ························· 238

第三编　审前程序

第十四章　立案 ························· 241
第一节　立案的概念和意义 ························· 241
第二节　立案的材料来源和条件 ························· 243
第三节　立案的程序 ························· 247

第十五章　侦查 ························· 253
第一节　侦查概述 ························· 253
第二节　侦查行为 ························· 257
第三节　侦查终结 ························· 276
第四节　人民检察院对直接受理案件的侦查 ························· 279
第五节　补充侦查 ························· 281
第六节　侦查监督 ························· 283

第十六章　起诉 ························· 289
第一节　起诉的概念和意义 ························· 289
第二节　提起公诉的程序 ························· 290
第三节　提起自诉的程序 ························· 299

第四编　审判程序

第十七章　第一审程序 …………………………………………… 304
    第一节　概述 ……………………………………………………… 305
    第二节　对公诉案件的审查 ……………………………………… 306
    第三节　开庭审判前的准备 ……………………………………… 308
    第四节　法庭审判 ………………………………………………… 310
    第五节　自诉案件的第一审程序 ………………………………… 322
    第六节　简易程序 ………………………………………………… 325
    第七节　附带民事诉讼 …………………………………………… 328
    第八节　判决、裁定和决定 ……………………………………… 333

第十八章　第二审程序 …………………………………………… 341
    第一节　审级制度 ………………………………………………… 341
    第二节　上诉、抗诉案件的提起 ………………………………… 344
    第三节　上诉、抗诉案件的审判 ………………………………… 348

第五编　审后程序

第十九章　死刑复核程序 ………………………………………… 357
    第一节　死刑复核程序的概念和意义 …………………………… 357
    第二节　判处死刑立即执行案件的复核程序 …………………… 359
    第三节　判处死刑缓期两年执行案件的复核程序 ……………… 364

第二十章　审判监督程序 ………………………………………… 367
    第一节　审判监督程序的概念、特点和意义 …………………… 368
    第二节　提起审判监督程序的材料来源及其审查处理 ………… 371
    第三节　审判监督程序的提起 …………………………………… 374
    第四节　按照审判监督程序对案件进行重新审判 ……………… 377

第二十一章　执行 ………………………………………………… 382
    第一节　执行的概念和意义 ……………………………………… 382
    第二节　各种判决、裁定的执行程序 …………………………… 384
    第三节　执行的变更与其他处理 ………………………………… 391
    第四节　人民检察院对执行的监督 ……………………………… 396

第六编　特别程序

第二十二章　未成年人刑事案件诉讼程序 …… 402
  第一节　概述 …… 403
  第二节　未成年人刑事案件诉讼程序的方针和原则 …… 405
  第三节　未成年人刑事案件诉讼程序的重要制度 …… 408
  第四节　未成年人刑事案件诉讼程序的特别规定 …… 411

第二十三章　当事人和解的公诉案件诉讼程序 …… 421
  第一节　概述 …… 422
  第二节　公诉案件和解的范围、条件及程序 …… 425

第二十四章　犯罪嫌疑人、被告人逃匿、死亡案件违法所得的没收程序 …… 431
  第一节　概述 …… 432
  第二节　违法所得没收程序的适用条件 …… 433
  第三节　违法所得没收案件的程序规定 …… 435

第二十五章　依法不负刑事责任的精神病人的强制医疗程序 …… 441
  第一节　概述 …… 442
  第二节　强制医疗的适用条件 …… 443
  第三节　强制医疗的特别程序规定 …… 444

参考文献 …… 453

第一编 绪 论

第一章 刑事诉讼法学概述

☞ **本章导学**

本章主要介绍刑事诉讼法的概念、刑事诉讼法学的对象和体系、刑事诉讼法与相关法的关系、刑事诉讼法律关系以及刑事诉讼的基本理论。重点是刑事诉讼、刑事诉讼法、刑事诉讼法学、刑事诉讼法律关系的概念,刑事诉讼法的渊源。难点是刑事诉讼的基本理论。

☞ **学习引入**

2006年2月9日,北京某大学学生黄静在华硕代理商处购买了一台华硕V6800V笔记本电脑。当天下午,该电脑便出现了蓝屏死机及强行关机后不能开机的故障。后几经修理,故障仍无法解决。最后一次修理时,华硕工程师告诉黄静:"由于等待时间过长,免费将2.0GHz的CPU升级到2.13GHz。"可此后黄静发现"新"电脑的问题更大了,开机不到一小时,机身的温度就把写字台的木头表层烫坏了。黄静通过软件检测发现,该电脑内安装的CPU是英特尔公司的工程样品处理器,即测试版CPU。这种CPU性能稳定性差,英特尔公司明令禁止在市场销售。为此,黄静带着疑问与代理人周成宇一起到华硕北京产品服务中心询问,中心工程师承认该CPU由华硕公司更换。

获得证据的黄静决定向华硕讨个说法。2月15日,黄静与周成宇一起找到了华硕电脑中国业务事业群总经理许佑嘉,就工程样品CPU一事进行了初次交谈。在谈判期间,黄静提出按照华硕年营业额的0.05%进行惩罚性赔偿,数额为500万美元,该赔偿金将用于成立反欺诈基金会。3月1日,在多次协商未果后,黄静向华硕公司宣布终止和解谈判,并准备提起诉讼。3月7日上午,当黄静与周成宇再次来到华硕公司时,海淀区警方将两人带走,原因是华硕公司报案称遭敲诈勒索。随后，黄静和周成宇因涉嫌敲诈勒索被批准逮捕。此后的10个月里，黄静的律师多次与此案的承办人交流意见，提出了黄静并非诈骗，最多只是维权过当的观点。2006年12月26日，黄静被取保候审。2007年11月9日，海淀区检察院对黄静作出不起诉决定。海淀区检察院认为，海淀公安分局认定的黄静的犯罪事实不清，证据不足，不符合起诉条件，故决定对黄静不起诉。

本案存在几个纠纷？纠纷的性质是什么？民事纠纷与刑事纠纷能否互相转化？能否通过刑事诉讼方式来解决民事纠纷？刑事诉讼与民事诉讼有什么不同？刑事诉讼法对于保护人权有什么特别的作用？……要回答这些问题，就需要我们来学习本章有关刑事诉讼的基础知识。

第一节 刑事诉讼法的概念

一、诉讼与刑事诉讼

诉讼，俗称"打官司"，是国家司法机关、当事人和其他诉讼参与人，按照法定原则、方式和程序解决社会纠纷的专门活动。我国古代典籍早有"讼"、"狱"、"狱讼"、"断狱"等记载。《周礼·地官·大司徒》载："凡万民之不服教而有狱讼者，与有地治者听而断之。"郑玄注："争罪曰狱，争财曰讼。"《说文解字》里面有："诉，告也"，"讼，争也"。意为争议双方将纠纷告之于官府，由官府依法律予以处理。"诉讼"一词，最早见于元朝《大元通制》，其第十三篇名为"诉讼"，但其内容是有关控告犯罪的问题，与现代诉讼概念相去甚远。清末以来，我国所用"诉讼"、"刑事诉讼"等概念均译自日本。

"诉讼"一词的本意是"向前推进"、"过程"、"程序"。现代意义的诉讼指原告、被告和裁判者等诉讼主体在法庭中程序化地处理案件与纠纷的活动。本质上，诉讼是国家统治阶级解决具体争议，建立和维系有利于它的社会秩序而行使统治权的一种活动。

诉讼是在私有制产生、社会分裂为阶级、出现国家和法以后才产生的。当进入阶级社会以后，原始习俗、禁忌、部落首领的威望、舆论等力量对人类自身的冲突和纠纷难以有效控制，只能由国家动用强制力，按照统治阶级的意志调整人们之间的争端与纠纷。诉讼与和解、调解、仲裁等纠纷解决方式并存。在纠纷不能通过和解、调解、仲裁等方式予以解决的情况下，把它交付国家司法机器进行终局性裁判，就是诉讼。

现代社会中主要有刑事诉讼、民事诉讼和行政诉讼。此外，"违宪审查

(司法审查)"是一种特殊诉讼类型,即"宪法诉讼"。现代诉讼应当是"三角结构",纠纷双方在法律上处于平等地位,法官居于其间、居于其上,作为权威的裁决者解决双方的争议和冲突。

刑事诉讼是指公安机关、人民检察院、人民法院在当事人及其他诉讼参与人的参加下,依照法律规定的程序和要求,追究犯罪,保护无辜,保障人权的活动。

刑事诉讼以查明犯罪嫌疑人、被告人有无犯罪事实、应否或者如何承担刑事责任为中心,通过立案、侦查、起诉、审判以及执行等活动,必要时采取取保候审、拘留、逮捕等强制措施,追究、惩罚犯罪,保障无罪的人不受追究,保护犯罪嫌疑人、被告人、被害人和无辜者的基本人权和合法权益。

二、刑事诉讼法

刑事诉讼法是有关刑事诉讼程序的法律规范的总和。它是统治阶级以国家的名义规定司法机关与其他诉讼参与人进行刑事诉讼所必须遵守的行为规范的总和。

刑事诉讼法属于程序法,它主要规定:有关国家机关追诉犯罪的权力和程序,以及这些国家机关在诉讼中的相互关系;诉讼参与人的范围及其权利义务;各项诉讼原则;刑事强制措施和证据等制度;立案、侦查、预审、起诉、审判和执行的步骤、方法;等等。

刑事诉讼法有广狭二义。广义的刑事诉讼法,是指有关刑事诉讼程序的全部法律规范。它不仅包括刑事诉讼法典,也包括与刑事诉讼法相互衔接的其他法律、法规、解释等有关刑事诉讼程序的法律规范。狭义的刑事诉讼法,是指一部系统规定刑事诉讼程序的专门法典。刑事诉讼法学研究的对象是广义的刑事诉讼法。

现代意义上的刑事诉讼法首先在资本主义国家确立。法国资产阶级革命成功后,于1808年颁布了《法国刑事诉讼法典》,这是世界上第一部刑事诉讼法典。

中国古代没有专门的刑事诉讼法,诉讼程序规定在刑律里。战国时期的《法经》以及后来的《唐律》、《大明律》,都是程序法和实体法合为一体。至清末,1902年沈家本和伍廷芳奉命修订法律,1906年奏进《刑事民事诉讼法》,但因部院督抚大臣的反对而未施行。1911年辛亥革命爆发,清末修律流产。南京国民政府时期形成了宪法、民法、刑法、民事诉讼法、刑事诉讼法、行政法及其关系法为主体的"六法"体系,刑事诉讼法是其中的重要法律。

我国大陆现行的《中华人民共和国刑事诉讼法》于1979年7月1日颁布,1980年1月1日起施行;后根据1996年3月17日第八届全国人民代表大会第四次会议《关于修改〈中华人民共和国刑事诉讼法〉的决定》和2012年3月14日第十一届全国人民代表大会第五次会议《关于修改〈中华人民共和国刑事诉讼法〉的决定》进行了两次修正。第二次修正后的《刑事诉讼法》自2013年1月1日起施行。

与《刑事诉讼法》配套的还有：

1. 《宪法》、《人民法院组织法》、《人民检察院组织法》、《警察法》、《律师法》、《监狱法》等法律中有关刑事诉讼的规定。

2. 最高人民法院、最高人民检察院对刑事诉讼中如何具体运用法律、法令所作出的司法解释，以及有关的指示和批复。

3. 国务院及其主管部门为了执行法律、法令而颁布的条例、命令和通过的决议、决定中有关刑事诉讼程序的规定，如国务院制定的《中华人民共和国看守所条例》，公安部制定的《公安机关办理刑事案件程序规定》、《刑事技术鉴定规则》等。

4. 地方国家权力机关制定的地方性法规中有关刑事诉讼程序的规范及其解释。

5. 国际公约、条约等所包含的应当在我国适用的刑事司法准则。

《刑事诉讼法》及配套法律规范共同构成了我国的刑事诉讼法律体系。《刑事诉讼法》是对整个刑事诉讼程序所作的系统、全面的法律规定，是刑事诉讼程序的主要依据，效力仅次于宪法；按照《中华人民共和国立法法》的规定，犯罪和刑罚、对公民政治权利的剥夺、限制人身自由的强制措施和处罚、诉讼和仲裁制度等事项只能制定法律，因此，除了最高人民法院、最高人民检察院有司法解释权，可以对刑事诉讼法作出解释以外，凡是涉及刑事诉讼的行政法规、部门规定、地方法规，都不应发生法律效力或属于无效，不过公安机关关于刑事技术的规则及类似规定，可以认定为有效。在实际的刑事诉讼活动中，法律适用存在一定的混乱，某些无效规定也在一定范围内适用，这种状况应当改变。

我国香港、澳门特别行政区施行的是各自的刑事诉讼法。香港特区没有统一的刑事诉讼法典，与刑事诉讼相关的主要法律有《刑事诉讼程序条例》、《法定代表律师条例》、《法律援助条例》、《时效条例》、《证据条例》、《刑事司法管辖权条例》、《简易程序治罪条例》等。澳门特区有《刑事诉讼法典》。

我国台湾地区现在仍然施行国民党南京政府于1928年制定的《刑事诉讼法》及相关法律。至2009年7月，该刑事诉讼法一共修订了28次。实际上，现行刑事诉讼法与最初的刑事诉讼法相去甚远，特别是2000年后，该法深入借鉴了当事人主义刑事诉讼模式，职权主义诉讼模式被完全打破。

第二节 刑事诉讼法学的对象和体系

一、刑事诉讼法学及其研究对象

刑事诉讼法学是以刑事诉讼立法、法律规范、司法活动及其相关法律现象为研究对象的科学，是对刑事诉讼规范和适用、理论和实践、历史和现实进行阐述的一门社会科学。

刑事诉讼法学的研究对象首先是刑事诉讼立法和法律规范，特别是刑事诉讼法典或判例。在成文法国家，刑事诉讼法学的研究对象主要是由国家立法机关制定并颁布实施的全面、系统地规定刑事诉讼程序的法律；在判例法国家，法官长期的刑事审判实践积累的先例，是刑事诉讼法学研究的主要对象。刑事诉讼法律规范、有关刑事诉讼程序的立法解释和司法解释，都是刑事诉讼法学研究的对象。

刑事诉讼法学的另一个重点是刑事诉讼实践。研究刑事诉讼实践，总结司法经验，能够为刑事诉讼立法和司法进步提供条件，拓展刑事诉讼法学的研究范围，深化和革新理论观点。

我国现行刑事诉讼法律规范、刑事诉讼实践和思想观念当然也是刑事诉讼法学的研究重点。中外历史上的刑事诉讼法律制度、实践和思想观念，也不应当忽视。现代国际社会中的刑事诉讼新原则、新立法、新实践和新理论，是推动刑事诉讼法学理论发展和繁荣的重要资源和力量，自然也需要给予极大关注。

二、刑事诉讼法学的学科体系

刑事诉讼法学的学科体系不同于刑事诉讼法律体系。

刑事诉讼法律体系是指一国的刑事诉讼法律规范所构成的整体。我国的刑事诉讼法律体系是由我国刑事诉讼法及其他有关刑事诉讼程序的法律规范构成的有机整体。我国《刑事诉讼法》由五编组成：第一编总则，规定我国刑事诉讼的任务、基本原则和诉讼制度，规定证据、强制措施、附带民事诉讼以及刑事诉讼的期间、送达等；第二编立案、侦查和提起公诉，规定有关立案、侦查和提起公诉的诉讼程序；第三编审判，规定审判组织及一审、二审、死刑复核及审判监督程序；第四编执行程序；第五编特别程序，规定未成年人刑事案件、当事人和解的公诉案件诉讼程序，以及犯罪嫌疑人、被告人逃匿、死亡案件违法所得的没收程序和依法不负刑事责任的精神病人的强制医疗程序。

刑事诉讼法学体系一般是以一国的刑事诉讼法律制度和司法实践为基础，

根据研究对象及其他相关因素建立起来的一个理论系统。刑事诉讼法学一般由三部分构成：刑事诉讼基础理论、总论和分论。基础理论研究刑事诉讼法的概念、性质、研究对象、学科体系，刑事诉讼的结构、功能和价值，刑事诉讼的历史发展，刑事诉讼观念和原则；总论研究法定的刑事诉讼原则、任务以及管辖、回避、强制措施、两审终审等诉讼制度，研究诉讼证据及其收集、审查和运用等；分论专门研究具体的刑事诉讼程序和相关具体实践。本书采用六编结构：第一编绪论，阐释刑事诉讼基础理论；第二编总论，阐释刑事诉讼法总则规定；第三编审前程序，研究立案、侦查、起诉；第四编审判程序，研究第一审程序和第二审程序；第五编审后程序，研究死刑复核程序、审判监督程序和执行程序；第六编特别程序，研究四种特别程序。

第三节 刑事诉讼法与相关法的关系

一、宪法与刑事诉讼法的关系

宪法是一个国家法律体系的核心，是国家的根本大法。宪法规定的是国家性质、公民的基本权利义务、经济政治文化的基本制度、政权组织形式及相应的国家机构。宪法是一个国家其他法律的立法根据，当然也是刑事诉讼法制定的根据。我国《刑事诉讼法》第1条规定："为了保证刑法的正确实施，惩罚犯罪，保护人民，保障国家安全和社会公共安全，维护社会主义社会秩序，根据宪法，制定本法。"

宪法和刑事诉讼法是原则指导与具体规范的关系。宪法与刑事诉讼法存在的联系，主要表现在以下方面：①刑事诉讼涉及相关个人的生命和自由，而这两个权利是其他权利的基础，是公民宪法权的重心；②刑事诉讼中，国家专门机关代表国家行使国家的刑事司法权力，其权力范围、行使方式和限度为宪法所关注；③刑事诉讼中，国家权力与公民权利存在多重互动和紧张、冲突，宪法必须从基本价值选择方面规定这种互动的方向，确立解决紧张、冲突的权衡规则；④越来越多的国际刑事司法准则，不仅与一国的刑事诉讼法相关，而且直接与一国的宪法制度相联，宪法关于刑事诉讼的规定成为一国实施国际刑事司法准则的有效路径。总之，一般来讲，宪法从指导思想、基本原则对刑事诉讼的基本问题作出规定，而刑事诉讼法则是根据宪法的原则规定来具体规定刑事诉讼程序。

不少国家的宪法直接对一些重要的刑事诉讼原则和活动加以明确规定。如《美国宪法修正案》第4条规定："人民免受无理搜查。人民的人身和住宅安全，不得受侵犯。且只有基于被起誓或证明所支持的可能理由，尤其需要描绘其搜查地点及占领的人或事物，法院才能颁发搜查许可证。"第 5 条规定："除非受到大陪审团之起诉，任何人不得被强制回答死罪或者其他重大罪行……任何人不得对同一罪名，受到生命或人身的多重惩罚；亦不得不在任何刑事案件中被强制作为反对自己之证人。任何人不得不经法律正当程序（Due Process of Law）即被剥夺生命、自由与财产；私有财产不得未经公正补偿即遭占取。"第 6 条规定："在刑事诉讼中，被告应享有获得及时与公开审判之权利；审判应由犯罪所发生的州和地区之陪审团作出。被告还应有权被通告指控的性质与理由，有权面质反对他的证人，有权以强制程序获得有利于他的证据，并有权获得律师之帮助为其辩护。"第 14 条第 1 款规定："所有在合众国出生或入籍并受制于其管辖权的人，都是合众国公民和其居住州的公民。任何州不得制定和实施任何法律来剥夺合众国公民的特权和豁免权。各州亦不得不经正当程序即剥夺任何人的生命、自由或财产，或在其管辖区内对任何人拒绝（提供）法律的平等保护。"我国《宪法》也涉及刑事诉讼，其第 37 条第 2 款规定："任何公民，非经人民检察院批准或者决定或者人民法院决定，并由公安机关执行，不受逮捕。"第 125 条规定："人民法院审理案件，除法律规定的特别情况外，一律公开进行。被告人有权获得辩护。"第 135 条又规定："人民法院、人民检察院和公安机关办理刑事案件，应当分工负责，互相配合，互相制约，以保证准确有效地执行法律。"

二、刑法与刑事诉讼法的关系

刑法规定犯罪和刑罚，在法学理论中称为实体法；刑事诉讼法规定刑事诉讼程序，是程序法。作为实体法的刑法与作为程序法的刑事诉讼法的关系，就是刑事诉讼这一国家活动的内容与形式、任务与方法的统一。

刑事诉讼法和刑法都是国家用以追究和惩罚犯罪的法律，是一个整体的两个方面，缺一不可。一方面，没有刑法对犯罪的实体规定，定罪便没有标准，量刑便没有尺度，诉讼活动就没有任何实际意义，诉讼程序也就没有实际内容；另一方面，刑法关于犯罪和刑罚的规定只有通过一定的诉讼程序才能得以实施。如果不通过一定的诉讼程序去揭露犯罪、证实犯罪、查获犯罪人，定罪量刑也就无从谈起。因此，无论是在中国还是在西方的法律制度史中，统治阶级制定刑法的同时，必然也要规定与之相应的刑事诉讼程序的法律。

显而易见，在刑事法领域，刑法和刑事诉讼法不可偏废，无论对国家机关、法学专家和法科学生来说都如此。这一点，与民法和民事诉讼法的关系很不相同，即某种意义上，民事实体法可以不依赖于民事诉讼法而得到广泛适用，民事诉讼法却必须和民事实体法的适用相联系。

三、人民法院组织法和人民检察院组织法与刑事诉讼法的关系

我国的法律体系中，人民法院组织法和人民检察院组织法与刑事诉讼法有着较为密切的联系。人民法院组织法、人民检察院组织法属于我国宪法体系中专门规定审判机关和检察机关机构设置及职权的法律。但是，由于这两个法律是对人民法院和人民检察院的任务、职权范围、活动原则、组织体系、机构设置、人员组成的规定，必然涉及人民法院和人民检察院在刑事诉讼中的相互关系、各自的职责等属于刑事诉讼程序的重要内容。

但刑事诉讼法和人民法院组织法、人民检察院组织法不是同一个法律部门。组织法是从国家审判机关、检察机关的设置、职权、管辖范围及与其他国家机关的关系作出的规范。而刑事诉讼法是从刑事诉讼程序这一角度来规定人民法院和人民检察院在刑事诉讼中的各种职责、关系以及工作程序。所以，刑事诉讼法与人民法院组织法、人民检察院组织法是互相补充的两种不同性质的法律，不应等同，也不应混淆。

四、行政诉讼法和民事诉讼法与刑事诉讼法的关系

行政诉讼法、民事诉讼法与刑事诉讼法都属于程序法，都是对办案程序的规定。因此，这三大程序法之间必然存在着相当的联系。我国法律体系中的这三大程序法，在许多方面都有着相近甚至相同的规定，例如对审判制度、基本原则的规定，三个诉讼法都规定了两审终审、审判公开、回避等诉讼制度，也都规定了诸如以事实为根据、以法律为准绳，公民在适用法律上人人平等等法律原则。

但是，三个诉讼法也存在着明显的区别：①调整对象不同。行政诉讼法、民事诉讼法调整的是行政诉讼法律关系和民事诉讼法律关系，而刑事诉讼法调整的则是刑事诉讼法律关系，调整国家司法机关和其他所有诉讼参与人在整个刑事诉讼活动中的相互关系。②对应的实体法不同。行政诉讼法、民事诉讼法涉及的是行政法律和民事法律，而刑事诉讼法对应的则是刑法。③任务不同。行政诉讼法的任务是保证人民法院正确及时地审理行政案件，以保障公民、法人和其他组织的合法权益，维护和监督国家行政机关及其工作人员依法行使职权。民事诉讼法的任务是保证人民法院准确及时地查明事实、分清是非，处理各种民事纠纷，以有效地确认民事权利义务，制裁民事违法行为。刑事诉讼法的任务则是保证人民法院准确及时地查明有罪或无罪、罪重或罪轻的事实，惩罚犯罪分子，保障无罪的人不受刑事追究，教育公民自觉遵守法律，以维护社会秩序。

第四节 刑事诉讼法律关系

法律关系是基于一定的法律事实、依据一定的法律规范而产生的人与人之间的一种权利义务关系。刑事诉讼法律关系是法律关系的一大部类。它是指在刑事诉讼中，依照刑事诉讼法律规范而产生的，在刑事诉讼各方当事人、国家司法机关及其他诉讼参与人之间形成的诉讼上的权利、义务（或职权、职责）关系。

刑事诉讼法实际上是对刑事诉讼法律关系的规定和调整。在刑事诉讼中，公安、检察、法院等国家机关以及各诉讼参与人，都应当严格遵循法律规定，全面享有诉讼权利（职权），全面履行诉讼义务（职责），分清是非、查明事实真相，惩罚犯罪分子，保护无辜者和受害者。在刑事诉讼法学理论中，认真研究刑事诉讼法律关系，根据刑事诉讼法律规范的界定，明确和不断完善各个诉讼法律关系主体的诉讼权利义务或职权职责，必然有助于在司法实践中认真实施刑事诉讼法，也必然有助于在立法上不断完善刑事诉讼的立法。

刑事诉讼法律关系是由刑事诉讼法律关系的主体、客体和权利义务构成的。

一、刑事诉讼法律关系的主体

刑事诉讼法律关系的主体又可称为刑事诉讼主体，它是指依法参与刑事诉讼并且在刑事诉讼中依法享有诉讼权利并承担诉讼义务的国家司法机关、诉讼当事人和其他诉讼参与人。当然，法学界也有人认为，刑事诉讼主体仅指享有诉讼权利并承担诉讼义务的国家司法机关和诉讼当事人，不包括其他诉讼参与人。

1. 国家司法机关和侦查机关。我国法律规定，作为刑事诉讼法律关系主体的国家司法机关只能是人民法院和人民检察院。在西方国家，司法机关通常指法院，与警察机关一样，检察机关只是国家的行政机关，在刑事诉讼中除有侦查权外，还担负着代表政府提起公诉的职能。根据我国法律的规定，公安机关负责刑事案件的侦查、拘留、执行逮捕、预审；检察机关负责刑事案件的检察、批准逮捕以及直接受理的案件的侦查和提起公诉；人民法院负责刑事案件的审判。根据我国刑事诉讼法的规定，国家安全机关、军队保卫部门和监狱也有权在各自法定职责范围内参加刑事诉讼活动而成为刑事诉讼法律关系的主体。

2. 刑事诉讼当事人。刑事诉讼当事人是指刑事诉讼中的被害人、自诉人、犯罪嫌疑人、被告人、附带民事诉讼的原告人。这些当事人在刑事诉讼中依法与国家司法机关及相互之间形成各种具体的诉讼上的权利义务关系，在刑事诉讼中具有重要的作用。

3. 其他诉讼参与人。它是指除前述国家司法机关和当事人外，参加刑事诉讼法律关系的法定代理人、诉讼代理人、辩护人、鉴定人和翻译人员。这些人尽管不是当事人，但是他们参加了刑事诉讼，与国家司法机关和当事人及相互之间依法形成了刑事诉讼法律关系，在诉讼中享有各自特定的诉讼权利，必须履行各自的诉讼义务。

二、刑事诉讼法律关系的内容

刑事诉讼法律关系的权利与义务是刑事诉讼法律关系的内容。具体说，这种权利与义务是指刑事诉讼主体根据法律规定应当享有的权利和应当履行的义务（对国家机关来说，是其职权和职责）。

诉讼主体的权利义务是现代刑事诉讼法律制度中一个重要的、不可缺少的内容。在整个刑事诉讼中，无论是国家机关或者被告人，甚至是证人、鉴定人，各自应当享有什么权利，应当履行什么义务，必须由法律加以明确规定。这对于防止司法专断，保障公民的合法权利，对于保证无罪的人不被非法追究、防止发生冤假错案，都是至关重要的。从这个意义上说，整个刑事诉讼法律制度都应当是对诉讼主体的诉讼权利与义务的规定。而刑事诉讼法学也主要是研究如何界定和完善对诉讼主体权利义务的规定，并在这一基础上去研究如何查明犯罪、惩罚犯罪分子。

我国刑事诉讼法对前述各个刑事诉讼主体在整个刑事诉讼中的权利义务都作了明确而具体的规定。在立案、侦查、起诉和审判、执行五大程序中，国家司法机关有什么样的权力和义务，当事人有什么样的诉讼权利和诉讼义务，其他诉讼参与人有什么样的诉讼权利和诉讼义务，我国刑事诉讼法都作了具体规定。这些内容，我们将在以后各章中具体介绍。

三、刑事诉讼法律关系的客体

刑事诉讼法律关系的客体是诉讼主体的权利义务所指向的对象。由于所有刑事诉讼活动都是为了确定犯罪嫌疑人或者被告人的刑事责任，因此，从总体上说，刑事诉讼法律关系的客体就是被告人、犯罪嫌疑人的刑事责任。但是，在整个刑事诉讼活动中，诉讼主体之间的具体法律关系是多种多样的，其法律关系的客体也并非是单一的。如根据我国《刑事诉讼法》第142条的规定，侦查机关根据侦查犯罪的需要，可以到邮电机关、金融单位查询、扣押、冻结有关的邮件、存款、汇款。侦查机关进行这一诉讼活动时，就与相应的邮电机关、金融单位产生了刑事诉讼法律关系，其客体就是扣押的邮件、存款以及侦查机关查询、扣押的诉讼行为。在这一法律关系中，诉讼主体各方必须严格依法作为和不作为，正确地履行义务、行使职权，不得违反法律规定的权利义务进行诉讼活动。

第五节 刑事诉讼基本理论

一、刑事诉讼价值

刑事诉讼价值是指人们据以评价和判断一项刑事诉讼程序是否正当、合理的伦理标准，也是刑事诉讼程序在其具体运作过程中所要实现的伦理目标。刑事诉讼价值主要包括三方面的内容：外在价值、内在价值和效益价值。

1. 刑事诉讼的外在价值，是指人们据以评价和判断一项刑事诉讼程序在形成某一好的裁判结果方面是否有用和有效的价值标准。在这里，评价刑事诉讼结果的标准是独立的，它们主要是实体正义、和平、秩序、安全、社会公共福利等价值。刑事诉讼程序能够产生好的实体结果，是实现刑事实体价值的有效工具和手段，这就是程序法的外在目标和价值。但是，刑事诉讼程序即使在发挥其工具性意义时也不是可有可无的手段，相反，它以其独立的方式确保刑事实体价值目标的实现：一是通过合法、正当的刑事诉讼程序所作出的裁判，其结果具备合法性和权威性；二是确保法院的实体裁判结果具备客观的事实基础，现代刑事诉讼所包含的刑事证明机制，控、辩、审多方参与机制，以及多种刑事救济机制，能够使裁判建立在客观真实的案件事实基础上；三是确保刑事实体法从抽象走向现实，使实体法所包含的各项价值目标得到具体的实现；四是确保实体价值目标之间的冲突得到适当的选择；五是公正、合理的刑事诉讼程序较之不公正、不合理的程序而言，具有更高的产生好的裁判结果的能力。

2. 刑事诉讼的内在价值，是指人们据以评价和判断刑事诉讼程序本身是否具有善的品质的道德标准。判断程序本身是否正当、合理的标准，独立于用以评价程序结果的价值标准。符合正义要求的刑事诉讼程序是"正当程序"，通过这种法律程序实现的程序法自身的正义价值是"程序正义（或程序公正）"。程序公正应当满足如下标准：一是使那些可能受程序结果不利影响的人能充分有效地参与到刑事诉讼过程中来，并受到人道和有尊严的对待，这即是程序参与性标准；二是裁判者应在各方参与者之间保持一种中立无偏的地位，给予他们平等的参与机会，使其受到平等的对待，这是裁判者中立性、程序对等性标准；三是刑事诉讼的过程应符合理性的要求，即程序合理性标准；四是刑事诉讼程序应当及时地产生裁判结果，并通过产生一项最终的裁判而终结，这是程序自治性、及时性、终结性（既判力）标准；五是裁判者自身在案件中没有任何自身的利益或者利害关系。

与"实体正义"相比,"程序正义"强调裁判规程自身的公平;与审判"结果正义"相比,"程序正义"强调裁判过程的严格和平等;与裁判中追求情、理、法综合平衡的"实质正义"相比,"程序正义"强调裁判规则的"形式正义"。"程序正义"观念是在不否认实体正义或实质正义的同时,强调程序自身的独立价值,即程序本位。但是,作为法治标志的"程序正义",与情、理、实体法规范及道德规范之间,与实体正义或实质正义之间,总会存在冲突。因此,协调"实质正义"与"程序正义"的关系,乃至向实质正义做适度倾斜,是基本趋势。

3. 刑事诉讼的效益价值,是指刑事诉讼程序的设计和运作应符合效益的要求,主要是指刑事诉讼活动的效果与刑事诉讼的成本之间的比例关系。从内容看,刑事诉讼效益包括诉讼的经济效益和社会效益。经济效益是以最少的司法资源投入,换取最大量刑事案件的处理,即提高诉讼效益,降低诉讼成本,减少案件积压和司法拖延的现象,又称为效率。社会效益则要求刑事诉讼活动在实现秩序和公正方面达到最佳的社会效果。我国刑事诉讼法规定,刑事诉讼法的任务是保证准确、及时地查明犯罪事实,这反映了刑事诉讼法对诉讼效率的追求以及诉讼效率在刑事司法中的重要性。

一个行为或过程要符合经济效益的要求,就必须同时做到两点:一是使投入的资源得到最大限度的节约;二是使产出的成果达到最大化。同样,一项刑事诉讼程序要符合经济效益的要求,也必须确保司法资源的投入或耗费降低到最低程度,同时使大量刑事案件尽快地得到处理。提高刑事诉讼的经济效益不仅有助于国家合理地配置司法资源,迅速有效地进行刑事诉讼活动,及时有效地揭示案件事实真相,而且可以减轻被告人、被害人的讼累,使由于诉讼的开始而处于不确定的各方参与者的权益及时地得到确定和维护。

刑事诉讼的社会效益就是要实现法律效果、社会效果的有机统一。办理案件,必然要对社会产生一定的影响,这种影响的结果也就是我们常常所说的办案效果。办案效果通常分为法律效果和社会效果。所谓法律效果,是指办案活动和办案结果与法律规定相符合的程度。所谓社会效果,是指办案结果与社会要求和公共利益相符合的程度。通过刑事诉讼,不仅能有效地打击犯罪,威慑社会上的危险分子和不稳定分子,抑制他们的犯罪意念,使他们不敢以身试法、危害社会,而且能使广大公民对刑事诉讼的过程和结果有一种信服和尊重,从而真切受到法制教育,增强守法自觉性。

刑事诉讼价值的上述三个方面是相互影响、相互作用的,立法机关在确立刑事诉讼目的、设计刑事诉讼结构时,必须进行一系列的价值选择,既要对各项价值的要求同时予以考虑，又要对各价值之间的冲突进行合理的协调和解决。

当然，在刑事诉讼价值问题上，还有其他理论观点。有一种观点认为，刑事诉讼价值是指刑事诉讼活动通过满足社会及其成员的需要而对国家和社会所具有的效用和意义，它包括秩序、正义和效益三个方面。在这里，正义、秩序、效益之所以被界定为刑事诉讼价值，只是因为它们对国家和社会利益的实现有用，而诉讼过程的被告人、被害人的利益似乎只具有一种附带的意义，而不能独立于国家利益，更不能与国家利益相抗衡。事实上，正义本身即要求给予人们应得的待遇，这是道德的内在要求，而不是仅仅出于功利的考虑。将正义、秩序、效益等价值均解释为功利性价值，虽然有相应的根据和一定的合理性，但这种观点是典型的程序工具主义观点，它否认了程序的自身正义和独立价值。

二、刑事诉讼目的

刑事诉讼目的是指国家建立刑事诉讼制度、进行刑事诉讼活动所要达到的预期的理想结果。刑事诉讼目的的形成是国家立法机关根据社会上的优势价值理念对各项刑事诉讼价值进行选择的结果。这种结果要在国家的刑事诉讼活动中得以实现。

刑事诉讼目的可分为刑事诉讼的根本目的和直接目的两个层次。刑事诉讼的根本目的与法律的一般目的是一致的，即通过刑事诉讼这一法律实施活动，维护国家的法治秩序和民主政治制度，促进文明的发展和社会的进步。但这一根本目的是在具体的刑事诉讼活动中实现的，它可以表现为两个方面的直接目的：一方面，国家通过刑事诉讼活动，要在准确、及时地查明案件事实真相的基础上，对依法构成犯罪的被告人公正地适用刑法和实施惩罚，对依法不构成犯罪的犯罪嫌疑人、被告人，确保其免受不公正的定罪和判刑。换言之，即公正地适用刑事实体法，确定犯罪嫌疑人、被告人的刑事责任。另一方面，国家还须在刑事诉讼过程中保障公民的合法权益不受非法和无理的侵犯，尤其要确保那些与案件的实体结局可能有利害关系的人，拥有为维护自身实体权益所必需的程序权利和保障。现行《刑事诉讼法》也明确规定，要"尊重和保障人权，保护公民的人身权利、财产权利、民主权利和其他权利"。因此，刑事诉讼的直接目的应为公正实施刑事实体法与充分保障人权的有机统一。

三、刑事诉讼结构

刑事诉讼结构的基本含义是控诉、辩护和审判三方在刑事诉讼中的地位及相互间的法律关系。刑事诉讼结构可分为纵向结构和横向结构两个方面，前者是指控诉、辩护和裁判三方在整个刑事诉讼程序中的地位和相互关系形式，以及侦查、起诉和审判等主要诉讼阶段的相互衔接的关系和方式；后者则是指三方在侦查、起诉和审判等主要诉讼阶段的各自的地位和相互关系形式。刑事诉讼结构据此可分为"职权主义"和"当事人主义"的结构两大类，而且每一类结构中都包含着刑事侦查结构、刑事起诉结构和刑事审判结构三个主要部分。

根据控诉、辩护和审判三方在刑事诉讼各个阶段的地位和相互关系的形式不同，刑事诉讼结构在不同国家和不同法系可划分为不同的模式。这些刑事诉讼结构模式是在不同国家的政治、经济、法律传统等多方面因素影响下形成的，并受到各国或各法系的基础性法律价值理念，以及与此相关的诉讼目的观的深刻影响。从理论上讲，一定诉讼结构模式的设计和存在，是为实现某种诉讼目的服务的，但诉讼结构模式的形成并不仅仅受诉讼目的的制约。

现代西方国家的刑事诉讼结构可分为大陆法系国家的审问式模式和英美法系国家的对抗式模式。审问式结构又称为职权主义，是在对纠问式程序进行根本改革并吸收弹劾式程序若干要素的基础上所形成的结构模式。这种结构在侦查阶段的特征是控、辩双方处于不平等的地位，侦查是国家追诉机关的单方面行为，嫌疑人负有接受追诉官员侦查和讯问的义务。尽管目前大陆法系各国普遍允许辩护律师参与侦查程序，承认犯罪嫌疑人的沉默权，但辩护一方在侦查中的参与权仍受到一定的限制，而难以与追诉一方相抗衡。在审判阶段，审问式程序被设计成一种对客观事实真相的司法性调查程序。在这一阶段，法官主导和控制着证据的提出、调查和采纳程序，可以依职权讯问被告人、证人，并可采取有利于查明事实真相的一切措施。检察官和被告人、辩护人在证据提出和调查程序中则处于次要和消极的地位，只能对法官查明事实真相起到补充和辅助的作用。

对抗式结构又称为当事人主义，在侦查阶段的基本特征是控、辩双方作为平等对抗的诉讼主体，均有权独立地调查和收集证据，并为此拥有平等地请求法院实施强制处分的权利。追诉一方只能以被告人逃亡或逃避追诉和审判为由来限制其个人自由。从理论上讲，犯罪嫌疑人、被告人不承担协助追诉机关进行追究犯罪的义务，因而拥有不自证其罪的特权，并拥有为充分有效地对抗追诉一方所必需的准备机会和便利条件。在审判阶段，对抗式程序被设计成一种由控、辩双方主导进行，法官居中裁判，确保控辩双方遵守法律规则的竞赛和争斗。控、辩双方通过自行提证和交叉询问控制和主导着证据的提出和事实的调查程序，法官不介入证据调查过程，而只充当双方竞赛秩序的公平维护者，确保双方遵守一系列程序规则和证据法则，以做到公平地竞争。

随着西方各国刑事诉讼制度改革的深入，以及刑事诉讼中人权保障运动的日益开展，大陆法系与英美法系的刑事诉讼结构之间的差异正逐步缩小。一些大陆法系国家正通过移植、吸收对抗式程序创立出一种新的结构模式。如日本在"战后"颁行的刑事诉讼法即确立了一种新的结构模式，这种模式吸收了对抗式程序的一些要素，但又保持了审问式程序的若干特征。意大利1988年颁布的新刑事诉讼法典，在其大陆法系法律传统基础上移植了美国对抗式诉讼程序，使控、辩双方在很大程度上成为程序的控制者和主导者，法官成为双方对抗中的秩序维护者和仲裁人。意大利刑事诉讼程序的这种变化代表了大陆法系刑事诉讼改革的发展趋势。我国修正后的刑事诉讼法所确立的诉讼结构，无论从纵向还是从横向来说，其结构都发生了重大的变化，在修改的过程中特别注意研究和吸收了英、美法系国家对抗式的一些合理因素，以强化诉讼中的辩论性和透明度。

在我国，尽管这些年不断推进刑事诉讼制度的改革，尝试着借鉴当事人主义的一些做法，但刑事诉讼结构仍然主要是"线性结构"而非"三角结构"，是"侦查中心主义"而非"审判中心主义"的结构，是"职权主义"而非"当事人主义"的结构。侦查、指控、审判主要是一种程序直线推进关系，在后的诉讼阶段主要是对在前的诉讼阶段和行为的确认，特别是审判相对于侦查、起诉而言，不完全具有独立、中立的意义；当事人在刑事诉讼的各个阶段均不具有足以对抗公、检、法三机关真实有效的诉讼手段；法官也不能够完全平等、公正、中立地对待控辩双方。在这种诉讼结构下，公检法机关一体化地打击犯罪（而非保护人权）是首要任务。被告人只是司法机关的打击对象，被告人的辩护权在这种诉讼结构中，既不完整，也无法得到有力的保障。

四、刑事诉讼职能

刑事诉讼职能是构成刑事诉讼的单元要素，是各个诉讼主体为实现一定的诉讼目的，认识和解决诉讼客体所担负的特定功能和应发挥的特定作用。

在诉讼理论上，对刑事诉讼职能如何划分，存在着三职能说（控诉职能、辩护职能、审判职能）、四职能说（侦查职能、监督职能、辩护职能、审判职能）、五职能说（控诉职能、辩护职能、审判职能、刑事诉讼监督职能、协助司法职能）。其中三职能说是传统的、以狭义刑事诉讼论为基础的职能划分。

科学确定刑事诉讼职能，有利于刑事诉讼系统内部各个构成要素的功能定位和作用发挥，避免发生职能错位和混同现象。刑事诉讼职能的确定与划分应当考虑以下几个方面的因素：

1. 由于司法领域分工越来越细，再加上分权学说的影响、人权思想的发达以及适应同犯罪作斗争的需要，诉讼职能在不断地分化、发展并不断地整合，传统的审判中心论大有为诉讼阶段论所取代的趋势，刑事诉讼的程序、阶段增多，向前延伸，因此职能的划分应当反映和展现从立案到执行各个诉讼程序中所有主持或参加诉讼活动的主体的全部诉讼活动，而不能仅从刑事诉讼系统中的一个或几个阶段的诉讼活动来进行职能的划分。

2. 某一机关或者诉讼参与人的活动能否归纳为一种独立的职能，应当从其担负的功能、作用、独立的权利义务及相应的程序保障综合进行考察，如果他们的功能是特定的，无法为其他职能所包容、替代，就应当成为一种独立的职能。

3. 我国司法制度的重要特点之一就在于检察机关不仅仅是公诉机关，而且还要对刑事诉讼活动是否合法进行监督。

我国刑事诉讼存在着以下几项职能：

1. 侦查职能，指为查明案件事实，收集证据材料、查获犯罪人而进行专门调查工作和采取有关强制措施的功能。

2. 控诉职能，指对被告人的犯罪行为向审判机关提出指控，要求追究其刑事责任的功能。

3. 辩护职能，指根据事实和法律反驳指控，提出和论证对犯罪嫌疑人、被告人有利的材料和意见，维护其合法权益的功能。

4. 审判职能，指通过对刑事案件的审理，确认指控是否成立，裁决被告人是否有罪、应否承担刑事责任以及刑事责任轻重的功能。

5. 执行职能，指将发生法律效力的判决、裁定付诸实现的功能。

6. 协助诉讼职能，指与诉讼结果无利害关系的诉讼参与人以客观公正的立场协助司法机关进行诉讼活动的功能。

7. 诉讼监督职能，指对立案、侦查、审判、执行等诉讼活动是否合法进行监督的职能。

☞ 考核提示

了解刑事诉讼法的概念及其渊源体系，刑事诉讼法学的概念及其学科体系，刑事诉讼法律关系的概念及内容。

理解刑事诉讼法与宪法等相关法律的关系。

熟悉并能够运用刑事诉讼价值、目的、结构、职能等基本理论。

☞ 主题讨论

材料一

2004年9月，海安县旺发房地产开发公司以896万元拍得海安县一块3000

多平方米的土地。因资金不足，无法缴纳高昂的土地出让金，该公司法定代表人尹青松动起了歪脑筋。2004年9月~2005年9月，他以高于同期银行贷款利率或优惠购房为条件，非法向社会公众吸收或者变相吸收资金365万元。然而，这与近900万元的土地出让金相比，还有500余万元的资金缺口无法填上。由于没有按时交纳土地出让金，2006年1月，海安县国土部门依法收回了这块出让的土地，并没收了旺发房地产开发公司55万元土地竞买保证金。

面对整天上门讨债、逼债的债主，尹青松先是"玩失踪"，然后又做起了"一房二卖"的生意。他刻意隐瞒房屋已销售并交付使用的事实，先后两次以公司名义与他人签订合同，将公司开发的几套营业用房以24万元的价格卖给刘某、谢某等人。当购房者拿着公司提供的钥匙准备搬入新房时，方知房子早已另有主人。

2008年11月3日，尹青松在北京一出租房内被警方抓获。2010年5月，海安县法院开庭审理此案。庭审中，"一房两卖"是民事欺诈还是刑事诈骗成为控辩双方争议焦点。控方认为，尹青松以非法占有为目的，在签订、履行合同过程中，隐瞒房屋已经出售的事实，运用"一房二卖"的欺骗手段，骗取对方当事人的财物，且数额较大，构成合同诈骗罪。辩方则认为，依据《最高人民法院关于审理商品房买卖合同纠纷案件适用法律若干问题的解释》的规定，"一房二卖"属民事欺诈行为，不应追究刑事责任。

材料二

2010年4月18日，"民事纠纷刑事化与和谐社会之冲突"讨论会在北京召开。与会专家指出，司法人员不是不清楚民事与刑事的区别，但是由于种种原因，特别是地方保护、国企保护等，把民事问题刑事化，其目的都是为了经济利益。而在市场中，所有企业都是平等的，企业之间发生的纠纷大多数属于民事纠纷，以公权介入，其实质是公权私用。与会专家均认为惩罚刑事犯罪是社会最后的一道保障，理所当然地应当放在最后使用，而不应当先于民事手段。

材料三

《最高人民检察院、公安部关于刑事立案监督有关问题的规定（试行）》第6条规定："人民检察院对于不服公安机关立案决定的投诉，可以移送立案的公安机关处理。人民检察院经审查，有证据证明公安机关可能存在违法动用刑事手段插手民事、经济纠纷，或者办案人员利用立案实施报复陷害、敲诈勒索以及谋取其他非法利益等违法立案情形，且已采取刑事拘留等强制措施或者搜查、扣押、冻结等强制性侦查措施，尚未提请批准逮捕或者移送审查起诉的，经检察长批准，应当要求公安机关书面说明立案理由。"

【讨论提示】

1. 材料一存在几个纠纷？纠纷的性质分别是什么？民事纠纷与刑事纠纷的界限在哪里？"一房二卖"是否构成犯罪？

2. 结合材料二和材料三，谈谈你对刑事诉讼法人权保障目的的认识，并就如何防止"民事纠纷刑事化"谈谈你的看法。

 阶段自测

一、单项选择题

1. 刑事诉讼是（　　）。
   A. 国家司法行政机关处理刑事案件的活动
   B. 国家立法机关处理刑事案件的活动
   C. 国家行政机关处理刑事案件的活动
   D. 国家司法机关处理刑事案件的活动

2. 刑事诉讼法的任务是由（　　）决定的。
   A. 国家性质和刑事诉讼法的性质
   B. 国家政策
   C. 刑法
   D. 刑事诉讼法

3. 我国刑事诉讼法制定的根据是（　　）。
   A. 刑法　　　　　　　　　　　B. 宪法
   C. 我国参加和缔结的国际条约　　D. 党中央的政策

4. 刑事诉讼法的立法依据是（　　）。
   A.《人民检察院组织法》　　　　B.《刑法》
   C.《人民法院组织法》　　　　　D.《宪法》

二、判断题

刑事诉讼与民事诉讼、行政诉讼的最主要、最明显的区别，就是它们所要解决的实体问题和所依据的实体法不同。（　　）

三、名词解释

1. 诉讼
2. 刑事诉讼
3. 刑事诉讼法
4. 刑事诉讼法学
5. 刑事诉讼法律关系

第二章

刑事诉讼法的历史发展

本章导学

本章主要学习刑事诉讼法的历史类型、基本类型、国际刑事司法准则以及国际刑事审判规则。重点是刑事诉讼的历史类型和基本类型。难点是刑事诉讼的基本类型及其特征。

学习引入

2011年5月14日,国际货币基金组织前总裁卡恩因涉嫌性侵酒店女服务员被纽约警方逮捕。随后警方向纽约检察署提交报告,说明了逮捕卡恩的经过和已经掌握的证据。检察官认为现有证据可以支持对卡恩的指控,遂于5月16日向纽约曼哈顿刑事法庭提出针对卡恩的指控,罪名包括强奸未遂、性虐待、非法拘禁等。杰克逊法官于当日传唤卡恩到庭接受初审。卡恩声称自己无罪并请求法庭准许保释,但法官拒绝了他的保释请求,理由是他可能逃离美国。卡恩被反铐双手,像一个"罪犯"一样被带进法庭后又被押出法庭。然而,就在控辩双方紧锣密鼓地准备法庭大战的时候,检察官发现本案的被害人证言极为可疑,遂在7月1日同意无担保释放卡恩。纽约检方最终于8月22日向曼哈顿高等法院提出申请,要求撤销对卡恩的性侵刑事指控。法官随即作出释放卡恩的决定。消息公布后,社会舆论哗然,各路媒体纷纷对美国的司法制度提出了质疑和抨击,卡恩的法国同胞更是感到震怒。卡恩所在的社会主义党领导人奥伯瑞谴责美国"玷污卡恩形象",并称其非常幸运地生活在绝不会出现这种画面的法国。法国前文化部长郎恩称卡恩的处遇是一个"令人恐怖和恶心的媒体私刑"。法国前司法部长吉古称这种形式的审前公开"实在令人作呕"。

为什么法国人对"人权领袖"美国的刑事司法嗤之以鼻?如果卡恩在法国受审情况会不一样吗?两大法系的刑事诉讼制度有哪些差别?两大法系的刑事诉讼制度能否互相借鉴、互相融合?

第一节 刑事诉讼法的历史类型

刑事诉讼法的历史类型，就是以刑事诉讼法的社会性质、表现形式或者所属法系为根据，对历史上存在过的和现代世界各国正在使用的刑事诉讼法律所作的分类。根据社会性质，人类存在过奴隶制、封建制、资本主义和社会主义四种不同类型的刑事诉讼法；根据法系，如中华法系、印度法系、伊斯兰法系、教会法系、大陆法系和英美法系等，刑事诉讼法也可以作相应分类。目前，世界上最主要的是大陆法系的刑事诉讼法和英美法系的刑事诉讼法。刑事诉讼法的分类，有利于我们对各种不同刑事诉讼法的掌握、学习和研究。

一、奴隶社会的刑事诉讼法

奴隶社会的刑事诉讼法是人类历史上最早产生的刑事诉讼法。它是随着原始社会的解体，阶级、国家和法律的出现而产生的。奴隶制国家最初只有习惯法，用长期形成的传统习惯去解决争议、纠纷，后来逐渐产生了成文法，出现了一些关于刑事审判制度和诉讼程序的法律规定。如古巴比伦的《汉谟拉比法典》、古罗马的《十二铜表法》以及我国西周的《周礼》、《吕刑》等，都有这样的法律规定。但是，奴隶社会并没有专门用以规定刑事诉讼程序的刑事诉讼法，关于刑事诉讼程序的法律规范都散见于民刑不分、实体程序不分的法律文件中。

奴隶制国家的刑事诉讼法，是奴隶制上层建筑的一部分，反映了奴隶制度的基本特征。奴隶制国家的刑事诉讼法，尽管在不同的国家和各个国家的不同发展时期有着不同的特点，但都有如下一些共同的特征：

1. 奴隶不是诉讼主体，自由民内部诉讼地位也不平等。在奴隶社会，奴隶是奴隶主可以任意处置的财产。对自己的奴隶，奴隶主可以进行买卖、交换甚至杀害。即使作为犯罪的受害人，奴隶也无权充当控诉人。法庭审理案件时，奴隶的证言虽然可以作为诉讼证据来源，但是奴隶没有出庭作证的资格，其证言只能用于法庭上宣读。在刑事诉讼中，自由民的法律地位也不平等。首先，适用刑罚不是根据罪行轻重而是根据犯罪人和受害人社会地位的不同而有所不同。其次，诉讼地位也不平等。如我国奴隶社会即有"凡命夫命妇，不躬坐狱讼"的诉讼代理制度。即是说，凡大夫和大夫以上之贵族及其妻子为诉讼当事人时，用不着亲自出庭受审，可以委派其僚属或子弟代理。

2. 采用控告式（又称为弹劾式）诉讼。奴隶社会采用的这种诉讼程序的特点是：刑事诉讼的提起取决于被害人或其他控告人的控告，"无告诉人即无审判"。我国《尚书·吕刑》载:"两造具备,师听五辞。"即是说,诉讼应基于原告人控告,只有原、被告这"两造"都有,法官才能审理案件。在古罗马和雅典,还实行由原告传唤被告出庭的诉讼制度。庭审时,原告和被告的法律地位在形式上平等,享有同等的诉讼权利和义务。审判前一般不进行侦查或调查,没有与审判机构对应的侦查机构和检察机构。法官在审理案件的过程中,不主动收集证据和传唤证人。在听取原告和被告的陈述和辩论后,法官才作出裁决。

3. 采用"据证推断"的证据制度。我国诉讼法学者曾经普遍认为,奴隶制国家的刑事诉讼具有浓厚的神权色彩,在证据制度中,除采用物证、书证、人证外,还盛行"神明裁判",即凭借"神"的力量证明诉讼当事人有罪或无罪,即实行"神示证据制度"。其表现形式如决斗、水审、火审、宣誓、占卜、盟诅等。其原因在于,奴隶社会生产力十分低下,科学技术极端落后,人们愚昧无知,相信神灵无所不在、无所不知。所以,在审案时,如果当事人争执不下,无法判明是非,便通过各种方法谋求神的帮助,并以此决定诉讼结果。现在,已有学者指出,虽然历史上存在过"神判"现象,但是没有"神示证据制度"。在奴隶社会,法官已经广泛使用证据,并且依据证据猜测和推断事实,而原被告则必须尽可能找到和提供有利于自己的证据,在法官面前亲自陈述等。

水审图

4. 司法与行政合一,诉讼专业化程度不高。学者认为,古代的弹劾式诉讼中,法官一般没有专业化,司法权与行政权合一,司法职能与行政职能混同,国王和各级行政长官以及他们统辖的国家机关,都拥有行政权和司法权。在汉谟拉比法典中,国王是"公正之王",是最高审判官。在中国商周时期,判决权最终归属于商王或周天子。虽然随着奴隶制的发展,奴隶主的政治统治也逐渐完善,司法权开始从行政权中分离,国家出现了专门的机构处理刑事案件,但司法与行政合一且从属于行政的状况并没有实质性改变,并一直延续到封建时代。

二、封建社会的刑事诉讼法

封建社会的刑事诉讼制度是建立在封建社会生产关系基础上的维护地主阶级利益和统治秩序的法律制度。它是对广大农民和其他劳动人民群众实行专政的工具。封建社会的刑事诉讼法有如下特征：

1. 司法、行政合一，皇帝拥有最高审判权。封建社会没有独立的司法机关，各地行政长官负责处理刑事诉讼，皇帝则是最高的审判官。在中国历史上，自秦汉以来，各地的司法权均由行政长官直接掌握。北宋以前，地方政府内设有辅佐官吏，代理行政长官听讼断狱，行政长官拥有决定权。北宋以后，确立了州县官亲自审案的制度，司法、行政完全合二为一。皇帝拥有最高审判权。《汉书·刑法志》载有秦始皇"专任刑罚，躬操文墨，昼断狱，夜理书"。《宋书·刑法志》也载宋太宗"常躬听断，在京有疑狱者，多临决之"。

2. 确认不同等级的人在诉讼上的不平等地位。我国历代封建国家的法律几乎都规定了贵族官僚等在诉讼上的特权。如唐律规定"诸应议、请、减，若年七十以上，十五以下，及残废者，并不合拷讯，皆据众证定罪，违者以故失论"。所谓"议、请、减"，指律例中所规定的贵族、贤臣等。中世纪封建等级制度下的欧洲实行同类相判的司法原则，即犯罪人应由与其身份平等的人审判。在证据制度上，也规定了因社会地位不同，证人证言的证明力也不同。如罗马帝国1532年颁布的《加洛林纳法典》规定，如果持不同意见的人数目相等，男人的证言优于女人，显要者优于普通人，学者优于无学识的人，僧侣、牧师的证言优于世俗人。

3. 实行纠问式诉讼。所谓纠问式诉讼，又称审问式诉讼，是封建社会普遍采用的一种诉讼程序。这种程序的主要特点是：对于刑事案件，无论是否有受害人或其他人的控告，司法机关都可以依据其职权主动进行追究并加以审判。在诉讼中，法官是唯一的主体，他既执行审判的职能，又执行控诉的职能。被告人只有被审问的义务，没有反驳控诉、进行辩护的权利。在这种纠问式诉讼程序中，拷问（即刑讯逼供）是非常普遍的审讯方式。

4. 罪疑从有，奉行有罪推定。封建社会的刑事诉讼实行有罪推定，即罪疑按有罪处理，罪证不足而被告人有犯罪嫌疑时，推定有罪，但应从轻处刑。《尚书·吕刑》载有"罪疑从铜赎"，即如某人有犯罪嫌疑但不能证实，犯罪嫌疑人可以钱赎买其罪疑。唐律中也有规定："诸疑罪各诊所犯以赎论。"

5. 奉行口供主义，采用法定证据制度。无论是中国封建社会或是西方封建社会的法律制度，刑事诉讼中都盛行刑讯逼供。刑讯逼供之所以盛行，与其采取的证据制度是分不开的。在中国，实行"据供定案"或者说是"无供不定案"，长官为了取得供词，往往不惜代价，不计手段，进行刑讯。

在西方，刑讯逼供与法定证据制度密不可分。法定证据制度的特点是：一切证据证明力的大小及其取舍、运用，均由法律加以具体规定，法官不得自由判断和取舍。由于这一证据制度只要求法官按法定证据办案，而不问是否符合案件的客观真实，所以又称为形式证据制度。中世纪欧洲大陆各国的法典，如1532年的《加洛林纳法典》、1857年的《俄罗斯法规》等，均对自己的证据作了详细的分类，规定了各种证据证明力及证据运用的规则。法律将证据划分为完全的、不太完全的和多一半完全的证据，几个不完全的证据可以构成一个完全的证据。在所有证据中，被告人的自白被认为是最有价值、最完善的证据。在实行此种证据制度的国家，法官办理案件时，根据法律预先规定的每一种证据的价值机械地计算和评价各种证据并据以定案，同时为了取得"最佳的法定证据"而往往刑讯逼供。

法定证据制度只注重证据的外部特征，未能揭示出证据的本质属性，把一些带有偶然性的证明经验或想象中的证据及其证明力看做是普遍性的规律，并且当做证据规则固定下来，因此，存在重大缺陷。

三、资本主义社会的刑事诉讼法

资本主义社会的刑事诉讼法，思想上起源于资产阶级启蒙思想家为反对封建专制而提出的"民主、自由、人权、平等"的理论；在制度上，是资产阶级革命的产物，是资产阶级反对封建专制的理论与斗争实践在法律制度上的反映。英国的李尔本（1614～1657）在其《人民约法》和《英国根本法和自由》等著作中提出：法律面前人人平等；实行法官选举制；赋予陪审官广泛权力；自由心证；诉讼程序必须公开、直接；被告人有权获得辩护等理论观点。其后，著名的法国资产阶级思想家孟德斯鸠（1689～1755）在《论法的精神》一书中强调司法应当与立法、行政分开。他说："如果司法权同立法权合而为一，则将对公民的生命和自由施行专断的权力，因为法官就是立法者。如果司法权同行政权合而为一，法官便将握有压迫者的力量。"意大利法学家贝卡利亚（1738～1794）在《论犯罪与刑罚》一书中第一次明确提出了无罪推定原则，主张在法院没有作出有罪判决以前，任何人都不能被称作罪犯；在尚未决定被告人确实违反他应遵守的条件之前，社会就不能不对他加以保护。"当他的罪行没有得到证明的时候，根据法律他应当被看做是无罪的人"。在该书中，贝卡利亚还强烈地抨击了法定证据制度和刑讯逼供。他指出：实行刑讯逼供，刑事诉讼的结果便完全取决于受刑者的体格和忍耐力，"因此，数学家解决这个问题要比法官解决好得多，即按照筋肉的力量和神经感觉发现痛苦的足够程度，以便迫使完全无罪的人承认自己是有罪的"。此外，贝卡利亚还提出应当实行陪审制度，实行真正的公开审判。

资产阶级启蒙思想家提出的如前述有关刑事诉讼的理论和主张，在批判和摧毁封建的刑事诉讼法律制度上起到了巨大的进步作用，同时也为建立资产阶级的刑事诉讼制度奠定了基础。资产阶级取得政权以后，陆续将其作为刑事诉讼的原则并以此建立了资产阶级的刑事诉讼法律制度。这一制度的主要特点有：

1. 司法独立。根据"三权分立"理论，资本主义国家在法律制度中强调司法机关独立行使职权，不受行政机关干预。如英国国会在1689年与1701年先后通过的《权利法案》和《王位继承法》明确规定了"法院独立"和"法官终身制"。为了保证司法独立，资本主义国家还规定了法官实行高薪制、专职制、审理案件时不可更换以及非因法官道德或身体因素不得免职的终身制。

2. 控审分离，不告不理。资本主义的刑事诉讼终结了司法与行政不分的历史，起诉职能和审判职能完全分离，法官实行不告不理。这与纠问主义诉讼的诉审合一相互区别。到近现代，一方面，国家认为，犯罪不仅侵犯了受害人的个人利益，也侵犯了国家和社会利益，国家应当主动追究犯罪；另一方面，又认为，指控（侦查、起诉）犯罪必须与审判分离，才能保证案件审判的客观和公正，使国家的刑事追诉权力保持其必要限度和公信力。一般是，国家设立检察机关，由检察官代表国家对犯罪嫌疑人提起诉讼；设立法院等审判机关，由法官行使审判权。

3. 实行无罪推定。1789年的法国《人权宣言》率先规定了无罪推定原则。《人权宣言》第9条明确规定："任何人在未被宣告为犯罪以前，应当被假定无罪。"《意大利宪法》第27条也规定："被告人在最终定罪以前，不得认为有罪。"依据这一原则，各资本主义国家相继建立了与有罪推定相对立的刑事诉讼制度：被告人享有以辩护权为核心的各项诉讼权利，禁止刑讯逼供，禁止通过非法手段获取证据，追究被告人刑事责任的程序必须公正合法，对被告人的指控不能证实或存在疑问时，应该按有利于被告人的原则处理，如果不能证明被告人有罪，则按无罪处理，举证责任由控告方承担。

4. 实行辩护制度。根据资产阶级思想家们的"自由、平等、人权"理论，为了充分保障被告人的权利，各资本主义国家的法律都规定了被告人有权申辩自己无罪或罪轻的辩护制度。1679年英国的《人身保护法》规定，被告人有答辩的权利。1789年法国制宪会议通过了一项法律，规定从追究被告人犯罪时起，就允许辩护人参加辩护。1791年美国宪法修正案第6条也规定，在一切刑事诉讼中，被告人有权接受律师辩护的帮助。

5. 实行陪审制。资本主义各国法律都规定了陪审制，以防止法官专断，保障被告人的合法权益，实现公正审判。资产阶级革命后，英国法律明确规定了陪审制度。此后，美国也仿照英国的陪审制建立了陪审制度，其他各资本主义国家也都作出了相应的法律规定。不过，各国的陪审制度在具体制度上也有差异。大陆法系国家多采用陪审官与法官共同组成合议庭审理刑事案件，而英美法系国家则采用由陪审官组成陪审团对被告人有无犯罪作出裁判的陪审制度。

6. 实行证据裁判和法官自由心证的证据制度。近代以来，证据制度进一步理性化，神秘主义、主观主义和形式主义的证据制度被淘汰出局，而依据经验和逻辑所形成的证据规则以及相应的证据裁判原则得到了普遍认可和遵循。法官则依据证据和证据规则，凭着自己的经验、理性和内心的良知，对双方各自证据自由判断和取舍，根据自己的心证认定证据以裁判案件。法官、陪审官通过对证据的判断所形成的内心信念，称为"心证"，心证达到深信不疑的程度，即谓之"确信"。1791年9月，法国宪法会议发布训令，首次在立法中宣布法官可以自己的内心确信作为判断证据，用以证明案件真实性的唯一依据。1808年的《法国刑事诉讼法典》又在第342条对自由心证作出了相同的规定。此后，自由心证原则相继为欧洲大陆各国立法所吸取。1877年《德国刑事诉讼法》、1880年日本的《治罪法》及1890年《刑事诉讼法》、1892年沙皇俄国颁布的《刑事诉讼条例》都规定了法官的自由心证制度。

7. 实行公开审判、直接、言词等原则。民主、平等、公平、正义等理念，决定了资本主义的刑事诉讼不再可能实行秘密审判（除非法律有特别要求）、书证主义和间接审理主义。审判公开，以及在审判中实行言词、辩论等原则，并且规定法官应当亲临审判，直接接触证据，既是程序正义的内容，也是实质正义的要求。

直接、言词原则是大陆法系国家对纠问式审判制度进行改革而确定的刑事诉讼原则。直接原则包括直接审理原则和直接采证原则两个方面。直接审理原则又称为"在场原则"，即审理案件，除法官主持、检察官、被告人及其辩护人参与外，被害人、证人、鉴定人都应当在场，而且他们均有参与审判活动的能力。直接采证原则是指刑事诉讼程序中对证据的调查和认定，应当以直接方式进行，只有直接调查并经衡量评价后而采取的证据，才能作为判决的依据。因此，法官对于证据的调查和认定，必须亲自进行，直接与被告人、被害人、证人、鉴定人接触，而不得仅凭文书卷宗的记载就予以认定；必须在法庭上亲自听取被告人、被害人的陈述，证人和鉴定人的作证，以及检察官与辩护人的质证和辩论，否则不能作出裁判。言词原则是指法庭审判活动，须以言词陈述的方式进行，即参与诉讼活动的各方必须以言词陈述的方式进行审理、攻击、防御等各种诉讼行为，而且，证据的调查、证据的提出均须以言词方式进行。证人作证，也必须在法庭中以口头陈述方式进行，书面证言或者其他"传闻"，除非法律作了例外规定，一律不得采信。

第二节 刑事诉讼基本类型

与刑事诉讼法的历史类型不同，刑事诉讼形式（也称为刑事诉讼模式、结构、构造等）的基本类型是依据人类法律制度史中刑事诉讼程序的外在表现形式对刑事诉讼所作的分类。由此可将刑事诉讼划分为五种不同特点的诉讼形式：控告式、纠问式、职权式、辩论式和混合式。

一、控告式诉讼

控告式诉讼的主要特点是采用不告不理的诉讼形式。在这种诉讼制度里，对犯罪的追诉或控诉职能同审判职能是分开的；实行私人告诉、不告不理制度，即司法机关并不主动追究犯罪，必须由原告首先提出控告；当事人双方的诉讼地位和权利义务至少在形式上平等，法庭审理案件时，原、被告双方及证人都必须出庭，在法庭上可以进行对质和辩论；证据由当事人双方自行提出；弹劾式诉讼形式下的审判一般都是公开的，通过言词辩论的形式进行；法官基本处于被动地位，坐堂听讼问案，消极、居中裁判；司法与行政合一，诉讼的专业化程度不高。

在人类历史上，奴隶制国家中后期的古巴比伦、雅典，古罗马共和国时期，以及中国西周时期的刑事诉讼主要采用了控告式诉讼。在雅典，奴隶当时只是法律关系的客体，不是诉讼主体，控告式诉讼只适用于奴隶主和自由民。在诉讼中，男性公民才具有起诉权。诉讼又分为公诉与私诉。公诉案件是指危害奴隶制国家的犯罪案件，对于此类案件，任何公民均可向法庭提出控告，且不能撤诉。私诉案件是侵害个人权益的犯罪案件。此类案件只能由被害人或其代理人提起，起诉后可以撤诉，也可以同被告人订立赔偿协议从而终结案件。

二、纠问式诉讼

纠问式诉讼模式的典型特征就是国家利益高于个人利益，为了追究和惩罚犯罪，国家追诉机关拥有强大的追诉权，而无视被追究者个人的权利。在纠问式诉讼模式下，一方面，国家已经承担起追究犯罪的责任，追诉权国有化；另一方面，控审职能集中和混同，"任何法官都是检察官"，法官集侦查、控诉、审判三权于一身，自侦自查、自诉自审。被告人毫无权利可言，只是被追诉的客体，不是诉讼主体。简言之，纠问式诉讼的特点主要是：国家官吏依其职权主动地追究犯罪，控诉职能和审判职能不分，审判权和行政权合一，均由行使审判权的国家司法机关和司法官吏统一掌握，法庭同时拥有控诉职权，可以主动追诉犯罪；案件主要由行政长官审判，有"判官"，没有现代意义的"法官"；无所谓诉讼当事人，即无论是原告还是被告，实际上都不具有现代法律意义上的当事人的诉讼地位；盛行刑讯逼供，对被告人实行有罪推定，疑罪作有罪判处；侦查和审理案件秘密进行，没有辩护制度。德国法学家拉德布鲁赫认为，纠问程序的功绩在于使人们认识到追究犯罪并非受害人的私事，而是国家的职责；其严重错误则在于将追究犯罪的任务交给法官，从而使法官与当事人合为一体。纠问程序允许在没有人控告的情况下，由法官"依职权"干预。如果说控告式程序是在原告、被告和法官三个主体之间进行的，则纠问程序中就只有法官和被告人双方。被告人面对具备了绝对的法官权力的追诉人，只能束手就擒，因为"控告人如果成为法官，就需要上帝作为律师"。

纠问式刑事诉讼形式盛行于封建社会的君主制度。不仅西欧各国封建时代大多采用了这一诉讼形式，中国近两千年的诉讼制度也一直沿袭了这种形式。

三、职权式诉讼

职权式诉讼的主要标志是刑事犯罪案件由国家进行追诉。在刑事诉讼中，国家各司法机关依其各自职权采取措施，侦查和审判刑事犯罪案件。审判方式、审理的问题均由审判机关确定。法庭审理案件时，法官主动讯问被告人，询问证人、鉴定人和调取新的证据。此后，经主审法官同意，公诉人、辩护人可以询问有关人员。对证据的判断实行自由心证。对被告人实行上诉不加刑的制度。这种诉讼形式的特点在于，注重发挥侦查机关、检察机关、法院在刑事诉讼中的职能作用，特别是法官在审判中的主动指挥作用，而不强调当事人在诉讼中的积极性。大陆法系国家的刑事诉讼一般都采用了这一诉讼形式。

我国传统的刑事诉讼模式，学者称为"超职权主义诉讼模式"。具体表现在：当事人的处分权仅受到法律的有限承认，不足以形成对侦查、起诉和审判者权力的制约，相反却合法地受制于侦查、起诉和审判者所掌握的广泛而强大的国家干预权力；当事人及其律师在主观证明责任（提出证据的行为责任）和客观证明责任（证明不能的败诉风险责任）及其相应权利两个方面均受到职权探知主义的侦查、起诉和庭审模式的控制；当事人少有参与程序事务并决定程序进度的权利；当事人对于程序事项几乎完全听命于侦查、起诉和审判者的程序控制权，而不能对之构成任何制约。"超职权主义诉讼模式"最明显的表现是法官操纵庭审的全过程。庭审以法官为主，对被告的讯问以及对各种指控犯罪证据的核实主要由法官进行，控方再进行补充，这样，法官不是居中裁判，而是与庭审的控方共同对抗辩方，这无异于由法院代行了指控被告人有罪的控诉职能，拥有纠问色彩，影响审判的公正性。这种"超职权主义诉讼模式"因近年的刑事诉讼改革有所缓和，特别是庭审模式的对抗性有所增强，控辩双方主动性有所提高，但"超职权主义"的痕迹依然浓厚，刑事诉讼制度改革还需要进一步深化。

四、辩论式诉讼

辩论式（也称对抗式或当事人主义）诉讼的主要标志是将刑事诉讼视为当事人双方之间的争议，控辩双方诉讼地位平等。法庭审理刑事案件时并不主动调查事实，也不提取和审查证据，由控辩双方各自向法庭提出被告人是否有罪的证据。证明被告人有罪的举证责任由控告方承担，如果证据不足，被告人应无罪释放。辩论式诉讼在不少方面与控告式诉讼相近。

在辩论式诉讼制度下，诉讼各方须向法庭提出其证据和主张，然后由法庭裁定。法官扮演裁判的角色，经考虑证据和聆听各方论辩后作出决定。向法庭陈述案情并提出论说立场和事实根据，是诉讼各方的责任，法庭对案件不作调查。诉讼各方应作充分准备，向法庭提出证据，以证明己方主张的事实和观点。诉讼各方可以在庭上陈述有关的法律、判例或其他资料，以支持自己的论点。聘请律师代表己方进行诉讼，是当事人顺利进行诉讼的重要条件，当事人不可指望法官会"主动主持正义"或协助本方提出主张或者建议，法官不会是任何一方当事人的律师。法官只会指示当事人注意有关规则的要求，或提醒当事人应在法律程序中采取什么步骤。

蒙面的"正义女神"

这一种诉讼形式发端于英国,以后为英联邦的各成员国普遍采用,成为当今英美法系国家刑事诉讼的主要形式。

五、混合式诉讼

混合式诉讼是指融合了大陆法系国家职权式诉讼和英美法系国家辩论式诉讼,以职权主义为基础,同时又吸收了辩论式诉讼的诉讼原则和方法而形成的一种诉讼形式。混合式诉讼具有以下特点:①在混合式诉讼形式下,刑事诉讼分为法庭审判前的侦查追诉阶段和法庭审判阶段;②在审判阶段,弹劾式诉讼特点体现得比较充分,实行不告不理、公开、言词辩论等制度和原则;③在法庭审判前的侦查、起诉阶段,纠问式的特点有所保留和体现;④混合式的侦查、起诉过程一般都不公开,不通过辩论的方式进行。

采用这一诉讼形式的主要是日本。在第二次世界大战前,日本属于大陆法系国家,在诉讼形式上采用了典型的职权式诉讼。二战后,日本为美国占领,其诉讼法律制度受到美国辩论式诉讼形式的影响,在刑事诉讼制度上虽然仍以职权主义为基础,但辩论式诉讼的不少诉讼原则、方法均已进入了其刑事诉讼制度中,如:将检察权与审判权完全分离,行使审判权的机关不能同时具有控诉职能;废除预审制度,法官审理案件前并不对案件进行实质性审查,只要控诉机关提起诉讼,就应当开庭审理;等等。但是,日本的法官在法庭审理案件时仍然具有相当的主动权,也有权主动调查和询问被告人。故这一诉讼形式兼具辩论式诉讼和职权式诉讼两种形式。

除日本外,其他一些国家也开始逐步采用混合式的诉讼形式。如1988年9月22日议会通过并于1989年10月24日生效的《意大利刑事诉讼法典》就规定了这一形式。

第三节 国际刑事司法准则

一、国际刑事司法准则的产生和发展

(一) 国际刑事司法准则的概念

国际刑事司法准则,就是以国际人权保护的基本观念、法则为基础,从而形成一系列旨在保护人权的联合国或者其他国际组织的刑事司法准则和规范,并将其贯彻到国际社会和各国的刑事司法活动中。联合国刑事司法准则是最主要的国际刑事司法准则,它们由联合国或者其所属组织机构制定或者批准。国际刑事司法准则的核心理念和基本原则就是在刑事司法领域保护和发展人权。据此,20世纪后半期不少国家相继展开刑事司法改革,而主题都是张扬人权。

国际刑事司法准则对刑事司法活动影响日巨,特别是对暴力强制色彩突

出的警察、检察官行为,提出了全面、复杂的人权保护要求,由此对国际社会的刑事侦查、起诉和审判,以及犯罪嫌疑人、被告人的羁押看管方式和待遇,提出了具体的可以直接操作和遵守的规范,刑事侦查权力的构造、强制性质和运行方式为之改观。

(二) 国际刑事司法准则的产生

侵犯人权是一种广泛、复杂的社会现象,它不仅存在于刑事司法活动中,也存在于国家和国际社会的其他许多方面。侵犯人权是人类社会的一个恶瘤,而刑事司法领域又经常地、大量地发生侵犯人权的情形。

近现代刑事诉讼法发展变革的历史,是一部人权保障不断进步和完善的历史。崇尚人权、尊重人权、保障人权是两大诉讼模式的共有理念——尽管保护人权的具体制度模式有相当差异。国际刑事司法准则,可以说自17、18世纪资产阶级开始推动刑事司法改革以来,就以启蒙思想家的天赋人权观念为大旗,对旧刑事诉讼制度进行批判,重塑刑事诉讼理念,重构刑事诉讼制度的逻辑延伸。特别是20世纪人类两次遭受不堪言状的惨祸,在重建世界和平的过程中,人们清楚地看到,战争及战争中的刑事司法对人权践踏严重,"重申基本人权,人格尊严与价值",追求人权保障,成为二战以后新一轮刑事诉讼法制变革的基础。国际刑事司法准则就是在国际社会普遍提高对人权的重视和保护水准的总背景下,在《联合国宪章》、《世界人权宣言》、《经济、社会和文化权利国际公约》及《公民权利和政治权利国际公约》等国际基本人权文件宗旨的指导下,直接发展起来的。它们的任务和目的就是把尊重、保护和发展人权的基本国际法准则落实到国际社会的刑事司法制度和活动中,这成为近几十年国际范围内刑事司法改革的重要动力。

特别重要的是,《公民权利和政治权利国际公约》第2条规定,每一缔约国承担尊重和保证在其领土内和受其管辖的一切个人享有本公约所承认的权利;凡未经现行立法或其他措施予以规定者,本公约每一缔约国承担按照其宪法程序和本公约的规定采取必要的步骤,以采纳为实施本公约所承认的权利所需的立法或其他措施。每一缔约国承担:保证任何一个被侵犯了本公约所承认的权利或自由的人,能够得到有效补救,尽管此种侵犯是以官方身份行事的人所为;保证任何要求此种补救的人能由合格的司法、行政或立法当局或由国家法律制度规定的任何其他合格当局断定其在这方面的权利,并发展司法补救的可能性;保证此等补救在得到准许后,确能由合格当局付诸实施。这一条的规定,"表明了国际法中人权的实施主要是国内事务这一原则。国际实施主要限于对政治机构、准司法机构和司法机构所采取的国内措施(不管措施的性质是保护性的还是侵害性的)的监督。国内实施被赋予这种较高的地位源于以下这一得到普遍承认的国际法原则：在国内补救尚未穷尽之前，国际机构不得接受国家间或个人申诉"。

（三）国际刑事司法准则对各国刑事诉讼制度的影响

与国际刑事司法准则的要求相呼应，不少国家纷纷采取措施，在国内，尤其在刑事司法领域，逐步落实国际人权准则。职权主义模式的大陆法国家，强调法官、检察官、警察对被追诉者实现其权利都承担着公正与照顾义务，通过主动的职权活动发现事实真相，惩罚犯罪，保护无辜。在欧陆，刑事诉讼中的人权保护通过《欧洲人权公约》予以规定，通过欧洲理事会及其部长委员会、欧洲人权委员会与欧洲人权法院，保证了"人权法"的实施。欧洲一些国家的刑事诉讼法在欧洲人权法院作出谴责性判决后被迫修改，从而不断提高人权保障水平。近年，英国、意大利、德国、俄罗斯、法国的刑事诉讼法均进行了重大修改。英国通过 1984 年的《警察与刑事证据法》、1985 年的《犯罪起诉法》、1994 年的《刑事审判和公共秩序法》和 1996 年的《刑事诉讼和侦查法》对其刑事程序进行了重大变革。意大利于 1988 年修改了《刑事诉讼法》，形成了较为典型的混合型诉讼模式。德国分别通过了 1992 年的《抗制违法之烟毒麻醉药品交易及其他组织犯罪法》、1993 年的《减轻司法负担法》，1976、1986、1987 年的几部刑事诉讼修正法，以及 1986 年的《被害人保护法》等多部法律，给刑事诉讼程序带来了重大的更新。俄罗斯刑事诉讼法的变革肇始于 1993 年俄罗斯联邦宪法的通过，直至 2001 年 11 月 22 日通过了新的《俄罗斯联邦刑事诉讼法典》，该法于 2002 年 7 月 1 日生效，其间又于 2002 年 5 月、7 月分别通过了两个法律对新法典进行了部分修正。法国于 2000 年 6 月 15 日通过法律，对法国刑事诉讼法进行了多达 142 个条文的修改。法国 2000 年修订的刑事诉讼法，进一步完善了审前程序，增强了审前程序中被追诉人的权益保障，加强了对拘留的法律控制，提前了律师介入侦查程序的时间，增强了检察官对侦查的控制能力，弱化了预审的强职权化和集权化色彩，增设了自由羁押法官，并与预审法官并列，加强了审前程序中的权力分割和制约。

二、国际刑事司法准则的主要内容

（一）《公民权利和政治权利国际公约》有关刑事司法的规定

在三大"国际人权宪章"中，最为明确、集中、具体规定刑事司法准则的是《公民权利和政治权利国际公约》，它全面影响到侦查权力与人权保护相互关系的内容和方式，其主要内容为：①一切个人享有本公约所承认的权利；②任何一个被侵犯了本公约所承认的权利或自由的人，能得到有效的补救；③男子和妇女在享有本公约所载一切公民和政治权利方面有平等的权利；④不得任意剥夺任何人的生命，严格限制适用死刑；⑤任何人不得加以酷刑或施以残忍的、不人道的或侮辱性的待遇或刑罚；⑥人人有权享有人身自由和安全；任何人不得加以任意逮捕或拘禁；任何被逮捕的人，在被逮捕时应被告知逮捕他的理由，并应被迅速告知对他提出的任何指控；任何因刑事指控被逮捕或拘禁被剥夺自由的人，有资格向法庭提起诉讼，以便法庭能不拖延地决定拘禁他是否合法以及如果拘禁不合法时命令予以释放；⑦任何遭受非法逮捕或拘禁的受害者，有得到赔偿的权利；⑧所有被剥夺自由的人应给予人道及尊重其固有的人格尊严的待遇；监狱制度应包括以争取囚犯改造和社会复员为基本目的的待遇；⑨少年罪犯应与成年人犯隔离开，并应给予适合其年龄及法律地位的待遇；⑩所有的人在法庭和裁判所前一律平等；⑪人人有资格由一个依法设立的合格、独立的和无偏倚的法庭进行公正和公开的审讯；⑫凡受刑事控告者，在未依法证实有罪之前，应有权被视为无罪（right to be presumed innocent，有权被推定为无罪）；⑬任何受刑事指控的人，有资格出席受审并亲自替自己辩护或经由他自己所选择的法律援助进行辩护；⑭在受审时，有资格在同等的条件下对对他不利和有利的证人进行询问；⑮如他不懂或不会说法庭上所用的语言，能免费获得译员的援助；⑯不被强迫作不利于他自己的证言或强迫承认犯罪；⑰对少年的案件，在程序上应考虑到他们的年龄和帮助他们重新做人的需要；⑱凡被判定有罪者，应有权由一个较高级法庭对其定罪及刑罚依法进行复审；⑲根据新的或新发现的事实确实表明发生了误判，因这种定罪而受到刑罚的人应依法得到赔偿；⑳任何人已依一国的法律及刑事程序被最后定罪或宣告无罪者，不得就同一罪名再予以审判或惩罚；㉑任何人的任何行为或不行为，在其发生时依照国家法或国际法均不构成刑事罪者，不得据以认为犯有刑事罪；所加刑罚不得重于犯罪时适用的规定，如犯罪后依法规定应处较轻刑罚，犯罪者应予减刑；等等。

（二）联合国其他关于刑事司法准则的主要文献与内容

联合国其他关于刑事司法准则的法律文件很多，其中提出的刑事司法准则既广泛、复杂，又十分具体。

1. 关于司法独立与公正执法。《关于司法机关独立的基本原则》（1985年11月29日通过）要求，"各国应保证司法机关的独立，并将此项原则正式载入其本国的宪法或法律之中"，"司法机关应不偏不倚，以事实为根据并依法律规定来裁决其所受理的案件，而不应有任何约束，也不应为任何直接间接不当影响、怂恿、压力、威胁或干涉所左右，不论其来自何方或出于何种理由"。《关于检察官作用的准则》（1990年9月7日通过）规定，"检察官的职责应与司法职能严格分开"，"检察官应在刑事诉讼，包括提起诉讼和根据法律授权或当地惯例，在调查犯罪、监督调查的合法性、监督法院判决的执行和作为公众利益的代表行使其他职能方面发挥积极作用"。

2. 关于"执法人员"对被拘禁者的保护。主要有《执法人员行为守则》(1979年12月通过)、《保护所有遭受任何形式拘留或监禁的人的原则》(1988年12月批准)、《非拘禁措施最低限度标准规则（东京规则）》(1990年12月批准)和《执法人员使用武力和火器的基本原则》(1990年12月批准)。这些法律文件将"执法人员"限定为"行使警察权力，特别是行使逮捕或拘禁权力的所有司法人员，而无论是指派的还是选举的"。规定："执法人员在执行任务时，应尊重并保护人的尊严，并且维护每个人的人权"；"执法人员只有在绝对必要时才能使用武力，而且不得超出执行职务所必需的范围"；"各国政府应确保对执法人员任意使用或滥用武力或火器的情况按本国法律作为刑事犯罪予以惩处"；"非拘禁措施的采纳、界定以及适用应在法律条文中加以规定"；所有非拘禁措施，"实施前应征得罪犯的同意"。

3. 关于禁止酷刑和其他不人道待遇。主要有《保护人人不受酷刑和其他残忍、不人道或有辱人格待遇或处罚宣言》(1975年12月批准)和《禁止酷刑和其他残忍、不人道或有辱人格待遇或处罚公约》(1984年12月通过，简称"禁酷公约")。"禁酷公约"将前一宣言的内容进行了法律化和具体化，其明确规定："每一个国家应按照本宣言的各项条款，采取有效措施，防止在本国的管辖范围内施行酷刑或其他残忍、不人道或有辱人格的待遇或处罚"；"每一缔约国应确保在任何诉讼程序中，不得援引任何业经确定系以酷刑取得的口供为证据，但这类口供可用作被控施用酷刑者刑讯逼供的证据"。

4. 关于死刑的限制和人道化。主要是《关于保护死刑犯的权利的保障措施》(1985年9月通过)，有9项规定，如"只有最严重的罪行可判处死刑"；"对犯罪时未满18岁的人不得判处死刑；对孕妇或新生婴儿的母亲或已患精神病者不得执行死刑"；"任何被判处死刑的人有权向较高级的法院上诉"；"任何被判处死刑的人有权寻求赦免或减刑"；"判处死刑的执行应尽量以引起最少痛苦的方式为之"。

5. 关于囚犯待遇方面。主要有《囚犯待遇最低限度标准规则》(1957年7月批准)和《切实执行囚犯待遇最低限度标准规则的步骤》(1984年5月批准)。前一文件主要规范监狱工作，规定囚犯的最低待遇，目的是"为了防止虐待行为"；后者将前者的适用范围扩大到"未经指控而被逮捕或监禁的人应享有的那些与被逮捕的或候审的人和被判刑的囚犯同样的保护"。《囚犯待遇最低限度标准规则》对囚犯入监登记、分类关押、住宿、个人卫生、服装和卧具、饮食、体育活动、医务、纪律和惩罚、戒具、囚犯应获资料及提出申诉、与外界的联系、书籍、宗教、囚犯财产的保管、"死亡、疾病、移送等通知"、囚犯的迁移、监所人事、检查等方面作出了具体的规定。

6. 关于保护未成年人和预防少年犯罪。主要有《儿童权利宣言》(1959年11月通过)、《儿童权利公约》(1989年11月通过)、《少年司法最低限度标准规则(北京规则)》(1985年11月29日批准)、《预防少年犯罪准则(利雅得准则)》(1990年12月批准)和《保护被剥夺自由少年规则》(1990年12月批准)。联合国高度重视对青少年权利的保护和促进,预防少年违法犯罪是联合国和其他国际组织关注的重要问题。由于少年极易受到伤害,对被剥夺自由的少年需要加以特殊注意和保护,这些法律文件对少年的刑事责任年龄、少年在诉讼各个阶段的权利(包括无罪推定、控状通知本人、保持沉默、聘请律师、讯问少年时父母或其他监护人在场、与证人对质和上诉等权利)都作出了明确规定。

7. 关于保护被害人。主要是《为罪行和滥用权力行为受害者取得公理的基本原则宣言》(1985年11月25日批准)。这里,"受害者"系指"个人或整体受到伤害(包括身心损伤、感情痛苦、经济损失或基本权利的重大损害)的人"。而罪行受害者是指其"伤害是由于触犯会员国现行刑事法律(包括那些禁止非法滥用权力的法律)的行为或不行为所造成"的人。"对待罪行受害者时应给予同情并尊重他们的尊严,他们有权向司法机构申诉并为其所受损害迅速获得国家法律规定的补救"。"滥用权力受害者"则指的是其"伤害是由于尚未构成触犯国家刑事法律但违反有关人权公约的国际公认规范的行为或不行为所造成"的人。"各国应考虑将禁止滥用权力并为这类滥用权力受害者提供补救措施的规定纳入国家法律准则"。

第四节 国际刑事审判规则

国际刑事审判规则在我国刑事诉讼法学中,至少在已经公开出版的各种刑事诉讼法教材中,长期没有得到应有的重视。一些从事国际刑法学的学者,在他们的研究中倒对于国际刑事审判及其规则略有涉及。根据这些学者的研究,本书对国际刑事审判规则略加介绍。

一、国际刑事审判与国际刑事法院

(一) 国际刑事审判

在实体法上,国际社会对国际犯罪的认识始于17世纪习惯国际法对海盗罪(Piracy)的认识:海盗一直被认为是逐出法外之人,是一种"违反人类的罪行者"。按照国际法,海盗行为使海盗丧失了其本国的保护,因而丧失其国家属性;而且他的船舶,或者飞机,虽然过去可能具有悬挂某一国家旗帜的权利，但现在却丧失了这种权利。国际法上的海盗行为是一种国际罪行，海盗被认为是一切国家的敌人，他可以被落入其管辖权的任何国家加以法办。1937年9月14日的《尼翁协议》（Nyon Arrangement）将海盗罪行列入国际犯罪种类之内，使之成为国际社会最早认同的典型的国际犯罪。此后，贩卖奴隶行为和战争行为应受国际谴责的特征逐渐显露出来，因而也成为国际社会谴责的对象。

在刑事程序上，国际社会对国际犯罪的认识可以追溯到1474年，当时27名圣罗马帝国法官审理了皮特·冯·哈根巴士（Peter Von Hagenbush），允许其军队实施强奸、杀害和掠夺无辜平民财产的行为，并因这种行为侵犯了"上帝和人道法"（Laws of God and Man）而认定其有罪。这次审判尝试被国际社会视为国际刑事审判的序幕。然而，由于当时国际刑事审判机构以及其他国际性审判机构或司法机构均未诞生，所以这项审判属于在"非正式"场所中进行的审判活动。

在第一次世界大战爆发之前，Carnegie Endowment建立了一个唯一具有国际特色的非政府委员会，该委员会负责调查1912年第一次巴尔干战争和1913年第二次巴尔干战争中针对平民和战犯实施的那些应受指控的暴行。在第二次巴尔干战争开始时，为了向西方国家提供一个"受影响地区正在发生事件的清晰的、可靠的画面"，该委员会调查了冲突的整个过程及个人行为。巴尔干委员会组织了几个事实调查团，在事后根据他们发现的事实作出了实质性的报告，并于1914年7月递交了这些报告，同年8月第一次世界大战爆发，该报告的作用便成为历史的缩影。

第一次世界大战之后，法国、英国、美国、意大利等战胜国经过多方妥协最终达成了《凡尔赛条约》，建立了世界上第一个正式的战争发起者责任与刑罚委员会。该委员会提出895名应受指控的战争罪犯名单，并希望通过协约国军事法庭进行一次较为正式的国际刑事审判，即根据1907年《海牙公约》序言中马顿斯条款的规定，起诉1915年在土耳其境内实施大规模屠杀亚美尼亚人的土耳其官员以及其他实施"违反人道主义罪行"的个人。尽管由于当时政治等多方面的因素，协约国的审判活动没有成为现实，特别是莱比锡的审判。[1]

---

〔1〕第一次世界大战刚结束时，战胜国就启动了国际社会对战争罪犯进行审判的初次尝试，即历史上的莱比锡审判。但是，正如一位哲人所说："政治上的利益常常会战胜国家对正义的追求。"为了在防范苏联的崛起的同时拉拢德国，法庭仅仅审判了12名德国普通军官，而且最重的刑罚也未超过4年。这不仅彻底断送了审判的公正性，审判自身的软弱和妥协再次助长了那些战争发起者的嚣张气焰，并间接导致了二战的爆发。

第二次世界大战后，不仅强调战争罪、反人道罪、危害人类罪及侵略罪等是严重国际犯罪，还肯定了灭绝种族罪等其他国际犯罪。在程序法上，纽伦堡审判和东京审判创设和发展出一系列国际刑事审判规则。纽伦堡法庭宪章及其审判活动，以革新的方法创制了解决武装冲突的法律，创设了新的国际法原则——纽伦堡原则（其中包括著名的个人刑事责任原则）。尽管纽伦堡国际军事法庭确立的个人刑事责任原则属于事后的立法行为（ex post facto legislation），没有依据当时国际社会广泛崇尚的罪刑法定原则（nullum crimen sine lege, nulla poena sine lege），但是纽伦堡审判的合法性却毋庸置疑。

纽伦堡审判和东京审判的深远意义还表现在另外两个方面：一是促使联合国将注意力转移到建立一个常设国际刑事法院问题；二是促进有关国际罪行法典的编纂工作。

1991年以来，前南斯拉夫境内发生了严重违反国际人道主义法的国际性武装冲突，1994年卢旺达境内的武装冲突中也出现了灭绝种族罪和严重违反国际人道主义法行为的事件，这些事件进一步推动了国际刑事审判准则的发展。1992年10月6日，安理会正式通过第780号决议，决定建立前南斯拉夫调查战争罪行专家委员会，这个专家委员会负责对前南斯拉夫冲突中的"严重违反日内瓦公约和其他违反国际人道法的行为"的调查和取证工作。1993年5月25日前南国际刑事法庭（ICTFY，以下简称前南法庭）在海牙正式成立。继前南法庭建立之后，1994年7月安理会通过第935号决议，旨在调查卢旺达内战期间严重违反国际人道法的行为，并建立了卢旺达调查违反国际人道法专家委员会，其中包括调查可能实施种族灭绝行为的专家委员会。同时安理会第995号决议批准了卢旺达法庭规约和审判机制。卢旺达国际刑事法庭是联合国于二战后在审判大规模的反人道罪行和种族灭绝罪行方面进行的第二次尝试，这也是联合国首次授权给一个法庭针对在国内武装冲突中发生的各类违反国际人道法的罪行进行调查和审判，使得国际特设法庭突破了国际冲突理论的束缚，而不是仅仅在世界大战或国际冲突后顺应形势而产生。

从莱比锡审判的流产到纽伦堡和东京的大审判，从前南斯拉夫问题、卢旺达问题到关系到整个人类幸福和安危的国际人权维护，国际社会一直在摸索中实践，并且最终促成了《国际刑事法院规约》的通过和国际刑事法院的设立。虽然在各国之间，关于国际刑事法院如何具体运作还存在种种争议与怀疑，世界两个主要国家——中国和美国也出于各自的考虑未加入《规约》，但是，人类社会对于正义和公正的追求和期许是永恒的，这一切，关乎千万人的基本权利与自由，也需要整个国际社会的配合和推动。

（二）国际刑事法院的创设

国际刑事法院（International Criminal Court，ICC）是根据联合国1998年外交全权代表会议通过的《国际刑事法院规约》（又称《罗马规约》）的规定，于2002年7月1日正式成立的。其设在荷兰海牙。国际刑事法院的前身是联合国前南斯拉夫和卢旺达问题特别法庭。

联合国很早就认识到有必要设立一个国际刑事法院来起诉灭绝种族等罪行。联合国大会在1948年12月9日第260号决议中说："认为有史以来，灭绝种族行为殃祸人类至为惨烈；深信欲免人类再遭此类狞恶之浩劫，国际合作实所必需。"为此，通过了《防止及惩治灭绝种族罪公约》。公约第1条将灭绝种族定性为"国际法上的一种罪行"，第6条则规定，凡被诉犯灭绝种族罪者，"应交由行为发生地国家的主管法院或……（具有）管辖权的国际刑事法庭审理"。在该决议中，大会还请国际法委员会"研究宜否及可否设立一个国际司法机构以审判被控犯灭绝种族罪的人……"。国际法委员会得出的结论是，设立一个国际法院来审判被控犯了灭绝种族罪或其他具有类似严重性的罪行的人，是既适宜也有可能的。随后，大会设立了一个委员会，就设立这样一个法院的问题拟提案。该委员会于1951年拟订了一份规约草案，又于1953年提出了一份订正规约草案。不过，大会决定，在侵略的定义获得通过之前，先不审议规约草案。

从那时以来，曾经断断续续地审议过设立国际刑事法院的问题。1989年12月，大会根据特立尼达和多巴哥的请求，请国际法委员会重新就国际刑事法院的问题进行工作，并把它的管辖权扩大到毒品贩运。

从那以后不久，国际法委员会成功完成了起草国际刑事法院规约草案的工作，于1994年将规约草案提交给联大。为了审议规约草案所引起的重大实质性问题，联大设立了"国际刑事法院问题特设委员会"，在1995年开了两次会。联大在审议了特设委员会的报告后，又设立了"国际刑事法院预备委员会"，负责拟订一份能够得到广泛接受的综合案文草案，提交给将要举行的外交会议。预备委员会从1996到1998年举行了几届会议，最后一届于1998年3～4月举行，完成了案文起草工作。

联大在其第五十二届会议上决定召开联合国设立国际刑事法院全权代表外交会议，"以期最后拟订和通过设立国际刑事法院的公约"。这个外交会议后来于1998年6月15日～7月17日在意大利罗马举行。1998年7月17日，外交会议表决通过《国际刑事法院罗马规约》。

根据《罗马规约》的规定，国际刑事法院必须在《规约》获得60个国家的签署和批准后才可成立。截至2002年12月，已有139个国家签署，并有

85 个国家批准了该规约。

国际刑事法院设有 18 位法官、1 个检察官办事处、1 个预审庭、1 个审判庭和 1 个上诉庭。18 位法官经选举产生，任期 3~9 年不等，不能有两位法官来自同一个国家。国际刑事法院首批 18 名法官于 2003 年 3 月在荷兰海牙宣誓就职。

（三）国际刑事法院的职能

根据《罗马规约》，国际刑事法院将对批准国及联合国安理会移交的案件进行审理，但只审理 2002 年 7 月 1 日以后发生的案件。

国际刑事法院与审判战犯的纽伦堡国际军事法庭、远东国际军事法庭和前南斯拉夫问题国际刑事法庭、卢旺达问题国际法庭等不同，这些法庭均有一定存在期限，而国际刑事法院是一个永久性的国际司法机构。国际刑事法院是一个独立实体，它将能对其管辖权范围内的犯罪采取行动，而无需联合国安全理事会特别授权。

国际刑事法院将审理国家、检举人和联合国安理会委托它审理的案件。法院有权对种族灭绝罪、战争罪、反人类罪和侵略罪进行审判，但是只追究个人的刑事责任，而且只有在各个国家所属的法院不能自主审理的情况下才可介入。检察官将根据国际刑事法院预审法庭的同意，应某个国家或联合国安理会的请求对罪犯进行起诉。根据规定，国际刑事法院无权审理 2002 年 7 月 1 日以前发生的犯罪案件。

国际刑事法院的任务是审判个人而不是审判国家，并追究他们对国际社会关注的最严重犯罪（战争罪、危害人类罪和灭绝种族罪，以及未来将对侵略罪、恐怖罪、毒品罪）所应负的责任。而国际法院作为联合国的主要司法机关，它主要处理国家之间的争端，在涉及个人刑事责任的事情上，不具有管辖权。

国际刑事法院的整个前提是互补性原则，这意味着只有在国家法院本身不能够或不愿意真正行使管辖权时，国际刑事法院才能行使管辖权。国际刑事法院并非要取代国家法院的权力，只是有时一国的法院体制可能会崩溃而停止运作，而有些政府可能会宽容或本身参与某种暴行，或者官员们不愿意起诉权势显赫的人，这时国际刑事法院可以通过一定途径行使管辖权。

二、国际刑事审判规则

（一）国际刑事审判规则的范围

国际刑事审判规则的范围主要包括国际刑事审判特别法庭和常设国际刑事法院所依据的法庭组织宪章和审判程序规则，它们是：

1.《纽伦堡国际军事法庭宪章》；

2.《远东国际军事法庭宪章》、《远东国际军事法庭程序规则》;
3.《前南斯拉夫国际刑事法庭规约》;
4.《卢旺达国际刑事法庭规约》;
5.《安理会修改前南和卢旺达法庭规约的决议》;
6.《国际刑事法院罗马规约》(《罗马规约》)、《国际刑事法院程序和证据规则》。

(二) 国际刑事审判规则的主要内容

国际刑事审判规则发展的总趋势是越来越完善。《纽伦堡国际军事法庭宪章》仅有30条,而且包含了法庭组织和程序规则;《远东国际军事法庭宪章》与其《程序规则》是分开的,审判程序也更复杂;《国际刑事法院罗马规约》有110余条与刑事审判程序有关,其《程序和证据规则》有225条之多。

在《罗马规约》里,其规定的刑事审判规则大致有如下内容:

1. 关于法院的管辖权、可受理性和适用的法律的规定。国际刑事法院的管辖权限于整个国际社会关注的最严重犯罪:灭绝种族罪、危害人类罪、战争罪、侵略罪。法院仅对规约生效后实施的犯罪具有管辖权;对于在规约生效后成为缔约国的国家,法院只能对在规约对该国生效后实施的犯罪行使管辖权,除非该国另有声明。行使管辖权的先决条件是:一国成为规约缔约国,并接受法院对规约第5条所述犯罪的管辖权。

2. 检察官、预审分庭的职权和诉讼程序。

3. 规定了一罪不二审、法无明文不为罪、无罪推定、对人不溯及既往、个人刑事责任、对不满18周岁的人不具有管辖权、官方身份的无关性、不适用时效(无时效限制)、法官独立等原则。

4. 适用的法律。①适用规约、《犯罪要件》和法院的《程序和证据规则》。②视情况适用可予适用的条约及国际法原则和规则,包括武装冲突国际法规确定的原则。③无法适用上述法律时,适用法院从世界各法系的国内法(包括适当时从通常对该犯罪行使管辖权的国家的国内法)中得出的一般法律原则,但这些原则不得违反规约、国际法和国际承认的规范和标准。④法院可以适用其以前的裁判所阐释的法律原则和规则。所适用和解释的法律必须符合国际承认的人权,而且不得根据性别、年龄、种族、肤色、语言、宗教或信仰、政见或其他见解、民族本源、族裔、社会出身、财富、出生或其他身份等作出任何不利区别。

5. 法院的组成和行政管理。法院在选举法官后,组建三个庭。上诉庭由院长和4名其他法官组成,审判庭由至少6名法官组成,预审庭也应由至少6名法官组成。指派各庭的法官时,应以各庭所须履行的职能的性质及法院当选法官的资格和经验为根据,使各庭在刑法和刑事诉讼以及在国际法方面的专长的搭配得当。审判庭和预审庭应主要由具有刑事审判经验的法官组成。

6. 程序和证据规则。《程序和证据规则》在缔约国大会成员 2/3 多数通过后生效。《程序和证据规则》及其修正案和任何暂行规则,应与规约保持一致。《程序和证据规则》的修正案及暂行规则不应追溯适用,以免损及被调查、被起诉或已被定罪的人。规约与《程序和证据规则》内容冲突的,以规约为准。为法院日常运作的需要,法官应依照规约和《程序和证据规则》以绝对多数制定《法院条例》。

7. 调查和起诉。检察官在评估向其提供的资料后,即应开始调查,除非其本人确定没有依照规约进行调查的合理根据。检察官进行调查后,可以断定有无进行起诉的充分根据。检察官认为没有起诉的充分根据时,应将作出的结论及其理由通知预审分庭及有关国家,或联合国安理会。

8. 调查期间的个人权利。进行调查时,被调查人享有下列权利:①不被强迫证明自己有罪或认罪;②不受任何形式的强迫、胁迫或威胁,不受酷刑,或任何其他形式的残忍、不人道或有辱人格的待遇或处罚;③在讯问语言不是该人所通晓和使用的语言时,免费获得合格口译员的协助,以及为求公正而需要的文件译本;④不得被任意逮捕或羁押;也不得基于规约规定以外的理由和根据其规定以外的程序被剥夺自由。检察官应在进行讯问前告知被调查人享有以下权利:①被告知有理由相信他或她实施了国际刑事法院管辖权内的犯罪;②保持沉默,而且这种沉默不作为判定有罪或无罪的考虑因素;③获得该人选择的法律援助,或在其没有法律援助的情况下,为了实现公正而有必要时为其指定法律援助,如果无力支付,则免费提供;④被讯问时律师在场,除非该人自愿放弃获得律师协助的权利。

9. 预审分庭的权力和作用。除规约规定的其他职能以外,预审分庭具有下列权力:①应检察官请求,发出进行调查所需的命令和授权令。②应被逮捕或被传唤到庭的人的请求,发出必要的命令,采取措施,寻求必要的合作,以协助该人准备辩护。③在必要的时候,下令保护被害人和证人及其隐私,保全证据,保护被逮捕或被传唤到庭的人,以及保护国家安全资料。④预审分庭在尽可能考虑到有关缔约国的意见后,根据情况断定该缔约国显然无法执行合作请求的,可以授权检察官在未取得该国合作的情况下,在该国境内采取特定调查步骤。⑤如果已发出逮捕证或传票,根据规约及《程序和证据规则》的规定,在适当考虑到证据的证明力和有关当事方的权利的情况下,寻求有关国家合作,要求为没收财物特别是为了被害人的最终利益而采取保护性措施。⑥预审分庭可以发出逮捕证或出庭传票。缔约国在接到临时逮捕或逮捕并移交的请求时，应立即采取措施逮捕有关的人，将被逮捕的人迅速提送羁押国的主管司法当局。该主管司法当局应依照本国法律审查确定逮捕的合法性，并且办理暂时释放、羁押或者向刑事法院递解该人等事宜。

10. 审判前确认指控程序。

11. 审判程序。除另有决定外，审判地点为国际刑事法院所在地。审判时被告人应当在场。如果出庭的被告人扰乱审判，审判分庭可以将被告人带出法庭，安排被告人在庭外观看审判和指示律师，并在必要时可利用通讯技术。审判分庭应确保审判公平、从速进行，充分尊重被告人的权利，并适当顾及对被害人和证人的保护。审判分庭可以行使任何一种预审分庭职能，传唤证人到庭和作证，以及要求提供文件和其他证据，必要时可根据规约的规定取得各国协助，指令其保护机密资料，命令其提供除当事各方已经在审判前收集或在审判期间提出的证据以外的其他证据，指令保护被告人、证人和被害人，并裁定任何其他有关事项。审判应公开进行，但审判分庭可以因情况特殊而确定某些诉讼程序不公开进行。

12. 被告人认罪的程序。如果被告人自行认罪，审判分庭应确定以下各点：被告人明白认罪的性质和后果，被告人是在充分咨询辩护律师后自愿认罪的，承认的犯罪为案件事实所证实，并且这些事实载于：①检察官提出并为被告人承认的指控；②检察官连同指控提出并为被告人接受的任何补充材料；③检察官或被告人提出的任何其他证据，如证人证言。如果审判分庭认为认罪事项确定，审判分庭应将认罪连同提出的任何进一步证据视为已确定构成所认之罪成立所需的全部基本事实，并可以判定被告人犯下该罪。如果审判分庭认为上述所述事项未能予以确定，审判分庭应按未认罪处理，在这种情况下，审判分庭应命令依照规约所规定的普通审判程序继续进行审判，并可以将案件移交另一审判分庭审理。如果审判分庭认为为了实现公正，特别是为了被害人的利益，应当更全面地查明案情，审判分庭可以采取下列行动之一：要求检察官提出进一步证据，包括证人证言；命令依照规约所规定的普通审判程序继续进行审判，在这种情况下，应按未认罪处理，并可以将案件移交另一审判分庭审理。检察官和辩护方之间就修改指控、认罪或判刑所进行的任何商议，对法院不具任何约束力。

13. 被告人的权利。在确定任何指控时，被告人有权获得符合规约各项规定的公开审讯，有权获得公正进行的公平审讯，以及在人人平等的基础上获得下列最低限度的保证：以被告人通晓和使用的语言迅速被详细告知指控的性质、原因和内容；有充分时间和便利准备答辩，并在保密情况下自由地同被告人所选择的律师联系；没有不当拖延地受到审判；除另有规定外，审判时本人在场，亲自进行辩护或者通过被告人所选择的法律援助进行辩护，在被告人没有法律援助时，应被告知这一权利，并在为了实现公正而有必要的时候，由法院指定法律援助，如果无力支付，则免费提供；询问或者请他人代为询问对方证人，并根据对方传讯证人的相同条件要求传讯被告人的证人。被告人还应有权进行答辩和提出根据规约可予以采纳的其他证据；如果法院的任何诉讼程序或者提交法院的任何文件所用的语言，不是被告人所通晓和使用的语言，有权免费获得合格的口译员的协助，以及为求公正而需要的文件的译本；不被强迫作证或认罪，保持沉默，而且这种沉默不作为判定有罪或无罪的考虑因素；作出未经宣誓的口头或书面陈述为自己辩护；不承担任何反置的举证责任或任何反驳责任。

14. 被害人和证人的保护及参与诉讼。

15. 证据。每一证人在作证前，均应依照《程序和证据规则》宣誓，保证其将提供的证据的真实性。审判时证人应亲自出庭作证，但另有规定的除外。法院可以根据规约和《程序和证据规则》的规定，准许借助音像技术提供证人的口头或录音证言，以及提出文件或笔录，但这些措施不应损害或违反被告人的权利。当事各方可以提交与案件相关的证据。法院有权要求提交一切其认为必要的证据以查明真相。法院可以依照《程序和证据规则》，考虑各项因素，包括证据的证明价值以及这种证据对公平审判或公平评估证人证言可能造成的任何不利影响，来裁定证据的相关性或可采性。法院应尊重和遵守《程序和证据规则》规定的保密特权。法院不应要求对人所共知的事实提出证明，但可以对这些事实作出司法认知。在下列情况下，以违反规约或国际公认人权的手段获得的证据应不予采纳：违反的情节显示该证据的可靠性极为可疑；如果准予采纳该证据，将违反和严重损害程序的完整性。法院在裁判一国所收集的证据的相关性或可采性时，不得裁断该国国内法的适用情况。

16. 判刑。审判分庭作出有罪判决时，应当考虑在审判期间提出的与判刑相关的证据和意见，议定应判处的适当刑罚。刑罚应公开并尽可能在被告人在场的情况下宣告。法院可以判处有期徒刑或无期徒刑，判处有期徒刑的，最高刑期不能超过30年。法院还可以命令处以罚金，没收直接或间接通过该犯罪行为得到的收益、财产和资产，但不得妨害善意第三方的权利。

17. 上诉和改判。对无罪或有罪判决或判刑，检察官、被告人可以上诉。上诉分庭具有审判分庭的全部权力。如果上诉分庭认定上诉所针对的审判程序有失公正，影响到裁判或判刑的可靠性，或者上诉所针对的裁判或判刑因为认定事实错误、适用法律错误或程序错误而受到重大影响，上诉分庭可以：①推翻或修改有关的裁判或判刑；②命令由另一审判分庭重新审判。为了上述目的，上诉分庭可以将事实问题发回原审判分庭重新认定，由该分庭向其提出报告，上诉分庭也可以自行提取证据以认定该问题。如果该项裁判或判刑仅由被定罪人或由检察官代该人提出上诉，则不能作出对该人不利的改判。对于不服判刑的上诉，如果上诉分庭认定罪刑不相称，可以变更判刑。上诉分庭的判决应由法官的过半数作出，在公开庭上宣告。判决书应说明根据的理由。在不能取得一致意见的情况下，上诉分庭的判决书应包括多数意见和少数意见，但法官可以就法律问题发表个别意见或反对意见。上诉分庭可以在被判无罪的人或被定罪的人缺席的情况下宣告判决。

考核提示

了解：刑事诉讼的历史类型、国际刑事司法准则、国际刑事审判规则。

理解：控告式、纠问式、职权式、辩论式和混合式诉讼类型及其特征。

主题讨论

1964 年，斯坦福大学法学院教授帕克（Packer）在《宾夕法尼亚大学法律评论》上发表了日后震惊学术界的论文——《刑事诉讼的两种模式》。帕克教授指出，存在着两种不同的刑事诉讼程序模式：犯罪控制模式和正当程序模式。在犯罪控制模式下，效率是一个至高无上的目标。它要求所有国家机关以最大的限度、在第一时间抓获并惩罚犯罪分子。在正当程序模式下，公平和正义是刑事程序追求的主要目标。它认为刑事程序中发现事实是非常困难的，所以为了确保事实的准确性，就需要采取各种措施防止出现差错和误判。在犯罪控制模式下，刑事程序如同一条流水生产线，而正当程序模式更像跨栏比赛——法律设置了许多标准，犹如一道道障碍，跨栏选手要想跑到终点，就必须克服所有的障碍。此后，学者们提出了各种各样的刑事诉讼模式学说，如职权主义与当事人主义模式就是一种被广泛接受的分类。那么，刑事诉讼模式划分有什么意义？我国不同阶段制定的刑事诉讼法各自属于哪种模式呢？它们又分别具有哪些特征？……

请在阅读《争鸣与思辨：刑事诉讼模式经典论文选译》与《刑事诉讼构造论》两书的基础上，结合 1979 年、1996 年和 2012 年《刑事诉讼法》，以"刑事诉讼模式"为主题，举办一次课外学术讨论会。

阶段自测

一、单项选择题

1. 刑讯逼供合法化是（　　）的突出特点。
   A. 弹劾式刑事诉讼　　　　　　B. 纠问式刑事诉讼
   C. 对抗式刑事诉讼　　　　　　D. 职权式刑事诉讼
2. 能够体现奴隶制社会刑事诉讼公开保护奴隶主享有的特权的选项是（　　）。
   A. 礼不下庶人，刑不上大夫　　B. 罪从供定
   C. 有罪先请　　　　　　　　　D. 混合式诉讼
3. 在"纠问式诉讼"中，诉讼程序的进行主要取决于（　　）。
   A. 被害人　　　　　　　　　　B. 国家司法机关及其官吏
   C. 被追诉人　　　　　　　　　D. 被害人的近亲属

二、多项选择题

大陆法系刑事审判方式的特点是（　　）。
   A. 由合议庭法官主导庭审的进程
   B. 控、辩双方经法官同意后可以询问证人、鉴定人
   C. 法庭在审理之前可以了解全部案件事实及证据材料
   D. 法庭审理采取交叉询问的方式
   E. 由控、辩双方主导庭审的进程

三、简答题

1. 简述控告式诉讼的特征。
2. 简述纠问式诉讼的特征。
3. 简述职权式诉讼的特征。
4. 简述辩论式诉讼的特征。
5. 简述混合式诉讼的特征。

第三章

我国刑事诉讼法的产生与发展

☞ 本章导学

本章主要学习新民主主义时期刑事诉讼的产生和发展、新中国刑事诉讼法的产生和发展、中华人民共和国刑事诉讼法的修改。重点和难点是1996年和2012年对刑事诉讼法的修改。

☞ 学习引入

2012年3月14日,第十一届全国人民代表大会第五次会议通过了《关于修改〈中华人民共和国刑事诉讼法〉的决定》。对于新修正的《刑事诉讼法》,各界人士褒贬不一,有人认为亮点很多、进步很大,也有人认为"抽象进步、具体退步"、"小处进步、大处退步"。那么,放在我国刑事诉讼法产生和发展的历史长河中,我们该如何来评价它?新修正的《刑事诉讼法》有哪些重要修改?与1979年和1996年的规定相比,是进步了还是退步了?通过本章的学习,相信同学们会有更加全面的认识。

我国(大陆地区)刑事诉讼法的产生与发展经历了一个漫长的历程。第一次和第二次国内革命战争时期,在中国共产党领导下建立起来的红色革命政权在夺取全国政权以前,为了革命运动和根据地建设的需要,已经着手建立司法机关,制定刑事诉讼的规则,开始了建立我国新型的刑事诉讼法律制度的尝试。第二次国内革命战争时期,随着革命根据地的创建与发展,已经出现了较为系统的刑事诉讼制度。抗日战争时期,刑事诉讼制度则同革命根据地的其他司法制度建设一样,得到了较大的发展。解放战争时期,基本上沿用了这一阶段所创立和发展起来的诉讼原则和制度。大陆地区解放以后,刑事诉讼法律制度的建设进入了一个崭新的阶段,尽管发展过程中出现了曲折反复,但1979年制定的《刑事诉讼法》表明了我国刑事诉讼法律制度已经发展和逐步健全。1996年和2012年对《刑事诉讼法》的两次全面修改,则标志着我国刑事诉讼法律制度的建设已经走上了一个新的台阶。

第一节 新民主主义时期刑事诉讼的产生和发展

一、第一次国内革命战争时期共产党领导下的刑事诉讼

在1924~1927年的第一次国内革命战争时期，中国共产党领导下的工农革命运动建立了许多革命组织。这些革命组织既是工农运动的指挥机构，又是革命的政权机关。随着革命政权的出现，人民司法机关及诉讼制度也就应运而生，出现了中国共产党领导下的刑事诉讼制度的萌芽。如在1925年省港工人大罢工运动中，罢工委员会设立厂军法处、特别法庭、会审处等司法机构。在农民运动中，农民协会又建立了"审判土豪劣绅特别法庭"、"仲裁部"等司法组织。这些司法组织尽管只是处于萌芽状态，但却是真正代表工人农民利益、反映我党主张的崭新的人民司法机关。它们在不同程度上废除了旧的诉讼制度，创立了一些反映工人农民利益和意志的新的司法制度和诉讼原则。这些内容不仅在当时对于打击反动势力，保护和促进工农革命起到了重要作用，而且也为我们党在以后建立革命根据地的司法机关和刑事诉讼制度积累了初步的经验。

二、第二次国内革命战争时期革命根据地的刑事诉讼制度

1927~1937年，中国共产党领导人民进行了第二次国内革命战争，先后在全国十几个省、三百多个县创建了革命根据地，并在这些根据地建立了工农民主政权。1931年11月，党在江西瑞金召开了第一次全国工农民主代表大会，成立了中华苏维埃共和国中央工农民主政府。随后，建立了相应的司法组织。在各省、县、区设立了裁判部，在红军中设有初级和高级两级军事裁判所。中央设最高法院，下设刑事法庭、民事法庭和军事法庭。1931年12月颁布了《处理反革命案件和建立司法机关暂行规定》，1932年6月又颁布了《裁判部暂行组织及裁判条例》，由此规定了司法机关处理案件的主要诉讼程序和制度。这些刑事诉讼制度的主要内容有：①在地方实行四级（区、县、省、中央）两审终审制，在红军中实行三级（初级、高级军事裁判所和中央）两审终审制。②实行合议与独任审判相结合的审判组织制度。③实行由职工工会、雇农工会及其他群众团体选举产生陪审员参加审判的陪审制度。④公开审判制度，回避制度。⑤实行被告人有辩护权且可以请辩护人为其辩护的辩护制度。⑥上诉制度。

三、抗日战争时期陕甘宁边区的刑事诉讼制度

抗日战争开始后，为了建立抗日民族统一战线，一致抗日，我党将根据地的革命政权改变为抗日民主政权，原有司法机关的组织体系也作了相应的调整，有的法令也写上了"受中央最高法院之管辖"。但是，中国共产党领导下的各边区司法机关在实际的组织活动上，并未与国民党政府有任何隶属关系，司法机关的性质、处理案件的程序、诉讼制度仍然没有发生实质性的变化，只是不断地健全和完善起来。此时，各司法机关的设置已经基本上按照侦查、起诉、审判的不同职能加以划分，初步形成了司法机关由公安机关、检察机关和审判机关组成的格局。《陕甘宁边区施政纲领》第6条对此作了明确的规定："……除司法系统及公安机关依法执行其职务外，任何机关、部队、团体不得对任何人加以逮捕审问或处罚……"在审判方式上，强调实行公开审判和辩护制度，规定了司法机关审理案件，除法律另有规定外，一律公开进行，准许群众旁听和发言，允许请辩护人代为辩护。在证据制度上，强调重证据不轻信口供的原则，反对刑讯逼供。毛泽东同志当时明确指出："对任何犯人，应坚决废止肉刑，重证据而不轻信口供。"《陕甘宁边区保障人权财权条例》也强调："改进司法制度。坚决废止肉刑，重证据不重口供。""逮捕人犯不准施以侮辱、殴打及刑讯逼供、强迫自首，审判采证据主义，不重口供"，在审判监督方面，建立了较为系统的上诉、复核和再审制度，强调必须实事求是地处理刑事案件，发现错案必须予以纠正。

四、解放战争时期解放区的刑事诉讼制度

解放战争时期，全党的中心工作是保证革命战争的胜利。所以，在战争初期，为了适应需要，原有的人民司法机关进行了精简，有的暂时与公安、民政部门合并，以抽调干部参加解放战争。此期间，各解放区的人民司法机关基本上沿袭了抗日战争时期的格局，仅仅在审判机关的设置上略有不同。这一时期的司法机关在组织形式上大体有以下三种：①土地改革中的人民法庭。它是根据《中国土地法大纲》在农村实行土地改革的地区设立的司法机关，是一种临时性机构，土地改革完成以后即行撤销。②军事管制时期的军事法庭。这是在新解放区军事管制委员会下设的一种临时性司法机构。其主要任务是审判重大反革命案件，保卫革命成果，维护社会秩序。军事管制结束后，这种法庭也即撤销。③地方各级审判机关。在老解放区，随着解放战争的胜利，逐步恢复和健全了解放战争初期的司法机关；在新解放区，首先在大中城市建立了司法机关，以后逐渐建立了中小城市、县区的司法机关。

在刑事诉讼制度上，这一时期基本上沿用了抗日战争时期行之有效的诉讼程序和诉讼制度，同时，又根据新的形势和情况颁布了新的法令，出现了一些新的诉讼制度方面的规定。

1. 1948年11月30日颁布的《关于县市公安机关与司法机关处理刑事案件权责的规定》对公安、司法机关在刑事诉讼中的分工作了明确的规定。凡汉奸特务及内战罪犯的反革命案件，均由公安机关进行侦查并决定是否起诉。对于普通刑事案件，公安机关有权采取必要的紧急措施，然后移送司法机关处理。公安机关对司法机关的判决如有不同意见，可以提起上诉。

2.1949年3月23日发布的《为确定刑事案件复核制度的通令》对刑事案件的监督复核制度作出了具体规定。根据该通令规定，凡县市司法机关判处不满5年有期徒刑、拘役或罚金的案件，原、被告双方声明不上诉或超过上诉期没有上诉的，原判决即生效，应交付执行，但司法机关应将判决每月汇订成册，呈报省或行署司法机关复核。判处5年以上有期徒刑的，则应报送省或行署司法机关复核，经核准方能生效。若认为原判不当，可以改判或发回重审。判处死刑的案件，无论被告人是否要求上诉，均须逐级报送华北人民政府主席批准方能生效。

3.1949年1月发布的《为清理已决与未决案犯的训令》规定了再审制度。该训令规定，对判决已经生效的案件，如果判决所依赖的证据不能证明其确实可靠，应当改判为无罪。一部分罪行可以确定，另一部分罪行没有确实证据予以确定的，对不能确定的部分应宣告无罪。如果有确实证据证明原判决错误的，应宣告无罪释放。

需要特别指出的是，1949年2月，中共中央发布了《关于废除国民党的〈六法全书〉和确定解放区的司法原则的指示》。同年4月，华北人民政府又据此颁发了《废除国民党的〈六法全书〉及一切反动法律的训令》。这两个文件对于废除旧的包括刑事诉讼法律制度在内的一切法律制度体系，建立和完善新中国的刑事诉讼法律制度具有极为重要的指导意义。《中共中央关于废除国民党的〈六法全书〉与确定解放区的司法原则的指示》明确指出："国民党全部法律只能是保护地主与买办官僚资产阶级反动统治的工具，是镇压与束缚广大人民群众的武器，""在无产阶级领导下的以工农联盟为主体的人民民主专政的政权下，国民党的六法全书应该废除，人民的司法工作不能再以国民党的六法全书为依据，而应该以人民的新的法律为依据"。废除"六法全书"在当时具有重大的政治战略意义，宣告了新中国与旧中国在政治、法律制度上的决裂，同时宣告了自清末以来旧中国法制近现代化进程的中断，新中国的法治建设将完全重起炉灶。

总的说来，新中国诞生以前，刑事诉讼活动是政治保卫、革命斗争甚至军事行动的有机组成部分，而且侦查、审判组织与党的组织、根据地政权是紧密结合的。在第二次国内革命战争时期、抗战时期和解放战争时期，根据地政权中的侦查、审判组织逐步完善，但是，它们的职能、活动必须直接服从、服务于政治革命、军事斗争及维护根据地治安的需要，必须直接接受党的首脑机关和主要领导人的领导。共产党作为革命党，为民族解放和人民革命而组织侦查和审判力量，领导侦查和审判工作，刑事诉讼始终是与政治斗争、民族革命、人民解放联系在一起的，它实际上是"枪杆子"的组成部分，直接服务于"枪杆子"。这是理解新中国刑事司法制度和实践的历史前提。

第二节　新中国刑事诉讼法的产生和发展

1949年10月1日，中华人民共和国正式宣告成立。新中国的建立，标志着严格意义上的反映工人阶级意志的法律制度真正具备了产生的条件。在此之前，尽管在中国共产党的领导下，各区域性的革命政权也创制了一些反映工农群众意志的刑事诉讼制度，但是，作为一个国家重要部门法的刑事诉讼法，只能在夺取国家政权以后才有可能产生。在这个意义上可以说，新中国的刑事诉讼法是随着新的人民共和国的建立才产生和发展起来的。

这一历程主要内容如下：

1950年7月14日，中央人民政府政务院第41次会议通过了《人民法庭组织通则》，经中央人民政府主席批准颁布施行。通则规定了人民法庭的设立及职权，规定了办案中严禁刑讯逼供，规定了刑事诉讼实行公开审判、辩护、回避等制度。

1951年9月3日，中央人民政府委员会第12次会议通过了《中华人民共和国人民法院暂行组织条例》、《中央人民政府最高人民检察署暂行组织条例》和《各级地方人民检察署组织通则》。根据这些法令，很快在全国范围内建立起了较为完备的司法组织体系和主要的刑事诉讼法律制度：

1. 关于司法机关的设置。人民法院的设置分为三级：县级人民法院，省级人民法院及其分院、分庭，最高人民法院及其分院。审判刑事案件实行三级两审制。检察机关的设立基本上与人民法院的设立一致，也分为三级：县（市）人民检察署，省（市、行署）人民检察署及其分署，最高人民检察署及其分署。各级人民检察署受上级人民检察署领导，同时又是同级人民政府的组成部分，受同级人民政府委员会的领导。

2. 关于刑事诉讼制度。①审判组织。县级人民法院一般实行独任审判制，对重大疑难案件，由审判员三人合议审判。省级人民法院实行审判员三人合议制，对无需合议的案件，也可由审判员一人独任审判。各级人民法院均设立审判委员会，负责处理疑难案件或重大案件，并对审判工作进行指导。②根据案件性质，实行人民陪审制。③实行公开审判。④诉讼用本民族语言进行。⑤实行纠正错案的再审制度。

1952年3月，为了配合当时正在全国开展的"三反"、"五反"运动，中央人民政府政务院又颁布了《关于三反运动中成立人民法庭的规定》和《关于五反运动中成立人民法庭的规定》两个法令，在专区和部队团以上的机关中设"三反"人民法庭，在工商户违法案件较多的市设"五反"法庭。这两类法庭只是临时性机构，运动结束后即撤销。

1954年9月举行的第一届全国人民代表大会第一次会议，在制定我国第一部宪法的同时，通过了《中华人民共和国人民法院组织法》、《中华人民共和国人民检察院组织法》。同年12月举行的人大常委会第三次会议又通过了《中华人民共和国逮捕拘留条例》。这三个法律的制定和实施，使我国刑事诉讼法律制度在立法上推进了一大步，为以后制定新中国刑事诉讼法的统一法典奠定了基础。

根据《人民法院组织法》的规定，我国人民法院的设置和审级，由原来的三级两审制改变为四级两审制，即将地方法院变更为高、中、基层三级。同时，还设立了军事法院、铁路运输和水上运输等专门法院。

根据《人民检察院组织法》的规定，我国的检察机关设为最高人民检察院、地方各级人民检察院和各专门人民检察院，大体与人民法院的设置相同。在检察机关的领导关系上，将原来"双重领导"体制变更为"垂直领导"，即"地方各级人民检察院和专门人民检察院在上级人民检察院的领导下，并且一律在最高人民检察院的统一领导下进行工作"。

这三个法律关于刑事诉讼原则和制度的规定，可以概括为以下五个方面：

1. 司法权由专门国家机关行使的原则。国家适用侦查、检察和审判权以及拘留、逮捕等强制措施的权力，只能由公安机关、人民检察院和人民法院依法行使，其他任何机关、团体和个人均无权行使。

2. 独立行使职权的原则。即人民法院、人民检察院依法独立行使审判、检察权，不受地方各级国家机关干预。

3. 公民在适用法律上一律平等的原则。

4. 公安机关、人民检察院和人民法院分工负责、互相配合、互相制约的原则。公安机关、人民检察院负责对刑事案件的侦查，人民检察院负责批准逮捕和起诉，人民法院负责审判。人民检察院有权对侦查和审判活动以及刑事判决的执行进行监督。

5. 各民族有用本民族语言文字进行诉讼的权利。

此外，这些法律还规定了被告人有权获得辩护以及合议、回避、死刑复核、审判监督等诉讼制度。

1954年，中央人民政府法制委员会还拟订出了《中华人民共和国刑事诉讼条例（草案）》。党的八大以后，由有关部门组成专门机构，认真总结我们党长期以来进行刑事诉讼的实践经验，并参考和借鉴了国外的一些做法，拟出了《中华人民共和国刑事诉讼法草案（草稿）》，共 7 篇 325 条。1962 年 6 月，在中央政法小组的主持下，组织有关单位参加，又对这一草案进行了修改。经过多次讨论修改，到 1963 年 4 月，形成了《中华人民共和国刑事诉讼法草案（初稿）》，条文共 7 编 18 章，200 条。不久，由于"四清"运动开始，刑事诉讼法的起草工作再一次停顿下来。"四清"以后，又开始了"文化大革命"，一直到 1978 年党的十一届三中全会以后才得以恢复。

1976 年 10 月，林、江反革命集团被粉碎，"文化大革命"结束。1978 年 12 月，具有历史意义的党的十一届三中全会召开。全会总结了建国以来尤其是"文化大革命"的经验教训，指出："为了保障人民民主，必须加强社会主义法制，使民主制度化、法律化，使这种制度和法律具有稳定性、连续性和极大的权威，做到有法可依、有法必依、执法必严、违法必究。从现在起，应当把立法工作摆到全国人民代表大会及其常务委员会的重要议事日程上来。"

1979 年 2 月，全国人大常委会法制委员会开始进行包括刑事诉讼法在内的几个法律的起草修订工作。根据 1963 年的《中华人民共和国刑事诉讼法草案（初稿）》，结合以后的新的认识和经验，尤其是总结了"文化大革命"公民的人身权利、民主权利和其他权利被肆意践踏的沉痛教训，经过反复论证并广泛征求社会各界意见，全国人大常委会法制委员会先后修改并拟订了《修正一稿》（共 217 条）和《修正二稿》（共 164 条）。1979 年 6 月，《修正二稿》被报请五届全国人大二次会议审议，五届人大于 1979 年 7 月 1 日正式通过，并于 7 月 7 日公布，1980 年 1 月 1 日正式施行。

这一部《刑事诉讼法》是新中国成立以后颁布施行的第一部刑事诉讼法典。它的孕育和产生经历了一个漫长的过程。它的颁布施行是我国刑事诉讼法律制度开始走向健全和完善的标志，是我国法制建设的一个重要里程碑。

建国以来新中国刑事诉讼制度的发展历程表明，共产党为建设新中国、建设社会主义、进行改革开放和现代化而直接组织刑事司法力量、领导刑事司法工作，虽然刑事诉讼的"枪杆子"色彩或者直接服务于"枪杆子"的功能减弱了，甚至消失了，可是，"刀把子"的功能都突现出来。总之，在法治理念不深入、法治保障尚欠缺的情况下，刑事诉讼法制、刑事诉讼组织和活动，作为建设和专政的"工具"，着重点一直在于对敌专政，打击、惩罚犯罪，而保护无辜、保障人权实际上处于次要地位。这种状况，直到 20 世纪 90 年代中后期才开始明显转变。

第三节 中华人民共和国刑事诉讼法的修改

一、1996 年对刑事诉讼法的修改

1979 年《刑事诉讼法》施行后，对于惩治犯罪，维护社会治安，保障公民人身和财产安全，保障改革开放和社会主义现代化建设，发挥了重要作用。但是该法实施以后的多年来，改革开放使我们的社会发生了重大变化，国家的经济体制也发生了深刻变化，社会主义市场经济正在逐渐形成。随着情况的变化，刑事犯罪日趋复杂，执法环境也发生了一些改变，在实践中反映出一些问题。因此，有必要总结多年来的实践经验，联系现代法制建设的发展，对刑事诉讼法进行必要的修改。

1993 年以来，全国人大常委会的工作部门会同中央有关部门、地方人大和有关专家对刑事诉讼法实施以来的各有关情况进行了调查研究，广泛征求意见，拟订了《中华人民共和国刑事诉讼法修正案（草案）》。经第八届全国人大常委会第十七次会议初步审议后，根据全国人大常委会委员的审议意见，对《中华人民共和国刑事诉讼法修正案（草案）》又做了一些修改，经八届人大常委会第十八次会议再次审议，决定提请八届人大四次会议审议。1996年 3 月 17 日，八届人大四次会议正式通过了《全国人民代表大会关于修改〈中华人民共和国刑事诉讼法〉的决定》。修改后的刑事诉讼法自 1997 年 1 月1 日起施行。

前述修正案对刑事诉讼的各个环节、原则和诉讼制度均作了一系列重大修改、补充。修改后的刑事诉讼法，条文从原有的 164 条增加至 225 条，修改和补充的内容达 110 处之多。

根据全国人大常委会法制工作委员会顾昂然主任在 1996 年 3 月 12 日第八届全国人大四次会议上向人大代表所作的《关于〈中华人民共和国刑事诉讼法修正案（草案）〉的说明》，对《刑事诉讼法》的修改和补充主要有以下五个方面：

（一）有限度地转变了诉讼理念

1. 仍然坚持有利于追究、惩罚犯罪，维护国家安全、社会安定的理念。社会上始终存在着犯罪现象，需要有惩罚犯罪的实体法律规范——刑法，也需要有保证正确实施刑法的程序法律规范——刑事诉讼法。通过刑法、刑事诉讼法的实施，有效地追究犯罪、惩罚犯罪，就能够维护国家安全和社会安定，保护公民的合法权益不受犯罪侵犯，保证社会主义现代化建设的顺利进行。因此，1996 年刑事诉讼法的修改，充分考虑了如何保证及时有效地追究犯罪、惩罚犯罪，充分考虑了国情民心，并且得到了司法部门的支持。

2. 保障人权成为刑事诉讼的关注对象。大体包括：保护一般公民的合法权益，通过打击犯罪来防止公民的利益受到犯罪的侵犯；保障无罪的人不受刑事追究；保障所有诉讼参与人，特别是被告人和被害人的诉讼权利得到充分行使；使有罪的人受到公正的惩罚，做到程序合法、事实可靠、量刑适当。

3. 推进我国刑事诉讼制度科学化、民主化，切实解决司法实践中存在的比较突出的问题。包括：程序正义的观念逐渐加深，并且开始影响刑事诉讼程序设置；明确控方的证明责任；明确嫌疑人和被告人的诉讼地位和权利；增加关于人民法院、人民检察院独立行使职权的规定，关于无罪推定原则的规定；加强对嫌疑人、被告人诉讼权利的具体保障；等等。

4. 重视借鉴外国的刑事司法经验，注意遵守中国参加或者承认的国际刑事司法准则。中国在日益深入地走向世界，世界也在更加深刻地影响中国。包括刑事诉讼法在内的中国法律建设应当与此相适应。西方国家的法制，除了反映资本主义本质以外，还反映人类社会文明发展的成果，反映立法、司法活动的共同规律，对此应当认真加以借鉴和吸收。此外，我国近年来参加了一些与刑事司法有关的国际会议，有的国际会议形成的国际公约或文件得到我们的确认或者为全国人大所批准。按照国际惯例，一国缔结的国际条约，无论通过签字、批准或者核准，还是通过加入或接受，都是表示其同意承受条约的约束，除声明保留的条款外，都必须全部予以执行。在这方面，1996年刑事诉讼法修正案也有一定起色。

（二）一定程度上完善了强制措施

为了查明案情、追究犯罪，对犯罪嫌疑人或者被告人需要根据情况采取必要的强制措施。刑事诉讼法规定的拘传、拘留、取保候审、监视居住和逮捕等五种强制措施，对保障查明犯罪事实、追究犯罪发挥了重要的作用。但是，由于犯罪情况的日趋复杂和执法环境的变化，这些强制措施的有些规定已经不能完全适应同犯罪斗争的需要，为此，对强制措施做了以下修改：

1. 废止收容审查，完善拘留制度。收容审查是一种行政强制手段，对查明罪犯，特别是查清流窜作案和身份不明的犯罪分子，起了积极作用。但是，收容审查羁押时间较长，而且不经过其他司法机关，而由公安机关决定，缺乏监督制约机制，不符合刑事诉讼法的有关规定。为了进一步加强社会主义民主和法制建设，更好地保护公民的人身权利，需要将收容审查中有利于犯罪斗争的内容吸收到刑事诉讼法中，对有关刑事强制措施进行补充修改，不再保留作为行政强制手段的收容审查。对不讲真实姓名、住址，身份不明和流窜作案、多次作案、结伙作案的现行犯或者重大嫌疑分子，过去公安机关可以收容审查,现在改为公安机关可以先行拘留。并规定,对这几种对象的拘留期限可以延长至 30 日。

2. 重置逮捕的条件,适当调整了逮捕范围。刑事诉讼法规定,对主要犯罪事实已经查清,可能判处徒刑以上刑罚的犯罪嫌疑人,采取取保候审、监视居住等方法,尚不足以防止发生社会危险性,而有逮捕必要的,应即依法逮捕。其中,将"对主要犯罪事实已经查清"作为逮捕的一个基本条件。逮捕的条件规定较严格,对防止以捕代侦有好处,但在实践中,某些犯罪嫌疑人的有些犯罪事实已经查明,但主要犯罪事实尚未完全查清,仍然需要逮捕。因此,将此修改为"对有证据证明有犯罪事实",可能判处徒刑以上刑罚,采取取保候审、监视居住等方法,尚不足以防止发生社会危险性,而有逮捕必要的,应即依法逮捕。

3. 完善监视居住和取保候审。近些年来,流动人口不断增加,为了能够在新的形势下有效地采取取保候审和监视居住,对刑事诉讼法做了以下补充:除保证人外,增加了财产保证;规定了保证人应当履行的义务和承担的责任;明确了被取保候审和监视居住的人应当遵守的规定;具体规定了取保候审和监视居住的对象、期限。

(三) 进一步保障了诉讼参与人的权利

保障诉讼参与人依法享有的诉讼权利,是刑事诉讼法的一条重要的基本原则。为了进一步保障犯罪嫌疑人、被告人和被害人的诉讼权利,对刑事诉讼法做了如下修改:

1. 未经人民法院判决不得定罪。修改后的刑事诉讼法规定,未经人民法院依法判决,对任何人都不得确定有罪。在人民检察院提起公诉以前,将被追诉人称为"犯罪嫌疑人"。经人民法院审判,对证据不足、不能认定被告人有罪的,应当作出证据不足、指控罪名不能确定的无罪判决。

2. 修改律师参加诉讼的时间,保障犯罪嫌疑人、被告人的合法权益。被告人除自己行使辩护权外,还有权委托律师进行辩护。修改前的刑事诉讼法规定,人民法院至迟在开庭 7 日以前,告知被告人可以委托辩护人。为了使律师有足够的时间为辩护做准备,将律师参加诉讼的时间提前到在案件侦查终结移送检察院审查起诉时,律师可以作为被告人的辩护人介入,了解案情,收集与本案有关的材料。同时增加规定了犯罪嫌疑人在被侦查机关第一次讯问或者采取强制措施后,可以聘请律师为其提供法律帮助。

3. 保障被害人的诉讼权利。被害人是犯罪行为的直接受害者,为了进一步保障其权利,修改刑事诉讼法时增加了以下内容:被害人有证据证明对被告人应当追究刑事责任,而公安机关或者人民检察院不予追究刑事责任的,有权向人民法院起诉；被害人有权申请回避；被害人可以委托诉讼代理人参加刑事诉讼；被害人不服第一审判决的，有权请求人民检察院提出抗诉。

（四）完善庭审方式，对职能管辖、免予起诉等做了修改

人民法院、人民检察院和公安机关分工负责，互相配合，互相制约，以保证准确有效地执行法律，这是规范三机关在刑事诉讼活动中的职权和相互关系的原则。根据这个原则，为了更好地发挥三机关的职能作用，在总结经验的基础上，对完善庭审方式、职能管辖和免予起诉等做了修改补充。

1. 完善庭审方式。为了更好地加强庭审，发挥控辩双方的作用，对《刑事诉讼法》做了以下修改补充：①发挥合议庭在审判中的决定作用。刑事案件由合议庭依法判决，只有疑难、复杂、重大案件，合议庭认为难以作出决定的，才由合议庭提请法院院长决定提交审判委员会讨论决定。②人民法院受理公诉案件，对有明确的指控犯罪事实，并附有证据目录、证人名单和主要证据复印件或者照片的，应当开庭审判，至于证据是否确实，在法庭上由双方质证，进行核实，不需要在开庭前全面调查。③凡是公诉案件，除依法适用简易程序审判的以外，检察机关都必须派人出庭支持公诉。④由公诉人、辩护人向法庭出示证据，公诉人、当事人和辩护人可以对证据和案件情况发表意见，互相质证、辩论，充分发挥公诉人、辩护人在法庭审理过程中的作用。

2. 限制检察机关自侦案件的范围。根据司法机关分工负责、互相制约的原则，检察院自侦案件的范围，主要限于国家工作人员利用职务的犯罪。因此，人民检察院立案侦查的案件明确规定为：贪污贿赂犯罪，国家工作人员的渎职犯罪，国家机关工作人员利用职权实施的非法拘禁、刑讯逼供、报复陷害、非法搜查、侵犯公民人身权利的犯罪，以及侵犯公民民主权利的犯罪。其他刑事案件则由公安机关侦查，由检察机关审查起诉。做出这些修改，一是有利于检察机关集中力量，对贪污贿赂犯罪、国家工作人员的渎职犯罪案件进行侦查；二是检察机关可以对公安机关的侦查加强监督，发挥检察机关的监督职能作用。同时还规定，国家工作人员利用职权实施的其他重大的犯罪案件，需要由人民检察院直接受理的，经省级以上人民检察院决定，可以由人民检察院立案侦查。

3. 扩大了不起诉的范围，不再使用免予起诉。免予起诉是原刑事诉讼法规定的检察机关对依照刑法规定不需要判处刑罚或者免除刑罚的犯罪分子，定罪但不予起诉的一项制度。免予起诉制度对于体现惩办与宽大相结合的刑事政策，对轻微刑事案件及时结案，发挥了一定作用。但是，这一制度规定不经法院判决就认定被告有罪，有悖法治原则。在司法实践中，也会导致对

有些无罪的人决定免予起诉,而对有些依法应当处刑的却又给予免予起诉的不公平现象的发生。因此,刑事诉讼法扩大了不起诉的范围,对犯罪情节轻微,依照刑法规定不需要判处刑罚或者免除刑罚的,人民检察院可以决定不起诉,不再使用免予起诉。

(五) 加强了对刑事诉讼各个环节的监督

为了防止或者减少诉讼中的违法行为,正确适用法律,惩罚犯罪,保障无罪的人不受刑事追究,保护诉讼当事人的诉讼权利,《刑事诉讼法》增加了以下新的规定:

1. 总则中规定了人民检察院依法对刑事诉讼实行法律监督。

2. 人民检察院认为或者被害人提出,公安机关对应当立案侦查的案件而不立案侦查的,人民检察院应当要求公安机关说明不立案的理由。人民检察院认为公安机关不立案理由不能成立的,应当通知公安机关立案,公安机关接到通知后应当立案。

3. 对人民检察院抗诉的案件,第二审人民法院都应当开庭审理。对于人民检察院提出抗诉的案件、第二审人民法院开庭审理的公诉案件,同级人民检察院都应当派员出庭。

4. 人民检察院发现人民法院的审判违反法定程序,或者认为减刑、假释的裁定不当,应当向人民法院提出书面纠正意见。

二、2012 年对刑事诉讼法的再修改

1996 年《刑事诉讼法》实施十余年后,出现了不少新的重大问题,刑事诉讼理念进一步更新,国际国内形势也发生了不少变化,因此有必要再次进行修改。从 2009 年初开始,全国人大常委会法工委即着手《刑事诉讼法》再修改方案的研究起草工作。在多次听取全国人大代表和各方面意见的基础上,经反复与中央政法机关和有关单位共同研究,形成了《刑事诉讼法修正案(草案)》。2011 年 8 月,十一届全国人大常委会第二十二次会议对《刑事诉讼法修正案(草案)》进行了初次审议。会后,将草案印发中央有关部门、各地和有关方面征求意见,中国人大网站全文公布草案向社会征求意见。根据常委会组成人员的审议意见和各方面意见,对修正案草案进行了修改完善。2011 年 12 月,常委会第二十四次会议对《刑事诉讼法修正案(草案)》进行了再次审议。委员们认为,修正案草案经过常委会两次审议,吸收了常委会组成人员的审议意见和各方面意见,已趋成熟。会议决定将修正案草案提请十一届全国人大五次会议审议。2012 年 3 月 14 日,第十一届全国人民代表大会第五次会议通过了《关于修改〈中华人民共和国刑事诉讼法〉的决定》。

第二次修正后的刑事诉讼法条文增至 290 条,对 1996 年《刑事诉讼法》

进行了110处或大或小的修改。其主要变化有：

（一）贯彻"尊重和保障人权"的宪法原则

尊重和保障人权是我国宪法确立的一项重要原则，体现了社会主义制度的本质要求。修正后的刑事诉讼法在程序设置和具体规定中进一步贯彻了这一宪法原则。与此同时，"尊重和保障人权"被作为刑事诉讼法的任务明确写入刑事诉讼法条文中。

（二）完善证据制度

1. 完善非法证据排除制度。在坚持严禁刑讯逼供和以其他非法的方法收集证据的基础之上，增加了不得强迫任何人证实自己有罪的规定。同时规定了非法证据排除的具体标准：采用刑讯逼供等非法方法收集的犯罪嫌疑人、被告人供述和采用暴力、威胁等非法方法收集的证人证言、被害人陈述，应当予以排除。收集物证、书证不符合法定程序，可能严重影响司法公正的，应当予以补正或者作出合理解释；不能补正或者作出合理解释的，对该证据应当予以排除。还规定了人民法院、人民检察院和公安机关排除非法证据的义务，以及法庭审理过程中对非法证据排除的调查程序。

另外，为从制度上防止刑讯逼供行为的发生，增加规定了拘留、逮捕后及时送看守所羁押，在看守所内进行讯问和讯问过程的录音录像制度。

2. 明确证人出庭范围，加强对证人的保护。明确规定：公诉人、当事人或者辩护人、诉讼代理人对证人证言有异议，且该证人证言对案件定罪量刑有重大影响，人民法院认为有必要的，证人应当出庭作证。并规定证人没有正当理由不出庭作证的，人民法院可以强制其到庭，对于情节严重的，可处以10日以下的拘留；同时，考虑到强制配偶、父母、子女在法庭上对被告人进行指证，不利于家庭关系的维系，规定被告人的配偶、父母、子女除外。

同时规定：对于危害国家安全犯罪、恐怖活动犯罪、黑社会性质的组织犯罪、毒品犯罪等案件，证人、鉴定人、被害人因在诉讼中作证，本人或者其近亲属的人身安全面临危险的，人民法院、人民检察院和公安机关应当采取必要的保护措施。证人、鉴定人、被害人认为因作证面临危险的，可以请求予以保护。

（三）完善强制措施

重点完善了逮捕、监视居住的条件、程序和采取强制措施后通知家属的规定。

1. 进一步明确逮捕条件和审查批准程序。将1996年《刑事诉讼法》逮捕条件中"发生社会危险性，而有逮捕必要"的规定细化为：可能实施新的犯罪；有危害国家安全、公共安全或者社会秩序的现实危险；可能毁灭、伪造证据，干扰证人作证或者串供；可能对被害人、举报人、控告人实施打击报复；企图自杀或者逃跑。还明确规定：对有证据证明有犯罪事实，可能判处 10 年有期徒刑以上刑罚的，或者可能判处徒刑以上刑罚，曾经故意犯罪或者身份不明的犯罪嫌疑人、被告人，应当予以逮捕。增加规定了人民检察院审查批准逮捕时讯问犯罪嫌疑人和听取辩护律师意见的程序，以及在逮捕后对羁押必要性继续进行审查的程序。

2. 重新定位监视居住措施，明确规定适用条件。将监视居住定位于减少羁押的替代措施，并规定了与取保候审不同的适用条件，即适用于符合逮捕条件，但患有严重疾病生活不能自理的，怀孕或者正在哺乳自己婴儿的，系生活不能自理的人的唯一扶养人的，因为案件的特殊情况或者办理案件的需要，采取监视居住措施更为适宜的，以及羁押期限届满，案件尚未办结，需要采取监视居住措施的等情形。同时，规定对于涉嫌危害国家安全犯罪、恐怖活动犯罪、特别重大贿赂犯罪的犯罪嫌疑人，在住处执行监视居住可能有碍侦查的，经上一级人民检察院或者公安机关批准，可以在指定的居所执行，但是不得在羁押场所和专门的办案场所执行。为防止这一措施在实践中被滥用，规定人民检察院对指定居所监视居住的决定和执行实行监督。

3. 严格限制采取强制措施后不通知家属的例外情形。删去了逮捕后有碍侦查不通知家属的例外情形。明确规定，采取逮捕和指定居所监视居住措施的，除无法通知的以外，应当在逮捕或者执行监视居住后 24 小时以内通知家属。同时，将拘留后因有碍侦查不通知家属的情形，仅限于涉嫌危害国家安全犯罪、恐怖活动犯罪，并规定有碍侦查的情形消失以后，应当立即通知被拘留人的家属。

（四）完善辩护制度

重点完善了辩护人在刑事诉讼中法律地位和作用的规定，扩大了法律援助的适用范围。

1. 明确犯罪嫌疑人在侦查阶段可以委托辩护人。将 1996 年《刑事诉讼法》关于犯罪嫌疑人在侦查阶段只能聘请律师提供法律帮助的规定修改为：犯罪嫌疑人在侦查期间可以委托律师作为辩护人。

2. 完善律师会见程序。吸收《律师法》"律师凭律师执业证书、律师事务所证明和委托书或者法律援助公函，有权会见犯罪嫌疑人"的规定。同时规定，危害国家安全犯罪、恐怖活动犯罪、特别重大贿赂犯罪案件，在侦查期间，辩护律师会见在押的犯罪嫌疑人的，应当经侦查机关许可。

此外，明确规定辩护律师在审查起诉和审判阶段均可以查阅、摘抄、复制本案的案卷材料。

3. 扩大法律援助的适用范围。将审判阶段提供法律援助修改为在侦查、审查起诉、审判阶段均提供法律援助,并扩大了法律援助的对象范围。

(五) 完善侦查措施

重点完善了讯问犯罪嫌疑人的程序和必要的侦查措施,同时强化了对侦查措施的规范和监督,以防止滥用。

1. 完善侦查措施。根据侦查取证工作的实际需要,增加规定了口头传唤犯罪嫌疑人的程序,适当延长了特别重大、复杂案件传唤、拘传的时间,增加规定了询问证人的地点,完善了人身检查的程序,在查询、冻结的范围中增加规定债券、股票、基金份额等财产。

吸收《国家安全法》、《警察法》的规定,增加了严格规范技术侦查措施的规定。

2. 强化对侦查活动的监督。为保护相关诉讼参与人的合法权利,增加规定:当事人和辩护人、诉讼代理人、利害关系人,对司法机关及其工作人员采取强制措施法定期限届满仍不予以释放、解除或者变更的,应当退还取保候审保证金不退还的,对与案件无关的财物采取查封、扣押、冻结措施的,应当解除查封、扣押、冻结不解除的,贪污、挪用、私分、调换、违反规定使用查封、扣押、冻结财物的等行为,有权申诉、控告,并规定了相应的程序。

(六) 完善审判程序

1. 扩大简易程序适用范围,完善第一审程序。将适用简易程序审判的案件范围修改为基层人民法院管辖的可能判处有期徒刑以下刑罚、被告人承认自己所犯罪行的案件。同时,根据审判工作实际,对第一审普通程序中的案卷移送制度、开庭前的准备程序、与量刑有关的程序、中止审理的程序等作了补充完善。

2. 明确第二审应当开庭审理的案件范围,对发回重审作出限制规定。首先,进一步明确了第二审应当开庭审理的案件范围,增加规定:上诉人对第一审认定的事实、证据提出异议,可能影响定罪量刑的,被告人被判处死刑的上诉案件等,第二审人民法院应当开庭审理。其次,增加规定:对于因事实不清楚或者证据不足,第二审人民法院发回原审人民法院重新审判的案件,原审人民法院再次作出判决后,被告人提出上诉或者人民检察院提出抗诉的,第二审人民法院应当依法作出判决或者裁定,不得再发回原审人民法院重新审判。最后,为落实上诉不加刑原则,避免发生在上诉案件中第二审人民法院发回重审,下级人民法院在重审中加刑的情况,增加规定:第二审人民法院发回重新审判的案件,除有新的犯罪事实,人民检察院补充起诉的以外,原审人民法院也不得加重被告人的刑罚。此外，还完善了查封、扣押、冻结的财物及其孳息的处理程序等。

3. 完善附带民事诉讼程序。首先，增加规定：被害人死亡或者丧失行为能力的，被害人的法定代理人、近亲属有权提起附带民事诉讼。其次，增加规定：附带民事诉讼的原告人或者人民检察院可以申请人民法院采取保全措施。最后，增加规定：人民法院审理附带民事诉讼案件，可以进行调解，或者根据物质损失情况作出判决、裁定。

4. 对死刑复核程序作出具体规定。明确规定：最高人民法院复核死刑案件，应当作出核准或者不核准死刑的裁定；对于不核准死刑的，最高人民法院可以发回重新审判或者予以改判。同时增加规定：最高人民法院复核死刑案件，应当讯问被告人，辩护律师提出要求的，应当听取辩护律师的意见。在复核死刑案件过程中，最高人民检察院可以向最高人民法院提出意见。最高人民法院应当将死刑复核结果通报最高人民检察院。

5. 对审判监督程序进行补充完善。对申诉案件决定重审的条件，指令原审人民法院以外的下级人民法院审理，人民检察院派员出席法庭，再审案件强制措施的决定程序，原判决、裁定的中止执行等内容作了补充完善。

（七）完善执行程序

重点完善了暂予监外执行规定，强化了人民检察院对减刑、假释、暂予监外执行的监督。

1. 严格规范暂予监外执行的适用。进一步严格规范了暂予监外执行的决定、批准和及时收监的程序，并增加规定：不符合暂予监外执行条件的罪犯，通过贿赂等非法手段被暂予监外执行的，其在监外执行的期间不计入执行刑期；罪犯在暂予监外执行期间脱逃的，脱逃的期间不计入执行刑期。

2. 强化人民检察院对减刑、假释、暂予监外执行的监督。增加规定：监狱、看守所提出减刑、假释建议或者暂予监外执行的书面意见的，应当同时抄送人民检察院。人民检察院可以向人民法院或者批准机关提出书面意见。

（八）增加规定特别程序

根据刑事诉讼活动的实际情况和近年来各地积极探索的经验，针对未成年人刑事案件等特定案件和一些特殊情况，增加一编"特别程序"，对有关程序作出专门规定。

1. 规定未成年人刑事案件诉讼程序。针对未成年人刑事案件的特点，对其办案方针、原则、诉讼环节等作出特别规定。其中，设置了附条件不起诉制度，规定对未成年人涉嫌侵犯人身权利和民主权利、侵犯财产、妨害社会管理秩序犯罪，可能判处1年有期徒刑以下刑罚，符合起诉条件，但有悔罪表现的，人民检察院可以作出附条件不起诉的决定。同时，为有利于未成年犯更好地回归社会，设置了犯罪记录封存制度。

2. 设置特定范围公诉案件的和解程序。适当扩大和解程序的适用范围，将部分公诉案件纳入和解程序。明确规定，公诉案件适用和解程序的范围为因民间纠纷引起，涉嫌侵犯人身权利和民主权利、侵犯财产犯罪，可能判处3年有期徒刑以下刑罚的故意犯罪案件，以及除渎职犯罪以外的可能判处7年有期徒刑以下刑罚的过失犯罪案件。但是，犯罪嫌疑人、被告人在5年以内曾经故意犯罪的，不适用这一程序。并规定对于当事人之间达成和解协议的案件，可以依法对被告人从宽处罚。

3. 设置犯罪嫌疑人、被告人逃匿、死亡案件违法所得的没收程序。为严厉惩治腐败犯罪、恐怖活动犯罪，并与我国已加入的联合国反腐败公约及有关反恐怖问题的决议的要求相衔接，增加规定：对于贪污贿赂犯罪、恐怖活动犯罪等重大犯罪案件，犯罪嫌疑人、被告人逃匿，在通缉1年后不能到案，或者犯罪嫌疑人、被告人死亡，依照刑法规定应当追缴其违法所得及其他涉案财产的，人民检察院可以向人民法院提出没收违法所得的申请。并设置公安机关移送人民检察院的程序和人民法院的审理程序。

4. 设置依法不负刑事责任的精神病人的强制医疗程序。增加规定：实施暴力行为，危害公共安全或者严重危害公民人身安全，经法定程序鉴定为依法不负刑事责任的精神病人，有继续危害社会可能的，由公安机关移送人民检察院，人民检察院向人民法院提出强制医疗的申请，由人民法院作出决定。并对案件的审理程序、法律援助和法律救济、强制医疗的解除和人民检察院的监督等作出规定。

此外，还对刑事案件证据种类、证明标准、举证责任，取保候审和监视居住的监督管理，辩护人和诉讼代理人的申请回避权，辩护人对阻碍其依法行使诉讼权利的申诉控告及处理机制，中级人民法院的管辖范围，人民法院案件审理期限，社区矫正执行等问题作了补充完善。

☞ 考核提示

了解：新民主主义时期刑事诉讼的产生和发展、新中国刑事诉讼法的产生和发展、1996年和2012年对刑事诉讼法的修改。

理解：刑事诉讼法再修改的必要性。

☞ 主题讨论

在审议2012年《刑事诉讼法修正案（草案）》时，任茂东委员认为应将

第1条"惩罚犯罪、保护人民"的规定修改为"惩罚犯罪,保护人权"。贺卫方教授也认为:"刑诉法乃限制政府权力、保障人权、维护自由之基本法,修正案(以及现行法)开宗明义即偏离此价值,一味强调打击犯罪。"陈瑞华教授则撰文指出:"刑事诉讼法之所以要制定、颁布和实施,最主要的目的是要保护每个国民不受国家公共权力机构的任意侵害。"但《刑事诉讼法》第1条最终没有作任何修改。

【讨论提示】
1. 2012年《刑事诉讼法》是否体现了"尊重和保障人权"的宪法原则?
2. 2012年《刑事诉讼法》在人权保障方面有哪些进步?

 阶段自测

一、单项选择题

关于《刑事诉讼法》中"尊重和保障人权,保护公民的人身权利、财产权利、民主权利和其他权利"的规定,下列哪一选项是正确的?(　　)

　A. 体现了以人为本、保障和维护公民基本权利和自由的理念
　B. 体现了犯罪嫌疑人、被告人权利至上的理念
　C. 体现了实体公正与程序公正并重的理念
　D. 体现了公正优先、兼顾效率的理念

二、简答题

1. 简述2012年《刑事诉讼法》修改的主要内容。
2. 试比较1979年、1996年和2012年《刑事诉讼法》。

第二编 总 论

第四章

刑事诉讼中的专门机关

☞ **本章导学**

本章的主要内容包括刑事诉讼中的侦查机关、检察机关和审判机关。重点是公安机关、人民检察院、人民法院的性质和职权。难点是侦查机关、检察机关、审判机关的关系。

☞ **学习引入**

2007年6月14日，插手民间纠纷、私设地下法庭、以暴力威胁等手段替人处理纠纷、追讨债务的江建国涉黑团伙被依法公审……

2009年6月24日，"中国首家私人侦探公司"重庆市邦德商务信息咨询有限公司被警方端掉……

2011年7月12日，非法关押来京办事者的北京市昌平区"黑监狱"被警方查抄……此前，媒体亦曝光北京安元鼎安全防范技术服务有限公司关押、押送到北京上访民众的事件。这家保安公司在北京设立多处"黑监狱"，向地方政府收取佣金，以限制上访者自由并押送返乡，甚至以暴力手段向上访者施暴。

私人侦探公司是否合法？除了法定机关，其他机关和个人能否限制公民的人身自由？参与刑事诉讼的国家专门机关有哪些？其各自的职责和权限是什么？

第一节 公安机关和国家安全机关

一、公安机关

我国各级公安机关是各级人民政府的组成部分，是国家的治安保卫机构，根据国家有关法律、法规和规章，参加国家的管理活动，属于国家行政机关。同时，在追究犯罪的刑事诉讼活动中，我国公安机关是刑事侦查机关，享有侦查犯罪、采取强制措施等广泛的权力。因此，我国公安机关在刑事诉讼中又是具有一定司法性质的机关。

公安机关的任务是：根据法律规定，准确、及时地查明犯罪事实，打击犯罪，预防犯罪，维护社会治安的稳定与秩序，保护国家、集体和公民个人所有的合法财产，保障公民的人身自由与安全以及其他合法权益，保障社会主义现代化建设的顺利进行。

公安机关实行双重领导体制，作为治安保卫机构的公安机关，是政府的职能部门，受本级政府领导。作为刑事诉讼中的专门机关，同时受上级公安机关的垂直领导，上级公安机关有权指挥、参与、指导、监督下级公安机关的工作。

建国以来，我国在除台湾省和香港、澳门特别行政区以外的全国范围内建立了完备的公安机关体系，在中央一级设立中华人民共和国公安部，在地方各级人民政府分别设置：省、自治区、直辖市公安厅（局）；省辖市公安局、自治州公安处（局）；县、自治县、县级市公安局；市辖区公安分局。各级公安机关在本行政区域内经批准可以设立派出机构。此外，国家还在铁路、民航、河运、林业等特殊性的行业和大型企事业单位中设立公安局，纳入公安序列，作为地方公安机关的派出机构。

作为刑事诉讼中的专门机关，公安机关享有以下权力：

（一）立案权

对属于自己管辖的刑事案件，在认为有犯罪事实发生，需要追究刑事责任时，公安机关有权决定立案。

（二）侦查权

公安机关在行使侦查权的过程中，有权依法讯问犯罪嫌疑人、询问证人、被害人，进行勘验、检验、搜查，查封、扣押书证、物证，进行鉴定，采取技术侦查措施，进行通缉，并依法作出侦查终结的决定。

（三）采取强制措施权

为保证刑事诉讼活动的顺利进行，防止犯罪嫌疑人逃避侦查、起诉和审判，公安机关有权对犯罪嫌疑人进行拘留或者申请人民检察院批准逮捕，在符合法律规定的条件下，可以决定对犯罪嫌疑人采取拘传、监视居住、取保候审等强制措施。

（四）执行权

在刑事诉讼的执行阶段，公安机关负责对判处拘役、剥夺政治权利的罪犯的执行。

二、国家安全机关

为了适应改革开放形势下与危害国家安全的犯罪行为作斗争的需要，1983年第六届全国人民代表大会第一次会议决定设立国家安全机关，同年9月2日第六届全国人民代表大会常务委员会第二次会议通过了《关于国家安全机关行使公安机关的侦查、拘留、预审和执行逮捕的职权的决定》。根据该《决定》的规定，国家安全机关是具有公安性质的国家机关，承担原来由公安机关主管的间谍、特务案件的侦查工作，在刑事诉讼中，行使宪法和法律赋予公安机关的侦查、拘留、预审和执行逮捕的权力。1993年2月22日第七届全国人民代表大会第三十次会议通过并施行的《中华人民共和国国家安全法》和1994年5月10日国务院发布实施的《中华人民共和国国家安全法实施细则》均规定，国家安全机关是国家安全工作的主管机关。《刑事诉讼法》第4条规定："国家安全机关依照法律规定，办理危害国家安全的刑事案件，行使与公安机关相同的职权。"

国家安全机关的组织体系包括：在中央一级设立国家安全部，是国务院的职能部门。在各省、自治区、直辖市设国家安全厅（局），省、自治区、直辖市以下根据需要设立国家安全机关。各级国家安全机关是各级地方政府的职能部门，同时受上级国家安全机关领导。

三、其他刑事侦查机关

1993年12月29日，全国人民代表大会常务委员会通过《关于中国人民解放军保卫部门对军队内部发生的刑事案件行使公安机关的侦查、拘留、预审和执行逮捕的职权的决定》，授予军队保卫部门对军内发生的刑事案件可以行使宪法和法律赋予公安机关的侦查、拘留、预审和逮捕的权力。

1994年12月29日，全国人民代表大会常务委员会通过《中华人民共和国监狱法》，该法第60条规定："对罪犯在监狱内犯罪的案件，由监狱进行侦查……"因此，对在监狱内犯罪的案件，监狱也享有公安机关的侦查权。侦查终结后，监狱认为应当追究犯罪嫌疑人刑事责任的，应提交起诉意见书，连同案件材料、证据一并移送人民检察院审查起诉。

同时，按照《刑事诉讼法》和《监狱法》的规定，监狱在刑事诉讼中还拥有其他职权，如在罪犯服刑期间，发现判决时所没有发现的罪行，有权移送人民检察院处理；对于罪犯应当予以监外执行的，有权提出书面意见，报省级以上监狱管理机关批准；被判处死刑缓期执行的罪犯，在执行期间如果没有故意犯罪的，2年期满后，有权提出减刑建议，报省、自治区、直辖市监狱管理机关审核后，报请高级人民法院裁定；对于罪犯在执行期间具备法定减刑、假释条件的，有权提出减刑、假释建议，报人民法院审核裁定；在执行刑罚时，认为判决有错误，或者罪犯提出申诉的，有权转请人民检察院或者人民法院处理。

为加强对走私犯罪的打击，国务院于1998年作出决定，由海关总署、公安部共同组建走私犯罪侦查局，纳入公安序列。走私犯罪侦查局实行公安机关和海关双重领导、以海关领导为主的体制。缉私警察对走私案件依法享有侦查、拘留、预审等权力。

第二节 人民检察院

一、人民检察院的性质、任务与组织体系

根据《宪法》第129条和《人民检察院组织法》第1条的规定，人民检察院是国家的法律监督机关，代表国家行使检察权。检察权是依法监督国家机关和国家机关工作人员、企事业单位、人民团体和全体公民遵守宪法和法律的权力，是国家维护法制统一和保障法律正确实施的一种重要权力，是国家权力的重要组成部分。

人民检察院的任务是：通过依法行使检察权，打击犯罪，维护社会安定与国家统一，维护社会主义法制；保障公民的人身自由与安全，保护国家、集体和公民个人的财产权利及其他合法权益；保障法律的正确实施，保卫社会主义现代化建设的顺利进行。

根据《宪法》和《人民检察院组织法》的规定，现行的人民检察院组织体系包括：

（一）最高人民检察院

中华人民共和国最高人民检察院是我国的最高检察机关，其主要职责是：领导地方各级人民检察院和专门检察院的工作；对全国性的重大刑事案件行使检察权；对各级人民法院已生效的判决和裁定，如发现确有错误，按照审判监督程序提出抗诉；依法对监管场所实行监督；依法对民事、行政、刑事诉讼进行监督；对检察工作中具体的法律适用问题进行解释。

（二）地方各级人民检察院

地方各级人民检察院包括：省、自治区、直辖市人民检察院；省、自治区、直辖市人民检察分院，自治州和省辖市人民检察院；县、市、自治县和市辖区人民检察院。

省级人民检察院和县级人民检察院，可以根据工作需要，提请本级人民代表大会常务委员会批准，在工矿区、农垦区、林区、开发区等地区设置人

民检察院。此外，地方各级人民检察院可以在监狱、劳教场所、看守所以及税务机关设立专门的检察室。地方各级人民检察院负责对本辖区内的重大刑事案件行使管辖权，负责审查起诉，并决定是否提起公诉，依法对民事、行政、刑事诉讼实行法律监督。

（三）专门人民检察院

专门人民检察院是在最高人民检察院领导下，在特定的行业内部设立的专门检察机关，目前包括中国人民解放军军事检察院、铁路运输检察院和林区检察院。铁路检察院一度由政经合一的铁道系统领导，为保证司法公正，改变"企业办司法"的错误做法，根据最高人民法院、最高人民检察院、中央编办、财政部、人力资源和社会保障部、铁道部联合印发的《关于铁路法院检察院管理体制改革若干问题的意见》，铁路运输检察院目前已实现整体转制，纳入国家统一的检察机关体系。

根据《宪法》规定，最高人民检察院对全国人民代表大会和常务委员会负责，地方各级人民检察院对产生它的国家权力机关和上级人民检察院负责。因此，我国人民检察院实行双重领导体制。

根据《人民检察院组织法》第3条规定，检察长统一领导检察院的工作，人民检察院内部实行检察长负责制。同时，各级人民检察院内部设立检察委员会，按照民主集中制原则讨论、决定重大案件和其他重要问题。

二、人民检察院在刑事诉讼中的职权

（一）立案权、侦查权

根据《刑事诉讼法》第18条第2款的规定，贪污贿赂犯罪，国家工作人员渎职犯罪，国家机关工作人员利用职权实施的非法拘禁、刑讯逼供、报复陷害、非法搜查的侵犯公民人身权利的犯罪，以及侵犯公民民主权利的犯罪，由人民检察院立案侦查。对于国家机关工作人员利用职权实施的其他重大犯罪案件，需要由人民检察院直接受理的时候，经省级以上人民检察院决定，可以由人民检察院立案侦查。

（二）采取强制措施的权力

根据《刑事诉讼法》第64条、第163条的规定，人民检察院为保证刑事诉讼活动的顺利进行，防止犯罪嫌疑人逃避侦查、起诉和审判，可依法对犯罪嫌疑人采取拘传、取保候审、监视居住、拘留、逮捕措施。

（三）审查起诉和提起公诉

根据《刑事诉讼法》第167条、第172条、第173条的规定，人民检察院对公安机关侦查终结移送的案件和自行侦查终结的案件进行审查，决定提起公诉或者不起诉。

（四）法律监督权

根据《刑事诉讼法》第 8 条的规定，人民检察院依法对刑事诉讼实行法律监督。其法律监督权具体表现在：

1. 立案阶段。根据《刑事诉讼法》第 111 条的规定，人民检察院认为公安机关对应当立案侦查的案件而不立案侦查，或者被害人认为公安机关对应当立案侦查的案件而不立案侦查，向人民检察院提出的，人民检察院应当要求公安机关说明不立案的理由，人民检察院认为公安机关不立案的理由不成立的，应当通知公安机关立案，公安机关接到通知后应当立案。

2. 侦查阶段。根据《刑事诉讼法》第 98 条的规定，人民检察院对公安机关的侦查活动是否合法进行监督，如果发现公安机关的侦查活动有违法行为，有权要求纠正。并且根据该法第 78 条、第 88 条、第 89 条的规定，对公安机关提请逮捕的犯罪嫌疑人，有权进行审查，决定是否批准逮捕。

3. 审判阶段。人民检察院在提起公诉的案件中，应当派员出席法庭，支持公诉，参加法庭审理。如果认为人民法院的审判活动有违法行为时，有权提出纠正意见。对于人民法院的判决和裁定，人民检察院认为确有错误的，可以根据《刑事诉讼法》第 217 条、第 243 条的规定，提出抗诉，通过第二审程序或审判监督程序予以纠正，以保障法律的正确实施。

4. 执行阶段。根据《刑事诉讼法》第 252 条、第 256 条、第 263 条、第 265 条的规定，人民检察院有权对死刑的执行进行监督，有权对暂予监外执行、减刑、假释的合法性进行监督，有权对执行刑罚的活动是否合法进行监督。

第三节　人民法院

一、人民法院的性质、任务与组织体系

根据《宪法》和法律的规定，人民法院是国家审判机关，依法独立行使审判权。

根据《人民法院组织法》第 3 条的规定，人民法院的任务是：通过审判活动，惩罚一切犯罪分子，维护社会主义法制和社会秩序，保护国家、集体和公民个人的合法财产及其他合法权益，保障社会主义现代化建设的顺利进行。同时，通过自身的审判活动教育公民忠于社会主义祖国，自觉遵守宪法和法律。

人民法院的组织体系包括:
(一) 最高人民法院
最高人民法院是我国的最高审判机关,负责监督各级人民法院和专门人民法院的工作。最高人民法院根据法律的规定管辖全国性的、重大的一审案件,同时,受理不服高级人民法院、专门人民法院的判决和裁定的上诉、抗诉案件,以及依照审判监督程序提起的再审案件。此外,最高人民法院还有权对审判工作中如何具体适用法律的问题进行解释。

(二) 地方各级人民法院
地方各级人民法院包括基层人民法院、中级人民法院、高级人民法院。
基层人民法院包括县、自治县、县级市、市辖区人民法院。基层人民法院可以根据需要设立人民法庭,人民法庭是基层人民法院的组成部分。基层人民法院受理除上级人民法院管辖的第一审案件外的所有第一审案件。
中级人民法院包括省、自治区内按地区设立的中级人民法院,直辖市内设立的中级人民法院,省、自治区所辖市的中级人民法院,以及自治州(盟)的中级人民法院。中级人民法院根据法律规定受理由它管辖的第一审案件,基层人民法院移送的第一审案件,不服基层人民法院的第一审判决和裁定的上诉、抗诉案件,以及依照审判监督程序提起的再审案件。
高级人民法院包括省、自治区、直辖市高级人民法院。高级人民法院根据法律受理由它管辖的第一审案件,下级人民法院移送审判的第一审案件,不服中级人民法院第一审判决和裁定的上诉、抗诉案件,以及依照审判监督程序提起再审的案件。

(三) 专门人民法院
专门人民法院包括中国人民解放军军事法院、铁路运输法院、林区法院、海事法院。其中海事法院没有刑事案件管辖权。和铁路运输检察院一样,铁路运输法院目前也已实现整体转制，纳入了国家统一的司法体系。

各级人民法院均对本级人民代表大会及常务委员会负责并报告工作，受其监督。同时，上下级人民法院之间为审判监督关系，最高人民法院对地方各级人民法院、上级人民法院对下级人民法院的审判监督关系主要表现为：通过第二审程序、审判监督程序、死刑复核程序等法定程序，维持下级人民法院的正确判决和裁定，纠正错误的判决和裁定。

二、人民法院在刑事诉讼中的职权

（一）独立的审判权

根据《宪法》第123条、第126条以及《刑事诉讼法》第3条的规定，人民法院是惟一的、独立的刑事案件审判机关，有权受理公诉、自诉案件，决定被告人是否构成犯罪，构成何种犯罪，是否应受刑罚处罚以及判处何种刑罚。

（二）采取强制措施的权力

根据《刑事诉讼法》第64条、第78条的规定，人民法院有权决定对被告人采取拘传、取保候审、监视居住和逮捕措施。

（三）勘验、查封、扣押等权力

根据《刑事诉讼法》第191条的规定，人民法院可以进行勘验、检查、查封、扣押、鉴定和查询、冻结。根据《刑事诉讼法》第100条的规定，在刑事附带民事诉讼中，人民法院在必要时，可以采取保全措施，查封、扣押或者冻结被告人的财产。

（四）维护法庭秩序的权力

根据《刑事诉讼法》第194条的规定，人民法院在法庭审理的过程中，对违反法庭秩序的任何公民，有权予以警告制止、强制带出法庭、罚款、拘留，直至追究刑事责任。

（五）人民法院有直接执行判决的权力

根据《刑事诉讼法》第260条、第261条的规定，人民法院对判处罚金和没收财产的判决，有权直接执行。

（六）对生效判决按照审判监督程序进行提审或再审的权力

根据《刑事诉讼法》第243条、第245条的规定，各级人民法院院长对本院已生效判决和裁定，最高人民法院对各级人民法院、上级人民法院对下级人民法院已生效判决和裁定，发现确有错误的，有权按照审判监督程序进行提审或再审。

三、审判组织

审判组织是人民法院审判案件的具体组织形式。根据《刑事诉讼法》第

178 条的规定，人民法院审判刑事案件的具体组织形式有两种：独任庭和合议庭。另外，根据《人民法院组织法》第 10 条的规定，各级人民法院内部设审判委员会，对审判工作进行集体领导。

（一）独任庭

独任庭是指由审判员 1 人独任审判案件的组织形式。根据《刑事诉讼法》第 178 条的规定，独任庭这一审判组织形式只限于基层人民法院适用简易程序进行第一审的刑事案件。

（二）合议庭

合议庭是指由审判人员数人集体负责审判案件的组织形式。根据《人民法院组织法》第 9 条的规定，人民法院审判案件，实行合议制。除可以由独任庭审判的第一审案件外，其他案件均应由合议庭审判。因此，合议庭是人民法院审判案件的基本组织形式。

合议庭成员人数应当是单数，成员人数因审判程序、审判级别不同而有所差别。根据《刑事诉讼法》第 178 条、第 238 条的规定，基层人民法院、中级人民法院审判第一审案件，应当由审判员 3 人或者由审判员和人民陪审员共 3 人组成合议庭进行。高级人民法院、最高人民法院审判第一审案件，应当由审判员 3~7 人或审判员和人民陪审员共 3~7 人组成合议庭进行。人民法院审判上诉、抗诉案件，由审判员 3~5 人组成合议庭进行。最高人民法院、高级人民法院复核死刑案件，应由审判员 3 人组成合议庭进行。此外，根据《刑事诉讼法》第 245 条的规定，按照审判监督程序重新审判案件的审判组织，应当分别按照第一审程序或第二审程序的有关规定另行组成合议庭。

人民陪审员在人民法院执行职务时，享有与审判员同等的权利，但不得担任审判长。

合议庭设审判长 1 人，由院长或庭长指定 1 名审判员担任，院长、庭长参加案件审判的时候，自己担任审判长。

合议庭审判案件，由审判长主持。合议庭评议案件，每个成员都有平等的发言权和表决权，如果意见有分歧，应按多数人意见作出决定。但是，少数人意见应当记入笔录，评议笔录由合议庭全体成员签字。

（三）审判委员会

根据《人民法院组织法》第 10 条的规定，审判委员会是人民法院内部对审判工作实行集体领导的组织形式。

审判委员会不开庭审理案件，但有权对疑难、复杂、重大的案件进行讨论，并作出决定。审判委员会作出的决定，合议庭必须执行。因此，审判委员会也是一种审判组织。

审判委员会委员由院长提请同级人民代表大会常务会议任免，审判委员会会议由院长主持，本级人民检察院检察长可以出席审判委员会会议，对讨论事项发表意见，但不参加表决。

在司法实践中，审判委员会主动干预的案件太多，就会影响审判人员的积极性，不能充分发挥控辩双方的积极作用，有违刑事诉讼中的直接言词原则。因此，《刑事诉讼法》第180条作出规定，只有合议庭认为案件属于疑难、复杂、重大的案件，合议庭认为难以作出决定的，由合议庭提请院长决定提交审判委员会讨论决定，审判委员会才有权讨论并作出决定，除此以外的其他案件的审理和判决，应由合议庭独立进行，审判委员会无权进行干预。

☞ **考核提示**

了解：公安机关、国家安全机关及其他侦查机关的性质和职权，人民检察院的性质、任务、组织体系和职权，人民法院的性质、任务、组织体系、职权和审判组织。

理解：侦查机关、检察机关与审判机关的宪法地位和法律关系。

☞ **主题讨论**

材料一

2011年，全国有26个省、市、自治区的公安厅（局）长进入各地党政班子，占84%；与此同时，由省级政法委书记兼任的公安厅（局）长呈逐年减少趋势。对27个省会（首府）城市、4个经济特区所在市、国务院批准的18个较大的市等49个城市进行统计发现，有42个市的公安局长进入各地党政班子，占86%。（南都记者：陈宝成，实习生：张志婧）

材料二

涉嫌诈骗的蒲开华、刘兴友经福泉市人民法院一审，获刑逾十年。两被告人不服提出上诉，黔南州中级人民法院二审以"事实不清、证据不足"，于2008年8月18日作出终审裁定，撤销一审判决，发回重审，并建议福泉市检察院撤回起诉。2008年8月29日，福泉市政府发文认为，"市委政法委对此案的认识是统一的，对蒲、刘两被告人作有罪认定的态度是坚决的。四家班子领导听取汇报后也认为，本案事实清楚，证据充分，定性准确，量刑适当，不宜由检察院撤回起诉作无罪处理"，否则

"法律效果不好，社会效果也不好"。

材料三

2010年7月17日，陕西省榆林市横山县波罗镇山东煤矿和波罗镇樊河村发生了群体性械斗。其导火索是一起久拖不决的"民告官"案。之前，这起矿权纠纷案，经榆林市中级人民法院判决，陕西省高级人民法院裁定生效。但2010年3月1日，陕西省国土资源厅召开"判决"性质的协调会，以"会议决定"否定了生效的法院判决，最终导致矛盾激化，事态升级。

【讨论提示】

1. 结合《宪法》和《刑事诉讼法》的规定，谈谈公检法三机关的法律地位和关系。

2. 结合材料，谈谈你对"政法委书记兼任公安局长"、"公安局长进党政班子"、"行政干预司法"现象的看法。

 阶段自测

一、单项选择题

1. 对人民法院而言，依法审判案件（　　）。

   A. 只是一种权力
   B. 只是一种义务
   C. 既是一种权力，也是一种职责与义务
   D. 是一种可以放弃，也可以行使的权力

2. 告诉才处理案件的直接受理机关是（　　）。

   A. 公安机关　　　　　　　　B. 检察机关
   C. 人民法院　　　　　　　　D. 司法行政机关

3. 在军队内部发生的刑事案件，应当由（　　）立案侦查。

   A. 公安机关　　　　　　　　B. 国家安全机关
   C. 检察机关　　　　　　　　D. 军队保卫部门

二、多项选择题

1. 根据我国刑事诉讼法的规定，公安机关在刑事诉讼中的职权包括（　　）。

   A. 对自诉案件的直接受理权　　B. 决定逮捕权
   C. 侦查权　　　　　　　　　　D. 执行逮捕权
   E. 执行部分生效裁判权

2. 在我国刑事诉讼中，检察权包括（　　）。

   A. 批准逮捕权

B. 提起公诉权
C. 对法院、公安机关诉讼活动的法律监督权
D. 对部分刑事案件的立案侦查权
E. 刑事裁判的执行权

3. 人民检察院在刑事诉讼中的法定职权有（　　）。

A. 提起公诉权　　　　　　　B. 不起诉决定权
C. 部分刑事案件的侦查权　　D. 法律监督权
E. 执行权

4. 刑事诉讼中的专门人民法院有（　　）。

A. 最高人民法院　　　　　　B. 地方各级人民法院
C. 军事法院　　　　　　　　D. 铁路运输法院
E. 海事法院

三、判断题

人民检察院有权对犯罪嫌疑人决定和执行逮捕。（　　）

第五章

诉讼参与人

☞ **本章导学**

本章的主要内容包括诉讼参与人概述、当事人、其他诉讼参与人、单位诉讼参与人。重点是诉讼参与人的概念、当事人的概念和分类、其他诉讼参与人。难点是当事人与其他诉讼参与人的区别。

☞ **学习引入**

近年来，不少犯罪嫌疑人潜逃他国。尽管已有部分犯罪嫌疑人被缉拿归国，但仍有不少人逍遥法外。中国法庭能否对他们进行缺席审判？

犯罪嫌疑人被要求穿"看守所服"、戴手铐，甚至剃光头，这是否侵犯其人身权利？

司法机关强迫或威胁犯罪嫌疑人、被告人更换辩护人，这是否侵犯他们的诉讼权利？

在一些刑事审判中，无一证人出庭作证，这对公正审理案件有何影响？

在刑事诉讼中，除了公检法机关的工作人员，还有哪些人会参与进来？哪些人必须亲自出庭参与诉讼？这些诉讼参与人的权利和义务分别是什么？如何保护诉讼参与人的合法权益？

第一节 诉讼参与人概述

一、刑事诉讼参与人的概念

刑事诉讼参与人，是指除侦查、检察和审判人员以外的，依照法律规定和刑事诉讼的需要而参加刑事诉讼活动并享有一定诉讼权利和负有一定诉讼义务的自然人和单位。诉讼参与人通过行使诉讼权利，对刑事诉讼的进程和结局发挥着不同程度的影响和作用；通过负担诉讼义务来保证刑事诉讼活动得以顺利、有效地进行。没有诉讼参与人的参与，刑事诉讼活动就会变成一种单纯的国家职权活动，而不再具有诉讼的性质。

刑事诉讼参与人一般分为两大类：一是当事人，二是其他诉讼参与人。根据《刑事诉讼法》第106条的规定，"当事人"是指被害人、自诉人、犯罪嫌疑人、被告人、附带民事诉讼的原告人和被告人；"其他诉讼参与人"是指法定代理人、诉讼代理人、辩护人、证人、鉴定人和翻译人员。当事人与案件的结局有着直接关系，对刑事诉讼活动发挥着较大的影响作用。诉讼参与人要具有当事人的身份和地位，应当同时具备两个条件：一是自己的合法权益可能会受到刑事诉讼活动过程和结局的直接影响，这种影响既可以是有利的影响（当事人所希望的），也可以是不利的影响；这种合法权益也是多方面的，可以是政治权利、财产、隐私，也可以是人的自由和生命。刑事诉讼的进行使当事人的诸多实体权益处于待判定状态，最终由刑事诉讼终局确定。二是在诉讼活动中拥有较广泛的诉讼权利，并能对诉讼进程和诉讼结局发挥比其他诉讼参与人更大的影响。一般而言，当事人在刑事诉讼中都处在原告或被告的地位，其诉讼活动对诉讼的开启、进展和终结都起着关键作用。

其他诉讼参与人与案件结局没有直接的利害关系，他们参加诉讼是为了帮助某一方当事人充分有效地承担诉讼职能和行使诉讼权利，或者是为诉讼各方提供证据材料，为诉讼的顺利进行提供服务和帮助。其他诉讼参与人参与诉讼，既不承担独立的诉讼职能，也不会对诉讼程序的启动、进展和结局发挥较大的影响和推动作用。

二、刑事诉讼参与人的法律地位

刑事诉讼参与人的法律地位，是指诉讼参与人在刑事诉讼中因其职能、作用、权利义务关系而具有的诉讼地位。在刑事诉讼活动中，由于诉讼参与人所处的诉讼地位不同，他们在刑事诉讼中的作用、权利、义务也不相同。作为刑事诉讼参与人的当事人，在诉讼中处于诉讼主体的法律地位，无论在公诉案件中还是在刑事附带民事诉讼案件中，他们要么是被告的身份，要么是原告的身份，正是由于当事人被控诉、被起诉和应诉，才直接导致了诉讼的发生。其他刑事诉讼参与人则不具有诉讼主体的地位，他们只是基于人民法院审理刑事案件的需要或者当事人为了保护自己合法权益的需要，而依法参加到刑事诉讼活动中去。

尽管刑事诉讼参与人的法律地位不同，诉讼权利和对其实施的诉讼义务也有区别，但也有一致的地方，刑事诉讼参与人有两项诉讼权利是相同的：一是有权使用本民族的语言文字进行诉讼；二是对侦查、检察、审判人员侵权其诉讼权利和人身侮辱的行为有权提出控告。刑事诉讼参与人在诉讼义务方面，都应当遵守诉讼秩序，依法行使各自的诉讼权利，以确保刑事诉讼活动的顺利进行。

第二节 当事人

一、当事人的概念和特征

刑事诉讼当事人是指与案件的处理结果有着直接的利害关系，对刑事诉讼程序的发生、进展和终结发挥着较大影响作用的诉讼参与人。刑事诉讼当事人具有以下三个方面的明显特征：

1. 须以自己的名义参加诉讼，并必然受人民法院的裁判约束。在刑事诉讼中，不以自己的名义参加诉讼或不受人民法院裁判约束的人，不能成为当事人，如鉴定人、代理人等。

2. 与刑事案件的处理结果有直接的利害关系。当事人参与诉讼的目的，主要是保护自己的合法权益。

3. 受人民法院判决、裁定和调解协议（自诉案件）的约束。人民法院对当事人的争议以及对犯罪嫌疑人、被告人等作出的裁判，都具有法律约束力，当事人必须遵守，非经法定程序予以更改裁判，即使裁判不公，当事人也必须服从。

二、刑事诉讼当事人的分类

根据《刑事诉讼法》第106条的规定，当事人包括被害人、犯罪嫌疑人、被告人、自诉人、附带民事诉讼的原告人和被告人。

（一）被害人

被害人，是指其人身权利、民主权利和其他合法权利遭到犯罪行为直接侵犯的人。

1. 被害人的诉讼地位。1979年《刑事诉讼法》没有把被害人规定为当事人，只有当被害人以"自诉人"的身份提起刑事自诉时，才是自诉案件的当事人。1996年《刑事诉讼法》第一次正式把被害人规定为当事人。被害人在诉讼中可能担当各种诉讼角色：在自诉案件中，被害人具有自诉人的身份和地位；在刑事诉讼过程中，有权提起附带民事诉讼的被害人又是附带民事诉讼的原告人，具有当事人的身份和地位；在刑事公诉案件中，以个人身份承担部分控诉职能的诉讼参与人，即是具有"当事人"地位的"被害人"。本节所说的"被害人"，专指刑事公诉案件中的被害人。《刑事诉讼法》赋予刑事被害人独立的诉讼当事人地位。对于被害人的这一地位，可以从以下三个方面理解：

（1）被害人是遭受犯罪行为侵害的人，与案件处理的结果有着直接的利害关系。被害人不仅具有获得经济补偿的愿望，更具有强烈的报应心理，要求对犯罪人依法严厉制裁。之所以要赋予被害人以当事人的诉讼地位，正是由于在刑事诉讼中，犯罪嫌疑人、被告人的刑事责任处于待定状态的同时，被害人的愿望也处于待定状态。不平则鸣，被害人在一定程度上承担了部分控诉职能。

（2）被害人基于实现使被告人受到合法的报应这一要求，具有积极主动地参与诉讼过程、影响裁判结局的愿望。只有满足被害人的合理愿望，使其作为拥有较广泛诉讼权利的当事人，诉讼活动才能对国家、被告人、被害人等各方面的权益作出适当、合理的平衡。

（3）被害人作为诉讼当事人，与被告人处于大致相同的诉讼地位，拥有许多与被告人相对应的权利。但因为是检察机关在代表国家行使控诉职能，为了不使被告人处于双重指控的不利地位，为了维护控、辩各方总体上的平衡，刑事诉讼法对被害人的诉讼地位相应地做了一些限制，使其不至于成为一般意义上的原告人。

同时，被害人的陈述本身是法定的证据来源之一，被害人在提供陈述方面与证人具有相似的地位，因此，被害人又应当履行一般证人应履行的诉讼义务。

2. 被害人的诉讼权利和义务。被害人作为当事人的一种，根据《刑事诉讼法》的规定，除了享有与其他当事人所共有的诉讼权利外，还享有一些特有的诉讼权利。这些特有的诉讼权利主要有：①有权自案件移送审查起诉之日起，委托诉讼代理人；②对于侵犯其人身、财产权利的犯罪事实或者犯罪嫌疑人，有权向公安机关、人民检察院或人民法院报案或者控告，要求有关机关立案；③对于人民检察院所作的不起诉的决定，有权获得不起诉决定书，并向上一级人民检察院申诉，也可以不经申诉，直接向人民法院起诉；④对于有证据证明被告人侵犯自己人身、财产权利的行为应当依法追究刑事责任，而公安机关或者人民检察院不予追究被告人刑事责任的案件，被害人有权向人民法院提起自诉；⑤对地方各级人民法院第一审的判决不服的，有权请求人民检察院抗诉；⑥有权提起附带民事诉讼；等等。

被害人在诉讼过程中应当承担的主要义务包括：①如实向司法机关陈述案件事实的义务；②接受司法机关对其进行人身检查的义务；③接受司法机关传唤的义务；④在法庭上接受询问和回答问题的义务；⑤遵守法庭秩序的义务；等等。

（二）犯罪嫌疑人、被告人

"犯罪嫌疑人"和"被告人"是对因涉嫌犯罪而受到刑事追诉的人的两种称谓。根据《刑事诉讼法》的规定，公诉案件中，受刑事追诉者在检察机关向人民法院提起公诉以前，称为"犯罪嫌疑人"，在检察机关正式向法院提起公诉以后，则称为"被告人"。

1. 犯罪嫌疑人、被告人的诉讼地位。刑事诉讼之所以成立，正是因为有犯罪嫌疑人、被告人的客观存在，没有犯罪嫌疑人、被告人的参与，刑事诉讼就无法进行。犯罪嫌疑人、被告人一旦死亡，刑事诉讼活动即告终止。因此，犯罪嫌疑人、被告人是刑事诉讼中的核心人物，具有十分重要的诉讼地位：①犯罪嫌疑人、被告人是拥有相当诉讼权利的诉讼主体，居于当事人的地位。这一地位标志着他们不是被动地接受传讯、追诉和审判，消极地接受国家专门机关处理的客体，而是可以通过积极主动的防御活动与追诉一方展开对抗，并对裁判一方施加积极影响的独立的一方当事人。②犯罪嫌疑人、被告人与案件的处理结果有着直接利害关系，居于被追诉者的地位。作为被追诉者，犯罪嫌疑人、被告人在一定程度上负有接受追诉部门强制处分、协助国家专门机关顺利进行刑事诉讼的义务，如承受强制措施，接受搜查、扣押等调查措施，接受传唤，接受审判等。③犯罪嫌疑人、被告人本身还可以成为重要的证据来源。根据《刑事诉讼法》的规定，犯罪嫌疑人、被告人所做的供述和辩解是法定的重要证据。法律严禁刑讯逼供、非法取证，以确保犯罪嫌疑人、被告人的供述出于自愿。

2. 犯罪嫌疑人、被告人的诉讼权利和义务。刑事诉讼法为犯罪嫌疑人、被告人确定了一系列的诉讼权利，根据其性质和作用，可以划分为三种：防御性权利、救济性权利和推定性权利。具体为：

（1）防御性权利，是指犯罪嫌疑人、被告人为对抗追诉方的指控，抵消其控诉效果所享有的诉讼权利。主要有：有权使用本民族语言文字进行诉讼；有权及时获知被指控的内容及理由；有权委托辩护人；有权拒绝回答侦查人员提出的与本案无关的问题；不得被强迫证实自己有罪；有权参加法庭调查，对书面证据发表意见；有权申请通知新的证人到庭，调取新的物证、申请重新鉴定或者勘验；有权参加法庭辩论；有权向法庭作最后陈述；自诉案件的被告人有权提起反诉；等等。

（2）救济性权利，指犯罪嫌疑人、被告人对国家专门机关所作的对其不利的行为、决定或裁判，要求另一专门机关予以审查并作出改变或撤销决定的诉讼权利。主要有：有权申请有关办案人员回避，对驳回申请回避的决定，有权申请复议；有权对侦查、检察、审判人员的侵权行为提出控告；有权请求解除已过法定期限的强制措施；有权对检察机关的不起诉决定进行申诉；有权对人民法院的一审判决、裁定提起上诉；有权对终审裁判提出申诉；等等。

(3) 推定性权利，指从刑事诉讼法中推定出来的诉讼权利。主要有：在未经人民法院依法判决的情况下不得被确定有罪；获得人民法院的公开审判；不受刑讯逼供及其他非法讯问；不接受司法人员的非法强制措施；享有上诉不加刑的权利；等等。

（三）自诉人

自诉人，是指在自诉案件中以个人名义直接向人民法院提起刑事诉讼，请求追究被告人刑事责任的自然人。自诉人是自诉案件的原告人，通常是被害人。《刑事诉讼法》第112条规定，被害人死亡或者丧失行为能力的，被害人的法定代理人、近亲属有权向人民法院提起诉讼。在告诉才处理的案件中，如果被害人因受强制、威吓而无法告诉的，被害人的近亲属也可以为被害人提起自诉。自诉人是自诉案件中的一方当事人，具有独立的诉讼地位。其诉讼行为可以导致自诉程序的发生、发展或者终结；自诉人的陈述，经过查证属实，可以作为法庭定案的依据。

自诉人在刑事诉讼中的诉讼权利主要有：①有权随时委托诉讼代理人；②有权在刑事诉讼中提起附带民事诉讼；③有权在人民法院宣告判决前（《刑事诉讼法》第204条第3项的情况除外）同被告人自行和解或者撤回自诉；④有权上诉或提出申诉。

自诉人应当承担的诉讼义务主要有：不得伪造、隐匿或者毁灭证据；遵守法庭秩序，不得冲击法庭或者侮辱、诽谤、威胁、殴打司法工作人员或者诉讼参与人；应当依法行使诉讼权利。

（四）附带民事诉讼原告人和被告人

附带民事诉讼原告人，是指因被告人的犯罪行为而遭受经济损失，并在刑事诉讼中依法要求赔偿的人。他一般情况下是被害人或自诉人，也可以是他们的法定代理人（包括监护人），或者是死亡被害人的继承人。如果单位是受害人，单位也可以作为附带民事诉讼的原告人请求赔偿。

附带民事诉讼被告人，是指对被告人的犯罪行为所造成的经济损失负有赔偿责任的人。他通常是刑事被告人，也可以是被告人的法定代理人（包括监护人）或者是对被告人的犯罪行为所造成的经济损害负有赔偿责任的其他自然人和单位。

附带民事诉讼当事人的共同诉讼权利主要有：申请回避；参加附带民事诉讼部分的事实调查和辩论；委托诉讼代理人；对民事诉讼部分的裁判提出上诉；原告人有权提出赔偿请求和撤销请求，有权要求调解和达成和解，但应对赔偿请求提供证据。附带民事诉讼的当事人都应当如实陈述案情，接受调查和审判，执行附带民事裁判。

第三节　其他诉讼参与人

刑事诉讼中的其他诉讼参与人，是指刑事诉讼参与人中，除了当事人以外的根据案件的情况和诉讼的需要而参加诉讼的人，包括法定代理人、诉讼代理人、辩护人、证人、鉴定人和翻译人员。

一、法定代理人

（一）法定代理人的概念

法定代理人，是基于与被代理人的亲属关系而由法律确定的一种特定身份的人。《刑事诉讼法》第106条规定："法定代理人是指被代理人的父母、养父母、监护人和负有保护责任的机关、团体的代表。"法定代理人参与诉讼，实施代理行为，不需要被代理人的委托或者司法机关的决定、批准，而是由法律直接规定，其目的是帮助无行为能力人和限制行为能力人参加诉讼，从而维护其合法的诉讼权益。

（二）法定代理人在刑事诉讼中的地位

1. 享有被代理人的大部分诉讼权利。但在不同的案件中，其诉讼地位又有所不同：①法定代理人是自诉人时，居于诉讼当事人的地位，依法享有当事人的诉讼权利并承担相应的义务；②未成年人的法定代理人有独立的回避申请权和上诉权，根据被代理人的要求，法定代理人可以代为委托辩护人；③公诉案件被害人的法定代理人可以代理被害人陈述意见和要求，有权为被害人委托诉讼代理人参与诉讼；④附带民事诉讼中，被害人死亡的，其法定代理人可以作为原告人参加诉讼，其诉讼地位居于附带民事诉讼当事人的地位；⑤在未成年人犯罪案件中，附带民事诉讼的被告人也就是未成年人的法定代理人，其居于附带民事诉讼当事人的诉讼地位；⑥作为无行为能力人或者限制行为能力人的法定代理人，居于附带民事诉讼当事人的诉讼地位。

2. 根据罪责自负、反对株连的原则，法定代理人在刑事诉讼中应承担的责任只是民事赔偿责任，被代理人的刑事责任不能由法定代理人承担。

3. 法定代理人在诉讼中不具有最终意义上的当事人的地位。即使在自诉案件和附带民事诉讼中，法定代理人也不可能取代被代理人而成为当事人，他只是居于当事人的地位，行使法定的权利，承担相应的义务，因为他终究是代理他人进行诉讼。

二、诉讼代理人

诉讼代理人，是在公诉案件中根据被代理人的委托而参加诉讼的人。根据《刑事诉讼法》第106条的规定，诉讼代理人是指受公诉案件的被害人及其法定代理人或者近亲属、自诉案件的自诉人及其法定代理人的委托代为参加诉讼的人和附带民事诉讼的当事人及其法定代理人委托代为参加诉讼的人。近亲属是指夫、妻、父、母、子、女、同胞兄弟姐妹。

诉讼代理人与法定代理人不同，诉讼代理人代理权的产生是基于被代理人的意思表示，而法定代理人代理权的产生是基于法律的直接规定；诉讼代理人不具有诉讼主体的地位，只能在委托人授权的范围内进行代理，不能与被代理人的意志相悖，对被代理人有一定的从属性。但诉讼代理人在授权的范围内进行代理活动，具有相对的独立性，诉讼代理人在代理权限内的代理活动所产生的法律后果由被代理人承担。在一定情况下，代理人可以辞退代理，委托人也可以解除代理关系。

三、辩护人

辩护人是指在刑事诉讼中接受犯罪嫌疑人和被告人及其法定代理人的委托，或经人民法院指定，为犯罪嫌疑人和被告人的合法权益进行辩护的诉讼参与人。根据《刑事诉讼法》第 32 条的规定，可以作为辩护人的有：律师；人民团体或者犯罪嫌疑所在单位推荐的人；犯罪嫌疑人、被告人的监护人、亲友。但是正在被执行刑罚或者依法被剥夺、限制人身自由的人，不得担任辩护人。

《刑事诉讼法》第 33 条规定，犯罪嫌疑人自被侦查机关第一次讯问或者采取强制措施之日起，有权委托辩护人；在侦查期间，只能委托律师作为辩护人。被告人有权随时委托辩护人。

辩护人，特别是律师作为辩护人，在刑事诉讼中既不是当事人，也不是代理人，而是具有独立诉讼地位的诉讼参与人。

四、证人

证人是指除当事人以外的，就自己所知道的案件情况向司法机关作证的诉讼参与人。证人是由案件事实决定的，因而是特定的，不能替代与更换，也不能随意指定。证人必须是能够辨别是非和正确表达其意志的自然人。证人参与刑事诉讼依法作证，既是法定的权利，也是法定的义务。证人必须如实作证，接受询问和质证，隐匿证据和作伪证的要负法律责任。

证人及其近亲属的人身安全受特别保护。《刑事诉讼法》第 61 条规定："人民法院、人民检察院和公安机关应当保障证人及其近亲属的安全。"《刑事诉讼法》第 62 条规定，对于危害国家安全犯罪、恐怖活动犯罪、黑社会性质的组织犯罪、毒品犯罪等案件，证人因在诉讼中作证，本人或者其近亲属的人身安全面临危险的，人民法院、人民检察院和公安机关应当采取不公开个人信息，不暴露外貌、真实声音，禁止特定的人员接触证人及其近亲属，对人身和住宅采取专门性保护等一项或者多项保护措施。证人认为因在诉讼中作证，本人或者其近亲属的人身安全面临危险的，可以向人民法院、人民检察院、公安机关请求予以保护。

证人有权要求补偿因作证而遭受的直接经济损失。《刑事诉讼法》第63条规定，证人因履行作证义务而支出的交通、住宿、就餐等费用，应当给予补助。此外，有工作单位的证人作证，所在单位不得克扣或者变相克扣其工资、奖金及其他福利待遇。

五、鉴定人和翻译人员

鉴定人，是指接受公安司法机关的指派或聘请，以其专门知识和技能对案件中涉及的专门性问题进行鉴别判断的诉讼参与人。鉴定人的分析判断意见称为鉴定意见。鉴定意见是一种独立的诉讼证据。

鉴定人的职责是协助专门机关查明与案件有关的专门性问题，如果鉴定人故意作虚假鉴定，意图陷害他人或者隐匿罪证的，要负法律责任；鉴定人对所提供的案情材料和涉及他人隐私的情况，负有保密的义务。

翻译人员，是指接受公安司法机关的指派或聘请，在诉讼中进行语言文字（包括外语、民族语、聋哑手语和盲文等）翻译的诉讼参与人。翻译人员故意作错误翻译造成损失的，要负法律责任；对获知的案件情况和他人的隐私负有保密的义务。

第四节 单位诉讼参与人

在刑事诉讼中，一般都是由自然人参与诉讼，我国《刑事诉讼法》也没有规定单位可以作为诉讼参与人，更没有明确规定单位怎样参与刑事诉讼。1997年《刑法》从实体法的角度明确了单位犯罪，因此，单位作为犯罪嫌疑人、被告人、被害人以及附带民事诉讼的原告人和被告人等参与刑事诉讼也就有了实体法依据。

一、单位犯罪嫌疑人、单位被告人

（一）单位可以成为独立的犯罪嫌疑人、被告人

根据我国的立法情况和司法实践，在民事诉讼和行政诉讼中，或者在附带民事诉讼中，单位作为被告人参与诉讼活动是常见的事情，但在刑事诉讼中，单位能不能成为被告并以此身份参与刑事诉讼，立法上并没有明确规定，理论界也存在着分歧。1997年《刑法》从立法上确立了单位犯罪制度，在第30、31条中规定，公司、企业、事业单位、机关、团体实施的危害社会的行为，法律规定为单位犯罪的，应当负刑事责任。单位犯罪的，对单位判处罚

金,并对其直接负责任的主管人员和其他直接责任人员判处刑罚。尽管《刑法》明确将单位作为犯罪主体,但单位能否成为刑事诉讼的主体,却在立法上和理论上没有最终解决。一些学者主张按照刑罚的适用方式确定被告人,即在刑事实体法规定适用"双罚制"的情况下,单位可以成为被告人,而在不处罚单位的"单罚制"情况下,单位就不再单独成为被告人。本书认为,在所有的单位犯罪案件中,单位本身始终是犯罪的主体,在刑事诉讼中,不论什么情况下,单位都可以成为独立的犯罪嫌疑人、被告人。其理由至少有三点:

1. 单位构成犯罪是单位内部责任人员构成犯罪的前提,也是对单位内部成员实施刑罚处罚的前提。不论对单位犯罪适用双罚制还是单罚制,单位都是独立的犯罪主体。

2. 在"单罚制"的情况下,只对单位定罪而不对单位处罚,这仍然是对单位追究刑事责任的一种方式。对被告人追究刑事责任有定罪和处罚两个环节,对单位定罪本身包含了对单位的行为在法律上作出的否定性评价,它会使单位的名誉及其他交易机会等权益受到损害,不能因为其没有受刑罚处罚而否认对其追究了刑事责任,因为就自然人而言,法律对其定罪也可以免予刑事处罚。

3. "程序公正"要求单位拥有独立的犯罪嫌疑人、被告人地位。如果不承认单位拥有独立的犯罪嫌疑人、被告人地位,就会使单位无权参与诉讼并进行申辩,可能使单位实体权益遭受剥夺或限制,这明显有违程序公正的基本要求。

(二)单位嫌疑人、被告人参加刑事诉讼的方式

关于单位作为嫌疑人、被告人怎样参加刑事诉讼的问题,从各国的诉讼立法情况看,有的国家采取由单位授权其法定代表人参加诉讼活动的方式,有的则由单位自由指定其诉讼代表人。对此,最高法《解释》规定:被告单位的诉讼代表人,应当是其法定代表人或者主要负责人;法定代表人或者主要负责人被指控为对单位犯罪直接负责的主管人员或者因客观原因无法出庭的,应当由被告单位委托其他负责人或者职工作为诉讼代表人,但有关人员被指控为单位犯罪的其他直接责任人员或者知道案件情况、负有作证义务的人的除外。人民法院开庭审理单位犯罪案件,应当通知被告单位的诉讼代表人出庭;没有诉讼代表人参与诉讼的,应当要求人民检察院确定。被告单位的诉讼代表人不出庭的,应当按照下列情形分别处理:①诉讼代表人系被告单位的法定代表人或者主要负责人,无正当理由拒不出庭的,可以拘传其到庭;因客观原因无法出庭,或者下落不明的,应当要求人民检察院另行确定

诉讼代表人；②诉讼代表人系被告单位的其他人员的，应当要求人民检察院另行确定诉讼代表人出庭。

（三）单位诉讼代表人的诉讼地位

被告单位的诉讼代表人代表单位进行诉讼活动，是以单位的名义、代表单位的利益并在单位授权范围内从事诉讼行为，本人不直接承担诉讼的后果。因而，他既不是嫌疑人、被告人，也不是证人，而是一种独立的诉讼参与人，具有独立的诉讼地位。对单位诉讼代表人诉讼地位的理解，可以考虑以下几个方面：

1. 单位诉讼代表人有权行使犯罪嫌疑人、被告人的全部诉讼权利。
2. 单位诉讼代表人有承受强制措施的义务。
3. 单位诉讼代表人在单位授权范围内从事的诉讼行为，应视为单位的诉讼行为，其进行的诉讼行为对单位具有约束力，其行为产生的法律后果由单位承担。
4. 单位诉讼代表人应履行相应的诉讼义务，不得作伪证，不得提供虚假情况等，如果故意作虚假陈述，则要负相应的法律责任。

二、单位被害人

（一）单位被害人的诉讼主体资格

单位不仅可能成为公安司法机关侦查、起诉、审判的对象，还可能成为犯罪行为的被害人。刑事诉讼法将被害人确定为当事人并赋予其一系列的诉讼权利，这既适用于自然人被害人，也适用于单位被害人。作为被害人的单位，完全可以独立参加刑事诉讼活动并拥有独立的诉讼主体资格，成为独立的案件当事人。单位受害人不仅具有强烈的追诉犯罪、惩罚犯罪并获得补偿的合理愿望，还具有进行刑事诉讼活动的权利能力和行为能力，它可以通过自己的代表人实现自己的意志并实施各种诉讼行为。如果不赋予被害单位独立的诉讼主体资格，就不能保证诉讼过程和结果的合法性与公正性。

（二）单位被害人参与刑事诉讼的方式

单位作为被害人参加刑事诉讼，与自然人被害人在刑事诉讼中的诉讼地位、所享有的诉讼权利和承担的诉讼义务基本相同，但因单位本身的性质与自然人不同，单位被害人参与刑事诉讼的方式与自然人也有所不同：单位被害人是通过其法定代表人来行使诉讼权利、承担诉讼义务的。法定代表人代表被害单位参与刑事诉讼活动，有助于诉讼的顺利进行；被害单位的法定代表人事实上具有被害单位的"诉讼代表人"的身份，具有独立的诉讼地位，但他本人不是被害人，也不是证人，虽然有权行使被害人的一切诉讼权利，但并不承担行为的后果，其诉讼行为所产生的一切法律后果均由被害单位承担；在自诉案件中，单位也可以成为自诉人提起自诉。如果只允许被害的自然人而不允许被害单位提起自诉并参加诉讼活动，则单位被害人的诉讼权利和实体权利将得不到法律公正的保障。

👉 考核提示

了解：诉讼参与人的概念，当事人的概念和特征，当事人的法定分类，其他诉讼参与人的种类及各自范围，单位诉讼参与人。

理解：当事人与诉讼参与人的区别。

👉 主题讨论

材料一

2011年4月22日，西安市中级人民法院对被告人药家鑫故意杀人案作出一审判决，以故意杀人罪判处药家鑫死刑，剥夺政治权利终身，并处赔偿被害人家属经济损失45 498.5元。

材料二

2010年7月15日，云南省昭通市中级人民法院以故意杀人罪判处李昌奎死刑，剥夺政治权利终身，同时判决赔偿家属王廷礼、陈礼金经济损失3万元。

【讨论提示】

1. 如何看待上述案件中对被害人家属的赔偿？
2. 刑事案件中被害人及其家属可否要求精神损害赔偿？
3. 就保护刑事被害人及其家属的合法权益谈谈你的看法。

👉 阶段自测

一、单项选择题

1. 在我国刑事诉讼中，证人只能是（　　）。
   A. 法人　　　　　　　　　B. 自然人
   C. 非法人组织　　　　　　D. 自然人、法人或非法人组织

2. 下列诉讼参与人中，属于当事人的是（　　）。
   A. 辩护人　　　　　　　　B. 诉讼代理人
   C. 法定代理人　　　　　　D. 自诉人

3. 下列人员中，不能担任辩护人的是（　　）。
   A. 律师　　　　　　　　　B. 被告人的亲属
   C. 被告人的朋友　　　　　D. 本案的证人

4. 在自诉案件中，有权提出反诉的诉讼参与人为（　　）。

A. 自诉人　　　　　　　　　　B. 自诉人的诉讼代理人
C. 被告人的法定代理人　　　　D. 被告人的辩护人

5. 下列诉讼参与人中属于当事人的是（　　）。
A. 法定代理人　　　　　　　　B. 诉讼代理人
C. 辩护人　　　　　　　　　　D. 被害人

6. 下列人员中，不能作为证人的是（　　）。
A. 外国人
B. 被剥夺政治权利的人
C. 不能辨别是非、不能正确表达的人
D. 未成年人

二、多项选择题

1. 根据我国现行刑事诉讼法的规定，刑事诉讼代理人的种类包括（　　）。
A. 被害人的诉讼代理人　　　　B. 自诉人的诉讼代理人
C. 附带民事诉讼原告人的代理人　D. 附带民事诉讼被告人的代理人
E. 刑事被告人的代理人

2. 刑事诉讼参与人包括（　　）。
A. 被告人　　　　　　　　　　B. 犯罪嫌疑人
C. 鉴定人　　　　　　　　　　D. 翻译人员
E. 被害人

3. 在刑事诉讼中，鉴定人应当具备的条件是（　　）。
A. 具有解决专门性问题的知识　B. 具有大学本科以上学历
C. 自然人　　　　　　　　　　D. 不存在法定回避事由
E. 具备侦查人员的身份

4. 在我国刑事诉讼中，律师辩护人与非律师辩护人的权利差异主要体现在（　　）。
A. 参与法庭调查、法庭辩论权　B. 要求司法机关解除强制措施权
C. 经被告人同意提出上诉权
D. 向本案被害人收集与本案有关的证据材料权
E. 向本案被害人提供的证人收集与本案有关的证据材料权

5. 在我国刑事诉讼中，法定代理人的权利有（　　）。
A. 申请回避权　　　　　　　　B. 提出上诉权
C. 委托诉讼代理人　　　　　　D. 委托刑事辩护人
E. 行使权利必须得到被代理人同意

6. 我国刑事诉讼当事人的特点是（　　）。
A. 在刑事诉讼中处于追诉或者被追诉地位
B. 同案件事实有直接的利害关系
C. 对案件处理结果享有上诉权
D. 属于诉讼参与人的范畴
E. 有诉讼行为能力

三、名词解释

1. 诉讼参与人
2. 当事人
3. 犯罪嫌疑人
4. 自诉人

第六章

刑事诉讼基本原则

📖 本章导学

本章的主要内容包括刑事诉讼基本原则概述、诉讼共有的原则、刑事诉讼独有的原则。重点是人民检察院、人民法院依法独立行使职权原则;审判公开原则;检察机关实行法律监督原则;保障诉讼参与人诉讼权利原则;侦查权、检察权、审判权由法定机关行使原则;公、检、法三机关分工负责,互相配合,互相制约原则;犯罪嫌疑人、被告人有权获得辩护原则;未经人民法院审判,对任何人不得确定有罪原则;有法定情形不予追究刑事责任原则。难点是"未经人民法院审判,对任何人不得确定有罪原则"及其与无罪推定原则的区别。

📖 学习引入

来庆市江海区面粉厂厂长刘某某被江海区检察院以私分国有资产罪向江海区人民法院提起公诉。江海区检察院指控,刘某某于1995年召集财务科科长等4人开会研究,决定以给职工谋福利、业务费的名义,用虚开购买麻袋凭单的手段透支公款。会后,几人按计划虚开购买麻袋凭单11张,总金额近15万。几人将10万元分5次私分,刘某某分得2.5万元。检察院认为,刘某某利用职务之便,主持私分公款,触犯刑法,已构成私分国有资产罪。

江海区法院认为,检察指控刘某某的证据材料相互关联,形成锁链,虽然刘某某全部予以否认,但又提不出其他证据来否定,从而认定刘某某犯有私分国有资产罪,判处有期徒刑2年。

刘某某的辩护律师认为,检察院的证据不足,法院"疑罪推定"刘某某有罪没有道理。于是帮助刘某某向来庆市中级人民法院提起上诉。二审法院以"事实不清、证据不足"为由发回原审法院重审。重审中,辩护人再次提出"疑罪从无"的意见,结果法院仍以私分国有资产罪判处刘某某有期徒刑3年。

刘某某再次上诉。在来庆市中级人民法院的法庭上,辩护律师提出:

①11张假凭单没有当时任厂长的刘某某的签字;②刘某某拟定私分公款,其个人分赃的地点不详,三个证人的证词前后不一;③检察院三份公诉书中所述时间地点以及分钱次数不一致。"这些证据怎么能采信?没有这些所谓的证据,判有罪显然是典型的证据不足。"来庆市中级人民法院采纳了辩护人的意见,作出了刘某某无罪的终审判决。

被告人是否需要证明自己无罪?什么是疑罪从无?疑罪从无与无罪推定原则是什么关系?我国《刑事诉讼法》还规定了哪些基本的诉讼原则?

第一节 概 述

一、刑事诉讼基本原则的概念和意义

何谓原则?原则是人们观察问题、处理问题的准绳。刑事诉讼基本原则,就是指由刑事诉讼法规定的贯穿于刑事诉讼活动始末,人民法院、人民检察院、公安机关以及刑事诉讼参与人进行刑事诉讼活动时所必须遵守的基本准则。

刑事诉讼基本原则必须贯穿于刑事诉讼全过程,对刑事立法、司法具有指导作用,并且能保障刑法任务的实现,体现我国刑事诉讼的基本精神,保证实体法的公正实施。当然,我国的刑事诉讼原则更带有中国特色的行之有效的成分。随着民主、法治化进程的不断深入、发展,刑事诉讼基本原则将会不断完善。

二、刑事诉讼基本原则的体系和分类

(一) 刑事诉讼基本原则的体系

刑事诉讼基本原则的体系是指由我国《宪法》、《刑事诉讼法》、《人民法院组织法》、《人民检察院组织法》规定的多种刑事原则相互联系构成的有机体。它包括以下15项原则:以事实为根据,以法律为准绳原则;在适用法律面前人人平等原则;走群众路线原则;审判公开原则;检察机关实行法律监督原则;各民族公民有权使用本民族语言文字进行诉讼的原则;侦查权、检察权、审判权由法定机关行使原则;公、检、法三机关分工负责,互相配合,互相制约原则;审判权、检察权独立行使原则;被告人有权获得辩护原则;未经审判,不得确定有罪原则;保障诉讼参与人诉讼权利原则;具有法定情节不予追究刑事责任原则;追究外国人刑事责任适用我国刑事诉讼法原则;司法协助原则。

(二) 刑事诉讼基本原则的分类

根据刑事诉讼法与其他诉讼法的联系和区别,可以把刑事诉讼法原则划

分为共有的诉讼基本原则和独立的诉讼基本原则两大类。

共有的诉讼基本原则包括下列 8 项原则：以事实为根据，以法律为准绳原则；在适用法律面前人人平等原则；人民法院、人民检察院依法独立行使职权原则；审判公开原则；检察机关实行法律监督原则；保障诉讼参与人诉讼权利原则；各民族公民有权使用本民族语言文字进行诉讼的原则；司法协助原则。

刑事诉讼独有的基本原则是与民事诉讼、行政诉讼相区别的，具有独立地位的基本原则。包括 9 项原则：侦查权、检察权、审判权分别由公安机关、检察机关、人民法院行使原则；公、检、法三机关分工负责，互相配合，互相制约原则；审判权、检察权独立行使原则；被告人有权获得辩护原则；未经审判，不得确定有罪原则；具有法定情节不予追究刑事责任原则；追究外国人刑事责任适用我国《刑事诉讼法》原则；司法协助原则；走群众路线原则。

第二节 诉讼共有的原则

本节诉讼共有的原则，是指刑事诉讼与其他诉讼（民事诉讼和行政诉讼）所具有的相同的诉讼原则。它不仅存在于刑事诉讼之中，也存在于其他诉讼中。包括以下 8 项原则。

一、以事实为根据，以法律为准绳原则

"以事实为根据，以法律为准绳原则"是我国法律上的一项重要原则，《刑事诉讼法》第 6 条、《民事诉讼法》第 7 条、《行政诉讼法》第 4 条均明确规定，人民法院审理刑事、民事、行政案件，以及其他司法机关在办案时均应以事实为根据，以法律为准绳。这是《刑事诉讼法》确立的一个十分重要的原则，是辩证唯物主义在司法上的体现，也是实事求是思想在刑事诉讼中的运用，是我国刑事诉讼的核心，是其他原则的根本保证。

以事实为根据，是指司法机关在办理案件过程中，只能以客观存在的案件事实为依据和基础，而不能以与案件没有任何关系的事实作为依据，更不能以主观臆测、推断或怀疑出来的所谓的事实作为基础。也并不是说只要是事实就能作为案件的事实依据，只有通过法定程序查证，由具有客观性、合法性和关联性的证据予以证明的事实才能作为依据。因此，司法机关要查清案件事实，就必须重证据，重调查研究，切不可主观臆断，想当然地判案。一方面，司法机关要努力收集与案件事实有关的一切证据材料；另一方面，要对收集到的证据材料进行认真细致的分析研究，只有经过法定程序收集到的、经查证属实的且必须经过质证的证据才能作为定罪、量刑的依据。

以法律为准绳，是指公安司法机关在刑事诉讼中必须严格遵守法律。此处的"法律"不能理解为《刑事诉讼法》，而应理解为广义上的刑事法律。既包括实体法、程序法，也包括立法及司法解释。它包含两层含义：一是司法机关在诉讼过程中，必须严格依法行使职权，不能滥用职权，违法办案；二是司法机关在作出最终处理决定时，不能以人的主观意志而应以法律为惟一标准和尺度；三是法律准绳的运用必须以事实为根据和前提，只有在事实清楚、证据充分的情况下，准确运用法律处理案件，才会得出公正、公平、正确的裁决。

以事实为根据，以法律为准绳，二者是相辅相成，互为依存的。准确认定事实是正确适用法律的前提，若不查明案件事实，正确运用法律就只能是无本之木，无水之源，成了空谈。另一方面，虽然事实是客观、准确的，但若不按法律规定办事，其结果也是不言而喻的。因此运用本原则，一定要对这二者进行统一，决不可断章取义，妄下结论。

二、对一切公民在适用法律上一律平等原则

本原则的法律依据是我国《宪法》第5条、第33条和《刑事诉讼法》第6条的规定。《民事诉讼法》第8条和《行政诉讼法》第7条也有相同规定。《宪法》第33条第2款规定："中华人民共和国公民在法律面前一律平等。"第5条第5款规定："任何组织或者个人都不得有超越宪法和法律的特权。"《刑事诉讼法》第6条规定："……对于一切公民，在适用法律上一律平等，在法律面前，不允许有任何特权。"《民事诉讼法》第8条规定："……人民法院审理民事案件……对当事人适用法律一律平等"。《行政诉讼法》第7条规定："当事人在行政诉讼中的法律地位平等。"我国宪法和法律规定的这条原则，是在批判吸收资产阶级启蒙思想家提出的"法律面前人人平等"原则的基础上，结合我国国情和司法实践，根据广大人民的意志确定的。

对一切公民在适用法律上一律平等原则的基本含义，是在法律面前，既不允许有任何特权，也不能有任何歧视。公安机关、人民检察院和人民法院在刑事诉讼中，对于任何公民，不论其民族、种族、性别、职业、家庭出身、宗教信仰、教育程度、财产状况、社会地位等，在适用法律上一律平等。如果其行为已构成犯罪，依法都必须受到追究。如果其行为没构成犯罪，依法不受刑事追诉。在刑事诉讼中，公民依法享有同样的诉讼权利，其诉讼权利都受到法律的同等保护，公安、司法机关有义务保障公民行使其诉讼权利。相应地，公民应承担同等的诉讼义务，并应依法履行其义务。

对一切公民在适用法律上一律平等，与在法律范围内区别对待并不矛盾。

在法律范围内区别对待，是依照犯罪事实等情况，根据法律规定进行的。这种区别对待所依据的事实，主要是犯罪的情况及犯罪分子犯罪前后的表现，它们属于刑法规定的影响量刑的情节，区别的标准是法律，区别对待的目的是为了更好地实现刑罚的目的。所以，在法律范围内区别对待正是实现了在法律适用上一律平等的原则，它与因特权、地位以及财产不同而区别对待是有原则区别的。

在刑事诉讼中贯彻和执行这项原则，还要注意反对歧视。在依据法律追究刑事责任时，不论在实体法还是程序法的运用上，对任何公民都不得歧视。依法不构成犯罪的，一律不予追究刑事责任。所有公民的诉讼权利都受到法律的保护，公民都有权行使自己的合法权利。公安司法机关对于一切公民的诉讼权利应给予同样的保护，同时对于一切公民应履行的诉讼义务，应平等地对其履行。

总之，本原则有利于反对和防止特权，也有利于反对和防止歧视，能广泛调动人民群众建设社会主义民主和法治的积极性，能够提高司法机关的权威性，维护社会主义法治的尊严，密切了党群关系，符合我国法律的社会主义性质和历史潮流，对刑事诉讼有极其重要的意义。

三、人民检察院、人民法院依法独立行使职权原则

（一）基本内容

《刑事诉讼法》第5条规定："人民法院依照法律规定独立行使审判权，人民检察院依照法律规定独立行使检察权，不受行政机关、社会团体和个人的干涉。"其基本含义是：

1. 人民法院、人民检察院依法独立行使审判权、检察权。行政机关、社会团体和个人必须尊重和支持，不得以任何理由、任何方式对人民法院、人民检察院进行的刑事诉讼活动加以干涉。

2. 人民法院、人民检察院独立行使审判权、检察权，并不是指他们可以为所欲为，而应严格遵守法律，在各自的职权范围内依法办事，依法执法，并接受人民和其他机关的监督。

3. 必须正确理解依法独立行使职权与坚持党的领导的关系，正确理解依法独立行使职权与人大和人民监督的关系。在我国，党领导一切，但党的领导不是个案领导，而主要是组织领导、方针政策的领导，是保证法院、检察机关忠实于党领导人民制定的宪法和法律。人大监督是我国《宪法》明确规定的人大的职权，是对司法权独立的一种制约和管束，是宏观监督而非个案监督，是"事后监督"而非审判前或审判中的"审判干预"。而《宪法》规定任何公民对违法犯罪现象均有检举、申诉、控告权，因此人民监督也有利

于人民法院、人民检察院正确行使职权。

（二）本原则的意义

1. 这一原则的确立为人民法院、人民检察院正确独立地行使职权提供了法律依据，使之能够排除其他因素的干涉，保障了司法行为的权威性、纯洁性和公正性。

2. 审判权、检察权由人民法院、人民检察院分别独立行使，也体现了公、检、法三机关分工负责、互相制约的原则，为准确认定犯罪、打击犯罪奠定了程序基础。

四、审判公开原则

《宪法》第 125 条规定："人民法院审理案件，除法律有特别规定的外，一律公开进行……"《刑事诉讼法》第 11 条规定："人民法院审判案件，除本法另有规定的以外，一律公开进行……"《民事诉讼法》和《行政诉讼法》都有相应的规定。

所谓审判公开，是指人民法院审理案件和宣告判决，都应向社会公开进行，允许公民到场旁听，允许新闻记者采访和报道，允许公民了解裁判文书的内容。也就是说，法庭审判的全过程，除合议庭评议案件外，其他都应公之于众。在著名的"綦江虹桥垮塌案"审理过程中，中央电视台对部分庭审过程进行了直播；在"薄熙来案"审理过程中，山东省济南市中级人民法院通过微博同步公布了绝大部分庭审笔录。这些案件极大地促进了审判公开原则的落实。不过，在允许公民自由旁听、新闻媒体自由报道方面，人民法院还需建立制度性的保障措施。

"向公民公开"，是指向中国公民公开，对外国公民或无国籍人一般是不公开的。根据司法实践经验，外国人要求旁听、采访案件的公开审判，应向我国外事部门提出申请，其主管的外事部门与人民法院共同商定后，凭人民法院发的旁听证或者采访证进入法庭旁听或者采访，并应遵守人民法院的法庭规则。

根据《刑事诉讼法》第 183 条的规定，涉及国家秘密或者个人隐私的案件，不公开审理；涉及商业秘密的案件，当事人申请不公开审理的，可以不公开审理。《刑事诉讼法》第 274 条还规定，审判的时候被告人不满 18 周岁的案件，不公开审理；但是经未成年被告人及其法定代理人同意，未成年被告人所在学校和未成年人保护组织可以派代表到场。

对于不公开审理的案件，人民法院应当庭宣布不公开审理的理由，但宣判一律公开进行。宣判公开也意味着裁判文书的当然公开。目前，我国各级人民法院正在有序推进裁判文书上网公布工作。《最高人民法院关于人民法院在互联网公布裁判文书的规定》第 4 条明确规定:"人民法院的生效裁判文书应当在互联网公布,但有下列情形之一的除外:①涉及国家秘密、个人隐私的;②涉及未成年人违法犯罪的;③以调解方式结案的;④其他不宜在互联网公布的。"

实行审判公开,有利于人民群众对审判工作进行监督,有利于推动诉讼原则和制度的贯彻和执行,同时有利于对群众进行法制宣传和教育。实行审判公开,把人民法院的审判工作置于广大人民群众的监督之下,这一方面增加了审判人员的责任感,从而带动合议、辩护、回避等其他审判制度的贯彻执行,有利于人民法院全面、客观地查明案件事实,作出正确的判决,提高办案质量,防止和减少冤假错案;另一方面,还可以防止索贿受贿、徇私枉法等违法乱纪行为的发生,提高审判机关的威信。实行公开审判,有助于防止和减少犯罪,扩大法院的教育作用。通过审判公开,可以把犯罪分子的罪行对社会的危害结果以及犯罪分子个人肮脏的灵魂、思想、犯罪动机揭露于群众面前,使广大群众深刻认识犯罪的社会危害性及其产生的原因和条件,认识遵纪守法、积极同犯罪进行斗争的必要性,从而起到积极预防犯罪的作用。审判公开是密切联系群众、依靠群众力量改造犯罪分子的一种有效方法。在法庭上,公诉人运用证据揭露犯罪事实,使犯罪分子感到在广大人民群众面前无法隐藏和诡辩,只有认罪服法才有出路。同时也可以使犯罪分子在人民面前对自己的犯罪行为感到羞耻,有利于犯罪分子转变立场,接受改造。

五、检察机关实行法律监督原则

《刑事诉讼法》第 8 条、《民事诉讼法》第 14 条、《行政诉讼法》第 10 条均规定了人民检察院对诉讼活动的法律监督权。就刑事诉讼而言,根据《检察院组织法》的规定,检察院的职权有:①对公安机关侦查的案件,进行审查,决定是否逮捕、起诉,对公安机关的侦查活动是否合法实行监督;②对于刑事案件提起公诉,支持公诉,对于人民法院的审判活动是否合法实行监督;③对于刑事案件判决、裁定的执行和监狱、看守所、劳动改造机关的活动是否合法实行监督。这些职权都体现了人民检察院的法律监督职责。

在刑事诉讼中,人民检察院的法律监督是全程的,包括立案监督、侦查监督、审判监督和执行监督;同时也是全方位的,既包括对专门机关的监督,也包括对诉讼参与人的监督。具体包括以下三方面的内容:

(一) 对公安机关的立案、侦查活动实行法律监督

对公安机关的立案、侦查活动实行法律监督,是指人民检察院认为公安机关对应当立案侦查的案件而不立案侦查的,或者被害人认为公安机关对于应当立案侦查的案件而不立案侦查,向人民检察院提出的,检察机关应当要

求公安机关说明不立案的理由。检察机关认为公安机关不立案的理由不能成立的，应当通知公安机关立案，公安机关在接到通知后应当立案。

检察机关对公安机关侦查活动的法律监督主要通过审查批捕和审查起诉实施。检察机关对公安机关提请批准逮捕的犯罪嫌疑人，经过审查，认为不符合逮捕条件的，应当作出不批准逮捕的决定，公安机关应在接到决定后立即释放人犯，以此防止公安机关滥用逮捕权。检察机关对公安机关侦查终结移送起诉的案件进行审查，主要是对公安机关的侦查活动是否合法、犯罪嫌疑人是否构成犯罪、犯罪嫌疑人是否应承担刑事责任进行审查，然后决定是否提起公诉。

（二）对人民法院的审判进行监督

对审判进行监督，一方面是对审判活动进行监督。《刑事诉讼法》第203条规定："人民检察院发现人民法院审理案件违反法律规定的程序，有权向人民法院提出纠正意见。"另一方面，是对人民法院作出的判决、裁定实行监督，其监督是通过抗诉来行使的。人民检察院的抗诉是通过以下途径来提起的：①认为刑事案件一审判决或裁定有误而通过二审程序提起抗诉；②对生效判决通过审判监督程序提起抗诉。通过抗诉，人民检察院对人民法院作出的裁决进行法律监督，目的是希望体现有错必纠的精神，有利于司法公正，并且实践中也在一定程度上达到了这个目的。但是，也存在不少问题，如在刑事诉讼中使被告人遭受双重危险，检察机关抗诉对法院判决的既判力造成不利影响等。

（三）对执行活动进行监督

《刑事诉讼法》第265条规定："人民检察院对执行机关执行刑罚的活动是否合法实行监督。如果发现有违法的情况，应当通知执行机关纠正。"对执行机关的监督包括：对刑事判决、裁定所确定的内容的执行情况进行监督；对执行中减刑、假释、暂予监外执行进行监督。

人民检察院实行法律监督，可以保障各司法机关依法进行刑事诉讼，保障诉讼参与人依法享有诉讼权利，并维护国家法制的尊严。不过，由于该原则在实践中存在不少问题，理论界要求改变或者废除这一原则的呼声一直很高。

六、保障诉讼参与人诉讼权利原则

《刑事诉讼法》第14条、《民事诉讼法》第8条明确规定了这一原则，《行政诉讼法》总则的规定也体现了这一精神。《刑事诉讼法》第14条规定："人民法院、人民检察院和公安机关应当保障犯罪嫌疑人、被告人和其他诉讼参与人依法享有的辩护权和其他诉讼权利。诉讼参与人对于审判人员、检察人员和侦查人员侵犯公民诉讼权利和人身侮辱的行为,有权提出控告。"第266条第2款规定:"人民法院、人民检察院和公安机关办理未成年人刑事案件,应当保障未成年人行使其诉讼权利,保障未成年人得到法律帮助,并由熟悉未成年人身心特点的审判人员、检察人员、侦查人员承办。"保障诉讼参与人依法享有诉讼权利原则的基本含义是:

1. 诉讼参与人的各项诉讼权利依法确定,并受到法律保护。公安、司法机关有义务保障诉讼参与人依法行使其权利,不得设置障碍,不得限制或者剥夺其诉讼权利。

2. 对于未成年犯罪嫌疑人、被告人,法律规定特殊保护措施的,公安、司法机关应遵照执行。

3. 诉讼参与人有权依法运用手段保护自己的诉讼权利,对于审判人员、检察人员或者侦查人员侵犯其合法权利的行为,诉讼参与人有权提出控告,有关机关应依法予以严肃查处。

4. 诉讼参与人在依法享有诉讼权利的同时,应当承担相应的诉讼义务。

保障诉讼参与人诉讼权利原则贯穿于刑事诉讼的整个过程。无论在哪一诉讼阶段,无论是哪一个司法机关,都必须切实贯彻执行。

该原则可以为诉讼参与人参与诉讼提供必要条件,从而保障所有诉讼参与人的合法利益不受侵犯,同时又有助于司法机关正确、文明地进行刑事诉讼。

七、各民族有权用本民族语言文字进行诉讼原则

《民事诉讼法》第11条、《行政诉讼法》第8条规定了这一原则,《刑事诉讼法》第9条也规定,各民族公民都有用本民族语言文字进行诉讼的权利。这是《宪法》第4条第1款"中华人民共和国各族人民一律平等"和第4条第4款"各民族都有使用和发展自己的语言文字的自由"等原则在诉讼中的具体体现。本原则在刑事诉讼中包括以下几点内容:

1. 各民族公民都有用本民族语言文字进行诉讼的权利。不论其作为刑事案件的当事人,还是作为其他诉讼参与人,各民族公民都有权在刑事诉讼中使用本民族语言文字。既可以用本民族语言文字进行陈述或者发言,也可以用本民族语言文字书写各种诉讼文书。

2. 在少数民族聚居或者各民族杂居的地区,应当使用当地通用的语言文字进行刑事诉讼活动,比如用当地通用的语言文字进行审讯,用当地通用的语言文字发布公告、判决书以及其他文件。

3. 当事人或者诉讼参与人不通晓当地通用的语言文字时,公安机关、人民检察院和人民法院有义务为他们提供翻译。

用本民族的语言文字进行诉讼,是各民族依法享有的诉讼权利,司法机关不仅不能随便剥夺,而且有义务为各民族公民享有这项权利创造条件,提供保障。从司法实践来看,各民族公民能否切实享有这项诉讼权利,关键在于司法机关能否履行法律规定的义务。为了保证这项原则得以实施,各个司法机关应当在民族聚居区和各民族共同居住地区,培养或吸收一批通晓当地通用语言文字的少数民族司法干部或专职翻译人员。

我国是个多民族的社会主义国家,各民族在国家中的政治地位、法律地位一律平等,各民族公民都有使用和发展本民族语言文字的权利。有权用本民族语言文字进行诉讼,是各族公民政治、法律地位平等在刑事诉讼中的体现。贯彻实行这个原则,对于巩固民族团结、保证刑事诉讼顺利进行有重要意义:①贯彻实行本原则,有助于切实维护各民族诉讼参与人的合法权益;②贯彻实行本原则,有助于司法机关准确、及时地查明案件事实;③贯彻实行本原则,有利于对各民族公民进行法制教育。

八、司法协助原则

我国民事诉讼、仲裁以及刑事诉讼制度中,均有关于司法协助的相关规定。

依民事诉讼法和仲裁法规定,根据中华人民共和国缔结或者参加的国际条约,或者按照互惠原则,人民法院和外国法院可以相互请求,代为送达文书、调查取证、执行裁判以及进行其他诉讼行为,但外国法院请求协助的事项有损于中华人民共和国的主权、安全或者社会公共利益的,人民法院不予执行。请求和提供司法协助,应当依照中华人民共和国缔结或者参加的国际条约所规定的途径进行;没有条约关系的,通过外交途径进行。迄今,我国已经和印度尼西亚、西班牙、意大利等国签署了关于民事司法协助的条约,而民事司法协助实践则早已开展,如最高人民法院审判委员会于1991年7月5日讨论通过了《关于中国公民申请承认外国法院离婚判决程序问题的规定》,1997年7月16日最高人民法院转发了我国外交部、司法部、民政部于1997年3月27日发出的《关于驻外使、领馆就中国公民申请人民法院承认外国法院离婚判决等进行公证、认证的有关规定》,2000年2月29日最高人民法院公布了《关于人民法院受理申请承认外国法院离婚判决案件有关问题的规定》,自同年3月1日起施行。

我国法院裁决和仲裁裁决在国外获得承认与执行的法律依据:①我国的立法,②我国缔结或参加的国际条约,③互惠原则。当事人以我国法院已发生法律效力的裁决为依据,请求外国法院承认和执行的,可以其自身的名义申请外国法院承认与执行;也可依据我国缔结或参加的国际条约的规定请求外国法院承认与执行；若某外国与我国未签署国际条约，但双方有互惠关系的，当事人也可依我国与该国共同认可的方式请求该国法院承认与执行。

《刑事诉讼法》第17条规定："根据中华人民共和国缔结或者参加的国际条约，或者按照互惠原则，我国司法机关和外国司法机关可以相互请求刑事司法协助。"刑事诉讼中的司法协助，是指我国司法机关和外国司法机关之间，根据相互缔结的条约或者参加的国际条约以及互惠原则，互相协助，代为进行某种刑事诉讼行为的活动。刑事司法协助的法律依据，首先是我国与外国缔结的条约或者协定。自1987年开始，我国先后与一些国家签订了包含有刑事司法协助内容的条约或协定。其次是我国参加的含有司法协助内容的国际条约，例如1971年《蒙特利尔公约》、1970年《海牙公约》等。最后是互惠原则，即双方在办理具体刑事案件时根据需要，按照对等互惠的精神，共同商定进行某些刑事司法活动。

刑事司法协助的内容有：①代为送达文书。包括送达司法文书和非司法文书。司法文书是司法机关在刑事诉讼中制作的各种法律文书和文件，非司法文书是司法文书以外但与刑事诉讼有关的其他文书、文件，比如身份证明文件等。②代为调查取证。包括互相代为讯问犯罪嫌疑人，询问证人，互相委托进行鉴定、勘验、检查、搜查和扣押，互相代为通知证人、鉴定人出庭，互相移交物证、书证等证据。③引渡。所谓引渡，是指一国将当时在其境内而被他国指控犯有罪行或者判过刑的人，根据他国的请求，移送该国进行审判或者处罚的制度。我国与外国的引渡以与该外国签订的引渡条约为依据。

第三节 刑事诉讼独有的原则

一、侦查权、检察权、审判权由法定机关行使原则

（一）该原则的基本内容

《刑事诉讼法》第3条规定："对刑事案件的侦查、拘留、执行逮捕、预审，由公安机关负责。检察、批准逮捕、检察机关直接受理的案件的侦查、提起公诉，由人民检察院负责。审判由人民法院负责。除法律特别规定的以外，其他任何机关、团体和个人都无权行使这些权力。人民法院、人民检察院和公安机关进行刑事诉讼，必须严格遵守本法和其他法律的有关规定。"这一原则主要包括以下内容：

1. 公安机关、检察院、法院分别行使侦查权、检察权和审判权。公安机关负责刑事案件的侦查、拘留、执行逮捕和预审。但并不是说所有的刑事案件的侦查权均由公安机关行使，下列刑事案件由人民检察院行使侦查权：贪

污贿赂犯罪、国家工作人员渎职犯罪、国家机关工作人员利用职权实施的非法拘禁、刑讯逼供、报复陷害、非法搜查等侵犯公民人身权利、民主权利的犯罪。其他涉及国家机关工作人员的犯罪，需要由检察机关侦查的，要报经省级检察机关批准。另外，国家安全机关对危害国家安全的刑事案件行使侦查权，军队保卫机关对军队内部发生的刑事案件进行侦查。

检察权的内容十分广泛，主要包括：法律监督、对直接受理的案件的侦查、批准逮捕、提起公诉、抗诉等。检察权只能由人民检察院行使。

审判权是对案件进行审理并作出裁决的权力。审判权对当事人的权利和义务、人身自由乃至生命起着决定性作用，因此它对诉讼的结局起决定作用，如果不由人民法院专门行使，势必造成司法混乱。

除此以外，其他任何机关、团体和个人都无权直接或者变相行使刑事案件的侦查、检察、审判权力。否则，不仅无效，而且违法，甚至构成犯罪，应当受到法律制裁直至追究刑事责任。

2. 公安机关、人民检察院、人民法院在行使职权时还必须遵守法定程序。所谓法定程序，是指法律规定的有关诉讼的工作方式、方法和步骤的总括。由于公、检、法三机关在诉讼中享有的权力极大，并且专门行使侦查权、检察权、审判权，他们的活动对刑事案件的处理起着决定性作用，任何一个环节工作的好坏都会影响到案件质量。同时，它们之间的分工也需要明确而且具体，否则就会权责不明，使办案效率下降。另外，我们过去有重实体轻程序的现象，其实程序应当和实体并重，尤其在我国，要建立法治国家，对程序的重视和遵守更应落到实处，这样才不会破坏民主，不会因程序违法而造成冤假错案。因此，公、检、法三机关在依职权行事时，一定要遵守程序，依法办事，严格执法。

(二) 该原则的意义

首先，侦查权、检察权、审判权由公、检、法三机关专门行使，能够保证刑事案件准确、及时地得到处理。公安机关、检察机关、法院是一种专业性很强的部门，只有熟悉法律并具有丰富办案经验的人员才能正确地执行法律，才能真正做到惩罚与教育相结合，更好地保护国家、集体和个人的权益。只有职权明确、分工明确，才能各尽其职，提高诉讼效率，并充分体现刑事诉讼的民主性、科学性。其次，侦查权、检察权、审判权由公、检、法三机关专门行使，可以防止其他组织、机关、团体或者个人私设公堂、非法拘禁、非法搜查、非法侦探，避免在刑事司法上出现混乱，从而保障人权，保证国家法律的正确、统一实施。

二、公、检、法三机关分工负责，互相配合，互相制约原则

（一）该原则的基本内容

《刑事诉讼法》第7条规定："人民法院、人民检察院和公安机关进行刑事诉讼，应当分工负责，互相配合，互相制约，以保证准确有效地执行法律。"

互相配合，是指公安机关、人民检察院和人民法院应在分工明确的基础上互相支持和合作，互相协调，使刑事诉讼程序顺利衔接，共同完成发现犯罪、证实犯罪、惩罚犯罪以及教育广大人民群众利用法律同犯罪进行斗争的任务。然而，三机关的互相配合切不可理解为"联合办案"等，没有分工负责的互相配合是违法的，也是不符合本原则和刑事立法精神的。

互相制约，是指公安机关、人民检察院、人民法院在办理刑事案件时要互相监督，互相约束，防止滥用权力和冤假错案的产生，并及时防止错误的产生，正确适用法律。

分工负责，是指公安机关、人民检察院、人民法院在刑事诉讼中应按法律的规定各司其职，将各自的工作负责到底，不得互相代替，也不得互相推诿，哪个环节出了差错，就应当由哪个环节的职责机关承担责任，这样就体现了权责明确的制度，也有利于公正执法。

（二）该原则的意义

刑事诉讼法自始至终体现了本原则。它的意义主要体现在分工负责基础上，既要互相配合，也要互相制约；既要共同办案，也要互相监督，使法律得到准确的执行，真正做到绝不放过一个犯罪之人，同时又不能让无罪的人受到追究，体现出社会主义法律的民主、公正、公平性。

不过，也不能夸大该原则的积极意义。因为，该原则存在内在的法理冲突和实际弊端：①按照诉讼职能分离原则，"分工负责"天然地被包含在控、辩、审和侦、控、审的职能分离机制中。②诉讼职能分离天然地意味着各项职能和相应职权的配合与制约，当公检法按照法定职能需要，正确行使各自职权时，它们不可能不按照法定方式相互衔接、配合和制约。由上述两点可知，不需要画蛇添足而单独提出"分工负责，互相配合，互相制约"的原则。③"互相制约"所表明的公安机关、检察机关能够并且实际制约法院，即侦查、起诉能够"制约"审判，这使得在现实中，"分工负责，互相配合，互相制约"的原则演变成为公安制约检察，公安、检察制约法院的大原则，这有违检察独立和审判独立、中立的诉讼原理。④这个原则直接颠倒了刑事诉讼中审判权高于控诉权及公诉权主导侦查权的基本法理，也颠倒了监督与被监督关系，即在具体诉讼过程中，是审判权监督控诉权、审判权和公诉权监督

侦查权，而不是"相互监督"，更不是倒过来侦查权力高于检察权力，侦查、检察权力高于法院审判权力。

三、犯罪嫌疑人、被告人有权获得辩护原则

（一）国家有义务保证犯罪嫌疑人、被告人获得辩护

辩护，是指在刑事诉讼中，犯罪嫌疑人、被告人及其辩护人从证据、事实和法律上反驳控诉，提出有利于犯罪嫌疑人、被告人的材料和意见的诉讼活动。犯罪嫌疑人、被告人有权获得辩护原则，是指在法律上确认犯罪嫌疑人、被告人享有辩护权，并在诉讼中保障犯罪嫌疑人、被告人行使辩护权。

《宪法》第125条规定，人民法院审理案件，被告人有权获得辩护。《刑事诉讼法》第11条也规定，人民法院审判案件，被告人有权获得辩护，人民法院有义务保证被告人获得辩护。由于《刑事诉讼法》已将被立案追究刑事责任的人在被提起公诉前称作"犯罪嫌疑人"，而且规定犯罪嫌疑人自被侦查机关第一次讯问或者采取强制措施之日起，有权委托辩护人，因此这一原则全面、准确的说法应是"犯罪嫌疑人、被告人有权获得辩护，公安机关、人民检察院、人民法院有义务保证犯罪嫌疑人、被告人获得辩护"。对辩护权，应作如下理解：

1. 犯罪嫌疑人、被告人在整个刑事诉讼过程中都有权为自己辩护。也就是说，犯罪嫌疑人、被告人在刑事诉讼的各个阶段，既可以自行辩护，也可以委托律师或法律允许的其他人为自己辩护。

2. 犯罪嫌疑人、被告人有权获得辩护援助。犯罪嫌疑人、被告人因经济困难或者其他原因没有委托辩护人的，本人及其近亲属可以向法律援助机构提出申请；对符合法律援助条件的，法律援助机构应当指派律师为其提供辩护。犯罪嫌疑人、被告人是盲、聋、哑人，或者是尚未完全丧失辨认或者控制自己行为能力的精神病人，或者可能被判处无期徒刑、死刑，没有委托辩护人的，人民法院、人民检察院和公安机关应当通知法律援助机构指派律师为其提供辩护。

3. 公安机关、人民检察院、人民法院有义务保证犯罪嫌疑人、被告人获得辩护。公安机关在侦查阶段，人民检察院在审查起诉阶段，人民法院在审判程序中，应当告知未委托辩护人的犯罪嫌疑人、被告人有权委托辩护人。公安机关、人民检察院、法院应当认真听取犯罪嫌疑人、被告人及其辩护人的意见，不能因为犯罪嫌疑人、被告人的辩护而对其作出不利处理或加重对其处罚，更不能对辩护人的辩护行为进行无理干涉。

（二）本原则的意义

辩护权是犯罪嫌疑人、被告人最基本的诉讼权利，赋予犯罪嫌疑人、被

告人辩护权,是现代法制的要求,是诉讼民主的表现,也是查明案件客观事实和正确适用法律的必要条件。我国法律赋予犯罪嫌疑人、被告人辩护权,并在制度和程序上充分保障犯罪嫌疑人、被告人行使辩护权。在任何情况下,对任何犯罪嫌疑人、被告人都不得以任何理由限制或剥夺其辩护权。

辩护权还是国际社会公认的民主、法治制度的组成部分,得到了国际社会的普遍确认,是由国际公法和国内宪法、法律规定的权利,它受到国际人权法、国际刑事司法准则和国内的宪法、法律的全面肯定和保护。辩护权是一项与人权原则和国际人权法律制度紧密联系的权利。保障辩护权是国际社会和各个国家承担的具有普遍性和强制性的义务。被提起刑事指控的人都享有辩护权,辩护权是一项不可剥夺、不被限制的权利,在某些情况下,还是不可放弃的权利。

我国的刑事辩护制度不是从来就有的,而是从西方引进来的,虽然引进来的时间不长,但在我国现阶段,它已充分运用于立法之中。这不仅是法治建设的需要,更是体现民主、进步和尊重人权的必然结果。根据该制度要认定任何人有罪,都必须以事实为根据、以法律为准绳。在认定犯罪过程中,通过刑事辩护制度,把各种与犯罪有关的事实经过控辩双方的举证、质证并查证属实后,方可作为定案的根据,从而准确地适用法律。尊重和保障辩护权,是从司法程序上进行人权保障的必然要求。

四、未经人民法院依法判决,对任何人不得确定有罪原则

《刑事诉讼法》第12条规定:"未经人民法院依法判决,对任何人都不得确定有罪。"这一规定实质上体现了无罪推定的诉讼精神,否定了"有罪推定",是刑事诉讼法的一大进步。它体现了我国刑事诉讼的科学性、民主性,同时,也是对人权的一种尊重和保护的体现。因此,这一规定成为我国刑事诉讼法确立的一项重要原则,是我国刑事诉讼的中心、重心之一。本原则的含义主要包括以下几方面:

1. 在刑事诉讼中,确定被告人有罪的权力只能由人民法院享有和行使,其他任何机关、个人等均不得享有和行使此项权力。它明确排除其他机关对被告人行使定罪权,充分体现法院对审判权尤其是定罪权的集中和统一行使。

2. 人民法院应依法行使审判权。也就是说,人民法院作出的任何裁决都必须依法作出。未经法定程序,不符合法定标准,不得认定任何人有罪。人民法院必须依照刑法、刑事诉讼法等法律规定,经过开庭审理,查明事实,依法作出认定,方可判令被告人有罪或无罪。

3. 该规定以坚持"以事实为依据、以法律为准绳"这一宪法原则为法理前提。在人民法院依法判决被告人有罪前,既不能认为被告人是罪犯,也不

能认为被告人没有犯罪嫌疑，而应实事求是地进行调查，客观地收集有罪、无罪、罪轻、罪重的证据，根据事实来确定被告人有罪或者无罪。而完整的"无罪推定"，是指任何人在未经证实和判决有罪之前，应视其无罪。无罪推定强调的是对被告人所指控的罪行必须有充分、确凿、有效的证据。如果审判中不能证明其有罪，就应推定其无罪。无罪推定原则对于保障被告人的诉讼权利、诉讼地位发挥了巨大的作用。世界上大多数国家都将其作为一条重要的法治原则规定于宪法中。因此，我国的刑事审判中并没有完全照搬或抄袭西方国家的无罪推定原则，而只是批判地吸收，体现了它的一些基本精神。学术界普遍呼吁我国《刑事诉讼法》确立完整的无罪推定原则。

五、有法定情形不予追究刑事责任原则

《刑事诉讼法》第 15 条规定，有下列情形之一的，不追究刑事责任，已经追究的，应当撤销案件，或者不起诉，或者终止审理，或者宣告无罪：①情节显著轻微，危害不大，不认为是犯罪的；②犯罪已过追诉时效期限的；③经特赦令免除刑罚的；④依照刑法告诉才处理的犯罪，没有告诉或者撤回告诉的；⑤犯罪嫌疑人、被告人死亡的；⑥其他法律规定免予追究刑事责任的。

因此，只要存在上述情形之一，就不得追究犯罪嫌疑人、被告人的刑事责任。在司法实践中，具体作如下处理：在立案阶段，有上述情形之一的，如属公诉案件，侦查机关则应不予受理；如属自诉案件，人民法院则应不受理；已经立案侦查的，应当由侦查机关作出撤销案件的处理；在审查起诉阶段，人民检察院应当作出不起诉的决定；在审判阶段，对于上述第①种情形应判决宣告无罪，对②~⑥五种情形之一的应当裁定终止审理。另根据最高法《解释》第 241 条第⑨项的规定，被告人死亡的，根据已查明的案件事实和认定的证据，能够确认无罪的，应当判决宣告被告人无罪。

本原则是正确进行刑事诉讼的前提。我国刑事诉讼程序是从立案开始的，有了这个原则，人民法院等司法机关对立案范围就有了准绳。此外，这项原则体现于诉讼的各个阶段，可以保障国家起诉权得到统一正确的行使，防止把有罪扩大化，把无罪缩小化，提高了诉讼效率，节约了诉讼成本，也真正体现出将社会危害性大小作为犯罪认定的重点依据的立法精神。总之，在刑事诉讼中，司法机关应当严格把握好本原则的立法精神，在执法时把握好尺度，才能更好地运用刑事诉讼法，使无罪者不受追诉，使有罪者难逃法网。

学术界也有学者否认这是一项刑事诉讼原则，因为，这仅仅是对不予追究刑事责任的主要情形的立法列举，根本构不成一项基本原则。我们认为，这个观点值得重视。

六、追究外国人刑事责任适用我国刑事诉讼法原则

《刑事诉讼法》第 16 条规定:"对于外国人犯罪应当追究刑事责任的,适用本法的规定。对于享有外交特权和豁免权的外国人犯罪应当追究刑事责任的,通过外交途径解决。"这一规定体现了国家主权,表达了诉讼主权原则,是对外国人犯罪追诉效力的规定。

本规定所称的外国人,是指不具有中国国籍的人,包括具有外国国籍的人、无国籍的人以及国籍不明的人。外国人犯罪,是指在我国领域内犯罪和在我国领域外对我国国家、单位和公民的犯罪。外国人犯罪适用我国刑事诉讼法,是指依照我国刑事诉讼法规定的原则、制度和程序处理案件。在这个问题上,要注意以下几点:①对外国人犯罪应追究刑事责任的,我国司法机关享有管辖权,以体现一国的主权;②凡由我国司法机关受理的案件,一律按照我国法律规定的原则、制度、程序进行;③外国人犯罪,要委托辩护人的,只能委托我国的律师,不允许外国律师以律师身份在我国从事辩护业务。

享有外交特权和豁免权的外国人犯罪,应当追究刑事责任的,依据外交途径解决,这是符合国际惯例的做法。也就是说,对于享有外交特权和豁免权的外国人犯罪案件,不能由人民法院、人民检察院和公安机关按照我国刑事诉讼法立案追诉和审判,而应当由外事部门通过外交途径解决。但在运用这一原则时应当做到:一方面,要维护我国国家主权和民族的尊严;另一方面,也要符合我国所签订的相关条约和国际惯例,并有利于国与国之间的政治外交关系。

外国人犯罪案件处理起来是复杂的,又是很重要的。处理得好坏有时会直接影响到两国之间的外交关系,甚至也会对本国的法律制度是否公正、科学产生影响。总之,处理时既要维护我国法律尊严和主权不受侵犯,又要兼顾到外交工作和国与国的政治关系。

需要注意区分"外国人犯罪案件"与"涉外案件"。"涉外案件"是指具有外国因素的案件,如当事人是外国人、涉及的财产在外国等。1995 年 6 月 20 日,外交部、最高人民法院、最高人民检察院、公安部、安全部、司法部等部门曾经就涉外案件的处理共同制定政策,联合发布了《关于处理涉外案件若干问题的规定》,称:"涉外案件"是指在我国境内发生的涉及外国、外国人(自然人及法人)的刑事、民事、经济、行政、治安等案件及死亡事件。我国的"涉外案件"长期以来还有一个特殊含义,即把涉及港、澳、台的案件"视为涉外案件",在处理相关案件时,有时需要参照涉外案件处理制度进行。目前,根据最高法《解释》第 392 条的规定,涉外刑事案件是指:①在我国领域内,外国人犯罪的或者我国公民侵犯外国人合法权利的刑事案件;

②符合《刑法》第 7 条、第 10 条规定情形的我国公民在我国领域外犯罪的案件；③符合《刑法》第 8 条、第 10 条规定情形的外国人对我国国家或者公民犯罪的案件；④符合《刑法》第 9 条规定情形的我国在所承担国际条约义务范围内行使管辖权的案件。

七、走群众路线原则

走群众路线是一个重要方针，它是指一切为了群众，一切来源于群众，一切依靠群众。《刑事诉讼法》第 6 条规定，人民法院、人民检察院和公安机关进行刑事诉讼，必须依靠群众。《宪法》第 27 条第 2 款明确规定："一切国家机关和国家工作人员必须依靠人民的支持，经常保持同人民的密切联系，倾听人民的意见和建议，接受人民的监督，努力为人民服务。"刑事诉讼必须走群众路线，原因如下：

1. 任何犯罪都发生在群众之中，不可避免地在一定的时间和一定的地点被群众所感知。只有到群众中去，依靠群众，深入调查研究，才能及时地发现案件线索，全面收集证据，揭露和证实犯罪。此外，犯罪分子也隐藏在群众之中，不论其伪装得多么巧妙，也会留下蛛丝马迹，难以逃脱群众的眼睛。只要群众发现、提供线索，就能够比较容易查获犯罪人。

2. 犯罪行为既危害国家利益、集体利益，也相当大地危害了人民群众的切身利益。群众对犯罪和罪犯往往天然地形成法律和道德上的否定性评价，有较深的厌恶和主动揭发心理；对国家权力及其权威，一般抱有很深的信任，对国家追究、惩罚犯罪，抱有天然的认同感；人民群众都希望公安司法机关对违法犯罪行为予以惩处，同时尽力保护他们的合法权益不受侵犯。由于对犯罪的深恶痛绝，广大人民群众能够积极地配合国家机关，揭露犯罪，缉拿罪犯，并且在特殊情况下，举"大义"而"灭亲"。同时，国家极力鼓动和保护群众与犯罪作斗争的积极性，肯定群众纠举犯罪的合法性和正当性，对检举、揭发有功者，给予物质和精神奖励，对包庇、纵容和窝藏者，给予相应的惩罚。这从目的到手段都要求公安司法机关走群众路线，以便更快、更准地打击犯罪，最大限度地保护人民群众的合法权益。

3. 只有依靠群众，才能将公安司法机关的刑事诉讼活动置于广大人民群众的监督之下。加强专门机关工作人员的使命感和责任感，防止徇私舞弊、枉法裁判等腐败现象，保证司法公正和廉洁。

贯彻群众路线，也要注意防止和纠正群众在同犯罪作斗争过程中可能出现的违法偏向，诸如对嫌疑人施加惩罚或者伺机恶意报复，更不允许私设公堂，刑讯逼供，以致非法伤害嫌疑人或者导致嫌疑人死亡。

贯彻本原则，应正确处理好专门机关的工作和依靠群众的关系。公安机关、人民检察院和人民法院应当相信群众、尊重群众,调动群众同犯罪进行斗争的积极性。对于提供的线索和材料,公安司法机关应给予足够的重视。公安司法机关应为群众参与刑事诉讼提供条件和方便。

 考核提示

　　了解:刑事诉讼基本原则的概念和意义,刑事诉讼基本原则的体系和分类。

　　理解:审判公开原则,检察机关实行法律监督原则,保障诉讼参与人诉讼权利原则,侦查权、检察权、审判权由法定机关行使原则,公、检、法三机关分工负责、互相配合、互相制约原则,犯罪嫌疑人、被告人有权获得辩护原则。

　　熟悉并能够运用:人民检察院、人民法院依法独立行使职权原则,未经人民法院审判、对任何人不得确定有罪原则,有法定情形不予追究刑事责任原则。

 主题讨论

　　1998年,某区公安局破获一起盗窃案,抓获犯罪嫌疑人王某。王某供认这是初次盗窃,数额为人民币3000元。后该案移送某区人民检察院审查起诉。检察员李某、尼某在审查中了解到,王某年龄只有16岁,家境贫困,与妈妈一同生活,盗窃的目的是为妈妈治病,且王某对盗窃行为非常后悔,主观恶性不大。由此,李某、尼某认为,根据王某的实际情况,如果提交法院审判,可能会被定罪,这对他本人的成长和他的家庭生活都是非常不利的。因此,李某、尼某决定对王某采取如下处理措施:①认定王某有罪,以示惩罚。②根据王某的悔罪表现和其本人和家庭的实际情况,决定不对王某提起公诉。

【讨论提示】

　　1. 根据"未经人民法院审判,对任何人不得确定有罪原则",检察院能否认定王某有罪?

　　2. 假如你是检察官,会怎样处理?

 阶段自测

一、单项选择题

1. 独立行使审判权是指（　　）。

A. 人民法院整体独立行使审判权　　B. 合议庭独立行使审判权

C. 审判长独立行使审判权　　　　D. 审判员独立行使审判权

2. 根据刑事诉讼法的规定，可以不公开审理的案件是（　　）。

A. 涉及国家秘密的案件

B. 涉及个人隐私的案件

C. 涉及商业秘密的案件

D. 审判的时候被告人不满18周岁的案件

3. 刑事诉讼法规定不公开审理的未成年人犯罪的案件中，未成年被告人的年龄是指（　　）。

A. 犯罪时的年龄　　　　　　　B. 立案时的年龄

C. 逮捕时的年龄　　　　　　　D. 审判时的年龄

4. 被告人何某系未成年人，人民法院依法为其指定了辩护人，但何某认为人民法院指定的辩护人辩护不力，因而拒绝其为自己辩护，并要求自行辩护。对此，（　　）。

A. 人民法院应当准许何某自行辩护，并记录在案

B. 人民法院应当驳回何某的要求，由指定辩护人继续为其辩护

C. 人民法院应当先审查，被告人有正当理由的，准许其自行辩护

D. 人民法院应当为其另行指定辩护人或者由被告另行委托辩护人

二、简答题

1. 辩护人参加刑事诉讼有什么意义？

2. 简述我国辩护制度的基本内容。

三、论述题

1. 论述"人民检察院、人民法院依法独立行使职权原则"。

2. 论述"未经人民法院审判，对任何人不得确定有罪原则"。

3. 论述"有法定情形不予追究刑事责任原则"。

第七章 管 辖

本章导学

本章主要学习管辖的概述、立案管辖、审判管辖。重点是公安机关立案侦查的刑事案件，人民检察院立案侦查的案件，人民法院直接受理的刑事案件，级别管辖，地区管辖，专门管辖。难点是人民检察院立案侦查的案件，人民法院直接受理的刑事案件，地区管辖。

学习引入

同为政治局委员，为什么北京市前市委书记陈希同由北京市高级人民法院进行一审，而上海市前市委书记陈良宇则由天津市第二中级人民法院进行一审，重庆市前市委书记薄熙来由山东省济南市中级人法院进行一审？哪些因素决定了刑事案件由何地、何级法院进行一审？在互联网上实施的犯罪，如何确定犯罪地？犯罪行为跨越多个行政区，由何地的侦查机关立案侦查？……这些问题都涉及刑事案件的管辖。

第一节 概 述

一、管辖的概念和意义

（一）管辖的概念

我国刑事诉讼中的管辖，是指公安机关、人民检察院和人民法院之间在受理刑事案件以及人民法院系统内审判第一审刑事案件上的分工制度。

刑事诉讼管辖的明确，是启动刑事诉讼程序的首要环节。只有明确了管辖，才能使各职能机关在依法律赋予的权限内展开案件受理与审判工作。在划分管辖权限上，刑事诉讼与行政诉讼、民事诉讼又有不同。行政诉讼、民事诉讼的管辖仅涉及人民法院系统内部的分工，而刑事诉讼的复杂性决定了刑事诉讼的管辖涉及两部分内容：①公安机关、人民检察院和人民法院在直接受理刑事案件上的分工；②人民法院系统内部各级法院、普通人民法院与专门人民法院以及专门人民法院之间在审判第一审刑事案件上的分工。前者被称为立案管辖或者职能管辖；后者被称为审判管辖，其又可细划为级别管辖、地区管辖和专门管辖。之所以对刑事诉讼的管辖做出上述划分，一方面，主要是依据国家法律对公、检、法三机关所作的职能划分，以侦查权、检察权和审判权的明确分工为前提；另一方面，是充分考虑案件的性质、诉讼效率、诉讼经济等各方面的因素，使得公、检、法三机关的职能更加具体化，满足刑事诉讼的追究、惩罚犯罪，保障无辜以及使诉讼及时、公正地进行的需要。

（二）管辖的意义

明确刑事案件的管辖，具有十分重要的意义：

1. 有利于具体明确公、检、法三机关的权利与职能，增强司法机关人员的责任感，使之能按照各自的分工及时开展工作，保证刑事诉讼活动的顺利进行。同时，又可杜绝因管辖不明而产生的各司法机关间的相互推诿、拖延诉讼的现象。

2. 合理地对公、检、法三机关职权加以分工，有利于司法资源的合理配置，发挥其所长，提高工作效率和办案质量，减少司法资源的浪费，解决司法投入有限与发案率升高的矛盾，充分调动各级司法机关及其工作人员的积极性，完成刑事诉讼的任务。

3. 明确刑事诉讼的管辖，有助于广大群众、有关单位和被害人按照管辖规定，直接向有管辖权的司法机关报案、控告、举报，避免或减少移送环节，以调动广大人民群众与违法犯罪行为进行斗争的积极性，及时保护受害人的合法权益，使刑事诉讼能迅速展开。

4. 根据案件的性质明确管辖，可使对案件较关注、与案件有关联的当地广大群众广泛地参与到诉讼当中来，便于司法机关深入群众展开调查取证工作，便于群众参加旁听，达到普法教育的目的。

二、管辖的原则

为了保证刑事诉讼的顺利进行，在确立刑事诉讼管辖上，应当遵循以下原则：

1. 合理利用司法资源的原则。在确定刑事诉讼的管辖上，应按照公安司法机关的职能分工进行，充分考虑公、检、法三机关的机关性质、人员技术专长、装备设施等的不同，使三机关在分工负责、互相配合、互相制约原则指导下，有效地履行各自的职责，保证办案质量和办案效率。

2. "三便于"原则。在确定刑事诉讼的管辖时，一方面要便于办案人员调查取证，准确及时地查明案件事实，保证办案质量，实现诉讼目的。另一方面要便于当事人等诉讼参与人参加诉讼，减少人力、财力的浪费，防止状告无门的现象，维护公民的人身权利和财产权利。同时，也要便于广大群众检举、揭发、报案及旁听诉讼，加强法制宣传教育。

3. 原则性与灵活性相结合的原则。我国刑事诉讼法，一方面明确地规定了司法机关对刑事案件的管辖权限范围，要求公、检、法三机关严格依法管辖。另一方面，基于刑事案件的多样性及刑事诉讼法的复杂性，法律规定又带有一定的灵活性，将灵活性和原则性有机结合。例如，《刑事诉讼法》第23条在必要的时候可以变通级别管辖和第26条关于地区管辖中可以由上级人民法院指定管辖的规定，都体现了灵活性与原则性相结合的原则在处理管辖争议中的作用。

第二节 立案管辖

立案管辖，又称职能管辖，是指公安机关、人民检察院和人民法院之间在直接受理刑事案件上的权限分工。国家宪法对公、检、法三机关的性质做了明确的划分：公安机关是国家的治安保卫机关，肩负着对刑事案件进行侦查的任务，行使侦查权；检察机关是国家的法律监督机关，行使检察权；人民法院作为国家审判机关，行使审判权。根据国家机构体制中对公安机关、人民检察院和人民法院所赋予的职能不同，结合刑事案件性质等具体情况，刑事诉讼法规定了司法机关在直接受理刑事案件范围上的具体划分。

一、公安机关立案侦查的刑事案件

《刑事诉讼法》第18条第1款规定，刑事案件的侦查由公安机关进行，法律另有规定的除外。这里"法律另有规定"是指：①由人民检察院直接立案侦查的案件；②由人民法院直接受理的案件；③国家安全机关办理的危害国家安全的刑事案件；④由监狱侦查的在监狱内发生的犯罪案件；⑤由军队保卫部门侦查的军队内部发生的刑事案件。除上述案件外，绝大多数的刑事案件都由公安机关立案侦查，这是由公安机关的性质所决定的。我国的公安机关具有行政执法与司法双重职能：一方面，作为国家治安保卫机关，负有维护社会秩序、保卫社会治安及国家安全的职责。另一方面，公安机关在刑事诉讼中又负责侦查、拘留、逮捕、预审和某些判决的执行工作，而公安机关立案侦查的案件又是与其日常的治安保卫工作密切相关的。为了使公安机关能圆满完成其被赋予的任务，国家建立了庞大的公安队伍和严密的组织体系，配备了侦查设备及专业化人员。加之公安机关和刑事警察长期战斗在同危害社会治安秩序的犯罪进行斗争的第一线，具有专门的侦查手段和措施，迅速的反应能力和丰富的办案经验,这些为公安机关侦查大部分刑事案件打下了坚实的基础。

国家安全机关主要侦查间谍、特务案件,案件的特殊性决定了这类案件不能由公安机关直接立案侦查。关于军队内部发生的案件及罪犯在监狱内犯罪,因此类犯罪发生的地点或者主体的特殊性,使之由军队和监狱内部来侦查更为合适,因此,法律将其作为除外情况处理。

二、人民检察院立案侦查的案件

《刑事诉讼法》第 18 条第 2 款规定:"贪污贿赂犯罪,国家工作人员的渎职犯罪,国家机关工作人员利用职权实施的非法拘禁、刑讯逼供、报复陷害、非法搜查的侵犯公民人身权利的犯罪以及侵犯公民民主权利的犯罪,由人民检察院立案侦查。对于国家机关工作人员利用职权实施的其他重大的犯罪案件,需要由人民检察院直接受理的时候,经省级以上人民检察院决定,可以由人民检察院立案侦查。"

"国家机关工作人员"是指各级党的机关、人大机关、行政机关、政协机关、审判机关、检察机关、军事机关的工作人员(不包括工勤人员)。根据法律规定,"国家工作人员"主要是指国家机关中从事公务的人员;国有公司、企业、事业单位、人民团体中从事公务的人员和国家机关、国有公司、企业、事业单位委派到非国有公司、企业事业单位、社会团体从事公务的人员,以及其他依照法律从事公务的人员,以国家工作人员论;"从事公务的人员",是指在上述国家机关中行使一定职权、履行一定职务的人员,在国家机关中从事劳务性工作的人员不属于国家工作人员范畴。"以国家工作人员论",包括三方面内容:①在国有公司、企业、事业单位、人民团体中从事公务的人员。即在国有公司、企业等单位中具有经营、管理职责,或履行一定职务的人员。②国家机关、国有公司、企业、事业单位委派到非国有公司、企业、事业单位、社会团体从事公务的人员。即在一些具有国有资产成分的中外合资企业、合作企业、股份制企业当中,国有公司、企业或其他有关国有单位为了行使对所参与的国有资产的管理权,而派驻的管理人员。③其他依照法律从事公务的人员。

根据《全国人民代表大会常务委员会关于〈中华人民共和国刑法〉第 93 条第 2 款的解释》的规定,村民委员会等村基层组织人员协助人民政府从事下列行政管理工作,属于《刑法》第 93 条第 2 款规定的"其他依照法律从事公务的人员":①救灾、抢救、防汛、优抚、扶贫、移民、救济款物的管理;②社会捐助公益事业款物的管理;③国有土地的经营和管理;④土地征用补偿费用的管理;⑤代征、代缴税款;⑥有关计划生育、户籍、征兵工作;

⑦协助人民政府从事的其他行政管理工作。

针对国家工作人员职务上犯罪或利用其职务上的便利而实施的犯罪而展开的侦查，是国家法律监督机关人民检察院的基本职责。这类犯罪的特点决定了查清这类案件的犯罪事实，一般无需公安机关的专门侦查手段，适宜人民检察院直接受理。根据最高人民检察院的有关司法解释，可将人民检察院直接受理的案件划分为四大类，具体为：

1. 贪污贿赂犯罪。主要指《刑法》分则第八章规定的贪污贿赂犯罪及其他章节中明确规定依照第八章相关条文处罚的犯罪案件。具体包括12种：贪污案、挪用公款案、受贿案、单位受贿案、行贿案、对单位行贿案、介绍贿赂案、单位行贿案、巨额财产来源不明案、隐瞒境外存款案、私分国有资产案、私分罚没财物案。

2. 渎职犯罪。主要指《刑法》分则第九章规定的渎职犯罪案件。具体包括34种：滥用职权案，玩忽职守案，国家机关工作人员徇私舞弊案，故意泄露国家秘密案，过失泄露国家秘密案，枉法追诉、裁判案，民事、行政枉法裁判案，私放在押人员案，失职致使在押人员脱逃案，徇私舞弊减刑、假释、暂予监外执行案，徇私舞弊不移交刑事案件案，滥用管理公司、证券职权案，徇私舞弊不征、少征税款案，徇私舞弊发售发票、抵扣税款、出口退税案，违法提供出口退税凭证案，国家机关工作人员签订、履行合同失职被骗案，违法发放林木采伐许可证案，环境监管失职案，传染病防治失职案，非法批准征用、占用土地案，非法低价出让国有土地使用权案，放纵走私案，商检徇私舞弊案，商检失职案，进出口动植物检疫徇私舞弊案，动植物检疫失职案，放纵制售伪劣商品犯罪行为案，办理偷越国（边）境人员出入境证件案，放行偷越国（边）境人员案，不解救被拐卖、绑架妇女、儿童案，阻碍解救被拐卖、绑架妇女、儿童案，帮助犯罪分子逃避处罚案，招收公务员、学生徇私舞弊案，失职造成珍贵文物损毁、流失案。

3. 国家机关人员利用职权实施的侵犯公民人身权利和民主权利的犯罪。具体包括7种：非法拘禁案、非法搜查案、刑讯逼供案、暴力取证案、虐待被监管人案、报复陷害案、破坏选举案。

4. 其他需要人民检察院直接受理的案件。主要指国家机关工作人员利用职权实施的除上述三类犯罪案件以外的，经省级以上人民检察院决定，由人民检察院立案侦查的案件。

三、人民法院直接受理的刑事案件

《刑事诉讼法》第18条第3款规定："自诉案件，由人民法院直接受理。"根据《刑事诉讼法》第204条和最高法《解释》第1条的规定，自诉案件主要包括：

1. 告诉才处理的案件。告诉才处理的案件，是指被害人或其法定代理人进行告诉，人民法院才予以受理的案件。但是如果被害人因受强制、威吓而无法告诉的，人民检察院和被害人的近亲属也可以告诉。具体包括：侮辱、诽谤案，暴力干涉婚姻自由案，虐待案及侵占案。法律之所以将这类案件对行为人的追诉权赋予被害人行使，是否向法院起诉完全取决于被害人的意志，国家不主动干预，是考虑到这类案件的社会危害性较小。刑法将侵占案列入告诉才处理案件，也是考虑到被害人对涉及自己的财产有实际处分权，对他人侵占的财产是否起诉追究有权自行决定。但侮辱、诽谤严重危害社会秩序和国家利益及暴力干涉婚姻致人死亡的案件则不属于告诉才处理的案件。

2. 人民检察院没有提起公诉，被害人有证据证明的轻微刑事案件。构成这类自诉案件应具备三个条件：一是人民检察院没有提起公诉。人民检察院对本类案件有权提起公诉，如果人民检察院已提起公诉，则被害人不能再向人民法院起诉。二是被害人需有证据证明被告人有罪。三是从案件性质上讲，属于轻微的刑事案件。所谓轻微，应指犯罪的性质不严重，情节和后果也不严重，社会影响也不大。这类案件包括：①故意伤害案（《刑法》第234条第1款规定的）；②非法侵入住宅案（《刑法》第245条规定的）；③侵犯通信自由案（《刑法》第252条规定的）；④重婚案（《刑法》第258条规定的）；⑤遗弃案（《刑法》第261条规定的）；⑥生产、销售伪劣商品案（《刑法》分则第三章第一节规定的，但严重危害社会秩序和国家利益的除外）；⑦侵犯知识产权案（刑法分则第三章第七节规定的，但严重危害社会秩序和国家利益的除外）；⑧刑法分则第四章、第五章规定的，对被告人可能判处3年有期徒刑以下刑罚的案件。对于以上案件，人民检察院没有提起公诉，被害人有证据证明，直接向人民法院起诉的，人民法院应当依法受理。对其中证据不足、可以由公安机关受理的，或者认为对被告人可能判处3年有期徒刑以上刑罚的，人民法院应当告知被害人向公安机关报案，或者移送公安机关立案侦查。

本类案件在赋予被害人起诉权的同时，也加重了被害人的义务，即须举证证明被告人有罪并应依法追究刑事责任。当此类案件发案时，被害人尚不明确谁是犯罪行为人或者没有充分的证据证明是被告人实施的犯罪的，被害人有权向公安机关报案和控告，公安机关应作为公诉案件立案侦查。即使被害人遭受犯罪侵害后不主动报案和控告，公安机关发现犯罪事实或犯罪嫌疑人并认为有必要时也应立案侦查，因为这类案件不同于告诉才处理的案件。只有这样才符合法律规定，也才能切实维护被害人的合法权益。

3. 被害人有证据证明对被告人侵犯自己人身权利、财产权利的行为应当依法追究刑事责任,而公安机关或者人民检察院不予追究被告人的刑事责任的案件,即所谓"公诉转自诉案件"。这类案件本属公诉案件性质,应由公安机关或者人民检察院追究犯罪。但是,公安机关或人民检察院已经作出不予追究的书面决定,被害人不服,认为公安机关或者人民检察院处理不当,为保护自身合法权益,可以直接向人民法院提出告诉,人民法院应予受理。刑事诉讼法为了解决实践中长期存在的被害人状告无门的难题,充分保障被害人的诉讼权利和合法权益,督促公安机关和检察院积极追究犯罪,避免有案不立、有罪不究、以罚代刑等放纵犯罪现象,增设了这类自诉案件,作为公诉案件的补充。构成这类自诉案件需要具备四个条件:①被害人应当提供证明被告人犯罪的证据;②被告人的犯罪依法应追究刑事责任;③被告人所侵犯的是被害人的人身、财产权利;④公安或检察机关应当立案侦查及起诉,但事实上没有进行这项诉讼活动。

上述三类案件,一般案情简单,犯罪情节轻微,社会危害性不大,起诉方已掌握证明案件事实的必要证据,无需再进行专门的侦查,由被害人决定是否提起诉讼,并由人民法院直接受理,有利于提高诉讼效率,减轻讼累,更好地维护社会秩序和保护当事人的合法权益。

第三节 审判管辖

审判管辖是指各级人民法院之间、同级人民法院之间以及普通人民法院与专门人民法院之间审判第一审刑事案件上的分工。根据人民法院组织法的规定,我国人民法院包括了最高人民法院、地方各级人民法院(包括基层人民法院、中级人民法院和高级人民法院)及专门人民法院。一起刑事案件,该由哪一级人民法院进行一审,就是审判管辖。根据人民法院的职责范围和刑事案件的性质,刑事诉讼法将审判管辖分为级别管辖、地区管辖、专门管辖三种。

一、级别管辖

级别管辖是指各级人民法院在审判第一审刑事案件的权限上的分工。其主要解决的是上下级人民法院之间的权限划分。我国刑事诉讼法划分级别管辖的依据主要是:案件的性质;罪行的轻重程度和可能判处刑罚的轻重;案件造成社会影响的大小及人民法院系统内部的工作量平衡及工作重点不同。具体规定如下:

（一）基层人民法院管辖的第一审刑事案件

《刑事诉讼法》第19条规定："基层人民法院管辖第一审普通刑事案件，但是依照本法由上级人民法院管辖的除外。"可见，除法律有特殊规定外，普通刑事案件均由基层人民法院管辖。基层人民法院作为人民法院系统内部最基层组织，数量庞大，分布广泛，接近群众，将其作为绝大多数案件的基本审级，有利于案件事实调查，有利于诉讼参与人的参与，有利于案件及时、准确地得到处理。

（二）中级人民法院管辖的第一审刑事案件

《刑事诉讼法》第20条规定："中级人民法院管辖下列第一审刑事案件：①危害国家安全、恐怖活动案件；②可能判处无期徒刑、死刑的案件。"可见，立法采取列举的方式规定了中级人民法院管辖的第一审刑事案件。"危害国家安全"案件，主要是指《刑法》分则第一章所列罪名涉及的案件。"恐怖活动"案件，根据《全国人大常委会关于加强反恐怖工作有关问题的决定》第2条的规定，是指以制造社会恐慌、危害公共安全或者胁迫国家机关、国际组织为目的，采取暴力、破坏、恐吓等手段，造成或者意图造成人员伤亡、重大财产损失、公共设施损坏、社会秩序混乱等严重社会危害的行为，以及煽动、资助或者以其他方式协助实施上述活动，构成犯罪的刑事案件。"可能判处无期徒刑、死刑的案件"是指除危害国家安全案件和恐怖活动案件以外，依照我国刑法规定，可能判处无期徒刑或者死刑的刑事案件。根据最高法《解释》，人民检察院认为可能判处无期徒刑、死刑，向中级人民法院提起公诉的案件，中级人民法院受理后，认为不需要判处无期徒刑、死刑的，应当依法审判，不再交基层人民法院审判。

这些案件都是性质比较严重，案情重大或者影响较大，处罚较重的刑事案件，在审理时需要更加慎重，因此，由中级人民法院作为此类案件的最低审级是必要的。同时，鉴于中级人民法院是基层人民法院一审案件的上级法院，担负着二审的任务，并监督基层人民法院的工作，其一审案件的范围也不宜过大。

（三）高级人民法院管辖的第一审刑事案件

《刑事诉讼法》第21条规定："高级人民法院管辖的第一审刑事案件，是全省（自治区、直辖市）性的重大刑事案件。"高级人民法院是地方各级人民法院中级别最高的一级，其职责包括对不服中级人民法院第一审判决的上诉、抗诉案件的第二审审理；死刑缓期二年执行案件的复核核准，被授权范围内的死刑立即执行案件的复核核准，以及全省、自治区、直辖市内下级人民法院审判工作的全面监督等大量工作。为了保证其能更好地完成所担负的工作，其直接受理的一审案件也就仅限于在全省、自治区、直辖市内有巨大影响的、性质严重的刑事案件。

（四）最高人民法院管辖的第一审刑事案件

《刑事诉讼法》第 22 条规定："最高人民法院管辖的第一审刑事案件，是全国性的重大刑事案件。"最高人民法院作为国家最高审判机关，它担负着对各高级人民法院判决和裁定的上诉、抗诉案件和死刑立即执行案件的核准及监督，以及指导全国地方各级人民法院和专门人民法院的审判工作的重要职责。因此，其只能对极个别的全国性的重大刑事案件进行一审。

除上述级别管辖的法律规定外，针对一些重大、复杂、疑难案件，《刑事诉讼法》和最高法《解释》又作出了灵活性的规定：

1. 《刑事诉讼法》第 23 条规定："上级人民法院在必要的时候，可以审判下级人民法院管辖的第一审刑事案件；下级人民法院认为案情重大、复杂需要由上级人民法院审判的第一审刑事案件，可以请求移送上一级人民法院审判。"根据这一规定，人民法院对于属于自己管辖的第一审刑事案件，在必要的时候，可以改变案件管辖。其中，上级人民法院决定审判下级人民法院管辖的第一审刑事案件，是指当上级人民法院发现下级人民法院审判的第一审刑事案件，案情重大、复杂或者案件涉及面广、影响大，由上级人民法院审判更为适宜，可以审判下级人民法院管辖的第一审刑事案件。下级人民法院请求移送上级人民法院审判的第一审刑事案件，是指下级人民法院发现案件是依法应当由上级人民法院审判的第一审刑事案件，或者是属于自己管辖的案件，但由于案情重大、复杂、涉及案犯多、地区广，或者案件影响重大，自行审理有困难，需要由上级人民法院审判的时候，可以请求移送上一级人民法院审判。

2. 根据最高法院《解释》第 15 条规定，基层人民法院对可能判处无期徒刑、死刑的第一审刑事案件，应当移送中级人民法院审判。对重大、复杂案件，新类型的疑难案件，在法律适用上具有普遍指导意义的案件，可以请求移送中级人民法院审判。基层人民法院需要将案件移送中级人民法院审判的，应当在报请院长决定后，至迟于案件审理期限届满 15 日前书面请求移送。中级人民法院应当在接到申请后 10 日内作出决定。不同意移送的，应当下达不同意移送决定书，由请求移送的人民法院依法审判；同意移送的，应当下达同意移送决定书，并书面通知同级人民检察院。此外，有管辖权的人民法院因案件涉及本院院长需要回避等原因，不宜行使管辖权的，也可以请求移送上一级人民法院管辖。上一级人民法院可以管辖，也可以指定与提出请求的人民法院同级的其他人民法院管辖。

二、地区管辖

地区管辖是指同级人民法院之间在审理第一审刑事案件上的权限分工。级别管辖从纵向上划分了人民法院审判第一审刑事案件的权限，地区管辖则从横向上划分了人民法院审判第一审刑事案件的权限。只有同时遵循级别与地区管辖，才能使刑事案件的管辖权问题得到最终解决。

1. 《刑事诉讼法》第24条规定："刑事案件由犯罪地的人民法院管辖。如果由被告人居住地的人民法院审判更为适宜的，可以由被告人居住地的人民法院管辖。"可见，我国对刑事案件的地区管辖采取了"以犯罪地为主，被告人居住地为辅"的方式。

犯罪地包括犯罪行为发生地和犯罪结果发生地。犯罪行为发生地包括犯罪行为的实施地以及预备地、开始地、途经地、结束地等与犯罪行为有关的地点；犯罪行为有连续、持续或者继续状态的，犯罪行为连续、持续或者继续实施的地方都属于犯罪行为发生地。犯罪结果发生地包括犯罪对象被侵害地、犯罪所得的实际取得地、藏匿地、转移地、使用地、销售地。针对或者利用计算机网络实施的犯罪，犯罪地包括犯罪行为发生地的网站服务器所在地，网络接入地，网站建立者、管理者所在地，被侵害的计算机信息系统及其管理者所在地，被告人、被害人使用的计算机信息系统所在地，以及被害人财产遭受损失地。

被告人的户籍地为其居住地。经常居住地与户籍地不一致的，经常居住地为其居住地。经常居住地为被告人被追诉前已连续居住1年以上的地方，但住院就医的除外。被告单位登记的住所地为其居住地。主要营业地或者主要办事机构所在地与登记的住所地不一致的，主要营业地或者主要办事机构所在地为其居住地。

以犯罪地为主要的案件管辖地，有利于人民法院调查核实证据，正确、及时地进行审理；有利于被害人、证人等诉讼参与人就近参加诉讼；有利于关注案件的当地群众及时了解案件的处理，达到威慑犯罪、宣传法制的目的。当然，针对一些特殊情况（如被告人流窜作案，犯罪地境界不明确的；被告人居住地群众更了解案件情况或者被告人在居住地民愤极大，当地群众要求在当地审判的；可能判处缓刑，需要在居住地监督改造的，等等），由被告人居住地人民法院管辖更为合适的，可由被告人居住地人民法院管辖。

2. 按照上述规定，如果犯罪行为发生在多个地点，则每个犯罪行为地的人民法院都有管辖权。为了避免人民法院之间发生管辖争议，《刑事诉讼法》第25条进一步规定："几个同级人民法院都有权管辖的案件，由最初受理的人民法院审判。在必要的时候，可以移送主要犯罪地的人民法院审判。"最初受理的人民法院已经就审判做好了准备,对案情较了解,若再将案件移送其他同级人民法院或几个同级人民法院分别对案件作出审判,势必造成诉讼资源浪费和诉讼参与人的讼累。因此,应赋予其惟一的管辖权,排除其他法院管辖,使案件审判工作及时、顺利地进行。当然,在必要的时候,主要犯罪地人民法院能更好地查清案件事实,能准确及时地处理案件,或者能更好地发挥审判活动的法制宣传作用等,也可将案件移送到主要犯罪地人民法院审判。这里的主要犯罪地指主要犯罪行为发生地。

3. 指定管辖。为了解决司法实践中出现的人民法院管辖界限不明、相互推诿或互争管辖权以及特殊案件的管辖问题,《刑事诉讼法》第 26 条规定:"上级人民法院可以指定下级人民法院审判管辖不明的案件,也可以指定下级人民法院将案件移送其他人民法院审判。"在刑事诉讼法理论上,称之为指定管辖。具体分为两种情况:①管辖权不明的案件。两个以上同级人民法院都有权管辖的案件,由最初受理的人民法院管辖。尚未开庭审判的,在必要的时候,可以移送被告人主要犯罪地的人民法院审判。对管辖权发生争议的,应当在审限内协商解决;协商不成的,由争议的人民法院分别逐级报请共同的上一级人民法院指定管辖。例如,刑事案件发生于两个行政区的交界处,不能确切地将犯罪地划归在某一管辖区,从而形成争议的,按照最高人民法院的司法解释,应先由争议各方在审限内协商解决,协调不成的,由争议的人民法院分别逐级请共同的上一级人民法院指定管辖。②原管辖法院不宜行使管辖权的情况。有管辖权的人民法院因案件涉及本院院长需要回避等原因,不宜行使管辖权的,可以请求上一级人民法院管辖;上一级人民法院也可以指定与提出请求的人民法院同级的其他人民法院管辖。上级人民法院指定管辖的,应当将指定管辖决定分别送达被指定的人民法院及其有关的人民法院。原受理案件的人民法院,在收到上级人民法院指定其他人民法院管辖决定书后,不再行使管辖权。对公诉案件,应当书面通知提起公诉的人民检察院,并将全部案卷材料退回,同时,书面通知当事人;对于自诉案件,应当将全部案卷材料移送指定管辖的人民法院,并书面通知当事人。上述两种情况,前者为管辖权的进一步明确,后者为管辖权的转移。

4. 地区管辖中的特殊问题。

(1) 国际条约规定的国际罪行。根据《刑法》第 9 条的规定,对于我国缔结或者参加的国际条约所规定的罪行,我国在所承担条约义务的范围内行使刑事管辖权。建国以来,我国加入的国际公约有:《联合国大会关于禁止和制裁反和平罪、战争罪和反人道罪的决议》《关于禁用毒气或类似毒品及细菌方法作战议定书》、《禁止或限制使用某些可被认为具有过分伤害力或滥杀滥伤作用的常规武器公约》、《海牙公约》、《蒙特利尔公约》、《关于防止和惩处侵害应受国际保护人员包括外交代表的罪行的公约》等。根据上述公约的规定，我国承担了制裁反和平罪、战争罪、反人道罪、非法使用武器罪、劫持人质罪的义务。对上述犯罪的外国人，不论其犯罪地在何处，只要进入我国领域，公安司法机关均有抓捕权，此类案件由捕获地的人民法院管辖。

（2）在我国领域外的中国船舶内的犯罪。由犯罪发生后该船舶最初停泊的中国口岸所在地的人民法院管辖。

（3）在我国领域外的中国航空器内的犯罪。由犯罪发生后该航空器在中国最初降落地的人民法院管辖。司法实践中，对劫机犯罪，我国采取的是犯罪嫌疑人居住地人民法院管辖的原则。因为当犯罪嫌疑人劫机到境外被遣返或引渡回国后，此时移交犯罪嫌疑人的途径可能是陆路、水路或空港，不能用"犯罪发生后该航空器在中国最初降落地"来套用这类案件的管辖。

（4）在国际列车上的犯罪。按照我国与相关国家签订的有关管辖协定确定管辖；没有协定的，由犯罪发生后列车最初停靠的中国车站所在地或者目的地的铁路运输法院管辖。

（5）在中国驻外使、领馆内的犯罪。外国人在中国使、领馆内犯罪，按照我国刑法规定的最低刑为3年以上有期徒刑的，由该外国人入境地的人民法院管辖。中国公民在中国驻外使领馆内犯罪，由该公民主管单位所在地或者他的原户籍所在地的人民法院管辖。

（6）在中国领域外的犯罪。外国人在我国领域外对我国国家或者公民犯罪，依照我国刑法应受处罚的，由该外国人在中国入境地的人民法院或者捕获地的人民法院管辖。我国公民在我国领域外犯罪，依照我国刑法应受处罚的，由该公民离境前的居住地或者原户籍所在地人民法院管辖。

（7）单位犯罪的刑事案件，由犯罪地的人民法院管辖。如果由被告单位住所地的人民法院管辖更为适宜的，可以由被告单位住所地的人民法院管辖。

（8）发现正在服刑的罪犯在判决宣告前还有其他犯罪没有受到审判的，由原审人民法院管辖；如果罪犯服刑地或者新发现罪的主要犯罪地的人民法院管辖更为适宜的，可以由服刑地或者新发现罪的主要犯罪地的人民法院管辖。正在服刑的罪犯在服刑期间又犯罪的，由服刑地的人民法院管辖。正在服刑的罪犯在脱逃期间的犯罪，如果是在犯罪地捕获并发现的，由犯罪地的人民法院管辖；如果是被缉捕押解回监狱后发现的，由罪犯服刑地的人民法院管辖。

三、专门管辖

专门管辖是指专门人民法院在审判刑事案件上的职权范围。对于一些专门性的、不宜由地方人民法院管辖的案件，为了使案件能及时、顺利地得到处理，应由专门人民法院行使管辖权。我国在审理刑事案件方面已建立的专门人民法院，主要包括军事法院和铁路运输法院。

（一）军事法院管辖的案件

根据2009年发布的《办理军队和地方互涉刑事案件规定》，军事法院管辖的案件范围包括：①军人犯罪的；②军人在入伍前实施犯罪，需要与服役期内实施的犯罪一并审理的；③退役军人在服役期内实施军人违反职责罪的（含退役后又在地方实施犯罪，需要一并审理的）。军人和地方人员共同犯罪的，分别由军事法院和地方法院或者其他专门法院管辖；涉及军事秘密的，全案由军事法院管辖。需要特别注意的是，根据《办理军队和地方互涉刑事案件规定》，军队文职人员、非现役公勤人员、在编职工、由军队管理的离退休人员，以及执行军事任务的预备役人员和其他人员，按照军人确定管辖；而列入中国人民武装警察部队序列的公安边防、消防、警卫部队人员，按照地方人员确定管辖。

（二）铁路运输法院管辖的案件

铁路运输法院管辖的刑事案件是铁路公安侦查的案件，以及与铁路运输有关的经济犯罪案件，主要包括破坏铁路交通设施、危害铁路运输安全的案件；火车上发生的犯罪案件；以及违反铁路规章制度造成重大事故或严重后果的案件；等等。这类案件中的犯罪主体、犯罪地点、犯罪对象往往具有一定的特殊性，例如，在客运列车上犯罪，可能同一犯罪跨越了多个行政区域，也很难确定该由哪一普通人民法院管辖，地方公安机关也难以展开侦破。因此，由铁路公安系统进行侦查，由铁路运输法院进行审理较为适宜。根据《最高人民法院关于铁路运输法院案件管辖范围的若干规定》第1条的规定，铁路运输法院受理同级铁路运输检察院依法提起公诉的刑事案件。下列刑事公诉案件，由犯罪地的铁路运输法院管辖：①车站、货场、运输指挥机构等铁路工作区域发生的犯罪；②针对铁路线路、机车车辆、通讯、电力等铁路设备、设施的犯罪；③铁路运输企业职工在执行职务中发生的犯罪。在列车上的犯罪，由犯罪发生后该列车最初停靠的车站所在地或者目的地的铁路运输法院管辖。

☞ 考核提示

了解：管辖的概念和意义。

理解：管辖的原则。

熟悉并能够运用：立案管辖、级别管辖、地区管辖。

主题讨论

陈与李为同一国有企业职工，两家同一道大门进出，常为生活琐事发生口角。陈某文质彬彬、孩子幼小，李某身强力壮，对陈家常有欺负现象，遂形成多年积怨。随着时间的推移，陈家的两个男孩逐渐成年（同为该企业职工），常欲寻机报复。

某日，李某把陈家的摩托车撞倒了。陈家的次子小陈向李索赔，李不肯。于是，小陈把哥哥大陈叫上，于次日在过道上把上班的李拦住，向其索赔。李推搪他的责任，兄弟二人冒火，合力对李进行毒打，致李重伤，经送医院抢救后，虽脱离危险，但已致痴呆，终身残废。

企业领导认为事情重大，建议李的爱人方某找司法机关处理。方某向公安机关报案。公安机关认为这是企业内部职工的斗殴事件，案件事实也比较清楚，无需采用侦查手段，在邻居中作一般的调查了解后，直接找法院告就行了，遂作出不立案决定。检察院以国有企业职工不是国家工作人员为由，也不予受理。方某向法院控告时，法院又认为伤害情况严重，不属轻微刑事案件，不能直接受理。

【讨论提示】
1. 公安机关作出的不立案决定正确吗？
2. 人民检察院的决定是否符合法律规定？
3. 本案中被害人能否向人民法院提起自诉？

阶段自测

一、单项选择题

1. 外国人在我国实施犯罪，必须适用我国刑事诉讼法追究其刑事责任的是（   ）。
   A. 各国驻华领事馆的外交代表
   B. 途经中国的各国驻第三国外交代表
   C. 来华访问的外国元首
   D. 不享有外交豁免权的外国人

2. 告诉才处理案件的直接受理机关是（   ）。
   A. 公安机关   B. 检察机关
   C. 人民法院   D. 司法行政机关

3. 下列案件中，属于中级人民法院管辖的是（   ）。
   A. 一般的故意伤害案件   B. 暴力干涉婚姻自由案件

C. 可能判处无期徒刑的案件　　　　D. 遗弃案件

4. 由上海飞往美国旧金山的中国民航班机途经日本上空时，美国普通公民甲将加拿大普通公民乙打成重伤，对此案享有管辖权的法院为（　　）。

　　A. 加拿大法院　　　　　　　　B. 日本法院
　　C. 美国法院　　　　　　　　　D. 中国法院

5. 人民检察院直接受理的刑事案件是（　　）。

　　A. 交通肇事案件　　　　　　　B. 抢劫案件
　　C. 刑讯逼供案件　　　　　　　D. 走私案件

6. 被害人有证据证明的轻微刑事案件，是由（　　）。

　　A. 公安机关立案侦查　　　　　B. 人民检察院直接受理
　　C. 人民法院直接受理　　　　　D. 仲裁机关直接受理

7. 下列案件中，由人民法院直接受理的是（　　）。

　　A. 盗窃案　　　　　　　　　　B. 侮辱、诽谤案
　　C. 抢劫案　　　　　　　　　　D. 报复陷害案

8. 某甲因涉嫌盗窃他人5000元人民币被人民检察院提起公诉，若本案的被害人是一名外国人，则本案的管辖法院应该是（　　）。

　　A. 基层人民法院　　　　　　　B. 中级人民法院
　　C. 高级人民法院　　　　　　　D. 最高人民法院

二、多项选择题

1. 中国公民张某，在中国驻旧金山领事馆内实施犯罪行为，对其享有审判管辖权的法院有（　　）。

　　A. 张某原户籍所在地法院　　　B. 中国驻美大使馆所在地法院
　　C. 中国驻旧金山领事馆所在地法院　　D. 张某出境地法院
　　E. 张某主管单位所在地法院

2. 下列案件中，应当由人民检察院直接受理的是（　　）。

　　A. 告诉才处理的案件
　　B. 被害人有证据证明的轻微刑事案件
　　C. 刑讯逼供案件
　　D. 国家工作人员的渎职犯罪案件
　　E. 贪污贿赂案件

3. 某甲为乙市丙区人，在丁区准备了作案工具，在戊区扮成维修工人盗走变压器3台，并在己县、庚县进行销售。依据我国刑诉法规定，对此案享有审判管辖权的法院为（　　）。

　　A. 丙区法院　　　　　　　　　B. 丁区法院

C. 戊区法院 D. 己县法院
E. 庚县法院

4. 下列案件中属于告诉才处理的有（　　）。
A. 公然侮辱、诽谤案 B. 暴力干涉婚姻自由案
C. 虐待案 D. 遗弃案
E. 侵占他人财物案

5. 刑事诉讼法规定刑事案件由犯罪地人民法院管辖的主要原因是由犯罪地人民法院管辖（　　）。
A. 便于勘查现场，收集证据
B. 便于诉讼参与人参加诉讼
C. 便于当地群众参加旁听
D. 便于了解分析犯罪情况，加强防范措施
E. 便于新闻媒体采访报道

三、名词解释题
1. 级别管辖
2. 立案管辖

四、判断题
根据我国刑事诉讼法的规定，可能被判处死刑的案件只能由中级人民法院进行第一审。（　　）

第八章 回　避

本章导学

本章主要学习回避的概述、回避的种类、理由和适用人员的范围、回避的程序。重点是回避的理由和适用人员的范围、回避的程序。难点是回避的理由、回避适用人员的范围。

学习引入

2009年12月30日，一起著名的律师涉嫌伪造证据、妨害作证案在重庆市江北区人民法院公开开庭审理。当法官宣读完审判员、书记员、公诉人和辩护人名单后，被告人依次申请3位审判员、3位公诉人和2位法院书记员回避。审判长当庭一一驳回了被告人的回避申请。

当事人能否申请合议庭集体回避？审判长是否有权当庭驳回回避申请？对公诉人的回避申请应由谁审查？回避的法定理由有哪些？回避的程序如何进行？

第一节　概　述

一、回避的概念

刑事诉讼中的回避，是指法律规定的司法人员，因为与案件或者案件的当事人有利害关系或其他关系，为了避免对案件公正处理可能发生的影响，而不参加该案诉讼活动的一项诉讼制度。

回避制度来源于普通法上的自然公正原则。自然公正原则是法院司法活动的行为准则，也是司法人员所应该遵守的最基本的程序标准。自然公正原则要求司法主体在做出影响当事人权益的司法行为的时候，必须承担公平作为的义务。在行为的过程中，法官以及其他司法人员根据回避制度的要求保持中立，不偏不倚，给予当事人平等、公正的对待，并根据可信的证据，做出公正的行为。自然公正原则派生出两个规则：一是任何人不得作为自己案件的法官；二是应听取双方当事人的意见，并给予与案件有直接利害关系的当事人充分的陈述机会。试想，当做出司法行为的人员和案件有着利害关系的时候，任何人都有可能以怀疑的心态去质问该行为的公正性。在人类的内心深处，天然就具有公平公正的情感因素。因而，实行刑事回避制度既符合程序公正的要求，又符合公众对于公平正义的心理期待。

我国的回避制度，从适用的范围看，不仅适用于法院的审判人员，也适用于其他司法人员；从适用的程序看，刑事诉讼的各种程序，以及程序的各个阶段，都可以适用。

二、回避的意义

回避制度是一项重要的诉讼制度，各个国家的刑事诉讼法均对此作出了规定。回避制度作为社会主义民主制度在刑事诉讼活动中的重要体现，对于刑事诉讼的进行有着十分重要的意义：

（一）回避制度有利于使案件得到客观公正的处理

刑事诉讼的主要目的是通过程序的进行，查明案件事实的真相，正确地适用刑事实体法，使有罪者被定罪量刑，使无罪者免受处罚。要实现这一目的，需要进行一系列的司法活动，从侦查、起诉到审判，这些活动的实施无一不是通过带有主观意志的司法人员来进行的。试想，如果这些人员和案件或是案件的当事人有利害关系或其他关系，就有可能在诉讼活动开始之前已经接触了案件，对案件有了先入为主的印象，这对揭露事实真相是很不利的。同时，由于这种关系的存在，也有可能使司法人员在诉讼的进行中枉法裁判，徇私舞弊，以致产生冤假错案。建立回避制度能够有力地减少甚至杜绝这些弊端，使案件得到客观、公正的处理。

（二）回避制度有利于当事人行使诉讼权利，实现程序公正

刑事诉讼不仅从结果上要体现公正，而且也应该从程序上、从诉讼的过程里实现公正。要实现程序公正，就必须设置一系列使司法人员保持中立的制度，以使司法人员对当事人都能够平等地对待。回避制度正是实现该目的的一项重要制度。符合法律规定的司法人员退出诉讼进程，能够使当事人免

受不公正的对待，积极参加诉讼活动，充分行使诉讼权利，推动诉讼活动的顺利和公正进行。

（三）回避制度有利于当事人以及社会公众的信任和尊重

回避制度有利于使案件的处理结果得到当事人以及社会公众的信任和尊重。如果参加诉讼的司法人员和案件或当事人有关系，不管案件的处理结果是否公正，当事人或者社会公众都有可能会怀疑案件处理的公正性，从而使人们对司法机关产生不信任感。因为任何行为都要靠人去实施，司法人员如果和程序进行的结果有利害关系，就有可能对程序的发展施加影响，朝有利于自己的方向发展，从而增加当事人、社会公众对司法行为的抵触。实行回避制度能够确保程序和实体的公正，在此前提下，有利于增加当事人对司法机关的信任感和对司法裁判结果的尊重，从而减少对抗，保证刑事诉讼活动的顺利进行，维护社会的稳定发展。在实现这一目的的同时，司法机关的权威也得到了加强，使司法机关对案件的处理结果更有权威性。

第二节　回避的种类、理由和适用的人员范围

一、回避的种类

在刑事诉讼法学里，回避的种类因为标准的不同而有多种分类方法，下面介绍两种分类。

（一）有因回避和无因回避

这种分类是根据回避是否需要附加法定的理由来划分的。有因回避又可以称为附加理由的回避，是指要申请司法人员退出刑事诉讼程序，必须要具备法律规定的理由的回避。通过规定回避的理由，能够确保当事人正当行使诉讼权利，防止诉讼权利的滥用。无因回避又可以称为不附加理由的回避，是指法律没有规定回避的理由，当事人申请回避时，只要从形式上提出申请，无需提出任何理由，就可以导致司法人员回避的制度。无因回避制度主要源于一句古老的格言：每个人有权自由地选择审判自己的法官。法国《刑事诉讼法典》第296条规定，重罪法庭审理案件时全部实行无因回避，"不论被告人、他的律师或检察院，均不得公开其回避的理由"，英国规定只有被告人及其律师才有权申请无因回避，起诉方无权申请，但可要求"暂缓决定"（Standby），直到陪审员名单全部抽签后再提出回避理由。但各国或司法区对无因回避的申请均有次数上的限制。法国规定，被告人和检察院各自只能申请5名和4名陪审员回避；在英国，他们只能要求7名陪审员回避；在香港，每名被告人有权提出5次无因回避；美国《联邦刑事诉讼规则》第24条则根

据是死刑案件、重罪案件还是轻罪案件，分别赋予控辩双方不同次数申请无因回避的权利。

我国没有接受无因回避的理念，认为如果规定无因回避制度，会使当事人滥用这一权利，影响审判效率。所以，我国《刑事诉讼法》规定，申请人提出回避，必须符合法律规定的理由，并有证据证明。

（二）自行回避、申请回避和指令回避

这种分类方法是根据回避的实施方式不同来进行的划分。

1. 自行回避，是指侦查人员、检察人员、审判人员以及其他人员，在刑事诉讼程序进行过程中，如果遇有法律规定应该回避的情形，或者自己认为承办案件不适宜时，自己主动要求退出刑事诉讼活动的制度。这种回避方式是在法律规定的前提下，通过司法人员的职业自律、内心约束来达到程序的公正。

2. 申请回避，是指案件的当事人及其法定代理人，如果认为处理案件的侦查人员、检察人员、审判人员以及其他人员，在刑事诉讼程序进行过程中，具有法律规定应该回避的情形，有权向司法机关提出申请，要求他们回避的制度。申请回避是当事人的一项重要的诉讼权利，也是确保司法公正的重要保障。作为司法机关来讲，应该充分保证申请人全面、有效地行使这项权利。申请回避权利的行使贯穿于刑事诉讼程序进行的全过程，申请人在每一个阶段都可以申请回避。

我国《刑事诉讼法》第28条规定："审判人员、检察人员、侦查人员有下列情形之一的，应当自行回避，当事人及其法定代理人也有权要求他们回避……"可见，《刑事诉讼法》明确规定了自行回避和申请回避这两种方式。

3. 指令回避，是指承办案件的侦查人员、检察人员、审判人员以及其他人员遇有法律规定的情形而没有自行回避，当事人及其代理人也没有申请回避的，其所在的司法机关等组织可以依职权命令承办人员回避的制度。如2012年最高检《规则（试行）》第26条规定："应当回避的人员，本人没有自行回避，当事人及其法定代理人也没有申请其回避的，检察长或者检察委员会应当决定其回避。"指令回避是回避制度的组成部分，是对自行回避和申请回避的必要补充。

二、回避的理由

回避的理由，又称回避的原因，是指法律规定实施回避应当具备的具体情形。各个国家对此规定不完全一致，但是为了使回避制度更具有可操作性，使案件得到公正的处理，各国的刑事诉讼法一般又都采取列举的方式来加以规定，使其成为法定的回避情形。我国《刑事诉讼法》也采用了这种方式。

根据《刑事诉讼法》和相关司法解释的规定，回避的理由包括如下情形：

（一）是本案的当事人或者是当事人的近亲属的

如果侦查人员、检察人员、审判人员以及其他人员本身就是承办案件的犯罪嫌疑人、被告人、被害人，由于双重身份结合在同一个主体身上，将使其司法人员的身份不能客观公正地完成法律赋予的职责，其很有可能从私利出发，干扰诉讼的正常进行，使案件的诉讼进程朝有利于自己的方向发展。另一方面，如果这些人员是一方当事人的近亲属，也极有可能在处理案件的时候偏袒有亲属关系的一方，导致不能平等、公正地对待双方的当事人，使当事人、社会公众怀疑案件处理的公平、公正。所以，司法人员只要符合本项规定，就应该回避。这里的近亲属一般是指与当事人有直系血亲、三代以内旁系血亲及姻亲关系的亲属。

（二）本人或者他的近亲属和本案有利害关系的

如果侦查人员、检察人员、审判人员以及其他人员或者其近亲属同案件本身有利害关系，案件的处理结果就会影响司法人员自己的利益或者是其近亲属的利益。在此情形下，司法人员继续办理案件将可能使案件得不到公正的处理。所以，符合此项规定的条件的人员也应该回避。

（三）担任过本案的证人、鉴定人、辩护人、诉讼代理人的

在同一个案件中，侦查人员、检察人员、审判人员不能够同时既以证人、鉴定人、辩护人、诉讼代理人的身份出现，又以侦查人员、检察人员、审判人员的身份履行法定的职责。因为如果司法人员以证人、鉴定人、辩护人、诉讼代理人的身份为案件提供了证言、鉴定结论，或者成为当事人的受托人，由于其诉讼地位和职能，其已经参与了本案的诉讼活动，对于案件的事实真相和案件应该如何处理有了先入为主的看法和判断，再担任案件的侦查人员、检察人员、审判人员，就有可能主观、片面，难以客观公正地处理案件，因此应当回避。

（四）与本案的辩护人、诉讼代理人有近亲属关系的

辩护人、诉讼代理人必须要维护当事人的合法权益，如果司法人员与辩护人、诉讼代理人有近亲属关系，则可能导致其他当事人的合法权益受损。因此，最高法《解释》和《关于审判人员在诉讼活动中执行回避制度若干问题的规定》都明确规定了这一法定理由。

（五）有可能影响公正审判的不正当行为的

司法人员代表国家进行刑事诉讼，应该严格遵守法律的原则和规定，公正、合法地处理案件，不能与当事人有法律不允许的不正当关系。司法人员有接受当事人及其委托人的请客送礼，或者违反规定会见当事人及其委托人

等不正当行为的,既可能出现徇私枉法现象,也会极大地损害司法机关的权威。《刑事诉讼法》第29条规定:"审判人员、检察人员、侦查人员不得接受当事人及其委托的人的请客送礼,不得违反规定会见当事人及其委托的人。审判人员、检察人员、侦查人员违反前款规定的,应当依法追究法律责任。当事人及其法定代理人有权要求他们回避。"最高法《解释》第24条规定:"审判人员违反规定,具有下列情形之一的,当事人及其法定代理人有权申请其回避:①违反规定会见本案当事人、辩护人、诉讼代理人的;②为本案当事人推荐、介绍辩护人、诉讼代理人,或者为律师、其他人员介绍办理本案的;③索取、接受本案当事人及其委托人的财物或者其他利益的;④接受本案当事人及其委托人的宴请,或者参加由其支付费用的活动的;⑤向本案当事人及其委托人借用款物的;⑥有其他不正当行为,可能影响公正审判的。"据此,司法人员有上述不正当行为时,当事人及其法定代理人有权要求他们回避。

（六）参与过本案其他阶段诉讼活动的

这包括两种情形:

1. 在其他司法机关参与过本案的其他诉讼活动的。公、检、法等机关在职能上各有分工,各司其职,分别行使不同的职权,进行相应的诉讼活动。这种职能的科学划分有利于客观、公正地查明案件的事实真相。司法人员如果既是侦查人员,又是检察人员,还担任审判人员,案件的客观公正就难以保证。因此,参加过本案侦查的人员如果调入检察院、法院工作,就不能再担任该案的检察、审判工作;参加过本案检察工作的人员如果调入法院工作,也不能再担任该案件的审判工作。这都是为了防止先入为主和事实上的职能不分。2012年最高检《规则（试行）》第30条规定:"参加过本案侦查的侦查人员,不得承办本案的审查逮捕、起诉和诉讼监督工作。"最高法《解释》第25条第1款规定:"参与过本案侦查、审查起诉工作的侦查、检察人员,调至人民法院工作的,不得担任本案的审判人员。"符合前述条件的,构成回避的理由。

2. 在本机关系统内参与过本案的其他诉讼活动的。《刑事诉讼法》第228条规定,原审人民法院对于发回重新审判的案件,应当另行组成合议庭,依照第一审程序进行审判。第245条规定,人民法院按照审判监督程序重新审判的案件,由原审人民法院审理的,应当另行组成合议庭进行。最高法《解释》第25条第2款规定,在一个审判程序中参与过本案审判工作的合议庭组成人员或者独任审判员,不得再参与本案其他程序的审判。根据上述规定,对于二审法院发回重审的案件,原审人民法院在一审程序中审理过该案的原合议庭成员不能再参加案件的审理；对于人民法院按照审判监督程序重新审判的案件，原负责审理该案的合议庭成员也不得再参加案件的审理。法律和司法解释作出这些规定，都是为了防止原审判人员的先入为主影响案件的公正审判。不过最高法《解释》第25条第2款还规定，发回重新审判的案件，在第一审人民法院作出裁判后又进入第二审程序或者死刑复核程序的，原第二审程序或者死刑复核程序中的合议庭组成人员不受本款规定的限制。之所以如此规定，是因为最高法院认为，对于发回重审的案件，原第二审程序的合议庭组成人员对案件情况比较熟悉，清楚发回重审的原因，由原合议庭审理，不会影响司法公正，而是能更好地审查一审法院是否解决了原来存在的问题，重新作出的裁判是否合法、合理，可以兼顾公正与效率。我们认为，这种观点值得商榷。

需要注意的是，2012年最高检《规则（试行）》第30条规定："参加过本案侦查的侦查人员，不得承办本案的审查逮捕、起诉和诉讼监督工作。"我们认为这里的侦查人员当然包括检察机关的侦查人员。

（七）与本案当事人有其他关系，可能影响公正处理案件的

所谓与本案当事人有其他关系，是指侦查人员、检察人员、审判人员等和当事人有上述6种关系以外的其他关系。比如办案人员与本案当事人过去或者现在是同学、同事、师生、邻居等关系，或者彼此之间有恩怨，以至于对案件的公正处理可能产生影响的，也应该回避。因为社会生活的复杂，法律无法穷尽办案人员和当事人的关系，所以采取了"列举＋概括"的立法模式。这里的其他关系，现阶段自然要由决定回避的机关来自由裁量，但如果某种可能影响司法公正的"其他关系"在司法实践中日渐普遍，则立法、司法解释、职业伦理规则可再将其明确化。如美国律师协会在2013年的Formal Opinion 462中就专门讨论了法官使用社交媒体（如facebook）而形成的关系影响司法公正的问题。

三、回避适用的人员范围

回避适用的人员范围，即回避适用的对象，是指法律规定的回避情形对哪些人员适用，只有属于这个范围的人员才需要回避。根据《刑事诉讼法》第28条、第31条的规定，在刑事诉讼中适用回避的人员包括：

1. 审判人员。这里的审判人员应该作广义的理解，一方面包括直接审理案件的审判员、助理审判员和人民陪审员，另一方面还应该包括对案件进行监督指导和讨论决定的法院院长、副院长、庭长、副庭长和审判委员会的委员。

2. 检察人员。这里的检察人员包括直接负责案件的批准逮捕、审查起诉、

出庭支持公诉的检察人员，以及对案件进行讨论和作出决定的检察长、副检察长、检察委员会委员。

3. 侦查人员。侦查人员的范围包括直接负责案件侦查的公安人员和检察人员，以及对案件进行讨论和作出处理决定的公安机关的负责人和检察机关的检察长、副检察长、检察委员会委员。

4. 书记员。指在整个刑事诉讼过程中担任记录工作的人员。

5. 翻译人员。指在整个刑事诉讼过程中担任翻译工作的人员。

6. 鉴定人员。指在整个刑事诉讼过程中就某个专门性问题进行鉴定，提供科学的结论意见的人员。

第三节 回避的程序

为了保证回避制度的正确适用，必须遵守一定的程序。我国《刑事诉讼法》规定的回避程序，包括回避的提起程序、回避的决定程序和回避的复议程序三部分的内容。

一、回避的提起程序

回避的提起程序是回避程序的第一个阶段，包括如下的内容：

1. 提起回避的主体。提起程序由于回避种类的不同，导致启动程序的主体也有差异。在自行回避中，由司法人员以及其他人员自己提出回避。在申请回避中，当侦查人员、检察人员、审判人员以及其他人员具有法律规定的回避情形的时候，由当事人及其法定代理人提出回避的申请。申请回避是当事人及其法定代理人的法定权利，司法机关应该依法予以保障。此外，为更加充分地保护当事人的合法权益，确保案件公正审理，2012 年修订《刑事诉讼法》时增加了辩护人、诉讼代理人可以要求回避的规定。因此，辩护人、诉讼代理人也可以独立提出回避申请。

2. 回避提起的方式。提起回避的方式，可以采用口头或者是书面的方式，口头的方式应该记录在案。采取何种方式由当事人自己决定，但是不管采取哪种方式，都应该说明理由。

3. 回避提起的时间。由于回避的对象包括侦查人员、检察人员和审判人员，所以在侦查、起诉和审判阶段，申请人都可以提起回避。我国《刑事诉讼法》对于侦查和起诉阶段的回避没有在立法上作出明确的规定，为了保证回避制度在这两个阶段得到贯彻落实，侦查人员和检察人员在侦查活动、审查起诉活动开始后，应该向犯罪嫌疑人、被害人等当事人告知其享有回避的申请权。在这一阶段，由于诉讼各方没有集中在一起进行诉讼活动，加上缺乏立法的规范，所以在具体的实践中，检察机关要切实加强对侦查程序合法性的监督，以避免程序违法。对于审判阶段的回避，《刑事诉讼法》第185条规定，开庭的时候，审判长查明当事人是否到庭，宣布案由；宣布合议庭的组成人员、书记员、公诉人、辩护人、诉讼代理人、鉴定人和翻译人员的名单；告知当事人有权对合议庭组成人员、书记员、公诉人、鉴定人和翻译人员申请回避。根据这一规定，一般要求申请人在案件开始审理的时候提出申请，如果回避的事由是在案件开始审理后知道的，也可以在辩论终结之前提出。值得注意的是，现行《刑事诉讼法》规定了庭前会议制度，最高法《解释》也明确规定在庭前会议中可以就是否申请回避听取意见。我们认为，人民法院在确定审判人员后，可以提前向当事人告知审判人员名单及申请回避的权利，这既方便当事人提出回避申请，也有利于案件的集中迅速审理。

4. 回避提起的法律后果。回避一旦提起，需要回避的人员就应当暂停参与本案，以保证诉讼活动的公正进行，但是对侦查人员的回避有特殊规定。《刑事诉讼法》第30条第2款规定："对侦查人员的回避作出决定前，侦查人员不能停止对案件的侦查。"这是由侦查工作的性质决定的。侦查人员在回避决定作出之前，可以照常进行侦查活动，只有在公安机关负责人作出回避决定以后，才能停止对案件的侦查。

二、回避的决定程序

申请回避是当事人的一项重要的诉讼权利，但申请能否被批准，还需要有法律规定的组织或者人员依法对申请进行审查，并作出是否回避的决定。回避的决定程序包括如下的内容：

1. 回避决定权的主体和权限。《刑事诉讼法》第30条第1款规定："审判人员、检察人员、侦查人员的回避，应当分别由院长、检察长、公安机关负责人决定；院长的回避，由本院审判委员会决定；检察长和公安机关负责人的回避，由同级人民检察院检察委员会决定。"根据这一规定，各级法院的正职院长有权决定本院其他审判人员的回避，各级检察机关的正职检察长有权决定本院其他检察人员的回避，各级公安机关的正职负责人有权决定本机关其他从事侦查工作的侦查人员的回避；法院院长的回避由本院审判委员会决定；检察长的回避由本院的检察委员会决定；因为公安机关没有一个类似于审判委员会或是检察委员会的组织，同时为了确保检察机关对侦查工作的监督，所以公安机关正职负责人的回避由同级检察机关的检察委员会决定；书记员、翻译人员、鉴定人的回避，根据其所处的诉讼阶段的不同，分别由公安机关负责人、检察长、法院院长决定。对于审判委员会和检察委员会委员的回避问题，《刑事诉讼法》没有作出明确的规定。这两种委员的回避，是按照《刑事诉讼法》第 30 条的规定,将审判委员会委员和检察委员会委员分别纳入审判人员、检察人员的范畴,由法院院长、检察长来决定回避,还是采取由法院院长、检察长提交审判委员会和检察委员会讨论决定的方式来决定回避,急需立法给予明确的规定。

2. 回避决定的后果。根据《刑事诉讼法》第 30 条的规定,有回避决定权的组织或个人对当事人的回避申请或有关司法人员自行回避的请求审查以后,如果发现司法人员以及其他人员确有法律规定的回避情形,应当依法作出回避决定,责令其回避。回避决定一经作出,即产生法律效力,涉及的司法人员应该立即退出诉讼活动。有回避决定权的组织或个人经过审查,如果认为司法人员事实上并不符合法律规定的回避条件,其参加诉讼并不会影响案件的公正处理的,应当作出驳回回避申请的决定。

3. 回避决定的方式。司法机关作出回避的决定可以采取口头或者是书面的方式,但是口头的方式应该记录在案。

回避的决定程序不仅适用于当事人及其法定代理人申请回避的情形,也适用于司法人员自己主动回避的情形。当审判人员、检察人员、侦查人员、书记员、翻译人员和鉴定人提出回避的要求时,有回避决定权的组织或个人同样应该进行审查,作出是否回避的决定。

三、回避的复议程序

司法机关作出的有关司法人员和其他人员是否回避的决定,直接关系到申请人的切身利益,为了使有回避决定权的组织或个人能够正确地行使回避决定权,维护申请人的利益,法律赋予了申请人不服回避决定的救济手段。这种手段体现为,对于有回避决定权的组织或个人所作的驳回回避申请的决定,当事人及其法定代理人享有对回避决定申请复议的权利。这样,一个回避决定作出以后,并不马上生效,只有当当事人及其法定代理人不申请复议或者是申请复议后回避决定又被维持的时候,回避的决定才生效。关于复议程序,有如下的内容需要注意:

1. 申请复议的申请人和复议人。申请人主要是当事人及其法定代理人,辩护人、诉讼代理人也可以要求复议;当然,在实践中,也有被决定回避的人员对决定不服申请复议的,这里的复议人是作出最初决定的有关组织或个人。

2. 申请人对于有回避决定权的组织或个人的决定不服,不能提起上诉,只能够申请复议,而且只能向作出决定的组织或个人申请复议一次。

3. 复议的期限。复议的期限在《刑事诉讼法》中没有统一进行规定,在不同的阶段,相关司法解释的规定也不同。根据公安部《规定》,当事人及其法定代理人、辩护人、诉讼代理人对驳回申请回避的决定不服的，可以在收到驳回申请回避决定书后 5 日内向作出决定的公安机关申请复议；公安机关应当在收到复议申请后 5 日内作出复议决定并书面通知申请人。根据最高法《解释》，当事人及其法定代理人、辩护人、诉讼代理人申请回避被驳回的，可以在接到决定时申请复议一次；不属于《刑事诉讼法》第 28 条、第 29 条规定情形的回避申请，由法庭当庭驳回，并不得申请复议。

4. 复议的后果。在复议主体作出复议决定前，不影响被申请回避的人员参与对案件的处理活动。复议决定不论是否改变原决定，都应该通知申请复议人。对于复议的决定不能再复议或者是上诉。

☞ **考核提示**

了解：回避的概念、回避的种类、回避的理由和适用人员的范围。
理解：回避的意义。
熟悉并能够运用：回避的程序。

☞ **主题讨论**

被告人叶某因故意杀人被法院判处死刑，剥夺政治权利终身。叶某不服，提出上诉，二审法院维持了原判并报请最高人民法院核准死刑。在第二审程序中，被害人的哥哥是合议庭的成员之一。在死刑复核程序中，叶某提出，自己在第二审程序中没有被告知可以申请回避，故要求最高人民法院不予核准死刑判决。

【讨论提示】
叶某的要求合理吗？为什么？

☞ **阶段自测**

一、单项选择题

1. 我国现行刑事诉讼法关于回避的规定不包括（　　）。
   A. 自行回避　　　　　　　　B. 申请回避
   C. 指令回避　　　　　　　　D. 无因回避

2. 根据我国刑事诉讼法规定，在审判阶段，书记员回避的决定主体是（　　）。
   A. 审判长　　　　　　　　　B. 刑庭庭长
   C. 法院院长　　　　　　　　D. 审判委员会

3. 在刑事诉讼中，有权决定公安机关负责人回避的是（　　）。

A. 上级公安机关　　　　　　　B. 同级人民检察院检察委员会
C. 同级人民法院院长　　　　　D. 同级人民法院审判委员会

4. 甲县法院在审判过程中，聘请该县公安机关的技术鉴定人员乙进行鉴定，对乙的回避享有决定权的主体为（　　）。
A. 甲县公安机关负责人　　　　B. 甲县法院院长
C. 甲县法院刑庭庭长　　　　　D. 审理该案的合议庭审判长

5. 某区人民法院在审理一起抢劫案件中，被告人范某某认为公诉人张某与本案被害人有亲属关系，从而要求张某回避。有权对被告人范某某提出的回避申请作出决定的是（　　）。
A. 审判长　　　　　　　　　　B. 本院院长
C. 县人民检察院检察长　　　　D. 县人民检察院检察委员会

6. 小李是一起抢劫案的被害人。在该案的侦查阶段，小李申请某侦查人员回避，但被驳回。对此，小李可以（　　）。
A. 向作出决定的机关申请复议一次
B. 向决定机关的上一级机关申请复议一次
C. 向人民检察院申请复议一次
D. 向人民法院申诉

7. 对驳回申请回避的决定，当事人及其法定代理人可以（　　）。
A. 申请复议一次　　　　　　　B. 申请复核一次
C. 提起上诉　　　　　　　　　D. 申诉

二、案例分析题

某县人民法院于 2003 年 4 月 21 日公开审理被告人钱某盗窃一案。由审判员张某担任审判长，该院副院长孙某、人民陪审员武某组成合议庭审理此案，林某担任书记员。开庭后，审判长张某问被告人钱某对于合议庭的组成人员、公诉人、鉴定人、证人、诉讼代理人、辩护人是否要求回避。被告人钱某回答：要求书记员林某回避。理由是：书记员林某是被害人的表姐。审判长张某认为林某不是本案被害人的近亲属，可以担任书记员，遂当即驳回被告人钱某的回避申请，并告知被告人钱某对于驳回回避申请的决定不得要求复议，案件继续审理。

本案在诉讼程序上存在哪些错误？请简要说明理由。

第九章

辩护与代理

本章导学

本章主要学习辩护制度概述、辩护人的范围和辩护的种类、辩护人的职责和地位、辩护人的权利和义务、刑事法律援助制度、刑事代理。重点是辩护制度概述、辩护人的范围和辩护的种类、辩护人的职责和地位、辩护人的权利和义务。难点是辩护人的职责和地位。

学习引入

2011年6月21日,广西壮族自治区北海市警方对外通报称:6月13日,北海市公安局依法对广西律师杨在新、罗思方、梁武诚、杨忠汉4人实施拘传。警方表示,4位律师在当地一宗命案中教唆、引诱当事人和证人作伪证,妨碍了司法机关正常办案,已涉嫌辩护人妨害作证罪。

根据《全国律师协会维权工作报告》统计:1999~2002年,全国律师因执行职务而被指控"辩护人妨害作证罪(包括辩护人毁灭、伪造证据罪)"达347起;全国律协"306条统计数据表"显示,至2007年全国有108名律师被追诉,而最终被认定有罪的为32起。仅2000年5月对23个有关这一罪名的案件统计,其中11个案件涉嫌的律师被无罪释放或撤案,6个有罪判决,1个免予刑事处罚,5个尚未结案,错案率达到50%以上。由于律师执业权利得不到保障,律师刑辩积极性严重下降,大量刑事案件得不到高质量的辩护。据统计,北京律师年人均办理刑事案件数量已下降到不足1件,越来越多的律师不想做刑事案件。

"什么是中国刑辩律师的真实生存状态?收入少、风险大、不被人理解。"一方面,越来越多的刑辩律师开始放弃刑事辩护业务;另一方面,很多年轻律师看到一个个鲜活的案例后,也不会选择从事刑事辩护。

——全国律协刑事专业委员会委员许兰亭

为什么中国刑事辩护率持续走低?中国刑事辩护到底出了什么问题?如何保障被追诉人获得辩护的权利?如何保障辩护人的执业权利?如何保护辩

护人的人身权利？

第一节 辩护制度概述

一、辩护制度的概念和历史发展

辩护是指刑事诉讼中，犯罪嫌疑人、被告人及其辩护人针对控诉方的指控而进行的证明犯罪嫌疑人、被告人无罪、罪轻或者应当减轻、免除刑事处罚，维护犯罪嫌疑人、被告人合法权益的诉讼活动。

辩护制度，是指宪法和法律为保障犯罪嫌疑人、被告人的合法权益而规定的关于辩护权、辩护种类、辩护方式、辩护人的范围、辩护人的责任、辩护人的权利与义务等一系列规则的总称。它是犯罪嫌疑人、被告人有权获得辩护这一宪法原则的具体化和制度化，是现代国家法律制度的重要组成部分。辩护制度是否健全与完善，是刑事诉讼程序民主化与科学化的重要标志。

在人类的诉讼史上，刑事辩护制度早在古代西方的罗马奴隶制共和国时期就已经存在，当时，在审判活动中，由于实行"弹劾式诉讼"，被告人和控告人享有同等的诉讼权利，法院处理案件时听取双方当事人的辩论，被告人享有辩护权，社会上逐渐出现了一种被称为"保护人"、"雄辩家"、"辩护士"之类的人，他们参加到诉讼中，代表被告人进行诉讼活动，既可以给被告人以法律帮助，又可以在法庭上为被告人进行代理和辩护，从而使法院对被告人的判决趋于合理。《十二铜表法》规定了辩护人进行辩护的条文，这可以说是人类历史上辩护制度的早期雏形。

现代意义上的辩护制度，特别是律师辩护制度，是欧美资产阶级民主革命的产物，是资产阶级同封建司法制度特别是它的诉讼制度斗争的成果。中世纪的欧洲实行纠问式诉讼制度，被告人不再享有辩护权，审讯秘密进行，广泛采用刑讯，因此，律师辩护制度被废止。公元17、18世纪，在资产阶级反封建的斗争中，一些著名的启蒙思想家，如李尔本、洛克、伏尔泰、狄得罗、孟德斯鸠等人提出了"天赋人权"、"主权在民"、"法律面前人人平等"等深入人心的主张。在诉讼中，他们提出要用辩护式诉讼模式取代纠问式诉讼模式，赋予被告人辩护权，在审判中实现辩论原则。资产阶级革命成功后，英法等主要资本主义国家均在立法中肯定了刑事诉讼的辩论原则，赋予了刑事被告人自己辩护和聘请他人辩护的权利。首先规定被告人辩护权的是英国1679年的《人身保护法》，该法明文规定了诉讼中的辩论原则，承认被告人有权获得辩护，从而确定了刑事被告人在刑事诉讼中的主体地位。1808年法国《刑事诉讼法典》对辩护制度作了更详尽、更系统的规定，明确了辩护权

第九章　辩护与代理　139

是法律赋予被告人针对指控进行辩解，以维护自己合法权益的一种诉讼权利。它是专属于被告人的一项十分重要的诉讼权利，被告人在认为必要时可以委托律师行使辩护权，为自己提供法律帮助。该法典对后世各国的刑事辩护制度产生了重大影响。第二次世界大战以后，从保护人权的理念出发，辩护制度得到了空前的发展。各个国家除了在宪法中规定被告人的辩护权之外，几乎都在自己的刑事诉讼法及相关的法律中规定了犯罪嫌疑人、被告人的辩护权及其保障措施。

中世纪的男女决斗
为追求实质公平，规则要求男站立洞中，仅露出上半身，与女性进行搏斗。

二、辩护制度的意义

辩护制度是刑事诉讼制度的重要组成部分，鲜明地反映了一国诉讼制度和司法机关执法的民主性和公正性程度，对促进和保障司法公正、诉讼民主有着十分重要的意义。

（一）有利于司法机关准确、及时地查明案件事实，正确地适用法律，提高办案质量

刑事案件的情况是错综复杂的，罪与非罪、此罪与彼罪的界限往往难以区分，应否处以刑罚、处以何种刑罚也常常难以把握，办案人员只有经过全面调查研究，认真听取控、辩双方的意见，才能防止偏听偏信，作出正确的处理结论。

（二）有利于保护犯罪嫌疑人、被告人的合法权益

在我国，惩罚犯罪与保障人权是刑事诉讼的双重目的，二者在本质上是一致的，都应受到同等重视。但是，在司法实践中，犯罪嫌疑人、被告人处于被追诉的地位，且人身自由往往也受到限制，惧怕辩解会导致更严重的刑罚，再加上大多被追诉者缺乏法律知识，不知道自己的行为有罪还是无罪，罪轻还是罪重，也不知道享有什么诉讼权利、如何行使这些权利，因此，大

多数人不能正确地运用法律为自己辩护。实行辩护制度，不仅可以消除犯罪嫌疑人、被告人的思想顾虑，还可以帮助犯罪嫌疑人、被告人充分行使诉讼权利，有效地维护犯罪嫌疑人、被告人的合法权利。

（三）有利于更好地实现刑事诉讼法的教育任务，增强广大人民群众的法制观念，使犯罪分子认罪服判

一方面，在法庭上，通过控、辩双方的辩论，可以使旁听群众全面了解案情，明辨是非，加强法制观念，发挥同犯罪进行斗争的积极性。另一方面，实行辩护制度，可以使被告人及其辩护人充分陈述有利于被告人的事实和理由，在此基础上作出的判决，更容易使犯罪分子心服口服，认罪服判。

第二节 辩护人的范围和辩护的种类

一、辩护人的概念和范围

辩护人是指接受犯罪嫌疑人、被告人的委托或法律援助机构的指派，帮助犯罪嫌疑人、被告人行使辩护权，以维护其合法权益的诉讼参与人。

由于经济发展水平、司法体制、律师队伍规模与素质的差异，各个国家关于辩护人范围的规定也不尽相同，在大多数西方发达国家中，担任辩护人的往往都是律师，而我国由于法制建设起步较晚，律师队伍不够发达，因此，在现阶段，律师还没有条件垄断刑事诉讼，但从长远发展来看，从诉讼科学的角度讲，刑事诉讼中的辩护人应该由专门从事法律职业的律师来承担。

我国《刑事诉讼法》第32条、《律师法》以及最高法《解释》，对辩护人的范围作了全面的规定，具体来讲包括以下人员：

1. 律师。律师是指依法取得律师执业证书，接受委托或者指派为当事人提供法律服务的执业人员。虽取得律师资格但未取得执业证书并经注册登记的，仍不得以律师身份接受委托，履行辩护职责。我国现在已经建立了全国统一的司法考试制度，只有通过司法考试并在律师事务所实习1年以上的，方可取得律师执业证书。

在法律规定的辩护人中，律师是最主要的组成部分，也最有能力保障犯罪嫌疑人、被告人的合法权益。一方面，律师作为法律专业工作者，具有丰富的法律知识和办案经验，同时律师必须遵守严格的执业纪律，因而最适合担任辩护工作。另一方面，法律又赋予了律师较其他辩护人更多的权利，对律师行使辩护权的限制相对较少，这就使律师能更充分地发挥其作用，更好地完成辩护任务。根据《刑事诉讼法》第33条的规定，在侦查期间，只能委托律师作为辩护人。

2. 人民团体或者犯罪嫌疑人、被告人所在单位推荐的人。法律这样规定，主要是从我国的具体国情出发的，在我国律师队伍虽然迅猛发展，但数量仍然有限，不可能承担全部刑事辩护业务的现状下，允许人民团体或者犯罪嫌疑人、被告人所在单位推荐的人担任辩护人，可以在很大程度上解决这一问题。这里的人民团体，是指工会、妇联、共青团、学联等群众性团体。

3. 犯罪嫌疑人、被告人的监护人、亲友。所谓监护人，是指对未成年人和无行为能力或限制行为能力的精神病人承担保护其人身、财产和其他合法权益责任的个人或单位。所谓亲友，是指犯罪嫌疑人、被告人的亲戚朋友。允许犯罪嫌疑人、被告人的监护人、亲友担任辩护人，主要是为了更好地普及辩护，给犯罪嫌疑人、被告人更多辩护帮助的机会，同时也可以缓解律师数量的不足，减轻犯罪嫌疑人、被告人的经济压力；其缺陷在于，这类辩护人往往缺乏专门训练，他们的法律知识、辩护能力和技巧总体上不够理想。

法律规定辩护人的范围虽然比较宽泛，但并不是任何人在任何条件下都可以担任辩护人的。根据《刑事诉讼法》第32条和最高法《解释》的规定，下列人员不能担任辩护人：①正在被执行刑罚或者处于缓刑、假释考验期间的人；②依法被剥夺、限制人身自由的人；③无行为能力或者限制行为能力人；④人民法院、人民检察院、公安机关、国家安全机关、监狱的现职人员；⑤人民陪审员；⑥与本案审理结果有利害关系的人；⑦外国人或者无国籍人。但是第④～⑦项规定的人员，如果是被告人的监护人、近亲属，由被告人委托担任辩护人的，可以准许。此外，审判人员和人民法院其他工作人员从人民法院离任后2年内，不得以律师身份担任辩护人；审判人员和人民法院其他工作人员从人民法院离任后，不得担任原任职法院所审理案件的辩护人，但作为被告人的监护人、近亲属进行辩护的除外；审判人员和人民法院其他工作人员的配偶、子女或者父母不得担任其任职法院所审理案件的辩护人，但作为被告人的监护人、近亲属进行辩护的除外。最高法《解释》第38条还规定，1名辩护人不得为2名以上的同案被告人，或者未同案处理但犯罪事实存在关联的被告人辩护。

《刑事诉讼法》第32条对辩护人的数额作了明确限定，即犯罪嫌疑人、被告人"可以委托1～2人作为辩护人"。这就是说，1名犯罪嫌疑人、被告人最多可以委托2名辩护人，其中可以都是律师，也可以都是其他公民，还可以其中1名是律师、另1名是其他公民。

二、辩护的种类

从不同的角度、根据不同的标准，可以对辩护的种类作出不同的划分。如：根据辩护主体的不同，可以将辩护分为自行辩护和他人代为辩护；根据辩护人设定方式的不同，可以将辩护分为委托辩护和援助辩护；根据辩护人身份的不同，可以将辩护分为律师辩护和非律师辩护。根据《刑事诉讼法》第32条、第34条的规定，可以将我国刑事诉讼中的辩护分为三种，即：

（一）自行辩护

自行辩护指犯罪嫌疑人、被告人自己针对指控进行反驳、申辩和辩解的行为。犯罪嫌疑人在侦查阶段可以自行辩护；犯罪嫌疑人、被告人在刑事诉讼过程的起诉、审判阶段也都有权自行辩护。自行辩护是目前我国犯罪嫌疑人、被告人进行辩护的最重要的途径。

（二）委托辩护

委托辩护指犯罪嫌疑人、被告人及其监护人、近亲属为维护其合法权益，依法委托律师或者其他公民协助其进行辩护。委托辩护是保障犯罪嫌疑人、被告人辩护权的一项重要内容，由于犯罪嫌疑人、被告人在法律知识、辩护经验上的欠缺，人身自由也可能受到了限制或剥夺，自己行使辩护权往往有许多障碍，委托其所信赖的专业人员就可以获得很大的帮助。根据《刑事诉讼法》第33条的规定，犯罪嫌疑人自被侦查机关第一次讯问或者采取强制措施之日起，有权委托辩护人；被告人有权随时委托辩护人。犯罪嫌疑人、被告人在押的，也可以由其监护人、近亲属代为委托辩护人。

为保障犯罪嫌疑人、被告人委托辩护的权利，《刑事诉讼法》明确规定了司法机关的告知义务：侦查机关在第一次讯问犯罪嫌疑人或者对犯罪嫌疑人采取强制措施的时候，应当告知犯罪嫌疑人有权委托辩护人；人民检察院自收到移送审查起诉的案件材料之日起3日内，应当告知犯罪嫌疑人有权委托辩护人；人民法院自受理案件之日起3日内，应当告知被告人有权委托辩护人。此外，犯罪嫌疑人、被告人在押期间要求委托辩护人的，人民法院、人民检察院和公安机关应当及时转达其要求。最高法《解释》第40条规定，审判期间，在押的被告人要求委托辩护人的，人民法院应当在3日内向其监护人、近亲属或者其指定的人员转达要求。被告人应当提供有关人员的联系方式。有关人员无法通知的，应当告知被告人。

（三）援助辩护

援助辩护是在法律规定的特殊情况下，法律援助机构指派律师为没有委托辩护人的犯罪嫌疑人、被告人进行辩护，以维护其合法权益。世界各国因其法制发展水平和经济状况的不同，援助辩护的范围也不尽相同，如英美等国，在侦查、起诉和审判阶段的所有犯罪嫌疑人和被告人都有权获得辩护律师的援助。在我国，只有符合法定条件的犯罪嫌疑人、被告人才能获得援助辩护。

根据《刑事诉讼法》第 34 条、第 267 条的规定，援助辩护分为三种情形。第一种情形下，犯罪嫌疑人、被告人没有委托辩护人的，人民法院、人民检察院和公安机关应当通知法律援助机构指派律师为其辩护。主要包括的犯罪嫌疑人、被告人是：①盲、聋、哑人；②尚未完全丧失辨认或者控制自己行为能力的精神病人；③可能被判处无期徒刑、死刑的人；④未成年人。第二种情形下，犯罪嫌疑人、被告人因经济困难或者其他原因没有委托辩护人的，本人及其近亲属可以向法律援助机构提出申请；对符合《法律援助条例》规定的法律援助条件的，法律援助机构应当指派律师为其提供辩护。第三种情形系最高法《解释》新增的规定。最高法《解释》第 43 条规定，具有下列情形之一，被告人没有委托辩护人的，人民法院可以通知法律援助机构指派律师为其提供辩护：①共同犯罪案件中，其他被告人已经委托辩护人的；②有重大社会影响的案件；③人民检察院抗诉的案件；④被告人的行为可能不构成犯罪；⑤有必要指派律师提供辩护的其他情形。不难看出，第一种情形下司法机关应当通知法律援助机构指派律师提供援助辩护，无需犯罪嫌疑人、被告人及其近亲属申请；第二种情形下则需要犯罪嫌疑人、被告人及其近亲属自行向法律援助机构提出申请；第三种情形下司法机关可以通知法律援助机构指派律师提供援助辩护。

第三节 辩护人的职责和地位

一、辩护人的职责

辩护人参加刑事诉讼的目的就是帮助犯罪嫌疑人、被告人依法行使辩护权，维护犯罪嫌疑人、被告人的诉讼权利和其他合法权益。为此，《刑事诉讼法》第 35 条规定："辩护人的责任是根据事实和法律，提出犯罪嫌疑人、被告人无罪、罪轻或者减轻、免除其刑事责任的材料和意见，维护犯罪嫌疑人、被告人的诉讼权利和其他合法权益。"《律师法》第 31 条也规定："律师担任辩护人的，应当根据事实和法律，提出犯罪嫌疑人、被告人无罪、罪轻或者减轻、免除其刑事责任的材料和意见，维护犯罪嫌疑人、被告人的诉讼权利和其他合法权益。"根据《刑事诉讼法》和《律师法》的规定，辩护人的责任具体包括以下几个方面：

1. 依法为犯罪嫌疑人、被告人进行辩护，这是辩护人的首要职责。辩护人通过参加诉讼活动，特别是通过参加法庭审理活动，根据事实和法律，提出犯罪嫌疑人、被告人无罪、罪轻或者应当减轻、免除其刑事责任的材料和意见，反驳对犯罪嫌疑人、被告人不正当的指控，帮助司法机关全面查清案情，正确适用法律，依法公正处理案件。辩护人不得捏造事实、歪曲法律，不得帮助犯罪嫌疑人、被告人编造口供、串供，伪造、毁灭证据或者威胁、引诱证人提供不实证据。

2. 帮助犯罪嫌疑人、被告人依法正确行使自己的诉讼权利，对侵犯犯罪嫌疑人、被告人诉讼权利的行为应当依法要求制止或者纠正，必要时可以向有关单位提出控告。

3. 为犯罪嫌疑人、被告人提供其他法律上的帮助。这主要是指辩护人应当解答犯罪嫌疑人、被告人提出的有关法律问题，为犯罪嫌疑人、被告人代写有关法律文书。案件宣判后，应当了解被告人的态度，征求其对判决的意见以及是否进行上诉等。

4. 辩护人只有辩护的职责，没有控诉的义务。辩护律师在履行职责过程中如果获悉了犯罪嫌疑人、被告人犯有未被公安司法机关掌握的其他罪行，经教育其坦白而犯罪嫌疑人、被告人并不听从辩护人意见的，辩护人不得揭露犯罪嫌疑人、被告人的罪行，也不得讲述不利于犯罪嫌疑人、被告人的事实和理由，因为这有助于维护辩护律师的执业形象和人格尊严，而且这也是与我国设立辩护制度的宗旨相一致的。

二、辩护人的诉讼地位

辩护人的地位是指辩护人在刑事诉讼法律关系中所处的位置。辩护人在刑事诉讼中的地位是由辩护人在刑事诉讼中所负的职责、所享有的权利、所承担的义务以及所起的作用共同决定的。辩护人的工作关系到犯罪嫌疑人、被告人的生命、自由和财产，具有独立的诉讼地位，这种独立性主要体现在以下几个方面：

（一）辩护人依法履行职务，不受犯罪嫌疑人、被告人意志的约束

虽然辩护人是经犯罪嫌疑人、被告人或者其监护人、近亲属的委托，或者法律援助机构的指派专门为犯罪嫌疑人、被告人提供法律服务的人，他与犯罪嫌疑人、被告人一道同处于执行辩护职能的一方，在维护犯罪嫌疑人、被告人合法权益方面，双方的目的是一致的。但是，犯罪嫌疑人、被告人无权要求辩护人按照其意志进行辩护。辩护人不是犯罪嫌疑人、被告人的代言人，在诉讼过程中，他是以自己的名义，根据对事实的掌握和对法律的理解，独立进行辩护，而不受犯罪嫌疑人、被告人意思表示的约束。当然，当辩护人与犯罪嫌疑人、被告人在辩护立场上发生根本冲突时，双方应充分沟通，如不能达成一致意见，基于对犯罪嫌疑人、被告人利益的尊重，辩护人宜主动辞去委托或指派；如双方只是在辩护策略等技术性问题上意见相左，辩护律师可根据自己的专业判断独立进行辩护活动。

（二）辩护人依法履行职务，不受控诉方意志的约束

辩护人和控诉方在刑事诉讼中各自执行不同的诉讼职能，处于诉讼结构中控诉和辩护的对立地位，两者的诉讼职能虽然不同，工作的角度也不一样，但两者的最终目的是一致的，那就是保证客观、公正地查明案件事实，保证国家法律的正确统一实施。所以，辩护人与控诉方的地位是平等的、对立的，不存在控诉方凭借自己是国家机关而有凌驾于辩护人之上的特权，控诉方也不能将自己的意志强加于辩护方之上。

（三）辩护人依法履行职务，不受审判人员意志的约束

辩护人根据自己所收集的材料和对法律的理解，提出对案件的意见或看法供审判人员在处理案件时参考。审判人员对辩护人的意见可以接受也可以不接受。当辩护人的意见与审判人员的意见不一致时，审判人员不能强迫辩护人接受其意见，相反，当辩护人发现法庭审判有违法行为时，还有权提出纠正，进行控告。

总之，辩护人既不从属于犯罪嫌疑人、被告人，也不从属于人民检察院和人民法院，而是具有独立诉讼地位的诉讼参与人。

第四节 辩护人的权利和义务

一、辩护人的权利

辩护人是刑事诉讼中重要的诉讼参与人，为了保障他们能够切实地履行职责，有效地维护犯罪嫌疑人、被告人的合法权益，《刑事诉讼法》和《律师法》赋予了他们一系列的诉讼权利。这些权利主要有：

（一）独立辩护权

辩护人依法履行职责，受国家法律的保护。辩护人有权根据事实和法律独立进行各种辩护活动，不受其他任何国家机关、社会团体和个人的非法干预。但是，辩护人在提出辩护意见之前和进行辩护的过程中，应当听取犯罪嫌疑人、被告人的意见，合理、合法的应当采纳，不合理、合法的应当说明。有些诉讼行为，如为被告人的利益而提出上诉等，还要征得被告人的同意。辩护人的辩护活动受法律保护，辩护言论不受追究。

（二）阅卷权

根据《刑事诉讼法》第38条、最高法《解释》第47条和2012年最高检《规则（试行）》第49条的规定，辩护律师自人民检察院对案件审查起诉之日起，可以查阅、摘抄、复制本案的案卷材料。其他辩护人经人民法院、人民检察院许可，也可以查阅、摘抄、复制上述材料。根据上述规定：①辩护人

在审查起诉和审判阶段均有权阅卷；人民检察院和人民法院应当为阅卷提供方便，并保证必要的时间。②阅卷的方法包括查阅、摘抄、复制。复制案卷材料可以采用复印、拍照、扫描等方式。③阅卷的范围是本案的案卷材料，既包括侦查机关移送人民检察院的案卷材料，也包括人民检察院移送人民法院的案卷材料；合议庭、审判委员会的讨论记录以及其他依法不公开的材料不得查阅、摘抄、复制。④律师以外的辩护人阅卷必须经人民法院、人民检察院许可。

（三）会见通信权

根据《刑事诉讼法》第37条的规定，辩护律师可以同在押的犯罪嫌疑人、被告人会见和通信。其他辩护人经人民法院、人民检察院许可，也可以同在押的犯罪嫌疑人、被告人会见和通信。辩护律师持律师执业证书、律师事务所证明和委托书或者法律援助公函要求会见在押的犯罪嫌疑人、被告人的，看守所应当及时安排会见，至迟不得超过48小时。危害国家安全犯罪、恐怖活动犯罪、特别重大贿赂犯罪案件，在侦查期间辩护律师要求会见在押的犯罪嫌疑人，应当经侦查机关许可。辩护律师会见在押的犯罪嫌疑人、被告人，可以了解案件有关情况，提供法律咨询等；自案件移送审查起诉之日起，可以向犯罪嫌疑人、被告人核实有关证据。辩护律师会见犯罪嫌疑人、被告人时不被监听。

（四）调查取证权

根据《刑事诉讼法》第41条的规定，辩护律师经证人或者其他有关单位和个人同意，可以向他们收集与本案有关的材料，也可以申请人民检察院、人民法院收集、调取证据，或者申请人民法院通知证人出庭作证。辩护律师经人民检察院或者人民法院许可，并且经被害人或者其近亲属、被害人提供的证人同意，可以向他们收集与本案有关的材料。其他辩护人则没有这些权利。《律师法》第35条第2款也规定："律师自行调查取证的，凭律师执业证书和律师事务所证明，可以向有关单位或者个人调查与承办法律事务有关的情况。"当然，其落实也受到很大限制。

（五）获得开庭通知权

人民法院在确定开庭日期时，应当给辩护人留有准备出庭所需要的时间。人民法院决定开庭后，至迟在开庭3日前将通知书送达辩护人。

（六）参加法庭调查和法庭辩论权

在法庭调查阶段，辩护人经审判长许可，可以向被告人、证人、鉴定人发问；法庭审理中，辩护人有权申请通知新的证人到庭，调取新的物证，申请重新鉴定或者勘验；法庭辩论阶段，辩护人可以对证据和案件情况发表意见，并且可以和控方展开辩论。

（七）司法文书获取权

辩护人有权得到与其行使辩护权相关的法律文书副本。人民检察院的起诉书和抗诉书副本应当由人民法院转交给辩护人。人民法院的判决书和裁定书副本也应当发给辩护人。

（八）控告权

辩护人对于审判人员、检察人员和侦查人员侵犯其诉讼权利或对其进行人身侮辱的行为，有权提出控告。

（九）经被告人同意后提起上诉权

《刑事诉讼法》第216条规定，被告人的辩护人，经被告人同意，可以提出上诉。这是辩护人维护被告人合法权利的重要手段，也是保证案件正确处理的有效措施。

（十）要求解除超过法定期限的强制措施权

《刑事诉讼法》第97条规定，犯罪嫌疑人、被告人及其法定代理人、近亲属或者辩护人对于人民法院、人民检察院或者公安机关采取强制措施法定期限届满的，有权要求解除强制措施。

（十一）拒绝辩护权

《律师法》第32条第2款规定："律师接受委托后，无正当理由的，不得拒绝辩护或者代理。但是，委托事项违法、委托人利用律师提供的服务从事违法活动或者委托人故意隐瞒与案件有关的重要事实的，律师有权拒绝辩护或者代理。"

二、辩护人的义务

辩护人在享受诉讼权利的同时，也必须承担相应的诉讼义务。根据我国刑事诉讼法和律师法的规定，辩护人在刑事诉讼中应当履行的义务包括：

1. 辩护人特别是辩护律师，在接受委托或被指定担任辩护人以后，有义务为犯罪嫌疑人、被告人进行辩护，并应当负责到底，除有法定情形外，不得拒绝辩护。

2. 辩护人不得帮助犯罪嫌疑人、被告人串供，隐匿、毁灭、伪造证据，不得威胁、引诱证人作伪证及进行其他干扰司法机关诉讼活动的行为。《律师法》则规定，律师不得故意提供虚假证据或者威胁、利诱他人提供虚假证据，不得妨碍对方当事人合法取得证据。

3. 辩护人对于在从事辩护活动中所知悉的国家秘密、当事人的商业秘密和个人隐私有保密的义务，不得向任何人透露。不过，《律师法》规定，律师对委托人或者其他人准备或者正在实施的危害国家安全、公共安全以及其他严重危害他人人身、财产安全的犯罪事实和信息，没有保密义务。

4. 辩护人在接到人民法院的开庭通知后，有义务准时出席法庭，履行辩护职责。在法庭上有义务遵守法庭纪律，听从审判长的指挥。会见犯罪嫌疑人、被告人时，有义务遵守看管场所的规定。

5. 辩护律师不得私自接受委托、收取费用，不得收受委托人的财物。

6. 辩护人不得违反规定会见法官、检察官。不得向法官、检察官以及其他有关工作人员行贿，不得介绍贿赂或者指使、诱导当事人行贿，或者以其他不正当方式影响法官、检察官以及其他有关工作人员依法办理案件。

第五节 刑事代理

一、刑事代理概述

刑事代理是指代理人接受公诉案件的被害人及其法定代理人或者近亲属、自诉案件的自诉人及其法定代理人、附带民事诉讼的当事人及其法定代理人等的委托，在授权范围内以被代理人的名义参加诉讼、进行活动，由被代理人承担代理行为法律后果的一项法律制度。

根据刑事诉讼法的规定，我国刑事代理的种类有：公诉案件被害人的代理、自诉案件自诉人的代理、附带民事诉讼当事人的代理和刑事申诉人的代理。

刑事诉讼中的代理人是以被代理人的名义参加诉讼的，他的职责是，在受委托的权限范围内维护委托人的合法权益。根据《刑事诉讼法》第45条的规定，下列人员可以被委托为诉讼代理人：律师；人民团体或者被害人、自诉人、附带民事诉讼的当事人所在单位推荐的人；被害人、自诉人、附带民事诉讼的当事人的监护人、亲友。委托人有权改变授权内容或者解除代理权，代理人也可依法辞去代理，从而导致代理权的变更或解除。

刑事诉讼中的代理是一项重要的法律制度，具有十分重要的意义：

1. 有利于保护自诉人、被害人、附带民事诉讼当事人等的合法权益。公安司法机关是依法维护国家利益、惩罚犯罪的职能机构，不可能将自诉人、被害人的利益与国家利益等同。他们只能为自诉人、被害人充分行使诉讼权利创造条件，不能代其行使权利。被害人、自诉人作为犯罪行为的直接受害者，不仅在精神上遭受痛苦，而且还可能在身体上受到伤残，甚至死亡，以致不能行使或不能很好地行使其应有的诉讼权利。而代理人参与诉讼，就可以代其行使诉讼权利，更充分地维护他们的合法权益。

2. 有利于人民法院准确及时地查明案件事实，正确地处理案件。代理人通过调查取证、分析案情、发表代理意见，可以促使司法机关有效地揭露、惩罚和追究犯罪，保证刑事案件得到正确及时地处理。

3. 有利于司法机关与当事人的沟通，促使当事人自觉遵守法律。由于代理人是当事人委托的专门维护其合法权益的人，从感情上讲，代理人比较容易与当事人沟通，代理人的意见容易被当事人接受。因此，对于司法机关的正确决定，通过代理人的解释说明，有利于减少缠诉。

二、公诉案件中的代理

公诉案件中的代理，指律师或其他公民接受公诉案件中被害人及其法定代理人或者近亲属的委托，担任被害人的代理人参加诉讼，以维护被害人的合法权益。

《刑事诉讼法》第44条规定，公诉案件的被害人及其法定代理人或者近亲属，自案件移送审查起诉之日起，有权委托诉讼代理人。人民检察院自收到移送审查起诉的案件材料之日起3日以内，应当告知被害人及其法定代理人或者其近亲属有权委托诉讼代理人。上述法律规定说明：①公诉案件被害人委托代理人，可以由被害人本人委托，也可以由他的近亲属或法定代理人委托，其他人无权为被害人委托代理人。②公诉案件被害人委托诉讼代理人是从案件移送审查起诉之日开始的，在侦查阶段，被害人不能委托代理人。案件移送起诉之后，包括一审、二审都可以随时委托代理人。案件一经审结，代理人的代理权即告终结。但是，被害人及其法定代理人、近亲属对生效裁判不服的，仍然有权委托代理人进行申诉。③人民检察院有告知被害人及其法定代理人或者近亲属委托诉讼代理人的义务，其告知的最长期限是自收到移送审查起诉的案件材料之日起3日以内，超过这一期限未予告知的，构成程序违法。④公诉案件中，被害人及其法定代理人或者近亲属委托的诉讼代理人，应当是被害人的代理人，不是被害人近亲属或其法定代理人的代理人。

被害人的诉讼代理人与公诉人在刑事诉讼过程中同属控诉一方，就控诉犯罪嫌疑人、被告人的犯罪事实、要求人民法院根据事实和法律追究被告人的刑事责任这一点来说，双方都是一致的。但是，双方在诉讼中的职责、地位、工作重点都有所不同：公诉人代表国家行使控诉职能，其重点在维护国家利益和社会利益，在诉讼中是独立的诉讼主体，享有广泛的权力。代理人代理被害人行使控诉职能，他的一切目的都在于维护当事人的合法权益，他在诉讼中不是独立的诉讼主体，没有独立的诉讼地位，属于控诉一方的诉讼参与人。因此，公诉人的意见同代理人的意见不同甚至相冲突也属正常现象。在法庭审理过程中，代理人不应当对公诉人的意见无条件地附和，而是应当根据事实和法律阐明自己的观点和主张，以维护当事人的合法权益。

公诉案件中，被害人的代理人代理诉讼的权利范围，既受法律赋予被害人的诉讼权利范围的限制，又受委托人对代理人授权范围的限制。一般而言，代理人的权利主要有：申请回避；代理委托人向公安司法机关控告犯罪；收集、查阅与本案有关的材料；人民检察院决定不起诉的案件，被害人如果不服，代理人有权在被害人收到不起诉决定书后的 7 日内，代其向人民检察院提出申诉，也可经被害人授权代被害人向人民法院提起自诉；在法庭审理阶段，经审判长同意，可以向被告人、证人、鉴定人发问；对在法庭上出示的物证、书证、证人证言、鉴定结论、勘验、检查笔录等证据，可以发表意见；有权申请通知新的证人到庭，调取新的物证，申请重新鉴定或勘验；有权参加法庭辩论；被害人不服地方各级人民法院的一审判决时，可以依法请求人民检察院提出抗诉。

三、自诉案件中的代理

自诉案件的代理，是指律师或其他公民接受自诉人及其法定代理人的委托作为代理人参加诉讼。《刑事诉讼法》第 44 条规定，自诉案件的自诉人及其法定代理人，有权随时委托诉讼代理人。人民法院自受理自诉案件之日起 3 日以内，应当告知自诉人及其法定代理人有权委托诉讼代理人。这里，法定代理人委托诉讼代理人应当是为自诉人委托诉讼代理人，而不是为自己委托诉讼代理人。

自诉人应当与诉讼代理人签订委托代理合同，明确代理关系及代理权限。自诉人是自诉案件的一方当事人，具有独立的诉讼主体地位。由自诉案件的特点决定，自诉人在刑事诉讼过程中有权起诉、撤诉、与被告人和解、提起上诉。这些权利的行使，将导致诉讼程序的启动、发展和终结。因此，在委托代理合同中，要明确代理人是否享有这些权利。如果没有自诉人的特别授权，代理人不得撤回起诉，不得与被告人和解，也不得擅自接受法院的调解。

《刑事诉讼法》第 207 条规定："自诉案件的被告人在诉讼过程中，可以对自诉人提起反诉。反诉适用自诉的规定。"反诉成立后，人民法院原则上要将其与自诉案件合并审理，当事人互为原告人和被告人，如果查证属实，都要对自己的行为承担刑事责任，所判刑罚不能互相抵销。反诉是独立之诉，除调解成功或和解撤诉的以外，不能因自诉人撤诉而停止反诉案件的审理。反诉案件的代理人，一般都具有双重身份，既是被告人的辩护人，又是反诉的代理人，因此，必须办理双重委托手续，明确代理权限。

四、附带民事诉讼中的代理

刑事案件的被害人，在遭受犯罪行为侵害的过程中，其财产权利也可能受到侵害。为此，在刑事诉讼中，被害人一方有权提起附带民事诉讼，以恢复、弥补自己物质利益所遭受的损失。附带民事诉讼中的代理，是指诉讼代理人接受附带民事诉讼当事人及其法定代理人的委托，以诉讼代理人的身份进行的活动，是刑事自诉案件中诉讼代理与公诉案件中诉讼代理的重要组成部分。

《刑事诉讼法》第 44 条规定，公诉案件附带民事诉讼的当事人及其法定代理人，自案件移送审查起诉之日起，有权委托诉讼代理人。自诉案件附带民事诉讼的当事人及其法定代理人，有权随时委托诉讼代理人。人民检察院自收到移送审查起诉的案件材料之日起 3 日以内，应当告知附带民事诉讼当事人及其法定代理人有权委托诉讼代理人。人民法院自受理自诉案件之日起 3 日以内，应当告知附带民事诉讼的当事人及其法定代理人有权委托诉讼代理人。

以上规定表明，虽然附带民事诉讼是在刑事诉讼中解决民事赔偿问题，在本质上是民事诉讼，但附带民事诉讼代理人不同于纯民事诉讼代理人，比如，他既可担任自诉案件被告人的辩护人，又可在该被告人提起反诉的案件中担任反诉人的代理人，必须弄清各种代理的权限，以及各种代理人在诉讼中的地位，避免相互混淆。

在附带民事诉讼代理中要注意以下几个问题：

1. 无论是公诉案件还是自诉案件，附带民事诉讼的当事人及其法定代理人都有权依法委托诉讼代理人，以维护委托方的合法权益。附带民事诉讼的当事人是指附带民事诉讼原告人和附带民事诉讼被告人。附带民事诉讼的原告人是指在刑事诉讼中因被告人的犯罪行为而遭受物质损失并在刑事诉讼过程中提起附带民事诉讼的人，它既可以是被害人（包括被害法人和其他组织），也可以是死亡、丧失行为能力的被害人的法定代理人、近亲属，或者是因治疗、安葬被害人而受到物质损失的单位、个人。附带民事诉讼的被告人，是指在刑事诉讼中被附带民事诉讼原告人起诉或被人民检察院控告，应对因其犯罪行为遭受物质损失的人负赔偿责任的人，通常附带民事诉讼的被告人就是刑事被告人。在刑事被告人为未成年人或其他无行为能力人、犯罪行为为单位职务行为的情况下，对其行为负民事赔偿责任的人包括刑事被告人、共同犯罪人或者其他共同致害人、未成年被告人的监护人、遗产监管人、遗产继承人、其他依法应当承担民事赔偿责任的单位和个人。学术界还主张，贪污贿赂犯罪的被告人未退缴或部分未缴赃款赃物的，应该提起附带民事诉讼，将被告人本人、家属、受益人等列为附带民事诉讼的被告人，提出要求其退清赃款赃物的诉讼请求。同时，学术界对于刑事被告人以外的应当对犯罪行为承担民事赔偿责任的人是否应当称为"附带民事诉讼被告人"，也有分歧；不过，既然他们应当对"犯罪行为"所造成的侵害承担民事赔偿等民事责任，这"附带民事诉讼"又是因刑事诉讼而起，虽然他们不是也不应当是刑事被告人，为便利诉讼和简化诉讼上的称谓，称他们为"附带民事诉讼被告人"还是恰当的。

2. 刑事案件一经发生，该案的被害人及其法定代理人以及其他有权提起附带民事诉讼的人即可以附带民事诉讼原告或其法定代理人的身份提起附带民事诉讼，但是，他们若以附带民事诉讼当事人或其法定代理人的身份委托诉讼代理人，则只能在案件侦查终结并移送人民检察院审查起诉之日起进行。自诉案件由于不涉及侦查、预审，附带民事诉讼当事人及其法定代理人可以随时委托诉讼代理人。

3. 人民检察院、人民法院有告知附带民事诉讼当事人及其法定代理人有权委托诉讼代理人的义务。告知的最长期限分别是收到移送审查起诉的案件材料之日起的3日内或者受理自诉案件之日起3日内。

4. 自诉人、被害人及其法定代理人委托的诉讼代理人，在其提起附带民事诉讼时，可以兼作附带民事诉讼原告的代理人。而刑事被告人或对被告人负有赔偿责任的机关、团体，或者法定代理人作为附带民事诉讼被告的，可以委托原被告人的辩护人作为诉讼代理人，但要征得该辩护人的同意，并应另行办理有关法律手续。

5. 附带民事诉讼当事人的诉讼代理，分一般代理和特别授权代理。特别授权代理，要在授权委托书中注明授权内容，如授权代理人代为承认、放弃或者变更诉讼请求，进行和解、调解等。委托书、特别授权委托书应由委托人签字后送交受案的人民法院。代理人应在授权范围内进行活动，超越代理权限的行为无效。

6. 附带民事诉讼的代理律师，应当有权参与刑事案件的审理，以便了解附带民事诉讼是否成立及民事赔偿的合理数额。

五、刑事申诉代理

刑事申诉代理，是指诉讼代理人接受被害人、被不起诉人或者被告人的委托，代理其向人民检察院或者人民法院进行申诉，要求对有关案件进行重新处理的活动。

《刑事诉讼法》第176条规定，对于有被害人的案件，决定不起诉的，人民检察院应当将不起诉决定书送达被害人。被害人如果不服，可以自收到决定书后7日以内向上一级人民检察院申诉，请求提起公诉。第177条规定，对于人民检察院依照本法第173条第2款规定作出的不起诉决定，被不起诉人如果不服，可以自收到决定书后7日以内向人民检察院申诉。第241条规定:"当事人及其法定代理人、近亲属,对已经发生法律效力的判决、裁定,可以向人民法院或者人民检察院提出申诉,但是不能停止判决裁定的执行。"

根据以上规定,我国刑事申诉有两种情况:①对不起诉的申诉。即公诉案件的被害人或被不起诉人认为人民检察院作出的不起诉决定不当,要求人民检察院重新进行处理的活动。②对生效判决、裁定的申诉。即当事人及其法定代理人、近亲属认为人民法院已经发生法律效力的判决、裁定在认定事实上或适用法律上有错误,要求重新进行审判的活动。

律师作为法律工作者,接受委托代为申诉是理所当然的。《律师法》第28条第4项对此有明确规定。律师代理申诉,可以更好地保护当事人的合法权益,帮助司法机关及时纠正有错误的判决、裁定或决定。

第六节 刑事法律援助制度

一、法律援助制度概述

法律援助制度是指国家对某些经济困难或特殊案件的当事人给予减免费用或由国家支付律师费等方式提供法律帮助的一项法律保障制度。它有广义和狭义之分。从广义上讲,它是指在整个法律程序的各个环节提供法律帮助,包括诉讼费减免;从狭义上说,只是指从律师、公证和基层法律服务方面提供免费或减少收费的法律帮助。

法律援助制度是一个国家司法制度的重要组成部分,反映了一个国家民主和法制的完善程度,是一国是否文明与进步的体现。其宗旨是维护司法公正,实现社会正义,体现了法律面前人人平等的精神。

法律援助制度起源于英国。在英格兰,自1495年起即承认穷人享有以其身份免交诉讼费的权利。随着资产阶级革命的胜利和律师制度的诞生,法律援助制度也以"公设辩护人"的形式随之出现,奥地利1781年法院程序法典第8条规定了国家为穷苦当事人支付案件费用的义务。到19世纪末20世纪初,法律援助作为人人都享有的一项政治权利,在各国逐渐得到了普遍的确立。第二次世界大战后,资本主义国家中的政治革新使人们认识到,在福利国家体系中,法律援助是社会全体公民都享有的一项社会福利和社会保障权利。目前,世界上已有140多个国家建立了法律援助制度,许多国家还将公民获得法律援助的权利写入了宪法或公民权利法案。联合国《公民权利和政治权利国际公约》第14条第3款第4项也规定,被指控人有权"出庭受审并亲自替自己辩护或经由他自己所选择的法律援助进行辩护;如果他没有法律援助,要通知他享有这种权利;在司法利益有此需要的案件中,为他指定法律援助，而在他没有足够能力偿付法律援助的案件中，不要他自己付费"。有关刑事司法的联合国其他文件也将获得法律援助的权利作为被指控人应享有的最低限度标准。

在我国，虽然 1979 年《刑事诉讼法》就已经有了指定辩护的规定，但严格意义上的法律援助制度到 20 世纪 90 年代后才开始建立。1996 年颁布的《律师法》第 41 条规定："公民在赡养、工伤、刑事诉讼、请求国家赔偿和请求依法发给抚恤金等方面需要获得律师帮助，但是无力支付律师费用的，可以按照国家规定获得法律援助。"1997 年 5 月 10 日司法部下发了《司法部关于开展法律援助工作的通知》，在该通知中对法律援助的对象、法律援助的范围和形式，以及法律援助的程序、法律援助中的权利义务和法律责任作了具体的规定。2003 年 7 月 16 日，国务院第 15 次常务会议通过了《法律援助条例》，进一步完善了我国的法律援助制度，明确提出"法律援助是政府的责任"，明晰了法律援助的范围、申请和审查、实施及法律责任等方面的内容。

二、刑事法律援助制度

（一）刑事法律援助的内容和对象

由于受经济发展水平的限制，我国刑事法律援助的内容和对象较之西方发达国家略显狭窄。根据《刑事诉讼法》、最高法《解释》以及《法律援助条例》的规定，我国的刑事法律援助包括援助辩护和援助代理两方面内容。

援助辩护分为申请指派援助辩护和法定指派援助辩护。所谓申请指派援助辩护，是指犯罪嫌疑人、被告人因经济困难或其他原因没有委托辩护人的，本人及其近亲属可以向法律援助机构提出申请；对符合法律援助条件的，法律援助机构应当指派律师为其提供辩护。所谓法定指派援助辩护，是指符合法定的条件，司法机关应当或者可以通知法律援助机构指派律师为犯罪嫌疑人、被告人提供辩护，而无需当事人及其法定代理人、近亲属的申请。对于法定指派援助辩护，法律援助机构无须对犯罪嫌疑人、被告人进行经济状况的审查。本章第二节援助辩护中的第一、三种情形当属法定指派援助辩护。

援助代理规定在《法律援助条例》中。该条例第 11 条规定，刑事诉讼中有下列情形之一的，公民可以向法律援助机构申请法律援助：①公诉案件中的被害人及其法定代理人或者近亲属，自案件移送审查起诉之日起，因经济困难没有委托诉讼代理人的；②自诉案件的自诉人及其法定代理人，自案件被人民法院受理之日起，因经济困难没有委托诉讼代理人的。据此，只有公诉案件的被害人及其法定代理人或者近亲属、自诉案件的自诉人及其法定代理人，因经济困难没有委托诉讼代理人的，才可以申请援助代理。

（二）刑事法律援助机构

根据《法律援助条例》的规定，直辖市、设区的市或者县级人民政府司法行政部门根据需要确定本行政区域的法律援助机构。法律援助机构负责受理、审查法律援助申请，指派或者安排人员为符合规定的公民提供法律援助。

（三）刑事法律援助程序

由于法定指派援助辩护无需相关人员申请，故这里的法律援助程序主要是针对申请指派援助辩护和援助代理而言的。公民申请援助辩护或援助代理的，应当向审理案件的人民法院所在地的法律援助机构提出申请。被羁押或者被指定居所监视居住的犯罪嫌疑人、被告人的申请由看守所、检察机关、人民法院转交法律援助机构，申请法律援助所需提交的有关证件、证明材料由看守所通知申请人的法定代理人或者近亲属协助提供。

公民申请援助辩护或援助代理应当提交下列证件、证明材料：①身份证或者其他有效的身份证明，代理申请人还应当提交有代理权的证明；②经济困难的证明；③与所申请法律援助事项有关的案件材料。申请应当采用书面形式，填写申请表；以书面形式提出申请确有困难的，可以口头申请，由法律援助机构工作人员或者代为转交申请的有关机构工作人员作书面记录。

法律援助机构收到法律援助申请后，应当进行审查；认为申请人提交的证件、证明材料不齐全的，可以要求申请人作出必要的补充或者说明，申请人未按要求作出补充或者说明的，视为撤销申请；认为申请人提交的证件、证明材料需要查证的，由法律援助机构向有关机关、单位查证。对符合法律援助条件的，法律援助机构应当及时决定提供法律援助；对不符合法律援助条件的，应当书面告知申请人理由。

申请人对法律援助机构作出的不符合法律援助条件的通知有异议的，可以向确定该法律援助机构的司法行政部门提出，司法行政部门应当在收到异议之日起5个工作日内进行审查，经审查认为申请人符合法律援助条件的，应当以书面形式责令法律援助机构及时对该申请人提供法律援助。

☞ 考核提示

了解：辩护制度概述、辩护人的范围和辩护的种类、刑事法律援助制度、刑事代理。

理解：辩护人的职责和地位。

熟悉并能够运用：辩护人的权利和义务。

主题讨论

材料一

像杨佳犯罪情节这么严重的,一般来说,在量刑上几乎没什么疑问,不出意外的话,估计是死刑。——"杨佳袭警案"开庭前,其辩护律师接受媒体采访如是说。

材料二

《律师法》:

第三十一条 律师担任辩护人的,应当根据事实和法律,提出犯罪嫌疑人、被告人无罪、罪轻或者减轻、免除其刑事责任的材料和意见,维护犯罪嫌疑人、被告人的合法权益。

第三十八条 律师对在执业活动中知悉的委托人和其他人不愿泄露的情况和信息,应当予以保密。但是,委托人或者其他人准备或者正在实施的危害国家安全、公共安全以及其他严重危害他人人身、财产安全的犯罪事实和信息除外。

【讨论提示】

结合材料,谈谈辩护律师的职责和地位。

阶段自测

一、单项选择题

1. 下列人员中,不能担任辩护人的是(　　)。
   A. 律师　　　　　　　　　　B. 被告人的亲属
   C. 被告人的朋友　　　　　　D. 本案的证人
2. 在我国刑事诉讼中,辩护律师可以拒绝继续辩护的情况是(　　)。
   A. 辩护人独立辩护权受到影响　　B. 犯罪嫌疑人隐瞒事实真相
   C. 辩护人无法收集到相关证据　　D. 辩护人无法与犯罪嫌疑人会见
3. 下列人员中不能委托诉讼代理人的是(　　)。
   A. 被告人的近亲属　　　　　　B. 附带民事诉讼的被告人
   C. 被害人的近亲属　　　　　　D. 申诉案件的申诉人
4. 被告人何某系未成年人,人民法院通知法律援助机构为其指派了辩护人,但何某认为指派的辩护人辩护不力,因而拒绝其为自己辩护,并要求自行辩护。对此,(　　)。
   A. 人民法院应当准许何某自行辩护,并记录在案
   B. 人民法院应当驳回何某的要求,由指派的辩护人继续为其辩护

C. 人民法院应当先审查，被告人有正当理由的，准许其自行辩护

D. 人民法院应当通知法律援助机构为其另行指派辩护人或者由被告人另行委托辩护人

二、多项选择题

1. 根据我国现行刑事诉讼法规定，刑事诉讼代理人的种类包括（　　）。

   A. 被害人的诉讼代理人　　　　B. 自诉人的诉讼代理人
   C. 附带民事诉讼原告人的代理人　　D. 附带民事诉讼被告人的代理人
   E. 刑事被告人的代理人

2. 在我国刑事诉讼中，律师辩护人与非律师辩护人的权利差异主要体现于（　　）。

   A. 参与法庭调查、法庭辩论权
   B. 要求司法机关解除强制措施权
   C. 经被告人同意提出上诉权
   D. 向本案被害人收集与本案有关的证据材料权
   E. 向本案被害人提供的证人收集与本案有关的证据材料权

三、简答题

1. 辩护人的权利包括哪些？
2. 辩护人参加刑事诉讼有什么意义？
3. 简述我国刑事法律援助制度。

第十章 证 据

☞ **本章导学**

本章主要学习证据的概念和意义、证据的种类、证据的分类、运用证据的原则、证明、证据的审查判断。重点是证据的种类、证据的分类、证明。难点是证明要求、证明责任。

☞ **学习引入**

2013年4月25日，河南省平顶山市中级人民法院审理了李怀亮涉嫌故意杀人案，并依法宣判被告人李怀亮无罪，不承担民事赔偿责任，当庭释放。此时，距李怀亮2001年8月7日因此案被刑事拘留，已过去近12年时间。

2001年8月2日夜，平顶山市叶县邓李乡湾李村13岁女孩郭小花（化名）在村北沙河河堤遇害，同村的李怀亮被列为嫌疑对象。8月5日，李怀亮被抓获，后被刑事拘留并逮捕。由于该案既有证明被告人有罪的证据，也有证明被告人无罪的证据，多年来，围绕如何认定这些证据，该案被多次公诉、多次发回重审。

2003年8月叶县人民法院以故意杀人罪，判处其有期徒刑15年，剥夺政治权利5年。庭审时，李怀亮称办案人员对其刑讯逼供。宣判后，李怀亮和被害人家属均向平顶山市中院提起上诉。

2003年12月2日，平顶山市中院将此案发回叶县人民法院重新审理。

2004年2月13日，叶县人民法院对该案进行重新审理，但未作出判决。之后，此案被移送到平顶山市中院审理。

2004年8月3日，平顶山市中院以李怀亮犯故意杀人罪判处其死刑，剥夺政治权利终身。宣判后，李怀亮再次提出上诉，称自己没有杀人。

2005年1月22日，河南省高院撤销原判，发回重审。

2006年4月11日，平顶山市中院再次作出判决，判处李怀亮死刑，缓期两年执行，剥夺政治权利终身。

2006年9月27日，河南省高院仍以"事实不清、证据不足"为由，再一次将该案发回重审。与此同时，河南省高院明确提出三条意见：①现场提取的血迹血型为 O 型，此血迹是如何形成的，是谁所留，需要核实；②尸体是不是被害人郭小花的，需要核实；③现场勘查发现被害人裤头的情况与被告人供述不一致，需要进一步核实。

2007 年 5 月 17 日，河南省高院同平顶山市政法委、市中院、市检察院、市公安局相关部门及负责人召开了李怀亮案件处理协调会。会议研究意见为：李怀亮案件经市检察院就省高级法院提出的三条意见交由公安机关补充侦查。查清后，法院接受案件并进行审理。

这一查就是 6 年，6 年间李怀亮一直被继续羁押。

2013 年 1 月 18 日，平顶山人民检察院向平顶山中院发出了《平顶山人民检察院关于李怀亮涉嫌故意杀人一案的起诉补充意见》，称"根据相关法律规定，建议你院尽快依法恢复审理，依法作出公正的裁判"。

在 4 月 25 日的开庭中，法院审理查明，侦查机关和公诉机关指控李怀亮犯故意杀人罪的证据不足：一是公诉机关提交的现场勘查笔录、尸检鉴定、物证鉴定意见、证人证言等，仅能证实郭小花的被害情况或物品系郭小花所有，不能证实郭小花被害系李怀亮所为。二是公诉机关提供的有关物证，系被害人所有，但与认定被告人李怀亮犯罪没有关联性。三是李怀亮归案后虽作过有罪供述，但其随后又翻供，有罪供述前后不一致，与其他证据也存在矛盾，不能排除合理怀疑。根据《刑事诉讼法》第 195 条的规定和"疑罪从无"的刑事诉讼司法理念，法院遂依法作出上述判决。

何为证据？刑事诉讼中的证据与日常生活中的证据有何区别？证据对刑事诉讼有何意义？刑事诉讼的证明标准是什么？何为证据"确实、充分"？案件达不到证明标准该如何处理？这些问题在本章都能找到答案。

第一节 证据的概念和意义

一、证据的概念和特征

证据，就是证明的依据（根据），是载有待证事实的事实信息的材料。用含有有关待证事实的信息的材料来证明未知的事实，这些材料就是证据。待证事实就是证明对象。

刑事诉讼活动中的证据不同于日常生活和科学研究中所使用的证据，它具有自己的特点，它被纳入国家诉讼活动的范围，并受国家诉讼法规范调整和制约。

我国《刑事诉讼法》第 48 条规定："可以用于证明案件事实的材料，都是证据。证据包括：①物证；②书证；③证人证言；④被害人陈述；⑤犯罪嫌疑人、被告人供述和辩解；⑥鉴定意见；⑦勘验、检查、辨认、侦查实验等笔录；⑧视听资料、电子数据。证据必须经过查证属实，才能作为定案的根据。"这一规定表明：刑事诉讼证据是证明案件事实的一切材料；证据一经查证属实，能证明案件真实情况，即作为定案的根据；证据的8种表现形式，在未经查证属实之前，有可能真实，也有可能不真实。

作为刑事诉讼中的有效证据，应当具有以下三个特征：

（一）客观性

证据是客观载有有关案件事实信息的材料，它们不是主观想象、猜测或捏造的产物。这是刑事证据最本质的特征。任何犯罪活动，都是在一定的时间、空间和条件下用一定方法实施的。犯罪行为必然作用于客观外界并引起一定的变化，或者遗留下某些痕迹和物品，或者为在场人耳闻目睹，有所感知。这些就是能够证明案件真实情况的证据。

证据是客观的，不依赖于人们的意识而独立存在。一切主观臆想、怀疑推测、赌咒发誓、道听途说、求神问卜以及违背客观事实没有正确来源的东西，都不能作为证据。有人认为，证据的客观性并不要求证据的存在形式必须是客观的（即证据可以是主观的东西），而是指证据与案件待证事实的联系必须具有客观性。实际上，证据的客观性是指包括证据自身的存在和表现形式、证据所包含的关于待证事实的信息以及证据与待证事实的联系在内的相关信息，都应当是客观的。

（二）相关性

证据的相关性，是指证据必须同案件的待证事实存在某种联系并对证明案情有实际意义。证据必须是客观事实，但并不是一切客观事实都可以作为证据。只有与案件事实有联系的事实才能作为证据。同案件没有关联的，即便是客观的物和人，也不能成为案件中的证据。

证据同案件事实之间的联系虽然是多种多样的，但它们都载有犯罪事实是否发生、被告人是否犯罪、罪责轻重等有关案件事实的信息，通过揭示这些事实信息，能够确定相关案件事实的部分或全部真相。证据相关性是证据所含案件事实信息与案件待证事实之间存在着内在的、必然的联系，即证据是由特定案件事实的发生、演变及其存在状态所造成的（如实施犯罪所遗留的各种痕迹），或者因特定人直接经历和见闻相关事实过程而成为人证。证据是案件事实发生、演变的特定状态和过程的产物，证据与待证事实之间具有实质性的、客观的、多样化的联系，证据所含的案件事实信息能直接或间接地说明案件真实情况。如果某物或某人所包含的事实信息与案件毫不相关，或者表面上似乎有联系，而实际上并没有什么联系，仅仅是一种假象或者偶尔的巧合，该物或人就不是该案证据。

在英美法国家，证据的相关性被称为"关联性"，其基本含义，如美国《联邦证据规则》第401条规定："'有关联性证据'指具有下述盖然性的证据，即：任何一项对诉讼裁判结案有影响的事实的存在，若有此证据将比缺乏此证据是更为可能或更无可能。"

☞ 拍案惊奇

1996年9月12日，5岁谢姓女童被发现陈尸在台湾空军作战司令部餐厅厕所外水沟旁。经法医验尸，证实女童先被闷死，后遭钝器插入下体造成撕裂。10月4日，台空军以士兵江国庆认罪宣布破案。但江国庆在法院审理时翻供，称遭用刑才坦承犯案，但初审仍被依强奸杀人罪判处死刑。1997年3月，台防务部门复审，以证据不足及江国庆被用刑为由，撤销判决发回重审，但台空军作战司令部仍交由前次相同的三位法官审理，最后仍判处江国庆死刑，并在1997年8月30日火速执行枪决。

痛失儿子的江父多年来四处陈情。台"监察院"历经数年调查，认为应有冤情，于2010年纠正台防务部门，并函请"法务部"重启调查。同年6月，台"最高检察署"发函台中地检署，女检察官黄如慧等人与特侦组、台北地检署、刑事局等机关组成专案小组。经重新检查、比对所扣证物，赫然发现当年案发厕所窗户横隔木条上的血痕下方所遗留掌纹及DNA，与许荣洲来年自白此案时的现场情况相符。原来，当年军方在命案现场采证时，发现了一张卫生纸沾有女童血迹及江国庆的精液，这成为江被判死刑的关键证据。但检方如今查出，江曾到厕所自慰，喷到了垃圾桶的卫生纸上；女童被奸杀时，血迹也溅到卫生纸上。几乎不可能的巧合，却让江冤死。

（三）合法性

证据的合法性，是指证据必须具有法律规定的形式和依照法定程序收集和运用。作为刑事证据，必须具有合法性，并纳入刑事诉讼轨道，否则，证据便无法律效力，也无证明作用，更不能作为定案根据。

证据的合法性，要求证据符合以下要求：

1. 证据收集主体必须合法，证据符合法定形式。没有证据收集资格的单位或者个人，不得非法收集证据；有法定资格的单位和个人，所收集的证据应当符合法定形式。我国《刑事诉讼法》第48条第2款规定了8种证据形式，它们是证据材料进入诉讼轨道的法律途径。凡是刑事证据都必须符合这8种法定的证据形式，如果不符合法律规定的证据表现形式，即便是与案件有关的事实，也不能作为诉讼证据。

2. 证据必须依照法定程序和手段进行收集和认定。我国《刑事诉讼法》第50条规定，审判人员、检察人员、侦查人员必须依照法定程序，收集能够证实犯罪嫌疑人、被告人有罪或者无罪、犯罪情节轻重的各种证据。严禁刑讯逼供和以威胁、引诱、欺骗以及其他非法方法收集证据，不得强迫任何人证实自己有罪。这一规定表明，刑事证据必须由司法机关的法定人员按照法定的程序和手段收集，不得强迫任何人证实自己有罪，否则，不具有法律效力。

3. 证据必须经过合法程序查证属实。我国《刑事诉讼法》第48条第3款规定："证据必须经过查证属实，才能作为定案的根据。"《刑事诉讼法》还规定，证人证言必须在法庭上经过公诉人、被害人和被告人、辩护人双方质证并且查实以后，才能作为定案的根据。公诉人、辩护人应当向法庭出示物证，让当事人辨认，对未到庭的证人的证言笔录、鉴定人的鉴定意见、勘验笔录和其他作为证据的文书，应当当庭宣读。审判人员应当听取公诉人、当事人和辩护人、诉讼代理人的意见。未经法庭调查并查证属实的证据，不能作为定案的根据。

证据的客观性、相关性和合法性是互相联系的，缺少其中任何一项，都不能作为证据。证据的客观性是证据的本质属性，证据的相关性是证据的一个独立特征，证据的合法性则是使具有客观性和相关性的事实成为刑事诉讼证据的保障。

英美法国家强调证据的可采性（Admissibility of Evidence）。可采性包括了相关性（关联性）和合法性两项要求。"可采性"既是证据的采纳标准，又是证据之所以能够成为证据的特性。证据的"可采性"，就是诉讼当事人或其他有关人员提交的证据符合法律规定的采纳标准，法官应该在审判中准许其进入诉讼程序，在陪审团审判中，即准许其作为证据让陪审团审查并作为认定案件事实的根据。在司法实践中，一个证据是否具有可采性，一般从两个方面进行考察：一是考察该证据是否与案件事实具有关联性；二是考察该证据是否具有合法性。没有关联性的材料当然不能被采纳为证据；具有关联性的材料，如果不符合法律的有关规定，也不能被采纳为证据。

二、证据的意义

证据在刑事诉讼中有着重大意义。没有证据，整个刑事诉讼活动就不可能正常进行并有效地实现刑事诉讼的任务和目的。

（一）证据是正确查明案件事实的依据

刑事诉讼活动从立案开始，经侦查、起诉到最后判决的过程，也就是不断收集、分析、判断和正确运用证据的过程。诉讼的进程和判决在很大程度上取决于司法机关所掌握的证据。因为犯罪分子进行犯罪活动，总是采取隐蔽的方式，并想方设法逃避侦查和审判。对受理案件的司法工作人员来说，案件事实不是他自己能够耳闻目睹的，所以，要查明案件真实情况，确认犯罪事实和犯罪人，并具体查明犯罪的事实和情节，只有依靠证据。没有证据，就没有"事实"，也就不可能正确地证实犯罪、认定无辜，甚至还可能出现冤假错案，冤枉无辜。

（二）证据是正确定罪量刑的基础

定罪量刑根据的是案件事实，而案件事实又是依靠证据来证明的。有了确凿、充分的证据证实的案件事实，才能实事求是地作出被告人是有罪还是无罪，是此罪还是彼罪，是罪重还是罪轻的正确结论，也才能做到定罪正确、量刑适当。如果没有证据证实的事实为根据，定罪量刑就失去了可靠的基础，也就无法实现刑事诉讼的任务。

（三）证据是教育公民自觉遵守法律，积极同犯罪进行斗争的重要武器

证据是同犯罪作斗争的重要手段，它不仅能揭露证实犯罪，迫使犯罪分子认罪服判，接受改造；还可以使广大公民知道任何犯罪行为都是可以查明的，法网不可触犯，进而能教育公民自觉遵守法律，积极同犯罪进行斗争。

第二节 证据的种类

证据的种类是指表现证据事实内容的各种外部形式。《刑事诉讼法》第48条第2款规定，证据有以下8种：物证；书证；证人证言；被害人陈述；犯罪嫌疑人、被告人供述和辩解；鉴定意见；勘验、检查、辨认、侦查实验等笔录；视听资料、电子数据。

一、物证

物证是能证明案件事实的物品和痕迹，这些物品或痕迹通过其外部特征或物质属性显示其含有特定案件事实信息，从而揭示和证明案情。能否作为物证的关键是该物品和痕迹是否同案件事实有联系，特别是因果关系。如果两者之间没有联系就不能作为物证。

作为物证的实物是指与案件事实有联系的客观实在物体。比如，盗窃、抢劫、诈骗、贪污案件的赃款、赃物；作案工具（杀、伤人的凶器、毒药等）；犯罪现场遗留的尸体、烟头、衣物及其他物品；犯罪人为掩盖罪行而隐匿的物品；等等。作为物证的痕迹，包括两个物体之间相互作用产生的印痕和轨迹等各种痕迹，比如杀、伤人的血迹、血衣；被破坏的门、锁、柜等痕

迹；犯罪人和被害人双方搏斗时各自造成的伤痕；犯罪人在现场遗留下的鞋印、指纹、掌纹；等等。

物证的客观性较强，取得后易于保全，具有其他证据不能代替的作用。物证可以为侦查人员提供线索，确定侦查方向，甚至可以借助物证破获犯罪；可以借助物证鉴别其他证据的真伪，查证证人证言、被害人的陈述或者犯罪嫌疑人、被告人的口供是否真实可靠；可以借助物证迫使犯罪嫌疑人、被告人交待罪行。

物证要按照法定程序收集、固定和保全，查明物证来源，是在什么时间、地点、条件下获取，注意有无伪造、变化等情况发生，并应经过辨认、检验和鉴定，还必须与其他证据相对照，相互印证，才能作为认定案件事实的证据。

二、书证

书证是指用文字、符号或图画记载的内容，能够证明案件事实的书面材料或其他物品。比如，能证实各种犯罪活动的单据、发票、经济合同、证件、账本及记事本，反映犯罪嫌疑人、被告人身份的各类证件，以及反映其他事实的信件、书面文件、资料、日记等。

书证与物证都是物，两者既有联系，又有所区别。书证是指以文字、符号、图表所记载或表示的内容、含义来证明案件事实的证据；物证是指以其外部特征和物质属性，即以其存在形式、形状、质量等物理、化学性质证明案件事实的物品。同样一个书面材料，有时起物证作用，有时起书证作用，有时既起物证又起书证的作用。比如同一张发货单，在一个盗窃案件中，它和其他物品作为盗窃分子盗窃的物品，是物证；如果这个盗窃分子又利用所盗窃的发货单进行涂改而骗取发货单位的货款，它就是书证。在这种情况下，这张发货单既起物证作用，又起书证作用。

书证能比较直观地证明案件中的一定事实，有的书证可直接证明案件的性质、作案动机和目的，可以鉴别其他证据的真伪。特别是在经济犯罪的案件中，书证具有重要的证明作用。书证的收集运用与物证相同。需注意的是，书证必须与其他证据相互印证，才能充分发挥其证明作用。

三、证人证言

证人证言，是指了解案件情况的人向司法机关就自己所了解的案情所作的口头或书面的陈述。在严格奉行直接、言词审判原则的诉讼制度中，证人证言主要由证人口头直接作证，除法定的例外情形，禁止书面陈述和其他"传闻"证据。

证人证言一般说来具有客观性和准确性，能够辨别案情的真伪，是揭露证实犯罪的手段，也是查明案情、据以定案的基础，它是最普遍使用的证据。

《刑事诉讼法》第60条规定："凡是知道案件情况的人，都有作证的义务。生理上、精神上有缺陷或者年幼，不能辨别是非、不能正确表达的人，不能作证人。"根据这一规定，证人只能是了解案件、能够独立准确地表达所见所闻的公民个人，证人不能指定、更换。因此：①生理上、精神上有缺陷或者年幼，不能辨别是非、不能正确表达的人不能充当证人；②证人必须是自然人，法人不能充当证人；③承办本案的公诉人、法官、陪审员、书记员、鉴定人员和翻译人不能作为本案的证人；④侦查机关正在使用的秘密力量和正在侦查的作案人一般不能作为证人；⑤辩护人不能同时充当他所担任辩护的案件的证人；⑥在共同犯罪案件中，同案被告人不能互为证人。此外，当事人可以陈述，但当事人不是证人；侦查人员可以就侦查活动中的事实作证。

证人有作证的义务，有义务向司法机关如实陈述证言并回答司法人员的询问；对司法人员的询问和他所陈述的内容有保守秘密的任务，不得向他人泄露。在侦查阶段，证人有要求侦查机关为他保密的权利。

证人及其近亲属的人身安全受法律保护。《刑事诉讼法》第61条规定："人民法院、人民检察院和公安机关应当保障证人及其近亲属的安全。对证人及其近亲属进行威胁、侮辱、殴打或者打击报复，构成犯罪的，依法追究刑事责任；尚不够刑事处罚的，依法给予治安管理处罚。"《刑事诉讼法》第62条规定，对于危害国家安全犯罪、恐怖活动犯罪、黑社会性质的组织犯罪、毒品犯罪等案件，证人、鉴定人、被害人因在诉讼中作证，本人或者其近亲属的人身安全面临危险的，人民法院、人民检察院和公安机关应当采取以下一项或者多项保护措施：①不公开真实姓名、住址和工作单位等个人信息；②采取不暴露外貌、真实声音等出庭作证措施；③禁止特定的人员接触证人、鉴定人、被害人及其近亲属；④对人身和住宅采取专门性保护措施；⑤其他必要的保护措施。证人、鉴定人、被害人认为因在诉讼中作证，本人或者其近亲属的人身安全面临危险的，可以向人民法院、人民检察院、公安机关请求予以保护。

对于证人因履行作证义务而支出的交通、住宿、就餐等费用，应当给予补助。证人作证的补助列入司法机关业务经费，由同级政府财政予以保障。有工作单位的证人作证，所在单位不得克扣或者变相克扣其工资、奖金及其他福利待遇。

司法人员在收集证人证言时，应当严格按照法定程序进行：要告知证人有如实作证的义务；要采取个别交谈的方法进行；不得采用诱供、威逼的方法；应按规定制作笔录。

四、被害人陈述

被害人陈述是指受到犯罪行为直接侵害的人就其被侵害的事实和其他有关案件的情况向司法机关所作的陈述。

由于被害人是受犯罪行为侵害的对象，对于犯罪嫌疑人的行为和受侵害经过知道得比较清楚，因此，被害人陈述往往是立案侦查、追究犯罪的依据，经查证属实后可以作为定案的重要证据。但由于被害人有遭受犯罪行为侵害的经历，在收集被害人陈述时，应防止给被害人再次造成精神上和心理上的伤害。同时，被害人可能有意或者无意地夸大事实，也有可能在受害时因过分紧张和害怕而产生幻觉、错觉，甚至不排除恶意报复、陷害的可能。对于未成年人以及精神不健全的受害人，在收集被害人陈述时，更应持慎重态度。

五、犯罪嫌疑人、被告人的供述和辩解

犯罪嫌疑人、被告人的供述和辩解，是指犯罪嫌疑人、被告人就案件的情况向司法机关承认其犯罪事实的供述和说明自己无罪、罪轻的辩解。通常亦称为口供。

口供对于查明案件真实情况具有重要意义。经查证属实的口供，可以直接作为定案的根据，可以为发现和收集其他证据提供线索，可用于审核其他证据的真伪。

由于犯罪嫌疑人、被告人与案件处理结果有切身利害关系，他们的供述和辩解在真实程度上存在极复杂的情况，可能是真实的，也可能是虚假的，或者是有真有假。因此，对于口供，不可轻信，必须认真审查其真实性，并严格按照《刑事诉讼法》第53条的规定办理。只有被告人供述而没有其他证据的，不能认定被告人有罪和处以刑罚；没有被告人供述，但证据充分确实的，可以认定被告人有罪和处以刑罚。

六、鉴定意见

鉴定意见，是指受司法机关指派或聘请的鉴定人，对刑事案件中的专门性问题进行科学鉴定后作出的书面意见，如司法精神病学鉴定、法医学鉴定、书法笔迹鉴定、痕迹鉴定、化学鉴定、技术鉴定等。鉴定意见在查明事实中具有重要作用。

鉴定是鉴定人运用科学技术专门知识和技能，对案件中某些专门问题所进行的鉴别或判断，为此，它要求：鉴定所依据的材料必须充分、可靠；鉴定人必须具有鉴定该项问题所应有的能力，工作态度认真；鉴定人使用的鉴定方法科学，并有必要的技术设备；鉴定的程序必须合法。鉴定意见只有符合上述要求并经审查后，才能作为证据使用。

我国的刑事鉴定制度目前存在较多问题，鉴定意见的效力常常受到各种

冲击，甚至对于一个事项，各方会提出数个相互冲突的鉴定意见，法官有时完全无所适从。

最突出的是，现行刑事诉讼制度下，犯罪嫌疑人、被告人无权启动鉴定程序，没有独立委托鉴定人的权利，也没有申请鉴定的权利，只在对公检法机关的初次鉴定不服时才有申请补充鉴定或重新鉴定的权利；作为控方的侦查机关和检察机关可以委托、指派、聘请鉴定人。这种鉴定程序启动制度下，公安机关和检察机关委托的鉴定人往往会自觉或不自觉地把自己视为侦控机关的一员，而不是客观的事实发现者；其往往更注意证明犯罪嫌疑人、被告人有罪、罪重的证据，而疏于注意证明犯罪嫌疑人、被告人无罪、罪轻的证据。再就是重复鉴定，降低诉讼效率。由于公安机关、国家安全机关、检察院和法院都有权独立决定委托鉴定人，而绝大多数刑事案件都会经历侦查、起诉和审判三个阶段，因而公检法三机关重复鉴定的情况非常普遍。在我国，可以考虑鉴定程序的启动由法院决定。法律可以赋予侦查机关和检察机关申请鉴定的权力，同时赋予辩护方申请鉴定的权利。

鉴定意见作用重大，为保证鉴定意见的正确、权威，鉴定程序的启动、法官对鉴定程序的监督、鉴定人的选任、鉴定人的资格、法人鉴定人制度、鉴定的目的和任务、鉴定人的数量、鉴定人的权利、义务和责任、鉴定的期限、鉴定的辅助人、鉴定的取样、双方当事人及律师对鉴定程序的参与、鉴定报告、鉴定物品及剩余物的保管、鉴定报告的内容、鉴定意见的告知、当事人的异议、鉴定人在法庭审判中的义务、鉴定意见的法庭审查、非法鉴定行为的无效等制度，都应有细致周到的规定。我国应当制定统一的司法鉴定法，在制度上全面完善，从而解决当前我国司法鉴定的困境。

七、勘验、检查、辨认、侦查实验等笔录

勘验、检查笔录是指司法人员对与犯罪有关的场所、物品、人身、尸体等进行勘验、检查后所作的文字记载。勘验、检查笔录一般包括：现场勘验笔录、尸体检验笔录、物证检验笔录、人身检查笔录、侦查实验笔录等。辨认笔录是指侦查人员让被害人、犯罪嫌疑人或者证人对与犯罪有关的物品、文件、尸体、场所或者犯罪嫌疑人进行辨认所作的记录。侦查实验笔录是指侦查人员在必要的时候按照某一事件发生时的环境、条件，进行实验性重演的侦查活动形成的笔录。

由于勘验、检查、辨认、侦查实验等笔录客观地记载了勘验、检查、辨认、侦查实验的过程和发现的事实，直接反映了犯罪现场以及有关物证的真实情况，它能帮助办案人员判断案件的性质、犯罪活动的特点，为揭露、证实犯罪，查获犯罪分子提供重要依据，具有其重要的证明作用。但勘验、检查、辨认、侦查实验等可能受到某些客观条件的限制和主观因素的影响，从而导致勘验、检查、辨认、侦查实验笔录出现差误，因此，需要从办案人员的业务水平和工作责任心，勘验、检查、辨认、侦查实验笔录的形成，以及是否符合法定程序等方面，进行认真审查，并与案件的其他证据相对照，才能充分发挥其证明作用。

八、视听资料、电子数据

视听资料，又称音像资料，是指以录音、录像等音像信息证明案件事实情况的证据材料。一般包括存储有音像资料的磁带、录像带、VCD、DVD 等。视听资料不同于物证。物证是以外部特征、内在属性、存在状态等证明案件事实的一切物品和痕迹；而视听资料虽然表现为磁带、录像带等实物，但用以证明案件事实的并非磁带、录像带的外部特征、内在属性和存在状态，而是磁带、录像带等记录和存储的声音、图像等信息。

电子数据，又称为电子证据，是指以电子数据形式存在并可以用于证明案件事实的材料。一般包括以电子形式存在的电子邮件、电子数据交换、网上聊天记录、博客、微博、手机短信、电子签名、域名、访问记录等。电子数据的根本特征在于其是以电子形式存储或者传输的数据。在某种意义上说，电子数据是其他 7 种证据形式的电子化存在形态。例如，QQ 聊天记录如果通过书面的方式固定下来，就是书证；但是 QQ 聊天记录本身却是以电子形式存在的。在电子数据成为法定的证据种类之前，司法机关要使用 QQ 聊天记录，必须通过某种方式将其转化为书证或者勘验、检查笔录才能使用，而现在则可以直接作为电子数据使用，显然这有利于提高司法效率。

视听资料和电子数据虽然同列于《刑事诉讼法》第 48 条第 2 款第 8 项，但两者也是不同的。以磁带、录音带、光盘等实物存储介质存储的音像资料是视听资料，以电子数据形式存在的电子视听资料则是电子数据。大致可以认为，两者的存储介质和存在形态是不同的，视听资料存储于实物介质中，而电子数据以电子数据形式存在。

视听资料、电子数据具有直观性、信息量丰富等优点，但它容易被篡改甚至伪造，因此对于视听资料、电子数据，必须认真审查，谨慎使用。最高法《解释》明确规定，对视听资料、电子数据有疑问的，应当进行鉴定或者检验；视听资料、电子数据具有下列情形之一的，不得作为定案的根据：①经审查无法确定真伪的；②制作、取得的时间、地点、方式等有疑问，不能提供必要证明或者作出合理解释的。

第三节 证据的分类

刑事证据分类是指在证据学理论上，根据证据的特点，从不同的角度，对证据加以分类。它与法律上规定的证据种类不同，前者是证据学理论上的分类，没有法律约束力；后者是法定的证据种类，具有法律约束力。

从理论上对证据进行分类的目的在于研究分析各类证据的不同特点，以便在刑事诉讼活动中把握不同证据的特点，正确地收集、判断和运用证据，实事求是地调查取证和认定案情，准确、及时地处理案件。

证据的理论分类，常见的有以下几种：

一、原始证据与传来证据

根据刑事证据来源，可以将证据划分为原始证据和传来证据。

原始证据是指直接来源于案件事实的证据材料，即第一手的事实材料。比如：对原始现场的勘验笔录，证人对亲自看到、听到的案件事实所作的证言；原始物证、书证；犯罪嫌疑人、被告人对自己罪行的供述；被害人对自己受到犯罪行为侵害所作的陈述；等等。

传来证据是指间接来源于案件事实的证据，即第二手或第二手以上的事实材料。比如，证人转述他人的话，文书的抄本，物证的复制品，等等。

一般说来，原始证据的真实可靠性比传来证据大些。传来证据的可靠程度，往往受转述、传抄次数的影响，距离最初的证据来源越远，可靠性通常也越差。但传来证据有其重要作用：通过传来证据可以发现和收集到原始证据；可以利用传来证据审查原始证据的真实性；在无法取得原始证据的情况下，传来证据经过查证属实，可以作为定案的依据。因此，司法人员在刑事诉讼活动中，要尽可能收集原始证据，同时，也要重视对传来证据的收集和运用，充分发挥其在诉讼证明中的作用。

二、言词证据和实物证据

根据证据事实的表现形式，可以将证据划分言词证据和实物证据。

言词证据是指以人的言词陈述为表现形式的证据材料。比如，证人证言，被害人陈述，犯罪嫌疑人、被告人的供述和辩解，鉴定意见等。鉴定意见虽然以书面形式表现出来，但它是鉴定人提出的鉴定意见的书面陈述，同样属于人的陈述。鉴定人的鉴定意见，要在庭审时宣读，鉴定人要对当事人的发问作出口头回答，所以鉴定意见属于言词证据范畴。

实物证据是指具有实体物形状的证据，比如物证，书证，勘验、检查、辨认、侦查实验等笔录，视听资料、电子数据等。它们的共同特点是以各种实物、形象、符号、痕迹等客观载体和自然状况的形式存在。

言词证据是证人、犯罪嫌疑人、被告人、被害人以及鉴定人所作的口头陈述，他们的大脑可以能动地感受、记忆、分辨、表达有关案情的内容和形式的一切情况。它不仅能直接反映案件的主要事实，而且能补充、修正、重述所了解的事实，回答所提的各种询问，澄清某些疑点。但是，言词证据是受人支配的，其陈述由于受感受力、记忆力、判断力、表达力、利害关系和思想感情的影响，可能不会完全反映客观事实，甚至会有故意歪曲和隐匿案件事实的情况。因此在收集言词证据时，要尽可能使被询问人或被讯问人的陈述及时、全面、客观，防止可能导致言词证据不真实的情况出现。

实物证据能比较客观地反映案件事实，只要在收集、勘验、检查中能正确地发现、提取、保全和鉴别，一般其证明力比较强。因此，在收集、判断时，既要全面收集，又要严格审查它们的来源，并掌握其特征或记载的内容是否与案件有关，进行审查判断，只有这样，才能得出正确的结论。

三、控诉证据和辩护证据

以证据是否能够认定犯罪嫌疑人、被告人的行为事实、罪与非罪、此罪与彼罪及行为情节轻重为标准来划分，可以将证据划分为控诉证据和辩护证据。

控诉证据是指证明犯罪嫌疑人、被告人有罪、罪重的证据。这种证据是公安机关、国家安全机关提出起诉意见的根据，也是人民检察院提起公诉和人民法院作出有罪判决和从重处刑的根据。

辩护证据是证明犯罪嫌疑人、被告人无罪，或者对犯罪嫌疑人、被告人的罪责或刑罚予以从轻、减轻、免除的证据。这种证据是公安机关、国家安全机关作出撤销案件决定的根据也是人民检察院作出撤销案件或不起诉决定，人民法院作出无罪判决或者从轻、减轻、免予刑事处罚的根据。辩护律师和其他辩护人更是经常运用这种证据替被告人进行辩护。

某一证据或某些证据是控诉证据还是辩护证据，只能由它在证明案件事实中的实际证明作用来定，不能简单地把控诉证据理解为控诉方提出的证据，把辩护证据理解为辩护方提出的证据。而且常常同一证据，在不同的角度上，既可以是指控证据，也可以是辩护证据。

把证据划分为控诉证据和辩护证据，有助于司法人员客观全面地收集证据材料，分析研究案情，防止主观片面性，避免错案的发生。因为在每一个案件的侦查、审判过程中，是不是犯罪、谁是犯罪人以及罪行的轻重，由于主客观条件的限制，开始时不可能一目了然的，而是要经过一个收集研究证据的复杂过程才能确定，而在这个过程中，证明有罪和罪重的证据材料是在不断否定证明无罪或罪轻的辩护证据材料,从而使其证明作用消失,最后排斥犯罪嫌疑人、被告人无罪或罪轻的可能性的过程中确定下来的。如果不了解无罪和罪轻的辩护证据,或者了解而没有排除,那么,证明有罪或罪重的证据材料是不能作定案根据的。反之,证明犯罪嫌疑人、被告人无罪、罪轻的证据,也是在不断否定有罪、罪重的证据材料的过程中确认下来的。因此,司法人员在刑事诉讼活动中,既要注重收集控诉证据材料,也要注重收集辩护证据材料,并通过调查研究,澄清、排除两者之间的矛盾,使其证明方向一致,以达到对案件事实的正确认定。

四、直接证据和间接证据

根据证据与案件主要事实客观联系的程度,可将证据划分为直接证据和间接证据。

直接证据,是指可以单独和直接地证明案件主要事实的证据,如犯罪嫌疑人、被告人对自己所犯罪行的供认,被害人和证人目睹、耳闻犯罪嫌疑人、被告人实施犯罪情况的陈述,某些案件中能够直接证明犯罪主要事实的书证等。

间接证据,是指不能直接和单独地证明案件主要事实,而必须与其他证据结合起来才能证明案件主要事实的证据。一般书证、物证、鉴定意见、视听资料、电子数据以及一些证人证言都属于间接证据。

直接证据对案件的主要事实能够直接和单独地起到证明的作用,不需要推理论证就可以指出犯罪分子,揭露犯罪的主要事实和经过,使用起来简单明了,有利于迅速地查明案情。但在司法实践中,直接证据不易立即取得,因为犯罪分子一般不会轻易交代自己的罪行,目睹犯罪情况的证人也会因受到各种因素的影响而不能如实揭发犯罪,需要配合运用间接证据来揭发、证实犯罪。因此,对直接证据必须严格审查,防止虚假不实的直接证据被采用,导致冤假错案发生。如以言词证据作为直接证据,必须经过查证核实后,才能作为定案的依据;利用书证作为直接证据,必须经过笔迹鉴定、被告人、证人辨认,确实无疑后,才能作为定案的根据,只有被告人供述,没有其他证据的,不能认定被告人有罪;如果案件只有一个直接证据,而无其他证据佐证时,不能使用该孤证定罪。

间接证据虽然不能单独和直接地证明案件的主要事实,但它往往是寻找直接证据的向导,并能起到鉴别直接证据真伪的作用,而且对于一些案件,在没有直接证据的情况下,依靠正确地运用间接证据,也能达到认定案件事实的结果。

依靠间接证据认定案件事实时,应当遵循以下规则:①真实性。所使用的间接证据必须逐个查证属实,是真实可靠的证据。②完整性。个别间接证据往往不能直接证明犯罪嫌疑人、被告人实施犯罪，必须有数量众多的间接证据，结成一个完整的不能中断的证据体系，即对犯罪的动机、目的、时间、地点、手段、工具、后果、犯罪人身份都有相应的证据证明，不能出现遗漏证据。③联系性。各间接证据彼此联系、环环相扣、紧密无隙、符合逻辑，而且间接证据与案件事实之间必须协调一致、相互印证。④排他性，各间接证据经过推理所作出的结论必须是肯定的、明确的、惟一的，它能排除任何其他结论的可能性。最高法《解释》第105条也明确规定，没有直接证据，但间接证据同时符合下列条件的，可以认定被告人有罪：①证据已经查证属实；②证据之间相互印证，不存在无法排除的矛盾和无法解释的疑问；③全案证据已经形成完整的证明体系；④根据证据认定案件事实足以排除合理怀疑，结论具有唯一性；⑤运用证据进行的推理符合逻辑和经验。

需要指出的是，相对于直接证据定案而言，依靠间接证据定案在可靠性程度上仍有不足，容易受到运用证据的人的主观因素的影响，也正因为如此，两院三部《办理死刑案件证据规定》第33条第2款规定："根据间接证据定案的，判处死刑应当特别慎重。"

第四节 运用证据的原则

一、运用证据的指导思想

辩证唯物主义认识论是马克思主义的世界观和方法论，是指导人们认识客观世界的科学理论；刑事诉讼法的各种原则应当得到贯彻；刑事司法的多样化价值追求应当得到平衡对待。这些是司法工作人员运用证据的指导思想。

（一）案件的客观事实是可以认定的

辩证唯物主义认为世界是可知的，因而案件的事实是可以认识的。任何案件的事实，只要通过正确地收集、分析证据，是可以查清的。某些案件的事实之所以一时认定不了，是由于办案人员主观因素（政治水平、法律知识、业务能力和社会阅历）的局限，或者是案件暴露的程度低、可见的痕迹少以及罪犯的隐蔽伪装。为了查明案件事实，需要办案人员克服主观条件的不足和战胜客观的困难，在刑事诉讼的过程，按照法定的程序，认真收集、审查和判断证据，以查清案情。

（二）对案件客观事实的认识来源于实践

辩证唯物主义认为物质是第一性的，认识是第二性的。认识的基础是实践，认识来源于实践。由于案件发生在客观世界，不可避免地遗留下各种物质痕迹、反映形象，这给办案人员查清案件的客观事实提供了可能。但是，要使可能性变为现实性,需要进行大量的、艰巨的、细致的收集判断证据的复杂活动。因为案件发生后的证据事实,是混杂和隐蔽在客观外界事物中的。发现和收集与案件有关的证据材料,并不是那么容易的。这就要求办案人员,必须从实际出发,进行调查研究,占有大量的证据材料,并认真加以审查判断,才能获得充分、确实的证据。

(三) 证据事实同案件事实之间存在着客观联系

辩证唯物主义认为,客观世界是有内在联系的统一整体,各个事物之间是互相依存、互相制约的。刑事案件的事实也是同其他周围事物相联系的。案件发生过程必然使周围事物发生变化,遗留下各种物质、痕迹、反映形象。这些物质和痕迹,同案件事实之间存在着联系。这种联系,既有因果联系和时间、空间等条件联系,又有直接联系和间接联系、偶然联系和必然联系等。为此,要求办案人员广泛收集与案件事实有联系的各种证据材料,进行综合分析判断,排除矛盾,去伪存真,从若干相互一致的证据材料中找到必然联系,以查明案件客观事实。

(四) 证明案件事实必须遵循对立统一的规律

辩证唯物主义认为,矛盾是无处不在、无时不有的,矛盾的普遍性和特殊性是相互联结、不可分割的。矛盾既反映在整个诉讼过程中,也反映在证明的一切方面和一切证据中。在收集、运用证据的过程中,必须坚持全面性,防止片面性,既要抓矛盾的特殊性,又要注意抓主要矛盾。不同的案件有不同的特点,每个案件又有其不同的作案时间、地点、手段、方法、后果等,各种证据也有不同的特点,因此,在收集、运用证据时,应具体案件具体分析。只有分析矛盾的特殊性,又注意抓案件的主要矛盾,才能解决矛盾,查清案情。

(五) 证明过程是从感性到理性,从现象到本质

辩证唯物主义认为,人对事物的认识是由低级到高级、由感性到理性。办案人员对案件事实的认识也是如此。当办案人员通过调查研究,接触各方面证据材料时,还是感性认识阶段。在这个阶段,只能看到一些表面现象和各种事物的片面现象,以及其外部的联系,还不能全面认清案件事实。为了使感性认识发展到理性认识,就需要对若干感性材料、表面现象进行由此及彼、由表及里的分析研究,排除矛盾,去伪存真,以得出案件的本质结论。没有获得感性认识的证据材料,也就谈不到案情的理性认识,不通过现象,也就找不到本质。

(六) 尊重刑事诉讼法的各项原则,维护不同诉讼价值目标之间的平衡

现代刑事诉讼既要注重查清事实,为刑法和刑事诉讼法的适用提供基础,又不能不顾刑事司法自身的文明和进步的要求,不择手段地追求事实真相,

因此，尊重刑事诉讼原则，遵守刑法和刑事诉讼法关于案件事实调查的实体和程序规范，在不同甚至相互冲突的法律价值之间寻求和维持平衡，特别是在追究犯罪与保护无辜、保障人权之间维持价值平衡，就成为刑事诉讼中收集、审查和采信证据的重要指针。

总的说来，辩证唯物主义认识论、刑事诉讼基本原则和刑事司法多元价值的协调，是证据理论的思想基础，指导着证据的收集、审查、判断。一切唯心主义形而上学的先入为主，主观臆断，偏听偏信，都是同辩证唯物主义思想对立的。它只能造成认定案件事实的错误，不能查清案件客观事实；而违反刑事诉讼基本原则，不顾基本的价值平衡，即使查明了案件事实，也可能丧失法律正义。

二、运用证据的指导原则

我国刑事诉讼法以辩证唯物主义认识论为指导，总结了人民司法工作的经验，规定了运用证据的指导原则。这些原则是：

（一）重证据、重调查研究、不轻信口供、严禁刑讯逼供

《刑事诉讼法》第53条第1款规定："对一切案件的判处都要重证据，重调查研究，不轻信口供。只有被告人供述，没有其他证据的，不能认定被告人有罪和处以刑罚；没有被告人供述，证据确实、充分的，可以认定被告人有罪和处以刑罚。"重证据、重调查研究、不轻信口供，是我们党的一贯政策，也是我国司法工作的优良传统。建国以来，我国司法工作一直遵循这一方针，坚持实事求是、调查研究，反对主观臆断的审判作风，严禁逼供的非法取证方法。总结几十年正反两方面的经验教训，在修改后的刑事诉讼法仍重申了这一指导原则。

根据《刑事诉讼法》第53条的规定，司法人员在办理刑事案件时，从思想上必须明确，办好案件，查明案情，必须把主要精力放在调查研究上。要对案件的真实情况作出正确的认定，惟一的办法就是依靠证据，而证据要经提供和主动收集才能获得，这就要求司法人员深入实地、深入群众，做深入细致的调查工作，全面地收集、核实证据，弄清证据与证据之间以及证据与案件事实之间的联系，从而准确地认定案情。

司法人员在办理刑事案件中，要注重收集口供以外的各种证据，不要偏重于去逼取犯罪嫌疑人、被告人的口供，更不能仅凭口供定案。证据和口供并不是互相排斥的。口供是证据的一种，证据包括口供在内。不轻信口供，不是说不要口供，也不是说任何口供都不能相信，而是说要有口供以外的各种证据，口供本身也应当经过查证核实。被告人对自己是否犯罪及犯罪的详细情节，了解得最清楚，对查明案情有重要作用。但是，由于案件处理结果

和被告人有直接利害关系，被告人为了逃避惩罚，往往采取弄虚作假、避重就轻的手法，甚至还会歪曲事实真相，编造谎言，蒙骗司法工作人员。鉴于口供存在这样一些复杂情况，因此，对被告人的口供必须经过查对核实，不能轻信。轻信被告人口供，会导致判断错误，从而造成冤假错案。因此，只有被告人供述，没有其他证据的，不能认定被告人有罪和处以刑罚；没有被告人供述，证据充分确实的，可以认定被告人有罪和处以刑罚。

刑讯逼供是在审讯活动中，对犯罪嫌疑人施以肉刑或变相肉刑，逼取被审讯人口供的一种审讯方式，它是封建专制刑事诉讼中的取证手段，是封建专制主义在证据制度中的体现。刑讯逼供可能使无罪的人违心地承认犯罪，可能使被告人胡乱诬陷好人，可能导致被告人供了翻、翻了又供，以致真假难辨，影响正确认定案件事实，甚至造成冤假错案，破坏社会主义法制，损害司法机关和国家的信誉，因此必须严禁。国家法律监督机关要加强对侦查、审判活动的法律监督，防止逼供行为。对搞刑讯逼供情节严重的人，应当酌情给予党纪或行政处分，直至追究其刑事责任。

（二）一切证据必须查证属实，才能作为定案根据

《刑事诉讼法》第48条第3款规定："证据必须经过查证属实，才能作为定案的根据。"

《刑事诉讼法》规定了8种证据种类，这8种证据，无论是物证、书证，证人证言，被害人陈述，犯罪嫌疑人、被告人供述和辩解，鉴定意见，或是勘验、检查、辨认、侦查实验等笔录，视听资料、电子数据，都应当经过查证属实后，才能作为定案的根据。因为这些材料，未经查证核实前，都可能是真实的或不真实的。不真实的原因极为复杂：当事人或有关的人可能出于各种动机提供虚假的证据，证人、被害人可能因为生理上、认识上的原因，提供不准确的陈述；自然环境条件的限制或事物变化可能导致证人、当事人对案件事实的感知出现差错，而提供不实或者错误陈述；受鉴定条件和鉴定人水平的限制，可能导致得出不正确的鉴定意见；司法人员在工作上的失误可能造成证据失实，等等。因此，每一种收集来的证据，必须由司法人员认真地进行审查核对，弄清每个证据的具体情况和特点，弄清各个证据之间以及它们同案件之间的联系，才能确定其真实可靠的程度。在审查核实过程中，如果发现证据之间和证据同案件事实之间有矛盾，必须再收集其他证据加以审查，直至查证属实，才能作为定案根据。

（三）采取强制措施、提起诉讼、定罪量刑、执行刑罚，必须忠于事实真相

《刑事诉讼法》第51条规定："公安机关提请批准逮捕书、人民检察院起

诉书、人民法院判决书，必须忠于事实真相。故意隐瞒事实真相的，应当追究责任。"

忠于事实真相是指司法人员对犯罪嫌疑人、被告人或者罪犯，采取强制措施、提起诉讼、定罪量刑，以及执行刑罚，必须实事求是，尊重证据的客观性，如实地反映案件真相，既不缩小，也不夸大，既不隐瞒，更不捏造。忠于事实真相，是执行"以事实为根据，以法律为准绳"的前提。司法人员只有忠于事实真相，才能使案件的处理决定具有客观依据，为正确适用法律奠定坚实的基础。同时，刚正不阿，秉公办案，忠于事实真相，也是司法人员应当具有的品德。如果故意隐瞒事实真相，隐瞒证据或者伪造证据，徇私枉法的，应追究其法律责任。《法官法》、《检察官法》也都对此作了规定。

在事实真相无法查明时，公安、检察和法院相关刑事诉讼参与人员，必须按照法律的有关规定对案件进行处理，如撤销案件、不起诉或者判决无罪，对被采取强制措施的人员必须立即解除强制措施。

第五节 证 明

一、证明的概念和意义

刑事诉讼中的证明，是指司法机关及其工作人员，在当事人及其他诉讼参与人的参加下，运用证据认定案件事实的活动。

"证明"这一概念具有以下特征：

1. 证明是司法实践和逻辑思维的统一。证明案件事实真相的过程就是反复认识案情的过程，它包含感性的和理性的、主观的和客观的、直接的和间接的方面相统一的性质。

2. 证明是以法定形式和程序进行的，它受刑事诉讼程序的制约，并在特定的诉讼形式下进行。刑事诉讼法要求证明活动必须合法、公开、民主和按程序进行，而且证明必须分阶段进行，在每一诉讼阶段，证明的职责和目的是各不相同的，并在时间上和法律效力方面对证明进行了限制。

3. 证明的主体是依法收集证据、审查判断证据、运用证据确认犯罪事实的侦查机关、公诉机关、审判机关以及上述机关的法定工作人员。

证明在刑事诉讼中有极其重要的意义，查明犯罪事实，确认犯罪人，都离不开证明活动。只有经过一系列的证明活动，正确地完成证明任务，案件事实得到确认，在此基础上才能正确地应用法律，惩罚犯罪分子，保障无罪的人不受刑事追究。

二、证明的对象及要求

刑事诉讼中证明的对象是司法机关和诉讼当事人在证明活动中需要用证据加以证明的案件事实。最高法《解释》第64条规定，应当运用证据证明的案件事实包括：①被告人、被害人的身份；②被指控的犯罪是否存在；③被指控的犯罪是否为被告人所实施；④被告人有无刑事责任能力，有无罪过，实施犯罪的动机、目的；⑤实施犯罪的时间、地点、手段、后果以及案件起因等；⑥被告人在共同犯罪中的地位、作用；⑦被告人有无从重、从轻、减轻、免除处罚情节；⑧有关附带民事诉讼、涉案财物处理的事实；⑨有关管辖、回避、延期审理等程序事实；⑩与定罪量刑有关的其他事实。概括起来，这些事实主要包括实体方面的事实和程序方面的事实，其中又以实体方面的事实为主。实体方面的事实主要有以下几个方面：

（一）犯罪事件是否确已发生

这是每个刑事案件必须首先予以解决的问题。只有证明犯罪事件确已发生，才需要证明有关案件的事实。

（二）有关犯罪构成要件的事实

犯罪构成要件事实包括四个方面：①犯罪主体，即犯罪的实施者是否达到了责任年龄，有无行为能力，是否具有法律要求的特定身份、职务、资格，等等；②犯罪的主观方面，即犯罪实施者的主观罪过（故意犯罪或过失犯罪）和犯罪动机、目的等；③犯罪客体，即犯罪行为是否已对社会造成危害，危害大小；犯罪嫌疑人在犯罪后是否有自首、立功等情况；是否有毁灭证据、潜逃、订立攻守同盟、阻止他人交待案情等抗拒法律追究的行为；以及是否存在犯罪已超过了追诉时效、犯罪嫌疑人或者被告人已死亡或已被特赦免除刑罚等不应再追究刑事责任的情况；④犯罪的客观方面，即犯罪行为是否已经发生，发生的时间、地点、方法、工具、环境、条件和过程，行为与结果之间是否有必然的因果联系，实施的行为是否属于正当防卫、紧急避险等合法行为，法律要求有特定结果才构成犯罪的，该结果是否发生，等等。

（三）犯罪嫌疑人、被告人的基本情况

犯罪嫌疑人、被告人的基本情况是：姓名、性别、年龄、籍贯、民族、文化程度、职业、住址、是否受过刑事处分或行政处分等。

（四）附带民事诉讼、涉案财物处理的事实

刑事诉讼往往涉及民事赔偿和涉案财物处理问题，因此，相关事实也需要予以证明。

程序方面的事实，主要是指根据诉讼程序进展的需要的程序法方面的事实。比如，有关申请回避的情况，有关诉讼时效的问题，关于采取强制措施的问题以及是否存在违反法定程序的情况，将这些情况作为证明对象加以解决，具有重要法律意义。

上述证明对象的范围，并非每个案件都要加以证实。司法人员应当从实际出发，根据不同案件的具体情况，确定其证明对象的范围（防止过于扩大或者过于缩小），并紧紧围绕具体案件的主要事实进行证明活动，并随着证明活动的进展加以修正和补充，使证明对象的范围更切合实际。

证明对象既然是用证据加以查明的犯罪案件的有关情况，那么需要用证据来查明的犯罪情况应该达到什么程度和标准呢？这个程度和标准就是证明要求。我国刑事诉讼法中的证明要求是"犯罪事实清楚，证据确实充分"。根据《刑事诉讼法》第53条第2款的规定，证据确实、充分，应当符合以下条件：①定罪量刑的事实都有证据证明；②据以定案的证据均经法定程序查证属实；③综合全案证据，对所认定事实已排除合理怀疑。以上三点必须同时具备，才能认为证据已达到确实、充分的程度。

上述三点是证明总的要求，但由于刑事诉讼是分阶段进行的，在不同的阶段，由于面临的任务不同，因而其证明的要求也有所不同。比如，立案阶段的证明要求就不同于侦查阶段的证明要求。《刑事诉讼法》第107条规定，公安机关或者人民检察院发现犯罪事实或者犯罪嫌疑人，应当按照管辖范围，立案侦查。《刑事诉讼法》第110条规定，人民法院、人民检察院或者公安机关对于报案、控告、举报和自首的材料，应当按照管辖范围，迅速进行审查，认为有犯罪事实需要追究刑事责任的时候，应当立案；认为没有犯罪事实，或者犯罪事实显著轻微，不需要追究刑事责任的时候，不予立案。可见，立案阶段的证明要求是有犯罪事实或犯罪嫌疑人，需要追究刑事责任，即证明犯罪事实确已发生或者证明犯罪嫌疑人确有犯罪嫌疑，并需要追究刑事责任。只要证明达到这两个要点要求，就应立案。立案后，进行侦查，以进一步收取证据，查明犯罪人及其犯罪事实。而侦查阶段的证明要求则是犯罪的事实已经查清而且证据确实充分，即案件的犯罪人、犯罪时间、犯罪地点、犯罪动机、犯罪目的、犯罪手段、犯罪的具体情节、危害后果以及是否有遗漏罪行和其他应当追究刑事责任的人等有关事实和情节都已查清。需要特别注意的是，最高法《解释》第64条第2款规定："认定被告人有罪和对被告人从重处罚，应当适用证据确实、充分的证明标准。"这就说明，认定被告人有罪和对被告人从重处罚，必须达到最高证明要求。总之，不同诉讼阶段的证明要求是不同的。

还应该指出，证明要求所指的"犯罪事实清楚，证据确实充分"仅指对犯罪嫌疑人、被告人作有罪认定而言。认定犯罪嫌疑人、被告人无罪，一般来说如有确实证据证明他们无罪，当然应该认定他们无罪；而在疑罪的情况下，即"证据不足，不能认定被告人有罪的"，应根据《刑事诉讼法》第195条的规定，"作出证据不足、指控的犯罪不能成立的无罪判决"。

总的说来，证明对象和证明要求二者既有区别，又紧密相连，前者是要证事实，后者是要证事实所应达到的标准，二者都统一于实现刑事诉讼的任务。

三、证明责任

（一）证明责任的含义

刑事诉讼中的证明责任是一个十分重要而又歧义纷呈的概念。广义的证明责任是指运用证据证明案件事实的义务。证明责任问题主要解决对于诉讼进行和案件的实体处理具有重要意义的两个问题：一是承担证明义务的主体和条件；二是未能有效履行证明义务所要承担的法律后果。与历史上的"举证责任"不同，也与现代意义的为了避免败诉而履行"提出证据"义务的"举证责任"不同，现代证明责任理论所强调的"证明责任"是承担证明义务的主体在未能有效履行证明义务，特别是在事实真伪不明条件下，所要承担的法律上的不利后果，即败诉风险。

我国大陆学者目前所使用的举证责任概念，往往包含了"证明责任"和狭义的举证责任，即"提出证据"的责任，而且大多是在后一种意义下使用。而且在我国刑事诉讼中，公诉案件和自诉案件的举证责任（含"证明责任"之意）也不相同。

（二）公诉案件中的举证责任

《刑事诉讼法》第49条规定，公诉案件中被告人有罪的举证责任由人民检察院承担。人民检察院是公诉案件的控诉方，其主张被告人有罪，自然应由其提出证据对自己的主张予以证明；如不能提出证据，或提出的证据无法达到确实、充分的程度，那么其主张就不能成立。规定由人民检察院承担举证责任，一方面是基于未经人民法院依法判决，对任何人都不得确定有罪的原则，只有在控方提出确实、充分的证据证明被告人有罪的情况下，才能认定被告人有罪；另一方面，也体现了"谁主张，谁举证"的原则。

公安机关、国家安全机关、军队政治保卫部门以及监狱等侦查机关协助人民检察院承担举证责任。这些侦查机关在法定的范围行使侦查权，对其管辖的案件必须全面收集证据，上述机关和部门只有依法查清案件事实，证据确实充分时，才能将案件移送检察机关审查起诉。从某种意义上说，侦查机关收集证据的能力以及成效决定了检察机关能否有效履行举证责任。因此，侦查机关实际上是在协助人民检察院履行举证责任。

人民法院不承担举证责任。人民法院是国家的审判机关，负责对全部证据进行调查核实，不受控诉一方或辩护一方所提供证据的限制。对被告人的定罪量刑，必须以确实、充分的证据作为认定案件事实的根据。因此，人民法院担负着核实证据、综合判断证据及必要时重新收集证据的责任，但不承担举证责任。对此，我们可以从以下三个方面加以理解：①行为意义上的举证责任是与证明责任即事实真伪不明的败诉风险相联系的，而法官的证明活动属裁判范畴，不承担败诉风险；②任何人均不得为自己案件的法官，这是一项公认的诉讼活动原则，法官所面对的是当事人的案件，不是他自己的案件，当事人无论谁胜诉败诉，后果都由他们自己承担，法官不需要承担举证责任；③如果法院既承担举证责任，又承担裁判义务，那就意味着人民法院自己证明给自己看，自己证明自己判，自己确定是否完成了证明义务，这会严重背离"以事实为依据"的原则。因此，人民法院没有举证责任，它的证明活动只是属于裁判活动的组成部分。

（三）自诉案件中的举证责任

《刑事诉讼法》第49条规定，自诉案件中被告人有罪的举证责任由自诉人承担。因此，自诉案件中，自诉人负有举证责任。当然，自诉案件的被告人在诉讼过程中，对自诉人提起反诉的，对其提出的反诉事实负有举证责任。

（四）刑事诉讼中犯罪嫌疑人、被告人不承担举证责任

在刑事诉讼中，犯罪嫌疑人、被告人不承担举证责任。犯罪嫌疑人、被告人既不承担证明自己有罪的举证责任，也不承担证明自己无罪的举证责任，不能因为犯罪嫌疑人、被告人不能证明自己无罪，便得出犯罪嫌疑人、被告人有罪的结论。需要特别指出的是，犯罪嫌疑人、被告人不负举证责任，并不意味着他们不能向司法机关提出证据。相反，《刑事诉讼法》明确规定了辩护方提供证据的权利。如《刑事诉讼法》第40条规定："辩护人收集的有关犯罪嫌疑人不在犯罪现场、未达到刑事责任年龄、属于依法不负刑事责任的精神病人的证据，应当及时告知公安机关、人民检察院。"显然，这种提供证据的活动，是犯罪嫌疑人、被告人及其辩护人享有的诉讼权利，其目的在于反驳控方的指控，而不是为了证明自己无罪。仅仅不行使这项权利，不会导致认定犯罪嫌疑人、被告人有罪的后果。

第六节 证据的审查判断

一、审查判断证据的概念和任务

证据的审查判断，是司法人员对调查收集的证据材料进行分析研究，鉴

别真伪，找出证据材料同案件事实之间的内在联系，并在此基础上认定案件事实的一种诉讼活动。

证据的审查判断和证据的收集是紧密相联的，证据的收集是证据审查判断的先决条件，收集了证据，不进行审查判断或不能正确审查判断，就不能对案件事实作出正确的结论。而在对证据审查判断的过程中，又往往会发现证据中的矛盾和不足，需要继续收集新的证据，在补充新的证据后，再进行审查判断，从侦查、起诉到审判各个阶段，如此反复进行，最后才能得出符合客观真实的结论。由此可见，证明的任务就是要把收集的证据逐个地进行审查判断，鉴别真伪，分析其可靠程度，同时，还要综合地对全案的证据材料进行分析，排除矛盾，发现和证实其与案件事实之间的内在联系，就整个案件事实作出结论。

证据的审查判断在证明过程中具有极为重要的意义。根据《刑事诉讼法》第48条的规定，法定的8种证据，必须经过查证属实，才能作为定案的根据，故审查判断证据所作结论是否符合客观实际，是关系到犯罪嫌疑人、被告人逮捕、起诉和定罪判刑是否正确的严肃问题，因此，要求办案人员必须高度重视，严格依法办事，以保证对证据审查判断的正确进行。

二、审查判断证据的原则和方法

审查判断证据是一项十分重要的工作。由于主、客观方面的种种复杂因素，司法人员通过各个渠道收集到的证据材料可能是多种多样的：有的真，有的假，有的有真有假；有的反映了事物的本质，有的只反映了事物的现象；有的几个证据材料互相一致，有的又相互矛盾。因此，只有对全部证据材料进行审查判断，才能正确判断某一证据材料的真假及其证明力的大小。为了正确判断，需要司法人员遵循实事求是的原则。

坚持实事求是的原则，要求司法人员要以马克思主义的辩证唯物论作为审查判断证据的指导思想和理论基础，一切从实际出发，全面地、联系地、辩证地看问题，重证据，重调查研究，对事物进行去粗取精、去伪存真、由此及彼、由表及里的思索，透过现象看本质，反复实践，反复认识，客观全面地审查判断证据，克服和防止主观性和片面性。只有坚持实事求是的原则，才能使审查判断证据的结论与案件的客观事实相符合。

坚持实事求是的原则，还要求司法人员努力提高自己的政治修养、法律科学和刑事技术知识水平，以及不断地充实自己的社会阅历。办案人员在这方面的水平越高，就越能正确地坚持实事求是的原则，敢于坚持实事求是的原则。

审查判断证据的方法一般分以下两步进行：

（一）对逐个证据材料进行审查核实

对证据的审查判断，必须对收集来的每个证据材料，逐一地进行审查核实，以判明其真实性、与案件事实的关联性及其合法性：①应审查证据材料的来源，是本人耳闻目睹还是传闻转述，是原物还是复制品或副本，以断定其证明力。②应审查证据材料形成的时间、地点、条件等因素，以查明当事人、证人对其所提供的案件事实所感知的程度及其准确性，如发现疑点，便进一步查证，判明真伪。③应审查证据材料与案件事实之间是否有联系，并对证据材料进行对比或相互印证，弄清其真实程度。④应对证据材料本身的内容进行分析，查明其内容前后有无矛盾，叙述是否合乎情理，如有矛盾，应继续调查核实。⑤应审查证据的收集是否合法，对于用非法手段得来的证据必须重新取证。

（二）对全案证据材料进行综合审查判断

在对每个证据进行审查核实的基础上，还必须把全案的证据材料联系起来，进行综合审查判断，分析研究各个证据材料之间的相互联系，研究各个证据材料与案件事实之间的联系，审查证据材料与证据材料之间所反映的案件客观事实是否协调一致，有无矛盾。如果存在矛盾或疑点，需要进一步查证核实，从而作出有充分证据足以证明客观事实的结论。只有经过综合审查判断，在证据确实、充分，反映的案件事实与客观事实完全一致的条件下，才能作出正确的结论。

☞ 考核提示

了解：证据的概念和意义，运用证据的原则。
理解：证据的种类，证据的分类。
熟悉并能够运用：证明，证据的审查判断。

☞ 主题讨论

1998 年 4 月，昆明市公安局通讯处女警员王晓湘和该市路南县公安局副局长王俊波双双被枪杀，惨死在一辆"昌河"微型车上。昆明市公安局组建了专案组，刑侦支队副政委秦伯联、刑侦三大队大队长宁兴华奉命具体负责侦破工作。1998 年 7 月 2 日，王晓湘的丈夫杜培武被警方以涉嫌故意杀人罪刑事拘留，随后被逮捕。

杜培武被拘留后，在刑侦三大队办公室，秦伯联、宁兴华对杜培武采用不准睡觉，连续审讯，拳打脚踢或者指使、纵容办案人员对杜滥施拳脚，以及用手铐把杜吊挂在防盗门上，反复抽垫凳子或拉拽拴在杜培武脚上的绳子，致使杜双脚悬空、全身重量落在被铐的双手上等手段。杜培武难以忍受，喊叫时被用毛巾堵住嘴巴，还被罚跪、遭电警棍击打，直至杜屈打成招，承认了"杀人"的犯罪"事实"，指认了"作案现场"。

1999年2月5日，根据警方的侦查结果和检察院的指控，杜培武被昆明市中级人民法院以故意杀人罪一审判处死刑。判决下达后，杜培武大呼冤枉，在向高级法院上诉时提出，他是被刑讯逼供才违心承认杀人的。1999年10月20日，云南省高级法院鉴于该案扑朔迷离，案情中疑点难释，遂改判杜培武死刑，缓期2年执行。当年11月12日，杜培武被送进云南省第一监狱服刑。

2000年6月，昆明警方破获一起特大杀人盗车团伙。其中一名案犯供述，1998年的王晓湘、王俊波被害案是他们干的。枪杀王晓湘、王俊波的真凶杨天勇等人就此落入法网。云南省高级法院遂公开宣告杜培武无罪。

经昆明医学院法医技术鉴定中心鉴定，刑讯逼供导致杜培武双手腕外伤、双额叶轻度脑萎缩，已构成轻伤。

【讨论提示】

结合《刑事诉讼法》第54条的规定，谈谈你对非法证据排除规则的看法。

 阶段自测

一、单项选择题

1. 犯罪嫌疑人记载自己犯罪情况的笔记本属于（   ）。

   A. 物证

   B. 书证

   C. 口供

   D. 勘验、检查、辨认、侦查实验等笔录

2. 直接证据是指（   ）。

   A. 直接来源于案件事实的证据

   B. 以人的语言为存在和表现形式的证据

   C. 以实物为存在和表现形式的证据

   D. 能单独证明案件主要事实的证据

3. 在下列各种证据中，属于言词证据的是（   ）。

   A. 鉴定意见

   B. 勘验、检查、辨认、侦查实验等笔录

   C. 书证

   D. 视听资料、电子数据

4. 下列人员中，不能作证人的是（　　）。
   A. 外国人
   B. 被剥夺政治权利的人
   C. 不能辨别是非、不能正确表达的人
   D. 未成年人
5. 物证区别于其他证据的显著特点是（　　）。
   A. 以其记载的内容和表达的思想证明案件事实
   B. 以其存在、外部特征和性能证明案件事实
   C. 能够直接证明案件的主要事实
   D. 不受人的主观意志影响

二、多项选择题

1. 对于一般公诉案件，承担证明犯罪嫌疑人、被告人有罪的责任主体包括（　　）。
   A. 检察机关　　　　　　　　B. 公安机关
   C. 法院　　　　　　　　　　D. 犯罪嫌疑人、被告人
   E. 被害人
2. 下列证据中属于证据理论分类中所讲的人证的是（　　）。
   A. 证人证言
   B. 被害人陈述
   C. 勘验、检查、辨认、侦查实验等笔录
   D. 鉴定意见
   E. 口供
3. 在刑事诉讼中，鉴定人应当具备的条件是（　　）。
   A. 具有解决专门性问题的知识　　B. 具有大学本科以上学历
   C. 自然人　　　　　　　　　　　D. 不存在法定回避事由
   E. 具备侦查人员的身份
4. 运用只有间接证据形成的证据体系认定案件事实和定罪量刑时必须遵循的规则为（　　）。
   A. 每个间接证据都必须确实、可靠
   B. 每个间接证据与案件事实之间都有联系
   C. 间接证据之间无矛盾
   D. 最后得出的结论可以不是唯一的
   E. 最后得出的结论是唯一的
5. 侦查人员通过对犯罪嫌疑人赵某的住处进行搜查，查获了总价值

50 000元的赃款、赃物。按证据的分类,这些赃款、赃物在一般情况下属于（　　）。

A. 直接证据　　　　　　　B. 间接证据
C. 原始证据　　　　　　　D. 传来证据
E. 控诉证据

三、简答题

1. 刑事诉讼证明对象包括哪几类？
2. 根据间接证据认定案件事实和定罪处刑应当遵守什么样的规则？
3. 简述证据的意义。

四、案例分析题

1. 某年7月6日夜2时许，某酒店女服务员贾某在下班路上被一男子强奸并抢走现金1000元。公安机关经过侦查，怀疑是刘某所为。收集到的证据有：

（1）刘某曾因强奸罪服刑5年。

（2）刘某身高、体形与被害人所述相符。

（3）罪犯遗留在现场的毛发、精斑，经鉴定血型是A型，与刘某的血型相同。

（4）侦查员李某告诉刘某，如果刘某承认系其作案的话，李某可以保证刘某不会被判高于3年的徒刑。

此后，刘某供认了犯罪事实。据此，公安机关又在刘某宿舍床下的箱子里搜出现金3000元。

以上收集到的材料的证据能力或证明力如何？能否作为证据采信？

2. 某年6月10日，某渔民在一河底发现一女尸。经查实，死者为郭某，30岁。头部有被硬物重击过的痕迹，双肺有泥沙，证明是被他人击昏后溺水死亡。经侦查，公安机关发现郭某的丈夫金某有重大嫌疑，但金某予以否认。公安机关侦查获得以下证据：

（1）金某单位多人证明：金某与郭某关系不好，两年前金某开始与同单位的张某通奸。

（2）张某承认与金某通奸的事实，并说金某告诉她，等他调整好工作就与她结婚。

（3）金某的母亲和张某都证实，金某向他们亲口说自己杀害了郭某，但没有详细说经过。金某在案发后潜逃时被抓获。

（4）金某的同监陈某证明：金某在押期间曾向他们打听谋杀妻子该判什么刑。

(5) 李某当晚路过河边，听到远处有妇女的喊叫声，待其跑近时发现一男子已逃离。

(6) 金某辩称当晚 11 点半还在母亲家待着。他母亲说金某当晚来过两次，一次 10 点多，一次 12 点多，但都待得不久。

根据我国刑事诉讼的证明要求，金某的罪名能否成立？

3. 某日上午 10 点半某公路上发生一起交通事故。事故现场有被害人的尸体和被害人骑的摩托车，尸体旁有被害人的血迹，尸体不远有汽车急刹留下的痕迹。目击证人证实：肇事车为丰田小轿车，事故发生后，司机探头看了一下迅即逃离现场。经查，当时段经过此路段的丰田牌轿车共有 3 部，温某驾驶的丰田轿车有较大嫌疑。其车上有一处新脱落的痕迹，上面有少量血迹，经鉴定与被害人的血型吻合。温某的同事反映当日上午 11 点温某驾车回来时神色慌张，中午饭也没吃就睡了。公安机关对温某采取了强制措施。在逼供中温某承认撞倒了被害人。后来该案由检察机关公诉到法院。

就本案来说，温某是否应承担证明责任？谁为证明主体？应如何履行证明责任？

4. 某日，在一河边发现一具女尸，经辨认为某厂工人梁某，死亡原因为农药中毒，且梁某有 4 个月身孕。经侦查，收集到如下证据材料：①同厂多名工人证实梁某与该厂副厂长洪某关系暧昧。②洪妻说：她知道其丈夫与梁某的关系，而且最近听洪某多次对她说梁某多次逼他离婚，要想办法解决。③梁某的母亲证实：梁某亲口对她说怀了洪某的孩子。④洪某供认梁某是自己所杀。但该案在法院审理时洪某翻供，说梁某要挟他如果不离婚就死给他看，结果当洪某赶到出租屋时，梁某已经喝下农药死了，洪某为了不连累自己，就移尸到河边。

本案的证明对象是什么？根据目前的证据能否认定洪某有罪？

第十一章

强制措施

☞ 本章导学

本章的主要内容包括强制措施概述、拘传、取保候审、监视居住、拘留、逮捕。重点是强制措施概述、取保候审、监视居住、拘留、逮捕。难点是强制措施的性质。

☞ 学习引入

在美国警匪片中经常能够看到如下场景：警察一边出示证件，一边对抓捕的犯罪嫌疑人念念有词——你有权保持沉默，你所讲的一切都可在法庭上用作对你不利的证据；你有获得律师帮助的权利，被讯问时有权要求律师在场；如果你没有钱委托律师，我们将为你指定一名律师……美国警察说的这段话就是著名的"米兰达告知"。

中国警察拘留、逮捕犯罪嫌疑人是否也和美国警察一样？根据我国《刑事诉讼法》的规定，犯罪嫌疑人享有沉默权吗？他们在接受讯问时是否有权要求律师在场？我国的强制措施有哪些种类？采取强制措施需要满足哪些条件，遵循哪些程序？本章我们将学习这些内容。

第一节 强制措施概述

一、强制措施的概念和特征

刑事诉讼中的强制性措施既包括人身强制，如逮捕、拘留，又包括对物的强制，如搜查、扣押，还包括对隐私权的干预，如窃听、采样。我国现行《刑事诉讼法》中的强制措施仅指对人身的强制；而对物的强制被作为一种常规侦查手段，对隐私权的干预被作为一种技术侦查手段，纳入侦查程序予以规定。

我国刑事诉讼中的强制措施是指公安机关、人民检察院和人民法院为保证刑事诉讼的顺利进行，防止犯罪嫌疑人、被告人等逃避或妨碍侦查、起诉和审判，依法对其适用的在一定期限内暂时限制或剥夺其人身自由的各种强制方法。《刑事诉讼法》规定的强制措施有 5 种，即拘传、取保候审、监视居住、拘留和逮捕。

刑事诉讼强制措施具有如下特征：

1. 它只能由法定的专门机关适用。根据《刑事诉讼法》的规定，适用刑事强制措施的法定机关有公安机关、人民检察院和人民法院。另外，国家安全机关、军队保卫部门、海关走私侦查部门和监狱，在侦查其管辖的案件时，也有权采用强制措施。除上述法定机关外，任何机关、团体和个人都无权采取强制措施，否则即构成对公民人身权利的侵犯。

2. 它具有特定的适用对象。即只能适用于犯罪嫌疑人、被告人，包括现行犯和重大嫌疑分子。对其他诉讼参与人，如自诉人、公诉案件被害人、法定代理人、辩护人等，不能采用强制措施。有些国家规定对证人可以进行拘传，我国法律没有类似规定。因此，公安司法机关在适用强制措施的过程中，应严格遵守法律的规定，不得擅自扩大适用对象。

3. 它的适用具有特定目的。适用强制措施的目的在于保障刑事诉讼活动的顺利进行，即防止犯罪嫌疑人、被告人可能实施逃避侦查、起诉和审判，进行伪造、隐藏、毁灭证据及串供等妨碍刑事诉讼的行为，不是对每一个犯罪嫌疑人、被告人都必须适用强制措施。

4. 它必须严格依照法律规定适用。强制措施的采用将剥夺或限制公民的人身自由，所以刑事诉讼法对每种强制措施的适用条件、程序及期限等都有具体的规定，适用时必须严格按照法律规定的条件、程序及期限进行，否则会因滥用强制措施而侵犯人权。

5. 它是一种临时性的措施。随着刑事诉讼的进行，强制措施可根据案件的具体情况而予以变更或解除。

二、强制措施的意义

作为法律赋予公、检、法机关的一种权力，正确、合法、及时地适用刑事诉讼强制措施，对于保证刑事诉讼活动的顺利进行，维护社会安定等都具有十分重要的意义，具体来说，表现在以下几个方面：

1. 可以防止犯罪嫌疑人、被告人逃避侦查、起诉和审判。犯罪分子在实施犯罪行为以后，总是千方百计地想逃避法律的制裁，当其感到可能被追究或已经受到追究时，往往要设法躲避、隐藏起来，企图逃避公安司法机关对其进行的侦查、起诉和审判。有了强制措施，可以最大限度地防止这种情况的发生，从而保证刑事诉讼活动的顺利进行。

2. 可以防止犯罪嫌疑人、被告人继续作案、再犯新罪。一些犯罪分子在实施犯罪以后，有可能铤而走险，继续犯罪，如杀人灭口，对检举人、被害人行凶报复等。对其适用强制措施，限制或剥夺其人身自由，就可以使他们失去再犯新罪的条件。

3. 可以防止犯罪嫌疑人、被告人自杀、自残等意外事件的发生。有的犯罪分子可能感到自己罪行严重难逃法律的严惩，或者认为自己犯罪后已身败名裂，就可能畏罪自杀或以自杀来寻求解脱。因此，为了避免这种情形的发生，就应该及时对其采取强制措施。

4. 可以防止犯罪嫌疑人、被告人可能进行的妨碍迅速查明案情的活动。犯罪分子在实施犯罪行为后，为了掩盖罪行，往往会制造假象，毁灭、伪造证据，与同案犯订立攻守同盟等。在这种情况下，对其采取强制措施，有利于司法机关调查收集证据，查明案件事实。

5. 可以警诫社会上的不法人员，威慑犯罪分子，鼓励群众积极同犯罪行为作斗争，起到预防犯罪的作用。对犯罪分子适用强制措施，就会警告那些企图作案的不稳定分子，使其慑于法律的威严而不敢轻举妄动，人民群众也会因此受到鼓舞，积极参与同犯罪分子的斗争。这样就可以较好地预防犯罪，从而有利于社会治安的综合治理。

三、强制措施的性质

刑事诉讼强制措施的性质在于它的诉讼性和预防性。诉讼性是指强制措施的程序意义，即公、检、法机关在诉讼中所采用的程序性措施；预防性是指适用强制措施的目的在于保证刑事诉讼的顺利进行，防止犯罪嫌疑人、被告人逃避侦查、起诉和审判。刑事强制措施的这两个特点决定了它不是对案件事实和犯罪嫌疑人、被告人行为事实的认定和结论。所以，刑事强制措施与刑罚、行政处罚以及民事诉讼、行政诉讼强制措施在性质上是根本不同的。

（一）强制措施与刑罚

刑罚是国家为惩罚犯罪而制定的、由专门机关对犯罪分子适用的处罚方法。强制措施同管制、拘役、有期徒刑、无期徒刑等刑罚方法一样，都是以国家权力为后盾的强制方法；都使适用对象的人身自由受到限制或被剥夺；都是同犯罪作斗争的手段。这些是二者的共同之处，但同时，它们又有以下本质差别：

1. 适用的目的不同。强制措施是一种诉讼保障措施，其目的在于保障侦查、起诉和审判的顺利进行，不具有惩罚或制裁功能，具有程序上的保障和防范作用；而刑罚是对已经确定为犯罪的犯罪分子的处罚，具有明显的惩罚性质，其目的是为了惩罚、教育和改造犯罪分子，使其早日回归社会。

2. 适用的对象不同。强制措施适用于被公、检、法机关追诉但没有被人民法院确定为有罪的犯罪嫌疑人、被告人；而刑罚只能适用于经人民法院审判确定为有罪的罪犯。

3. 适用的机关不同。在强制措施体系中，除了拘留不能由人民法院适用之外，对于其他强制措施，公、检、法机关都有权适用；而刑罚只有行使审判权的人民法院才能适用。

4. 法律依据不同。适用强制措施依据的主要是刑事诉讼法，另外还要考虑刑法及法院组织法等法律的规定；而适用刑罚则以刑法为依据。

5. 适用的时间不同。强制措施适用于自刑事诉讼开始到判决发生法律效力交付执行前的全过程；而刑罚则在人民法院作出确定判决之后才能适用。

6. 稳定性不同。强制措施具有相对的可变性，可以根据实际情况随时变更或撤销；而刑罚则相对稳定，判决一经生效，非经法定程序不得改变。

7. 法律后果不同。强制措施不是刑事处罚，被采取强制措施的人如果被宣告无罪，则不应视为有前科；而刑罚则产生前科效力，在一定情况下（如累犯）可成为今后犯罪从重处罚的情节。

（二）强制措施与行政处罚

行政处罚是国家行政管理机关对具有行政违法行为的公民、法人或其他组织依法给予的行政制裁，具体有警告、罚款、没收违法所得、责令停产停业、吊销执照、行政拘留等。强制措施与某些行政处罚（如行政拘留）虽然具有相似之处。但两者存在着重大区别，主要表现在：

1. 性质不同。强制措施是诉讼过程中的预防、保证性措施，具有程序作用；而行政处罚是对公民、法人或其他组织所进行的行政制裁，是一种实体性结论。

2. 适用对象不同。强制措施适用于可能触犯了刑律的犯罪嫌疑人、被告人；而行政处罚适用于违反行政法律的公民、法人和其他组织。

3. 适用的机关不同。强制措施只能由公安机关、人民检察院、人民法院适用，而行政处罚由相应的国家行政机关适用。

4. 法律依据不同。刑事诉讼强制措施依据的是刑事诉讼法；而行政处罚依据的是行政处罚法或其他有关的行政法律、法规及地方性规章等。

5. 稳定性不同。刑事诉讼强制措施具有相对的可变性，根据诉讼实际情况可以变更或撤销；而行政处罚作为一种行政制裁手段，一经决定，非依法定程序通常不得变更。

（三）刑事诉讼强制措施与民事、行政诉讼强制措施

两者相同之处是：都是在诉讼过程中适用的强制方法；都是为了保证诉讼的顺利进行；有些强制措施的名称与形式也是相同的，如拘留、拘传。同

时，两者也有着重大的区别，表现为：

1. 性质不同。刑事诉讼强制措施是为了防止犯罪嫌疑人、被告人逃避侦查、起诉和审判，预防性、保证性是其功能所在；而民事、行政诉讼强制措施除了保障功能之外，还具有对妨碍诉讼顺利进行者的制裁功能。

2. 适用对象不同。刑事诉讼强制措施只能适用于犯罪嫌疑人、被告人；而民事、行政诉讼强制措施除拘传仅适用于被告外，其他措施不仅适用于当事人和其他诉讼参与人，还可以对没有参加诉讼但妨害诉讼顺利进行的人适用。

3. 适用的机关不同。刑事诉讼强制措施除拘留不能由人民法院适用外，各公、检、法机关对所有的强制措施都有权适用；而民事、行政诉讼强制措施只能由人民法院适用。

4. 适用的阶段不同。刑事诉讼强制措施适用于立案、侦查、起诉和审判阶段，执行阶段不存在适用强制措施的问题；而民事、行政诉讼强制措施既适用于审判阶段，也适用于执行阶段。

5. 种类不同。刑事诉讼强制措施有拘传、取保候审、监视居住、拘留和逮捕；民事、行政诉讼强制措施有拘传、训诫、责令退出法庭和拘留。还应看到，各强制措施中有些名称虽然相同，如拘留，但其性质是不同的。

6. 法律依据不同。刑事诉讼中采取强制措施的依据是刑事诉讼法；而民事、行政诉讼中采取强制措施的依据是民事诉讼法、行政诉讼法。

四、适用强制措施的原则和应当考虑的因素

适用强制措施的目的在于保障刑事诉讼的顺利进行，在客观上会不同程度地限制甚至剥夺被适用对象的人身自由，如果适用不当，就会造成对公民基本人权的粗暴侵犯，从而产生巨大的负面影响。因此，在适用强制措施时，必须坚持打击犯罪与保障人权、严肃与谨慎相结合的指导方针。既要依法对犯罪嫌疑人、被告人的人身自由进行必要限制，又要注意保护公民的人身自由和其他各项合法权利；对于必须采取强制措施的人，既应当坚决、果断地采取强制措施，同时又要注意严格地按照法定程序进行，不能滥用。

（一）适用强制措施的原则

在刑事诉讼中适用强制措施应当遵守以下原则：

1. 合法性原则。公安司法机关对各种强制措施的采用，必须严格遵守法律规定的批准权限、适用对象、条件、程序和期限。

2. 必要性原则。适用强制措施的目的在于保证侦查、起诉和审判的顺利进行，在必要时才能采用，不能将强制措施作为一种处罚手段而随意适用。

3. 比例原则。适用强制措施要与行为人的行为性质、社会危害性和人身

危险性程度相适应。

4. 可变性原则。任何强制措施，都应随着诉讼的进程和案件情况的变化而及时变更或解除。

（二）适用强制措施应当考虑的因素

对于具体案件是否适用强制措施，适用哪一种强制措施，要根据上述原则，并考虑以下因素：

1. 犯罪嫌疑人、被告人所实施行为的性质和社会危害性大小。犯罪嫌疑人、被告人涉嫌实施的犯罪行为性质越严重、社会危害性越大，对其采取强制措施的必要性也就较大，选用强制措施的严厉程度也就越高。

2. 犯罪嫌疑人、被告人是否有逃避或妨碍侦查、起诉、审判的可能性及可能性的大小。如果犯罪嫌疑人、被告人有串供、隐匿、毁灭证据等逃避侦查、起诉、审判的可能性，就应对其适用强制措施。强制措施的强度要与这种可能性的大小相适应。

3. 犯罪嫌疑人、被告人人身危险性的大小。如果犯罪嫌疑人、被告人是主犯、累犯或者严重危害社会治安的犯罪分子，表明其人身危险性较大，对其适用强制措施的可能性和严厉程度也就越大；若是初犯或过失犯，对其适用强制措施的可能性就较小。

4. 公安司法机关对案件事实的调查情况和对案件证据的掌握程度。适用各种强制措施都有一定的法定条件，只有根据已经查明的案件事实和已有的证据才能确定对犯罪嫌疑人、被告人采取强制措施的种类。

5. 犯罪嫌疑人、被告人的个人情况。犯罪嫌疑人、被告人的一些个人情况有时也是适用强制措施应考虑的因素，如他们的身体状况、是否年老多病、是否为正在怀孕或哺乳自己婴儿的妇女等。

第二节 拘 传

一、拘传的概念和特征

拘传，是指公安机关、人民检察院和人民法院强制未被羁押的犯罪嫌疑人、被告人到指定地点接受讯问的一种强制方法。它是我国刑事诉讼强制措施体系中最轻的一种，公安机关、人民检察院和人民法院在刑事诉讼过程中都有权决定适用。

根据《刑事诉讼法》第64条、第117条以及有关的司法解释，拘传具有如下特征：

1. 拘传的适用对象是未被羁押的犯罪嫌疑人、被告人，即没有被拘留或逮捕的犯罪嫌疑人、被告人。对已经在押的犯罪嫌疑人、被告人，可随时进行讯问，不需要拘传。

2. 传唤不是拘传的必经程序。公、检、法机关在没有经过传唤的情况下可以直接适用拘传。当然，在实践中，通常是先合法传唤，在犯罪嫌疑人、被告人无正当理由拒不到庭的情况下，再实施拘传。

3. 拘传的目的是强制犯罪嫌疑人、被告人到案接受讯问，其人身自由会受到一定限制，但并没有羁押的效力。在拘传期间内决定不采取其他强制措施的，拘传期限届满，应当结束拘传。

二、拘传的意义

拘传作为刑事诉讼中强制措施的一种，其目的是为了保证刑事诉讼活动的顺利进行。因此，在刑事诉讼过程中适用拘传具有以下意义：

1. 可以保证未被羁押的犯罪嫌疑人、被告人及时到案，接受讯问，有利于公安司法机关收集证据、查明案情。

2. 可以保证未被羁押的犯罪嫌疑人、被告人的一些合法权利不受限制，使其能够得以正常地工作和学习，有利于社会的稳定。

3. 由于拘传是强制措施中最轻的一种，适用拘传可以教育、感化、挽救一些犯罪嫌疑人、被告人，以达到预防犯罪的效果。

三、拘传与传唤、留置盘查的区别

（一）拘传与传唤的区别

传唤是指公安机关、人民检察院和人民法院使用传票通知刑事诉讼的当事人在指定的时间自行到指定的地点接受讯问的诉讼活动。拘传和传唤的相同点都是公、检、法机关进行的诉讼活动，其内容都是告知被拘传或被传唤的人在什么时间、到什么地点接受讯问。但两者有明显的区别：

1. 适用的对象不同。拘传只能适用于犯罪嫌疑人、被告人；而传唤不仅可以对犯罪嫌疑人、被告人适用，还可以对其他当事人适用，如自诉人、被害人、附带民事诉讼的原告人和被告人等。

2. 强制力不同。拘传是一种强制措施，具有强制性，对不愿到案接受讯问的犯罪嫌疑人、被告人必要时可以使用戒具；而传唤是以传票的形式通知犯罪嫌疑人、被告人到案接受讯问，其性质等同于通知，不具有强制性质，不是强制措施。

（二）拘传与留置盘查的区别

留置盘查是指公安机关的人民警察为维护社会治安，核查有关人员的身份，初步查明是否存在违法或犯罪事实，在紧急情况下采取的一种临时处置方法。

《人民警察法》第 9 条第 1 款规定："为维护社会治安秩序，公安机关的人民警察对有违法犯罪嫌疑的人员，经出示相应证件，可以当场盘问、检查；经盘问、检查，有下列情形之一的，可以将其带至公安机关，经该公安机关批准，对其继续盘问：①被指控有犯罪行为的；②有现场作案嫌疑的；③有作案嫌疑，身份不明的；④携带的物品有可能是赃物的。"该条第 2 款规定："对被盘问人的留置时间自带至公安机关之时起不超过 24 小时，在特殊情况下，经县级以上公安机关批准，可以延长至 48 小时，并应当留有盘问记录。对于批准继续盘问的，应当立即通知其家属或者其所在单位。对于不批准继续盘问的，应当立即释放被盘问人。"

拘传和留置盘查在要求被拘传人、被留置盘查人交待问题上有相似之处，但两者有显著的区别：

1. 性质不同。拘传是刑事诉讼中的强制措施；留置盘查则是《人民警察法》所规定的行政措施。

2. 适用的机关不同。拘传可以由公安机关、人民检察院和人民法院适用；而留置盘查则只有公安机关的人民警察有权适用。

3. 适用对象不同。拘传可以对犯罪嫌疑人、被告人适用；而留置盘查则只能对涉嫌违法者或犯罪嫌疑人适用。

4. 适用场合不同。拘传只能在刑事诉讼过程中适用；而留置盘查则是在刑事诉讼以外采取。

5. 适用期限不同。拘传的期限为 12 小时，案情特别重大、复杂，需要采取拘留、逮捕措施的，传唤、拘传持续的时间不得超过 24 小时；而留置盘查的期限为 24 小时，在特殊情况下还可延长至 48 小时。

四、拘传的程序

根据《刑事诉讼法》和有关司法解释的规定，适用拘传的主要程序是：

1. 由案件的承办人提出申请，填写《呈请拘传报告书》，经本部门负责人审核后，报县级以上公安机关负责人、人民检察院检察长或人民法院院长批准，签发《拘传证》。《拘传证》上填写的内容包括：被拘传人的姓名、性别、年龄、籍贯、住址和工作单位，拘传的理由等。

2. 执行拘传应当在被拘传人所在的市、县内进行。公安机关、人民检察院或人民法院在本辖区以外拘传犯罪嫌疑人、被告人的，应当通知当地的公安机关、人民检察院或人民法院，当地的公安机关、人民检察院、人民法院应当予以协助。

3. 拘传应当由侦查人员或者司法警察执行。执行拘传的人员不得少于两人。拘传时，应当向被拘传人出示拘传证，对抗拒拘传的，可以使用戒具，强制其到案。

4. 对犯罪嫌疑人、被告人拘传后应当立即讯问。讯问结束后，如果被拘传人符合采取其他强制措施，如拘留、逮捕的条件的，应当依法采取其他强制措施。如果不需要采取其他强制措施的，应当将其立即释放。

5. 一次拘传持续的时间最长不得超过 12 小时，案情特别重大、复杂，需要采取拘留、逮捕措施的，传唤、拘传持续的时间不得超过 24 小时。不得以连续拘传的形式变相拘禁犯罪嫌疑人。2012 年最高检《规则（试行）》第 80 条规定，两次拘传间隔的时间一般不得少于 12 小时。拘传犯罪嫌疑人的，应当保证犯罪嫌疑人的饮食和必要的休息时间。

第三节 取保候审

一、取保候审的概念和种类

刑事诉讼中的取保候审，是指公安机关、人民检察院和人民法院责令犯罪嫌疑人、被告人提出保证人或者交纳保证金，以保证其不逃避或妨碍侦查、起诉和审判，并随传随到的一种强制方法。取保候审是一种限制人身自由的强制措施，在美国、德国等其他国家一般称为保释。

《刑事诉讼法》第 66 条规定："人民法院、人民检察院和公安机关决定对犯罪嫌疑人、被告人取保候审，应当责令犯罪嫌疑人、被告人提出保证人或者交纳保证金。"可见，取保候审的方式有两种：保证人保证和保证金保证。

1. 保证人保证。保证人保证是指公安机关、人民检察院和人民法院责令犯罪嫌疑人、被告人提出保证人并出具保证书，保证被保证人在取保候审期间不逃避和妨碍侦查、起诉和审判，并随传随到的保证方式。保证人担保的特点是以保证人的人格、名誉和信誉作保，并不涉及金钱，是纯粹的人格担保。保证可以通过保证人和犯罪嫌疑人、被告人之间的关系，对犯罪嫌疑人、被告人实行精神上和心理上的强制，使其不致逃避或妨碍侦查、起诉和审判。

2. 保证金保证。保证金保证是指公安机关、人民检察院和人民法院责令犯罪嫌疑人、被告人交纳保证金并出具保证书，保证在其取保候审期间，不逃避和妨碍侦查、起诉和审判，并随传随到的保证方式。保证金保证的特点是利用经济利益督促犯罪嫌疑人、被告人遵守取保候审的规定；出资人不是犯罪嫌疑人、被告人时，可以促使出资人对犯罪嫌疑人、被告人的行为进行有效的监督，从而保证犯罪嫌疑人、被告人自觉地履行在取保候审期间的义务。

上述两种取保候审形式是否可以并用？公安部《规定》、2012 年最高检

《规则（试行）》、最高法《解释》都明确规定，两种取保方法只能选择其一，不能同时并用。至于选择哪种保证方式，由公、检、法机关根据案件的具体情况决定。如2012年最高检《规则（试行）》第87条第3款规定："对符合取保候审条件，具有下列情形之一的犯罪嫌疑人，人民检察院决定取保候审时，可以责令其提供1~2名保证人：①无力交纳保证金的；②系未成年人或者已满75周岁的人；③其他不宜收取保证金的。"

二、取保候审的适用对象

取保候审的适用对象是犯罪嫌疑人、被告人，但不是对任何犯罪嫌疑人、被告人都可以采用取保候审。根据《刑事诉讼法》第64条、第65条、第79条及其他有关规定，公安司法机关对有下列情形之一的犯罪嫌疑人、被告人，可以取保候审：

1. 可能判处管制、拘役或者独立适用附加刑的。可能判处管制、拘役或者独立适用附加刑，说明罪行较轻，没有必要逮捕，对有可能逃避侦查、起诉和审判及其他妨碍诉讼顺利进行的行为，应当采用取保候审。

2. 可能判处有期徒刑以上刑罚，采取取保候审不致发生社会危险性的。有期徒刑是我国刑罚体系中相较于管制、拘役为重的刑种。犯罪嫌疑人、被告人如果可能被判处有期徒刑以上刑罚，说明其罪行较重，但如果采取取保候审不致发生社会危险性且没有逮捕必要的，应当采用取保候审。《刑事诉讼法》第79条第1款也规定，对有证据证明有犯罪事实，可能判处徒刑以上刑罚的犯罪嫌疑人、被告人，采取取保候审尚不足以防止发生社会危险性的，应当予以逮捕。据此，应当认为，对于可能判处徒刑以上刑罚的犯罪嫌疑人、被告人，只有在采取取保候审尚不足以防止发生社会危险性的情况下，才应当予以逮捕。也就是说，"以采取取保候审为原则，以逮捕为例外"。明确这一点，对于降低我国的未决羁押率、贯彻无罪推定原则意义重大。

3. 患有严重疾病，生活不能自理，怀孕或者正在哺乳自己婴儿的妇女，采取取保候审不致发生社会危险性的。本类情形又分为三种情况：一是患有严重疾病；二是因为年老、残疾等原因生活不能自理；三是怀孕或者正在哺乳自己婴儿的妇女。这三种犯罪嫌疑人、被告人，由于身体方面的原因，其人身危险性已经有所减弱，况且从人道主义出发，也不应对其予以关押。

4. 羁押期限届满，案件尚未办结，需要采取取保候审的。根据《刑事诉讼法》第96条的规定，犯罪嫌疑人、被告人被羁押的案件，不能在本法规定的侦查羁押、审查起诉、一审、二审期限内办结，需要继续查证、审理的，对犯罪嫌疑人、被告人可以取保候审。

5. 公安部《公安机关办理刑事案件程序规定》第77条第2款规定，对拘留的犯罪嫌疑人，证据不符合逮捕条件，以及提请逮捕后，人民检察院不批准逮捕，需要继续侦查，并且符合取保候审条件的，可以依法取保候审。

取保候审适用的对象除了上述法律规定以外，公安部和最高人民检察院还对不能适用取保候审的情形作了明确规定。《公安机关办理刑事案件程序规定》第78条规定，对累犯，犯罪集团的主犯，以自伤、自残办法逃避侦查的犯罪嫌疑人，严重暴力犯罪以及其他严重犯罪的犯罪嫌疑人不得取保候审，但犯罪嫌疑人具有上述第3、4项规定情形的除外。2012年最高检《规则（试行）》第84条规定："人民检察院对于严重危害社会治安的犯罪嫌疑人，以及其他犯罪性质恶劣、情节严重的犯罪嫌疑人不得取保候审。"对县级以上的各级人民代表大会代表适用取保候审时，应当经该级人民代表大会主席团或者人民代表大会常务委员会许可。

三、取保候审的程序

取保候审具有两种情形：公、检、法机关可以根据案件的具体情况，直接主动地决定取保候审，也可以根据犯罪嫌疑人、被告人及其法定代理人、近亲属或者其所委托的律师的申请，决定取保候审。

1. 申请取保候审。根据《刑事诉讼法》第95条和《律师法》第25条的规定，被羁押的犯罪嫌疑人、被告人及其法定代理人、近亲属和聘请的律师，可以提出取保候审的申请。取保候审的申请一般应是书面形式，只有在特殊情况下才可以用口头形式。

公安机关、人民检察院、人民法院在接到取保候审的申请书后，应当及时作出是否同意的答复，同意取保候审的，应当依法办理取保候审手续；不同意取保候审的，应当通知申请人，并说明不同意的理由。

公安司法机关认为符合取保候审条件，同意取保候审的，应当责令犯罪嫌疑人、被告人提出保证人或交纳保证金。

2. 提出保证人。保证人是指由犯罪嫌疑人、被告人提出，经公、检、法机关审查符合条件为其担保的人。并不是任何人都可以成为保证人，根据《刑事诉讼法》第67条的规定，保证人必须符合下列条件：①与本案无牵连；②有能力履行保证义务；③享有政治权利，人身自由未受到限制；④有固定的住处和收入。不符合这些法定条件的，不能成为保证人。同时，公、检、法机关还应当审查犯罪嫌疑人、被告人所提出的人是否愿意作保证人，不愿意作保证人的不能确定为保证人。另外，2012年最高检《规则（试行）》第95条规定，如果保证人在取保候审期间不愿继续担保或者丧失担保条件的，人民检察院应当在收到保证人不愿继续担保的申请或者发现其丧失担保条件后的3日以内，责令犯罪嫌疑人重新提出保证人或者交纳保证金。

根据《刑事诉讼法》第 68 条的规定，保证人在担保期间，应当履行下列义务：①监督被保证人遵守《刑事诉讼法》第 69 条的规定；②发现被保证人可能发生或者已经发生违反《刑事诉讼法》第 69 条规定的行为的，应当及时向执行机关报告。保证人如果没有尽到法定的义务，必须承担一定的法律后果，即被保证人有违反《刑事诉讼法》第 69 条规定的行为，保证人未及时报告的，对保证人可处以罚款；构成犯罪的，依法追究刑事责任。

3. 交纳保证金。没有采取保证人保证方式或者变更为保证金方式后，应当交纳保证金。关于保证金的形式，《关于取保候审若干问题的规定》第 7 条第 2 款规定："保证金应当以人民币交纳。"按照这一规定，除了人民币以外的其他货币和财物不能作为保证金。保证金可以由被保证人以自己的财产提供，也可以由被保证人的法定代理人、近亲属或者其他人提供，但必须向公安机关指定的银行专户交纳。这样规定的目的在于防止保证金管理中可能出现的混乱，杜绝截留、坐支、挪用或者以其他形式侵吞保证金。关于保证金的数额，《刑事诉讼法》第 70 条规定，取保候审的决定机关应当综合考虑保证诉讼活动正常进行的需要，被取保候审人的社会危险性，案件的性质、情节，可能判处刑罚的轻重，被取保候审人的经济状况等情况，确定保证金的数额。《关于取保候审若干问题的规定》第 5 条规定，保证金起点数额为人民币 1000 元。不过，2012 年最高检《规则（试行）》规定，对于未成年犯罪嫌疑人可以责令交纳 500 元以上的保证金。总的来讲，取保候审是一种较轻的强制措施，收取保证金不宜过重，否则既可能侵犯人权，又可能影响赃款、赃物的追缴工作。

4. 决定取保候审。《关于取保候审若干问题的规定》第 2 条第 1 款规定："对犯罪嫌疑人、被告人取保候审的，由公安机关、国家安全机关、人民检察院、人民法院根据案件的具体情况依法作出决定。"可见，取保候审的决定权由公安机关、人民检察院、人民法院和国家安全机关各自掌握。需要对犯罪嫌疑人、被告人取保候审的，应当由承办人员提出《取保候审意见书》，经本部门负责人审核后，报县级以上公安机关负责人、人民检察院检察长或者人民法院院长批准。取保候审的执行机关为公安机关，因此人民检察院或人民法院决定取保候审的，在签发《取保候审决定书》的同时，还得另行签发《执行取保候审通知书》，一并送达公安机关执行。

5. 执行取保候审。《刑事诉讼法》第 65 条第 2 款规定："取保候审由公安机关执行。"因此，公安机关决定取保候审的，应当及时通知犯罪嫌疑人居住地的派出所执行；人民检察院、人民法院决定取保候审的，应当将《取保候审决定书》和《执行取保候审通知书》送达公安机关，由公安机关及时指定犯罪嫌疑人、被告人所在地的派出所执行。如果是以保证人方式保证的，还应当将保证人的保证书同时送达公安机关。《关于取保候审若干问题的规定》第2条第2款规定，国家安全机关决定取保候审的，由国家安全机关执行。在办理国家安全机关移送的犯罪案件时决定取保候审的，由国家安全机关执行。

公安机关在执行取保候审时，应当向取保候审的犯罪嫌疑人、被告人宣读《取保候审决定书》并令其签名或盖章，告知其在取保候审期间应当遵守的规定以及违反规定应承担的法律责任。

根据《刑事诉讼法》第69条规定，被取保候审的犯罪嫌疑人、被告人，在取保候审期间，应当遵守以下一般规定：

(1) 未经执行机关批准不得离开所居住的市、县。这是对犯罪嫌疑人、被告人在取保候审期间活动地域的限制。在被取保候审期间，犯罪嫌疑人、被告人只能在其所居住的市、县之内活动，不得超出该市、县。这里的"市"是指直辖市、设区的市的城市市区和县级市的辖区。如果有正当理由需要离开，必须经过负责执行的公安机关批准。如果取保候审的决定机关是人民法院或人民检察院，执行机关应当得到原决定机关的同意。

(2) 住址、工作单位和联系方式发生变动的，在24小时以内向执行机关报告。为了保障执行机关的监督管理，便于司法机关传讯，对于自己的住址、工作单位和联系方式，被取保候审的犯罪嫌疑人、被告人应当如实报告给司法机关。随着经济社会的发展，人员流动性加强，人们的住址、工作单位和联系方式时有变动。对于这种变动，被取保候审的犯罪嫌疑人、被告人应当在变动后24小时内向执行机关报告。这些变动本身不需要经过执行机关批准，但是如果变动后的住址、工作单位不在原来所居住的市、县之内，就需要先经执行机关批准。如果变动后的住址、工作单位不在原来所居住的市、县，办案机关认为对犯罪嫌疑人、被告人不宜再取保候审的，可以采取其他强制措施。

(3) 在传讯的时候及时到案。取保候审的目的是为了保证侦查、起诉和审判的顺利进行，作为犯罪嫌疑人、被告人必须与司法机关配合，做到随传随到。

(4) 不得以任何方式干扰证人作证。被取保候审的犯罪嫌疑人、被告人，在取保候审期间，不能实施干扰证人作证的行为，包括对有关证人采取威胁、殴打、报复，使其不能作证，不敢作证，或者使用贿赂手段，指使、引诱证人使其不作证或者作伪证。这些行为既可能是本人亲自实施的，也可能是指使他人实施的。

（5）不得毁灭、伪造证据或者串供。即被取保候审人不得利用未被羁押的便利条件与其他同案人订立攻守同盟，统一口径，隐藏、销毁、伪造与案件有关的证据材料。

除了上述5项一般规定外，人民法院、人民检察院和公安机关还可以根据案件情况，责令被取保候审的犯罪嫌疑人、被告人遵守以下一项或者多项特别规定：

（1）不得进入特定的场所。特定的场所，是指根据犯罪的性质及犯罪嫌疑人的个人倾向、心理状态等，可能会对这一场所正常的生产、生活或者学习造成不利影响，比如引起恐慌等，或者导致犯罪嫌疑人因为场景刺激而再次犯罪的场所或地点。比如禁止猥亵儿童犯罪、毒品犯罪等的犯罪嫌疑人、被告人进入学校、医院等场所；禁止盗窃犯罪的犯罪嫌疑人、被告人进入商场、车站等大型人员密集场所等。

（2）不得与特定的人员会见或者通信。"特定的人员"一般是指案件的被害人、同案犯、证人、鉴定人等人员。犯罪嫌疑人、被告人与这些人员会见或者通信，有可能会串供、威胁引诱欺骗证人、打击报复被害人或者证人等，从而影响诉讼的顺利进行。

（3）不得从事特定的活动。一般是指禁止从事与其被指控的犯罪有关的活动。这些特定的活动，或者是与被指控的犯罪系同一类或者相似的行为，可能会引发犯罪嫌疑人、被告人新的犯意，或者可能对正常的社会生产、生活秩序造成不利影响。比如，对于涉嫌证券犯罪的，禁止从事证券交易；对于涉嫌贩毒、吸毒的，禁止从事医药卫生工作中接触精神药品和麻醉药品的活动；对于涉嫌拐卖妇女儿童的，禁止参加与儿童接触的教学活动等。

（4）将护照等出入境证件、驾驶证件交执行机关保存。这里的"出入境证件"、"驾驶证件"包括护照、海员证、签证等能够证明其身份以及允许进出中国的证件，以及港澳通行证、台胞证等允许进出大陆内地的证件，以及交通运输管理部门颁发的允许驾驶机动车（船）的驾驶证等证件。但公民身份证不在上述证件之列。将上述证件交执行机关保存，有利于执行机关加强监管，防止被取保候审的犯罪嫌疑人、被告人逃脱监管。

被取保候审的犯罪嫌疑人、被告人，在取保候审期间遵守了上述规定，如果是以保证金形式提供担保的，应当将其保证金退还；如果违反了上述规定，则应没收保证金的全部或者一部分，并根据案件的具体情况，责令犯罪嫌疑人、被告人具结悔过、重新交纳保证金、提出保证人，或者监视居住、予以逮捕。

6. 取保候审期限。《刑事诉讼法》第77条规定，人民法院、人民检察院和公安机关对犯罪嫌疑人、被告人取保候审最长不得超过12个月。在此期限内不得中断对案件的侦查、起诉和审判。《关于取保候审若干问题的规定》第3条规定:"对犯罪嫌疑人、被告人决定取保候审的,不得中止对案件的侦查、起诉和审理。严禁以取保候审变相放纵犯罪。"在司法实践中,公、检、法三机关实际将此期限解释为在诉讼的不同阶段各自采取取保候审最长不得超过12个月。理论界对此意见不一。有的赞同这一解释,但强调本系统内的不同级别、不同地区的机关不得重复使用取保候审。也有的学者则认为公、检、法三机关在整个刑事诉讼过程中对犯罪嫌疑人、被告人采取取保候审的期限合计不得超过12个月。

7. 解除取保候审。根据《刑事诉讼法》第77条的规定,解除取保候审的原因有:①发现对被取保候审的人不应追究刑事责任。属于这种情形的是已经查明无罪或符合《刑事诉讼法》第15条规定的6种法定情形之一。②取保候审期限届满。《刑事诉讼法》第97条规定,犯罪嫌疑人、被告人及其法定代理人、近亲属或者辩护人对于人民法院、人民检察院或者公安机关采取强制措施法定期限届满的,有权要求解除强制措施。2012年最高检《规则(试行)》第108条规定:"犯罪嫌疑人及其法定代理人、近亲属或者辩护人认为取保候审期限届满,向人民检察院提出解除取保候审要求的,人民检察院应当在3日以内审查决定。经审查认为法定期限届满的,经检察长批准后,解除取保候审;经审查未超过法定期限的,书面答复申请人。"公安机关、人民检察院和人民法院决定解除取保候审的,应当制作解除取保候审决定书,写明理由及决定事项。决定书应送达被取保候审人,通知执行机关,退还保证金。有保证人的,还应通知保证人,以解除其保证义务。如果是由人民检察院、人民法院决定以及解除取保候审的,人民检察院和人民法院还应当通知公安机关。

第四节 监视居住

一、监视居住的概念和种类

监视居住是指公安机关、人民检察院和人民法院责令犯罪嫌疑人、被告人在一定期限内,未经批准不得擅自离开住处或指定居所,并对其行动加以监视和控制的一种强制方法。监视居住的强制程度在取保候审与逮捕、拘留之间,属较严厉的限制犯罪嫌疑人、被告人人身自由的强制措施。监视居住是逮捕的替代措施;在特定情形下,也可以作为取保候审的替代措施。

根据《刑事诉讼法》第73条的规定,监视居住分为两种,即在犯罪嫌疑人、被告人的住处执行的监视居住和在指定的居所执行的监视居住。监视居住一般应当在犯罪嫌疑人、被告人的住处执行；无固定住处的，可以在指定的居所执行。对于涉嫌危害国家安全犯罪、恐怖活动犯罪、特别重大贿赂犯罪，在住处执行可能有碍侦查的，经上一级人民检察院或者公安机关批准，也可以在指定的居所执行。但是，不得在羁押场所、专门的办案场所或者办公场所执行。由于两种类型的监视居住对被监视居住人人身自由限制的程度不一样，《刑事诉讼法》在适用条件、程序、监督和法律后果方面作了不同的规定。

二、监视居住的适用条件

1996 年《刑事诉讼法》规定的监视居住的适用条件与取保候审的适用条件完全一致，现行《刑事诉讼法》对监视居住的性质进行了重新定位，因此单独规定了监视居住的适用条件，缩小了监视居住的适用范围。根据《刑事诉讼法》第 72 条的规定，采取监视居住措施要同时符合以下两个条件：

1. 符合逮捕条件。也就是说，可以采取监视居住措施的是符合《刑事诉讼法》第 79 条规定的逮捕条件的犯罪嫌疑人、被告人。这就明确了监视居住作为逮捕的替代措施的性质。

2. 必须具有下列五种情形之一：

（1）患有严重疾病、生活不能自理的。"患有严重疾病"是指病情严重，生命垂危，在羁押场所内容易导致传染，羁押场所的医疗条件无法治疗该种疾病而需要外出就医，确实需要家属照料生活等情况。"生活不能自理"是指因年老、严重残疾等导致丧失行动能力，无法自己照料自己的基本生活，需要他人照料的情形。对患有严重疾病、生活不能自理的犯罪嫌疑人、被告人进行监视居住而不予逮捕，体现了刑事诉讼的人道主义精神。

（2）怀孕或者正在哺乳自己婴儿的妇女。这里的婴儿是指未满 1 周岁的孩童。

（3）系生活不能自理的人的唯一扶养人。本情形要求被扶养人丧失生活自理能力，比如因为疾病、残疾、年老丧失生活能力或者行动能力、年幼等无法照顾自己基本生活的情况，并且犯罪嫌疑人、被告人系该生活不能自理的人的唯一扶养人。根据 2012 年最高检《规则（试行）》第 109 条的规定，这里的扶养包括父母、祖父母、外祖父母对子女、孙子女、外孙子女的抚养和子女、孙子女、外孙子女对父母、祖父母、外祖父母的赡养以及配偶、兄弟姐妹之间的相互扶养。

（4）因为案件的特殊情况或者办理案件的需要，采取监视居住措施更为适宜。"案件的特殊情况"一般是指案件的性质、情节等表明，虽然犯罪嫌疑人、被告人符合逮捕条件，但是采取更为轻缓的强制措施不致发生《刑事诉讼法》第79条规定的社会危险性，或者因为案件的特殊情况，对犯罪嫌疑人、被告人采取监视居住措施能够取得更好的社会效果的情形。比如，因长期受迫害所引发的杀人、伤害案件，引起社会同情，且现实危险性较小的；犯罪嫌疑人、被告人悔罪赎罪态度明确积极，得到被害人、社会谅解的案件等。"办理案件的需要"是从有利于继续侦查犯罪，或者有利于诉讼活动获得更好的社会效果出发，对本来应当逮捕的犯罪嫌疑人、被告人采取监视居住措施。比如为抓获可能与其联系的同案犯，防止其他犯罪嫌疑人因为与其无法联系而潜逃，对犯罪嫌疑人、被告人不采取羁押措施，而采取监视居住措施更为有利的。

（5）羁押期限届满，案件尚未办结，需要采取监视居住措施的。本规定有利于督促司法机关抓紧时间办案，减少久拖不决的案件数量，有助于解决超期羁押问题。

需要注意的是，在指定的居所执行的监视居住还必须满足《刑事诉讼法》第73条第1款规定的特别条件，即犯罪嫌疑人、被告人没有固定住处，或者属于涉嫌危害国家安全犯罪、恐怖活动犯罪、特别重大贿赂犯罪，在住处执行可能有碍侦查的情况。否则，不能在指定居所执行监视居住。根据2012年最高检《规则（试行）》，"特别重大贿赂犯罪"是指有下列情形之一的：①涉嫌贿赂犯罪数额在50万元以上，犯罪情节恶劣的；②有重大社会影响的；③涉及国家重大利益的。根据公安部《规定》，"有碍侦查"是指有下列情形之一的：①可能毁灭、伪造证据，干扰证人作证或者串供的；②可能引起犯罪嫌疑人自残、自杀或者逃跑的；③可能引起同案犯逃避、妨碍侦查的；④犯罪嫌疑人、被告人在住处执行监视居住有人身危险的；⑤犯罪嫌疑人、被告人的家属或者所在单位人员与犯罪有牵连的。

《刑事诉讼法》还规定在以下两种特殊情形下也可适用监视居住措施：①符合取保候审条件但无法采取取保候审措施的。《刑事诉讼法》第72条第2款规定，对符合取保候审条件，但犯罪嫌疑人、被告人不能提出保证人，也不交纳保证金的，可以监视居住。②被取保候审的犯罪嫌疑人、被告人违反取保候审规定的。《刑事诉讼法》第69条第3款规定，被取保候审的犯罪嫌疑人、被告人违反规定，司法机关可以区别情形，对其采取监视居住措施。由此可以认为，在特殊情况下，监视居住也可以作为取保候审的替代措施。

此外，公安部《规定》还规定，对人民检察院决定不批准逮捕的犯罪嫌疑人，需要继续侦查，并且符合监视居住条件的，可以监视居住。

三、被监视居住人应遵守的规定及违反规定的法律责任

根据《刑事诉讼法》第 75 条第 1 款规定，被监视居住的犯罪嫌疑人、被告人应当遵守以下规定：

1. 未经执行机关批准不得离开执行监视居住的处所。这里的"处所"主要指固定住处和指定的居所。所谓固定住处，是指犯罪嫌疑人、被告人在办案机关所在的市、县内生活的合法住处。所谓指定的居所是指办案机关根据案件情况，在办案机关所在的市、县内给被监视居住人指定的生活居所。被监视居住人有正当理由要求离开住处或指定的居所的，须经过公安机关批准。人民法院、人民检察院决定监视居住的，公安机关在作出批准决定前，应当征得决定机关同意。所谓正当理由，是指被监视居住人有治病、奔丧等正当事由。

为防止将监视居住成为变相羁押，公安机关不得建立专门的监视居住场所，对犯罪嫌疑人、被告人不得在看守所、行政拘留所、留置室或公安机关的其他工作场所执行监视居住。

2. 未经执行机关批准不得会见他人或者通信。即被监视居住人未经执行机关批准，不得会见除与自己共同居住的家庭成员和聘请的辩护律师、辩护人以外的人，也不得与这些人以外的其他人通信。这里的"通信"除了指一般的信件往来外，也包括通过新的通讯方式，比如通过电话、传真、电子邮件、手机短信等进行的沟通和交流。被监视居住人如果要会见他人或者与他人通信，必须经过执行机关批准方能进行。为保证被监视居住人遵守有关规定，《刑事诉讼法》第 76 条规定，执行机关对被监视居住的犯罪嫌疑人、被告人，可以采取电子监控、不定期检查等监视方法对其遵守监视居住规定的情况进行监督；在侦查期间，可以对被监视居住的犯罪嫌疑人的通信进行监控。对于辩护律师同被监视居住的犯罪嫌疑人、被告人会见、通信的，《刑事诉讼法》第 37 条第 3 款规定，危害国家安全犯罪、恐怖活动犯罪、特别重大贿赂犯罪案件，在侦查期间辩护律师会见在押的犯罪嫌疑人的，应当经侦查机关许可。

3. 在传讯的时候及时到案。监视居住的目的之一就在于保障刑事诉讼的顺利进行，因此，被监视居住的犯罪嫌疑人、被告人在被公、检、法机关传讯时，必须及时到案，接受讯问。

4. 不得以任何形式干扰证人作证。即被监视居住人不得以口头、书面或者以暴力、威胁、恫吓、引诱、收买证人等形式阻扰证人作证或者不如实作证，也不得指使他人采取这些方式阻扰证人作证或者不如实作证。

5. 不得毁灭、伪造证据或者串供。即被监视居住人不得利用自己未被羁

押的便利条件,隐匿、销毁、伪造与案件有关的证据材料或者串供,或者指使他人采取这些方式毁灭、伪造证据或者串供。

6. 将护照等出入境证件、身份证件、驾驶证件交执行机关保存。身份证件主要是指公民身份证,出入境证件、驾驶证件的含义与《刑事诉讼法》第69条规定的范围一致。显然,与取保候审的规定相比,被监视居住人还必须将身份证件交执行机关保存,足见监视居住确实是比取保候审更加严厉的强制措施。

根据《刑事诉讼法》第75条第2款的规定,被监视居住的犯罪嫌疑人、被告人如果违反上述规定,情节严重的,可以予以逮捕;需要予以逮捕的,可以对犯罪嫌疑人、被告人先行拘留。2012年最高检《规则(试行)》第121条则对此进行了细化。犯罪嫌疑人如实施下列行为之一的,人民检察院应当将其予以逮捕:①故意实施新的犯罪行为的;②企图自杀、逃跑,逃避侦查、审查起诉的;③实施毁灭、伪造证据或者串供、干扰证人作证行为,足以影响侦查、审查起诉工作正常进行的;④对被害人、证人、举报人、控告人及其他人员实施打击报复的。犯罪嫌疑人如实施下列行为之一,人民检察院可以将其予以逮捕:①未经批准,擅自离开执行监视居住的处所,造成严重后果,或者两次未经批准,擅自离开执行监视居住的处所的;②未经批准,擅自会见他人或者通信,造成严重后果,或者两次未经批准,擅自会见他人或者通信的;③经传讯不到案,造成严重后果,或者经两次传讯不到案的。

四、监视居住的程序

(一)监视居住的决定

根据《刑事诉讼法》第72条的规定,公安机关、人民检察院和人民法院都有权决定对犯罪嫌疑人、被告人采取监视居住措施。具体操作程序为:承办案件的司法工作人员提出《监视居住意见书》,报部门负责人审核,经公安机关负责人、人民检察院检察长、人民法院院长批准后,制作《监视居住决定书》。《监视居住决定书》应写明犯罪嫌疑人、被告人的姓名、住址等身份状况,被监视居住人应遵守的事项和违反规定的法律后果,执行机关的名称等内容,并向被监视居住人宣布。对于涉嫌危害国家安全犯罪、恐怖活动犯罪、特别重大贿赂犯罪,在住处执行可能有碍侦查,要在指定的居所执行监视居住的,必须经上一级人民检察院或者公安机关批准。人民检察院、人民法院决定监视居住的,应当将《监视居住决定书》和《执行监视居住通知书》送达公安机关。

(二)监视居住的执行

根据《刑事诉讼法》第72条第3款的规定,监视居住由公安机关执行。

具体由被监视居住人住处或指定的居所所在地的派出所执行。人民检察院、人民法院决定监视居住的，负责执行的县级公安机关应当在收到法律文书和有关材料，核实被监视居住对象后，及时指定被监视居住人住所和居所所在地的派出所执行。

公安机关对犯罪嫌疑人、被告人执行监视居住的，应当向被执行人宣读《监视居住决定书》，并由其签名或盖章，同时告知其在监视居住期间应当遵守的规定。如果发现被监视居住人违反应遵守的规定的，应及时报告监视居住决定机关，以便考虑是否变更强制措施。

（三）指定居所监视居住的通知

根据《刑事诉讼法》第73条第2款的规定，指定居所监视居住的，除无法通知的以外，应当在执行监视居住后24小时以内，通知被监视居住人的家属。根据公安部《公安机关办理刑事案件程序规定》，有下列情形之一的，属于"无法通知"：①不讲真实姓名、住址、身份不明的；②没有家属的；③提供的家属联系方式无法取得联系的；④因自然灾害等不可抗力导致无法通知的。无法通知的情形消失以后，应当立即通知被监视居住人的家属。无法通知家属的，应当在监视居住通知书中注明原因。

（四）监视居住的期限

根据《刑事诉讼法》第77条的规定，公、检、法三机关采取监视居住的期限最长不得超过6个月。在监视居住期间，不得中断对案件的侦查、起诉和审判。

（五）监视居住的解除

监视居住期限届满或者发现有符合《刑事诉讼法》第15条规定的不应该追究刑事责任的情形的，原决定监视居住的机关应当立即解除监视居住，并通知执行机关。2012年最高检《规则（试行）》还规定，对于特别重大贿赂犯罪案件决定指定居所监视居住的，人民检察院侦查部门应当自决定指定居所监视居住之日起每2个月对指定居所监视居住的必要性进行审查，没有必要继续指定居所监视居住或者案件已经办结的，应当解除指定居所监视居住或者变更强制措施。

犯罪嫌疑人、被告人及其法定代理人、近亲属或者犯罪嫌疑人、被告人委托的律师及其他辩护人，对监视居住超过法定期限的，有权要求解除监视居住。经审查情况属实的，应当作出解除的决定，并通知执行机关。

（六）指定居所监视居住的刑期折抵

根据《刑事诉讼法》第74条的规定，指定居所监视居住的期限应当折抵刑期。被判处管制的，监视居住1日折抵刑期1日；被判处拘役、有期徒刑的，监视居住 2 日折抵刑期 1 日。

（七）对指定居所的监视居住的监督

根据《刑事诉讼法》第 73 条第 4 款的规定，人民检察院对指定居所监视居住的决定和执行是否合法实行监督。

第五节 拘 留

一、拘留的概念与特征

刑事诉讼中的拘留，又称刑事拘留，是指公安机关、人民检察院在侦查过程中，遇到法定的紧急状况，对现行犯或者重大嫌疑分子所采取的暂时剥夺其人身自由的一种强制方法。

综合我国《刑事诉讼法》的规定，刑事拘留具有如下特征：

1. 拘留是剥夺人身自由的强制措施。与拘传、取保候审、监视居住相比较，拘留的突出特点在于剥夺人身自由，它是一种相当严厉的强制措施。

2. 有权决定采用拘留的机关是公安机关和人民检察院。除此之外，其他任何机关（包括人民法院）、团体和个人都没有对一个人实施拘留、剥夺其人身自由的权力。不管是公安机关决定的拘留，还是人民检察院决定的拘留，都一律由公安机关执行。

3. 拘留是对现行犯或者重大嫌疑分子在法定的紧急情况下使用的一种处置办法。只有在紧急情况下，来不及办理逮捕手续而又必须马上剥夺现行犯或者重大嫌疑分子的人身自由的，才能采取拘留。

4. 拘留是一种临时性的强制措施。临时性是指拘留的期限短暂。随着诉讼的进行，拘留可能转为逮捕，也可能转为取保候审、监视居住，还可能释放被拘留的人。

二、拘留的条件

根据《刑事诉讼法》第 80 条的规定，公安机关对于现行犯或者重大嫌疑分子，如果有下列情形之一的，可以先行拘留：①正在预备犯罪、实行犯罪或者在犯罪后即时被发觉的；②被害人或者在场亲眼看见的人指认他犯罪的；③在身边或者住处发现有犯罪证据的；④犯罪后企图自杀、逃跑或者在逃的；⑤有毁灭、伪造证据或者串供可能的；⑥不讲真实姓名、住址，身份不明的；⑦有流窜作案、多次作案、结伙作案重大嫌疑的。另外，《刑事诉讼法》第 163 条规定，人民检察院直接受理的案件中符合本法第 79、80 条第 4、5 项规定的情形，需要拘留犯罪嫌疑人的，人民检察院有权作出拘留决定。

由以上规定可知，采用刑事拘留必须符合两个条件：①拘留的对象是现行犯或者重大嫌疑分子。现行犯是指正在进行犯罪的人,重大嫌疑分子是指有证据证明其具有重大犯罪嫌疑的人。②有法定的某种紧急情形,即《刑事诉讼法》第 80 条规定的 7 种情形之一。

三、刑事拘留与行政拘留、司法拘留的区别

在我国,除刑事拘留外,还有行政拘留和司法拘留,应当注意这三者之间的区别,不能混淆,更不得混用。

(一) 刑事拘留与行政拘留的区别

行政拘留是指由行政法规定的对违反行政法的人给予的一种处理决定。与刑事拘留相比较,两者都是剥夺被拘留人的人身自由,但两者存在以下显著区别:

1. 法律性质不同。刑事拘留是刑事诉讼中的预防性措施,是一种诉讼行为,不具有惩罚功能,不是对被拘留人的制裁手段;行政拘留则是对违反行政管理行为的人的一种处罚,实质上是一种制裁,具有惩罚性。

2. 适用对象不同。刑事拘留适用于符合法定情形的现行犯或者重大嫌疑分子,他们有可能被追究刑事责任;行政拘留适用于有一般违法行为,即违反行政法,应当受行政拘留处罚的人。两者有着罪与非罪的界限。

3. 羁押的期限不同。刑事拘留的羁押期限比较复杂,一般情况下最多为 10 日,特殊情况下最多为 14 日,对流窜作案、多次作案、结伙作案的重大嫌疑分子最多为 37 日;行政拘留的最长期限为 15 日。

4. 适用的目的不同。刑事拘留的目的在于保证刑事诉讼活动的顺利进行,防止现行犯、重大嫌疑分子实施妨碍侦查、起诉和审判的行为;行政拘留的目的在于惩罚和教育有轻微违法行为,但尚不够刑事处罚的行政违法人。

5. 适用的机关不同。刑事拘留除公安机关适用外,人民检察院也有权适用;行政拘留只能由公安机关适用。

6. 法律依据不同。刑事拘留依据的是《刑事诉讼法》;行政拘留的依据主要是《治安管理处罚条例》。

(二) 刑事拘留与司法拘留的区别

司法拘留包括民事诉讼、行政诉讼中的司法拘留和《刑事诉讼法》第 194 条规定的司法拘留。民事诉讼、行政诉讼中的司法拘留是指人民法院对实施了妨害民事诉讼、行政诉讼行为,情节严重的人所采取的在一定期间内剥夺其人身自由的制裁方法。刑事司法拘留是指人民法院对严重违反法庭秩序的诉讼参与人、旁听人员采取的在一定期限内剥夺其人身自由的制裁方法。刑事拘留与司法拘留都是在诉讼过程中使用的强制措施,都是为了保障诉讼的顺利进行,并且都由公安机关执行。但两者之间具有重要区别:

1. 适用的机关不同。刑事拘留由公安机关和人民检察院决定适用；司法拘留由人民法院决定适用。

2. 适用的对象不同。刑事拘留适用于符合法定情形的现行犯或重大嫌疑分子；司法拘留适用于严重妨害民事、行政或刑事诉讼活动进行的人，不但可以对当事人、其他诉讼参与人适用，并且还可对没有参加诉讼的旁听人等案外人适用。

3. 性质不同。刑事拘留是一种程序措施，不具有结论意义；而司法拘留是对妨害诉讼行为人的制裁方法。

4. 羁押的期限不同。刑事拘留的羁押期限如前所述；司法拘留的最长期限为15天，如果被拘留人在拘留期间承认并改正错误的，人民法院可以提前予以释放。

5. 与判决的关系不同。刑事拘留的羁押期限可以折抵刑期；司法拘留与判决的结果不发生关系，不得因为被司法拘留而要求判决减免应当承担的义务。

四、公民扭送

公民扭送是指公民将具有法定情形的人强行送交公、检、法机关处理的行为。《刑事诉讼法》第82条规定："对于有下列情形的人，任何公民都可以立即扭送公安机关、人民检察院或者人民法院处理：①正在实行犯罪或者犯罪后即时被发觉的；②通缉在案的；③越狱逃跑的；④正在被追捕的。"

扭送是法律赋予公民同犯罪行为进行斗争的一种权利和手段，可以调动广大人民群众同犯罪行为进行斗争的积极性，有利于公安司法机关及时制止和查获犯罪分子。从扭送的法律性质来看，它虽然带有一定的强制性，但并不是刑事诉讼中的强制措施。公民在抓获犯罪嫌疑人后，应立即送交公安司法机关处理，公、检、法机关对于扭送来的现行犯，都应当接受并立即讯问。如果发现应当追究刑事责任但又不属于自己管辖的，应当按照职能管辖的规定移送有管辖权的机关处理，需要采取强制措施的，应先采取强制措施。如果被扭送的人不构成犯罪或不应当追究刑事责任的，应当立即将被扭送人释放。

五、拘留的程序

（一）拘留的决定

公安机关办案人员认为需要拘留现行犯或者重大嫌疑分子时，应填写《呈请拘留报告书》，注明有关情况和理由，经部门领导审核，公安机关负责人批准，签发《拘留证》，然后交由承办单位执行。

检察机关依法需要拘留犯罪嫌疑人的，应当由办案人员提出意见，部门负责人审核，检察长决定，再送达公安机关执行。

根据《全国人民代表大会组织法》和《地方各级人民代表大会组织法》及有关的司法解释，公安机关、人民检察院在决定拘留下列有特殊身份的人员时，需要报请有关部门批准或者备案：

1. 县级以上各级人民代表大会代表如果因为是现行犯被拘留，执行拘留的机关应当立即向该级人民代表大会主席团或者人民代表大会常务委员会报告。

2. 决定对不享有外交特权和豁免权的外国人、无国籍人采用刑事拘留时，要报有关部门审批，西藏、云南及其他边远地区来不及报告的，可以边执行边报告，同时要征求省、自治区、直辖市外事办公室和外国人主管部门的意见。

3. 对外国留学生采用刑事拘留时，在征求地方外事办公室和高教厅、局的意见后，报公安部或国家安全部审批。

（二）拘留的执行

执行拘留是公安机关的职权，执行拘留时，应当注意以下几个问题：

1. 公安机关执行拘留时，应持县级以上公安机关签发的《拘留证》，向被拘留人出示《拘留证》，并宣布对其实行拘留，然后责令被拘留人在拘留证上签名或盖章（或按指印）。被拘留人拒绝签名或盖章的，应加以注明。

2. 如果被拘留人抗拒拘留的，执行人员可对其采取适度的人身强制，必要情况下可使用武器、戒具等。

3. 根据《刑事诉讼法》第81条的规定，公安机关在异地执行拘留时，应当通知被拘留人所在地的公安机关，被拘留人所在地的公安机关应当在人力、物力等方面予以配合。

4. 依照《刑事诉讼法》第83条的规定，决定拘留的机关在拘留后，除无法通知或者涉嫌危害国家安全犯罪、恐怖活动犯罪通知可能有碍侦查的情形以外，应当在拘留后24小时以内，通知被拘留人的家属。有碍侦查的情形消失以后，应当立即通知被拘留人的家属。这里的"有碍侦查"包括：其他共同犯罪嫌疑人闻讯后有可能逃跑、隐匿、毁弃或者伪造证据的；可能互相串通，订立攻守同盟的；其他犯罪有待查证及还未采取相应措施的；被拘留人的家属或者单位其他人同本案有牵连的；等等。但在上述情形消除后，应当立即通知被拘留人的家属。没有在24小时内通知的，应当在拘留通知书中注明原因。"无法通知"的情况包括：被拘留人不讲真实姓名、住址的；被拘留人无家属的；等等。

5. 《刑事诉讼法》第83条规定，拘留后，应当立即将被拘留人送看守所羁押，至迟不得超过24小时。拘留作为一种限制人身自由的强制措施，应当在依法设立的专门场所中执行。这不仅有利于保护被拘留人的人身安全，减少其逃跑、自杀等造成的安全隐患，也有利于监督办案人员文明执法。需要注意的是，这里的24小时针对的是特殊情况，根据立法精神，如无特殊情况，拘留后应毫无迟延地将被拘留人送往看守所羁押。

6. 《刑事诉讼法》第84条规定，公安机关对于被拘留的人，应当在拘留后的24小时以内进行讯问。在发现不应当拘留的时候，必须立即释放，发给释放证明。对于人民检察院决定拘留的人，由人民检察院负责讯问。

7. 根据《刑事诉讼法》第89条的规定，公安机关对被拘留的犯罪嫌疑人羁押的期限分为下列情形：①认为被拘留的人认为需要逮捕的，应当在拘留后的3日内，提请人民检察院审查批准逮捕，加上检察机关审查批捕的7天，羁押的最长期限为10日。②在特殊情况下，提请审查批准的时间可以延长1~4日，加上检察机关审查批捕的7天，羁押的最长期限为14日。所谓特殊情况，是指案件比较复杂、调查取证的地点较多，或者交通不便的边远地区，调查取证困难等情形。③对流窜作案、多次作案、结伙作案的重大嫌疑分子，提请批捕的时间可以延长至30日，加上检察机关审查批捕的7天，羁押的最长期限为37天。所谓流窜作案，是指跨市、县管辖范围连续作案，或者在居住地作案后逃到外省、市、县继续作案；多次作案是指3次以上作案；结伙作案是指2人以上共同作案。另外，根据《刑事诉讼法》第165条的规定，人民检察院对直接受理的案件的犯罪嫌疑人拘留羁押的期限分别为：①认为需要逮捕的，应当在14日以内作出决定，即此种情况下羁押的最长期限为14天；②在特殊情况下，决定逮捕的时间可以延长1~3日，即羁押的最长期限为17日。

对于《刑事诉讼法》第89条、第165条所规定的拘留羁押期限，决定拘留的公安机关和检察机关应当严格执行。认为需要逮捕并且符合逮捕条件的，在法定期限内办理报捕、批捕或决定逮捕手续。公安机关向检察机关报捕后，检察机关不批准逮捕的，公安机关应当在接到通知后将被拘留的人立即释放，发给释放证明，并将执行情况及时通知人民检察院。公安机关认为不批准逮捕决定有错误的，可以要求检察机关复议，但必须立即释放，不能因为有意见分歧而不释放被拘留人。决定拘留的机关在法定的拘留羁押期限届满时，如果认为报捕、决定逮捕的条件不成熟以及报捕后没有被批准逮捕而需要继续侦查，对于符合取保候审、监视居住条件的，依法采用取保候审、监视居住的强制措施。

8. 根据《刑事诉讼法》第97条的规定，如果拘留超过了法定的羁押期限,被拘留人及其法定代理人、近亲属或者辩护人,有权要求释放被拘留人或者变更强制措施,有关机关经查证属实以后,应该予以释放或者依法变更强制措施。但是,《公安机关办理刑事案件程序规定》第126条规定,犯罪嫌疑人不讲真实姓名、住址,身份不明的,应当对其身份进行调查。经县级以上公安机关负责人批准,拘留期限自查清其身份之日起计算,但不得停止对其犯罪行为的侦查取证。公安部的此条规定与《刑事诉讼法》第158条规定的精神是不相吻合的,因为《刑事诉讼法》第158条规定的是逮捕后侦查羁押的期限,而公安部的《规定》却将此扩大到拘留阶段,这是不正确的。

六、违法拘留的赔偿

根据《国家赔偿法》第17条第1项的规定,违反《刑事诉讼法》的规定对公民采取拘留措施的,或者依照《刑事诉讼法》规定的条件和程序对公民采取拘留措施,但是拘留时间超过规定的时限,其后决定撤销案件、不起诉或者判决宣告无罪终止追究刑事责任的,受害人有取得赔偿的权利。根据《国家赔偿法》第19条的规定,有下列情形之一的,国家不承担赔偿责任,被拘留人无权要求赔偿:因公民自己故意作虚伪供述,或者伪造其他有罪证据而被羁押或者被判处刑罚的;依照《刑法》第17条、第18条规定不负刑事责任的人被羁押的;依照《刑事诉讼法》第15条、第173条第2款规定不追究刑事责任的人被羁押的;属于行使侦查、检察、审判职权的机关以及看守所、监狱管理机关的工作人员与行使职权无关的个人行为;因公民自伤、自残等故意行为致使损害发生的。

违法拘留的赔偿义务机关为作出拘留决定的机关。

第六节 逮 捕

一、逮捕的概念和意义

逮捕是指公安机关、人民检察院和人民法院为防止犯罪嫌疑人、被告人逃避侦查、起诉和审判,防止其发生社会危险性,依法在一定期限内剥夺其人身自由并予以羁押的一种强制措施。

逮捕是刑事诉讼强制措施中最为严厉的一种。其严厉性不仅表现为强行剥夺了犯罪嫌疑人、被告人的人身自由,而且其羁押期限较长。准确、及时地适用逮捕措施,可以有效地防止犯罪嫌疑人、被告人逃跑、自杀、串供、毁灭证据或继续犯罪,有助于公、检、法机关全面收集证据、查明案情、证实犯罪,从而保证侦查、起诉和审判活动的顺利进行。所以逮捕是同犯罪进行斗争的一种强有力的手段,能够达到其他强制措施无法实现的效果。但是,如果公安司法机关滥用逮捕权，就会伤害无辜，侵犯公民的人身权利和民主权利，破坏社会主义法制的尊严，损害司法机关的威信。因此，在司法实践中，公安司法机关必须认真贯彻"严肃与谨慎相结合"的原则，切实做到不枉不纵、不错不漏。

二、逮捕的条件

《刑事诉讼法》第79条第1款规定，对有证据证明有犯罪事实，可能判处徒刑以上刑罚的犯罪嫌疑人、被告人，采取取保候审尚不足以防止发生社会危险性的，应当予以逮捕。根据上述规定，适用逮捕应该具备以下三个条件：

1. 有证据证明有犯罪事实。这是逮捕的前提条件。这一条件包括如下内容：

（1）有证据证明发生了犯罪事实，即犯罪事实已经发生，并且有证据能够证明。如果没有证据证明有犯罪事实发生，也就不存在适用逮捕的问题。

（2）有证据证明犯罪事实是犯罪嫌疑人、被告人实施的。逮捕是针对具体的人适用的，所以，必须有证据证明其实施了犯罪行为。如果没有证据证明某人实施了犯罪行为，仅仅是一种推测、怀疑，就无法采用逮捕措施。

（3）证明犯罪嫌疑人、被告人实施犯罪行为的证据已经初步查证属实。

以上三点是构成有证据证明有犯罪事实的必备条件，否则，不能认为有证据证明有犯罪事实。犯罪事实既包括单一犯罪行为的事实，也包括数个犯罪行为中一个犯罪行为的事实，并不要求数个犯罪行为的事实全部达到有证据证明的程度。

2. 可能判处有期徒刑以上刑罚。逮捕作为一种最为严厉的强制措施，只能对性质较为严重的犯罪分子适用。应当逮捕的只是那些可能判处的最低刑罚为有期徒刑以上刑罚的犯罪嫌疑人、被告人。对那些可能被判处管制、拘役、独立适用附加刑的犯罪嫌疑人、被告人，不适用逮捕。在司法实践中，对于那些可能判处有期徒刑缓刑的犯罪嫌疑人、被告人，一般也不适用逮捕。

3. 采取取保候审尚不足以防止其发生社会危险性，而有逮捕必要的。这一条件说明，即使具备了前两个条件，也不一定要逮捕。只有在取保候审尚不能防止社会危险性，有逮捕必要时，才采取逮捕措施。如果采取取保候审措施就足以防止其继续犯罪、逃跑、自杀、串供等干扰诉讼进行的行为时，不实行逮捕。《刑事诉讼法》第79条第1款明确规定了5种具有社会危险性的情形：①可能实施新的犯罪的；②有危害国家安全、公共安全或者社会秩序的现实危险的；③可能毁灭、伪造证据，干扰证人作证或者串供的；④可能对被害人、举报人、控告人实施打击报复的；⑤企图自杀或者逃跑的。

以上三个条件，必须同时具备，缺一不可。犯罪嫌疑人、被告人只有同时具备这三个条件，才能逮捕。

需要注意的是，《刑事诉讼法》第 79 条第 2 款规定了 3 种应当径行逮捕的情形，即对有证据证明有犯罪事实，可能判处 10 年有期徒刑以上刑罚的，或者有证据证明有犯罪事实，可能判处徒刑以上刑罚，曾经故意犯罪或者身份不明的，应当予以逮捕。

此外，《刑事诉讼法》第 79 条第 3 款还规定，被取保候审、监视居住的犯罪嫌疑人、被告人违反取保候审、监视居住规定，情节严重的，可以予以逮捕。

根据 2012 年最高检《规则（试行）》第 144 条的规定，犯罪嫌疑人涉嫌的罪行较轻，且没有其他重大犯罪嫌疑，具有以下情形之一的，可以作出不批准逮捕的决定或者不予逮捕：①属于预备犯、中止犯，或者防卫过当、避险过当的；②主观恶性较小的初犯，共同犯罪中的从犯、胁从犯，犯罪后自首、有立功表现或者积极退赃、赔偿损失、确有悔罪表现的；③过失犯罪的犯罪嫌疑人，犯罪后有悔罪表现，有效控制损失或者积极赔偿损失的；④犯罪嫌疑人与被害人双方达成和解协议，经审查，认为和解系自愿、合法且已经履行或者提供担保的；⑤犯罪嫌疑人系已满 14 周岁未满 18 周岁的未成年人或者在校学生，本人有悔罪表现，其家庭、学校或者所在社区、居民委员会、村民委员会具备监护、帮教条件的；⑥年满 75 周岁以上的老年人。

三、逮捕的权限

我国《宪法》第 37 条第 2 款规定："任何公民，非经人民检察院批准或者决定或者人民法院决定，并由公安机关执行，不受逮捕。"《刑事诉讼法》第 78 条规定："逮捕犯罪嫌疑人、被告人，必须经过人民检察院批准或者人民法院决定，由公安机关执行。"这些规定说明，逮捕权由公、检、法机关行使，其他任何机关、团体和个人都无权对一个人实行逮捕；逮捕的批准或者决定权与执行权是分离的。其目的在于防止可能出现的错捕、漏捕，也是公、检、法机关分工负责、互相配合、互相制约原则在逮捕问题上的具体体现。

人民检察院批准逮捕是指公安机关立案侦查的案件需要逮捕犯罪嫌疑人的，提请人民检察院审查批准。人民检察院决定逮捕是指人民检察院的自侦案件需要逮捕犯罪嫌疑人的，可自行作出决定。人民法院决定逮捕是指人民法院在审理刑事案件的过程中，根据案件的需要而自行作出决定的逮捕。无论是决定逮捕还是批准逮捕都由公安机关执行。

四、逮捕的程序

（一）提请、批准逮捕的程序

1. 公安机关提请逮捕。《刑事诉讼法》第85条规定："公安机关要求逮捕犯罪嫌疑人的时候，应当写出提请批准逮捕书，连同案卷材料、证据，一并移送同级人民检察院审查批准。必要的时候，人民检察院可以派人参加公安机关对于重大案件的讨论。"提请批准逮捕书应当写明犯罪嫌疑人的姓名、性别、年龄、籍贯、职业、民族、住址、简历、所犯罪行和主要证据，认定的罪名、逮捕的法律依据，最后由公安机关负责人签名或盖章。

2. 人民检察院审查逮捕。人民检察院对公安机关提请批准逮捕的，应当认真进行审查。审查的重点是案卷材料是否齐全、是否符合逮捕条件。检察院具体的审查过程，一般是采取个人阅卷、集体讨论、检察长决定、重大案件提交检察委员会讨论决定的办法。根据《刑事诉讼法》第86条的规定，人民检察院审查批准逮捕，除了审查公安机关移送的报捕材料以外，还可以采用下列方法：①可以讯问犯罪嫌疑人。对是否符合逮捕条件有疑问的，或者犯罪嫌疑人要求向检察人员当面陈述的，或者侦查活动可能有重大违法行为的，应当讯问犯罪嫌疑人。②可以询问证人等诉讼参与人。③可以听取辩护律师的意见。辩护律师提出要求的，应当听取辩护律师的意见。

3. 人民检察院审查后的处理决定。公安机关提请批准逮捕时，犯罪嫌疑人已被拘留的，人民检察院应该在7天之内作出是否批准逮捕的决定；未被拘留的，应当在接到提请批准逮捕书后15天内作出是否批准逮捕的决定；重大、复杂的案件，不得超过20天。人民检察院对于公安机关提请批准逮捕的案件进行审查后，应当根据情况分别作出两种处理：对符合《刑事诉讼法》第79条规定的逮捕条件的，依法作出批准逮捕的决定，并制作批准逮捕决定书，连同案卷材料等送达公安机关执行，公安机关应当立即执行，并将执行情况及时通知人民检察院；对不符合逮捕条件的，作出不批准逮捕的决定，并制作不批准逮捕决定书，说明不批准逮捕的理由，连同案卷材料等送达公安机关。对需要补充侦查的，也应当同时通知公安机关。公安机关如果认为人民检察院不批准逮捕的决定有错误的，可以要求人民检察院复议。如果公安机关的意见不被接受，可以向上一级人民检察院提请复核。上级人民检察院应当立即复核，作出是否变更的决定，通知下级人民检察院和公安机关执行。在复议、复核期间，对于已经被拘留的对象，公安机关必须立即释放。人民检察院在审查批准逮捕工作中，如果发现公安机关的侦查活动有违法情况，应当通知公安机关予以纠正，公安机关应当将纠正情况通知人民检察院。

此外，根据2012年最高检《规则（试行）》第321条、第322条的规定，人民检察院办理审查逮捕案件，发现应当逮捕而公安机关未提请批准逮捕的犯罪嫌疑人的，应当建议公安机关提请批准逮捕。如果公安机关仍不提请批准逮捕或者不提请批准逮捕的理由不能成立的，人民检察院也可以直接作出逮捕决定，送达公安机关执行。对已作出的批准逮捕决定发现确有错误的，人民检察院应当撤销原批准逮捕决定，送达公安机关执行。对已作出的不批准逮捕决定发现确有错误，需要批准逮捕的，人民检察院应当撤销原不批准逮捕决定，并重新作出批准逮捕决定，送达公安机关执行。对因撤销原批准逮捕决定而被释放的犯罪嫌疑人或者逮捕后公安机关变更为取保候审、监视居住的犯罪嫌疑人，又发现需要逮捕的，人民检察院应当重新作出逮捕决定。

（二）决定逮捕的程序

根据《刑事诉讼法》的规定，人民检察院在自侦案件中或者人民法院在审理过程中，如果认为犯罪嫌疑人、被告人应当逮捕的，有权自行决定逮捕。

1. 人民检察院决定逮捕的程序。人民检察院决定逮捕犯罪嫌疑人的程序有以下两种情况：

（1）自侦案件。根据2012年最高检《规则（试行）》的规定，省级以下（不含省级）人民检察院直接受理立案侦查的案件，需要逮捕犯罪嫌疑人的，应当报请上一级人民检察院审查决定。监所、林业等派出人民检察院立案侦查的案件，需要逮捕犯罪嫌疑人的，也应当报请上一级人民检察院审查决定。下级人民检察院报请审查逮捕的案件，由侦查部门制作报请逮捕书，报检察长或者检察委员会审批后，连同案卷材料、讯问犯罪嫌疑人录音、录像一并报上一级人民检察院审查，报请逮捕时应当说明犯罪嫌疑人的社会危险性并附相关证据材料。侦查部门报请审查逮捕时，应当同时将报请情况告知犯罪嫌疑人及其辩护律师。

（2）公安机关移送起诉案件。人民检察院对于公安机关移送起诉的尚未逮捕犯罪嫌疑人的案件，认为需要逮捕的，由审查起诉部门填写《逮捕犯罪嫌疑人审批表》，连同案卷材料和证据，移送审查批捕部门审查。审查批捕部门应当查明《逮捕犯罪嫌疑人审批表》及案卷材料是否齐全，对符合逮捕条件的，由检察长或者检察委员会讨论决定予以逮捕，并由检察长签发《决定逮捕通知书》，通知公安机关执行。

2. 人民法院决定逮捕的程序。人民法院决定逮捕被告人的程序也有两种情形：

（1）对于直接受理的自诉案件，人民法院认为需要逮捕被告人的，由承办人员提交院长或者审判委员会讨论决定。

（2）对于人民检察院提起公诉的案件，如果被告人未被羁押，人民法院认为符合逮捕条件的，也可以决定逮捕。

人民法院决定逮捕的，由法院院长签发《决定逮捕通知书》，通知公安机关执行。如果是公诉案件，还应当通知人民检察院。

（三）对几种特殊的犯罪嫌疑人、被告人进行逮捕的程序

1. 根据《全国人民代表大会组织法》和《地方各级人民代表大会组织法》的规定，如果被逮捕的犯罪嫌疑人、被告人是县级以上人大代表，无论是批准逮捕，还是决定逮捕，都应办理相关手续，即应当报请该人大代表所在的人民代表大会主席团或者常务委员会许可。被逮捕的犯罪嫌疑人、被告人是乡、镇一级人大代表时，应当向乡、镇人民代表大会报告。

2. 外国人、无国籍人涉嫌危害国家安全犯罪的案件或者涉及国与国之间政治、外交关系的案件以及在适用法律上确有疑难的案件，认为需要逮捕犯罪嫌疑人的，按照《刑事诉讼法》第19条、第20条的规定，分别由基层人民检察院或者分、州、市人民检察院审查并提出意见，层报最高人民检察院审查。最高人民检察院经审查认为需要逮捕的，经征求外交部的意见后，作出批准逮捕的批复；经审查认为不需要逮捕的，作出不批准逮捕的批复。基层人民检察院或者分、州、市人民检察院根据最高人民检察院的批复，依法作出批准或者不批准逮捕的决定。层报过程中，上级人民检察院经审查认为不需要逮捕的，应当作出不批准逮捕的批复，报送的人民检察院根据批复依法作出不批准逮捕的决定。基层人民检察院或者分、州、市人民检察院经审查认为不需要逮捕的，可以直接依法作出不批准逮捕的决定。外国人、无国籍人涉嫌前述以外的其他犯罪案件，决定批准逮捕的人民检察院应当在作出批准逮捕决定后48小时以内报上一级人民检察院备案，同时向同级人民政府外事部门通报。上一级人民检察院对备案材料经审查发现错误的，应当依法及时纠正。

3. 人民检察院办理审查逮捕的危害国家安全的案件，应当报上一级人民检察院备案。上一级人民检察院对报送的备案材料经审查发现错误的，应当依法及时纠正。

五、逮捕的执行

根据法律规定，逮捕犯罪嫌疑人、被告人，不论是批准逮捕，还是决定逮捕，一律由公安机关执行。公安机关执行逮捕的程序是：

1. 公安机关接到人民检察院的《批准逮捕决定书》、《决定逮捕通知书》或者人民法院的《逮捕决定书》后，由县级以上公安机关负责人签发《逮捕证》，立即指派两个以上的执行人员具体执行。

2. 执行逮捕时，必须向被逮捕人出示《逮捕证》，并宣布对其依法逮捕。

然后责令被逮捕人在逮捕证上签名或按手印。被逮捕人拒绝签名、按手印的，应在《逮捕证》上注明。

3. 被逮捕人如果拒捕，执行人员有权使用相应的强制方法，必要时可以使用戒具、武器。

4. 公安机关执行逮捕，如果因被逮捕人死亡、逃跑或其他原因，不能执行逮捕或逮捕未获的，应当立即通知原批准逮捕的人民检察院或决定逮捕的人民检察院或人民法院，以便采取相应的处置措施。

5. 逮捕后，应当立即将被逮捕人送看守所羁押。与拘留不同，拘留后送看守所的时限为24小时以内，逮捕后则必须毫不迟延地立即送往看守所羁押。

6. 除无法通知的以外，应当在逮捕后24小时以内，通知被逮捕人的家属。

7. 人民法院、人民检察院对于各自决定逮捕的人，公安机关对于经人民检察院批准逮捕的人，都必须在逮捕后的24小时以内进行讯问。在发现不应当逮捕的时候，必须立即释放，发给释放证明。所谓"不应当逮捕"是指：犯罪行为没有发生或者被逮捕的人不构成犯罪；虽有犯罪行为，但罪行轻微，不可能判处有期徒刑以上刑罚、依法不予追究刑事责任；犯罪行为虽然是被逮捕人所为，但该人没有自杀、逃跑、串供、毁灭证据或继续犯罪可能，采取取保候审、监视居住方法足以防止社会危害性，因而没有逮捕必要；等等。遇到上述情况，应当立即释放被逮捕人，并发给释放证明。

8. 公安机关在异地执行逮捕时，应当携带《批准逮捕决定书》及其副本、《逮捕证》、介绍信以及被逮捕人的主要材料等，并通知被逮捕人所在地的公安机关，被逮捕人所在地的公安机关应当予以协助。

六、逮捕后羁押必要性审查与逮捕的变动、救济

《刑事诉讼法》第93~96条对逮捕后羁押必要性审查与逮捕的变动、救济程序进行了明确规定：

1. 羁押必要性审查。犯罪嫌疑人、被告人被逮捕后，人民检察院仍应当对羁押的必要性进行审查。犯罪嫌疑人、被告人及其法定代理人、近亲属或者辩护人可以申请人民检察院进行羁押必要性审查。人民检察院可以采取以下方式进行羁押必要性审查：①对犯罪嫌疑人、被告人进行羁押必要性评估；②向侦查机关了解侦查取证的进展情况；③听取有关办案机关、办案人员的意见；④听取犯罪嫌疑人、被告人及其法定代理人、近亲属、辩护人以及被害人及其诉讼代理人或者其他有关人员的意见；⑤调查核实犯罪嫌疑人、被告人的身体健康状况；⑥查阅有关案卷材料，审查有关人员提供的证明不需要继续羁押犯罪嫌疑人、被告人的有关证明材料；⑦其他方式。对不需要继续羁押的，人民检察院应当建议予以释放或者变更强制措施。有关机关应当在 10 日以内将处理情况通知人民检察院。

人民检察院发现有下列情形之一的，可以向有关机关提出予以释放或者变更强制措施的书面建议：①案件证据发生重大变化，不足以证明有犯罪事实或者犯罪行为系犯罪嫌疑人、被告人所为的；②案件事实或者情节发生变化，犯罪嫌疑人、被告人可能被判处管制、拘役、独立适用附加刑、免予刑事处罚或者判决无罪的；③犯罪嫌疑人、被告人实施新的犯罪、毁灭、伪造证据，干扰证人作证，串供，对被害人、举报人、控告人实施打击报复，自杀或者逃跑等的可能性已被排除的；④案件事实基本查清，证据已经收集固定，符合取保候审或者监视居住条件的；⑤继续羁押犯罪嫌疑人、被告人，羁押期限将超过依法可能判处的刑期的；⑥羁押期限届满的；⑦因为案件的特殊情况或者办理案件的需要，变更强制措施更为适宜的；⑧其他不需要继续羁押犯罪嫌疑人、被告人的情形。释放或者变更强制措施的建议书应当说明不需要继续羁押犯罪嫌疑人、被告人的理由及法律依据。

2. 人民法院、人民检察院和公安机关，如果发现对犯罪嫌疑人、被告人采取逮捕措施不当的，应当及时撤销或变更。

3. 犯罪嫌疑人、被告人被羁押的案件，不能在本法规定的侦查羁押、审查起诉、一审、二审期限内办结的，对犯罪嫌疑人、被告人应当予以释放；需要继续查证、审理的，对犯罪嫌疑人、被告人可以取保候审或者监视居住。

4. 犯罪嫌疑人、被告人及其法定代理人、近亲属或者辩护人对于人民法院、人民检察院或者公安机关采取逮捕措施法定期限届满的，有权要求解除。

七、逮捕侵权的赔偿

《宪法》第 41 条第 3 款规定："由于国家机关和国家工作人员侵犯公民权利而受到损失的人，有依照法律规定取得赔偿的权利。"《国家赔偿法》第 17 条第 2 项规定，对公民采取逮捕措施后，决定撤销案件、不起诉或者判决宣告无罪终止追究刑事责任的，受害人有取得赔偿的权利。被逮捕的受害人在羁押中死亡的，其继承人和其他有扶养关系的亲属也有权要求赔偿。

逮捕侵权的赔偿义务机关为作出逮捕决定的机关。

对逮捕侵权的赔偿，应以支付赔偿金的方式进行。如果赔偿义务机关确认有逮捕侵权情形，并造成受害人名誉权、荣誉权损害的，还应当在侵权行为影响的范围内为受害人消除影响、恢复名誉、赔礼道歉。

考核提示

了解：强制措施的概念和特征，错误拘留的赔偿，错误逮捕的赔偿。

理解：强制措施的意义，强制措施的性质，适用强制措施的原则和应当考虑的因素。

熟悉并能够运用：拘传、取保候审和监视居住、拘留、逮捕。

主题讨论

最高人民检察院的统计数据显示：2007年全国刑事案件的逮捕率是90.2%，之前的3年分别是91.6%、90.5%、89.2%，基本维持在90%上下，远远高于发达国家。最高人民检察院检察理论研究所的葛琳博士认为，过多地适用羁押并不合算，因为羁押需要政府财政投入巨额支出建看守所，配备警力、管教人员、医务人员，还要提供后勤保障。

结合材料，谈谈你对我国司法实践中羁押性强制措施适用率过高的看法。

阶段自测

一、单项选择题

1. 下列强制措施中，最轻微的一种是（　　）。
   A. 拘留　　　　　　　　B. 逮捕
   C. 监视居住　　　　　　D. 拘传

2. 公安机关认为不予批准逮捕的决定有错误时，有权受理其复核申请的机关为（　　）。
   A. 同级人民法院　　　　B. 同级人民检察院
   C. 上级人民检察院　　　D. 上级公安机关

3. 在我国，有权执行刑事拘留的机关为（　　）。
   A. 法院　　　　　　　　B. 人民检察院
   C. 司法行政机关　　　　D. 公安机关

4. 人民法院在审理一起故意伤害案件时，决定对被告人余某采取取保候审措施，对被告人余某取保候审的执行机关是（　　）。
   A. 人民法院　　　　　　B. 人民检察院
   C. 公安机关　　　　　　D. 街道办事处

5. 下列人员中，需要经过人民代表大会主席团或者人民代表大会常委会许可方能逮捕的人员是（　　）。
   A. 县级以上各级人民代表大会代表　　B. 国家公务员

C. 人民法院审判人员　　　　　　D. 处级以上领导干部

二、多项选择题

1. 依据刑事诉讼法规定，对刑事拘留与拘传都有权适用的机关有（　　）。

A. 人民法院　　　　　　　　　B. 人民检察院
C. 公安机关　　　　　　　　　D. 国家安全机关
E. 司法行政部门

2. 取保候审与监视居住的区别为（　　）。

A. 决定机关不同　　　　　　　B. 适用条件不同
C. 法定最长期限不同　　　　　D. 强制程度不同
E. 被适用人应当遵守的法律规定不同

3. 刑事诉讼中，对于人民法院、人民检察院或者公安机关采取强制措施超过法定期限的，有权要求解除强制措施的人包括（　　）。

A. 犯罪嫌疑人、被告人
B. 犯罪嫌疑人、被告人的法定代理人
C. 被害人
D. 被害人法定代理人
E. 犯罪嫌疑人、被告人委托的律师以外的其他辩护人

4. 依照刑事诉讼法的规定，在下列（　　）情况下，任何公民都可以立即将犯罪嫌疑人扭送公安机关、人民检察院或者人民法院处理。

A. 正在预备犯罪的
B. 正在实行犯罪或者在犯罪后即时被发觉的
C. 通缉在案的
D. 越狱逃跑的
E. 正在被追捕的

5. 被监视居住的人应当遵守的规定有（　　）。

A. 未经执行机关批准不得离开住处或指定的居所
B. 未经执行机关批准不得会见他人
C. 在传讯的时候及时到案
D. 不得以任何形式干扰证人作证
E. 不得毁灭、伪造证据或者串供

6. 根据刑事诉讼法的规定，保证人应当具备的条件包括（　　）。

A. 与本案无牵连
B. 有能力履行保证义务

C. 应当是犯罪嫌疑人、被告人的法定代理人
D. 有固定的住处和收入
E. 享有政治权利，人身自由未受到限制

三、名词解释题
1. 刑事拘留
2. 取保候审

四、判断题
人民检察院有权对犯罪嫌疑人决定和执行逮捕。（　　）

五、简答题
1. 简述刑事强制措施的特征。
2. 监视居住的条件是什么？
3. 逮捕的条件是什么？

第十二章 期间、送达

本章导学

本章主要学习期间和送达。重点是法定期间、期间的计算、送达的程序。难点是期间的计算。

学习引入

在"3年困难时期",湖南沅江赤山公社宪成大队发生了一起集体偷粮事件。身为仓库保管员的钟枚生被认定参与偷粮而被判处有期徒刑10年。50余年来,钟枚生一直申诉无果。2010年4月12日,为找到原始判决书以便进一步申诉,钟到沅江法院查档案。原始判决没有找到,却意外地发现了一份1985年的刑事再审判决书。该判决书认定:钟于1960年12月,与生产队长冷××、社员李××等人盗窃本队稻谷700多斤、高粱177斤属实。但钟本人分得不多,且因生活困难,可不以犯罪论处。原审认定由于钟盗谷引起45户社员利用送粮之机盗走稻谷1512斤,并非钟的行为所引起,而是生活困难时期群众自发性的盗粮,"对钟枚生宣告无罪"。一份无罪判决书竟然"迟到"了25年!

司法机关是否有义务送达刑事诉讼文书?文书送达可以采取哪些方式?文书应该在什么期间送达?送达与期间有什么关系?

第一节 期 间

一、期间的概念和意义

(一)期间的概念

刑事诉讼中的期间,是指法律规定的人民检察院、人民法院、公安机关以及诉讼参与人进行刑事诉讼活动所必须遵守的时间期限,通常又称为法定期间。法定期间主要包括刑事诉讼中采取强制措施的期限,司法机关的办案期限,上诉、申诉、抗诉和请求抗诉的期限,通知、送达的期限,以及与聘请律师、委托辩护人、诉讼代理人有关的期限。期间大体上可划分为两类：一是公、检、法等机关应当遵守的期间；二是当事人和其他诉讼参与人应当遵守的期间。

在刑事诉讼中，除期间外，还有期日。期日是指公安司法机关、诉讼参与人之间共同进行刑事诉讼活动的特定时间。我国刑事诉讼法并未对期日作出具体的规定。但在司法实践中，期日往往由公安司法机关根据案件具体情况及诉讼进程的需要等，在法定期间内加以指定。因此，应明确两者的区别：①期日是一个特定的时间单位，指一时间点，如某日、某时；期间是一定期限内的时间，是规定了起、止时间点的时间段。②期日是公安司法机关和诉讼参与人共同进行某项刑事诉讼活动的时间；期间是公安司法机关或诉讼参与人各自单独进行某种诉讼活动的时间。③期日由公安司法机关根据案件情况指定，遇有重大理由可以变更或延后；期间一般由法律明确规定，不得任意变更。

（二）期间的意义

期间通过对刑事诉讼程序、刑事诉讼行为在时间上加以严格限定，对于保障刑事诉讼的顺利进行，保护当事人和诉讼参与人的合法权益，实现刑事诉讼的价值与目的，具有十分重大的意义：

1. 有利于提高诉讼效率，保障刑事诉讼活动及时、正常进行。刑事诉讼法规定了司法机关和诉讼参与人进行诉讼活动的具体期限，将有利于增强司法机关工作人员的责任感与紧迫感，提高工作效率，加快办案进度，防止诉讼拖延，使诉讼活动分阶段顺利进行。同时，也有利于督促当事人及其他诉讼参与人积极参与诉讼活动，及时行使诉讼权利，履行诉讼义务，以配合公安司法机关正确、合法、及时地处理案件。

2. 有利于保障当事人及其他诉讼参与人的合法权益。通过严格规定诉讼期间，使司法机关及诉讼参与人都必须在法律规定的期限内完成诉讼活动，案件得到及时处理，尽快使当事人等摆脱讼累。特别是对限制、剥夺人身自由的强制措施期限及侦查羁押期限等办案期限的规定，可有效防止以押代侦、以押代罚、久押不决现象的发生，保障犯罪嫌疑人、被告人的人身自由权利免遭非法侵犯，维护其合法权益。另外，对受聘律师、委托诉讼代理人等诉讼参与人能够及时介入诉讼、了解案情方面的期限规定，也为参与诉讼做好准备，充分行使法律赋予的诉讼权利，维护当事人的合法权益创造了条件，使诉讼得以公正进行。

3. 有利于保障刑事诉讼目的的实现。保证刑法的正确实施，惩罚犯罪，保护人民，保障国家安全和社会公共安全，维护社会主义社会秩序，是刑事诉讼的基本目的。为确保刑事诉讼目的的实现，司法机关要保证准确、及时地查明犯罪事实,正确运用法律,惩罚犯罪分子,保障无罪的人不受刑事追究,这就要求办案人员严格按照法定期间完成各项诉讼活动。办案期限的规定,使侦查、控诉、辩护和审判职能得到充分及时的行使,尤其是做到及时、准确惩罚犯罪,保障无辜,从而树立司法的权威、法律的威严,实现诉讼的目的。

二、法定期间

刑事诉讼法规定的诉讼期间,概括起来主要有:

(一)强制措施相关期间

1. 对犯罪嫌疑人、被告人拘传持续时间最长不得超过12小时,案情特别重大、复杂,需要采取拘留、逮捕措施的,拘传持续的时间不得超过24小时。不得以连续拘传的形式变相拘禁犯罪嫌疑人。对犯罪嫌疑人、被告人取保候审最长不得超过12个月。

2. 监视居住最长不得超过6个月。指定居所监视居住的,除无法通知的以外,应当在执行监视居住后24小时以内,通知被监视居住人的家属。

3. 拘留后,应当立即将被拘留人送看守所羁押,至迟不得超过24小时。除无法通知或者涉嫌危害国家安全犯罪、恐怖活动犯罪通知可能有碍侦查的情形以外,应当在拘留后24小时以内,通知被拘留人的家属。有碍侦查的情形消失以后,应当立即通知被拘留人的家属。公安机关对被拘留的人,人民检察院对直接受理的案件中被拘留的人,应当在拘留后的24小时以内进行讯问。在发现不应当拘留的时候,必须立即释放,发给释放证明。

4. 公安机关对被拘留的人认为需要逮捕的,应当在拘留后的3日以内提请人民检察院审查批准,特殊情况下可以将审查批准的时间延长1~4日。对于流窜作案、多次作案、结伙作案的重大嫌疑分子,提请审查批准的时间可以延长至30日。人民检察院应当在接到公安机关提请批准逮捕书7日之内,作出批准或者不批准逮捕的决定。人民检察院对直接受理的案件中被拘留的人,认为需要逮捕的,应当在14日以内作出决定。在特殊情况下,决定逮捕的时间可以延长1~3日。对不需要逮捕的,应当立即释放;需要继续侦查,并且符合取保候审、监视居住条件的,依法取保候审或者监视居住。人民法院、人民检察院对于各自决定逮捕的人,公安机关对于经人民检察院批准逮捕的人,都必须在逮捕后的24小时以内进行讯问。在发现不应当逮捕的时候,必须立即释放,发给释放证明。逮捕后,应当立即将被逮捕人送看守所羁押。除无法通知的以外,应当在逮捕后24小时以内,通知被逮捕人的家属。

5. 犯罪嫌疑人、被告人及其法定代理人、近亲属或者辩护人有权申请变更强制措施。人民法院、人民检察院和公安机关收到申请后，应当在3日以内作出决定；不同意变更强制措施的，应当告知申请人，并说明不同意的理由。辩护律师持律师执业证书、律师事务所证明和委托书或者法律援助公函要求会见在押的犯罪嫌疑人、被告人的，看守所应当及时安排会见，至迟不得超过48小时。

(二) 侦查阶段的期间

对犯罪嫌疑人逮捕后的侦查羁押期限不得超过2个月。案情复杂、期限届满不能终结的案件，可以经上一级人民检察院批准延长1个月。对于下列情，在上述延长期限届满不能侦查终结的，经省、自治区、直辖市人民检察院批准或者决定，可以延长2个月。①交通十分不便的边远地区的重大复杂案件；②重大犯罪集团案件；③流窜作案的重大复杂案件；④犯罪涉及面广，取证困难的重大复杂案件。对犯罪嫌疑人可能判处10年有期徒刑以上刑罚，按上述规定延长期限届满，仍不能侦查终结的，经省、自治区、直辖市人民检察院批准或者决定，可以延长2个月。因为特殊原因，在较长时间内不宜交付审判的特别重大案件，由最高人民检察院报请全国人民代表大会常务委员会批准延期审理。在侦查期间，发现犯罪嫌疑人另有重要罪行的，自发现之日起重新计算侦查羁押期限。犯罪嫌疑人不讲真实姓名、住址，身份不明的，侦查羁押期限自查清其身份之日起计算，但是不得停止对其犯罪行为的侦查取证。对查封、扣押的财物、文件、邮件、电报或者冻结的存款、汇款、债券、股票、基金份额等财产，经查明确实与案件无关的，应当在3日以内解除查封、扣押、冻结，予以退还。批准采取技术侦查措施的决定自签发之日起3个月以内有效。对于不需要继续采取技术侦查措施的，应当及时解除；对于复杂、疑难案件，期限届满仍有必要继续采取技术侦查措施的，经过批准，有效期可以延长，但每次不得超过3个月。

(三) 审查起诉的期间

人民检察院对公安机关移送审查起诉的案件，应当在1个月以内作出决定，对于重大复杂的案件，可以延长半个月。人民检察院审查起诉的案件，改变管辖的，从改变后的人民检察院收到案件之日起计算审查起诉期限。对于需要补充侦查的案件，应当在1个月以内补充侦查完毕。补充侦查以2次为限。补充侦查完毕移送人民检察院后，人民检察院重新计算审查起诉期限。

(四) 对不起诉决定的申诉期间

对于有被害人的案件决定不起诉的，被害人如果不服，可以在收到不起诉决定书后7日以内向上一级人民检察院申诉。人民检察院依照《刑事诉讼法》第173条第2款规定作出的不起诉决定，被不起诉人如果不服，可以自收到决定书后 7 日以内向人民检察院申诉。人民检察院应当作出复查决定，通知被不起诉人，同时抄送公安机关。

（五）人民法院第一审程序的期间

人民法院决定开庭审判后，应当确定合议庭的组成人员，将人民检察院的起诉书副本至迟在开庭 10 日以前送达被告人及其辩护人。人民法院确定开庭日期后，应当将开庭的时间、地点通知人民检察院，传唤当事人，通知辩护人、诉讼代理人、证人、鉴定人和翻译人员，传票和通知书至迟在开庭 3 日以前送达。公开审判的案件，应当在开庭 3 日以前先期公布案由、被告人姓名、开庭时间和地点。人民法院审理公诉案件，应当在受理后 2 个月以内宣判，至迟不得超过 3 个月。对于可能判处死刑的案件，或者附带民事诉讼的案件、交通十分不便的边远地区的重大复杂案件、重大犯罪集团案件、流窜作案的重大复杂案件、犯罪涉及面广取证困难的重大复杂案件，经上一级人民法院批准，可以延长 3 个月；因特殊情况还需要延长的，报请最高人民法院批准。人民法院审理自诉案件的期限，被告人被羁押的，适用一般规定；未被羁押的，应当在受理后 6 个月以内宣判。人民检察院补充侦查的案件，补充侦查的期限不计入人民法院的办案期限。适用简易程序审理案件，人民法院应当在受理后 20 日以内审结；对可能判处的有期徒刑超过 3 年的，可以延长至 1 个半月。审理期间，对被告人作精神病鉴定的时间不计入审理期限。

（六）上诉、抗诉的期间

不服第一审判决的上诉和抗诉的期限为 10 日，不服裁定的上诉和抗诉的期限为 5 日，从接到判决书、裁定书的第二日起算。被害人及其法定代理人不服地方各级人民法院第一审判决的，自收到判决书后 5 日之内，有权请求人民检察院提起抗诉。人民检察院自收到被害人及其法定代理人的请求后 5 日以内，应当作出是否抗诉的决定并且答复请求人。

（七）人民法院第二审程序的期间

第二审人民法院应当在决定开庭审理后及时通知人民检察院查阅案卷。人民检察院应当在 1 个月以内查阅完毕。人民检察院查阅案卷的时间不计入审理期限。第二审人民法院受理上诉、抗诉案件，应当在 2 个月内审结。对于可能判处死刑的案件，或者附带民事诉讼的案件、交通十分不便的边远地区的重大复杂案件、重大犯罪集团案件、流窜作案的重大复杂案件、犯罪涉及面广取证困难的重大复杂案件，经省、自治区、直辖市高级人民法院批准或者决定，可以延长 2 个月；因特殊情况还需要延长的，报请最高人民法院批准。最高人民法院受理上诉、抗诉案件的审理期限，由最高人民法院决定。

（八）审判监督程序期间

人民法院按照审判监督程序重新审判的案件，应当在作出提审、再审决定之日起 3 个月内审结，需要延长期限的，不得超过 6 个月。对于需要指令下级人民法院再审的，应当自接受抗诉之日起 1 个月内作出决定，下级人民法院审理案件的期限适用前述的规定。

（九）执行期间

罪犯被交付执行刑罚的时候，应当由交付执行的人民法院在判决生效后 10 日内将有关的法律文书送达公安机关、监狱或者其他执行机关。下级人民法院接到最高人民法院执行死刑的命令后，应当在 7 日之内交付执行。决定或者批准暂予监外执行的机关应当将暂予监外执行决定抄送人民检察院。人民检察院认为暂予监外执行不当的，应当自接到通知之日起 1 个月以内将书面意见送交决定或者批准暂予监外执行的机关，决定或者批准暂予监外执行的机关接到人民检察院的书面意见后，应当立即对该决定进行重新核查。不符合暂予监外执行条件的罪犯通过贿赂等非法手段被暂予监外执行的，在监外执行的期间不计入执行刑期。罪犯在暂予监外执行期间脱逃的，脱逃的期间不计入执行刑期。人民检察院认为人民法院减刑、假释的裁决不当，应当在收到裁定书副本后 20 日以内，向人民法院提出书面纠正意见。人民法院应当在收到纠正意见后 1 个月以内重新组成合议庭进行审理，作出最终裁定。

（十）特别程序期间

附条件不起诉的考验期为 6 个月以上 1 年以下，从人民检察院作出附条件不起诉的决定之日起计算。人民法院受理没收违法所得的申请后，应当发出公告。公告期间为 6 个月。人民法院经审理，对于被申请人或者被告人符合强制医疗条件的，应当在 1 个月以内作出强制医疗的决定。

三、期间的计算

（一）期间的计算单位

根据《刑事诉讼法》第 103 条第 1 款的规定，期间以时、日、月计算。即法律规定应采用"时"、"日"、"月"三种计算单位，不能以其他时间单位代替。以"时"为单位，如《刑事诉讼法》第 117 条规定，传唤、拘传持续的时间最长不得超过 12 小时。不得以连续传唤、拘传的形式变相拘禁犯罪嫌疑人。以"日"为单位，如《刑事诉讼法》第 196 条第 1 款规定，宣告判决一律公开进行。当庭宣告判决的，应当在 5 日以内将判决书送达当事人和提起公诉的人民检察院。以"月"为单位，如《刑事诉讼法》第 154 条规定，对犯罪嫌疑人逮捕后的侦查羁押期限不得超过 2 个月。案情复杂、期限届满不能终结的案件，可以经上一级人民检察院批准后延长 1 个月。

（二）期间的计算方法

1. 期间的开始。《刑事诉讼法》第 103 条第 2 款规定，期间开始的时和日不算在期间以内。以时为计算单位的期间，应当从期间开始的下一时起算。例如，公安机关拘留人的时间，除无法通知或者涉嫌危害国家安全犯罪、恐怖活动犯罪通知可能有碍侦查的情形以外，应当在拘留后 24 小时以内通知被拘留人的家属，如果拘留时间是上午 9 点，则期间从 10 点开始计算。以日为计算单位的，应当从期间开始日的次日起算，例如，适用简易程序审理案件，人民法院应当在受理后 20 日以内审结。如果人民法院受理的日期为 5 月 3 日，那么 20 日期间的起算日期即为 5 月 4 日。以月为计算单位的，期间的开始日期以当日为准。例如，人民法院、人民检察院和公安机关对犯罪嫌疑人、被告人取保候审最长不得超过 12 个月，如果于 6 月 6 日办理取保候审手续，就以 6 月 6 日作为起算日。

2. 期间的届满。期间的届满也就是期间终止，即从期间开始日算起到法定期间为时数的最后一时为止。以时、日为单位的期间，将开始时、日加上法定期间计算。例如，开始是上午 9 点，法定期间为 12 小时，则期间届满的时间就为 21 点；法定期间 24 小时，则期间届满的时间为次日上午 9 点。以月计算的期限，自本月某日至下月同日为 1 个月；期限起算日为本月最后一日的，至下月最后一日为 1 个月；下月同日不存在的，自本月某日至下月最后一日为 1 个月。半个月一律按 15 日计算。期间的最后一日为节假日的，以节假日后的第一日为期满日期，但犯罪嫌疑人、被告人或者罪犯的在押期间，应当至期满之日为止，不得因节假日而延长。

另外，法定期间不包括路途上的时间；上诉状或者其他文件在期间届满前已经交邮的，不算过期；对犯罪嫌疑人作精神病鉴定的期间不计入办案期限。

（三）期间的重新计算

在刑事诉讼过程中，当出现刑事诉讼法规定的法定情况时，正在进行的期间不予计算，根据新发生情况和有关规定重新计算法定期间。具体包括：

1. 在侦查期间，发现犯罪嫌疑人另有重要罪行的，自发现之日起依照《刑事诉讼法》第 154 条的规定重新计算侦查羁押期限，犯罪嫌疑人不讲真实姓名、住址，身份不明的，侦查羁押期限自查清其身份之日起计算，但是不得停止对其犯罪行为的侦查取证。

2. 人民检察院或人民法院改变管辖的，从改变管辖后的办案机关收到案件之日起重新计算审查起诉或审理期限。

3. 对于补充侦查的案件，补充侦查完毕移送人民检察院后，人民检察院重新计算审查起诉期限。

4. 人民法院审理案件过程中，对于人民检察院补充侦查的案件，人民检察院补充侦查完毕移送人民法院后，人民法院重新计算审理期限。

5. 第二审人民法院发回原审人民法院重新审判的案件，原审人民法院从收到发回的案件之日起，重新计算期限。

（四）期间的耽误与申请补救

期间的耽误是指当事人未能在法定期间内进行相应的诉讼行为。一般而言，未能在法定期间进行诉讼行为，便丧失了进行某种诉讼行为的权利。例如，当事人没有在一审判决的上诉期间内提出上诉，则第一审判决在期满之日起生效，当事人无权再提出上诉。但是，针对由于无法抗拒的客观原因和正当理由，而非当事人主观上的过失或故意造成期间耽误的情形，刑事诉讼法规定了相应的补救措施，即当事人由于不能抗拒的原因或者有其他正当的理由而耽误期限的，在障碍消除后5日以内，可以申请继续进行应当在期满以前完成的诉讼活动。上述申请是否准许由人民法院裁定。可见，对期间耽误进行申请、补救必须符合一定的条件，即：①主体只能是当事人，其他诉讼参与人无权提出申请补救。②申请的理由限于不能抗拒的原因或者其他正当理由。如：遭受自然灾害、发生车祸、患有严重疾病以及由于他人原因未能收到诉讼文书等。③申请提出的时限应在障碍消除后5日以内。④申请的裁定是否给予补救，由人民法院作出裁定。人民法院经查证属实，对符合前三个条件的，应当裁定允许当事人继续在原法定期间内未完成的诉讼活动。

第二节 送 达

一、送达的概念、意义

刑事诉讼中的送达是指人民法院、人民检察院和公安机关，依照法定的程序和方式，将诉讼文件送交收件人的一种诉讼行为。

对于刑事诉讼中的送达，应当从以下几个方面理解：一是送达机关是刑事诉讼中公安机关、人民检察院、人民法院等司法机关，其他人无权送达，如当事人递交上诉状的行为并非送达行为。二是送达对象，即收件人，主要指诉讼参与人或者有关的司法机关。如人民法院将开庭通知送交人民检察院、诉讼参与人，此时，人民检察院、诉讼参与人为收件人。三是送达的内容主要包括司法机关制作的诉讼文件和当事人制作的部分诉讼文书，例如传票、通知书、起诉书、不起诉决定书、裁定书、判决书、自诉状副本、上诉状副本、答辩状副本等；四是送达必须依照法律规定的方式和程序进行。

送达是刑事诉讼中不可缺少的一种诉讼活动，严格按照法律规定的程序和方式进行送达具有十分重要的意义。首先，有利于保障刑事诉讼的顺利展开。诉讼活动是由公、检、法司法机关与诉讼参与人参加的复杂的活动，在纵向上划分了前后衔接的诸阶段，在横向上进行了明确的职能分工。只有在多方积极参与、配合下才能顺利进行，而只有诉讼文书及时、有效地送达才能使各方充分了解案情，做好准备，依法参与诉讼活动，行使法律赋予的权利，履行法律规定的义务。其次，有利于保证司法机关正确履行职责。在许多情况下，公、检、法司法机关依法履行职责是以诉讼文件的送达为前提的。如法院在开庭前将开庭通知书送达检察院，检察机关就可以以开庭通知为依据，按时出庭，支持公诉，履行职责。另外，只有及时送达，才能使已进行的诉讼行为产生效力。例如，判决书的送达，当庭宣告判决的，应当在5日以内将判决书送达当事人和提起公诉的人民检察院；定期宣告判决的，应当在宣告后立即将判决书送达当事人和提起诉讼的人民检察院。只有判决书送达后，才产生法律效力。因此，送达对保护当事人合法权益、保证司法机关履行职责、保障刑事诉讼任务的圆满完成具有重要的意义。

二、送达的程序

（一）送达的方式

根据《刑事诉讼法》第105条及最高法《解释》，送达的方式主要有以下几种：

1. 直接送达。直接送达是指将传票、通知书和其他诉讼文件直接交给收件人本人签收，或者本人不在的，由他的成年家属或所在单位的负责人代收。送达传票、通知书和其他诉讼文件应当交给收件人本人；如果本人不在，可以交给他的成年家属或者所在单位的负责人员代收。

以下情况都属于直接送达：①受送达人是公民的，应当由本人签收；本人不在的，交他的同住成年家属签收；②受送达人是法人或者其他组织的，应当由法人的法定代表人、其他组织的主要负责人或者该法人、组织负责收件的人签收；③受送达人有诉讼代理人的，可以送交其代理人签收；④受送达人已向人民法院指定代收人的，送交代收人签收。

2. 留置送达。留置送达是指收件人或者代收人拒绝签收的，送达人可以邀请见证人到场，说明情况，在送达回证上注明拒收的事由和日期，由送达人、见证人签名或者盖章，将诉讼文书留在收件人、代收人的住处或者单位的送达方式。根据最高法《解释》的规定，留置送达"也可以把诉讼文书留在受送达人的住处，并采用拍照、录像等方式记录送达过程，即视为送达"。留置送达与直接送达具有同等的效力。但是，刑事附带民事诉讼的调解书应当直接送达当事人本人，当事人本人因故不能签收的，可以由其指定的代收人签收；受送达人拒绝签收的，不适用留置送达。当事人拒绝签收调解书的，说明调解书送达前当事人反悔，调解书不发生法律效力。

3. 委托送达。委托送达是指直接送达有困难的，可以委托收件人所在地的人民法院代为送达。委托送达的，应当将委托函、委托送达的诉讼文书及送达回证寄送受托法院。受托法院收到后，应当登记，在10日内送达收件人，并将送达回证寄送委托法院；无法送达的，应当告知委托法院，并将诉讼文书及送达回证退回。

4. 邮寄送达。邮寄送达，是指人民法院直接送达有困难时，将诉讼文书附送达回证交邮局用挂号信寄给受送达人的送达方法。挂号信回执上注明的收件日期为送达日期。挂号信回执上注明的收件日期与送达回证上的收件日期不一致的，或者送达回证没有寄回的，以挂号信回执上注明的收件日期为送达日期。邮寄送达方式简便易行，但是，这种送达方式应当是在上述几种送达方式不能实施的情况下才采用的。但有些地方的法院比较普遍地采用这一送达方式，在其采取邮寄送达不成时才改为直接送达，这种做法违背了刑事诉讼法的基本精神。

5. 转交送达。转交送达是指当诉讼文书的收件人是军人、服刑人员、被采取强制性教育措施的人员时，可以通过有关单位转交诉讼文书。诉讼文书的收件人是军人的，可以通过其所在部队团级以上单位的政治部门转交；收件人正在服刑的，可以通过执行机关转交；收件人正在被采取强制性教育措施的，可以通过强制性教育机构转交。由有关部门、单位代为转交诉讼文书的，应当请有关部门、单位收到后立即交收件人签收，并将送达回证及时寄送人民法院。

6. 公告送达。我国刑事诉讼中原来没有采取公告送达方式。现行《刑事诉讼法》增加了犯罪嫌疑人、被告人逃匿、死亡案件违法所得的没收程序，其中明确规定："人民法院受理没收违法所得的申请后，应当发出公告。公告期间为6个月。犯罪嫌疑人、被告人的近亲属和其他利害关系人有权申请参加诉讼，也可以委托诉讼代理人参加诉讼。"最高法《解释》第512条第1款、第2款进一步规定，人民法院决定受理没收违法所得的申请后，应当在15日内发出公告，公告期为6个月。公告应当写明以下内容：①案由；②犯罪嫌疑人、被告人通缉在逃或者死亡等基本情况；③申请没收财产的种类、数量、所在地；④犯罪嫌疑人、被告人的近亲属和其他利害关系人申请参加诉讼的期限、方式；⑤应当公告的其他情况。公告应当在全国公开发行的报纸或者人民法院的官方网站刊登，并在人民法院公告栏张贴、发布；必要时，可以在犯罪地、犯罪嫌疑人、被告人居住地、申请没收的不动产所在地张贴、发布。此外，最高法《解释》第366条第2款规定，判决返还被害人的涉案财物的，应当通知被害人认领；无人认领的，应当公告通知；公告满3个月无人认领的，应当上缴国库。

（二）送达回证

送达回证是司法机关完成诉讼文书送达的证明文书，其格式往往是一份简明表格。根据最高人民法院的司法解释，送达诉讼文书必须有送达回证。其内容包括：送达时间，送达地点，送达机关（送达人），送达文书名称，被送达人姓名（名称）、职业职务、住所地或经常居住地，送达方式，送达人、收件人签名或盖章，签收日期，备注等。送达回证的日期为送达日期，也是计算其他法定期间的基础，对其他诉讼活动的进行有着关键的作用。

（三）送达期间

司法机关的送达除严格按送达方式及程序进行外，还要在刑事诉讼法规定的期间内进行。例如，《刑事诉讼法》第182条规定，人民法院决定开庭审判后，应当确定合议庭的组成人员，将人民检察院的起诉书副本至迟在开庭10日以前送达被告人及其辩护人；将开庭的时间、地点在开庭3日以前通知人民检察院；传唤当事人，通知辩护人、诉讼代理人、证人、鉴定人和翻译人员的，传票和通知书至迟在开庭3日以前送达。《刑事诉讼法》第196条第2款规定，当庭宣告判决的，应当在5日以内将判决书送达当事人、辩护人、诉讼代理人和提起公诉的人民检察院；定期宣告判决的，应当在宣告后立即将判决书送达当事人、辩护人、诉讼代理人和提起公诉的人民检察院。

☞ 考核提示

了解：期间的概念，法定期间，送达的概念，送达的程序。
理解：期间的意义，送达的意义。
熟悉并能够运用：期间的计算。

☞ 主题讨论

2006年4月25日，刘志连因涉嫌故意杀人罪被涉县公安局刑事拘留，经涉县人民检察院批准，同年4月29日执行逮捕。经涉县公安局侦查终结，以涉嫌故意伤害罪于同年6月27日向涉县人民检察院移送审查起诉，该院于同年7月24日报送邯郸市人民检察院审查起诉。因该案事实不清、证据不足，案件于8月22日经涉县人民检察院退回公安机关补充侦查，后于9月18日再次报送邯郸市人民检察院审查起诉。10月20日，邯郸市人民检察院以刘志连犯故意杀人罪向邯郸市中级人民法院提起公诉。市中级法院依法开庭审理后于 2009 年 8 月 17 日判决刘志连犯故意杀人罪，判处其死刑，缓期二年执行，剥夺政治权利终身。

刘志连不服判决提出上诉，经河北省高级人民法院审理，于 2009 年 12 月 4 日裁定撤销原判，发回邯郸市中级人民法院重新审理。邯郸市中级人民法院另行组成合议庭，并于 2010 年 7 月 9 日再次开庭审理了该案。9 月 15 日，市中级人民法院邀请市检察院列席审判委员会共同研究此案，经研究认为：本案发回重审后，从目前证据看，已不符合"两高三部"2010 年 6 月 13 日发布的《关于办理死刑案件审查判断证据若干问题的规定》，据此，将该案交由涉县人民检察院审查起诉、涉县人民法院审理。邯郸市人民检察院于 9 月 29 日将该案撤回起诉，于 10 月 12 日交涉县人民检察院。涉县人民检察院讯问了被告人刘志连，并补充核实了相关证据材料，于 12 月 14 日将该案向涉县人民法院提起公诉，涉县人民法院依法受理后于 2011 年 2 月 25 日开庭审理该案。

媒体报道此案后，河北省委和邯郸市委高度重视，要求有关部门实事求是、认真核查，严格依法处理。因该案属于应由市中级人民法院作一审的案件，2011 年 8 月 6 日，涉县人民检察院对该案撤回起诉，并于当日移送邯郸市人民检察院。邯郸市人民检察院检委会经过认真研究，仍认为达不到《关于办理死刑案件审查判断证据若干问题的规定》的要求，认定刘志连故意杀人犯罪的证据不足，不符合起诉条件，遂决定对刘志连作存疑不起诉处理。8 月 7 日，邯郸市人民检察院对刘志连宣布不起诉决定。

经历了 5 年零 102 天，刘志连终于"找回清白"，不用再回看守所了。

【讨论提示】
结合我国刑事诉讼法期间的相关规定，谈谈你对本案的看法。

 阶段自测

一、单项选择题

1. 依据我国现行刑事诉讼法的规定，监视居住的最长期间是（　　）。
   A. 3 个月　　　　　　　　　　B. 6 个月
   C. 12 个月　　　　　　　　　D. 18 个月

2. 依据我国现行刑事诉讼法的规定，诉讼文书的送达主体是（　　）。
   A. 司法机关　　　　　　　　B. 被告人
   C. 辩护人　　　　　　　　　D. 自诉人

3. 在我国刑事诉讼中，每一次补充侦查的最长期限为（　　）。

A. 半个月 B. 1个月
C. 2个月 D. 3个月

4. 公安机关在收到人民检察院的《通知立案书》后，（   ）内应当作出立案决定。

A. 10日 B. 15日
C. 20日 D. 30日

5. 在我国刑事诉讼中，简易程序的最长审理期限为（   ）。

A. 15日 B. 20日
C. 30日 D. 45日

6. 人民法院认为人民检察院移送起诉的案件的有关材料不符合开庭审判条件的，人民法院可以通知人民检察院补充应当移送的材料，人民检察院应自收到通知之日起（   ）内补送。

A. 3日 B. 5日
C. 7日 D. 10日

7. 人民法院审理再审案件，应当在作出提审、再审决定之日起（   ）内审结。

A. 一个月 B. 一个半月
C. 两个月 D. 三个月

8. 有权申请期间恢复的主体为（   ）。

A. 被害人的诉讼代理人
B. 被告人的辩护人
C. 耽误期间的当事人
D. 附带民事诉讼当事人的诉讼代理人

二、多项选择题

我国刑事诉讼中的送达方式有（   ）。

A. 直接送达 B. 间接送达
C. 公告送达 D. 委托送达
E. 留置送达

第十三章

刑事诉讼的中止和终止

☞ **本章导学**

本章主要学习刑事诉讼的中止和终止。重点是刑事诉讼中止和终止的情形。难点是中止和终止的区别。

☞ **学习引入**

自诉人（被害人）向某诉请法院以故意伤害罪追究被告人责任，并要求被告人赔偿医疗费、误工费、残疾补偿金、精神损害抚慰金等。然而未及开庭，向某却自杀身亡。随后不久，向某之女向某某又向法院提起自诉暨附带民事诉讼，要求追究被告人的刑事责任，除要求被告人赔偿上述损失外，还要求增加精神损害赔偿金 8000 元。

对于自诉人死亡的案件该如何处理？是中止审理还是终止审理？如果中止审理，之后法院又该如何处理？自诉人的近亲属能否替代死亡的自诉人继续进行诉讼？如果能够替代，其诉讼地位如何？

第一节 刑事诉讼的中止

一、刑事诉讼中止的概念

刑事诉讼中止，是指在刑事诉讼过程中，由于发生某种影响诉讼正常进行的情况而将诉讼暂时停止，待中止的情况消失以后，再恢复进行诉讼的制度。刑事诉讼中止制度一方面有利于公安司法机关集中力量办理其他的刑事案件，提高工作效率；另一方面，也使当事人有机会行使暂时无法行使的诉讼权利，及时保护其合法权益。

从司法实践看，一般而言，公诉案件在立案以后，自诉案件从人民法院受理以后，都应当按照刑事诉讼的顺序不间断地发展下去，直到人民法院作出的判决、裁定生效并交付执行。但是，在刑事诉讼过程中，有时会出现一些特殊的情况或者是客观上难以克服的障碍而使诉讼中止，导致诉讼暂时无法继续进行，而又不能终止。此时就需要中断诉讼的正常进程，将诉讼停止下来，待引起中止的特殊情况消失或者客观障碍排除后，再恢复诉讼。

刑事诉讼中止制度有如下特点：①刑事诉讼中止是暂时性的，而非程序的永远终结；是不定期的，而非固定期间的中止。②在诉讼中止之前，刑事诉讼主体所进行的诉讼行为仍然有效，中止期间，当事人诉讼权利的行使并不受到影响，刑事诉讼主体仍有权利和义务完成法定的诉讼行为。③诉讼中止的期间不计入专门机关的侦查、起诉和审判期间。④诉讼中止可以发生在刑事诉讼的各个阶段，即在侦查、起诉和审判期间都可以实施该项制度。

二、刑事诉讼中止的情形

导致刑事诉讼中止的原因是诉讼外的障碍。根据诉讼阶段的不同，刑事诉讼的中止可以分为侦查阶段的中止侦查、审查起诉阶段的中止审查和法庭审理阶段的中止审理三种情形。我国《刑事诉讼法》明确规定了中止审理制度，司法实践中也存在中止侦查、中止审查的做法。

1. 中止侦查。在侦查过程中，犯罪嫌疑人长期潜逃，采取有效追捕措施仍不能缉拿归案的，或者犯罪嫌疑人患有精神病及其他严重疾病不能接受讯问，丧失诉讼行为能力的，或者有其他不能抗拒的原因的，经侦查机关负责人决定，可以中止侦查；中止侦查的理由和条件消失后，经侦查机关负责人决定，应当恢复侦查。

2. 中止审查。在审查起诉过程中，犯罪嫌疑人潜逃或者患有精神病及其他严重疾病不能接受讯问，丧失诉讼行为能力的，人民检察院可以中止审查；共同犯罪中的部分犯罪嫌疑人潜逃的，对潜逃的犯罪嫌疑人可以中止审查。

3. 中止审理。中止审理是指人民法院在开庭审理之前或者审理过程中，因发生某种特定情况，导致案件在较长时间内无法正常审理，决定停止诉讼活动，待该项原因消失后，再恢复审理，中止之前所进行的诉讼活动仍然有效。《刑事诉讼法》第200条规定："在审判过程中，有下列情形之一，致使案件在较长时间内无法继续审理的，可以中止审理：①被告人患有严重疾病，无法出庭的；②被告人脱逃的；③自诉人患有严重疾病，无法出庭，未委托诉讼代理人出庭的；④由于不能抗拒的原因。中止审理的原因消失后，应当恢复审理。中止审理的期间不计入审理期限。"最高法《解释》第257条规定，有多名被告人的案件，部分被告人具有上述中止审理情形的，人民法院可以对全案中止审理；根据案件情况，也可以对该部分被告人中止审理，对其他被告人继续审理。第275条规定，被告人在自诉案件审判期间下落不明的，人民法院应当裁定中止审理。被告人到案后，应当恢复审理，必要时应当对被告人依法采取强制措施。

三、刑事诉讼中止的程序

刑事诉讼的中止由正在进行诉讼的机关决定。刑事诉讼程序进行到哪个阶段，就由处于该阶段的机关决定是否中止诉讼。实践中具体的程序是：首先，由承办案件的办案人员制作中止诉讼的意见书，然后再由本部门或者该机关的负责人审查决定。该决定一经作出就发生法律效力，不能上诉。中止决定在侦查和审查起诉阶段采取将决定记录在案的形式，在审判阶段则由人民法院作出书面的裁定。中止决定作出以后应当通知有关的机关和当事人。在审判阶段，人民法院作出书面的裁定后，应该书面通知同级人民检察院；自诉案件中止审理的裁定应该通知有关的当事人。

第二节 刑事诉讼的终止

一、刑事诉讼终止的概念

刑事诉讼终止，是指在刑事诉讼过程中，由于某些情况的出现，致使诉讼没有必要或者无法再继续进行下去，从而结束诉讼的制度。

刑事诉讼的目的之一是通过国家的刑事诉讼活动，在查明案件事实的基础上对犯罪的被告人正确适用刑法，追究其刑事责任。如果在刑事诉讼过程中出现法律规定的不需要追究被告人刑事责任的情况，或者犯罪嫌疑人死亡而无法追究其责任，导致诉讼没有必要进行下去的，就可以终止诉讼，结束没有实际意义的诉讼。通过实行诉讼终止制度，可以避免司法人员的无效劳动，使司法机关集中力量办理其他的刑事案件，达到节省司法资源的目的，同时也可以使其他的当事人及时从诉讼中脱离出来，减少讼累，维护其合法权益。

刑事诉讼终止制度的法律特点是，通过实行诉讼终止，使案件在法院判决之前就结束，围绕案件而开展的各项诉讼活动都要完全停止，不再继续进行，对被告人、犯罪嫌疑人采取的刑事强制措施都会因为诉讼的终止而解除、失效。要注意的是，刑事诉讼终止制度只是停止了刑事诉讼程序，不再追究刑事责任，但是并不排除追究被告人、犯罪嫌疑人的其他法律责任。

虽然刑事诉讼中止和刑事诉讼终止都是因为出现了法律规定的情况而使诉讼程序停止下来，但是两者有显著的区别：①两者适用的条件不同。诉讼中止是因为某些情况或者障碍的出现使诉讼程序暂时无法继续进行下去而采用的；诉讼终止是因为诉讼没有办法再继续进行下去，或者是因为没有必要再进行下去而适用的。②对诉讼活动的影响不同。诉讼中止是使诉讼暂时停止下来，待引起中止的特殊情况消失或者客观障碍排除后，诉讼又恢复进行；

诉讼终止是在出现法律规定的情况以后，使诉讼永远地停止下来，诉讼程序不再继续进行。③两者对结案的意义不同。诉讼中止不是案件的结案方式，在诉讼程序继续开始进行以后，仍然要通过有关机关的诉讼活动来确定犯罪嫌疑人、被告人是否应该被追究刑事责任；诉讼终止是结束诉讼程序的方式之一，其效力和案件审结相同，表明犯罪嫌疑人、被告人不应当或者不需要追究刑事责任。

二、刑事诉讼终止的情形

我国刑事诉讼中的诉讼终止主要有以下四种情形：

1. 一般情形下的诉讼终止。我国《刑事诉讼法》第15条规定："有下列情形之一的，不追究刑事责任，已经追究的，应当撤销案件，或者不起诉，或者终止审理，或者宣告无罪：①情节显著轻微、危害不大，不认为是犯罪的；②犯罪已过追诉时效期限的；③经特赦令免除刑罚的；④依照刑法告诉才处理的犯罪，没有告诉或者撤回告诉的；⑤犯罪嫌疑人、被告人死亡的；⑥其他法律规定免予追究刑事责任的。"依据上述规定，在刑事诉讼的任何阶段，凡是属于《刑事诉讼法》第15条规定的后5种情形之一的，有关的司法机关都应该及时地终止诉讼。从时间界限上，只要是案件处于立案之后法院判决生效之前的诉讼阶段，从实体上不需要或者不应该追究刑事责任，又符合法律规定的情形的，就可以终止诉讼。而对于《刑事诉讼法》第15条第1项规定的情形，即情节显著轻微、危害不大，不认为是犯罪的，如处于审理阶段，应该判决宣告无罪，不应该终止审理。

2. 自诉案件中的诉讼终止。在自诉案件中，如果自诉人撤诉，或者在自诉案件的进行过程中因自诉人死亡而没有原告的，或者是在法院判决前自诉人和被告自行和解的，都应该终止诉讼。

3. 犯罪嫌疑人、被告人逃匿、死亡案件违法所得的没收程序中的诉讼终止。《刑事诉讼法》第283条第1款规定，在没收程序审理过程中，在逃的犯罪嫌疑人、被告人自动投案或者被抓获的，人民法院应当终止审理。此时之所以终止没收程序，是因为公安司法机关将针对归案的犯罪嫌疑人、被告人开启全面的刑事追究程序。

4. 其他情形下的诉讼终止。实践中，检、警机构撤销案件、不起诉等方面的决定，都能够使刑事诉讼终止，不过，对于这些决定能够终止诉讼的效力，《刑事诉讼法》没有作出明确的规定。

三、刑事诉讼终止的程序

刑事诉讼终止，可以发生在刑事诉讼的各个阶段。在刑事诉讼的任何阶段出现了应当终止诉讼的情形，就由处于该阶段的机关审查决定是否实行诉讼终止制度。由于诉讼阶段的不同，刑事诉讼终止适用的程序也有不同。

在立案后的侦查阶段，侦查机关如果发现案件属于法律规定不予追究刑事责任的情形，应该作出撤销案件的决定来终止诉讼；在起诉阶段，案件属于法律规定不予追究刑事责任的情形的，应该由检察机关作出不起诉的决定来终止诉讼；在审判阶段，诉讼终止表现为终止审理。不管是公诉案件还是自诉案件，只要案件属于法律规定不予追究刑事责任的情形，法院就应该作出终止审理的裁定。诉讼终止的决定或者裁定，应该通知有关的机关和当事人，如果犯罪嫌疑人、被告人在押的，还应该立即释放。

 考核提示

了解：刑事诉讼中止的概念、情形和程序，刑事诉讼终止的概念、情形和程序。

理解：刑事诉讼中止和终止的区别。

 主题讨论

有观点认为，现行《刑事诉讼法》的中止制度有待进一步细化。其主要缺陷有：一是对中止的期限未作规定。二是对中止案件中的犯罪嫌疑人、被告人的强制措施未作规定。如对患有严重疾病被羁押的犯罪嫌疑人、被告人，是否可以变更为监视居住或取保候审等。三是对中止的法定情形未作规定。如对于犯罪嫌疑人、被告人患有其他严重疾病的范围应如何确定，谁有资格出具犯罪嫌疑人、被告人患有其他严重疾病的诊断书等均没有明确规定。四是在共同犯罪案件中，对于部分犯罪嫌疑人、被告人的诉讼中止如何处理未作规定。五是中止事由消失后，对刑事诉讼活动的启动程序缺乏相关的法律规定。

【讨论提示】

结合《刑事诉讼法》和最新司法解释，谈谈你对上述观点的看法。

阶段自测

一、名词解释
1. 刑事诉讼中止
2. 刑事诉讼终止

二、简答题
1. 刑事诉讼中止与终止的区别。
2. 刑事诉讼中止的情形有哪些？
3. 刑事诉讼终止的情形有哪些？

第三编 审前程序

第十四章

立 案

本章导学

本章的主要内容包括立案的概念和意义、立案的材料来源和条件、立案的程序。重点是立案的概念和意义、立案的条件和标准、立案的程序。难点是立案的条件和标准。

学习引入

2008年1月1日出版的《法人》杂志刊发了记者朱文娜采写的《辽宁西丰：一场官商较量》，报道了西丰县商人赵俊萍遭遇的"短信诽谤案"。因报道涉及西丰县县委书记张志国，1月4日上午，西丰县委宣传部部长李福路、政法委书记周静宇赶到《法人》杂志，找到杂志社总编辑王丰斌进行交涉，并与记者朱文娜见面。当日下午5时左右，西丰县公安局多名警察来到杂志社，称朱文娜因"诽谤罪"已经立案，要求向朱文娜"了解情况"。王丰斌向记者证实，西丰县警方向他出示了警官证、对朱文娜的《立案通知》及《拘传证》。

什么叫立案？立案具有什么意义？立案的条件和标准是什么？立案有哪些步骤？公安机关能否对告诉才处理的案件进行立案？如何对立案程序进行监督？本章内容将会给你答案。

第一节 立案的概念和意义

一、立案的概念

刑事诉讼中的立案是指公安机关、人民检察院和人民法院对报案、控告、举报和犯罪嫌疑人自首等方面的材料按照管辖范围进行审查，认为有犯罪事实需要追究刑事责任，依法决定是否作为刑事案件进行侦查或交付审判的诉讼活动。

立案是刑事诉讼活动的初始阶段，是办理刑事案件的必经程序，是刑事诉讼活动开始的标志。同时，立案也是我国刑事诉讼过程中独立的诉讼阶段。我国《刑事诉讼法》界定了立案的主体，即公安机关（含国家安全机关及单行法律规定享有刑事侦查权的其他机关）、人民检察院和人民法院。立案是上述三机关的法定权力和职责，其他任何单位和个人都无权立案。如果违法私立案件，对公民、法人进行侦查、审判，属违法行为，应依法追究法律责任。根据《刑事诉讼法》的规定，立案具体包括三方面的内容：①发现立案材料或接受立案材料；②对立案材料的处理；③人民检察院对不立案的监督。以上三方面内容前后衔接，互相联系，构成了完整的立案阶段。需要明确的是，立案作为一个诉讼程序和阶段，不同于立案决定。后者是指法定机关经审查立案材料后，认为有犯罪事实发生，依法需要追究刑事责任时，决定把该犯罪事实作为刑事案件，从而启动侦查或审判的诉讼活动。立案程序与立案决定之间有着密切的联系，它们是整体与部分、动态与静态的关系，不能混淆。

立案作为刑事诉讼活动的一个独立的诉讼阶段，有其特定的任务和目的。立案的任务就是接受并审查立案材料，初步确定有无犯罪事实，依法确定是否需要追究刑事责任，从而作出立案或不立案的决定。立案决定的目的在于确认刑事案件形式上的成立，对犯罪行为开始进行侦查或审判。只有经过立案程序，案件才能纳入刑事诉讼轨道，国家有关机关的侦查、起诉和审判才有合法的前提依据。而未经立案，任何机关不得对任何公民、法人和其他组织开展刑事侦查及审判活动。

国外的刑事诉讼立法，就立案而言，与我国存在较大区别。英、美等国家，法律没有规定刑事诉讼须以立案作为诉讼开始的第一个程序，刑事诉讼的开始无须办理专门的手续，一般以强制措施的实施（如逮捕）作为刑事诉讼的开始。而在法国、意大利、日本等国家，虽然规定刑事诉讼的开始要办理一定的手续，但并未将其作为一个独立的程序和诉讼阶段。只是在前苏联、蒙古和东欧的部分国家规定了刑事诉讼开始的专门程序，并将其列为侦查、审判前的必经程序。我国刑事诉讼法借鉴了前苏联、蒙古等国的立案模式，专章规定了刑事诉讼开始的立案程序。

二、立案的意义

立案作为刑事诉讼的初始程序，是我国长期司法实践经验的总结，它对于健全我国法制、保证刑事诉讼的正确进行，具有重要意义：

1. 立案是刑事诉讼的开始和必经阶段。在整个刑事诉讼过程中，立案是不可逾越的第一阶段。未经立案，有关机关的侦查、起诉和审判活动便失去了法律程序的基础，属违法行为。而刑事诉讼的其他程序，则并非每一案件都必须经过，如侦查过程中发现不应追究刑事责任，就应撤销案件；人民检察院审查起诉过程中，发现犯罪嫌疑人不构成犯罪或犯罪情节轻微，依法不需判处刑罚或免除刑罚的，则应作出不起诉决定，从而不会启动后来的审判程序；地方各级人民法院的一审刑事判决、裁定，法定期间内被告人、自诉人不上诉，人民检察院不抗诉，就不会发生刑事二审程序。《刑事诉讼法》第113条规定，公安机关对已经立案的刑事案件，应当进行侦查。这也充分体现了立案程序的重要性和严肃性。

2. 立案能确保法定机关正确、及时地同犯罪行为作斗争。对于已经在实施、预备实施并需立案的犯罪行为，法定机关只有及时、准确地予以立案，才能快速朝着正确的方向开展侦查审判活动，迅速地揭露和证实该犯罪行为，从而达到惩罚犯罪人和预防犯罪行为的目的。正确运用和执行立案程序，能使一切依法应追究刑事责任的犯罪行为，准确及时地受到应有的追究。

3. 正确执行立案程序可有效地保障公民、法人和其他组织的合法权益不受侵犯，使无辜的公民不受刑事追究。在我国，公民、法人及其他组织的合法利益不受侵犯并受国家法律保护。在立案程序中，法定机关通过对立案材料的审查，可初步判定涉案行为是否构成犯罪并追究刑事责任，防止无依据地对公民、法人进行刑事追究。只要在立案程序中把好这一道关口，就在很大程度上避免了错案的发生，切实保护了公民、法人和其他组织的合法权益，这也是人权保障在刑事诉讼中的体现和重要环节。

4. 立案是对社会治安形势进行准确评价和实施正确治理措施的重要依据。通过立案，可使有关机关及时掌握社会各个时期的发案情况和犯罪特点，研究犯罪动向，制定预防犯罪和打击犯罪的具体措施，搞好社会治安综合治理。

第二节 立案的材料来源和条件

一、立案的材料来源

要启动立案程序，必须具有立案依据，即立案材料。所谓立案材料，是指涉及犯罪嫌疑人和犯罪事实的材料。根据《刑事诉讼法》和我国司法实践总结的情况，立案的材料来源主要有如下方面：

1. 单位、个人的报案、举报和被害人的报案、控告。报案是指任何单位和个人发现犯罪事实后，向公安机关、人民检察院或人民法院进行揭露和报告，提请予以查处的行为。举报是检举和揭发的总称，指无直接利害关系的单位和个人发现犯罪嫌疑人及其犯罪事实，而向公安机关、人民检察院或人民法院揭发和要求查处的行为。报案和举报的区别在于，前者只是报告案件的发生或某种犯罪结果的出现，提供的案件事实比较简单，不能明确犯罪嫌疑人；而后者不仅要报告具体的犯罪事实，而且还要报告具体的犯罪嫌疑人，较之于报案而言，提供的事实和材料相对详尽、真切。《刑事诉讼法》第108条第1款规定："任何单位和个人发现有犯罪事实或者犯罪嫌疑人，有权利也有义务向公安机关、人民检察院或者人民法院报案或者举报。"

控告是指犯罪行为的受害人或其法定代理人、近亲属，为保护自身或被害人的权益而向公安、司法机关指控犯罪，并请求追究犯罪嫌疑人的刑事责任的行为。控告与举报的实质内容相同，都是向司法机关揭露犯罪嫌疑人并请求查处的行为，二者的区别在于控告人是受害人，而举报人一般与案件并无直接利害关系。被害人是犯罪行为直接侵害的人，具有追究犯罪的强烈愿望，也能提供较为详尽的有关犯罪嫌疑人和犯罪事实的材料。因此，我国《刑事诉讼法》列专款保障受害人的控告权，其第108条第2款规定："被害人对侵犯其人身、财产权利的犯罪事实或犯罪嫌疑人，有权向公安机关、人民检察院或者人民法院报案或者控告。"

揭露犯罪是国家法律赋予的权利，也是应尽的义务。任何单位和个人一旦发现犯罪嫌疑人或犯罪事实，都应及时、主动地向司法机关报案、控告或举报，以便于司法机关及时采取措施予以追究，使犯罪人受到应有的惩罚。为保障单位和个人上述权利的具体落实，方便权利的行使，我国《刑事诉讼法》规定，报案、控告和举报可以用书面或口头形式提出。公安机关、人民检察院和人民法院应当保障报案人、举报人及其近亲属的安全。报案人、控告人、举报人如果不愿公开自己的姓名和报案、控告、举报的行为，应当为他保密。同时，《刑法》也规定任何人不得对控告人、举报人进行报复陷害，否则应受相应处罚。司法机关的保密期限也不应仅限于侦查阶段，而应是整个诉讼阶段，保密的相关材料不能作为证据使用。

2. 公安机关、人民检察院发现的犯罪事实或者犯罪嫌疑人。公安机关、人民检察院是人民民主专政的重要工具，肩负着打击各种犯罪，维护社会治安的重要任务。其在执行公务过程中，一旦发现犯罪事实或者犯罪嫌疑人，就应当主动立案侦查。公安、检察机关是我国专司侦查权的机关，在日常工作中，如例行检查或巡逻，经常会发现犯罪事实、犯罪嫌疑人或犯罪线索。这些材料是公安机关和人民检察院立案的重要依据。《刑事诉讼法》第107条规定："公安机关或者人民检察院发现犯罪事实或者犯罪嫌疑人，应当按照管辖范围，立案侦查。"

3. 犯罪人的自首。自首是指犯罪人犯罪后，自动投案，如实供述自己罪行的行为。犯罪人慑于法律的威严而自首的，因自首人能对案件事实作详尽的陈述且真实性较为可靠，也可作为立案的材料来源之一。

4. 其他材料来源。由于立案必须借助立案材料，因此材料来源越多，对司法机关发现和查办案件就越有利。比如上级机关交办的案件和其他机关依法移送的案件，也应视为是立案的材料来源。在立案的众多材料来源中，应形成以报案、控告、举报、自首为主，司法机关发现为辅的格局，以体现全社会法制意识的增强。

二、立案的条件和标准

（一）立案条件

立案的条件是指立案的根据和法定理由。《刑事诉讼法》第110条规定："人民法院、人民检察院或者公安机关对于报案、控告、举报和自首的材料，应当按照管辖范围，迅速进行审查，认为有犯罪事实需要追究刑事责任的时候，应当立案；认为没有犯罪事实，或者犯罪事实显著轻微，不需要追究刑事责任的时候，不予立案，并且将不立案的原因通知控告人。控告人如果不服，可以申请复议。"根据这一决定，立案须同时具备两个条件，现分述如下：

1. 有犯罪事实。立案的首要条件是必须有犯罪事实。犯罪事实是指有依照刑法规定构成犯罪，并应受到刑罚处罚的行为。有犯罪事实是指有一定证据证明犯罪事实的客观存在，而不能是办案人员的随意猜测、臆断。当然，这些证据只需达到犯罪事实确已发生的证明程度即可，至于犯罪人是谁，其作案动机、目的是什么，作案手段和方法等情况并不是立案必备的条件，这些是立案后侦查或审判过程需要解决的问题。立案只是刑事诉讼的开始阶段，是启动侦查或审判活动的前置环节，不可能查明犯罪的全部情况，否则就混淆了立案与侦查、审判的性质和任务。

立案既然以有犯罪事实为要件，那么对非犯罪行为的一般违法行为、违反党政纪律的行为、违反社会主义道德的行为都不应作为刑事案件立案，否则即混淆了罪与非罪，有可能涉及无辜。

2. 需要追究刑事责任。需要追究刑事责任是指根据刑事法律的规定，对行为人需要给予刑罚处罚。有犯罪事实和追究刑事责任是立案的并列条件，因此仅有犯罪事实，但依法不应追究刑事责任的，仍不能立案，即使已经立案的，也要撤销案件，或者不起诉、终止审理、宣告无罪。

依据《刑事诉讼法》第15条之规定，凡属以下情形之一的，不予立案：

情节显著轻微、危害不大，不认为是犯罪的；犯罪已过追诉时效期限的；经特赦令免除刑罚的；依照刑法告诉才处理的犯罪，没有告诉或撤回告诉的；犯罪嫌疑人、被告人死亡的；其他法律规定免予追究刑事责任的。

《刑事诉讼法》规定的立案条件在刑事诉讼中具有重要的作用和意义，整个立案程序都是围绕立案条件展开的。它是公安机关、人民检察院和人民法院用以确定某事件够不够立案的标准，可以防止司法人员应立不立、不应立而立的行为发生，便于法律监督机关及社会大众进行监督；它可使司法机关排除不符合立案条件的情况，节省人力、物力资源。正确掌握立案条件，关系到刑事诉讼活动能否正确、及时、合法地进行。

当然，即使严格依照立案条件所立之案，涉案犯罪嫌疑人最终也有可能是无罪的，这与立案条件本身并不矛盾。毕竟立案仅为初始程序，它的任务是启动后来的侦查或审判活动，犯罪嫌疑人是否有罪，须侦查乃至审判后方能确定。立案条件是《刑事诉讼法》规定的总体要求，至于每个个案，还必须结合刑法的具体规定加以确定。国家最高司法机关根据《刑法》和《刑事诉讼法》及其他法律规定，结合司法实践制定的刑事案件的立案标准，是立案总体要求的具体化。

（二）立案标准

立案标准是指据以确定是否追究刑事责任的量化的数额标准。它不同于立案条件，但它又是由作为立案条件之一的"需要追究刑事责任"所派生的。立案标准直接决定案件的范围和数量，直接决定司法机关是否追究犯罪人的刑事责任，直接决定相应的行为人是否被强制性地纳入刑事诉讼程序。

我国《刑法》、有关司法解释和部门规章对严重暴力案件，破坏社会主义市场经济秩序案件，侵犯人身权利案件，盗窃、诈骗案件，毒品、森林、陆生野生动物案件，以及贪污贿赂、渎职犯罪等案件的立案标准都作了具体规定。如侵犯人身权利犯罪中的故意伤害罪，以造成受害人轻伤为立案标准；贪污罪一般以涉案金额是否达5000元以上为标准；盗窃罪以涉案金额1000元以上为标准。当然，由于各地经济发展水平的不平衡，各地的立案标准不尽一致，这与法律的规定并不矛盾。但地方所定立案标准须经严格程序，由法定部门批准后方可施行，并且不能与上述规定标准相抵触。

刑事案件立案标准既是实体问题，又是程序问题，主要包括公安机关受理案件的立案标准和检察机关受理案件的立案标准。公安机关和检察机关针对不同类型的案件，确定了不同的立案标准。而且，全国各地的公安机关和检察机关，就同一类型案件的立案标准而言，既有统一的一面，也有重大的差异。

1. 立案标准的统一性。这种统一性表现为：①都以刑法为根据，须达到刑法规定的需要追究刑事责任的程度；②最高人民检察院、公安部等部门对于某些类型案件的立案标准，分别或者联合作出了统一规定，如最高人民检察院制定了《关于人民检察院直接受理立案侦查案件立案标准的规定（试行）》、《人民检察院直接受理立案侦查的渎职侵权重特大案件标准（试行）》，最高人民检察院、公安部联合颁行了《关于公安机关管辖的刑事案件立案追诉标准的规定（二）》，国家林业局、公安部联合制定了《关于森林和陆生野生动物刑事案件管辖及立案标准》，司法部规定了《狱内刑事案件立案标准》；③各级人民法院审理案件认定罪与非罪、罪轻罪重的标准，也直接制约立案标准，促使立案标准统一；④各省、自治区、直辖市的法院、检察院、公安部门可以就诸如构成盗窃罪的个人盗窃数额，依据本地区经济和治安状况进行确定，但仍然不得违反《最高人民法院、最高人民检察院关于办理盗窃刑事案件适用法律若干问题的解释》。

2. 立案标准的差异性。首先，不同类型的案件，立案标准自然不同。其次，某些同一类型的案件，各地的立案标准仍有不同，这主要是对于那些涉及个人盗窃财产的犯罪，各地认定盗窃罪的起始数额不同。最后，虽然最高人民检察院、公安部联合颁布了《关于公安机关管辖的刑事案件立案追诉标准的规定（二）》，但实践中，由于个案差异或者为了集中力量打击主要犯罪分子，出于刑事政策或者追诉策略的考虑，也会对具有某些情形的人不予立案，即存在统一立案标准的差别运用。

3. 立案标准的变动性。导致立案标准变动的原因在于政治、经济和社会治安形势、刑事政策等的变化，某些思想文化观念的改变，以及立案实践经验的总结。对比各个时期检察机关、公安部门的立案标准，不难看出，我国关于贪污、行贿、受贿、渎职犯罪的立案标准变化非常大，认定构成盗窃罪的数额标准也发生了变化。

有了立案标准，公安机关、人民检察院和人民法院在立案时便可掌握一个具体的尺度，有利于遏止错案的发生，也更有利于保护不应被追究刑事责任的人，做到不枉不纵，保障有序、健康的社会秩序。

第三节 立案的程序

一、对立案材料的接受

这里所称"对立案材料的接受"，仅指对报案、控告、举报和犯罪人自首及其他材料来源的接受，而不包括对公安机关、人民检察院发现的犯罪事实和犯罪嫌疑人的接受，因为后者本为公安机关、人民检察院所发现，应按管辖范围立案侦查，无所谓接受。对于刑事自诉案件，被害人有权直接向人民法院提起诉讼。被害人死亡或丧失行为能力的，其法定代理人、近亲属有权向法院起诉，人民法院应当依法受理。

为了便于和保障有关单位和个人充分行使报案、控告、举报权，《刑事诉讼法》规定，报案、控告、举报可以用书面或口头方式提出。接受口头报案、控告、举报的工作人员，应当写成笔录，经宣读无误后，由报案人、控告人、举报人签名或盖章。《刑事诉讼法》第108条第3款同时规定："公安机关、人民检察院或者人民法院对于报案、控告、举报，都应当接受。对于不属于自己管辖的，应当移送主管机关处理，并且通知报案人、控告人、举报人；对于不属于自己管辖而又必须采取紧急措施的，应当先采取紧急措施，然后移送主管机关。"对于犯罪人的自首的，也应适用上述规定。

为了防止诬告，确保立案材料的真实性，《刑法》第243条规定："捏造事实诬告陷害他人，意图使他人受刑事追究，情节严重的，处3年以下有期徒刑、拘役或者管制；造成严重后果的，处3年以上10年以下有期徒刑。国家机关工作人员犯前款罪的，从重处罚。不是有意诬陷，而是错告，或者检举失实的，不适用前两款的规定。"从程序上，接受控告、举报的工作人员，应当向举报人说明《刑法》规定的诬告应负的法律责任。但是，只要不是捏造事实、伪造证据，即使控告、举报的事实有出入，甚至是错误的，也要和诬告区别开来。需要明确的是，由于报案人仅是就发现的犯罪事实和犯罪嫌疑人向司法机关予以揭露，故对其不适用《刑事诉讼法》第109条第2款的程序规定。

对于匿名的举报、报案和控告，司法机关应持高度慎重的态度。由于担心受到犯罪人的报复，匿名材料占了相当比重。匿名材料既可能是虚假材料，甚至是诬告陷害，但也可能是完全真实的，甚至是对重、特大案件的揭露。因此，对匿名的报案、控告和举报都要持非常认真的态度，不能一概否定。总的原则是实事求是，针对个案具体分析，查找证据后区别对待，妥善处理。如证实确属诬告的，应依法追究责任。同时，司法机关应切实保障举报人、控告人、报案人的安全，切实履行保密义务，通过完善的制度来鼓励实名举报。

公安机关、人民检察院和人民法院受理报案、控告、举报或犯罪人自首的，应当填写受理刑事案件登记表。

二、对立案材料的审查

对立案材料的审查，是公安机关、人民检察院和人民法院在决定是否作出立案决定之前，按照案件的管辖范围所必须进行的鉴别和判断。审查的中心任务是判断有无犯罪事实及是否需要追究刑事责任的，目的是为作出立案决定与否打下基础。对立案材料的审查是立案程序的中心环节。

立案机关在接到立案材料后，要迅速进行审查，认为现有材料足以表明犯罪事实并需追究刑事责任的，即应立案。经过对材料的审查，认为证据不足、尚存疑问的，可以要求报案人、控告人、举报人补充立案材料或进一步说明情况，或者在决定立案前采取一些初步调查工作，如委托发案单位或其上级主管部门会同调查，派人直接调查。调查过程中，为确定是否有犯罪事实，可采取询问、查询、勘验、鉴定等方法。除暴力犯罪并情况紧急外，初步调查不得采取限制人身自由的强制措施，不得查封、扣押、冻结被调查对象的财产，以免造成错案。对于自诉案件，人民法院可以要求自诉人提出证实有犯罪事实的材料，但不应调查。因为自诉案件的成立取决于自诉人的意思表示，同时还须具备立案的条件，二者是并列关系。法院在立案前不能主动调查取证为自诉人的自诉打基础，自诉案件基本实行民事诉讼中的"谁主张，谁举证"的原则。这里需要明确的是，上面谈到的立案机关的调查不能与立案后的侦查行为相混淆，二者有质的区别。前者调查的目的仅为是否作出立案决定做准备，而后者则要查明犯罪的各个细节，为后来移送审查起诉做准备。

三、作出是否立案的决定

公安机关、人民检察院、人民法院经过对案件的审查，认为符合立案条件的，必须依法立案，并由承办人员填写《立案决定书》，然后将《立案报告表》和涉案证据材料一并送本机关主管领导审批，审批后，填写《立案决定书》，正式立案。

公安机关、人民检察院和人民法院经过立案审查，认为没有犯罪事实，或者犯罪事实显著轻微，不需要追究刑事责任的，则不予立案。但为了促进公民揭露犯罪的积极性，立案机关应将不立案的原因通知控告人。控告人不服的，还享有申请复议的权利。

《刑事诉讼法》目前还没规定是否将不立案的决定通知举报人，但在司法实践中只要是具名举报的，应将不立案决定通知举报人，这样有利于尊重公民民主权利，接受群众监督，取得群众信任，提高办案质量。

公安机关、人民检察院和人民法院作出不立案决定，并不意味着被控告人、被举报人不受任何追究。如果被控告人、被举报人确有违反党纪、政纪或其他行政法规的，应分别情况由相关主管部门作出党政处分或行政处罚。违反《治安管理处罚法》的，应给予治安行政处罚。

对于有关机关移送的案件，也应将是否立案的决定通知移送机关。对诬告陷害的，应依法追究责任。对确实属于错误而又给被控告人、被举报人造成不良影响的，应由立案机关向有关部门澄清事实。

四、人民检察院对公安机关立案的监督

人民检察院是国家法律监督机关，其依法对刑事诉讼全过程实行法律监督，立案活动也不例外。在司法实践中，的确存在有案不立、有罪不究，以行政、经济、治安处罚代替刑事追究的情况。近年来，违法动用刑事手段插手民事、经济纠纷，或者利用立案实施报复陷害、敲诈勒索以及谋取其他非法利益等违法立案情形也时有发生。这种有法不依、执法不严，怠于履行职责或者滥用职权的行为，损害了法制的尊严和权威，既可能使犯罪分子逍遥法外，也可能侵犯公民的合法权益。因此，有必要由人民检察院对立案活动进行监督。

《刑事诉讼法》第111条规定："人民检察院认为公安机关对应当立案侦查的案件而不立案侦查的，或者被害人认为公安机关对应当立案侦查的案件而不立案侦查，向人民检察院提出的，人民检察院应当要求公安机关说明不立案理由。人民检察院认为公安机关不立案的理由不能成立的，应当通知公安机关立案，公安机关接到通知后应当立案。"据此，人民检察院立案监督的材料来源有二：一为在业务活动中发现的公安机关应当立案而不立案的情况；二为被害人的申诉，这也是立案监督的主要材料来源。

不过《刑事诉讼法》仅对公安机关应当立案而不立案的情形进行了规定，2012年最高检《规则（试行）》则进一步将不应当立案而立案的情形纳入监督范围。根据2012年最高检《规则（试行）》，人民检察院控告检察部门受理对公安机关应当立案而不立案或者不应当立案而立案的控告、申诉，应当根据事实和法律进行审查，并可以要求控告人、申诉人提供有关材料，认为需要公安机关说明不立案或者立案理由的，应当及时将案件移送侦查监督部门办理。

人民检察院侦查监督部门经过调查、核实有关证据材料，认为需要公安机关说明不立案理由的，经检察长批准，应当要求公安机关书面说明不立案的理由。有证据证明公安机关可能存在尚未提请批准逮捕或者移送审查起诉的，经检察长批准，应当要求公安机关书面说明立案理由。人民检察院要求公安机关说明不立案或者立案理由，应当制作要求说明不立案理由通知书或者要求说明立案理由通知书，及时送达公安机关，并且告知公安机关在收到要求说明不立案理由通知书或者要求说明立案理由通知书后7日以内，书面说明不立案或者立案的情况、依据和理由，连同有关证据材料回复人民检

察院。

公安机关说明不立案或者立案的理由后,人民检察院侦查监督部门应当进行审查,认为公安机关不立案或者立案理由不能成立的,经检察长或者检察委员会讨论决定,应当通知公安机关立案或者撤销案件。人民检察院通知公安机关立案或者撤销案件,应当制作通知立案书或者通知撤销案件书,说明依据和理由,连同证据材料送达公安机关,并且告知公安机关应当在收到通知立案书后15日内立案,对通知撤销案件书没有异议的应当立即撤销案件,并将立案决定书或者撤销案件决定书及时送达人民检察院。侦查监督部门认为公安机关不立案或者立案理由成立的,应当通知控告检察部门,由其在10日内将不立案或者立案的理由和根据告知被害人及其法定代理人、近亲属或者行政执法机关。

此外,对于由公安机关管辖的国家机关工作人员利用职权实施的重大犯罪案件,人民检察院通知公安机关立案,公安机关不予立案的,经省级以上人民检察院决定,人民检察院可以直接立案侦查。

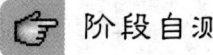 考核提示

了解:立案的概念,立案的材料来源。
理解:立案的意义,立案的条件和标准及两者的关系。
熟悉并能够运用:立案的程序。

主题讨论

有的司法机关为追求高破案率,没有抓获犯罪嫌疑人就不立案,"先破后立、不破不立"。

【讨论提示】
结合法律规定,谈谈这种做法的危害性。

阶段自测

一、单项选择题
1. 某甲因受到某乙的严重伤害,于是向犯罪地法院报案,法院应当(　　)。
   A. 接受某甲的报案材料
   B. 告知某甲向犯罪地公安机关报案
   C. 告知某甲向某乙居住地公安机关报案
   D. 告知某甲向检察机关报案
2. 公安机关在收到人民检察院的《通知立案书》后,应当于(　　)作

出立案决定。
A. 10 日内 　　　　　　　　B. 15 日内
C. 20 日内 　　　　　　　　D. 30 日内

3. 在我国刑事诉讼中，有权向司法机关进行举报的人是（　　）。
A. 被害人 　　　　　　　　B. 被害人以外的个人或单位
C. 被害人的法定代理人 　　D. 被害人的近亲属

4. 人民检察院认为公安机关对应该立案的案件没有立案的，应当要求公安机关（　　）。
A. 移送人民检察院 　　　　B. 立即立案
C. 移送人民法院 　　　　　D. 说明不立案的理由

二、简答题
1. 简述立案条件和立案标准的区别。
2. 简述报案、举报、控告的区别。

第十五章 侦 查

本章导学

本章的主要内容包括侦查概述、侦查行为、侦查终结、人民检察院对直接受理案件的侦查、补充侦查、侦查监督。重点是侦查的概念、侦查行为、侦查终结、补充侦查、侦查监督。难点是侦查行为。

学习引入

2009年8月4日凌晨4点左右,上海警方在南郊银都路2688弄的一个小区开展了一次"10年来规模最大的抓捕行动":全副武装的特警从阳台潜入房间,房门、卫生间门被接连踢开,冲进屋的特警抡头就打;有的人被反铐着押出房间;有的人被带走吊铐在铁栏杆上,只能脚尖着地;不少人被抓走时只穿着内裤,第二天放回来时还是穿着内裤……记者事后的调查表明,这起行动共抓获65人,但仅银都路2688弄一处,至少有6处房间被错破门而入,30人被惊扰,其中12人被错铐,8人被带走后放回。

警方的上述行为属于什么性质?警察进入公民住宅是否需要搜查证?上海警方的行为违反了哪些规定?《刑事诉讼法》规定了哪些侦查措施?各自有哪些程序规定?本章我们将学习这些知识。

第一节 侦查概述

一、侦查的概念

侦查是指侦查机关在办理刑事案件过程中,为收集证据,查清案情,查获犯罪嫌疑人而依照法律进行的专门调查工作和有关的强制性措施。侦查是侦查机关在刑事案件立案后公诉机关提起公诉前收集证据,查清案情,确定是否将查获的犯罪嫌疑人交付审判的准备程序。因此,在我国,侦查是全部刑事诉讼程序中的一个独立诉讼阶段,在刑事诉讼中具有非常重要的地位,是国家专门机关同犯罪作斗争的强有力的手段。

侦查的概念应从以下几个方面来了解和掌握：

(一) 侦查的主体是特定的国家机关

根据《刑事诉讼法》第106条第1项的规定，"侦查"是指公安机关、人民检察院在办理案件过程中，依照法律进行的专门调查工作和有关的强制性措施。由此可见，我国刑事诉讼中的侦查主体主要是公安机关和人民检察院。此外，根据该法第4条、第290条的规定，国家安全机关依照法律规定，办理危害国家安全的刑事案件时，可以行使与公安机关相同的侦查权；对于军队内部发生的刑事案件、罪犯在监狱内犯罪的案件，分别由军队保卫部门和监狱进行侦查。除此以外，其他任何机关、团体和个人都无权行使侦查权。这与国外的情况有所区别。在英国、美国等英美法系国家，侦查活动主要由司法警察实施。在大陆法系的德国，侦查权由检察机关行使，司法警察作为检察官的助手，在检察官的领导和指挥下实施具体的侦查活动。而在法国，侦查程序分为初步侦查和司法侦查，其中初步侦查主要是由司法警察在检察官的监督和指挥下进行的侦查活动，在司法警察发现犯罪发生后立即进行；司法侦查则是在初步侦查的基础上展开全面调查，由预审法官进行。

(二) 侦查活动的内容具有特定性

根据法律规定，侦查活动的内容包括两个方面：一是专门调查工作，二是有关的强制性措施。所谓专门调查工作，是指刑事诉讼法所规定的讯问犯罪嫌疑人、询问证人、勘验、检查、搜查、扣押物证、书证、鉴定、通缉等活动。这种专门的调查工作与人民法院在庭审过程中，在调查核实证据时，依照《刑事诉讼法》的有关规定所进行的勘验、检查、扣押、鉴定和查询、冻结等活动具有截然不同的法律性质，后者属于审判中的调查活动，而不属于侦查活动的范畴。"有关的强制性措施"包括两个方面：一是侦查机关为保证专门调查工作的顺利进行而在必要时采取的强制性方法，如强制搜查、强制检查、强制扣押、查封、冻结账户等；二是强制措施，即拘传、取保候审、监视居住、拘留、逮捕。

(三) 侦查活动必须严格依照法律规定进行

为了实现侦查的目的，保证侦查机关能够发现和收集与案件有关的各种证据，查清案件事实，查获犯罪嫌疑人，防止其继续犯罪或者逃避侦查、起诉或审判，保证诉讼活动的顺利进行，我国《刑事诉讼法》对侦查的主体、内容、方式以及程序都作了严格的规定。同时，由于侦查是以国家强制力为后盾的，每一项侦查活动的开展都不同程度地带有强制性，稍有违法，便会侵犯公民的合法权益，因此，侦查机关在进行侦查活动时，只有严格遵守法律规定，才能客观全面地收集证据，查清案件事实，充分保护公民的合法权益不受侵犯，更好地完成刑事诉讼法所赋予的侦查任务。

二、侦查的任务和意义

（一）侦查的任务

侦查的基本任务就是收集证据，查清犯罪事实和查获犯罪嫌疑人，维护社会秩序，保护国家、集体财产和公民的合法权益。具体而言，侦查机关的任务体现在两个方面：

1. 侦破案件。侦查机关依照法定程序对已经立案的刑事案件进行侦查，收集调取犯罪嫌疑人有罪或者无罪、罪轻或者罪重的各种证据材料，准确、及时地查明犯罪事实，查获犯罪嫌疑人，并根据案件的具体情况采取必要的强制措施，防止犯罪分子逃避侦查，继续犯罪，毁灭、伪造证据，或串供等，以便将犯罪嫌疑人顺利交付起诉和审判，保证诉讼活动的顺利进行，保护国家、集体和公民个人的合法利益不受侵犯。破案是侦查工作的首要任务。

2. 制止和预防犯罪。除侦破案件外，在侦查过程中，侦查机关还应防患于未然，制止正在实施或将要实施的犯罪行为，防止犯罪活动继续发生。这就需要侦查机关采取积极措施，在办案中注意总结犯罪分子作案特点和规律，限制和缩小他们的活动范围，发现并堵塞某些地区和部门存在的漏洞。同时，在侦查工作中还应加强法制宣传教育，协同有关部门做好社会治安综合治理工作，加强对社会上一部分不稳定分子的控制，教育公民自觉遵守法律，以减少和预防犯罪。

根据《刑事诉讼法》的规定，公安机关要对侦查过程中所收集的证据予以核实，即对案件进行预审。证明案件事实的所有证据都要经过查证属实，才能作为定案的根据。对于公诉案件而言，证据的采集工作主要在侦查阶段完成，而侦查机关对自己所收集的证据，应在侦查工作中查证、核实，为准确认定案件事实、正确处理案件打下坚实的基础。以往，案件的预审工作由公安机关内部的预审部门完成，目前，在公安机关刑侦体制改革的工作中，取消了预审部门，但对案件的预审工作仍然存在，由刑侦部门统一进行。

（二）侦查的意义

侦查作为公诉案件的必经程序，在刑事诉讼中具有十分重要的意义：

1. 侦查是与犯罪行为作斗争的重要手段。公安司法机关进行刑事诉讼的目的之一，是准确及时地惩罚犯罪，保护公民。由于犯罪是一种错综复杂的社会现象，犯罪活动大多是在极其隐蔽的情况下进行的，而犯罪分子实施犯罪行为以后，为了逃避法律的制裁，又往往采取各种手段掩盖事实真相，毁灭证据，制造假象，如果公安司法机关不采取强有力的侦查手段，就难以收集到确实、充分的证据，难以准确、及时地查清案件事实，抓获犯罪嫌疑人，就不能完成刑事诉讼打击犯罪、保护人民、保障社会稳定的任务，因此，侦查是公安司法机关有效地同犯罪行为作斗争的强有力的手段。

2. 侦查是提起公诉和正确审判的基础和前提条件。司法实践证明，侦查工作的好坏，将直接影响起诉和审判。因为刑事案件立案以后，揭露犯罪、证实犯罪、查获犯罪嫌疑人的大量实质性工作都是通过侦查程序完成的。法律要求侦查终结的案件必须事实清楚，证据确实、充分。因此，在侦查过程中，侦查机关如果能够严格按照法律规定，通过采用专门的调查工作和有关的强制性措施，收集确实、充分的证据，查明案件事实情况，查获犯罪嫌疑人，就能够为人民检察院准确、及时批捕和提起公诉，为人民法院正确进行审判奠定坚实的基础和提供前提条件。如果侦查工作存有任何疏漏或偏差，都将影响起诉和审判工作的顺利进行，影响案件的正确、及时、合法处理。

3. 侦查是预防犯罪的有力措施。侦查不仅是打击和惩罚犯罪的重要手段，在预防犯罪活动中也起着极为重要的作用。通过侦查活动，一方面可以教育群众，强化群众的法制观念，提高守法的自觉性，提高同犯罪作斗争的积极性；另一方面，还可以总结和掌握犯罪的特点和规律，发现有关机关、单位和企业存在的隐患和漏洞，及时采取有效措施，消除隐患，堵塞漏洞，加强安全防范措施，加强社会治安综合治理，以预防和减少犯罪。

三、侦查工作的原则

为了更好地完成侦查任务，揭露、证实和惩罚犯罪，侦查人员在侦查活动中，除了必须遵守《刑事诉讼法》规定的基本原则外，根据侦查工作的特点，还必须遵守下列各项工作原则：

1. 迅速及时的原则。侦查工作本身的特点决定了侦查工作必须迅速及时。侦查机关接到报案后，要立即组织侦查力量，制定侦查方案，及时抓住战机，采取侦查措施，开展侦查活动，拘捕、审讯犯罪嫌疑人，收集案件的各种证据，以防止犯罪分子隐匿、毁灭、伪造证据，或逃跑、自杀，或继续犯罪。如果侦查机关行动迟缓，失去有利战机，就有可能因时过境迁，使犯罪现场遭破坏、犯罪痕迹消灭、人犯潜逃等，给侦破案件工作造成困难。

2. 客观全面的原则。侦查的任务就是依照法律规定，准确查明客观存在的案件事实，全面收集能够证明案件真实情况的一切证据。因此，侦查人员在侦查过程中，应当一切从实际情况出发，坚持重事实、重证据、重调查研究的态度，认真分析研究案情，如实反映案件的客观事实，切忌主观臆断和先入为主。在收集证据时，也要注意全面性，既要收集能够证明犯罪嫌疑人有罪、罪重的证据，又要收集能够证明犯罪嫌疑人无罪、罪轻的证据；既要认真听取控诉一方的意见，也要认真听取辩护一方的意见，从而保证侦查案件的质量。

3. 深入细致的原则。在侦查过程中，为了准确查明案件的真实情况，侦查人员还必须坚持深入细致的原则。这就要求侦查人员应当具备深入细致的工作作风，广泛而深入地依靠群众，调查、了解一切与案件有关的情况，不放过蛛丝马迹，不忽略任何细枝末节，从而查清犯罪构成基本要件和犯罪的各种具体情节，排除案件所有证据材料中的一切疑点和矛盾。

4. 遵守法制的原则。侦查是一项严肃的执法活动，侦查机关和侦查人员进行侦查活动，必须严格遵守法律规定的程序。因为侦查机关所使用的各种专门侦查手段和采取的强制性措施，稍有不慎，便会侵犯公民的人身权利、民主权利和其他合法权利，因此，侦查人员必须增强法制观念，严格依照《刑事诉讼法》的规定收集证据，严禁刑讯逼供，或以引诱、威胁、欺骗等非法方法套取口供。适用各种强制性措施，也必须坚持法律规定的条件和程序，以防止误伤无辜者而放纵真正的罪犯，从而保证侦查活动的顺利进行，维护社会主义法制，保护公民的合法权益不受侵犯。

5. 保守秘密的原则。侦查过程中，如果将案情、侦查线索、方向和意图、侦查措施、证据材料或者当事人、其他诉讼参与人以及举报人、控告人等有关情况向无关人员泄露，则会干扰、破坏侦查工作的顺利进行，影响案件的及时侦破，影响侦查机关同刑事犯罪作斗争。因此，侦查人员必须严格遵守侦查纪律、保守侦查秘密，对于违反者，应视情节和后果依法追究其法律责任。

第二节 侦查行为

一、讯问犯罪嫌疑人

（一）讯问犯罪嫌疑人的概念和意义

讯问犯罪嫌疑人，是指侦查人员依照法定程序，以言词方式向犯罪嫌疑人查问案件事实和其他与案件有关问题的一种侦查活动。在我国，讯问犯罪嫌疑人是每一个刑事案件侦查工作中的必经程序；即使在那些确立沉默权的国家，讯问依然非常重要，受到侦控方重视。讯问在侦查中具有十分重要的意义：一方面可以揭露和证实犯罪嫌疑人的犯罪行为，查明犯罪事实，弄清犯罪情节，判明犯罪性质，并可以发现新的犯罪线索和其他应当追究刑事责任的犯罪分子；另一方面，可以听取犯罪嫌疑人的申辩，保护犯罪嫌疑人的合法权益，保障无罪的人不受刑事追究。

(二) 讯问犯罪嫌疑人的程序

根据《刑事诉讼法》的规定，讯问犯罪嫌疑人应当严格遵守下列程序和要求：

1. 讯问的主体及人数。《刑事诉讼法》第116条第1款规定，讯问犯罪嫌疑人必须由人民检察院或者公安机关的侦查人员负责进行，并且参加讯问的侦查人员不得少于2人。这是为了保证侦查机关依法进行讯问工作，加强侦查人员在讯问过程中的相互监督和相互配合，保证讯问质量，提高讯问效率，防止违法乱纪、非法讯问，保障侦查人员的人身安全，防止意外事件的发生。

2. 讯问的地点和时间。

（1）看守所内的讯问。《刑事诉讼法》第116条第2款规定，犯罪嫌疑人被送交看守所羁押以后，侦查人员对其进行讯问，应当在看守所内进行。这是2012年《刑事诉讼法》的重大修改之一，旨在杜绝通过刑讯逼供等侵犯人权的手段获取口供。对讯问场所作出明确限定，可以改变实践中侦查机关羁押犯罪嫌疑人后不分场所进行讯问的做法，既有利于保护犯罪嫌疑人的人权，也有利于规范和保障进行讯问的侦查人员依法行使权力。此外，不少被告人在庭审时以侦查阶段遭受刑讯逼供为由翻供，规范讯问场所，也有利于对翻供理由进行查证。

（2）对未羁押的嫌疑人的讯问。《刑事诉讼法》第117条第1款规定，对不需要逮捕、拘留的犯罪嫌疑人，可以传唤到犯罪嫌疑人所在市、县内的指定地点或者到他的住处进行讯问，但是应当出示人民检察院或者公安机关的证明文件。对在现场发现的犯罪嫌疑人，经出示工作证件，可以口头传唤，但应当在讯问笔录中注明。

（3）讯问时间。对于已被拘留、逮捕的犯罪嫌疑人，必须在拘留、逮捕后的24小时以内进行。发现犯罪嫌疑人有不应当拘留、逮捕的情况的，应当立即释放犯罪嫌疑人，并发给释放证明。传唤、拘传持续的时间不得超过12小时；案情特别重大、复杂，需要采取拘留、逮捕措施的，传唤、拘传持续的时间不得超过24小时。不得以连续传唤、拘传的形式变相拘禁犯罪嫌疑人。传唤、拘传犯罪嫌疑人，应当保证犯罪嫌疑人的饮食和必要的休息时间。

3. 讯问的步骤和方法。侦查人员在讯问犯罪嫌疑人的时候，应当首先讯问犯罪嫌疑人是否有犯罪行为，让他陈述有罪的情节或者进行无罪的辩解，然后向他提出问题。处于侦查阶段的犯罪嫌疑人是否有罪，尚处在不确定状态，需要经过进一步的侦查才能证实。为了防止侦查人员主观片面、先入为主，保证讯问工作的客观性、公正性，法律要求侦查人员在讯问犯罪嫌疑人时，应首先讯问他是否有犯罪行为。如果犯罪嫌疑人承认有犯罪行为，即让其陈述犯罪的情节;如果犯罪嫌疑人否认有犯罪事实,则让其作无罪的辩解,然后就其供述或辩解中与认定案件事实有关、影响对其定罪量刑的问题向他提问。对于共同犯罪案件中同案犯罪嫌疑人,应当分别进行讯问。讯问时,未被讯问的犯罪嫌疑人不得在场,以防止同案犯串供或者相互影响供述。侦查人员讯问犯罪嫌疑人,必须严格遵守法律规定的程序,切实保障犯罪嫌疑人的诉讼权利,严禁刑讯逼供或以威胁、引诱、欺骗以及其他非法方式进行讯问。

根据《刑事诉讼法》第 118 条的规定,犯罪嫌疑人对侦查人员的提问,应当如实回答。但是对与本案无关的问题,有拒绝回答的权利。侦查人员在讯问犯罪嫌疑人的时候,应当告知犯罪嫌疑人如实供述自己罪行可以从宽处理的法律规定。一般认为,本条规定表明我国没有赋予犯罪嫌疑人沉默权,但为了鼓励犯罪嫌疑人主动交代罪行,《刑法》第 67 条又规定对犯罪嫌疑人如实供述的自首行为可以从宽处理。

值得注意的是,《刑事诉讼法》第 50 条规定,不得强迫任何人证实自己有罪。这一规定与"应当如实回答"是否矛盾?立法机关某负责人认为:"不得强迫任何人证实自己有罪是我们一贯坚持的精神,因为《刑事诉讼法》一直有严禁刑讯逼供的规定。为了进一步遏制和防止刑讯逼供,2012 年《刑事诉讼法》才明确规定不得强迫任何人证实自己有罪。而规定犯罪嫌疑人应当如实回答,是因为《刑法》规定犯罪嫌疑人如实交代了自己的罪行,可以得到从宽处理。《刑事诉讼法》作为程序法,要落实这个规定。它要求犯罪嫌疑人:如果你要回答问题的话,就应当如实回答;如果你如实回答,就会得到从宽处理。这是从两个角度来规定的,并不矛盾。"

4. 讯问聋、哑等犯罪嫌疑人的特别要求。侦查人员讯问聋、哑犯罪嫌疑人,应当有通晓聋、哑手语的人参加,并将这种情况在笔录上加以注明;对于不通晓当地通用语言文字的犯罪嫌疑人,讯问时应当有翻译人员参加;讯问未成年犯罪嫌疑人时，应当通知其法定代理人到场。如此规定是为保障未成年人和生理上有缺陷的犯罪嫌疑人的辩护权的充分行使和讯问工作的顺利进行。

5. 同步录音、录像。《刑事诉讼法》第121条第1款规定，侦查人员在讯问犯罪嫌疑人的时候，可以对讯问过程进行录音或者录像；对于可能判处无期徒刑、死刑的案件或者其他重大犯罪案件，应当对讯问过程进行录音或者录像。根据2012年最高检《规则（试行）》，人民检察院立案侦查职务犯罪案件，在每次讯问犯罪嫌疑人的时候，都应当对讯问过程实行全程录音、录像，并在讯问笔录中注明。而公安部《规定》进一步明确，对讯问过程录音或者录像的，应当对每一次讯问全程不间断进行，保持完整性；不得选择性地录制，不得剪接、删改。这些规定既有利于防止侦查人员刑讯逼供，也有利于人民检察院对侦查行为进行监督，还有利于法官在辩方对讯问行为合法性提出质疑时进行查证核实。

6. 制作讯问笔录。讯问犯罪嫌疑人应当制作笔录。讯问笔录应当如实记载提问、回答和其他在场人的情况。讯问笔录应当交给犯罪嫌疑人核对，对于没有阅读能力的，应当向他宣读。如果记录有遗漏或有差错，犯罪嫌疑人可以提出补充或改正。犯罪嫌疑人承认笔录没有错误后，应当签名或盖章，如果犯罪嫌疑人拒绝签名或者盖章的，应当在笔录上注明，侦查人员也应当在笔录上签名。犯罪嫌疑人请求自行书写供述的，应当准许。必要时，侦查人员也可以要求犯罪嫌疑人亲笔书写供词。

7. 被讯问人权利的保障。犯罪嫌疑人对侦查人员侵犯其诉讼权利的违法行为，有权提出控告；构成犯罪的，应当依法追究其刑事责任。为了进一步保障犯罪嫌疑人在侦查阶段的诉讼权利，保证侦查工作依法顺利进行，《刑事诉讼法》还规定，犯罪嫌疑人自被侦查机关第一次讯问或者采取强制措施之日起，有权委托辩护人；侦查机关在第一次讯问犯罪嫌疑人或者对犯罪嫌疑人采取强制措施的时候，应当告知犯罪嫌疑人有权委托辩护人。辩护律师在侦查期间可以为犯罪嫌疑人提供法律帮助，代理申诉、控告，申请变更强制措施，向侦查机关了解犯罪嫌疑人涉嫌的罪名和案件的有关情况，提出意见等。

二、询问证人、被害人

（一）询问证人的概念和意义

询问证人，是侦查人员依法定程序，以言词方式向了解案件真实情况的人调查了解案件情况。询问证人是侦查过程中广泛采用的重要侦查行为，通过询问证人，有助于侦查人员发现、收集证据和核实证据，查明案件事实真相，查获犯罪嫌疑人，揭露、证实犯罪，保障无罪的人不受刑事追究。

（二）询问证人的程序

根据《刑事诉讼法》的规定，询问证人应当遵守下列程序和要求：

1. 询问的主体和人数。询问证人，应当由侦查人员进行。在侦查阶段，询问证人是一种侦查行为，只能由公安机关和检察机关的侦查人员进行，以防止侵犯公民的合法权益，干扰侦查工作的正常进行。关于询问人员的人数，《刑事诉讼法》未明确规定，2012年最高检《规则（试行）》规定检察人员不得少于2人。我们认为，为了保证询问行为的合法性，侦查人员一般不得少于2人。

2. 询问地点。《刑事诉讼法》第122条第1款规定，侦查人员询问证人，可以在现场进行，也可以到证人所在单位、住处或者证人提出的地点进行，在必要的时候，可以通知证人到人民检察院或者公安机关提供证言。在现场询问证人，应当出示工作证件，到证人所在单位、住处或者证人提出的地点询问证人，应当出示人民检察院或者公安机关的证明文件。侦查人员关于询问证人地点的选择，应当从有利于获取证言、保证证人作证的积极性方面考虑。为了方便了解证人情况，侦查人员一般应到证人所在单位或者住处进行询问。在案件涉及国家秘密、证人所在单位或者住处周围的人与案件有利害关系、证人在侦查阶段不愿意公开自己的姓名和作证行为等必要的情况下，为保守秘密，保证证人安全，防止证人单位、亲属或其他人的干扰，保证证人如实提供证言，侦查人员才能通知证人到人民检察院或公安机关进行询问。除以上询问地点以外，侦查人员不得另行指定其他询问地点。

3. 询问证人应当个别进行。为了避免证人之间相互影响，保证证言的真实性，同一案件若有几个证人时，应当分别进行、个别询问，即不能采用"座谈会"的方式将多名证人召集在一起进行询问，也不能让多名证人共同出具一份书面证词。

4. 询问的步骤和方法。询问证人时，侦查人员应当首先问明证人的基本情况以及与当事人的关系，并且告知他必须如实地提供证据、证言和有意作伪证或者隐匿罪证要负的法律责任。所谓要负的法律责任，主要是指刑法规定的伪证罪和包庇罪。明确告知证人作伪证或隐匿罪证所应当承担的法律责任，有利于证人如实地提供证据和证言。同时，侦查人员也应当告知证人依法享有的各种诉讼权利，保障证人及其近亲属的安全。对证人及其近亲属进行威胁、侮辱、殴打或者打击报复构成犯罪的，应依法追究刑事责任；尚不够刑事处罚的，依法给予治安管理处罚。询问中涉及证人隐私的，应当保守秘密。

询问证人，应当为证人创造客观充分地提供证据的条件。侦查人员在询问证人时，一般应先让证人就他所知道的案件情况作连续的详细叙述，然后针对其所陈述的事实，问明其来源和根据。侦查人员应当耐心地听取证人的陈述，然后根据案件的具体情况进行询问，提出的问题应当明确清楚，但不得向证人泄露案情，不得用提示性、暗示性的方式询问，更不得以暴力、胁迫、引诱、欺骗等非法方法逼取证人证言。

5. 询问未成年人等的特殊要求。询问不满18周岁的证人，应当通知其法定代理人到场。为消除未成年证人的紧张情绪，以便能够如实提供证言，询问的地点可以选择未成年证人所熟悉和习惯的场所。询问聋、哑证人，应当有通晓聋、哑手语的人作翻译。

6. 制作询问笔录。询问证人应制作笔录。证言笔录应当如实记载证人的陈述，询问结束后，交证人核对或者向他宣读。如果记载有遗漏或差错，证人可以申请补充或者纠正。证人确认笔录无误后，证人和侦查人员都应当在笔录上签名或盖章。如果证人愿意提供书面证言，应当允许，必要时，侦查人员也可以让证人亲笔书写证词。

（三）询问被害人的概念和程序

询问被害人，是指侦查人员依照法定程序，以言词方式向直接遭受犯罪行为侵害的人就其所受侵害及犯罪嫌疑人的有关情况进行调查了解的一种侦查活动。根据《刑事诉讼法》的规定，询问被害人的规定适用询问证人的有关规定。但被害人具有不同于证人的诉讼地位，其是刑事诉讼的当事人，且与案件的处理有直接利害关系，因此，在询问被害人时，除了依照询问证人的各项规定进行外，还要注意被害人的特点：一方面，由于被害人直接遭受犯罪行为的侵害，在不少案件中，被害人与犯罪分子还有过直接接触，因此，通过询问被害人，可以更多地掌握犯罪证据和犯罪嫌疑人的有关情况；另一方面，也要考虑到被害人与案件的利害关系，在询问时，既要认真听取他的陈述，又要注意其分析是否合乎情理，有无夸大情节。对于被害人的个人隐私，应当为其保守秘密，对于被害人的人身安全，也应当采取切实有效的措施予以保护。

三、勘验、检查

（一）勘验、检查的概念和意义

勘验、检查是指侦查人员对与犯罪有关的场所、物品、人身、尸体等进行勘查和检验，以发现、收集和固定犯罪活动所遗留下来的各种痕迹和物品的一种侦查行为。勘验、检查的主体、任务和性质相同，但适用对象有所区别，勘验的对象是现场、物品和尸体，而检查的对象则是活人的人身。

勘验、检查是侦查中取得第一手证据材料的一个重要途径。犯罪分子实施犯罪行为，必然会在客观外界留下各种痕迹、物品，即使在犯罪后对现场加以破坏或伪装，也会留下新的痕迹和物品。因此，通过勘验和检查，可以及时发现、收集和固定犯罪的痕迹和证物，了解案件性质、作案手段和犯罪活动情况，确定侦查范围和方向，并为进一步查清案情，揭露、证实犯罪分子提供可靠的依据。

（二）勘验、检查的种类和程序

根据《刑事诉讼法》的规定，勘验、检查的种类包括现场勘验、物证检验、人身检查、尸体检验。

1. 现场勘验。现场勘验是侦查人员对发生犯罪事件或者发现犯罪痕迹的特定地点、场所进行勘验和检查的一种侦查活动。

现场勘验的任务是查明犯罪现场的情况，发现和收集证据，研究分析案情，判断案件性质，确定侦查方向和范围，为破案提供线索和证据。及时发现和严密保护好现场是做好勘验现场的前提条件。犯罪场所发现的物品、痕迹都有可能成为查获犯罪嫌疑人的关键线索，只有保护好现场，勘查人员才能观察到现场物品、痕迹的原始状态，并据以准确分析判断犯罪分子的作案情况，为侦破案件打下基础。因此，《刑事诉讼法》第 127 条规定："任何单位和个人，都有义务保护犯罪现场，并且立即通知公安机关派员勘验。"

执行勘验的侦查人员接到报案后，应当迅速赶到案发现场，并保护好现场。进行现场勘验时，必须持有公安机关或人民检察院的证件，必要时可以指派或聘请具有专门知识的人在侦查人员的主持下进行勘验。为了保证勘验的客观公正性，还应邀请 2 名与案件无关的见证人在场。侦查人员在现场勘验时，应当及时向现场周围的群众、被害人、目击者、报案人等进行调查访问，以便了解案发前和案发时现场的状况，并进行实地勘验，发现和收集同案件有关的各种证据，并及时采取各种技术手段提取、固定和保全各种证据。

对现场勘验情况应制作笔录，侦查人员、参加勘验的其他人员和见证人都应当在笔录上签名或盖章。根据公安部《规定》，勘查现场，应当按照现场勘查规划的要求拍摄现场照片，制作《现场勘查笔录》和现场图。对重大案件、特别重大案件的现场，应当录像。

2. 物证检验。物证检验是指侦查人员对侦查过程中已经收集到的物品和痕迹进行检查和验证，以确定该物证与案件事实之间关系的一种侦查活动。物证的检验应当及时、认真、细致，需要专门技术人员进行检验和鉴定的，应当指派或聘请鉴定人进行鉴定。物证检验应当制作笔录。参加检验的侦查人员、鉴定人和见证人均应签名或者盖章。

3. 人身检查。人身检查是指侦查人员为了确定被害人、犯罪嫌疑人的某些特征、伤害情况或者生理状态，依法对其人身进行检查的一种侦查活动。人身检查是对活人人身进行的一种特殊检验，其目的在于确定被害人、犯罪嫌疑人的相貌、肤色、特殊痕迹、伤害部位和程度、智力发展和生理机能等情况，从而有利于查明案件性质，查获犯罪嫌疑人。

根据《刑事诉讼法》的规定，对被害人、犯罪嫌疑人进行人身检查，必须由侦查人员进行。必要时也可以在侦查人员的主持下，聘请法医或医师严格依法进行，不得有侮辱被害人、犯罪嫌疑人的人格或其他合法权益的行为。对犯罪嫌疑人进行人身检查，如果有必要，可以强制进行。但对于被害人的人身检查，应征求本人同意，不得强制进行。检查妇女的身体，应当由女工作人员或者医师进行。

人身检查的情况应当制作笔录，并由侦查人员和进行检查的法医或医师签名或盖章。

4. 尸体检验。尸体检验，是指侦查人员指派、聘请法医或医师对非正常死亡的尸体进行尸表检查或尸体解剖的一种侦查活动。其目的在于确定死亡的原因和时间，判明致死的工具、手段和方法，以便分析作案过程，为查明案情和查获犯罪嫌疑人提供线索和证据。

对于死因不明的尸体，为了确定死因，经侦查机关负责人批准，可以解剖尸体或者开棺检验，并且通知死者家属到场，让其在《解剖尸体通知书》上签名或者盖章。死者家属无正当理由拒不到场或者拒绝签名、盖章的，不影响解剖或开棺检验，但是应当在《解剖尸体通知书》上注明。对于身份不明的尸体，无法通知死者家属的，应当在笔录中注明。对于已经查明死因，没有继续保存必要的尸体，应当通知家属领回处理；对无法通知或者通知后其家属拒绝领回的，经侦查机关负责人批准，可以及时处理。

对于尸体检验的情况，应当制作笔录，并由侦查人员、法医或医师签名或者盖章。

另外，为了加强人民检察院对公安机关侦查活动的监督，保证勘验、检查的质量，防止和纠正可能出现的或已经出现的差错，《刑事诉讼法》第132条规定："人民检察院审查案件的时候，对公安机关的勘验、检查，认为需要复验、复查时，可以要求公安机关复验、复查，并且可以派检察人员参加。"复验、复查可以多次进行，但每次都要制作笔录。人民检察院在具备条件的情况下，也可以自行复验、复查。复验、复查应当遵守的法律程序和规则与勘验、检查相同。

四、侦查实验

(一) 侦查实验的概念和意义

侦查实验是指为了确定和判明与案件有关的某些事实或行为在某种情况下能否发生或怎样发生,而按照原有条件实验性地重演或者进行试验的一种侦查活动。《刑事诉讼法》第133条第1款规定:"为了查明案情,在必要的时候,经公安机关负责人批准,可以进行侦查实验。"所谓必要,是指通过侦查实验完成下列侦查目的:①确定在一定条件下能否听到或者看到;②确定在一定时间内能否完成某一行为;③确定在什么条件下能够发生某种现象;④确定在某种条件下某种行为和某种痕迹是否吻合一致;⑤确定在某种条件下使用某种工具可能或者不可能留下某种痕迹;⑥确定某种痕迹在什么条件下会发生变异;⑦确定某种事件是怎样发生的。

实践证明,侦查实验是审查证人证言、被害人陈述、犯罪嫌疑人供述和辩解是否符合实际情况,是否客观真实,能否作为定案根据的有效方法,可以为侦查机关判断案情、认定案件事实提供可靠的依据。

(二) 侦查实验的程序和要求

1. 侦查实验应当经公安机关负责人批准,并由侦查人员负责实施。进行侦查实验时,应当邀请见证人在场。必要时可以聘请具有专门知识的人参加,也可以要求犯罪嫌疑人、被害人、证人参加。

2. 侦查实验时的现场环境应当与案件发生时的现场环境一致或者尽可能非常接近。侦查实验时的现场环境若与案件发生时的现场环境不一致,侦查实验就没有意义,实验结果也就不具有任何参考作用。

3. 进行侦查实验,应禁止一切足以造成危险、侮辱人格或者有伤风化的行为。

4. 进行侦查实验应当制作笔录,记明侦查实验的条件、经过和结果,由参加侦查实验的人员签名。必要时可以对侦查实验录音、录像。

五、搜查

(一) 搜查的概念和意义

搜查是指侦查人员为了收集犯罪证据,查获犯罪人,依法对犯罪嫌疑人以及可能隐藏罪犯或者犯罪证据的人的身体、物品、住处、工作地点和其他有关地方进行搜查、检查的一种侦查行为。

搜查是侦查机关同犯罪作斗争的一项重要手段,它对于侦查机关及时收集证据,查获犯罪嫌疑人,防止其逃跑、毁灭、转移证据,揭露、证实犯罪,保证诉讼的顺利进行,具有十分重要的意义。

(二) 搜查的程序

由于搜查直接关系到我国宪法所规定的公民的人身自由和住宅不受侵犯等基本权利，因此，刑事诉讼法明确规定了搜查应当遵守的法律程序。

1. 搜查只能由侦查人员进行，其他任何机关、团体和个人都无权对公民人身和住宅进行搜查。必要的时候，可以指派专业技术人员参加或者邀请当地有关单位协助进行。

搜查的目的是为了收集犯罪证据，查获犯罪嫌疑人。搜查的对象和范围，既可以是犯罪嫌疑人，也可以是其他可能隐藏罪犯或者犯罪证据的人；既可以对人身进行搜查，也可以对被搜查人的住处、物品和其他有关场所进行搜查。在搜查前，应当了解被搜查对象的基本情况、搜查现场及周围环境，确定搜查的范围和重点，明确搜查人员的分工和责任。侦查机关不得违背法律规定的搜查目的，超越法律所规定的搜查对象和范围，滥用搜查权和搜查措施。

2. 搜查时，必须向被搜查人或者其家属出示由侦查机关负责人签发的搜查证，否则被搜查人有权拒绝搜查。但是，侦查人员在执行逮捕、拘留的时候，若遇有紧急情况，不另用搜查证也可以进行搜查。但搜查结束后，搜查人员应当及时向侦查机关负责人报告，并及时补办有关手续。根据公安部《公安机关办理刑事案件程序规定》第 219 条的规定，紧急情况是指下列情形之一：①可能随身携带凶器的；②可能隐藏爆炸、剧毒等危险物品的；③可能隐匿、毁弃、转移犯罪证据的；④可能隐匿其他犯罪嫌疑人的；⑤其他突然发生的紧急情况。

3. 根据《刑事诉讼法》第 135 条的规定，任何单位和个人，有义务按照人民检察院和公安机关的要求，交出可以证明犯罪嫌疑人有罪或者无罪的物证、书证、视听资料等证据。遇有拒绝者，侦查机关可依法强制提取。

4. 搜查时，应当有被搜查人或其家属、邻居或者其他见证人在场，并且对被搜查人或者其家属说明阻碍搜查、妨碍公务应负的法律责任。

5. 搜查妇女的身体，应当由女工作人员进行。

6. 搜查时，如果遇到阻碍，可以强制搜查。对以暴力、威胁方法阻碍搜查的，应当予以制止，或者将其带离现场；对于构成犯罪的，应当依法追究刑事责任。

7. 搜查应当全面、细致、及时，并且指派专人严密注视搜查现场的动向。进行搜查的侦查人员不得无故损坏搜查现场的物品。对于查获的重要证据及其放置地点应当拍照，并且用文字说明有关情况，必要时可以录像。

8. 搜查的情况应当制作笔录，由侦查人员和被搜查人或者他的家属、邻居或者其他见证人签名或盖章。如果被搜查人拒绝签名，或者被搜查人在逃，他的家属拒绝签名或者不在场的,侦查人员应当在笔录中注明。

六、查封、扣押物证、书证

(一)查封、扣押物证、书证的概念和意义

查封、扣押物证、书证,是指侦查机关依法强行封存、提取、扣留、留置与案件有关的财物、文件的一种侦查行为。查封一般针对不动产和不便扣押的动产,扣押一般针对动产。查封、扣押物证、书证的目的在于取得和保全证据。

侦查机关通过查封、扣押行为,能够防止证明犯罪嫌疑人有罪或无罪、罪重或罪轻的财物和文件发生毁弃、丢失或被隐藏等现象,从而保证侦查人员依法查封、扣押的物证、书证在认定案件事实,揭露、证实犯罪,保障无罪公民不受刑事追诉方面发挥其应有的证据作用。

查封、扣押物证、书证,通常与勘验、检查、搜查同时进行,在勘验、检查、搜查过程中发现可以用于证明犯罪嫌疑人有罪或无罪的财物和文件,都应当查封、扣押。同时,查封、扣押物证、书证又是一种独立的侦查行为,可以单独进行。

(二)查封、扣押物证、书证的程序

根据《刑事诉讼法》的规定,侦查人员扣押物证、书证应当遵守下列程序和要求:

1. 查封、扣押物证、书证只能由侦查人员进行。侦查人员如果是在勘验、检查和搜查过程中发现需要扣押的财物、文件的,凭勘查证和搜查证即可予以查封、扣押;如果是单独进行查封、扣押,则应持有侦查机关的查封、扣押决定书。根据公安部《规定》,扣押财物、文件价值较高或者可能严重影响正常生产经营的,应当经县级以上公安机关负责人批准,制作扣押决定书;查封土地、房屋等不动产,或者船舶、航空器以及其他不宜移动的大型机器、设备等特定动产的,应当经县级以上公安机关负责人批准并制作查封决定书。

2. 查封、扣押的范围仅限于可以证明犯罪嫌疑人有罪或者无罪的各种财物、文件,对与案件无关的财物、文件不得随意查封、扣押。如果发现是违禁品,无论是否与本案有关,都应先行扣押,然后交有关部门处理。凡应当扣押的物品、文件,持有人拒绝交出的,侦查机关可以强行扣押。

3. 对于查封、扣押的财物和文件,应当会同在场见证人和被查封、扣押财物、文件的所有人(占有人)、持有人查点清楚,当场开列查封、扣押清单,写明财物或者文件的名称、编号、规格、数量、重量、质量、特征及其来源,由侦查人员、见证人和所有人(占有人)、持有人签名或者盖章。所有人(占有人)、持有人及其家属在逃或者拒绝签名的,不影响查封、扣押的进行,但应当在查封、扣押清单上注明。根据公安部《规定》,查封、扣押清单1式3份,1份交给持有人,1份交给公安机关保管人员,1份附卷备查。依法扣押文物、金银、珠宝、名贵字画等贵重财物的,应当拍照或者录像,并及时鉴定、估价。

对作为犯罪证据但不便提取的财物、文件,经登记、拍照或者录像、估价后,可以交财物、文件所有人(占有人)、持有人保管或者封存,并且开具登记保存清单1式2份,由侦查人员、所有人(占有人)、持有人和见证人签名,1份交给财物、文件所有人(占有人)、持有人,另1份连同照片或者录像资料附卷备查。

4. 侦查人员认为需要扣押犯罪嫌疑人的邮件、电报或者电子邮件时,经侦查机关负责人批准,即可通知邮电机关或者网络服务机构将有关的邮件、电报或者电子邮件检交扣押。不需要继续扣押时,应当立即通知邮电机关或者网络服务机构。

5. 对于查封、扣押的财物、文件、邮件、电报,应当指派人员封存或者保管,不得使用、调换、损毁或者自行处理。对于涉及国家秘密的文件、资料,应当严格保守秘密。经查明确实与案件无关的,应当在3日以内解除查封、扣押,退还原主或者原邮电部门、网络服务单位;原主不明确的,应当采取公告方式告知原主认领。在通知原主或者公告后6个月内无人认领的,按照无主财物处理,登记后上缴国库。

七、查询、冻结存款、汇款等财产

(一) 查询、冻结存款、汇款等财产的概念和意义

查询、冻结存款、汇款等财产,是指侦查机关根据侦查的需要,依法向银行或者其他金融机构、证券公司、邮电机关或者企业查询犯罪嫌疑人的存款、汇款、债券、股票、基金份额等财产,并在必要时予以冻结的一种侦查行为。查询、冻结存款、汇款等财产,既可以证实犯罪,也可以为国家、集体和公民个人挽回经济损失。

(二) 查询、冻结存款、汇款等财产的程序和要求

1. 查询、冻结犯罪嫌疑人的存款、汇款等财产,应当经县级以上侦查机关负责人批准,制作协助查询、冻结财产通知书,通知金融机构等单位执行。

2. 犯罪嫌疑人的存款、汇款等财产已被冻结的,不得重复冻结,但可以轮候冻结。

3. 冻结存款、汇款等财产的期限为6个月;冻结债券、股票、基金份额等证券的期限为2年。有特殊原因需要延长期限的,侦查机关应当在冻结期限届满前办理继续冻结手续。每次续冻存款、汇款等财产的期限最长不得超

过6个月；每次续冻债券、股票、基金份额等证券的期限最长不得超过2年。继续冻结的，应当按照规定重新办理冻结手续；逾期不办理继续冻结手续的，视为自动解除冻结。

4. 对冻结的存款、汇款等财产，经查明确实与案件无关的，应当在3日以内通知金融机构等单位解除冻结，并通知被冻结存款、汇款等财产的所有人。

八、鉴定

（一）鉴定的概念和意义

鉴定是指侦查机关指派或聘请具有专门知识的人，为查明案情、解决案件中某些专门性问题而进行科学鉴别和判断并出具意见的一种侦查行为。

在侦查实践中，鉴定的适用范围极其广泛，凡是与刑事案件有关的能够证明犯罪嫌疑人有罪、无罪的各种物品、文件、痕迹、人身、尸体等都可能需要进行鉴定。鉴定对于侦查机关及时收集证据，准确揭示物证、书证在诉讼中的证明作用，鉴别案内其他证据的真伪，查明案件事实真相，查获犯罪嫌疑人，具有重要作用。

（二）鉴定的程序和要求

根据《刑事诉讼法》和相关规定，鉴定应当遵守下列程序和要求：

1. 侦查机关指派或者聘请的鉴定人必须具备鉴定资格，即必须是具有解决本案中涉及的专门性问题的专门知识和技能，并且与本案或本案当事人没有利害关系，能够保证以客观、公正的态度进行鉴定的人。

2. 侦查机关应当为鉴定人进行鉴定提供必要的条件，及时向鉴定人送交有关检查材料和对比样本等原始材料，介绍与鉴定有关的情况，并且明确提出要求鉴定解决的问题，但是不得暗示或者强迫鉴定人作出某种鉴定意见。

3. 鉴定人应当按照鉴定规则，运用科学方法进行鉴定。鉴定后，应当出具鉴定意见、检验报告，并由鉴定人签名或者盖章。如果是多名鉴定人对同一专门问题进行鉴定，可以互相讨论，提出共同的鉴定意见，但每一位鉴定人都应该签名；如果意见不一致，则可以分别提出自己的鉴定意见，分别签名。鉴定只能涉及案件中的专门性问题，无权对案件的法律问题作出评判。

4. 鉴定意见的告知。侦查机关应当将用作证据的鉴定意见告知犯罪嫌疑人、被害人；被害人死亡或者没有诉讼行为能力的，应当告知其法定代理人、近亲属或诉讼代理人。

5. 补充鉴定或者重新鉴定。犯罪嫌疑人、被害人对鉴定意见有异议提出申请，以及办案部门或者侦查人员对鉴定意见有疑义的，可以将鉴定意见送交其他有专门知识的人员提出意见。经审查，发现有下列情形之一的，经县级以上侦查机关负责人批准，应当补充鉴定：①鉴定内容有明显遗漏的；②发现新的有鉴定意义的证物的；③对鉴定证物有新的鉴定要求的；④鉴定意见不完整，委托事项无法确定的；⑤其他需要补充鉴定的情形。经审查，发现有下列情形之一的，经县级以上侦查机关负责人批准，应当重新鉴定：①鉴定程序违法或者违反相关专业技术要求的；②鉴定机构、鉴定人不具备鉴定资质和条件的；③鉴定人故意作虚假鉴定或者违反回避规定的；④鉴定意见依据明显不足的；⑤检材虚假或者被损坏的；⑥其他应当重新鉴定的情形。重新鉴定，应当另行指派或者聘请鉴定人。

6. 鉴定人故意作虚假鉴定，构成犯罪的，应当依法追究其刑事责任；尚不够刑罚处罚的，则依法予以行政处分。

九、辨认

（一）辨认的概念和意义

辨认是指侦查人员为了查明案情，在必要时让被害人、证人以及犯罪嫌疑人对与犯罪有关的物品、文件、尸体、场所或者犯罪嫌疑人进行辨认的一种侦查行为。

现行《刑事诉讼法》未将辨认规定为一种侦查行为，但公安部《规定》和2012年最高检《规则（试行）》均作了专门规定。辨认是侦查实践中经常采用的一种侦查方法，对于辨明案件有关证据以及查获犯罪嫌疑人等具有十分重要的意义。

（二）辨认的程序和要求

根据公安部《规定》和2012年最高检《规则（试行）》，辨认应当遵守下列程序和要求：

1. 公安机关、人民检察院在侦查各自管辖的案件的过程中，需要辨认犯罪嫌疑人时，应当分别经办案部门负责人或者检察长批准。

2. 辨认应当在侦查人员主持下进行。主持辨认的侦查人员不得少于2人。在辨认前，应当向辨认人详细询问被辨认对象的具体特征，避免辨认人见到被辨认对象，并应当告知辨认人有意作虚假辨认应当承担的法律责任。

3. 几名辨认人对同一辨认对象进行辨认时，应当由每名辨认人单独进行。必要时，可以有见证人在场。

4. 辨认时，应当将辨认对象混杂在其他人员或物品中，不得给辨认人任何提示。公安机关侦查的案件，辨认犯罪嫌疑人时，被辨认的人数不得少于7人；对犯罪嫌疑人的照片进行辨认的，不得少于10人的照片；辨认物品时，混杂的同类物品不得少于5件；对场所、尸体等特定辨认对象进行辨认，或者辨认人能够准确描述物品独有特征的，陪衬物不受数量的限制。人民检察院自侦案件侦查过程中，辨认犯罪嫌疑人、被害人时，被辨认的人数为5～10人，照片5～10张；辨认物品时，同类物品不得少于5件，照片不得少于5张。

5. 对犯罪嫌疑人的辨认，辨认人不愿意公开进行时，可以在不暴露辨认人的情况下进行，侦查人员应当为其保守秘密。

6. 辨认的经过和结果等情况，应当制作笔录，由主持和参加辨认的侦查人员、辨认人、见证人签名或盖章。可对辨认对象拍照，必要时可以对辨认过程进行录音、录像。

7. 人民检察院主持进行辨认，可以商请公安机关参加或者协助。

必须注意，辨认可能需要反复进行，而且，辨认结果必须与其他证据相互印证时，才能采信。否则，仅凭或者主要依凭辨认结果，哪怕有时是很确定的辨认结果，作出决定，也很有可能造成冤错，这在刑事诉讼史上不乏其例。

十、技术侦查措施

（一）技术侦查措施的概念

技术侦查措施，是指公安机关、人民检察院根据侦查犯罪的需要，在经过严格的批准手续后，运用技术设备收集证据或查获犯罪分子的一种特殊侦查措施。技术侦查措施一般包括监听、监视、密取、网络监控、截取电子邮件、秘密拍照、秘密录像、电子通讯定位等。通过这些能够实现记录监控、行踪监控、通信监控和场所监控等目的。这些措施都必须依靠高科技设备和技术才能进行，具有高度的技术性，故名技术侦查。

（二）技术侦查措施的程序和要求

根据《刑事诉讼法》和相关规定，采取技术侦查措施应当遵守以下程序和要求：

1. 实施主体。只有公安机关、人民检察院等侦查机关有权实施技术侦查，其他任何机关、团体、个人均无权采取。

2. 适用范围。根据《刑事诉讼法》第148条的规定，公安机关可以对危害国家安全犯罪、恐怖活动犯罪、黑社会性质的组织犯罪、重大毒品犯罪或者其他严重危害社会的犯罪采取技术侦查措施；人民检察院可以对重大的贪污、贿赂犯罪案件以及利用职权实施的严重侵犯公民人身权利的重大犯罪案件采取技术侦查措施，按照规定交有关机关执行。根据公安部《规定》，"其他严重危害社会的犯罪"包括故意杀人、故意伤害致人重伤或者死亡、强奸、抢劫、绑架、放火、爆炸、投放危险物质等严重暴力犯罪案件，集团性、系列性、跨区域性重大犯罪案件，利用电信、计算机网络、寄递渠道等实施的重大犯罪案件，针对计算机网络实施的重大犯罪案件，以及其他严重危害社会依法可能判处 7 年以上有期徒刑的犯罪案件；根据 2012 年最高检《规则（试行）》，"重大的贪污、贿赂犯罪案件"是指涉案数额在 10 万元以上、采取其他方法难以收集证据的重大贪污、贿赂犯罪案件；"利用职权实施的严重侵犯公民人身权利的重大犯罪案件"是指有重大社会影响的、造成严重后果的或者情节特别严重的非法拘禁、非法搜查、刑讯逼供、暴力取证、虐待被监管人、报复陷害等案件。不难看出，《刑事诉讼法》规定的案件范围较狭窄，而公安部《规定》和 2012 年最高检《规则（试行）》均进行了比较宽泛的解释。我们认为，这种做法值得警惕。

此外，侦查机关追捕被通缉或者批准、决定逮捕的在逃的犯罪嫌疑人、被告人，也可以采取追捕所必需的技术侦查措施。这种情形下采取技术侦查措施不受前述犯罪种类的限制，但技术侦查措施的种类必须与追捕行为相适应。

3. 适用对象。技术侦查措施的适用对象是犯罪嫌疑人、被告人以及与犯罪活动直接关联的人员。检察人员不得对初查对象采取技术侦查措施。实践中，侦查人员或侦查机关对举报人、控告人、被害人甚至普通公民采取技术侦查措施的情况时有发生，这是严重侵犯公民宪法权利的行为，必须严肃处理。

4. 批准程序。《刑事诉讼法》规定，经过严格的批准手续方能采取技术侦查措施。根据公安部《规定》，需要采取技术侦查措施的，应当制作呈请采取技术侦查措施报告书，报设区的市一级以上公安机关负责人批准后，制作采取技术侦查措施决定书。人民检察院等部门决定采取技术侦查措施，交公安机关执行的，由设区的市一级以上公安机关按照规定办理相关手续后，交负责技术侦查的部门执行，并将执行情况通知人民检察院等部门。而 2012 年最高检《规则（试行）》未对批准程序作详细规定。我们认为，这种做法背离了《刑事诉讼法》严控技术侦查的精神。"严格的批准手续"之严至少应该体现在以下几个方面：①批准主体的位阶较高。根据公安部《规定》，地级市公安机关即可批准，如果拟采取技术侦查措施的公安机关为本机关，则批准程序几乎无意义。我们认为，宜由上级公安机关批准。②应有严格的内部审查程序。也就是说，拟采取技术侦查措施的公安机关内部应有完善的建议、审核、批准呈报程序。③呈报和批准手续严格。呈报文件应对采取技术侦查措施的必要性进行论证，批准文件应明确采取技术侦查措施的种类和适用对象、期限等。④应接受检察机关的监督。公安机关采取技术侦查措施的，应向同级检察机关备案。⑤改变技术侦查措施的种类、适用对象，延长期限，均应重新履行批准程序。

5. 适用期限。《刑事诉讼法》第 149 条规定，技术侦查措施批准决定自签发之日起 3 个月以内有效。对于不需要继续采取技术侦查措施的，应当及时解除；对于复杂、疑难案件，期限届满仍有必要继续采取技术侦查措施的，经过批准，有效期可以延长，每次不得超过 3 个月。

6. 技术侦查措施的执行。采取技术侦查措施，必须严格按照批准的措施种类、适用对象和期限执行。侦查人员对采取技术侦查措施过程中知悉的国家秘密、商业秘密和个人隐私，应当保密；对采取技术侦查措施获取的与案件无关的材料，必须及时销毁。采取技术侦查措施获取的材料，应当严格依照有关规定存放，只能用于对犯罪的侦查、起诉和审判，不得用于其他用途。使用技术侦查措施收集的材料作为证据时，可能危及有关人员的人身安全，或者可能产生其他严重后果的，应当采取不暴露有关人员身份和使用的技术设备、侦查方法等保护措施。

7. 侦查技术措施的监督。人民检察院发现侦查机关非法采取技术侦查措施的，应当予以纠正；构成犯罪的，应当依法追究刑事责任。

总之，技术侦查措施是一把双刃剑，用之得当，国家和公民两受其利；用之不当，国家和公民两受其害。一定要严格限定技术侦查措施的适用程序，以保障国家和公民的合法权益不受侵害，保障诉讼的顺利进行。

拍案惊奇

棱镜计划（PRISM）是一项由美国国家安全局（NSA）自 2007 年起开始实施的绝密电子监听计划。该计划的正式名号为"US-984XN"。棱镜计划能够对即时通信和既存资料进行深度的监听。监听对象包括任何在美国以外地区使用参与计划公司服务的客户，或是任何与国外人士通信的美国公民。监控内容主要有 10 类信息：电子邮件、即时消息、视频、照片、存储数据、语音聊天、文件传输、视频会议、

登录时间和社交网络资料的细节。通过棱镜计划，国安局甚至可以实时监控一个人正在进行的网络搜索内容。美国参议员范士丹证实，国安局的电话记录数据库至少已有 7 年。该项目年度成本高达 2000 亿美元，自奥巴马总统上任后日益受重视。2012 年，作为总统每日简报的一部分，项目数据被引用 1477 次，国安局至少有 1/7 的报告使用项目数据。2013 年 6 月，美国防务承

包商博思艾伦咨询公司的一名雇员斯诺登（Edward Joseph Snowden）将两份绝密资料交给英国《卫报》和美国《华盛顿邮报》，棱镜计划因此曝光。斯诺登过去4年内一直为美国国家安全局工作。他在专访中说，自己良心上无法允许美国政府侵犯全球民众隐私以及互联网自由。

十一、隐匿身份侦查

（一）隐匿身份侦查的概念

隐匿身份侦查，是指经公安机关负责人决定，由有关人员隐匿身份实施侦查。《刑事诉讼法》第151条第1款对此进行了明确规定。学界有观点认为，隐匿身份侦查可以包括卧底侦查、化装侦查和诱惑侦查三种形式。

（二）隐匿身份侦查的程序和要求

1. 隐匿身份侦查的目的在于查明案情。如不是为了查明案情，则不能采取隐匿身份侦查。

2. 有隐匿侦查的必要性。只有在没有更好的替代性措施的情况下，才能实施隐匿身份侦查。尤其是卧底侦查，侦查人员往往要参与犯罪，对国家和社会以及侦查人员本身都有可能造成无法挽回的损失，因此，不能滥用隐匿身份侦查措施。

3. 要履行批准程序。即必须经公安机关负责人决定，而不能由侦查人员自行决定实施。

4. 必须由有关人员实施。"有关人员"一般是侦查人员，但在卧底侦查、诱惑侦查的情形下，也可能是非侦查人员，即所谓"线人"、"特情"。我们认为，由于"线人"、"特情"往往是一些有违法犯罪前科的人员，并且他们往往有经济利益或其他利益需求，容易被部分侦查人员不法控制。侦查机关内部应对"线人"、"特情"的使用进行规范。此外，侦查人员从事卧底侦查的刑事豁免以及工作、人身保障亦应受到重视。

5. 隐匿身份侦查不得诱使他人犯罪，不得采用可能危害公共安全或者发生重大人身危险的方法。这里的"诱使他人犯罪"主要是指使没有犯罪意图的公民产生犯罪意图。目前，由于侦查机关存在各种考核机制，不少侦查人员往往使用"线人"、"特情"诱惑他人犯罪以完成考核任务。我们认为，这种做法必须严格禁止。

十二、控制下交付

（一）控制下交付的概念

控制下交付是指侦查机关发现有关线索或查获毒品等违禁品，在保密的前提下对毒品等违禁品或有关人员进行严密监视、控制，按照犯罪分子事先计划或约定的方向、路线、地点和方式，将毒品等违禁品（或其替代品）"交付"给最终接货人,使侦查机关能够将涉案的所有犯罪分子一网打尽的侦查行为。《联合国禁止非法贩运麻醉药品和精神药物公约》首次规定了这种侦查措施。我国《刑事诉讼法》第151条第2款亦明确规定了这种侦查措施。

（二）控制下交付的程序和要求

1. 只能由公安机关实施。其他侦查机关需要采取控制下交付措施的,可以商请公安机关实施。

2. 只适用于涉及给付毒品等违禁品或者财物的犯罪活动。即主要适用于毒品案件、非法买卖枪支弹药案件、倒卖文物案件、假币案件等。

3. 实施控制下交付,必须经县级以上公安机关负责人决定。侦查人员不能自行决定实施控制下交付。

十三、通缉

（一）通缉的概念和意义

通缉是指公安机关以发布通缉令的方式对应当逮捕而在逃的犯罪嫌疑人通报缉拿归案的一种侦查行为。通缉是公安机关内部通力合作、协同作战,及时制止和打击犯罪的一种重要手段,同时又是公安机关动员和依靠广大人民群众积极同犯罪作斗争的一项有力措施。

（二）通缉的程序

根据《刑事诉讼法》及公安部《规定》,通缉应遵守下列程序:

1. 只有公安机关有权发布通缉令,其他任何机关、团体、单位、组织和个人都无权发布。人民检察院在办理自侦案件的过程中,需要追捕在逃的犯罪嫌疑人时,经检察长批准,作出通缉决定后,应将通缉通知书和通缉犯的照片、身份、特征、案情简况送达公安机关,由公安机关发布通缉令,追捕归案。

2. 各级公安机关在自己管辖的地区以内,可以直接发布通缉令,如果超出自己管辖的地区,应当报请有权决定的上级机关发布。各级人民检察院需要在本辖区内通缉犯罪嫌疑人的,可以直接决定通缉;需要在本辖区外通缉犯罪嫌疑人的,由有决定权的上级人民检察院决定。

3. 被通缉的对象必须是依法应当逮捕而在逃的犯罪嫌疑人,包括依法应当逮捕而在逃的和已被逮捕但在羁押期间逃跑的犯罪嫌疑人。

4. 通缉令中应当尽可能写明被通缉人的姓名、别名、曾用名、绰号、性别、年龄、民族、籍贯、出生地、户籍所在地、居住地、职业、身份证号码、衣着和体貌特征并附被通缉人的近期照片。可以附指纹及其他物证的照片。除了必须保密的事项以外,应当写明发案的时间、地点和简要案情。

5. 通缉令发出后,如果发现新的重要情况,可以补发通报。通报必须注明原通缉令的编号和日期。

6. 有关公安机关接到通缉令后，应当及时布置查缉。抓获犯罪嫌疑人后，应当迅速通知通缉令发布机关，并报经抓获地县级以上公安机关负责人批准后，凭通缉令羁押。原通缉令发布机关应当立即进行核实，依法处理。

对于通缉在案的犯罪嫌疑人，任何公民都有权扭送公安机关、人民检察院或人民法院处理。

7. 被通缉的人已经归案、死亡，或者通缉原因已经消失而无通缉必要的，发布通缉令的机关应当立即发出撤销通缉令的通知。

8. 对于应当逮捕的犯罪嫌疑人，如果潜逃出境，可以报告公安部或者最高人民检察院商请国际刑事警察组织中国国家中心局，请求有关方面协助，或者通过法律、外交条约等规定的其他途径（如引渡、遣返等）追捕归案。

第三节 侦查终结

一、侦查终结的概念

侦查终结是指侦查机关对于自己立案侦查的案件，经过一系列的侦查活动，认为案件事实已经查清，证据确实、充分，足以认定犯罪嫌疑人是否有罪和应否对其追究刑事责任而决定结束侦查，并对案件依法作出结论和处理的一种诉讼活动。

侦查终结是侦查阶段对已经开展的各种侦查活动和侦查工作进行审核和总结的最后一道程序，是侦查任务已经完成的标志。因此，正确及时的侦查终结，可以为人民检察院准确提起公诉、人民法院正确进行审判奠定基础，为公安司法机关准确及时惩罚犯罪，保障无罪的人和依法不应当受到刑事追究的人免受刑事追究，保护公民合法权益提供可靠的根据和保障。

二、侦查终结的条件

根据《刑事诉讼法》第160条的规定，公安机关负责侦查的案件和人民检察院自行侦查的案件，侦查终结都必须具备下列三个条件：

1. 案件事实已经查清。案件事实包括犯罪嫌疑人有罪或无罪、罪重或罪轻以及是否应受刑事处罚的全部事实和情节。事实已经查清是侦查终结的首要条件。因此，侦查机关如果认为犯罪嫌疑人确有犯罪行为，在侦查终结时，对于犯罪嫌疑人的犯罪时间、地点、动机、目的、情节、手段和危害结果等情况应当全部予以查清，并且没有遗漏任何罪行。共同犯罪的案件，还应当查清每个犯罪嫌疑人在共同犯罪中的地位和作用，且没有遗漏其他应当追究刑事责任的同案人。

2. 证据确实、充分。证据确实、充分是侦查终结的重要条件。它要求侦查终结的案件中证明犯罪事实、情节的每一个证据来源都是可靠的，是经查证属实且核对无误的，并且证据与证据之间能够相互印证，形成一个完整的证明体系，足以排除其他可能性，能够确认犯罪嫌疑人有罪或者无罪、罪重或者罪轻。

3. 法律手续完备。法律手续完备同样是侦查终结必不可少的条件。它要求侦查机关采取的专门调查工作和有关强制性措施的各种法律文书及其审批、签字、盖章等手续都是齐全、完整并符合法律规定的。因为这是衡量侦查活动是否严格依法进行的标准。如果发现有遗漏或不符合法律规定之处，应当及时采取有效的措施予以补充或改正。

以上三个条件必须同时具备，缺一不可。此外，《刑事诉讼法》第161条规定："在侦查过程中，发现不应对犯罪嫌疑人追究刑事责任的，应当撤销案件；犯罪嫌疑人已被逮捕的，应当立即释放，发给释放证明，并且通知原批准逮捕的人民检察院。"其中"不应对犯罪嫌疑人追究刑事责任的"，是指已查明本案不存在犯罪事实或者犯罪嫌疑人的行为符合《刑事诉讼法》第15条的规定。

三、侦查终结的处理

根据《刑事诉讼法》的规定，对于侦查终结的案件，应当根据案件的不同情况，分别作出移送审查起诉或者撤销案件的决定。

公安机关侦查的案件，侦查终结后，对于犯罪事实清楚、证据确实、充分，犯罪性质和罪名认定正确，法律手续完备，依法应当追究犯罪嫌疑人刑事责任的案件，应当写出《起诉意见书》，连同案卷材料、证据，一并移送同级人民检察院审查决定。共同犯罪案件的《起诉意见书》，应当写明每个犯罪嫌疑人在共同犯罪中的地位、作用、具体罪责和认罪态度，并分别提出处理意见。对于犯罪情节轻微，依法不需要判处刑罚或者免除刑罚的案件，公安机关在移送审查起诉时，可以注明具备不起诉的条件，由人民检察院审查决定起诉或者不起诉。在案件侦查终结前，辩护律师提出要求的，侦查机关应当听取辩护律师的意见，并记录在案；辩护律师提出书面意见的，应当附卷。此外，公安机关在移送审查起诉时，应将案件移送情况告知犯罪嫌疑人及其辩护律师。

对于侦查中发现不应对犯罪嫌疑人追究刑事责任的案件，应当作出撤销案件的决定，并制作《撤销案件决定书》。犯罪嫌疑人已被逮捕的，应当立即释放，并发给释放证明，同时通知原批准的人民检察院。

四、侦查中的羁押期限

侦查中的羁押期限是指犯罪嫌疑人在侦查中被拘留或逮捕以后到侦查终结的期限。我国刑事诉讼法对侦查羁押期限明确加以规定，目的是为了切实保障犯罪嫌疑人的人身自由和合法权益，防止案件久拖不决，提高侦查工作的效率，保证侦查工作顺利进行。

根据《刑事诉讼法》和相关规定，侦查中的羁押期限可以分为一般羁押期限和特殊羁押期限两种。

（一）一般羁押期限

《刑事诉讼法》第 154 条规定，对犯罪嫌疑人逮捕后的侦查羁押期限不得超过 2 个月。这是对一般刑事案件的侦查羁押期限的规定。如果犯罪嫌疑人在逮捕以前已被拘留的，拘留的期限不包括在侦查羁押期限之内。一般情况下，侦查机关应当在法律规定的侦查羁押期限内侦查终结案件。

（二）特殊羁押期限

特殊羁押期限，是《刑事诉讼法》根据案件的特殊需要，规定在符合法定条件时履行相应的审批手续和程序，便可以延长的侦查羁押期限。

1. 根据《刑事诉讼法》第 154 条的规定，案情复杂、期限届满不能终结的案件，可以经上一级人民检察院批准延长 1 个月。

2. 根据《刑事诉讼法》第 156 条的规定，下列案件在本法第 154 条规定的期限届满不能侦查终结的，经省、自治区、直辖市人民检察院批准或者决定，可以延长 2 个月：①交通十分不便的边远地区的重大复杂案件；②重大的犯罪集团案件；③流窜作案的重大复杂案件；④犯罪涉及面广，取证困难的重大复杂案件。

3. 根据《刑事诉讼法》第 157 条的规定，对犯罪嫌疑人可能判处 10 年有期徒刑以上刑罚，依照本法第 156 条规定延长期限届满，仍不能侦查终结的，经省、自治区、直辖市人民检察院批准或者决定，可以再延长 2 个月。

4. 根据《刑事诉讼法》第 155 条的规定，因为特殊原因，在较长时间内不宜交付审判的特别重大复杂的案件，由最高人民检察院报请全国人民代表大会常务委员会批准延期审理。

公安机关对案件提请延长羁押期限时，应当在羁押期限届满 7 日前提出，并书面呈报延长羁押期限案件的主要案情和延长羁押期限的具体理由，人民检察院应当在羁押期限届满前作出决定。最高人民检察院直接立案侦查的案件，依照《刑事诉讼法》的规定，需要延长犯罪嫌疑人侦查羁押期限的，由最高人民检察院直接决定延长侦查羁押期限。

另外，根据《刑事诉讼法》的规定，遇有下列情况的，原有侦查羁押期限不计,而重新计算羁押期限:①在侦查期间,发现犯罪嫌疑人另有重要罪行的,自发现之日起重新计算侦查羁押期限;②犯罪嫌疑人不讲真实姓名、住址,身份不明的,侦查羁押期限自查清其身份之日起计算,但不得停止对其犯罪行为的侦查取证。对于犯罪事实清楚,证据确实、充分的,也可以按其自报的姓名移送人民检察院审查起诉。

对被羁押的犯罪嫌疑人作精神病鉴定的时间不计入侦查羁押期限,除此之外,其他鉴定时间则应当计入羁押期限。对于因鉴定时间较长,办案期限届满仍不能终结的案件,自期限届满之日起,应当对被羁押的犯罪嫌疑人变更强制措施,改为取保候审或者监视居住。

第四节 人民检察院对直接受理案件的侦查

人民检察院对直接受理案件的侦查,也称自侦案件的侦查,是指人民检察院对自己受理的案件,依法进行的专门调查工作和实施的有关强制性措施。根据《刑事诉讼法》的规定,刑事诉讼法关于侦查的一般规定均适用于人民检察院的自侦案件。但考虑到人民检察院法律监督的性质和自侦案件本身所具有的特殊性,我国法律又对人民检察院在自侦案件中的侦查权限及侦查终结案件的处理作了一些特殊规定。

一、人民检察院的拘留、逮捕权

在侦查过程中,人民检察院对犯罪嫌疑人有采取拘留、逮捕等强制性措施的权力。同时,根据法律的规定,人民检察院在行使这些权力时又是有条件的。检察机关决定拘留犯罪嫌疑人的情形仅限于两个方面:一是犯罪后企图自杀、逃跑或者在逃的;二是有毁灭、伪造证据或者串供可能的。而且,检察机关只有拘留的决定权,而没有执行权,其在作出拘留决定后,应当送达公安机关执行,必要时,可以协助公安机关执行。检察机关对有证据证明有犯罪事实、可能判处徒刑以上刑罚的犯罪嫌疑人,采取取保候审、监视居住等方法,尚不足以防止发生社会危险性,而有逮捕必要的,应当决定逮捕。作出逮捕决定后,应制作《逮捕决定书》,通知公安机关执行,必要时,检察机关可以协助执行。

二、人民检察院决定的拘留和逮捕的期限

人民检察院对自行决定拘留或逮捕的犯罪嫌疑人应尽快审查。对被拘留或被逮捕的犯罪嫌疑人,人民检察院侦查部门应在拘留或逮捕后的 24 小时以内进行讯问,发现不应当拘留的,应当立即释放;依法可以取保候审或监视居住的,为其办理取保候审或监视居住手续。发现不应当逮捕的,应当经检

察院检察长批准，撤销逮捕决定或者变更为其他强制措施，并通知公安机关执行。

省级以下（不含省级）人民检察院直接受理立案侦查的案件，需要逮捕犯罪嫌疑人的，应当报请上一级人民检察院审查决定。监所、林业等派出人民检察院立案侦查的案件，需要逮捕犯罪嫌疑人的，应当报请上一级人民检察院审查决定。下级人民检察院报请审查逮捕的案件，由侦查部门制作报请逮捕书，报检察长或者检察委员会审批后，连同案卷材料、讯问犯罪嫌疑人的录音、录像一并报上一级人民检察院审查，报请逮捕时应当说明犯罪嫌疑人的社会危险性并附相关证据材料。侦查部门报请审查逮捕时，应当同时将报请情况告知犯罪嫌疑人及其辩护律师。犯罪嫌疑人已被拘留的，下级人民检察院侦查部门应当在拘留后 7 日以内报上一级人民检察院审查逮捕。上一级人民检察院应当在收到报请逮捕书后 7 日以内作出是否逮捕的决定，特殊情况下，决定逮捕的时间可以延长 1~3 日。犯罪嫌疑人未被拘留的，上一级人民检察院应当在收到报请逮捕书后 15 日以内作出是否逮捕的决定，重大、复杂的案件不得超过 20 日。

三、侦查终结后的处理

《刑事诉讼法》第 166 条规定："人民检察院侦查终结的案件，应当作出提起公诉、不起诉或者撤销案件的决定。"据此，人民检察院对侦查终结的案件分别有三种不同的处理方式：提起公诉、不起诉和撤销案件。

根据 2012 年最高检《规则（试行）》，人民检察院经过侦查，认为犯罪事实清楚，证据确实、充分，依法应当追究刑事责任的案件，应当写出侦查终结报告，并且制作起诉意见书；对于犯罪情节轻微，依照刑法规定不需要判处刑罚或者免除刑罚的案件，应当写出侦查终结报告，并且制作不起诉意见书。提出起诉意见或者不起诉意见的，侦查部门应当将起诉意见书或者不起诉意见书，查封、扣押、冻结的犯罪嫌疑人的财物及其孳息、文件清单以及对查封、扣押、冻结的涉案款物的处理意见和其他案卷材料，一并移送本院公诉部门审查。国家或者集体财产遭受损失的，在提出提起公诉意见的同时可以提出提起附带民事诉讼的意见。

在案件侦查过程中，犯罪嫌疑人委托辩护律师的，检察人员可以听取辩护律师的意见。辩护律师要求当面提出意见的，检察人员应当听取意见，并制作笔录附卷。辩护律师提出书面意见的，应当附卷。案件侦查终结移送审查起诉时，人民检察院应当同时将案件移送情况告知犯罪嫌疑人及其辩护律师。

人民检察院在侦查过程中或者侦查终结后，发现具有下列情形之一的，侦查部门应当制作拟撤销案件意见书，报请检察长或者检察委员会决定：①具有《刑事诉讼法》第 15 条规定情形之一的；②没有犯罪事实的，或者依照《刑法》规定不负刑事责任或者不是犯罪的；③虽有犯罪事实，但不是犯罪嫌疑人所为的。检察长或者检察委员会决定撤销案件的，侦查部门应当将撤销案件意见书连同本案全部案卷材料，在法定期限届满 7 日前报上一级人民检察院审查；重大、复杂案件在法定期限届满 10 日前报上一级人民检察院审查。上一级人民检察院同意撤销案件的，下级人民检察院应当作出撤销案件决定，并制作撤销案件决定书。撤销案件的决定应当分别送达犯罪嫌疑人所在单位和犯罪嫌疑人。犯罪嫌疑人死亡的，应当送达犯罪嫌疑人原所在单位。如果犯罪嫌疑人在押，应当制作决定释放通知书，通知公安机关依法释放。

第五节　补充侦查

一、补充侦查的概念和意义

补充侦查是指公安机关或者人民检察院对于案件事实不清、证据不足或者尚有遗漏罪行、遗漏同案犯罪嫌疑人的，依照法定程序，在原有侦查工作的基础上进一步调查、补充证据的一种诉讼活动。

补充侦查并不是每一个刑事案件都必须经过的诉讼程序，它只适用于没有完成侦查任务，部分事实、情节尚未查明的某些刑事案件。因此，正确、及时地进行补充侦查，对于公检法三机关查清全部案件事实、客观公正地处理案件，共同完成揭露、证实和惩罚犯罪的任务，防止和纠正在诉讼过程中可能发生或已经发生的错误和疏漏，保证不枉不纵、不错不漏，准确适用国家法律，具有十分重要的意义。

二、补充侦查的种类

根据《刑事诉讼法》第 88 条、第 171 条和第 198 条的规定，补充侦查在程序上有三种，即审查批捕阶段的补充侦查、审查起诉阶段的补充侦查和法庭审理阶段的补充侦查。

（一）审查逮捕阶段的补充侦查

《刑事诉讼法》第 88 条规定，人民检察院对于公安机关提请批准逮捕的案件进行审查后，应当根据情况分别作出批准逮捕或者不批准逮捕的决定。对于不批准逮捕的，人民检察院应当说明理由，需要补充侦查的，应当同时通知公安机关。即检察机关对提请批准逮捕的案件进行审查后，只能作出批准逮捕或不批准逮捕两种决定。2012 年最高检《规则（试行）》第 304 条第 2

款规定，侦查监督部门办理审查逮捕案件，不另行侦查。这说明检察机关对公安机关提请批准逮捕的案件，如发现不符合逮捕的条件，只能作出不批准逮捕的决定，可以通知公安机关对该案件进行补充侦查，但检察机关在审查批捕中并不补充侦查。这样的规定更符合检察机关作为法律监督机关的身份。在提请批准逮捕的案件中，如果证明犯罪事实的证据不确实或不充分，即不符合逮捕的条件，检察机关在作出不批准决定的同时，应向公安机关说明不批准的理由，可以要求公安机关继续查证，以保证准确打击犯罪分子，保障无辜者不受刑事追究。即这一阶段补充侦查完毕后，应当重新办理提请批准逮捕的手续。

（二）审查起诉阶段的补充侦查

《刑事诉讼法》第171条第2～4款规定："人民检察院审查案件，对于需要补充侦查的，可以退回公安机关补充侦查，也可以自行侦查。对于补充侦查的案件，应当在1个月以内补充侦查完毕。补充侦查以2次为限。补充侦查完毕移送人民检察院后，人民检察院重新计算审查起诉期限。对于2次补充侦查的案件，人民检察院仍然认为证据不足，不符合起诉条件的，应当作出不起诉的决定。"根据这一规定，对于审查起诉阶段的补充侦查，应当明确以下几个方面的问题：

1. 补充侦查的方式。人民检察院审查起诉的案件，如果是由公安机关侦查终结，需要补充侦查时，既可以决定将案件退回公安机关补充侦查，也可以决定自行侦查，必要时可以要求公安机关协助。人民检察院公诉部门对本院侦查部门移送审查起诉的案件审查后，认为犯罪事实不清、证据不足或者遗漏罪行、遗漏同案犯罪嫌疑人等情形需要补充侦查的，应当向侦查部门提出补充侦查的书面意见，连同案卷材料一并退回侦查部门补充侦查；必要时也可以自行侦查，可以要求侦查部门予以协助。

2. 对于退回公安机关或本院侦查部门补充侦查的案件，应当在1个月以内补充侦查完毕；人民检察院审查起诉的期限从案件补充侦查完毕移送起诉之日起重新计算。人民检察院在审查起诉中决定自行侦查的，应当在审查起诉期限内侦查完毕。

3. 补充侦查的次数不得超过2次。这既包括退回公安机关补充侦查的案件，也包括人民检察院公诉部门退回本院侦查部门补充侦查的案件。

4. 经过1次补充侦查的案件，人民检察院仍然认为证据不足，不符合起诉条件的，可以作出不起诉的决定，也可以继续退回补充侦查；对于2次补充侦查的案件，人民检察院仍然认为证据不足，不符合起诉条件的，应当作出不起诉的决定。

(三) 法庭审理阶段的补充侦查

根据《刑事诉讼法》和 2012 年最高检《规则（试行）》，在法庭审理过程中，公诉人发现提起公诉的案件事实不清、证据不足，或者遗漏罪行、遗漏同案犯罪嫌疑人，需要补充侦查或者补充提供证据，并提出补充侦查建议的，人民法院可以延期审理。公诉人在法庭审理过程中建议延期审理的次数不得超过 2 次，每次不得超过 1 个月。根据这一规定，法庭审理阶段补充侦查的动议权属于人民检察院，而不属于人民法院。根据控审分离的现代诉讼原则和我国刑事庭审方式改革的目的，对于人民检察院提起公诉的案件，只要符合法律规定，人民法院就必须开庭审判，不能主动提议或者直接将案件退回人民检察院补充侦查。

对于需要补充提供法庭审判所必需的证据或者补充侦查的，人民检察院应当自行收集证据和进行侦查，必要时可以要求侦查机关提供协助；也可以书面要求侦查机关补充提供证据。补充侦查的期限不能超过 1 个月。

第六节 侦查监督

一、侦查监督的概念和意义

侦查监督是指人民检察院依法对侦查机关的侦查活动是否合法进行的监督。根据《刑事诉讼法》的规定，除公安机关外，国家安全机关、监狱、军队保卫部门以及人民检察院的侦查部门也依法行使侦查权。因此，人民检察院对上述机关或部门的侦查活动是否合法同样行使侦查监督职权。

侦查监督是人民检察院刑事诉讼法律监督的重要组成部分，侦查监督在刑事诉讼中具有十分重要的意义。

1. 侦查监督有利于保证国家刑事法律的统一、正确实施，保证办案质量。人民检察院对侦查机关的侦查活动是否合法实行监督，可以使侦查机关在侦查活动中违反法律规定的行为得到及时、有效地发现和纠正，从而保证侦查活动严格依照法定程序和要求进行，从诉讼程序上保障对犯罪分子的及时、准确、合法追究，保证国家刑事法律的统一、正确实施，防止和避免出现冤假错案，保证案件的质量。

2. 侦查监督有利于保障公民的合法权益。司法实践证明，在侦查活动中，不按法定程序和要求收集证据、采取有关的强制性措施，而通过刑讯逼供、诱供、骗供等非法方法取证，或进行非法拘禁等，都将严重损害公民的民主权和其他合法权益。因此，人民检察院对侦查活动实行法律监督，就可以及时发现、制止和纠正上述违法行为，从而切实维护和保障公民的合法权益。

3. 侦查监督有利于更好地维护社会主义法制的权威性。人民检察院通过侦查监督，及时纠正少数侦查人员滥用职权的违法行为，促使侦查机关认真总结经验教训，提高对公安司法机关办理案件公正性、合法性的认识，从而更好地维护社会主义法制的权威性。

二、侦查监督的范围

根据《刑事诉讼法》和 2012 年最高检《规则（试行）》，人民检察院对公安机关的侦查活动是否合法实行监督，主要是发现和纠正以下违法行为：①采用刑讯逼供以及其他非法方法收集犯罪嫌疑人供述的；②采用暴力、威胁等非法方法收集证人证言、被害人陈述，或者以暴力、威胁等方法阻止证人作证或者指使他人作伪证的；③伪造、隐匿、销毁、调换、私自涂改证据，或者帮助当事人毁灭、伪造证据的；④徇私舞弊，放纵、包庇犯罪分子的；⑤故意制造冤、假、错案的；⑥在侦查活动中利用职务之便谋取非法利益的；⑦非法拘禁他人或者以其他方法非法剥夺他人人身自由的；⑧非法搜查他人身体、住宅，或者非法侵入他人住宅的；⑨非法采取技术侦查措施的；⑩在侦查过程中不应当撤案而撤案的；⑪对与案件无关的财物采取查封、扣押、冻结措施，或者应当解除查封、扣押、冻结而不解除的；⑫贪污、挪用、私分、调换、违反规定使用查封、扣押、冻结的财物及其孳息的；⑬应当退还取保候审保证金不退还的；⑭违反刑事诉讼法关于决定、执行、变更、撤销强制措施规定的；⑮侦查人员应当回避而不回避的；⑯应当依法告知犯罪嫌疑人诉讼权利而不告知，影响犯罪嫌疑人行使诉讼权利的；⑰阻碍当事人、辩护人、诉讼代理人依法行使诉讼权利的；⑱讯问犯罪嫌疑人依法应当录音或者录像而没有录音或者录像的；⑲对犯罪嫌疑人拘留、逮捕、指定居所监视居住后依法应当通知家属而未通知的；⑳在侦查中有其他违反刑事诉讼法有关规定的行为的。

三、侦查监督的途径和措施

侦查监督的途径是人民检察院发现侦查活动中违法行为的具体方式，而侦查监督措施则是人民检察院为实现侦查监督职能而使用的监督手段。根据《刑事诉讼法》和 2012 年最高检《规则（试行）》，人民检察院主要通过和采取以下途径和措施，对公安机关的侦查活动实行法律监督：

1. 人民检察院通过审查逮捕、审查起诉、审查公安机关的侦查活动，监督侦查活动。发现有违法情况时，提出意见，通知公安机关纠正；侦查人员的行为构成犯罪的，移送有关部门依法追究刑事责任。人民检察院发现侦查中违反法律规定的羁押和办案期限规定的，也应当依法提出纠正意见。

2. 人民检察院根据案件需要，通过派员参加公安机关对于重大案件的讨论和其他侦查活动，监督公安机关的侦查活动。人民检察院发现有违法情形后，应当及时通知公安机关予以纠正。

3. 人民检察院通过接受诉讼参与人对侦查机关或侦查人员侵犯其诉讼权利或人身等其他权利的行为提出的控告，行使侦查监督权。人民检察院对于诉讼参与人的这种控告，应当受理，并及时审查，依法处理。

4. 人民检察院通过审查公安机关执行人民检察院批准或不批准逮捕决定的情况、释放被逮捕的犯罪嫌疑人或者变更逮捕措施的情况及检察机关作出需要公安机关执行的其他有关侦查的决定的情况，履行侦查监督职能。

人民检察院发现侦查机关或者侦查人员决定、执行、变更、撤销强制措施等活动中有违法情形的，应当及时提出纠正意见。对于情节较轻的违法情形，由检察人员以口头方式向侦查人员或者公安机关负责人提出纠正意见，并及时向本部门负责人汇报；必要的时候，由部门负责人提出。对于情节较重的违法情形，应当报请检察长批准后，向公安机关发出纠正违法通知书。

人民检察院侦查监督部门、公诉部门发现侦查人员在侦查活动中的违法行为情节严重，构成犯罪的，应当移送本院侦查部门审查，并报告检察长。侦查部门审查后应当提出是否立案侦查的意见，报请检察长决定。对于不属于本院管辖的，应当移送有管辖权的人民检察院或者其他机关处理。

人民检察院侦查监督部门或者公诉部门对本院侦查部门侦查活动中的违法行为，应当根据情节分别处理。情节较轻的，可以直接向侦查部门提出纠正意见；情节较重或者需要追究刑事责任的，应当报请检察长决定。上级人民检察院发现下级人民检察院在侦查活动中有违法情形的，应当通知其纠正。下级人民检察院应当及时纠正，并将纠正情况报告上级人民检察院。

☞ 考核提示

了解：侦查的概念，人民检察院对直接受理案件的侦查、补充侦查。
理解：侦查的意义，侦查工作的原则。
熟悉并能够运用：侦查行为，侦查终结，侦查监督。

☞ 主题讨论

《中华人民共和国刑事诉讼法》
第五十条 审判人员、检察人员、侦查人员必须依照法定程序，收集能够证实犯罪嫌疑人、被告人有罪或者无罪、犯罪情节轻重的各种证据。严禁刑讯逼供和以威胁、引诱、欺骗以及其他非法方法收集证据，不得强迫任何人证实自己有罪。

第一百一十八条　侦查人员在讯问犯罪嫌疑人的时候，应当首先讯问犯罪嫌疑人是否有犯罪行为，让他陈述有罪的情节或者无罪的辩解，然后向他提出问题。犯罪嫌疑人对侦查人员的提问，应当如实回答。但是对与本案无关的问题，有拒绝回答的权利。

【讨论提示】
1. 我国是否确立了沉默权制度？
2. "不得强迫任何人证实自己有罪"与"应当如实回答"是否存在矛盾？

阶段自测

一、单项选择题

1. 侦查阶段，享有扣押电报、邮件批准权的主体是（　　）。
   A. 侦查人员
   B. 侦查人员所在的部门负责人
   C. 侦查机关负责人
   D. 同级人民检察院

2. 在我国刑事诉讼中，每一次补充侦查的最长期限为（　　）。
   A. 半个月
   B. 1个月
   C. 2个月
   D. 3个月

3. 侦查工作的核心内容是（　　）。
   A. 查获犯罪嫌疑人
   B. 打击犯罪
   C. 收集证据和运用证据
   D. 维护社会稳定

4. 讯问犯罪嫌疑人，侦查人员不得少于（　　）。
   A. 5人
   B. 4人
   C. 3人
   D. 2人

5. 在我国刑事诉讼中，对于公安机关进行侦查实验享有批准权的主体为（　　）。
   A. 侦查人员
   B. 部门负责人
   C. 公安局长
   D. 同级人民检察院检察委员会

6. 在我国刑事诉讼中，人民检察院有权（　　）。
   A. 查询、冻结犯罪嫌疑人的存款
   B. 重复冻结犯罪嫌疑人的存款
   C. 划拨犯罪嫌疑人的存款
   D. 将犯罪嫌疑人的存款收归国有

7. 侦查人员讯问不通晓当地语言、文字的外国人时，（　　）。
   A. 不应为其提供翻译
   B. 由侦查人员任意决定是否为其提供翻译

C. 应当为其提供翻译
D. 由侦查人员视案件情况决定是否为其提供翻译

8. 公安机关在侦查过程中，发现犯罪嫌疑人具有法定不追究刑事责任的情形时，应当（   ）。
   A. 移送人民检察院处理　　　　B. 作出不起诉决定
   C. 撤销案件　　　　　　　　　D. 作为治安案件处理

9. 根据《我国刑事诉讼法》的规定，对于侦查人员关于案件情况的提问，犯罪嫌疑人（   ）。
   A. 应当如实回答　　　　　　　B. 应当如实供述罪行
   C. 有权保持沉默　　　　　　　D. 可以拒绝回答

二、多项选择题

1. 在侦查过程中，询问证人的地点可以是（   ）。
   A. 证人的住处　　　　　　　　B. 证人所在单位
   C. 证人所在市、县以内的指定地点　　D. 检察机关或公安机关
   E. 证人所在市、县以外的指定地点

2. 在我国刑事诉讼中，询问证人与讯问犯罪嫌疑人的区别为（   ）。
   A. 询问证人与讯问犯罪嫌疑人应否履行告知义务不同
   B. 询问证人与讯问犯罪嫌疑人的地点要求不同
   C. 询问证人与讯问犯罪嫌疑人的主体数量有无要求不同
   D. 询问证人与讯问犯罪嫌疑人的方法不同
   E. 在对象为未成年人时，是否通知其法定代理人到场的法律要求不同

3. 人民检察院对自行侦查终结的案件，可以作出（   ）。
   A. 提起公诉决定　　　　　　　B. 免予起诉决定
   C. 不起诉决定　　　　　　　　D. 撤销案件决定
   E. 退回公安机关补充侦查决定

4. 根据《刑事诉讼法》的规定，侦查羁押期限届满不能侦查终结的，经省、自治区、直辖市人民检察院批准或者决定，侦查羁押期限可以延长2个月的案件有（   ）。
   A. 交通十分不便的边远地区的重大复杂案件
   B. 涉及国家秘密的案件
   C. 重大的犯罪集团案件
   D. 流窜作案的重大复杂案件
   E. 犯罪涉及面广，取证困难的重大复杂案件

三、判断题

1. 一案有多个证人的，侦查人员可以将证人集中在一起询问。（　　）
2. 在我国，侦查人员讯问犯罪嫌疑人时，犯罪嫌疑人有权要求律师在场。（　　）

四、简答题

1. 侦查阶段询问证人应当遵守哪些规定？
2. 采取技术侦查措施需要遵守哪些规定？
3. 侦查终结应当具备哪些条件？

第十六章 起 诉

本章导学

本章的主要内容包括起诉的概念和意义、提起公诉的程序、提起自诉的程序。重点是起诉的概念、审查起诉、提起公诉、不起诉。难点是不起诉及其种类。

学习引入

某著名歌星之子涉嫌轮奸案后，网络上有消息称：女被害人已与嫌疑人达成和解，得到了包括落实北京户口、工作及一套房产等补偿，因而决定撤回起诉。

刑事案件是由检察机关起诉还是被害人起诉？刑事案件起诉后能否撤回？起诉有哪些程序？哪些情形下可以不起诉？这些都是本章要学习的内容。

第一节 起诉的概念和意义

一、起诉的概念

刑事起诉是刑事诉讼的重要程序之一，是指享有控诉权的国家机关和公民，依法向法院提起诉讼，请求法院对指控的内容进行审判，以确定被告人刑事责任并依法予以刑事制裁的诉讼活动。刑事起诉分为提起公诉和提起自诉两种方式。提起公诉是指依法享有刑事追诉权的国家专门机关经过对刑事案件的审查，确认侦查阶段收集的证据已经确实充分，犯罪嫌疑人的行为构成犯罪，依法应当追究其刑事责任，而提请法院审判的一项诉讼活动。提起自诉是指刑事被害人及其法定代理人、近亲属等，以个人的名义向法院起诉，要求保护被害人的合法权益，追究被告人刑事责任的诉讼活动。

在现代国家的刑事诉讼中，对犯罪的追诉制度基本有两种类型：一种是起诉权由国家垄断，没有被害人自诉，如日本等；另一种是公诉与自诉并存，以公诉为主。我国刑事诉讼实行以公诉为主、自诉为辅的方式，即除了《刑事诉讼法》规定由人民法院直接受理的少数案件由被害人提起自诉以外，对绝大多数刑事案件都实行公诉制度。人民检察院是行使国家公诉权的专门机关，其他任何机关、团体和个人都不能行使这项国家权力。人民检察院公诉活动的内容，包括审查起诉、提起公诉、出庭支持公诉以及由提起公诉所派生出来的不起诉等活动。其中，提起公诉是人民检察院公诉活动的核心内容，审查起诉是提起公诉的准备和基础，出庭支持公诉则是提起公诉活动在人民法院审判阶段的延伸。

二、起诉的意义

起诉在刑事诉讼中具有重要意义，具体表现为：①起诉是审判程序之前的必经程序。起诉是刑事审判的前提，没有起诉活动，也就没有审判程序。②当特定法律主体的权益受到犯罪行为侵害时，需要借助国家的审判力量予以保护，惩罚犯罪，恢复权益的正常状态，而起诉正是向审判提供对象的活动。未经起诉的人员和事项，法院不得审判，因此，起诉对于有效惩罚犯罪，维护社会和公民权益，具有重要意义。③起诉程序对于保证准确惩罚犯罪，保障无辜的人及依法不受刑事追究的人免受刑事追究，实现程序公正都有重要意义。在公诉案件中，人民检察院通过审查起诉和提起公诉活动，可以对侦查机关侦查终结后移送起诉的案件从认定事实到适用法律进行全面审查，监督侦查工作依法进行；可以将符合起诉条件的人起诉到人民法院，保证准确惩罚犯罪，而尽早使无辜的人及依法不受刑事追究的人从刑事程序中解脱出来。在自诉案件中，法院通过对自诉的审查，可以保证案件处理的准确性，实现诉讼公正。

第二节　提起公诉的程序

一、提起公诉概述

提起公诉，是指人民检察院代表国家对被告人向人民法院提出指控，请求人民法院审判所指控的罪行，确定被告人刑事责任并予以刑事制裁的诉讼活动。提起公诉是国家法律赋予人民检察院的一项重要职能，只有人民检察院才能依法行使这项权力，其他任何机关、团体和个人都无权对被告人提起公诉。

从广义上讲，公诉活动由一系列职权行为构成，包括：对公安机关侦查终结移送的案件或自行侦查终结的案件从事实和法律上进行全面审查；根据审查情况依法分别作出起诉或不起诉的决定，并制作相应的法律文书；根据作出的决定，按照法律规定对案件作出程序上的移送和处理。

二、审查起诉

（一）审查起诉的概念

审查起诉，是指人民检察院对公安机关侦查终结移送起诉的案件和自行侦查终结的案件进行审查，依法决定是否对犯罪嫌疑人提起公诉的诉讼活动。其主要内容是：对移送审查起诉的案件进行全面审查，依法作出提起公诉或者不起诉的决定；对侦查机关的侦查活动进行监督，纠正违法情况；复查被害人、犯罪嫌疑人的申诉；对公安机关认为不起诉的决定有错误而要求复议、提请复核的，及时进行复议、复核。审查起诉是刑事诉讼中承前启后的一个关键性阶段，是公诉案件的必经程序，它对于增强检察人员的法律监督意识，强化侦查监督职能，保证办案质量具有重要意义。

《刑事诉讼法》第167条规定，凡需要提起公诉的案件，一律由人民检察院审查决定。这表明，审查起诉、提起公诉的决定权都只能由人民检察院行使；无论是公安机关侦查终结的案件，还是人民检察院自行侦查终结的案件，在决定提起公诉之前，都必须经过审查起诉的程序。

（二）移送审查起诉案件的受理

人民检察院收到公安机关起诉意见书后，应当指定检察人员审查案件是否属于本院管辖，起诉意见书以及案卷材料是否齐备，案卷装订、移送是否符合有关规定和要求，诉讼文书、鉴定材料是否单独装订成卷，作为证据使用的实物是否随案移送及移送的实物与物品清单是否相符，犯罪嫌疑人是否在案及采取强制措施的情况。经审查，对具备受理条件的，填写受理审查起诉案件登记表。对移送的起诉意见书及其他材料不符合有关规定和要求或者遗漏的，应要求公安机关按照要求制作后移送或者补送。犯罪嫌疑人在逃的，应要求公安机关采取措施保证犯罪嫌疑人到案后移送审查起诉，共同犯罪的其他部分犯罪嫌疑人的审查起诉应当照常进行。人民检察院受理本院侦查部门移送审查起诉的案件，应按照上述程序办理。

人民检察院受理同级公安机关移送审查起诉的案件，经审查认为属于上级人民法院管辖的第一审案件的，应写出审查报告，连同案卷材料报送上一级人民检察院，同时通知移送审查起诉的公安机关；认为属于同级其他人民法院管辖的第一审案件的，应写出审查报告，连同案卷材料移送有管辖权的人民检察院或者报送共同的上级人民检察院指定管辖，同时通知移送审查起诉的公安机关。上级人民检察院受理同级公安机关移送审查起诉的案件，认为属于下级人民法院管辖的，可以直接交下级人民检察院审查，由下级人民检察院向同级人民法院提起公诉，同时通知移送审查起诉的公安机关。一人犯数罪、共同犯罪和其他需要并案审理的案件，只要其中一人或一罪属于上级人民检察院管辖的，全案由上级人民检察院审查起诉。

(三) 审查起诉的内容

根据《刑事诉讼法》第168条和2012年最高检《规则（试行）》第363条的规定，人民检察院审查起诉，必须查明：①犯罪嫌疑人身份状况是否清楚，包括姓名、性别、国籍、出生年月日、职业和单位等；单位犯罪的，单位的相关情况是否清楚；②犯罪事实、情节是否清楚；实施犯罪的时间、地点、手段、犯罪事实、危害后果是否明确；③认定犯罪性质和罪名的意见是否正确；有无法定的从重、从轻、减轻或者免除处罚的情节及酌定从重、从轻情节；共同犯罪案件的犯罪嫌疑人在犯罪活动中的责任的认定是否恰当；④证明犯罪事实的证据材料（包括采取技术侦查措施的决定书及证据材料）是否随案移送；证明相关财产系违法所得的证据材料是否随案移送；不宜移送的证据的清单、复制件、照片或者其他证明文件是否随案移送；⑤证据是否确实、充分，是否依法收集，有无应当排除非法证据的情形；⑥侦查的各种法律手续和诉讼文书是否完备；⑦有无遗漏罪行和其他应当追究刑事责任的人；⑧是否属于不应当追究刑事责任的；⑨有无附带民事诉讼；国家财产、集体财产遭受损失的，是否需要由人民检察院提起附带民事诉讼；⑩采取的强制措施是否适当，对于已经逮捕的犯罪嫌疑人，有无继续羁押的必要；⑪侦查活动是否合法；⑫涉案款物是否查封、扣押、冻结并妥善保管，清单是否齐备；对被害人合法财产的返还和对违禁品或者不宜长期保存的物品的处理是否妥当，移送的证明文件是否完备。

(四) 审查起诉的步骤和方法

1. 全面审阅案卷材料，必要时制作阅卷笔录。人民检察院受理移送审查起诉案件，应当指定检察员或者经检察长批准代行检察员职务的助理检察员办理，也可以由检察长办理。办案人员应阅卷审查，将起诉意见书认定的犯罪事实与证据相对照，审查犯罪事实的每个环节是否都有相应证据予以证明；将犯罪嫌疑人的口供相对照，以及口供与其他证据相对照，审查口供与口供之间、口供与其他证据之间是否一致；将犯罪事实与侦查机关认定的犯罪性质、罪名相对照，审查犯罪性质与罪名的认定是否正确；将犯罪嫌疑人的犯罪行为与有关法律规定相对照，审查犯罪嫌疑人的行为应否负刑事责任以及侦查机关的处理意见是否正确。阅卷审查后，必要时应制作阅卷笔录。

2. 讯问犯罪嫌疑人，听取辩护人、被害人及其诉讼代理人的意见。《刑事诉讼法》第170条规定："人民检察院审查案件，应当讯问犯罪嫌疑人，听取辩护人、被害人及其诉讼代理人的意见，并记录在案。辩护人、被害人及其诉讼代理人提出书面意见的，应当附卷。"

讯问犯罪嫌疑人，听取辩护人、被害人及其诉讼代理人的意见是审查起诉的必经程序和法定方法。审查起诉阶段讯问犯罪嫌疑人，主要是为了直接听取犯罪嫌疑人的供述和辩解，进一步核实口供的可靠性，分析口供与其他证据之间有无矛盾，以便正确认定犯罪性质和罪名。同时了解和掌握犯罪嫌疑人的思想动态和认罪态度，为出庭公诉做好准备。通过讯问，还可以发现遗漏罪行、遗漏罪犯，发现侦查人员侦查活动中有无违法情形。听取辩护人、被害人及其诉讼代理人的意见则主要是听取他们对案件处理的意见，如对案件事实认定的意见，包括辩护人就犯罪嫌疑人是否有罪以及罪行轻重和是否有从轻、减轻处罚的情节的意见，被害人对自己受侵害情况的意见，被害人对附带民事诉讼的提起、赔偿的要求等实体性意见。对于这些意见应记录在案，如系书面意见，还应附卷。"偏听则暗，兼听则明"，人民检察院听取双方意见，有利于全面认定案件事实，依法维护当事人的合法权益。讯问、听取意见应由 2 名以上的办案人员进行，并制作笔录。讯问犯罪嫌疑人或者询问被害人时，应告知其在审查起诉阶段享有的权利。

3. 调查核实其他证据。在讯问犯罪嫌疑人、听取被害方和辩护方的意见之后，如果发现有疑问，办案人员可以调查核实其他证据。人民检察院对证人证言笔录存在疑问或认为询问证人不具体或有遗漏的，可以询问证人并制作笔录。对犯罪嫌疑人或被害人需要进行医学鉴定的，应当要求公安机关进行；必要时也可由人民检察院进行或者由人民检察院送交有鉴定资格的医学机构进行。人民检察院自行对犯罪嫌疑人或被害人进行医学鉴定的，可商请公安机关派员参加，必要时可聘请医学机构或专门鉴定人员鉴定。需要对犯罪嫌疑人进行精神病鉴定的，人民检察院应依法进行精神病鉴定。犯罪嫌疑人的辩护人或近亲属申请对犯罪嫌疑人进行鉴定的，人民检察院可依法进行鉴定。人民检察院对物证，书证，视听资料，电子数据，勘验、检查、辨认、侦查实验等笔录存在疑问的，可要求侦查人员提供物证，书证，视听资料，勘验、检查、辨认、侦查实验等笔录获取、制作、传递、保存的有关情况。必要时也可询问提供物证、书证、视听资料、电子数据的人员并制作笔录，对物证、书证、视听资料、电子数据进行技术鉴定。根据《刑事诉讼法》第 132 条的规定，人民检察院在审查起诉时，认为公安机关的勘验、检查，需要复验、复查的，可以要求公安机关复验、复查，并且可以派检察人员参加，必要时也可聘请专门技术人员参加。

4. 补充侦查。根据《刑事诉讼法》第 171 条的规定，人民检察院在审查起诉时，如果认为案件事实不清，证据不足，不能作出提起公诉或不起诉的决定，需要对案件作进一步侦查的，可以退回公安机关补充侦查或自行补充侦查。人民检察院决定退回公安机关补充侦查的案件，应当写出补充侦查意见书，说明需要补充侦查的问题和要求。人民检察院审查起诉部门对本院侦查部门移送的案件认为需要补充侦查的，应向侦查部门提出补充侦查的书面意见，连同案卷材料一并退回侦查部门补充侦查。

对于补充侦查的案件，应在1月以内补充侦查完毕。补充侦查以2次为限。对于在审查起诉期间改变管辖的，改变管辖前后退回补充侦查的次数总共不得超过2次。

（五）审查起诉的期限

《刑事诉讼法》第169条和第171条第3款对审查起诉的期限作了规定。人民检察院对于公安机关移送起诉的案件，应当在1个月内作出决定，重大复杂的案件，可以延长半个月。对于补充侦查案件补充侦查完毕移送人民检察院后，人民检察院重新计算审查起诉期限。人民检察院审查起诉的案件，改变管辖的，从改变后的人民检察院收到案件之日起计算审查起诉期限。

在审查起诉过程中，犯罪嫌疑人潜逃或者患有精神病及其他严重疾病不能接受讯问，丧失诉讼行为能力的，人民检察院可中止审查。共同犯罪中的部分犯罪嫌疑人潜逃的，对潜逃的犯罪嫌疑人可中止审查，对其他犯罪嫌疑人的审查起诉应照常进行。

三、提起公诉

《刑事诉讼法》第172条规定，人民检察院认为犯罪嫌疑人的犯罪事实已经查清，证据确实、充分，依法应当追究刑事责任的，应当作出起诉决定，按照审判管辖的规定，向人民法院提起公诉。据此，提起公诉须具备以下条件：

1. 犯罪嫌疑人的犯罪事实已经查清。原则上，起诉时应当尽量将全部案件事实查清。但是，在未全部查清的情况下，可以只起诉已查清的部分犯罪嫌疑人或部分事实。有下列情形之一，可以确认犯罪事实已经查清：①属于单一罪行的案件，查清的事实足以定罪量刑或者与定罪量刑有关的事实已经查清，无法查清的事实不影响定罪量刑的；②属于数个罪行的案件，部分罪行已经查清并符合起诉条件，其他罪行无法查清的；③无法查清作案工具、赃物去向，但有其他证据足以对被告人定罪量刑的；④证人证言、犯罪嫌疑人供述和辩解、被害人陈述的内容主要情节一致，只有个别情节不一致且不影响定罪的。对于符合第②项情形的，应以已经查清的罪行起诉。

2. 证据确实、充分。即已经查清的犯罪事实，有确实、充分的证据予以证明。

3. 依法应当追究犯罪嫌疑人的刑事责任。公诉机关将犯罪嫌疑人交付审判的目的，是追究其刑事责任并使之受到应有的刑罚制裁。如果在提起公诉时发现犯罪嫌疑人虽然构成犯罪，但属于法律明确规定不应追究刑事责任的情形的，就没有交付审判的必要。

以上三个条件，必须同时具备，缺一不可。此外，人民检察院应当按照审判管辖的规定向同级人民法院提起公诉。

人民检察院决定提起公诉的，必须制作起诉书。起诉书是人民检察院代表国家向人民法院提出追究被告人刑事责任的诉讼请求的重要法律文书，是人民法院受理案件并对被告人进行审判的依据，也是进行法庭调查辩论的基础。制作起诉书，应当根据《刑事诉讼法》和2012年最高检《规则（试行）》第393条等的规定进行。

人民检察院提起公诉的案件，应当向人民法院移送起诉书、案卷材料和证据。起诉书应当1式8份，每增加1名被告人增加起诉书5份。提出量刑建议的，可以制作量刑建议书，与起诉书一并移送人民法院。量刑建议书的主要内容应当包括被告人所犯罪行的法定刑、量刑情节，人民检察院建议人民法院对被告人处以刑罚的种类、刑罚幅度，可以适用的刑罚执行方式，以及提出量刑建议的依据和理由等。

四、不起诉

不起诉，是指人民检察院对公安机关侦查终结移送起诉的案件和自行侦查终结的案件进行审查后，依法作出不将犯罪嫌疑人交付人民法院审判的一种处理决定。其性质是人民检察院依法不追究刑事责任的诉讼处分，具有在起诉阶段终结诉讼的法律效力。

我国1979年《刑事诉讼法》规定了免予起诉制度。免予起诉是指人民检察院对依照刑法规定不需要判处刑罚或者可以免除刑罚的被告人，决定不向人民法院起诉的一种处理决定，也是对被告人进行实体定罪但不予追诉的一种处分，其效力与人民法院认定犯罪但免除刑罚的判决相同。免予起诉的实质是不经审判而由公诉机关对被告人定罪，不符合现代法治原则，不符合人民法院统一独立行使审判权和公检法三机关分工负责、相互制约的宪法原则，不利于保护被告人的合法权益。1996年修改《刑事诉讼法》时扩大了不起诉范围，将原可以适用免予起诉的对象纳入不起诉范围，取消了免予起诉。现行《刑事诉讼法》维持了这一做法。

（一）不起诉的种类

1. 法定不起诉。《刑事诉讼法》第173条第1款规定："犯罪嫌疑人没有犯罪事实，或者有本法第15条规定的情形之一的，人民检察院应当作出不起诉的决定。"对于犯罪嫌疑人没有犯罪事实的，人民检察院以往一般退回侦查机关作撤案处理。根据现行《刑事诉讼法》的规定，人民检察院应当直接作出不起诉的决定。经审查起诉，人民检察院发现具有《刑事诉讼法》第15条规定的以下情形之一的，也必须作出不起诉的决定：①情节显著轻微、危害不大，不认为是犯罪的；②犯罪已过追诉时效期限的；③经特赦令免除刑罚的；④依照刑法告诉才处理的犯罪，没有告诉或者撤回告诉的；⑤犯罪嫌疑人、被告人死亡的；⑥其他法律规定免予追究刑事责任的。对于《刑事诉讼法》第173条第1款规定的不起诉，人民检察院没有裁量的余地，所以称为法定不起诉。

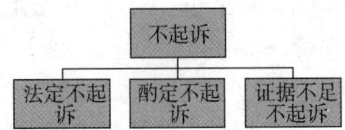

此外，根据2012年最高检《规则（试行）》第401条第2款的规定，犯罪事实并非犯罪嫌疑人所为，需要重新侦查的，人民检察院应当在作出不起诉决定后书面说明理由，将案卷材料退回公安机关并建议公安机关重新侦查。

2. 酌定不起诉。《刑事诉讼法》第173条第2款规定，对于犯罪情节轻微，依照刑法规定不需要判处刑罚或者免除刑罚的，人民检察院可以作出不起诉决定。据此，人民检察院作出酌定不起诉，必须同时具备两个条件：一是犯罪嫌疑人的行为已经构成犯罪；二是犯罪嫌疑人的犯罪情节轻微，依照《刑法》规定不需要判处刑罚或者免除刑罚。

3. 证据不足不起诉。《刑事诉讼法》第171条第4款规定，对于经两次补充侦查的案件，人民检察院仍然认为证据不足，不符合起诉条件的，应当作出不起诉的决定。2012年最高检《规则（试行）》第404条规定，具有下列情形之一，不能确定犯罪嫌疑人构成犯罪和需要追究刑事责任的，属于证据不足，不符合起诉条件：①犯罪构成要件事实缺乏必要的证据予以证明的；②据以定罪的证据存在疑问，无法查证属实的；③据以定罪的证据之间、证据与案件事实之间的矛盾不能合理排除的；④根据证据得出的结论具有其他可能性，不能排除合理怀疑的；⑤根据证据认定案件事实不符合逻辑和经验法则，得出的结论明显不符合常理的。

《刑事诉讼法》第171条规定，人民检察院审查案件，对于需要补充侦查的，可以退回公安机关补充侦查，也可以自行侦查。补充侦查以两次为限。据此，人民检察院审查起诉时，对于证据不足不符合起诉条件的，可以退回侦查机关进行补充侦查；第一次补充侦查结束后，如果人民检察院仍认为证据不足不符合起诉条件的，可以作出不起诉决定，也可以第二次退回补充侦查。但在第二次退补侦查后，检察院依然认为证据不足不符合起诉条件的，应当决定不起诉。

根据2012年最高检《规则（试行）》，人民检察院作出不起诉决定，必须经检察长或者检察委员会决定。省级以下人民检察院办理直接受理立案侦查的案件，拟作不起诉决定的，还应当报请上一级人民检察院批准。

（二）不起诉的程序

1. 制作不起诉决定书。人民检察院决定不起诉案件，应当制作不起诉决定书。不起诉决定书的主要内容包括：①被不起诉人的基本情况，包括姓名、性别、出生年月日、出生地和户籍地、民族、文化程度、职业、工作单位及职务、住址、身份证号码，是否受过刑事处分，采取强制措施的情况，以及羁押处所等；如果是单位犯罪，应当写明犯罪单位的名称和组织机构代码、所在地址、联系方式，法定代表人和诉讼代表人的姓名、职务、联系方式。②案由和案件来源。③案件事实，包括否定或者指控被不起诉人构成犯罪的事实以及作为不起诉决定根据的事实。④不起诉的法律根据和理由，写明作出不起诉决定适用的法律条款。⑤查封、扣押、冻结的涉案款物的处理情况。⑥有关告知事项。

2. 不起诉决定书的宣读和送达。不起诉的决定由人民检察院公开宣布，公开宣布不起诉决定的活动应当记录在案，不起诉决定书自公开宣布之日起生效。被不起诉人在押的，应当立即释放；被采取其他强制措施的，应当通知执行机关解除。

不起诉决定书应当送达被害人或者其近亲属及其诉讼代理人、被不起诉人及其辩护人、被不起诉人所在单位。送达时，应当告知被害人或者其近亲属及其诉讼代理人，如果对不起诉决定不服，可以自收到不起诉决定书后7日内向上一级人民检察院申诉，也可以不经申诉而直接向人民法院起诉；还应告知被不起诉人，如果对不起诉决定不服，可以自收到不起诉决定书后7日内向人民检察院申诉。对于公安机关移送起诉的案件，人民检察院决定不起诉的，应当将不起诉决定书送达公安机关。

3. 作出其他附带处分或者移送主管机关处理。人民检察院决定不起诉的案件，可以根据案件的不同情况，对被不起诉人予以训诫或者责令具结悔过、向被害人赔礼道歉、赔偿损失。对被不起诉人需要给予行政处罚、行政处分的，人民检察院应当提出检察意见，连同不起诉决定书一并移送有关主管机关处理，并要求有关主管机关及时通报处理情况。

4. 涉案财物处理。人民检察院决定不起诉的案件，需要对侦查中查封、扣押、冻结的财物解除查封、扣押、冻结的，应当书面通知作出查封、扣押、冻结决定的机关或者执行查封、扣押、冻结决定的机关解除查封、扣押、冻结。对犯罪嫌疑人违法所得及其他涉案财产，应当区分不同情形，作出相应处理：①因犯罪嫌疑人死亡而不起诉的案件，依照刑法规定应当追缴其违法所得及其他涉案财产的，按照犯罪嫌疑人、被告人逃匿、死亡案件违法所得的没收程序办理。②因其他原因不起诉的案件，对于查封、扣押、冻结的犯罪嫌疑人违法所得及其他涉案财产需要没收的，应当提出检察建议，移送有关主管机关处理。③对于冻结的犯罪嫌疑人存款、汇款、债券、股票、基金份额等财产需要返还被害人的，可以通知金融机构返还被害人；对于查封、扣押的犯罪嫌疑人的违法所得及其他涉案财产需要返还被害人的，直接决定返还被害人。

5. 对公安机关就不起诉决定提出的异议进行复议、复核。公安机关认为不起诉决定有错误，要求复议的，人民检察院公诉部门应当另行指定检察人员进行审查并提出审查意见，经公诉部门负责人审核，报请检察长或者检察委员会决定。人民检察院应当在收到要求复议意见书后的 30 日内作出复议决定，通知公安机关。

上一级人民检察院收到公安机关对不起诉决定提请复核的意见书后，应当交由公诉部门办理。公诉部门指定检察人员进行审查并提出审查意见，经公诉部门负责人审核，报请检察长或者检察委员会决定。上一级人民检察院应当在收到提请复核意见书后的 30 日内作出决定，制作复核决定书送交提请复核的公安机关和下级人民检察院。经复核改变下级人民检察院不起诉决定的，应当撤销或者变更下级人民检察院作出的不起诉决定，交由下级人民检察院执行。

6. 对被害人、被不起诉人的申诉进行复查。被害人不服不起诉决定的，在收到不起诉决定书后 7 日以内申诉的，由作出不起诉决定的人民检察院的上一级人民检察院刑事申诉检察部门立案复查。被害人向作出不起诉决定的人民检察院提出申诉的，作出决定的人民检察院应当将申诉材料连同案卷一并报送上一级人民检察院。被害人不服不起诉决定，在收到不起诉决定书 7 日后提出申诉的，由作出不起诉决定的人民检察院刑事申诉检察部门审查后决定是否立案复查。刑事申诉检察部门复查后应当提出复查意见，报请检察长作出复查决定。复查决定书应当送达被害人、被不起诉人和作出不起诉决定的人民检察院。上级人民检察院经复查作出起诉决定的，应当撤销下级人民检察院的不起诉决定，交由下级人民检察院提起公诉，并将复查决定抄送移送审查起诉的公安机关。出庭支持公诉由公诉部门办理。

对人民检察院维持不起诉决定的，被害人可以向人民法院起诉，被害人也可以不经申诉，直接向人民法院起诉。人民检察院收到人民法院受理被害人对被不起诉人起诉的通知后，应当终止复查，将作出不起诉决定所依据的有关案件材料移送人民法院。

对于人民检察院依照《刑事诉讼法》第173条第2款规定作出的不起诉决定，被不起诉人如果不服，可以自收到决定书后7日内向人民检察院申诉，作出决定的人民检察院刑事申诉检察部门应当立案复查。被不起诉人在收到不起诉决定书7日后提出申诉的，由刑事申诉检察部门审查后决定是否立案复查。人民检察院刑事申诉检察部门复查后应当提出复查意见，认为应当维持不起诉决定的，报请检察长作出复查决定；认为应当变更不起诉决定的，报请检察长或者检察委员会决定；认为应当撤销不起诉决定提起公诉的，报请检察长或者检察委员会决定。复查决定书中应当写明复查认定的事实，说明作出决定的理由。复查决定书应当送达被不起诉人、被害人，撤销不起诉决定或者变更不起诉的事实或者法律根据的，应当同时将复查决定书抄送移送审查起诉的公安机关和本院有关部门。人民检察院作出撤销不起诉决定提起公诉的复查决定后，应当将案件交由公诉部门提起公诉。

人民检察院复查不服不起诉决定的申诉，应当在立案3个月以内作出复查决定，案情复杂的，不得超过6个月。

第三节 提起自诉的程序

一、提起自诉的条件

自诉案件，是指被害人及其法定代理人或近亲属，为追究被告人的刑事责任，自行直接向人民法院提起刑事诉讼，由人民法院受理的刑事案件。

根据《刑事诉讼法》和相关司法解释，提起自诉必须满足以下条件：

1. 自诉人是本案的被害人或者其法定代理人、近亲属。根据《刑事诉讼法》第112条的规定，对于自诉案件，被害人有权向人民法院直接起诉。被害人死亡或者丧失行为能力的，被害人的法定代表人、近亲属有权向人民法院起诉，人民法院应当依法受理。最高法《解释》进一步规定，对于自诉案件，如果被害人因受强制、威吓等无法告诉，或者是限制行为能力人以及因年老、患病、盲、聋、哑等不能亲自告诉的，其法定代理人、近亲属告诉或者代为告诉的，人民法院应当依法受理。被害人的法定代理人、近亲属告诉或者代为告诉，应当提供

与被害人关系的证明和被害人不能亲自告诉的原因的证明。

2. 属于《刑事诉讼法》第 204 条和最高法《解释》第 1 条确定的案件范围。包括以下三类案件：

（1）告诉才处理的案件。具体包括：侮辱、诽谤案（但严重危害社会秩序和国家利益的除外）；暴力干涉婚姻自由案；虐待案；侵占案。

（2）人民检察院没有提起公诉，被害人有证据证明的轻微刑事案件。具体包括：故意伤害案；非法侵入住宅案；侵犯通信自由案；重婚案；遗弃案；生产、销售伪劣商品案（刑法分则第三章第一节规定的，但严重危害社会秩序和国家利益的除外）；侵犯知识产权案（刑法分则第三章第七节规定的，但严重危害社会秩序和国家利益的除外）；刑法分则第四章、第五章规定的对被告人可能判处 3 年有期徒刑以下刑罚的案件。

（3）被害人有证据证明对被告人侵犯自己人身、财产权利的行为应当依法追究刑事责任，而公安机关或者人民检察院不予追究被告人刑事责任的案件。

3. 属于受诉人民法院管辖。自诉人提起自诉，必须向有管辖权的人民法院提出。因此，自诉人提起自诉时，应当遵守《刑事诉讼法》关于管辖的有关规定。

4. 有明确的被告人、具体的诉讼请求和证明被告人犯罪事实的证据。提起自诉时，自诉人必须有具体的诉讼请求，并附有相应证据。诉讼请求指自诉人对被告人应否承担刑事责任以及承担何种刑事责任的态度，应尽可能明确、具体，有理有据。由于自诉案件的举证责任由自诉人负担，所以自诉人起诉时应附有证据，以证明自己的诉讼请求和主张。

二、提起自诉的程序

提起自诉，应向人民法院提交刑事自诉状；提起附带民事诉讼的，还应当提交刑事附带民事自诉状。自诉人书写自诉状有困难的，可以口头告诉，由人民法院工作人员作出告诉笔录，向自诉人宣读，自诉人认为没有错误后，应当签名或者盖章。

自诉状或者告诉笔录应当包括以下内容：①自诉人（代为告诉人）、被告人的姓名、性别、年龄、民族、出生地、文化程度、职业、工作单位、住址、联系方式；②被告人实施犯罪的时间、地点、手段、情节和危害后果等；③具体的诉讼请求；④致送的人民法院和具状时间；⑤证据的名称、来源等；⑥证人的姓名、住址、联系方式等。如果被告人是 2 人以上的，自诉人在告诉的时候需按被告人的人数提供自诉状副本。

人民法院应当在 15 日内审查完毕。经审查，符合受理条件的，应当决定立案，并书面通知自诉人或者代为告诉人。具有下列情形之一的，应当说服自诉人撤回起诉；自诉人不撤回起诉的，裁定不予受理：①不属于自诉案件范围的；②缺乏罪证的；③犯罪已过追诉时效期限的；④被告人死亡的；⑤被告人下落不明的；⑥除因证据不足而撤诉的以外，自诉人撤诉后，就同一事实又告诉的；⑦经人民法院调解结案后，自诉人反悔，就同一事实再行告诉的。

自诉案件被告人在诉讼过程中提起反诉的，在程序上适用自诉的规定。

考核提示

了解：起诉的概念、提起自诉的程序。

理解：起诉的意义。

熟悉并能够运用：审查起诉、提起公诉、不起诉。

主题讨论

2000年12月18日晚，被告人孟广虎在黑龙江省绥芬河火车站北场内，因车辆争道与吊车司机王玉杰发生争执。随后，孟广虎和王玉杰等数人争吵。因感到势单力薄，孟打电话叫来了6个人，与王玉杰等人互殴，致被害人王玉杰脾脏破裂、小腿骨骨折，经法医鉴定为重伤。

这是一起共同犯罪案件，但公安机关没能抓获与孟广虎同案的其他犯罪嫌疑人。牡丹江铁路运输检察院欲以故意伤害罪起诉孟广虎。孟广虎的辩护人丁云品律师认为，由于本案的其他犯罪嫌疑人在逃，无法确定被害人的重伤后果是何人所为。公诉机关则认为，由于本案系多人参与混战的特殊背景，即使抓获所有犯罪嫌疑人，证据收集也将困难重重，但无论如何，被告人孟广虎对找人行凶造成被害人重伤后果理应承担重要或全部责任。

公诉方建议辩护人同意采用案件管辖法院准备试用的"辩诉交易"方式审理此案。辩护人在征得被告人同意后，向公诉机关提出了"辩诉交易"申请。而后，控辩双方进行了协商，达成三点合意：被告人承认自己的行为构成故意伤害罪，愿意接受法院的审判，自愿赔偿被害人因重伤而遭受的经济损失，请求法院对其从轻处罚；辩护人放弃本案具体罪责事实不清、证据不足的辩护观点，同意公诉机关指控的事实、证据及罪名，要求对被告人从轻处罚并使用缓刑；公诉机关同意被告人及其辩护人的请求，建议法院对被告人从轻处罚并可适用缓刑。

控辩双方达成协议后，由公诉机关在开庭前向法院提交了"辩诉交易"申请，请求法院对双方达成的"辩诉交易"予以确认。

牡丹江铁路运输法院受理了该申请后，由合议庭对双方达成的"辩诉交易"进行了严格的程序性审查，认为该"辩诉交易"协议及申请文本内容齐全,签字、印鉴清晰,格式规范,决定受理。同时,法院又组织被告人和被害人双方就附带民事赔偿进行庭前调解,并达成了由被告人赔偿被害人人民币4万元的协议。

在开庭审理中,合议庭对双方达成的"辩诉交易"实体内容进行了认真的审查。首先由公诉人向法庭陈述与辩方就被告人的刑罚进行"辩诉交易"的过程以及"辩诉交易"的主要内容。法官当庭询问被告人是否委托其辩护人就其刑罚问题与控方交易,对"辩诉交易"内容是否清楚,是否明了法院一旦确认"辩诉交易"其将面临的刑罚后果,是否基于自愿,在交易过程中是否存在贿赂交易和强迫交易的情况等。同时,因本案被害人出庭参加诉讼,法官当庭询问被害人是否已就附带民事赔偿与被告人达成协议,该协议是否已经实际履行,对被告人的刑事处罚有什么意见等。

法庭最终对控辩双方达成的"辩诉交易"予以确认,并依照刑法的有关规定,以故意伤害罪判处被告人孟广虎有期徒刑3年,缓刑3年。至此,"中国辩诉交易第一案"宣告结束,整个开庭仅用了25分钟。

【讨论提示】
结合《刑事诉讼法》和刑事诉讼理念,谈谈你对"中国辩诉交易第一案"的看法。

 阶段自测

一、单项选择题

1. 在审查起诉阶段,检察机关(　　)。
   A. 可以听取被害人的意见
   B. 不可以讯问犯罪嫌疑人
   C. 应当讯问犯罪嫌疑人
   D. 可以不听取犯罪嫌疑人、被害人委托人的意见
2. 犯罪情节轻微,依法不需要判处刑罚的,人民检察院(　　)。
   A. 可以作出不起诉决定　　　　B. 可以撤销案件
   C. 应当作出不起诉决定　　　　D. 应当撤销案件
3. 在审查起诉阶段,对于不追究刑事责任的情形,人民检察院应当(　　)。
   A. 作出不起诉决定　　　　　　B. 作出无罪判决
   C. 终止审理　　　　　　　　　D. 撤销案件
4. 人民法院认为人民检察院移送起诉的案件的有关材料不符合开庭审判条件的,可以通知人民检察院补充应当移送的材料,人民检察院应自收到通知之日起(　　)内补送。

A. 3 日 B. 5 日
C. 7 日 D. 10 日

5. 根据刑事诉讼法的规定,对于下列哪些情形,人民检察院发现新证据后可以再行起诉?(   )

A. 犯罪情节轻微,依照刑法规定不需要判处刑罚而作出不起诉决定的
B. 人民检察院认为证据不足而作出不起诉决定的
C. 犯罪已过追诉时效而作出不起诉决定的
D. 犯罪情节轻微,依照刑法规定可以免除刑罚而作出不起诉决定的

二、多项选择题

1. 在我国刑事诉讼中,提起公诉与不起诉的区别为(   )。

A. 适用条件不同 B. 决定主体不同
C. 适用效果不同 D. 决定书的送达对象不同
E. 是否需要公开宣布的要求不同

2. 下列案件中属于告诉才处理的有(   )。

A. 侮辱、诽谤案 B. 暴力干涉婚姻自由案
C. 虐待案 D. 遗弃案
E. 侵占他人财物案

3. 人民检察院对自行侦查终结的案件,可以作出(   )。

A. 提起公诉决定 B. 免予起诉决定
C. 不起诉决定 D. 撤销案件决定
E. 退回公安机关补充侦查决定

4. 根据《刑事诉讼法》的规定,检察机关审查起诉时的必经程序有(   )。

A. 讯问犯罪嫌疑人
B. 进行复验、复查
C. 听取被害人和犯罪嫌疑人、被害人委托人的意见
D. 自行补充侦查
E. 退回公安机关补充侦查

三、名词解释题

1. 不起诉
2. 审查起诉

四、简答题

1. 审查起诉的内容是什么?
2. 提起公诉与证据不足不起诉有哪些区别?
3. 简述审查起诉的程序和方法。

第四编　审判程序

第十七章

第一审程序

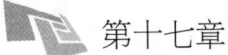 **本章导学**

本章的主要内容包括第一审程序概述、对公诉案件的审查、开庭审判前的准备、法庭审判、简易程序、自诉案件的第一审程序、附带民事诉讼、判决、裁定和决定。重点是法庭审判、简易程序、自诉案件的第一审程序、附带民事诉讼、判决、裁定和决定。难点是附带民事诉讼、判决、裁定和决定。

学习引入

2013年6月9日，北京市第二中级人民法院公开审理了铁道部原部长刘志军涉嫌受贿、滥用职权案。庭审从上午8点30分开始，到中午12点结束。有网友质疑，检方指控刘志军收受11人钱物6460余万元，再加上滥用职权罪的指控，共涉及400余卷证据材料，庭审怎么只用了3个半小时？刘志军的辩护人介绍说："庭审中所有证据都出示了。因庭前曾到刘志军所在的秦城监狱开过一天的会议，一些没异议的证据，只在庭上简略地出示了。所以，半天就把庭审结束了。"法院方面也表示，在刘志军案开庭前，法院召集公诉人、刘志军及其辩护人参加了庭前会议，对是否申请回避等问题了解情况、听取意见。

什么是庭前会议？庭前会议的任务是什么？庭前会议能否替代法庭审理？法庭审理在刑事诉讼中处于什么样的地位？法庭审理有哪些阶段？不同案件的审理程序是否大致相同？各自需要遵守哪些规则？本章即涉及这些内容。

第一节 概 述

一、第一审程序的概念

刑事诉讼活动进行到第一审程序阶段，标志着刑事审判程序的正式开始。审判，从字面理解就是审理与裁判，指控、辩双方在法庭上提出各自的主张和证据，由主持法庭的法官以第三者的身份，基于国家权力依法作出裁判的活动。一般来讲，审判应具备四个要素：①客观上存在着一个双方（或多方）当事人之间的冲突或纠纷；②利益冲突的双方（或多方）把这一争执交给与该冲突无利害关系、具有权威性的第三者处理；③在冲突双方对立诉争、第三者居中裁判的"三方组合"格局中，按一定程序解决纠纷；④对冲突或行为的处理，第三者有最终的决定权。审判阶段是刑事诉讼中决定控、辩双方命运的关键性阶段。在这一阶段中，法官、控辩双方及其他诉讼参与人在案件审判中所遵循的步骤和方式，称为审判程序。在我国，审判程序可划分为四种：第一审程序、第二审程序、死刑复核程序和审判监督程序。本章主要介绍第一审程序。

第一审程序，是指人民法院对人民检察院提起公诉或者自诉人提起自诉的案件进行初次审判，依照法律规定所必须遵循的方式、方法和步骤。根据审判案件的性质不同，第一审程序可分为公诉案件的一审程序、自诉案件的一审程序两种。根据审判案件的程序设置不同，第一审程序又可分为第一审普通程序和简易程序，一般第一审程序就是指第一审普通程序。第一审程序中，有关公诉案件第一审普通程序的法律规定最为详细、全面。

二、第一审程序的任务

第一审程序作为审判阶段中最基本的必经程序，其主要任务是，人民法院通过开庭，对人民检察院提起的公诉、自诉人提起的自诉案件依法定程序进行审理，在公诉人、自诉人及其他诉讼参与人等的参加下，经过法庭调查和辩论，查清案件事实，依法对被告人是否有罪，应否受刑罚处罚或应受何种处罚作出裁判，同时，保障无罪的人不受刑事追究，并在一定程度上展开法制宣传教育。

第一审程序在刑事诉讼的各阶段中具有极其重要的意义。首先，它最集中、全面地体现了刑事诉讼法律关系的特点，一审程序的设计体现一个国家对刑事诉讼的认识，也反映刑事诉讼整体的科学化、民主法制化、人道化程度。其次，一审程序还集中体现刑事审判的基本原则，如审判公开、陪审、辩论、直接言词原则等。这些原则在一审程序中贯彻得好坏，不但直接关系到当事人切身利益的保护，还将成为评判一审程序的客观标准。另外，我国虽然规定采取两审终审制，但很多案件只经过一审就已结案，即使经过二审、再审程序，也都是对一审判决、裁定的审查，是在一审判决的基础上进行的。所以，第一审程序的审判质量对整个刑事诉讼都有重大影响，把好一审关，不仅能直接、准确、及时地惩罚犯罪，保障无辜，而且还可以减少上诉、申诉案件的数量，减轻司法机关的工作压力和诉讼当事人不必要的诉讼负担。

第二节 对公诉案件的审查

一、审查的概念

对公诉案件的审查是指人民法院对人民检察院提起公诉的案件进行庭前审查，并决定是否开庭审判的诉讼活动。审查的目的在于通过审查，判断案件是否符合开庭审判的条件，是否应将被告人正式交付法庭审判。

开庭前对案件进行审查，是世界上大多数国家刑事诉讼程序中都具有的环节，但各国庭前审查的内容并不相同，其差异主要集中在是形式审查还是实体审查方面。世界各国刑事诉讼司法改革的总体趋势表明，大陆法系国家有取消或弱化庭前审查的趋势。总体上讲，庭前审查本质上主要是程序性的形式审查。我国《刑事诉讼法》第181条规定："人民法院对提起公诉的案件进行审查后，对于起诉书中有明确的指控犯罪事实的，应当决定开庭审判。"这一规定表明：①人民法院开庭审判前，必须对公诉案件进行审查，这是必经程序。②对公诉案件的审查属于程序性的形式审查。即庭前审查重点在于查明起诉书有无明确指控的犯罪事实；只要起诉书有明确指控的犯罪事实，就应该开庭审判。需要注意的是，现行《刑事诉讼法》对1996年《刑事诉讼法》规定的庭前审查制度稍有修改。1996年《刑事诉讼法》只要求人民检察院移送证据目录、证人名单和主要证据复印件或者照片，而根据现行《刑事诉讼法》第172条的规定，人民检察院应当将案卷材料、证据移送人民法院。这是否意味着现行《刑事诉讼法》回归了实体审查模式？我们认为，不能这样认为。1979年《刑事诉讼法》属于典型的实体审查模式，该法规定："人民法院对提起公诉的案件进行审查后，对于犯罪事实清楚、证据充分的，应当决定开庭审判；对于主要事实不清、证据不足的，可以退回人民检察院补充侦查。"两相比较，可以非常清楚地看出，现行规定依然属于程序性的形式审查。这与刑事诉讼的世界潮流是相吻合的。不过由于我国的审查法官与庭审法官通常为同一人，且根据新规定，法官在开庭前可以全面阅读案卷材料、证据，因此，我国的形式审查模式恐怕难以完全避免法官"先入为主、先定后审"的缺陷。

对公诉案件进行审查,可以促使检察机关及时纠正侦查、起诉中可能出现的明显的失误,为庭审做准备,防止一些基本条件不具备的案件交付法庭审判而造成人力、物力、财力的浪费,加大审判机关的工作量及造成审判时间的拖延。

二、审查的内容

根据最高法《解释》第180条之规定,对提起公诉的案件,人民法院应当在收到起诉书和案卷、证据后,指定审判人员审查以下内容:

1. 是否属于本院管辖。
2. 起诉书是否写明被告人的身份,是否受过或者正在接受刑事处罚,被采取强制措施的种类、羁押地点,犯罪的时间、地点、手段、后果以及其他可能影响定罪量刑的情节。
3. 是否移送证明指控犯罪事实的证据材料,包括采取技术侦查措施的批准决定和所收集的证据材料。
4. 是否查封、扣押、冻结被告人的违法所得或者其他涉案财物,并附证明相关财物依法应当追缴的证据材料。
5. 是否列明被害人的姓名、住址、联系方式;是否附有证人、鉴定人名单;是否申请法庭通知证人、鉴定人、有专门知识的人出庭,并列明有关人员的姓名、性别、年龄、职业、住址、联系方式;是否附有需要保护的证人、鉴定人、被害人名单。
6. 当事人已委托辩护人、诉讼代理人,或者已接受法律援助的,是否列明辩护人、诉讼代理人的姓名、住址、联系方式。
7. 是否提起附带民事诉讼;提起附带民事诉讼的,是否列明附带民事诉讼当事人的姓名、住址、联系方式,是否附有相关证据材料。
8. 侦查、审查起诉程序的各种法律手续和诉讼文书是否齐全。
9. 有无《刑事诉讼法》第15条第2~6项规定的不予追究刑事责任的情形。

三、审查后的处理

经过人民法院庭前审查后,符合《刑事诉讼法》第181条和最高法《解释》第180条规定的,应当决定开庭审判。对于其他情形,分别作出以下处理:

1. 属于告诉才处理的案件,应当退回人民检察院,并告知被害人有权提起自诉;
2. 不属于本院管辖或者被告人不在案的,应当退回人民检察院;

3. 不符合前述审查内容第 2~8 项规定之一，需要补充材料的，应当通知人民检察院在 3 日内补送；

4. 依照《刑事诉讼法》第 195 条第 3 项规定宣告被告人无罪后，人民检察院根据新的事实、证据重新起诉的，应当依法受理；

5. 对于在宣告判决前，人民法院裁定准许人民检察院撤诉的案件，没有新的事实、证据，重新起诉的，应当退回人民检察院；

6. 符合《刑事诉讼法》第 15 条第 2~6 项规定情形的，应当裁定终止审理或者退回人民检察院；

7. 被告人真实身份不明，但犯罪事实清楚，证据确实、充分，人民检察院按其自报的姓名提起公诉的，应当依法受理。

对公诉案件是否受理，人民法院应当在 7 日内审查完毕，人民法院对提起公诉的案件进行审查的期限，计入人民法院的审理期限。

第三节 开庭审判前的准备

庭前审查完毕，人民法院决定受理的，在正式开庭审理前，需要做好大量的开庭前准备工作，以保证法庭审判能够顺利进行。根据《刑事诉讼法》第 182 条的规定及相关司法解释，人民法院决定开庭审判后，应当进行下列工作。

一、确定审判人员

人民法院适用合议庭审理的案件，由院长或者庭长指定审判长并确定合议庭组成人员，院长、庭长参加审判时，由自己担任审判长；适用独任庭审理的案件，由庭长指定审判员 1 人独任审理。在确定审判人员的同时，还应确定担任记录工作的书记员，书记员不是审判人员。

为保证庭审质量，合议庭的组成人员或独任庭的审判员确定后，可以拟出法庭审理提纲，提纲一般包括下列内容：①合议庭成员在庭审中的分工；②起诉书指控的犯罪事实的重点和认定案件性质的要点；③讯问被告人时需了解的案情要点；④出庭的证人、鉴定人、有专门知识的人、侦查人员的名单；⑤控辩双方申请当庭出示的证据的目录；⑥庭审中可能出现的问题及应对措施。

二、送达起诉书副本

人民法院应当将人民检察院的起诉书副本至迟在开庭 10 日前送达被告人及其辩护人，给辩方必要的时间准备辩护。被告人没有委托辩护人的，人民法院自受理案件之日起 3 日内，应当告知其有权委托辩护人；被告人因经济困难或者其他原因没有委托辩护人的,应当告知其可以申请法律援助;被告人是盲、聋、哑人,或者是尚未完全丧失辨认或者控制自己行为能力的精神病人,或者可能被判处无期徒刑、死刑,没有委托辩护人的,人民法院应当通知法律援助机构指派律师为其提供辩护。

三、通知相关方提供证人、证据资料

通知当事人、法定代理人、辩护人、诉讼代理人在开庭5日前提供证人、鉴定人名单,以及拟当庭出示的证据;申请证人、鉴定人、有专门知识的人出庭的,应当列明有关人员的姓名、性别、年龄、职业、住址、联系方式。

四、通知人民检察院派员出庭支持公诉

我国《刑事诉讼法》第184条规定,人民法院审判公诉案件,人民检察院应当派员出席法庭支持公诉。因此,人民法院应将开庭的时间、地点,在开庭3日前通知人民检察院,以便出庭支持公诉的检察人员做好出庭准备工作。我国的检察机关又具有法律监督的职能,通知人民检察院,也能保证检察机关及时进行审判监督。

五、送达传票与通知书

人民法院应当在开庭3日前将传唤当事人的传票和通知辩护人、诉讼代理人、法定代理人、证人、鉴定人等出庭的通知书送达,以保障当事人及其他诉讼参与人能合理安排时间,做好出庭准备工作。通知有关人员出庭,也可以采取电话、短信、传真、电子邮件等能够确认对方收悉的方式。

六、开庭公告

根据公开审判原则,除有关国家秘密或者个人隐私的案件、未成年人犯罪案件,以及当事人提出申请、确属涉及商业秘密,由法庭决定不公开审理的案件之外,人民法院审判第一审案件应当公开进行。公开审判,允许公民到庭旁听,允许新闻记者采访,以便社会公众及时了解案件审理情况,接受社会监督。因此,人民法院对公开审判的案件,应当在开庭3日以前先期公布案由、被告人姓名、开庭时间和地点。

七、召开庭前会议

《刑事诉讼法》第182条第2款规定,在开庭以前,审判人员可以召开向控辩双方了解情况、听取意见的庭前会议。最高法《解释》进一步明确,案件具有下列情形之一的,审判人员可以召开庭前会议:①当事人及其辩护人、诉讼代理人申请排除非法证据的;②证据材料较多、案情重大复杂的;③社会影响重大的;④需要召开庭前会议的其他情形。而庭前会议的内容,则是审判人员就下列问题向控辩双方了解情况、听取意见:①是否对案件管辖有异议;②是否申请有关人员回避;③是否申请调取在侦查、审查起诉期间公安机关、人民检察院收集但未随案移送的证明被告人无罪或者罪轻的证据材料；④是否提供新的证据；⑤是否对出庭证人、鉴定人、有专门知识的人的名单有异议；⑥是否申请排除非法证据；⑦是否申请不公开审理；⑧与审判相关的其他问题。此外，审判人员可以询问控辩双方对证据材料有无异议，对有异议的证据，应当在庭审时重点调查；无异议的，庭审时的举证、质证可以简化。被害人或者其法定代理人、近亲属提起附带民事诉讼的，也可以在庭前会议中进行调解。

据此，庭前会议具有以下特征：①非必经程序。是否召开庭前会议，由审判人员根据案件具体情况决定。如证据材料较多、案情重大复杂，一般就应召开庭前会议，因为如不提前听取控辩双方的意见，则举证质证程序就会变得十分漫长，也不利于法庭集中精力审理焦点问题。②庭前会议旨在保证庭审的连续性和高效性，提高庭审效率和质量。如提前解决管辖权异议、回避问题，有利于避免庭审临时中断；提前了解控辩双方对证据材料的看法，有利于合理分配法庭调查时间。③庭前会议应同时邀请控辩双方（包括被害人方）出席，有附带民事诉讼的，附带民事诉讼当事方亦应同时出席。审判人员不能单独听取各方意见。根据《刑事诉讼法》的规定，当事人都可以出席庭前会议。不过最高法《解释》规定，"根据案件情况，可以通知被告人参加"。换句话说，一般情况下被告人可不亲自出席。④庭前会议内容主要为审判人员就程序性问题向控辩双方了解情况、听取意见。也就是说，庭前会议不是审判活动，不解决案件实体问题。唯一的例外是，如果涉及附带民事诉讼，审判人员可以在庭前会议中进行调解。⑤庭前会议提出的程序性问题，开庭时仍可提出。如辩方在庭前会议未提出回避申请，但在开庭时发现有关人员根据法律应予回避，仍可提出回避申请。

上述各项准备工作，一方面是人民法院的职责；另一方面，许多工作涉及当事人诉讼权利，如果未能严格按照法律的规定办理，将会因未能保证当事人的诉讼权利违反程序规则而导致诉讼活动归于无效，进而影响整个诉讼的进程及法庭审判质量。因此，上述活动情形应当写入笔录，由审判人员和书记员签名。

第四节 法庭审判

法庭审判是指在人民法院审判人员主持下，以开庭的方式，由公诉人、当事人及其他诉讼参与人共同参加，通过法庭调查、法庭辩论，查明案件事实，对被告人是否有罪以及处以何种刑罚作出裁判的一系列诉讼活动。法庭审判程序的设计深受传统诉讼观念的影响,同时,也受着现代刑事诉讼改革潮流的冲击,它集中反映了一个国家刑事诉讼的理念,以及刑事诉讼方面科学化、民主法制化与人道化的程度。随着不断深入的司法体制改革,我国刑事诉讼中的法庭审判程序也发生了较大的变革,突出了与我国国情相结合的自身特点:①确定了控诉、辩护、审判分离的制度,使诉讼中的三大基本职能更加突出,以利其各司其职,共同完成刑事审判任务;②庭审方式由审问式转向了抗辩式,强化了控、辩双方的对抗性,通过控、辩双方的举证和辩论,能够更好地明辨是非,使法庭真正成为发现案件真实的场所,实现司法公正;③保留审判人员在法庭上的主导地位,赋予法院对案件事实的庭外调查权,以更好发挥审判人员的作用,保证其正确行使审判权。

一、法庭审判的阶段

根据《刑事诉讼法》的规定,法庭审理程序可分为宣布开庭、法庭调查、法庭辩论、被告人最后陈述、评议和宣判五个阶段。

(一)宣布开庭

宣布开庭标志着法庭审理正式开始。宣布开庭阶段要进行以下事项。

1. 书记员应当依次进行下列工作:①受审判长委托,查明公诉人、当事人、证人及其他诉讼参与人是否到庭;②宣读法庭规则;③请公诉人及相关诉讼参与人入庭;④请审判长、审判员(人民陪审员)入庭;⑤审判人员就座后,向审判长报告开庭前的准备工作已经就绪。

2. 审判长宣布开庭,传被告人到庭后,应当查明被告人的下列情况:①姓名、出生日期、民族、出生地、文化程度、职业、住址,或者被告单位的名称、住所地、诉讼代表人的姓名、职务;②是否受过法律处分及处分的种类、时间;③是否被采取强制措施及强制措施的种类、时间;④收到起诉书副本的日期;有附带民事诉讼的,查明附带民事诉讼被告人收到附带民事起诉状的日期。被告人较多的,可以在开庭前查明上述情况,但开庭时审判长应当作出说明。

3. 审判长宣布案件的来源、起诉的案由、附带民事诉讼当事人的姓名及是否公开审理;不公开审理的,应当宣布理由。

4. 审判长宣布合议庭组成人员、书记员、公诉人名单及辩护人、鉴定人、翻译人员等诉讼参与人的名单。

5. 审判长应当告知当事人及其法定代理人、辩护人、诉讼代理人在法庭审理过程中依法享有下列诉讼权利：①可以申请合议庭组成人员、书记员、公诉人、鉴定人和翻译人员回避；②可以提出证据，申请通知新的证人到庭、调取新的证据，申请重新鉴定或者勘验、检查；③被告人可以自行辩护；④被告人可以在法庭辩论终结后作最后陈述。

6. 审判长应当询问当事人及其法定代理人、辩护人、诉讼代理人是否申请回避、申请何人回避和申请回避的理由。当事人及其法定代理人、辩护人、诉讼代理人申请回避的，依照《刑事诉讼法》及最高法《解释》的有关规定处理。同意或者驳回回避申请的决定及复议决定，由审判长宣布，并说明理由，必要时，也可以由院长到庭宣布。

（二）法庭调查

法庭调查阶段是法庭审判的中心环节。其任务是在审判人员主持下，由控、辩双方和其他诉讼参与人共同参加，当庭对案件事实和证据进行审查、核实，对起诉书中所指控的事实加以认定，对证明被告人有罪、无罪、罪重、罪轻的各种证据的关联性、合法性、客观性作出判断。从这一阶段开始，法庭审理由以形式为内容转化为以实体为内容的关键性阶段，根据《刑事诉讼法》第186条及相关司法解释的规定，法庭调查阶段包括下列诉讼活动：

1. 审判长宣布法庭调查开始后，应当先由公诉人宣读起诉书；有附带民事诉讼的，再由附带民事诉讼原告人或者其法定代理人、诉讼代理人宣读附带民事起诉状。如果属共同犯罪，起诉书中涉及多名被告人的，宣读起诉书时被告人可以同时在场。但审问被告人应当分别进行。宣读起诉书及附带民事诉状，是"检、审分离，不告不理原则"在刑事诉讼中的体现，是人民法院审理案件的基础。对案件公开审理，也有利于到庭旁听的群众了解案件的基本情况，有利于公众监督庭审活动。

2. 被告人、被害人就指控的犯罪事实作出陈述。在审判长主持下，被告人、被害人可以就起诉书指控的犯罪事实分别进行陈述。通过陈述，可以了解被告人对公诉人宣读的起诉书中所指控犯罪事实的态度，以便确定下一步庭审重点。听取被害人的意见，可使被害人有机会向法庭陈述受害经过，对公诉书中的内容进行补充及提出有关诉讼请求。

3. 讯问被告人。在审判长主持下，公诉人可以就起诉书中指控的犯罪事实讯问被告人。公诉人讯问被告人，正是其揭露犯罪、证实犯罪的方法和过程，不论被告人是否承认指控的犯罪事实，都应对被告人围绕犯罪事实进行全面、详细的讯问。对被告人已经承认的犯罪事实可以简单提问，以被告人陈述的犯罪过程为主；对被告人不承认的犯罪事实，可采取一问一答的方式，逐步推翻被告人的辩解，澄清案件事实。审判人员认为必要时，可以向被告人讯问。讯问同案审理的被告人，应当分别进行；必要时，可以传唤同案被告人等到庭对质。

4. 向被告人发问。公诉人讯问被告人后，经审判长准许，当事人及其代理人、辩护人可以向被告人发问。首先，被害人及其法定代理人、诉讼代理人可以就公诉人讯问的犯罪事实补充发问，主要从被害人角度进一步揭露犯罪。其次，附带民事诉讼原告人及其法定代理人、诉讼代理人可以就附带民事部分的事实向被告人发问，以证实被告人的犯罪行为所造成的人身、财产损害，为确定被告人的民事责任打基础。最后，被告人的法定代理人、辩护人，附带民事诉讼被告人及其法定代理人、诉讼代理人可以在控诉一方就某一问题讯问完毕后向被告人发问。被告方向被告人的发问主要是从辩方的角度揭示公诉人所遗漏的对被告人有利的事实、情节和证据，以维护被告人的合法权益。

5. 向被害人、附带民事诉讼原告人发问。控、辩双方经审判长准许，可以向被害人、附带民事诉讼原告人发问。发问一般围绕刑事和民事两部分展开，以进一步核实被害人的陈述内容。审判人员认为有必要的，可以向被害人及附带民事诉讼原告人发问。

6. 调查核实证据。法庭调查案件事实，必须以证据加以证明；而只有经过法庭调查核实的证据，才能作为人民法院认定案件事实的根据。因此，无论是控方对犯罪事实的揭露，还是辩方对案件事实的辩解，都得以证据说话，通过举证加以证明。

（1）举证程序。首先，对指控的每一起案件事实，经审判长准许，公诉人可以提请审判长传唤证人、鉴定人和勘验、检查、辨认、侦查实验等笔录制作人出庭作证，或者出示证据，宣读未到庭的被害人、证人的证言，鉴定人的鉴定意见，以及勘验、检查、辨认、侦查实验等笔录。其次，被害人及其诉讼代理人和附带民事诉讼的原告人及其诉讼代理人经审判长准许，也可以分别提请传唤尚未出庭作证的证人、鉴定人和勘验、检查、辨认、侦查实验等笔录制作人出庭作证，或者出示公诉人未出示的证据，宣读未宣读的书面证言、鉴定意见及勘验、检查、辨认、侦查实验等笔录。再次，被告人、辩护人、法定代理人经审判长准许，可以在起诉一方举证提供证据后，分别提请传唤证人、鉴定人出庭作证，或者出示证据，宣读未到庭的证人的书面证言、鉴定人的鉴定意见。最后，出示其他证据。对出庭作证的证人、鉴定人调查质证后，开始出示其他证据，主要包括书证、物证、视听资料、电子数据等证据。

控辩双方申请证人出庭作证，出示证据，应当说明证据的名称、来源和拟证明的事实。法庭认为有必要的，应当准许；对方提出异议，认为有关证据与案件无关或者明显重复、不必要，法庭经审查异议成立的，可以不予准许。已经移送人民法院的证据，控辩双方需要出示的，可以向法庭提出申请。法庭同意的，应当指令值庭法警出示、播放；需要宣读的，由值庭法警交由申请人宣读。

为贯彻直接言词原则，保证证人证言的真实性，现行《刑事诉讼法》明确了证人出庭作证的范围。《刑事诉讼法》第 187 条第 1、2 款规定："公诉人、当事人或者辩护人、诉讼代理人对证人证言有异议，且该证人证言对案件定罪量刑有重大影响，人民法院认为证人有必要出庭作证的，证人应当出庭作证。人民警察就其执行职务时目击的犯罪情况作为证人出庭作证，适用前款规定。"因此，同时满足前述三个条件时，证人必须出庭作证。当然，证人如果具有正当的理由，人民法院可以准许其不出庭。根据最高法《解释》，证人具有下列情形之一，无法出庭作证的，人民法院可以准许其不出庭：①在庭审期间身患严重疾病或者行动极为不便的；②居所远离开庭地点且交通极为不便的；③身处国外短期无法回国的；④有其他客观原因确实无法出庭的。具有前述规定情形的，可以通过视频等方式作证。

此外，为督促证人出庭履行作证义务，《刑事诉讼法》第 188 条还设立了证人强制出庭制度并规定了对证人拒绝出庭作证的惩戒措施。该条规定："经人民法院通知，证人没有正当理由不出庭作证的，人民法院可以强制其到庭，但是被告人的配偶、父母、子女除外。证人没有正当理由拒绝出庭或者出庭后拒绝作证的，予以训诫，情节严重的，经院长批准，处以 10 日以下的拘留。被处罚人对拘留决定不服的，可以向上一级人民法院申请复议。复议期间不停止执行。"需要特别指出的是，考虑到强制配偶、父母、子女在法庭上对被告人进行指证，不利于家庭关系的维系，现行《刑事诉讼法》赋予了被告人的配偶、父母、子女出庭作证的豁免权。我们认为，这是非常人性化的规定，值得肯定。但是出庭作证豁免权的设立初衷主要仍在于维护被告人的利益，因此，如果被告人的配偶、父母、子女在庭外作了有利于被告人的证言，根据被告人的申请，法院宜强制他们出庭作证。当然，为彻底避免家庭伦理冲突，我们认为应借鉴我国古代"亲亲得相首匿"和现代刑事诉讼作证豁免制度，赋予被告人配偶、父母、子女完整的拒证特权。也就是说，被告人的配偶、父母、子女是否出庭作证，应基于被告人的利益由被告人自主决定；如果被告人申请配偶、父母、子女出庭作证，人民法院可以强制被告人的配偶、父母、子女出庭作证。

对于鉴定人出庭作证，《刑事诉讼法》作了与证人出庭类似的规定。《刑事诉讼法》第187条第3款规定："公诉人、当事人或者辩护人、诉讼代理人对鉴定意见有异议，人民法院认为鉴定人有必要出庭的，鉴定人应当出庭作证。经人民法院通知，鉴定人拒不出庭作证的，鉴定意见不得作为定案的根据。"最高法《解释》进一步规定，鉴定人由于不能抗拒的原因或者有其他正当理由无法出庭的，人民法院可以根据情况决定延期审理或者重新鉴定；对没有正当理由拒不出庭作证的鉴定人，人民法院应当通报司法行政机关或者有关部门。

（2）质证程序。控、辩双方通过发问、质问、辨认等方式对各方举证进行审核。具体程序如下：

第一，向证人发问。证人到庭后，审判人员先核实证人的身份、与当事人以及本案的关系，告知证人应当如实地提供证言和有意作伪证或者隐匿罪证要负的法律责任，并让证人在如实作证的保证书上签名。向证人发问，先由提请通知的一方进行；发问完毕后，经审判长准许，对方也可以发问。

第二，向鉴定人发问。鉴定人到庭后，审判人员应当先核实鉴定人的身份、与当事人及本案的关系，告知鉴定人应当如实地提供鉴定意见和有意作虚假鉴定要负的法律责任，并在如实说明鉴定意见的保证书上签名。向鉴定人发问，先由提请通知的一方进行；发问完毕后，经审判长准许，对方也可以发问。

第三，有专门知识的人就鉴定意见提出意见。公诉人、当事人和辩护人、诉讼代理人可以申请法庭通知有专门知识的人出庭，就鉴定人作出的鉴定意见提出意见。公诉人、当事人及其辩护人、诉讼代理人申请法庭通知有专门知识的人出庭，就鉴定意见提出意见的，应当说明理由。法庭认为有必要的，应当通知有专门知识的人出庭。申请有专门知识的人出庭，不得超过2人；有多种类鉴定意见的，可以相应增加人数。

审判人员认为必要时，可以询问证人、鉴定人、有专门知识的人。向证人、鉴定人发问应当分别进行。证人、鉴定人、有专门知识的人经控辩双方发问或者审判人员询问后，审判长应当告知其退庭。证人、鉴定人、有专门知识的人不得旁听案件的审理。

对证人、被告人、被害人、附带民事诉讼当事人、鉴定人、有专门知识的人发问或者讯问、询问，应当遵循以下规则：①发问的内容应当与案件的事实相关；②不得以诱导方式提问；③不得威胁被发问、讯问、询问的人；

④不得损害人格尊严。审判长对违反上述规定的发问应当制止。对于控、辩双方认为对方发问的内容与本案无关或者方式不当并提出异议的,审判长应当判明情况予以支持或者驳回。

第四,对其他证据进行质证。控辩双方可以通过辨认、质问、辩论等方式对物证、书证、视听资料、电子数据等其他证据进行核实。

7. 出示或调取新的证据。

(1) 公诉人申请出示开庭前未移送人民法院的证据,辩护方提出异议的,审判长应当要求公诉人说明理由;理由成立并确有出示必要的,应当准许。辩护方提出需要对新的证据作辩护准备的,法庭可以宣布休庭,并确定准备辩护的时间。辩护方申请出示开庭前未提交的证据,参照前述规定进行。

(2) 法庭审理过程中,当事人及其辩护人、诉讼代理人申请通知新的证人到庭,调取新的证据,申请重新鉴定或者勘验的,应当提供证人的姓名、证据的存放地点,说明拟证明的案件事实,要求重新鉴定或者勘验的理由。法庭认为有必要的,应当同意,并宣布延期审理;不同意的,应当说明理由并继续审理。延期审理的案件,符合《刑事诉讼法》第 202 条第 1 款规定的,可以报请上级人民法院批准延长审理期限。人民法院同意重新鉴定申请的,应当及时委托鉴定,并将鉴定意见告知人民检察院、当事人及其辩护人、诉讼代理人。

8. 法庭调查核实证据。在法庭调查过程中,合议庭对于证据有疑问的,可以宣布休庭,对证据进行调查核实。庭外调查的方式有两种:①自行调查。人民法院调查核实证据时,可以进行勘验、检查、查封、扣押、鉴定和查询、冻结。必要时,可以通知检察人员、辩护人到场。②向检察院调取。人民法院向人民检察院调取需要调查核实的证据材料,或者根据辩护人、被告人的申请,向人民检察院调取在侦查、审查起诉中收集的有关被告人无罪和罪轻的证据材料,应当通知人民检察院在收到调取证据材料决定书后 3 日内移交。

人民法院调查定罪事实,应当围绕以下内容进行:①被告人的身份;②指控的犯罪事实是否存在,是否为被告人所实施;③实施犯罪行为的时间、地点、方法、手段、结果,被告人犯罪后的表现等;④被告人有无责任能力,有无故意或者过失,行为的动机、目的;⑤有无依法不应当追究刑事责任的情况,有无法定的从重或者从轻、减轻以及免除处罚的情节;⑥犯罪对象,作案工具的主要特征,与犯罪有关的财物的来源、数量以及去向;⑦被告人全部或者部分否认起诉书指控的犯罪事实的,否认的根据和理由能否成立;⑧与定罪有关的其他事实。

人民法院对与量刑有关的事实、证据,应当进行调查。除应当审查被告人是否具有法定量刑情节外，还应当根据案件情况审查以下影响量刑的情节：①案件起因；②被害人有无过错及过错程度，是否对矛盾激化负有责任及责任大小；③被告人的近亲属是否协助抓获被告人；④被告人平时的表现，有无悔罪态度；⑤退赃、退赔及赔偿情况；⑥被告人是否取得被害人或者其近亲属谅解；⑦影响量刑的其他情节。

对被告人认罪的案件，在确认被告人了解起诉书指控的犯罪事实和罪名，自愿认罪且知悉认罪的法律后果后，法庭调查可以主要围绕量刑和其他有争议的问题进行。对被告人不认罪或者辩护人作无罪辩护的案件，法庭调查应当在查明定罪事实的基础上，查明有关量刑事实。

在法庭调查阶段，对下列可以"司法认知"或者可以推定的事实不必提出证据进行证明：①为一般人共同知晓的常识性事实；②人民法院生效裁判所确认的事实；③法律、法规的内容以及适用等属于审判人员履行职务所应当知晓的事实；④在法庭审理中不存在异议的程序事实；⑤法律规定的推定事实。人民检察院出庭支持公诉的，公诉人应当客观、全面、公正地向法庭提供证明被告人有罪、罪重或者罪轻的证据，要注意维护被告人、被害人及其他诉讼参与人的合法权益。

（三）法庭辩论

经过法庭调查，合议庭认为案件事实已经调查清楚的，应当由审判长宣布法庭调查结束，开始就定罪、量刑的事实、证据和适用法律等问题进行法庭辩论。法庭辩论阶段是法庭审理过程中控、辩双方充分发表本方观点、直接进行控辩对抗的重要环节。通过双方主张的进一步阐述，可以使案件事实得到进一步澄清，证据得到进一步甄别，案件涉及的法律适用问题也就更加清楚。同时也使庭审的审判人员能兼听则明，为全面细致地分析案件，为下一步公正裁判打下基础。

根据《刑事诉讼法》第193条及相关司法解释，法庭辩论应当在审判长的主持下，按下列顺序进行：

1. 公诉人发言。在审判实践中，公诉人的发言被称为公诉词，它是公诉人在法庭上指控和揭露被告人罪行的综合性发言，是对检察院所提出的起诉书的内容的补充和发挥，与起诉书相比，更具有论证性和说理性。公诉人可以提出量刑建议并说明理由。

2. 被害人及其诉讼代理人发言。被害人及其诉讼代理人可以在公诉词的基础上，补充发表其对定罪、量刑的意见和看法。

3. 被告人自行辩护。自行辩护是犯罪嫌疑人、被告人的一项最基本的权利，它贯穿于刑事诉讼的始终。在法庭审理阶段，被告人作为最清楚案情的人，如果能如实地为自己辩护，有利于合议庭掌握案件事实及被告人的主观态度。当然，被告人往往因自身素质低，不懂法而不能充分发挥自行辩护的作用。因此，被告人也可以放弃此项权利，而由辩护人为其辩护。

4. 辩护人辩护。辩护人的辩护发言，在司法实践中称为辩护词。辩护人的责任是以事实为根据、以法律为准绳，提出被告人无罪、罪轻或者减轻、免除其刑事责任的材料和意见，以维护被告人的合法权益。辩护词正是其履行职责、实现这种辩护职能的最重要的工具。它主要针对起诉书或公诉词对被告人犯罪事实的认定、对罪名的确定以及适用法律的理由和根据等方面的问题，发表意见，据理辩驳，也有的还可能涉及诉讼程序方面存在的不当等问题。

5. 控辩双方进行辩论。控辩双方可就不同意见展开辩驳，控、辩双方的辩论可反复进行。

附带民事诉讼部分的辩论应当在刑事诉讼部分的辩论结束后进行。先由附带民事诉讼原告人及其诉讼代理人发言，然后由被告人及其诉讼代理人答辩。

在法庭辩论过程中，审判长对于控、辩双方与案件无关、重复或者互相指责的发言应当制止。如果合议庭发现新的事实，认为有必要进行调查时，审判长可以宣布暂停辩论，恢复法庭调查，待事实查清后继续法庭辩论。

法庭辩论过程中，按上述顺序完成一次完整的发言，习惯上称之为"一轮"，经过一轮或者几轮辩论，控、辩双方均已提不出新的意见的，审判长即可结束法庭辩论，庭审进入下一阶段。

（四）被告人最后陈述

《刑事诉讼法》第 193 条及相关司法解释规定，审判长在宣布辩论终结后，被告人有最后陈述的权利。最后陈述是法律赋予被告人的一项重要的诉讼权利，一方面，通过给被告人最后一次辩解的机会，充分、完整地提出个人对案件的意见；另一方面，被告人通过法庭调查与辩论，对自身行为的罪与非罪有了更深刻的认识，可以最后表明坚持否认指控或者认罪服法的态度。因此，最后陈述有利于合议庭对案件事实与法律适用的进一步把握。因此，合议庭应当保证被告人充分行使最后陈述的权利。如果被告人在最后陈述中多次重复自己的意见，审判长可以制止；如果陈述内容是蔑视法庭、公诉人，损害他人及社会公共利益或者与本案无关的，应当制止；在公开审理的案件中，如果被告人最后陈述的内容涉及国家秘密或者个人隐私的，也应当制止（当然，制止后是转入不公开审理，还是由此剥夺被告人进一步的最后陈述权利，法律和司法解释都没有明确规定）。如果被告人在最后陈述中提出新的事实或新的证据，足以影响合议庭正确裁判的，可恢复法庭调查；提出新的辩解理由，合议庭认为确有必要的，可以恢复法庭辩论。最后，还应给被告人最后陈述的机会。

（五）评议和宣判

被告人最后陈述后，审判长应当宣布休庭，合议庭进行评议。

合议庭评议在审判长主持下秘密进行。合议庭评议案件，应当根据已经查明的事实、证据和有关法律规定，在充分考虑控辩双方意见的基础上，确定被告人是否有罪、构成何罪，有无从重、从轻、减轻或者免除处罚情节，应否处以刑罚、判处何种刑罚，附带民事诉讼如何解决，查封、扣押、冻结的财物及其孳息如何处理等，并依法作出判决、裁定。合议庭作出裁判时，以少数服从多数的原则进行，如果意见有分歧，按多数人的意见作出决定，但少数人的意见应当写入笔录。合议庭成员应当在评议笔录上签名，并在法律文书上署名。地方各级人民法院和专门人民法院的一审判决，还应写明上诉的期限和上诉的法院。

在宣告判决前，人民检察院要求撤回起诉的，人民法院应当审查撤回起诉的理由，作出是否准许的裁定。在审判期间，人民法院发现新的事实，可能影响定罪的，可以建议人民检察院补充或者变更起诉；人民检察院不同意或者在7日内未回复意见的，人民法院应当就起诉指控的犯罪事实，依法作出判决、裁定。

合议庭作出判决后，以一定形式向当事人和社会公众宣告，即为宣判。《刑事诉讼法》第196条第1款规定，宣告判决一律公开进行。根据最高法《解释》的规定，人民法院宣告判决可以采取视频方式进行。根据宣判时间的不同，宣判可分为当庭宣判和定期宣判。当庭宣告判决的，合议庭休庭评议结束后，应继续开庭宣布判决结果，并在5日内送达判决书。定期宣告判决的，合议庭当庭不进行宣判，而是另定日期宣告判决。定期宣告判决的，应当在宣判前，先期公告宣判的时间和地点，传唤当事人并通知公诉人、法定代理人、辩护人和诉讼代理人；判决宣告后，应当立即送达判决书。判决书应当送达人民检察院、当事人、法定代理人、辩护人、诉讼代理人，并可以送达被告人的近亲属。判决生效后，还应当送达被告人的所在单位、原户籍地的公安派出所或者被告单位的注册登记机关。

二、法庭秩序

根据《刑事诉讼法》第194条及最高法《解释》的规定，法庭审理过程中，诉讼参与人、旁听人员应当遵守以下纪律：①服从法庭指挥，遵守法庭礼仪；②不得鼓掌、喧哗、哄闹、随意走动；③不得对庭审活动进行录音、录像、摄影,或者通过发送邮件、博客、微博等方式传播庭审情况,但经人民法院许可的新闻记者除外;④旁听人员不得发言、提问;⑤不得实施其他扰乱法庭秩序的行为。

诉讼参与人或者旁听人员扰乱法庭秩序的,审判长应当按照下列情形分别处理:①情节较轻的,应当警告制止并进行训诫;②不听制止的,可以指令法警强行带出法庭;③情节严重的,报经院长批准后,可以对行为人处1000元以下的罚款或者15日以下的拘留;④未经许可录音、录像、摄影或者通过邮件、博客、微博等方式传播庭审情况的,可以暂扣存储介质或者相关设备。诉讼参与人、旁听人员对罚款、拘留、暂扣存储介质或者相关设备的决定不服的,可以直接向上一级人民法院申请复议,也可以通过作出决定的人民法院向上一级人民法院申请复议。通过作出决定的人民法院申请复议的,该人民法院应当自收到复议申请之日起3日内,将复议申请、罚款或者拘留决定书和有关事实、证据材料一并报上一级人民法院复议。复议期间,不停止决定的执行。

担任辩护人、诉讼代理人的律师严重扰乱法庭秩序,被强行带出法庭或者被处以罚款、拘留的,人民法院应当通报司法行政机关,并可以建议依法给予相应处罚。聚众哄闹、冲击法庭或者侮辱、诽谤、威胁、殴打司法工作人员或者诉讼参与人,严重扰乱法庭秩序,构成犯罪的,应当依法追究刑事责任。

三、法庭审判笔录

开庭审理的全部活动,应当由书记员制作笔录;笔录经审判长审阅后,分别由审判长和书记员签名。法庭笔录应当在庭审后交由当事人、法定代理人、辩护人、诉讼代理人阅读或者向其宣读。法庭笔录中的出庭证人、鉴定人、有专门知识的人的证言、意见部分,应当在庭审后分别交由有关人员阅读或者向其宣读。相关人员认为记录有遗漏或者差错的,可以请求补充或者改正;确认无误后,应当签名;拒绝签名的,应当记录在案;要求改变庭审中陈述的,不予准许。

法庭审判笔录是现场依法制作的完整反映法庭审判活动的重要诉讼文书,是综合记载公诉人、当事人及其他诉讼参与人在法庭审理中言词的主要文字资料。它不仅为合议庭分析案情、评议案件和公正裁判提供依据,而且还是二审程序、死刑复核程序和再审程序的重要材料,同时,还为有权机关审查一审人民法院的办案质量提供了依据。正是因为庭审笔录如此重要,所以,要求书记员在制作法庭审判笔录时要做到:①客观性。即如实记录庭审内容,不能掺杂主观色彩。②全面性。即力争详细、完整,不能过分地概括、省略。

③准确性。即用词要准确无误,不可随意发挥,记录当事人、证人的陈述不失原意。④清楚。要求记录的内容、文字要清晰,段落层次要分明。目前,河南省法院系统正在推行庭审"三同步",即在审理案件开庭时,同步录音录像、同步记录、同步显示庭审记录。我们认为,这种做法有利于维护被告人的合法权益,有利于加强对审判活动的监督,值得推广。

四、延期审理与中止审理

延期审理是指在法庭审判过程中,出现影响审判活动继续进行的法定事由时,法庭作出的推迟审理的决定。根据《刑事诉讼法》第 198 条的规定,延期审理的法定事由主要有:①法庭审理过程中,公诉人、当事人及其辩护人、诉讼代理人申请通知新的证人到庭,调取新的证据,申请重新鉴定或者勘验的。如果法庭同意上述申请,而当庭又无法解决的,可以决定延期审理。②在庭审过程中,公诉人提出补充侦查的建议,法庭同意的,可以决定延期审理。人民检察院应当在 1 个月内补充侦查完毕。③由于申请回避而不能进行审判的。此种情形一般包括两种情况:一是法庭对当事人、辩护人、诉讼代理人的申请不能当庭作出决定;二是申请回避的人员应当回避,需要更换人员的。另外,司法实践中有时出现特定的事由也会引起延期审理,例如被告人当庭要求另行委托辩护人等情形。

中止审理是指在法庭审判过程中,出现致使案件在较长时间内无法继续审理的情形,法庭作出中止审理的决定。《刑事诉讼法》第 200 条规定,在审判过程中,有下列情形之一,致使案件在较长时间内无法继续审理的,可以中止审理:①被告人患有严重疾病,无法出庭的;②被告人脱逃的;③自诉人患有严重疾病,无法出庭,未委托诉讼代理人出庭的;④由于不能抗拒的原因。中止审理的原因消失后,应当恢复审理。中止审理的期间不计入审理期限。

延期审理与中止审理的结果相近,都会引起人民法院开庭审判的暂时停止,但是,两者之间也存在着较大的区别:①发生原因不同。中止审理与延期审理的法定事由在《刑事诉讼法》及相关司法解释中有不同的列举。②决定方式不同。中止审理决定一般以法庭裁定书形式作出;延期审理决定由法庭当庭宣布,并记入法庭审判笔录。③产生后果不同。中止审理是诉讼活动的暂时停止;延期审理只是法庭开庭审判活动的暂时停止,其他诉讼活动仍在继续。④适用阶段不同。中止审理可适用于法庭审理之前;延期审理只适用于法庭审理过程当中。⑤期限限定不同。中止审理无明确的期限,只有发生中止审理的事由消失后,才能继续诉讼活动;延期审理则往往有期限限制。

五、第一审程序的期限

第一审程序的期限是指第一审人民法院审判第一审公诉案件，从受理到审判的法定期间。《刑事诉讼法》第 202 条规定，人民法院审理公诉案件，应当在受理后 2 个月以内宣判，至迟不得超过 3 个月。对于可能判处死刑的案件或者附带民事诉讼的案件，以及有本法第 156 条规定情形之一的，即交通十分不便的边远地区的重大复杂案件、重大的犯罪集团案件、流窜作案的重大复杂案件，以及犯罪涉及面广、取证困难的重大复杂案件，经上一级人民法院批准，可以延长 3 个月；因特殊情况还需要延长的，报请最高人民法院批准。人民法院改变管辖的案件，从改变后的人民法院收到案件之日起计算审理期限。人民检察院补充侦查的案件，补充侦查完毕移送人民法院后，人民法院重新计算审理期限。

需要注意的是，最高法 1998 年《解释》规定，当事人和辩护人申请通知新的证人到庭，调取新的证据，申请重新鉴定或者勘验而引起延期审理的，延期审理的时间不得超过 1 个月，延期审理的时间不计入审理期限。由于该规定没有法律依据，且在司法实践中实施效果不佳，最高法《解释》将该规定修改为："符合刑事诉讼法第 202 条第 1 款规定的，可以报请上级人民法院批准延长审理期限。"即将由于证据原因需要延期审理的案件视为犯罪涉及面广、取证困难的重大复杂案件，可以经上一级人民法院批准延长 3 个月；因特殊情况还需要延长的，报请最高人民法院批准。

第五节　自诉案件的第一审程序

一、自诉案件的概念及范围

自诉案件是指依照法律规定，被害人或者其法定代理人、近亲属向人民法院起诉，要求追究被告人的刑事责任，人民法院依法直接受理和审判的轻微刑事案件。自诉案件是相对于公诉案件而言的，其主要涉及的是公民的个人利益，如个人的名誉、隐私及家庭关系等。如果严格按公诉案件来进行起诉、审判，有时反而违背被害人的意愿，或者会对被害人造成更大的伤害，因此，对一些特定的案件，可以作为自诉案件处理。根据《刑事诉讼法》第 204 条的规定，这类案件包括：①告诉才处理的案件；②被害人有证据证明的轻微刑事案件；③被害人有证据证明对被告人侵犯自己人身、财产权利的行为应当依法追究刑事责任，而公安机关或者人民检察院不予追究被告人刑事责任的案件。

二、自诉案件的提起

1. 提起自诉的主体。根据《刑事诉讼法》第 112 条的规定及相关司法解释，提起自诉的主体主要是被害人。特殊情况下，被害人的法定代理人、近亲属可以提起自诉，具体包括：①被害人死亡或者丧失行为能力的；②被害人因受强制、威吓无法告诉的；③被害人属限制行为能力人，不能亲自告诉的；④被害人由于年老、患病、盲、聋、哑等原因不能亲自告诉的。

这里所指的法定代理人主要包括被害人的父母、养父母、监护人和负有保护责任的机关、团体的代表；近亲属主要包括夫、妻、父、母、子、女、同胞兄弟姐妹。被害人的法定代理人、近亲属代为告诉的，代为告诉人应该提供与被害人关系的证明和被害人不能亲自告诉的原因的证明。

2. 提起自诉的方式。提起自诉的方式主要有两种：①书面方式。自诉人在提起自诉时，向人民法院提交自诉状；提起附带民事诉讼的，还应当提交刑事附带民事自诉状。②口头方式。自诉人书写自诉状确有困难的，可以口头告诉，由人民法院工作人员作出告诉笔录，向自诉人宣读，自诉人确认无误后，应当签名或者盖章。对 2 名以上被告人提出告诉的，应当按照被告人的人数提供自诉状副本。

自诉状或告诉笔录应当包括：①自诉人（代为告诉人）、被告人的姓名、性别、年龄、民族、出生地、文化程度、职业、工作单位、住址、联系方式；②被告人实施犯罪的时间、地点、手段、情节和危害后果等；③具体的诉讼请求；④致送的人民法院和具状时间；⑤证据的名称、来源等；⑥证人的姓名、住址、联系方式等。

三、自诉案件的受理

人民法院对自诉人提起自诉的案件，应当在 15 日内审查完毕，符合受理条件的，才能立案受理。根据《刑事诉讼法》第 205 条及最高法《解释》的规定，人民法院受理的自诉案件，必须符合下列条件：①属于《刑事诉讼法》规定的自诉案件的范围；②属于本院管辖；③刑事案件的被害人告诉，或者依法由被害人法定代理人、近亲属代为告诉；④有明确的被告人、具体的诉讼请求和能证明被告人犯罪事实的证据。

人民法院对于自诉案件进行审查后，按照不同情形分别作出处理：

1. 经审查，符合受理条件的，应当决定立案，并书面通知自诉人或者代为告诉人。

2. 具有下列情形之一的，应当说服自诉人撤回起诉；自诉人不撤回起诉的，裁定不予受理：①不属于《刑事诉讼法》规定的自诉案件范围的；②缺乏罪证的；③犯罪已过追诉时效期限的；④被告人死亡的；⑤被告人下落不明的；⑥除因证据不足而撤诉的以外，自诉人撤诉后，就同一事实又告诉的；⑦经人民法院调解结案后，自诉人反悔，就同一事实再行告诉的。

3. 对已经立案，经审查缺乏罪证的自诉案件，自诉人提不出补充证据的，人民法院应当说服其撤回起诉或者裁定驳回起诉；自诉人撤回起诉或者被驳回起诉后，又提出了新的足以证明被告人有罪的证据，再次提起自诉的，人民法院应当受理。

4. 自诉人明知有其他共同侵害人，但只对部分侵害人提起自诉的，人民法院应当受理，并告知其放弃告诉的法律后果；自诉人放弃告诉，判决宣告后又对其他共同侵害人就同一事实提起自诉的，人民法院不予受理。

5. 共同被害人中只有部分人告诉的，人民法院应当通知其他被害人参加诉讼，并告知其不参加诉讼的法律后果。被通知人接到通知后表示不参加诉讼或者不出庭的，视为放弃告诉。第一审宣判后，被通知人就同一事实又提起自诉的，人民法院不予受理。但是，当事人另行提起民事诉讼的，人民法院应当受理。

6. 被告人实施的两个以上犯罪行为，分别属于公诉案件和自诉案件的，人民法院可以在审理公诉案件时对自诉案件一并审理。

四、自诉案件的审判特点

自诉案件的第一审程序与公诉案件的第一审程序基本相同，包括第一审普通程序和简易程序两种。但是，自诉案件的性质决定了自诉案件中将赋予当事人更多的诉讼权利，因此，针对自诉案件的审理，法律也作出了部分特殊规定。自诉案件的审理具有以下特点：

1. 符合简易程序适用条件的，可以适用简易程序审理；不适用简易程序审理的自诉案件，参照适用公诉案件第一审普通程序的有关规定。

2. 对告诉才处理的案件、被害人起诉的有证据证明的轻微刑事案件，人民法院可以进行调解。对于"公诉转自诉"的案件，人民法院不能进行调解。调解应当在查明事实、分清是非的基础上，根据自愿、合法的原则进行。调解达成协议的，应当制作刑事调解书，由审判人员和书记员署名，并加盖人民法院印章。调解书经双方当事人签收后即具有法律效力。调解没有达成协议，或者调解书签收前当事人反悔的，应当及时作出判决。调解作为人民法院的一种结案方式，不但可以提高审判效率，防止控、辩双方矛盾的激化，维护社会安全与稳定，而且，双方自愿在谅解的基础上达成协议，还有利于调解书的自觉遵守与执行。

3. 判决宣告前，自诉案件的当事人可以自行和解，自诉人可以撤回自诉。人民法院经审查，认为和解、撤回自诉确属自愿的，应当裁定准许；认为系被强迫、威吓等，并非出于自愿的，不予准许。自诉人经两次传唤，无正当理由拒不到庭，或者未经法庭准许中途退庭的，人民法院应当裁定按撤诉处理。部分自诉人撤诉或者被裁定按撤诉处理的，不影响案件的继续审理。

4. 告诉才处理和被害人有证据证明的轻微刑事案件的被告人或者其法定代理人，在诉讼过程中可以对自诉人提起反诉。反诉是指自诉案件的被告人或其法定代理人，控告自诉人犯有与本案有联系的犯罪行为，要求人民法院与本案合并审理，追究其刑事责任的诉讼行为。反诉相对于自诉而言，以自诉的存在为前提，是一个独立的诉讼。因此，自诉人撤诉的，不影响反诉案件的继续审理。反诉必须符合下列条件：①反诉的对象必须是本案自诉人；②反诉的内容必须是与本案有关的行为；③反诉的案件必须符合《刑事诉讼法》第204条第1项、第2项规定的范围。在理解反诉上，应注意两点：①反诉的提起是一项相对独立的诉讼，它只是与自诉合并审理。因此，反诉并非是对自诉的答辩。②反诉的判决与自诉的判决应当按罪责自负的原则分别进行，不能相互抵消刑罚。提出反诉主要是能使人民法院发现案件事实真相，准确地分析案情，提高办案质量和诉讼效率，更好地保护当事人的合法权益。

第六节 简易程序

一、简易程序概述

简易程序是指基层人民法院审理特定案件（《刑事诉讼法》第208条规定的案件）时所适用的相对简单的程序，是对普通程序的部分环节和步骤进行简化和省略而形成的一种程序。

在刑事诉讼程序中，设置简易速决程序是世界各国的普遍做法，如英、美的辩诉交易和德国的处罚令程序等。虽然各国适用简易程序的适用标准不同，程序的具体规定设计各异，但其目的是大体相同的，主要有：①提高办案效率。提高办案效率是简易程序存在的最主要价值。在世界各国的刑事诉讼司法改革中，对司法公正、人权保障及程序价值的追求使得审判程序设计日趋复杂，手续更加繁琐，办案效率下降。然而，社会发展过程中，刑事案件发案领域却在不断扩大，案件数量不断增加，给人民法院造成较大的受案压力。两者之间的矛盾促使人们不断寻求提高诉讼效率的方法，简易程序就是缓解两者矛盾的有效途径。②合理配置司法资源。刑事案件发案率增高，而司法资源的投入却是有限的，刑事案件自身的特点决定了有些案件事实清楚、证据确实、充分，控辩双方争议不大，处刑较轻，没有必要按繁琐的普通程序审理而无谓地浪费人力、物力、财力，对这类案件采用简易程序，既可保证办案质量又能保证裁判的公正，从而把节省的司法资源合理地应用到其他刑事案件上。③减轻当事人的讼累。刑事案件能得到及时、公正地处理，既是被害人的诉讼权利，也是被告人的诉讼权利。适用简易程序，打破了普通程序的种种限制，及时结案，就可使被害人、被告人尽早摆脱讼累，更有利于保护当事人的合法权益。

二、简易程序的适用范围

《刑事诉讼法》第208条第1款规定："基层人民法院管辖的案件，符合下列条件的，可以适用简易程序审判：①案件事实清楚、证据充分的；②被告人承认自己所犯罪行，对指控的犯罪事实没有异议的；③被告人对适用简易程序没有异议的。"据此，适用简易程序必须同时满足以下四个条件：

1. 属于基层人民法院管辖。也就是说，除了危害国家安全、恐怖活动案件，可能判处无期徒刑、死刑的案件，以及全省（自治区、直辖市）性和全国性的重大刑事案件因不属于基层人民法院管辖而不能适用简易程序外，其他案件理论上将都可以适用简易程序审理。与1996年《刑事诉讼法》相比，现行《刑事诉讼法》大大扩展了适用简易程序的案件范围，必将有利于减轻司法实践中存在的"人案矛盾"。

2. 案件事实清楚、证据充分。这是适用简易程序的事实和证据基础。如果案件事实不清，证据存在争议，适用简易程序显然不利于发现案件真相，不利于案件的公正处理。

3. 被告人承认自己所犯罪行，对指控的犯罪事实没有异议。如果被告人对指控的犯罪事实存有异议，适用简易程序可能将不利于维护被告人的实体权利，也不利于被告人行使辩护权利。

4. 被告人对适用简易程序没有异议。这一条件充分尊重了被告人的程序选择权，有利于提高被告人对刑事程序和裁判结果的认可度。

总之，上述条件缺一不可。缺少任何一个条件，案件就不能适用简易程序审理。此外，为真正发挥简易程序的作用，同时避免简易程序在特定情形下对程序正义和实体正义造成不必要的风险，《刑事诉讼法》第209条和最高法《解释》第290条还明确规定了不适用简易程序的案件范围。根据规定，具有下列情形之一的，不适用简易程序：①被告人是盲、聋、哑人；②被告人是尚未完全丧失辨认或者控制自己行为能力的精神病人；③有重大社会影响的；④共同犯罪案件中部分被告人不认罪或者对适用简易程序有异议的；⑤辩护人作无罪辩护的；⑥被告人认罪但经审查认为可能不构成犯罪的；⑦不宜适用简易程序审理的其他情形。

三、简易程序的特点

1. 就审级而言，简易程序只能适用于第一审程序，第二审程序、死刑复核程序、审判监督程序均不能适用。《刑事诉讼法》明确将简易程序规定在第一审程序中。

2. 就审理法院而言，简易程序只能由基层法院适用，中级以上法院不能适用简易程序。

3. 就案件性质而言，简易程序只适用于案件事实清楚、证据充分，被告人认罪的案件。对案情复杂、重大的案件不能适用简易程序。

4. 就审判组织而言，对可能判处 3 年有期徒刑以下刑罚的，可以组成合议庭进行审判，也可以由审判员 1 人独任审判；对可能判处的有期徒刑超过 3 年的，应当组成合议庭进行审判。

5. 就审理程序而言，简易程序与普通程序相比，对很多环节和步骤作了简化和省略。《刑事诉讼法》第 213 条规定，适用简易程序审理案件，不受本章第一节关于送达期限、讯问被告人、询问证人、鉴定人、出示证据、法庭辩论程序规定的限制。

6. 就送达而言，人民法院应当在开庭 3 日前，将开庭的时间、地点通知人民检察院、自诉人、被告人、辩护人，也可以通知其他诉讼参与人；通知可以采用简便方式，但应当记录在案。不受《刑事诉讼法》第 182 条第 1 款关于送达起诉书副本的限制。

7. 就审理期限而言，人民法院应当在受理后 20 日以内审结；对可能判处的有期徒刑超过 3 年的，可以延长至 1 个半月。

8. 就宣判方式而言，一般应当当庭宣判，最高法《解释》对此作了明确规定。

四、简易审判程序

简易程序是对普通程序的简化或省略，因此其程序框架大体与普通程序相同，但也有不少特别之处：

1. 基层人民法院受理公诉案件后，经审查认为案件事实清楚、证据充分的，在将起诉书副本送达被告人时，应当询问被告人对指控的犯罪事实的意见，告知其适用简易程序的法律规定。被告人对指控的犯罪事实没有异议并同意适用简易程序的，可以决定适用简易程序，并在开庭前通知人民检察院和辩护人。对人民检察院建议适用简易程序审理的案件，也应如此处理；不符合简易程序适用条件的，应当通知人民检察院。

2. 对可能判处 3 年有期徒刑以下刑罚的，可以组成合议庭进行审判，也可以由审判员 1 人独任审判；对可能判处的有期徒刑超过 3 年的，应当组成合议庭进行审判。适用简易程序独任审判过程中，发现对被告人可能判处的有期徒刑超过3年的，应当转由合议庭审理。

3. 审判长或独任审判员宣布开庭，传被告人到庭后，应当查明被告人的基本情况，然后依次宣布案由和审判人员、书记员、公诉人、辩护人、诉讼代理人、鉴定人和翻译人员的名单，并告知各项诉讼权利。

4. 审判长或者独任审判员应当当庭询问被告人对指控的犯罪事实的意见，告知被告人适用简易程序审理的法律规定，再次确认被告人是否同意适用简易程序。

5. 公诉人可以摘要宣读起诉书；公诉人、辩护人、审判人员对被告人的讯问、发问可以简化或者省略；对控辩双方无异议的证据，可以仅就证据的名称及所证明的事项作出说明；对控辩双方有异议，或者法庭认为有必要调查核实的证据，应当出示，并进行质证；控辩双方对与定罪量刑有关的事实、证据没有异议的，法庭审理可以直接围绕罪名确定和量刑问题进行。经审判人员许可，被告人及其辩护人可以同公诉人、自诉人及其诉讼代理人互相辩论。但是判决宣告前应当听取被告人的最后陈述。

6. 适用简易程序审理案件，一般应当当庭宣判。

7. 在法庭审理过程中，有下列情形之一的，应当转为普通程序审理：①被告人的行为可能不构成犯罪的；②被告人可能不负刑事责任的；③被告人当庭对起诉指控的犯罪事实予以否认的；④案件事实不清、证据不足的；⑤不应当或者不宜适用简易程序的其他情形。转为普通程序审理的案件，审理期限应当从决定转为普通程序之日起计算。

第七节 附带民事诉讼

一、附带民事诉讼的概念

附带民事诉讼，全称为刑事诉讼附带民事诉讼，是指司法机关进行刑事诉讼过程中，在依法追究被告人刑事责任的同时，附带解决由被告人的犯罪行为而造成的物质损害的赔偿问题而进行的诉讼活动。《刑事诉讼法》第99条规定："被害人由于被告人的犯罪行为而遭受物质损失的，在刑事诉讼过程中，有权提起附带民事诉讼。被害人死亡或者丧失行为能力的，被害人的法定代理人、近亲属有权提起附带民事诉讼。如果是国家财产、集体财产遭受损失的，人民检察院在提起公诉的时候，可以提起附带民事诉讼。"附带民事诉讼实质上属民事诉讼，其解决的是民事赔偿问题，因此，除按照《刑事诉讼法》有关规定进行外，还要遵守《民事诉讼法》的规定。如诉讼原则、诉讼证据、先行给付、诉讼保全、调解和和解等。但附带民事诉讼与普通民事诉讼相比又存在较大的区别，如附带民事诉讼案件的管辖从属于刑事诉讼，无需交纳诉讼费用，不涉及精神损害赔偿，等等。

建立刑事附带民事诉讼制度，对于司法实践具有十分重要的意义。它有利于人民法院公正地处理案件。刑事、民事部分合并审理，刑事部分审理所查明的事实真相，为民事判决打下基础，民事部分认定犯罪行为造成的物质损失的大小，又是说明其社会危害性的重要尺度，可以成为量刑的参考。并且可以使刑事、民事判决认定一致，保证办案质量；将刑事、民事合并审理，就可避免司法机关、诉讼当事人及其他诉讼参与人分别参加刑事案件与民事案件审理所造成的重复劳动，达到一举两得的效果，减少诉讼资源的投入，有利于节约诉讼资源；同时，民事诉讼与刑事诉讼合并审理，就不必交纳诉讼费用，也为被害人节省了开支，有利于提高诉讼效率，及时保障公民的合法权益。

二、附带民事诉讼的起诉条件

根据《刑事诉讼法》和最高法《解释》的规定，附带民事诉讼的起诉条件是：

1. 起诉人符合法定条件。被害人因人身权利受到犯罪侵犯或者财物被犯罪分子毁坏而遭受物质损失的，有权在刑事诉讼过程中提起附带民事诉讼。这里的被害人包括被害单位。被害人死亡或者丧失行为能力的，其法定代理人、近亲属有权提起附带民事诉讼。国家财产、集体财产遭受损失，受损失的单位未提起附带民事诉讼，人民检察院在提起公诉时提起附带民事诉讼的，人民法院应当受理。人民检察院提起附带民事诉讼的，应当列为附带民事诉讼原告人。

2. 有明确的被告人。附带民事诉讼中依法负有赔偿责任的人包括：刑事被告人以及未被追究刑事责任的其他共同侵害人；刑事被告人的监护人；死刑罪犯的遗产继承人；共同犯罪案件中，案件审结前死亡的被告人的遗产继承人；对被害人的物质损失依法应当承担赔偿责任的其他单位和个人。这些人都可以作为附带民事诉讼的被告人。根据最高法《解释》，被害人或者其法定代理人、近亲属仅对部分共同侵害人提起附带民事诉讼的，人民法院应当告知其可以对其他共同侵害人，包括没有被追究刑事责任的共同侵害人，一并提起附带民事诉讼，但共同犯罪案件中同案犯在逃的除外。被害人或者其法定代理人、近亲属放弃对其他共同侵害人的诉讼权利的，人民法院应当告知其相应法律后果，并在裁判文书中说明其放弃诉讼请求的情况。

3. 有请求赔偿的具体要求和事实、理由。赔偿的具体要求即诉讼请求，包括赔偿的项目与数量等。事实和理由则要写明被害人的人身权利是如何受到犯罪侵犯或者财物是如何被犯罪分子毁坏而遭受物质损失的，以及诉讼请求的依据。

4. 属于人民法院受理附带民事诉讼的范围。附带民事诉讼原告人要求赔偿的范围必须是被告人犯罪行为造成的物质损失。只有已经存在物质上的损失，才会存在要求民事赔偿的问题。这一条件包括两个方面内容：一方面，被害人的损失必须是被告人的犯罪行为引起的，即被害人的物质损失与被告人的犯罪行为存在直接的因果关系。如果被害人的物质损失并非是被告人造成的，或者虽然是被告人造成的，但与本案涉及的犯罪行为无关，则都不能构成附带民事诉讼。另一方面，被害人要求被告人对其损失进行赔偿的范围仅限于物质损害。在一般的民事诉讼中，原告人要求被告人的赔偿可包括物质损害赔偿和精神损害赔偿两部分，精神损害赔偿已成为民事诉讼中普遍出现的诉讼请求。而按照现行《刑事诉讼法》的规定，提起刑事附带民事诉讼，只能对犯罪行为造成的物质损失要求赔偿。这里的物质损失包括对人身权利损害造成的直接经济损失，如医疗费、误工费等，以及对财产权利损害所造成的直接经济损失。根据最高法《解释》，因受到犯罪侵犯，提起附带民事诉讼或者单独提起民事诉讼要求赔偿精神损失的，人民法院不予受理。我们认为，这一规定欠缺合法性和合理性，有必要因时调整，与《民事诉讼法》和《侵权责任法》的规定保持一致。

需要注意的是，根据最高法《解释》，被告人非法占有、处置被害人财产的，应当依法予以追缴或者责令退赔；被害人提起附带民事诉讼的，人民法院不予受理。这主要是因为司法机关负有追缴被告人违法所得或者责令其退赔的职责、义务，无需由被害人通过附带民事诉讼要求被告人返还或者赔偿。此外，国家机关工作人员在行使职权时，侵犯他人人身、财产权利构成犯罪，被害人或者其法定代理人、近亲属提起附带民事诉讼的，人民法院也不予受理，但应当告知其可以依法申请国家赔偿。

5. 附带民事诉讼以刑事诉讼为前提。附带民事诉讼从属于刑事诉讼，它在刑事诉讼解决被告人是否构成犯罪、构成何种犯罪、该处何种处罚的同时，来解决因被告人犯罪行为引起的民事赔偿问题。如果刑事诉讼不成立，那么也就不会存在附带民事诉讼问题。这同时意味着，附带民事诉讼只能向受理刑事案件的同一法院提起。

需要指出的是，以刑事诉讼为前提并不要求该刑事案件的被告人一定构成犯罪。因此，人民法院认定公诉案件被告人的行为不构成犯罪，对已经提起的附带民事诉讼，经调解不能达成协议的，应当一并作出刑事附带民事判决。此外，人民法院准许人民检察院撤回起诉的公诉案件，对已经提起的附带民事诉讼，可以进行调解；不宜调解或者经调解不能达成协议的，应当裁定驳回起诉，并告知附带民事诉讼原告人可以另行提起民事诉讼。

6. 附带民事诉讼必须是在刑事诉讼过程中提起。《刑事诉讼法》规定，"在刑事诉讼过程中"有权提起附带民事诉讼。但一般认为，这里的刑事诉讼过程中主要指"刑事案件立案后，刑事第一审判决宣告前"。根据最高法《解释》，第一审期间未提起附带民事诉讼，在第二审期间提起的，第二审人民法院可以依法进行调解；调解不成的，告知当事人可以在刑事判决、裁定生效后另行提起民事诉讼。被害人或者其法定代理人、近亲属在刑事诉讼过程中未提起附带民事诉讼，另行提起民事诉讼的，人民法院可以进行调解，或者根据物质损失情况作出判决。

三、附带民事诉讼的程序

（一）附带民事诉讼的提起

有权提起附带民事诉讼的人，在刑事案件立案以后，第一审判决宣告以前均可提起附带民事诉讼。其中，在案件侦查、预审、审查起诉阶段，可直接向公安机关、人民检察院提出，并记录在案。刑事案件起诉后，人民法院应当按附带民事诉讼案件受理。侦查、审查起诉期间，有权提起附带民事诉讼的人提出赔偿要求，经公安机关、人民检察院调解，当事人双方已经达成协议并全部履行，被害人或者其法定代理人、近亲属又提起附带民事诉讼的，人民法院不予受理，但有证据证明调解违反自愿、合法原则的除外。

附带民事诉讼的提起方式有两种：一是以书状方式提交附带民事诉状。二是以口头方式。对书写诉状确有困难的，可以口头起诉，审判人员应当对原告人的口头诉讼请求进行详细询问，并制作笔录，向原告人宣读；原告人确认无误后，应当签名或者盖章。人民法院应当在 7 日内决定是否立案。符合规定的，应当受理；不符合的，裁定不予受理。

人民法院审理附带民事诉讼案件，不收取诉讼费。

（二）附带民事诉讼的审判

由于刑事附带民事诉讼的特殊性，人民法院在对附带民事诉讼的审判上，既要适用《刑事诉讼法》、《刑法》的规定，又要遵从《民事诉讼法》、《民法通则》等民事法律的有关规定，因此，附带民事诉讼的审判程序有其特定的规定。

1. 庭前准备。人民法院受理附带民事诉讼后，应当在 5 日内将附带民事起诉状副本送达附带民事诉讼被告人及其法定代理人，或者将口头起诉的内容及时通知附带民事诉讼被告人及其法定代理人，并制作笔录。人民法院送达附带民事起诉状副本时,应当根据刑事案件的审理期限,确定被告人及其法定代理人提交附带民事答辩状的时间。确定开庭日期后,通知出庭的刑事和民事传票、通知书应当在开庭 3 日前同时送达有关人员。

2. 附带民事诉讼的保全。人民法院对可能因被告人的行为或者其他原因,使附带民事判决难以执行的案件,根据附带民事诉讼原告人的申请,可以裁定采取保全措施,查封、扣押或者冻结被告人的财产;附带民事诉讼原告人未提出申请的,必要时,人民法院也可以采取保全措施。有权提起附带民事诉讼的人因情况紧急,不立即申请保全将会使其合法权益受到难以弥补的损害的,可以在提起附带民事诉讼前,向被保全财产所在地、被申请人居住地或者对案件有管辖权的人民法院申请采取保全措施。申请人在人民法院受理刑事案件后 15 日内未提起附带民事诉讼的,人民法院应当解除保全措施。人民法院采取保全措施,适用《民事诉讼法》的有关规定。

3. 附带民事诉讼中的调解。人民法院审理附带民事诉讼案件,可以根据自愿、合法的原则进行调解。经调解达成协议的,应当制作调解书。调解书经双方当事人签收后,即具有法律效力。调解达成协议并即时履行完毕的,可以不制作调解书,但应当制作笔录,经双方当事人、审判人员、书记员签名或者盖章后即发生法律效力。调解未达成协议或者调解书签收前当事人反悔的,附带民事诉讼应当同刑事诉讼一并判决。

4. 附带民事诉讼审理的协调原则。刑事附带民事诉讼审理中,其首先需要解决的特有问题就是如何协调刑事部分审理与附带民事部分审理的关系问题。根据《刑事诉讼法》第 102 条的规定,附带民事诉讼审理过程中,应遵循如下协调原则:①一并审理原则。即附带民事诉讼应当同刑事案件一并审判。只有将民事与刑事部分一并审理,才能达到节约诉讼成本,提高诉讼效率的目的。②先刑后民原则。即在具体审理过程中应遵循刑事部分在先,民事部分在后的顺序。它表现在两个方面:一方面,在一并审理的前提下,在法庭审理的各个阶段中所进行的诉讼行为都按刑事在先、民事在后的顺序进行,如开庭时审判人员先查明刑事当事人情况,再查明民事当事人的情况;宣布案由、告知当事人诉讼权利时,都按先刑事部分后民事部分进行;法庭调查、法庭辩论阶段也是如此。另一方面,对于被害人遭受的物质损失或者被告人的赔偿能力一时难以确定,以及附带民事诉讼当事人因故不能到庭等案件,为了防止刑事案件审判的过分迟延,附带民事诉讼可以在刑事案件审判后,由同一审判组织继续审理。如果同一审判组织的成员确实无法继续参加审判的,可以更换审判组织成员。

5. 附带民事诉讼的处理。人民法院受理附带民事诉讼后,分别不同情况

作出具体处理:

（1）撤诉与缺席判决。附带民事诉讼原告人提出撤诉申请，经人民法院准许可以撤诉；附带民事诉讼原告人经传唤，无正当理由拒不到庭，或者未经法庭许可中途退庭的，应当按撤诉处理。

刑事被告人以外的附带民事诉讼被告人经传唤，无正当理由拒不到庭，或者未经法庭许可中途退庭的，附带民事部分可以缺席判决。

（2）根据物质损失情况作出判决、裁定。对附带民事诉讼作出判决，应当根据犯罪行为造成的物质损失，结合案件具体情况，确定被告人应当赔偿的数额。犯罪行为造成被害人人身损害的，应当赔偿医疗费、护理费、交通费等为治疗和康复支付的合理费用，以及因误工减少的收入。造成被害人残疾的，还应当赔偿残疾生活辅助具费等费用；造成被害人死亡的，还应当赔偿丧葬费等费用。驾驶机动车致人伤亡或者造成公私财产重大损失，构成犯罪，依照《道路交通安全法》第76条的规定确定赔偿责任。附带民事诉讼当事人就民事赔偿问题达成调解、和解协议的，赔偿范围、数额不受前述赔偿范围的限制。

人民检察院提起附带民事诉讼的，人民法院经审理，认为附带民事诉讼被告人依法应当承担赔偿责任的，应当判令附带民事诉讼被告人直接向遭受损失的单位作出赔偿；遭受损失的单位已经终止，有权利义务继受人的，应当判令其向继受人作出赔偿；没有权利义务继受人的，应当判令其向人民检察院交付赔偿款，由人民检察院上缴国库。

附带民事诉讼审结后，合议庭一般将附带民事诉讼判决书与刑事判决书合并为刑事附带民事判决书，也可单独制作附带民事诉讼判决书。

第一审判决作出后，附带民事诉讼的当事人及其法定代理人如果对判决不服，可以对地方各级人民法院第一审判决、裁定中的附带民事诉讼部分提出上诉。

第八节　判决、裁定和决定

人民法院在刑事案件的审判过程中，就需要解决的实体与程序问题所依法作出的具有法律效力的多种决定，可分为判决、裁定和决定三种。

一、判决

判决是人民法院对刑事案件经过法庭审理后，就案件的实体问题所作的决定。刑事判决是人民法院对刑事被告人的行为是否构成犯罪、构成何种罪名、应否处以刑事处罚以及处何种刑罚的最终认定。

刑事判决严格遵循"以事实为根据，以法律为准绳"的基本原则作出，是国家审判机关依宪法行使国家审判权的集中体现，在惩罚犯罪，保护人民，维护社会主义政治、经济秩序方面发挥着巨大的作用。刑事判决的性质决定了其具有以下特征：①强制性。刑事判决一旦生效，就必须遵照执行，根据刑法规定，拒不执行已经生效的判决和裁定的，将受到法律的追究，情节严重的，将构成拒不执行判决、裁定罪，可被判处3年以下有期徒刑、拘役或者罚金。②权威性。刑事判决是审判机关对犯罪行为、案件性质的最终认定，其他任何机关、团体或者个人都无权撤销或变更人民法院的判决。相反，当不同机关、单位所作认定、决定与判决相矛盾时，以判决为准。③终结性。一旦判决生效，就标志着案件审判全部结束。④稳定性。正因为判决具有权威性，决定了对已生效的刑事判决，只有通过人民法院经过严格的法定程序才能变更或者撤销。另外，根据"一事不再理"原则，对刑事案件作出判决后，就同一案件再次起诉的，一般情况下，人民法院不予受理。人民法院不得对同一案件作出两个生效判决。因此，刑事判决一经作出就相对稳定。刑事判决的终结性、强制性、权威性和相对稳定性，构成刑事判决的既判力。

根据《刑事诉讼法》相关规定，判决可分为有罪判决和无罪判决两种。其中，根据对犯罪行为的认定程度不同，无罪判决又可分为：依据法律认定被告人无罪的无罪判决和证据不足指控的犯罪不能成立的无罪判决两种。根据是否对被告人判处刑罚，有罪判决可分为：①处刑判决，即经人民法院认定被告人行为构成犯罪的，在判决中确认被告人有罪，并处以相应刑罚的判决；②免刑判决，即人民法院认定被告人的行为构成犯罪，在判决中确认被告人有罪，但因犯罪情节轻微不需要判处刑罚或者有其他法定免刑情节，而同时判决免除刑事处罚的判决。

根据最高法《解释》，刑事案件的判决具体种类如下：①起诉指控的事实清楚，证据确实、充分，依据法律认定指控被告人的罪名成立的，应当作出有罪判决；②起诉指控的事实清楚，证据确实、充分，指控的罪名与审理认定的罪名不一致的，应当按照审理认定的罪名作出有罪判决；③案件事实清楚，证据确实、充分，依据法律认定被告人无罪的，应当判决宣告被告人无罪；④证据不足，不能认定被告人有罪的，应当以证据不足、指控的犯罪不能成立，判决宣告被告人无罪；⑤案件部分事实清楚，证据确实、充分的，应当作出有罪或者无罪的判决；对事实不清、证据不足部分，不予认定；⑥被告人因不满16周岁，不予刑事处罚的，应当判决宣告被告人不负刑事责任；⑦被告人是精神病人，在不能辨认或者不能控制自己行为时造成危害结果，不予刑事处罚的，应当判决宣告被告人不负刑事责任；⑧犯罪已过追诉时效期限且不是必须追诉,或者经特赦令免除刑罚的,应当裁定终止审理;⑨被告人死亡的,应当裁定终止审理;根据已查明的案件事实和认定的证据,能够确认无罪的,应当判决宣告被告人无罪。其中,对于判决改变指控罪名的案件,人民法院应当在判决前听取控辩双方的意见,保障被告人、辩护人充分行使辩护权;必要时,可以重新开庭,组织控辩双方围绕被告人的行为构成何罪进行辩论。

二、裁定

裁定是人民法院在刑事诉讼过程中,就某些程序问题和实体问题所作的决定。

裁定与判决都是人民法院在刑事诉讼过程中所作的决定,具有基本相同的法律性质与特征。但两者在适用上有着较大区别:①判决解决案件的实体问题,而裁定主要针对刑事诉讼中的程序问题作出,只解决少量实体问题。②判决只有在案件审理终结时作出,而裁定则可适用于案件的审判和执行程序的全过程。③不管是当庭宣判还是定期宣判,判决最终均以书面形式作出,而裁定可采用书面和口头两种形式作出。④同一案件,人民法院作出的生效判决是惟一的,而裁定则不受数量限制,同一案件中可能出现多个生效裁定。⑤判决的上诉、抗诉期限是 10 日,而裁定的上诉、抗诉期限为 5 日。

根据人民法院作出裁定所解决问题的性质不同,裁定可分为解决程序问题的裁定和解决实体问题的裁定两种。解决程序问题的裁定主要有:①当事人由于不可抗拒的原因或者其他正当理由而耽误诉讼期限,在障碍消除后,申请继续进行应当在期满以前完成的诉讼活动的,人民法院对该项申请是否准许,可使用裁定。②对于自诉案件,人民法院经审查发现法律规定的情形,应当说服自诉人撤诉,或者使用裁定驳回起诉。③第二审人民法院对上诉、抗诉案件维持原判或者撤销原判发回重审等可使用裁定。解决实体问题的裁定主要指在执行期间,人民法院依法所作的减刑、假释等裁定。

三、决定

决定是人民法院在刑事诉讼过程中,就某些程序性问题作出处理的一种方式。

决定和裁定虽然都可解决刑事诉讼中的程序问题,但是,两者存在较大的区别,具体表现为:①决定只适用于程序问题,而裁定可适用于程序和实体两方面问题;②决定,除驳回申请回避的决定法律允许当事人申请复议一次以外,一经作出即发生法律效力,而裁定则只有过了上诉、抗诉期才能生效。因此,人民法院应严格依照法律规定使用裁定或者决定,不能将两者混淆。

根据《刑事诉讼法》及相关规定，适用决定的情形主要有：①申请回避；②适用、变更强制措施；③立案、撤案；④实施各种侦查行为；⑤起诉、不起诉、附条件不起诉、抗诉；⑥开庭审判；⑦法庭审理过程中，当事人和辩护人、诉讼代理人申请通知新的证人到庭，调取新的物证，申请重新鉴定或者勘验，申请通知有专门知识的人出庭；⑧延期审理；⑨提起审判监督程序，中止原判决、裁定的执行；⑩对精神病人的强制医疗。

决定一般采取口头形式作出，并记入笔录，也可以采取书面形式作出。

☞ 考核提示

了解：第一审程序概述，对公诉案件的审查，开庭审判前的准备。

理解：第一审程序的任务，附带民事诉讼成立的条件，判决、裁定和决定的区别。

熟悉并能够运用：法庭审判，自诉案件的第一审程序，简易程序，附带民事诉讼，判决、裁定和决定。

☞ 主题讨论

2013年3月4日6时40分，被告人周喜军来到"为家"超市，发现超市主人停放在门口的越野轿车没有熄火。7时许，周喜军乘超市主人忙于卖货之机，将车盗走。上车后，周喜军发现有婴儿在后排座上，仍驾车驶往公主岭市怀德镇方向。为防止被发现，他将车牌掰下，将轮毂上的红布条解下置于车内。行驶中，将婴儿掐、勒死。8时20分左右，周喜军将婴儿埋于积雪中，后将车内女式挎包、婴儿衣物等抛至路旁沟内。5月27日，长春市中级人民法院依法审理被告人周喜军故意杀人、盗窃案，以故意杀人罪，判处其死刑，剥夺政治权利终身；以盗窃罪，判处有期徒刑5年，并处罚金人民币5万元；决定执行死刑，剥夺政治权利终身，并处罚金人民币5万元。法院同时判决被告人赔偿被害人家属经济损失17 098.5元。

这1.7万余元赔偿金，引起了巨大的争议。

被害婴儿父亲说："给我们家造成这么大的伤害，仅赔偿1.7万余元，我们无法接受，我要上诉，为逝去的孩子，也为今后有我类似遭遇者讨个公道。"

有网民质疑，上缴国库的罚金可以判5万，为何犯罪的直接受害人得到的赔偿金只有罚金的1/3？

有律师认为，周喜军因同时犯盗窃罪，按法律判处5万罚金没有问题。1.7万余元赔偿确实太少，但却是依法判定的，这只是丧葬费的直接经济损失，并没包括死亡赔偿金和精神损害赔偿金这两部分。

有专家指出，最高法《解释》与《侵权责任法》相悖。《侵权责任法》明确规定："侵害他人人身权益，造成他人严重精神损害的，被侵权人可以请求精神损害赔偿。"最高法《解释》第138条第2款却规定："因受到犯罪侵犯，提起附带民事诉讼或者单独提起民事诉讼要求赔偿精神损失的，人民法院不予受理。"这就造成了一种悖论，即不构成犯罪的生命健康侵权，应给予精神赔偿，而造成更大精神损害、成立犯罪的生命健康侵权，反而不支持精神赔偿。

最高人民法院政策研究室主任胡云腾则解释：对于刑事犯罪，承担的是刑事责任，被告人已受到了很严厉的惩罚，再让其承担过重的民事赔偿，有"二罚"之嫌；对于民事侵权，主要体现的是民事责任，因不涉及刑事，因而依法给予保障。

【讨论提示】

结合材料和《刑事诉讼法》、《侵权责任法》、最高法《解释》，谈谈你对我国附带民事诉讼制度的看法。

阶段自测

一、单项选择题

1. 附带民事诉讼赔偿的原则是，若被告人的财产不足以清偿原告人的损失（   ）。
   A. 可由国家代为承担赔偿责任
   B. 可以其家庭财产赔偿
   C. 可以其服刑期满后劳动所得赔偿
   D. 仍只能以被告人本人财产为限进行赔偿

2. 下列诉讼阶段中，可以提起附带民事诉讼的是（   ）。
   A. 上诉、抗诉期内   B. 二审阶段
   C. 侦查阶段   D. 刑事执行阶段

3. 在我国刑事诉讼中，简易程序只能适用于（   ）。
   A. 最高人民法院   B. 高级人民法院
   C. 中级人民法院   D. 基层人民法院

4. 在我国，因特殊情况需要在法定刑以下判处刑罚的必须经过（   ）批准。
   A. 最高人民法院   B. 高级人民法院
   C. 全国人大常委会   D. 中级人民法院

5. 在被害人死亡的案件中，可以提起附带民事诉讼的是（　　）。
　　A. 公安机关　　　　　　　　B. 检察机关
　　C. 被害人的近亲属　　　　　D. 被害人的朋友

6. 根据我国《刑事诉讼法》的规定，基层人民法院合议庭的组成人数只能是（　　）。
　　A. 1人　　　　　　　　　　B. 2人
　　C. 3人　　　　　　　　　　D. 4人

7. 根据刑事诉讼法的规定，人民法院开庭审判包括（　　）。
　　A. 审理和裁判两个阶段
　　B. 宣布开庭、辩论和裁判三个阶段
　　C. 宣布开庭、法庭调查、法庭辩论和裁判四个阶段
　　D. 宣布开庭、法庭调查、法庭辩论、被告人最后陈述和评议宣判五个阶段

8. 在我国刑事诉讼中，独任庭适用于（　　）。
　　A. 基层人民法院　　　　　　B. 中级人民法院
　　C. 高级人民法院　　　　　　D. 最高人民法院

9. 在我国刑事诉讼中，简易程序的最长审理期限为（　　）。
　　A. 15日　　　　　　　　　　B. 20日
　　C. 30日　　　　　　　　　　D. 45日

10. 在自诉案件中，有权提出反诉的诉讼参与人为（　　）。
　　A. 自诉人　　　　　　　　　B. 自诉人的诉讼代理人
　　C. 被告人的法定代理人　　　D. 被告人的辩护人

11. 我国附带民事诉讼的赔偿原则为（　　）。
　　A. 以被告人的现有财产为限
　　B. 以被告人现有及今后可能取得的财产为限
　　C. 以被告人家庭现有财产为限
　　D. 以被告人家庭现有及今后可能取得的财产为限

12. 自诉人经两次依法传唤，无正当理由拒不到庭的，人民法院应（　　）。
　　A. 驳回起诉　　　　　　　　B. 按撤诉处理
　　C. 判决被告人无罪　　　　　D. 延期审理

13. 被告人的犯罪行为给国家财产、集体财产造成损失的，若受损害的单位不提起附带民事诉讼，在提起公诉的时候，（　　）可以提起附带民事诉讼。
　　A. 单位的职工

B. 单位的上级主管部门

C. 人民检察院

D. 国有资产管理部门

14. 可以由人民陪审员参加合议庭审理刑事案件适用的审判程序是（   ）。

A. 第一审程序　　　　　　　　B. 简易程序

C. 第二审程序　　　　　　　　D. 死刑复核程序

15. 由控、辩双方就证据和案件情况当庭发表意见，并可以互相进行辩论和反驳的法庭辩论是在（   ）的主持下进行的。

A. 审判委员会　　　　　　　　B. 合议庭

C. 审判长　　　　　　　　　　D. 人民陪审员

16. 附带民事诉讼原则上应当与刑事案件一并审理，允许先审理刑事部分后审理附带民事部分的特殊情形是（   ）。

A. 附带民事诉讼当事人不同意调解

B. 法院审判准备不充分

C. 一并审理会影响刑事案件在法定时间内审结

D. 被告人没有赔偿能力

17. 在刑事诉讼中，人民法院解决诉讼程序和部分实体问题的，应当采用（   ）。

A. 决定　　　　　　　　　　　B. 命令

C. 裁定　　　　　　　　　　　D. 判决

18. 对于不公开审理的案件，判决应当（   ）。

A. 当庭宣判　　　　　　　　　B. 不公开宣判

C. 定期宣判　　　　　　　　　D. 公开宣判

二、多项选择题

1. 与公诉案件相比，自诉案件的特点有（   ）。

A. 人民法院审理自诉案件应当先行调解

B. 自诉人与被告人在宣告判决前可以自行和解

C. 自诉人可以撤回自诉

D. 在诉讼过程中被告人可以对自诉人提出反诉

E. 人民法院审理自诉案件可以调解

2. 普通程序与简易程序的区别为（   ）。

A. 适用的法院不同　　　　　　B. 审判组织不同

C. 审理案件的范围不同　　　　D. 审判期间不同

E. 可否相互转化的立法规定不同

3. 附带民事诉讼应当终结的情形包括（   ）。
A. 一方当事人死亡，需要等待代理人的
B. 原告人死亡，没有继承人或者继承人放弃诉讼权利
C. 被告人死亡，没有遗产，也没有应当承担义务的人
D. 作为一方当事人的法人或者其他组织终止，尚未确定权利、义务承受人的
E. 一方当事人丧失诉讼行为能力，尚未确定法定代理人的

4. 对于告诉才处理的刑事案件，人民法院可以作出的处理有（   ）。
A. 对于缺乏罪证的，说服自诉人撤回自诉
B. 自诉人提不出补充证据时，裁定驳回自诉
C. 适用简易程序进行审理
D. 缺席判决
E. 调解结案

三、名词解释题
1. 自诉人
2. 附带民事诉讼
3. 判决
4. 合议制

四、判断题
公诉案件不能适用简易程序。（   ）

五、案例分析题
某县人民法院于 2003 年 4 月 21 日公开审理被告人钱某盗窃一案。由审判员张某担任审判长，该院副院长孙某、人民陪审员武某组成合议庭审理此案，林某担任书记员。开庭后，审判长张某问被告人钱某对于合议庭的组成人员、公诉人、鉴定人、证人、诉讼代理人、辩护人是否要求回避，被告人钱某回答：要求书记员林某回避。理由是：书记员林某是被害人的表姐。审判长张某认为林某不是本案被害人的近亲属，可以担任书记员，遂当庭驳回被告人钱某的回避申请，并告知被告人钱某对于驳回回避申请的决定不得要求复议，案件继续审理。

问：本案在诉讼程序上存在哪些错误？请简要说明理由。

第十八章 第二审程序

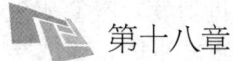

本章导学

本章的主要内容包括审级制度，上诉、抗诉案件的提起，上诉、抗诉案件的审判。重点是上诉、抗诉案件的提起，上诉、抗诉案件的审判。难点是上诉与抗诉的区别。

学习引入

2013年6月25日，河北省高级人民法院第二次开庭审理上诉人王书金强奸、故意杀人案。上诉人提出的上诉理由之一是：原判没有认定自己所供述的石家庄市西郊强奸、杀人案，而供述该案可能纠正一起重大错案（即聂树斌案），对国家和社会有重大贡献，属重大立功。在第一审程序中，人民检察院并未对该起犯罪事实提起公诉。河北省高院合议庭在第二审程序中对该起犯罪事实进行了审理。

上诉的理由有哪些？与抗诉的理由是否相同？第二审法院能否审理第一审程序中人民检察院未指控的犯罪事实？第二审应重点审理哪些内容？第二审程序与第一审程序有哪些不同？……本章将回答这些问题。

第一节 审级制度

一、审级制度的概念和意义

审级制度是指法律规定审判机关在组织体系上所划分的级别，以及案件最终经过几级法院审理才终结的制度。

刑事诉讼法的主要任务是保证准确、及时地查明犯罪事实，正确适用法律，处罚犯罪分子，保证无罪的人不受刑事追究，保护公民的合法权益。要完成上述任务，需要控、辩、审三方的参与，通过审判程序发现案件的真实情况，作出公正裁判。但是，由于刑事案件的复杂性以及参与诉讼各方的职能不同，时常会出现各方在事实认定与法律适用上的分歧。为了解决分歧，正确处理案件，就需要将案件交给更高级别的裁判者进行裁决，因此，各国在刑事诉讼当中普遍设立了审级制度，以保证判决裁定的准确性和案件审理的公正性、权威性。现代世界各国采取的审级制度，大体可划分为两个基本类型：一是三审终审制，如日本、英国、德国等。二是两审终审制，如俄罗斯、罗马尼亚等国家。我国《人民法院组织法》规定，除专门民法院外，人法院分为四级，人民法院审判案件实行两审终审制。

审级制度是保证人民法院正确行使审判权，提高办案质量的有效手段，对完成刑事诉讼的任务具有重要意义。

1. 可以发现和纠正判决、裁定中的错误，保证案件审理质量。刑事诉讼过程实质上是对刑事案件的认识不断深化、逐步发现事实真相的过程，由于已经发生的犯罪事实具有不可往复性，审判过程中难免需要审判人员一定程度上的主观推断，由于主、客观因素的影响以及专业知识与办案经验的欠缺，有时会出现案件审判上的失误，造成认定事实不清或适用法律错误，影响裁判的公正性。这时，通过当事人上诉或者人民检察院提起抗诉，由第二审法院对案件重新审理，可以及时发现和纠正一审中产生的错误，达到惩罚犯罪，保障无辜的目的。

2. 可以维持一审的正确裁判，保证案件及时处理，树立司法权威。通过二审法院全面审理，认为一审判决认定事实清楚，证据确实、充分而维持原判的，可以打击那些心存侥幸心理、不甘认罪服法的犯罪分子，使案件及时得以处理，在社会中树立起法律的权威。

3. 可以使不服一审判决的当事人的合理要求得到满足，使正确的裁判得以顺利执行。刑事诉讼结果不仅体现了国家利益，而且直接关系到诉讼当事人的切身利益。当事人对一审判决结果不满或认为有错，要求重新审理也是可以理解的，通过高一级别的二审法院的审理，对案件处理结果进一步把关，可以缓解当事人的不满情绪，增强刑事案件裁判的信服力，使当事人认罪服判，使生效判决、裁定得以顺利执行，同时，这也是提高刑事诉讼民主性的表现。

4. 可以监督和指导下级人民法院的审判工作。依据我国人民法院组织法的规定，上级人民法院对下级人民法院的审判工作负有监督的职责。上级法院通过上诉、抗诉案件的审理，可及时了解下级人民法院的审判工作情况和人员业务素质状况，把握下级人民法院审判工作中的薄弱环节，并进行监督，使下级人民法院不断提高审判工作质量，将一审判决、裁定的偏差、错误降低到最低水平，从而达到重新审查一审裁判正误和防止以后出现错判的双重目的。同时，第二审程序对一审判决、裁定的认定也是上级人民法院监督下级人民法院审判工作的重要手段。

二、两审终审制

两审终审制是指刑事案件最多经过两级人民法院的审判即告终结的审级制度。我国《刑事诉讼法》第10条规定："人民法院审判案件，实行两审终审制。"即地方各级人民法院审理第一审刑事案件，作出一审判决或裁定后，如果当事人不服或者人民检察院认为判决、裁定确有错误，在法定期限内，可以向上一级人民法院提出上诉或抗诉。上一级人民法院依第二审程序审理后，作出的二审判决、裁定是终审的判决、裁定，立即发生法律效力，当事人无权提出上诉，人民检察院也不能再按抗诉程序提出抗诉。两审终审制并不是说任何刑事案件都必须经过两审才能终结。很多案件，第一审人民法院作出判决或裁定后，当事人不愿上诉，人民检察院也不提出抗诉，在这种情况下，上诉、抗诉期限届满，一审判决、裁定就开始生效。针对已生效的一审判决、裁定，当事人无权上诉，人民检察院也无权按上诉程序提出抗诉。这样，案件仅经第一审程序即告终结。另外，在我国，两审终审制还有两方面的例外：一是最高人民法院作为第一审人民法院审判的刑事案件。因为最高人民法院已是我国法院组织体系中的最高审级，已无上级人民法院可供上诉、抗诉，所以最高人民法院作出的判决、裁定为终审判决、裁定。二是死刑案件。死刑案件必须经过死刑复核程序才能生效。所以，即使经过两审的死刑案件，第二审人民法院所作出的维持死刑处罚的判决、裁定也不会立即发生法律效力，只有经过死刑复核程序的审判后，才能交付执行。

我国在刑事诉讼中采取两审终审制，具有一定的现实意义和合理性。首先，两审终审制适应刑事诉讼的价值目标——公正与效率的需要。为了使刑事案件得到公正处理，就要正确地认定案件事实，正确地适用法律。多增加案件的审级，就多了几道关口，可以严把案件质量关，保证案件审判结果的正确性。然而，增加审级必然会延长办案时间，造成诉讼程序拖延，这无疑有悖于对刑事诉讼效率的追求。而提高效率、减少不必要的诉讼程序与环节，及时审结案件，使当事人尽快摆脱讼累也是刑事诉讼应有之意。两审终审制可以较好地平衡两者之间的矛盾，实现刑事诉讼公正与效率的价值目标。其次，两审终审制适应我国的现实国情。我国地域辽阔、交通欠发达、司法资源有限的现实状况，决定了在我国不适宜搞三审制、四审制。刑事案件一般由案发地基层人民法院审理，然后，由当地中级人民法院作为第二审法院，可方便诉讼参与人参加诉讼。如果再经第三审程序，因很多高级人民法院距基层人民法院较远，会增加诉讼参与人时间和经济上的负担，也不方便群众旁听。另外，增加审级会使法院的工作量加大，国家需要在现有法院的软、硬设施基础上投入大量人力、物力、财力，这是我国的国力难以承受的，也是一种变相的资源浪费。最后，两审终审制基本上能够保证刑事案件审判质量的要求：①经过二审程序的把关，已基本能够对一审判决、裁定中出现的问题加以纠正。②刑事案件管辖制度规定对重大、疑难、复杂案件提高一审人民法院的审级，从开始就为正确裁判打下基础。另外，对死刑案件的死刑复核程序和对已生效判决、裁定的审判监督程序都为案件审判质量提供了保证。综上所述，两审终审制基本上能适应我国司法工作的需要。

第二节 上诉、抗诉案件的提起

第二审程序是指第一审人民法院的上一级人民法院对不服一审人民法院作出的未生效判决或裁定而提起上诉或抗诉的案件，依法进行审判的诉讼程序。其包括上诉、抗诉的提起、审理、判决几个阶段。提起上诉、抗诉是启动第二审程序的前提。其中，上诉是指自诉人、被告人及其法定代理人以及经被告人同意的辩护人和近亲属，附带民事诉讼的当事人及其法定代理人不服地方人民法院尚未发生法律效力的第一审判决或裁定，依法定期限和程序要求上一级人民法院对案件重新审判的诉讼活动；提起第二审程序的抗诉是指地方各级人民检察院认为同级人民法院尚未发生法律效力的第一审判决、裁定确有错误，依法定期限和程序提请上一级人民法院对案件重新审判的诉讼活动。根据我国《刑事诉讼法》的规定，上诉、抗诉案件的提起具体包括以下几个方面：

一、上诉、抗诉案件的提起主体

（一）提起上诉的主体

《刑事诉讼法》第216条规定，被告人、自诉人和他们的法定代理人，不服地方各级人民法院第一审的判决、裁定，有权向上一级人民法院上诉。被告人的辩护人和近亲属，经被告人同意，可以提出上诉。附带民事诉讼的当事人和他们的法定代理人，可以对地方各级人民法院第一审的判决、裁定中的附带民事诉讼部分，提出上诉。可见，上诉人具体包括：

1. 被告人、自诉人及其法定代理人。被告人、自诉人是刑事诉讼当事人，具有被告和原告的诉讼地位，案件的裁判结果与他们有着直接的利害关系，法律赋予他们独立的上诉权，如果不服一审人民法院的判决、裁定，有权提出上诉，启动第二审程序，由二审法院对案件重新审判。

自诉人或被告人为未成年人或者精神病人，不能独立进行诉讼活动的，法律将上诉权赋予其法定代理人，以及时保护他们的合法权益。法定代理人的上诉权是独立的，即使被告人、自诉人不同意，也可直接启动第二审程序。

2. 被告人的辩护人和近亲属。被告人的辩护人和近亲属不具有独立的上诉权，他们经被告人同意才能提起上诉。被告人的辩护人在刑事诉讼中具有相对独立的诉讼地位，但其不是诉讼当事人，与案件的审理结果无直接的利害关系。其主要作用是帮助被告人进行辩护，被告人不服一审判决、裁定的，可让其辩护人替他提出上诉；辩护人认为一审判决、裁定有误，也可以向被告人说明情况，经被告人同意而替被告人提出上诉。同样，被告人的近亲属，因与被告人有着特殊的人身关系，也可以经被告人同意替被告人提出上诉。实质上，辩护人和近亲属提出上诉时，上诉人应理解为被告人。法律作出此项规定的目的是为被告人行使诉权提供方便，更好地保护被告人的合法权益，不能因此而理解为被告人的辩护人、近亲属具有上诉权。

3. 附带民事诉讼的当事人及其法定代理人。附带民事诉讼的当事人及其法定代理人有权对一审判决、裁定的民事部分提出上诉。刑事附带民事诉讼的判决、裁定包括刑事部分和民事部分两部分内容，两部分内容的上诉权也是相互独立的。附带民事诉讼的当事人及其法定代理人就民事部分判决、裁定提出上诉，并不影响刑事部分判决、裁定的效力。他们所具有的是同普通民事案件性质相同的上诉权。

（二）提起抗诉的主体

《刑事诉讼法》第217条规定，地方各级人民检察院认为本级人民法院第一审的判决、裁定确有错误的，应当向上一级人民法院提出抗诉。因此，提起抗诉的主体只能是与原一审人民法院相对应的同级人民检察院。人民检察院在公诉案件中具有提起公诉权，承担控告犯罪、证明犯罪的职能，同时，又具有法律监督权，监督人民法院的审判活动，对一审人民法院的判决、裁定，认为确有错误的，有权提出抗诉，成为唯一的抗诉主体。但是，人民检察院的抗诉权并不是完全独立的。根据《刑事诉讼法》的有关规定，对一审裁判提出抗诉的检察院应将抗诉书抄送上一级人民检察院，上一级人民检察院如果认为抗诉有理，则予以支持，在第二审程序开庭时，派员出庭支持抗诉。可见，人民检察院提起抗诉要接受上一级检察院的审查，并需上一级检察院的支持，才能成立。这主要是由人民检察院系统上下级的行政领导体制决定的。

另外，《刑事诉讼法》第218条规定，被害人及其法定代理人不服地方各级人民法院第一审的判决的，自收到判决书后5日以内，有权请求人民检察院提起抗诉。人民检察院自收到被害人及其法定代理人的请求后5日以内，应当作出是否抗诉的决定并答复请求人。在公诉案件中，被害人作为诉讼当事人参加诉讼，承担与检察院相同的控诉职能，其根本利益是一致的，但被害人与代表国家利益的检察机关在具体案件中，由于诉讼地位、立场及追求的目标并不完全相同，有时会在对一审案件裁判结果认识上产生较大的分歧，赋予被害人要求人民检察院提出抗诉的请求权，可提高被害人的诉讼地位，有利于保护被害人的合法权益，促进案件的公正审理。同时，有利于及时纠正检察机关可能出现的差错，发挥检察机关的法律监督职能，保证案件的审判质量。当然，被害人所具有的只是抗诉请求权，是否提出抗诉的决定权仍在人民检察院，即使人民检察院同意被害人的请求，抗诉的主体仍然是人民检察院。

二、提起上诉、抗诉的期限与方式

（一）提起上诉、抗诉的期限

《刑事诉讼法》第219条规定，不服判决的上诉和抗诉的期限为10日，不服裁定的上诉和抗诉的期限为5日，从接到判决书、裁定书的第2日起算。第二审人民法院受理的上诉、抗诉案件，必须是在法定期限内提出的。因此，按法律规定，无论上诉人还是抗诉机关都必须在法定期限内提出上诉或抗诉，超过法定期限，一审法院的判决、裁定即告生效，第二审人民法院也就不能再受理。

（二）提起上诉、抗诉的方式

1. 上诉的方式。《刑事诉讼法》第216条规定，上诉可以用书状和口头两种形式提出。最高法《解释》规定，人民法院受理的上诉案件，一般应当有上诉状正本及副本。上诉状内容应当包括：第一审判决书、裁定书的文号和上诉人收到的时间，第一审人民法院的名称，上诉的请求和理由，提出上诉的时间。被告人的辩护人、近亲属经被告人同意提出上诉的，还应当写明其与被告人的关系，并应当以被告人作为上诉人。被告人、自诉人、附带民事诉讼原告人和被告人因书写上诉状确有困难而口头提出上诉的，第一审人民法院应当根据其所陈述的理由和请求制作笔录，由上诉人阅读或者向其宣读后，上诉人应当签名或者盖章。可见，上诉的形式主要有两种：一种是书状形式，另一种是口头形式。但以书状形式为主，以口头形式为辅。一般只有在上诉人确有困难无法书写上诉状时，才用口头形式。

根据《刑事诉讼法》第220条及有关司法解释的规定，上诉人提出上诉的渠道有两条：一是上诉人向第一审人民法院提出。上诉人通过第一审人民法院提出上诉的，第一审人民法院应当审查。上诉符合法律规定的，应当在上诉期满后3日内将上诉状连同案卷、证据移送上一级人民法院，并将上诉状副本送交同级人民检察院和对方当事人。二是上诉人向第二审法院提出。上诉人直接向第二审人民法院提出上诉的，第二审人民法院应当在收到上诉状后3日内将上诉状交第一审人民法院。第一审人民法院应当审查上诉是否符合法律规定。符合法律规定的，应当在接到上诉状后 3 日内将上诉状连同案卷、证据移送上一级人民法院，并将上诉状副本送交同级人民检察院和对方当事人。通过哪一种渠道提出上诉可由上诉人自由选择，以免上诉人对直接向一审法院提出上诉有所顾虑，但其最终结果是一样的。

2. 抗诉的方式。《刑事诉讼法》第 221 条规定，地方各级人民检察院对同级人民法院第一审判决、裁定提出抗诉，只能以抗诉书的形式提出，不能采用口头形式。同时，抗诉只能向原审人民法院提出，不能直接向第二审人民法院抗诉。人民检察院通过同级人民法院提交抗诉书，要将抗诉书抄送上一级人民检察院。第一审人民法院应当在抗诉期满后 3 日内将抗诉书连同案卷、证据移送上一级人民法院，并且将抗诉书副本送交当事人。

三、上诉、抗诉的理由

《刑事诉讼法》对上诉的理由未作出任何规定，即具有上诉权的人无需任何理由，只要不服第一审法院的判决、裁定就可启动第二审程序，或者说上诉人可以任何理由提出上诉。在两审终审制下，上诉权是法律赋予当事人的重要诉讼权利，对上诉不作理由上的要求，可以保证当事人能够充分行使上诉权，以保护其合法权益。抗诉则不同，抗诉权是人民检察院法律监督权的一种体现，在行使这一权力上必须以严肃认真、尽职尽责的态度来进行。所以，《刑事诉讼法》对人民检察院的抗诉理由作出了严格规定，必须以认为第一审判决或裁定"确有错误"为前提。根据 2012 年最高检《规则（试行）》，人民检察院认为同级人民法院第一审判决、裁定有下列情形之一的，应当提出抗诉：①认定事实不清、证据不足的；②有确实、充分的证据证明有罪而判无罪，或者无罪判有罪的；③重罪轻判，轻罪重判，适用刑罚明显不当的；④认定罪名不正确，一罪判数罪、数罪判一罪，影响量刑或者造成严重社会影响的；⑤免除刑事处罚或者适用缓刑、禁止令、限制减刑错误的；⑥人民法院在审理过程中严重违反法律规定的诉讼程序的。

四、上诉、抗诉的撤回

（一）上诉的撤回

上诉的撤回可分为上诉期满前的撤回与上诉期满后的撤回。根据最高法《解释》，上诉人在上诉期限内要求撤回上诉的，人民法院应当准许。上诉人在上诉期满后要求撤回上诉的，第二审人民法院应当审查。经审查，认为原判认定事实和适用法律正确，量刑适当的，应当裁定准许撤回上诉；认为原判事实不清、证据不足或者将无罪判为有罪、轻罪重判等的，应当不予准许，继续按照上诉案件审理。被判处死刑立即执行的被告人提出上诉，在第二审开庭后宣告裁判前申请撤回上诉的，应当不予准许，继续按照上诉案件审理。

(二)抗诉的撤回

人民检察院在抗诉期限内撤回抗诉的,第一审人民法院不再向上一级人民法院移送案件;在抗诉期满后第二审人民法院宣告裁判前撤回抗诉的,第二审人民法院可以裁定准许,并通知第一审人民法院和当事人。

对于抗诉案件,人民检察院接到开庭通知后不派员出庭且未说明原因的,人民法院可以裁定按人民检察院撤回抗诉处理,并通知第一审人民法院和当事人。

第三节 上诉、抗诉案件的审判

一、上诉、抗诉案件的审判组织与审判方式

(一)审判组织

《刑事诉讼法》第178条和第223条规定,第二审人民法院审判上诉、抗诉案件一律由合议庭进行,而且合议庭的组成人员都必须为审判员,人数为3~5人。第二审程序的审判主要是对第一审判决、裁定的审查,需要审判人员具有更高的理论水平和办案经验,以保证案件审理质量,所以,第二审程序要求必须由合议庭审理,不能采取独任制,且一律由审判员参加。

(二)审判方式

第二审人民法院对上诉案件可采取两种方式进行审理。

1. 开庭审理。开庭审理是指第二审人民法院在合议庭主持下,按照第一审程序规定的开庭、法庭调查和辩论、评议、宣判等步骤进行的审理方式。《刑事诉讼法》第223条第1款规定:"第二审人民法院对于下列案件,应当组成合议庭,开庭审理:①被告人、自诉人及其法定代理人对第一审认定的事实、证据提出异议,可能影响定罪量刑的上诉案件;②被告人被判处死刑的上诉案件;③人民检察院抗诉的案件;④其他应当开庭审理的案件。"最高法《解释》进一步规定,被判处死刑立即执行的被告人没有上诉,而同案的其他被告人上诉的案件,第二审人民法院应当开庭审理。被告人被判处死刑缓期执行的上诉案件,虽不属于上诉人对第一审认定的事实、证据提出异议,但可能影响定罪量刑的,有条件的,也应当开庭审理。显然,最高法《解释》对死刑作了限制解释,即《刑事诉讼法》第223条第1款第2项不包含被告人被判处死刑缓期执行的上诉案件。

二审法院开庭审理,在程序上与第一审程序基本相同,但是,第二审程序的性质决定了二审程序存在其自身的特点。根据《刑事诉讼法》及相关司法解释的规定,第二审程序比第一审程序增加了下列不同规定:①对于人民

检察院提出抗诉的案件或者第二审人民法院开庭审理的公诉案件，同级人民检察院都应当派员出席法庭。第二审人民法院应当在决定开庭审理后及时通知人民检察院查阅案卷。人民检察院应当在1个月以内查阅完毕。人民检察院查阅案卷的时间不计入审理期限。②法庭调查阶段。审判长或审判员宣读第一审判决或裁定后，由上诉人陈述上诉理由或者检察人员宣读抗诉书；对于既有上诉又有抗诉的案件，先由检察人员宣读抗诉书，再由上诉人陈述上诉理由，全面查清事实，核实证据。③法庭辩论阶段。对上诉案件，应当先由上诉人、辩护人发言，再由检察人员及对方当事人发言；对于抗诉案件及既有上诉又有抗诉的案件，应当先由检察人员发言，再由上诉人及其辩护人发言，依次进行辩论。④辩论终结后，上诉人（第一审被告人）有权进行最后陈述。⑤共同犯罪案件中，没有提起上诉和抗诉的原审被告人，应当参加法庭调查，并可以参加法庭辩论。

2. 不开庭审理。不开庭审理方式，又可称为书面审查与调查讯问相结合的方式，是指第二审人民法院通过阅卷，讯问当事人，听取其他当事人、辩护人、诉讼代理人的意见后，对上诉案件作出裁判的审理方式。根据《刑事诉讼法》的精神，除应当开庭审理的案件外，其他案件可以不开庭审理。此外，最高法《解释》第318条规定："对上诉、抗诉案件，第二审人民法院经审查，认为原判事实不清、证据不足，或者具有刑事诉讼法第227条规定的违反法定诉讼程序情形，需要发回重新审判的，可以不开庭审理。"据此，因事实不清、证据不足而需要发回重审的案件和因第一审程序违反法律规定而发回重审的案件也可以不开庭审理。

不开庭审理方式的程序不像开庭审理方式那样严格，但为保证案件审理质量，《刑事诉讼法》第223条第2款明确规定，第二审人民法院决定不开庭审理的，应当讯问被告人，听取其他当事人、辩护人、诉讼代理人的意见。最高法《解释》还规定："合议庭全体成员应当阅卷，必要时应当提交书面阅卷意见。"

开庭审理方式严格按照二审程序的要求分阶段、分步骤地进行，在检察人员与诉讼参与人的共同参加下，进行调查、质证、辨认，有利于查清案件事实，提高办案质量；而不开庭审理，则方式灵活、简单，可节省大量的人力、物力及时间，有利于提高办案效率。两种方式各有利弊，人民法院应严格根据法律的规定选择适当的审理方式。

二、上诉、抗诉案件审判中应遵循的特有原则

上诉、抗诉案件的审判过程应遵循刑事诉讼法规定的基本审判原则，另外，还应遵循第二审程序中的特有原则。

(一) 全面审查原则

《刑事诉讼法》第 222 条规定:"第二审人民法院应当就第一审判决认定的事实和适用法律进行全面审查,不受上诉或者抗诉范围的限制。共同犯罪的案件只有部分被告人上诉的,应当对全案进行审查,一并处理。"据此,第二审人民法院对上诉、抗诉案件进行审查时:

1. 不受上诉理由、抗诉理由的限制,既要审查一审判决中已被提出上诉或者抗诉的部分,又要审查上诉、抗诉理由中没有涉及的部分。

2. 不受上诉主体或被抗诉主体范围的限制。共同犯罪中,既要对已经提出上诉或已被抗诉的被告人的一审判决进行审查,又要对没有提出上诉或者没有被抗诉的被告人的判决进行审查,一并处理。

3. 不受实体部分与程序部分的限制。第二审人民法院应从实体法与程序法两个方面进行审查,既要从适用实体法方面进行全面审查,又要从适用程序法方面进行全面审查。

4. 不受刑事部分与附带民事部分的限制。对刑事附带民事诉讼案件,上诉、抗诉可能针对一审判决的全部提出,也可能单纯针对一审判决中刑事部分或民事部分提出。无论哪种情况,第二审人民法院都应对全案进行审查,既要审查刑事部分的判决,又要审查民事部分的判决。第二审人民法院审理刑事附带民事上诉、抗诉案件时,如果发现刑事和附带民事部分均有错误,需要依法改判的,应一并改判。第二审人民法院审理对刑事部分提出的上诉、抗诉,附带民事诉讼部分已经发生法律效力的案件,如果发现第一审判决或者裁定中的民事部分确有错误,应当对民事部分按照审判监督程序予以纠正。第二审人民法院审理对附带民事部分提出的上诉、抗诉,刑事部分已经发生法律效力的案件,如果发现第一审判决或者裁定中的刑事部分确有错误,应当对刑事部分按照审判监督程序进行再审,并将附带民事诉讼部分与刑事部分一并审理。

全面审查原则有利于第二审程序客观、全面地审查审判、裁定中存在的问题。对及时发现、纠正、弥补一审判决中的错误与偏差,贯彻有错必纠的方针,完成第二审程序的任务具有十分重要的意义。

不过,全面审查并不要求对一审判决、裁定认定的所有事实、证据都再审理一遍。为突出重点,确保庭审实效,对控辩双方无异议的部分可以简化审理,对有异议的部分重点审理。基于这一精神,最高法《解释》第 323 条第 1 款规定,开庭审理上诉、抗诉案件,可以重点围绕对第一审判决、裁定有争议的问题或者有疑问的部分进行。根据案件情况,可以按照下列方式审理:①宣读第一审判决书,可以只宣读案由、主要事实、证据名称和判决主文等;②法庭调查应当重点围绕对第一审判决提出异议的事实、证据以及提交的新的证据等进行;对没有异议的事实、证据和情节,可以直接确认;③对同案审理的案件中未上诉的被告人,未被申请出庭或者人民法院认为没有必要到庭的,可以不再传唤到庭;④被告人犯有数罪的案件,对其中事实清楚且无异议的犯罪,可以不在庭审时审理。但是,同案审理的案件,未提出上诉、人民检察院也未对其判决提出抗诉的被告人要求出庭的,应当准许。出庭的被告人可以参加法庭调查和辩论。

(二)上诉不加刑原则

1. 上诉不加刑原则的立法规定和意义。《刑事诉讼法》第 226 条规定:"第二审人民法院审理被告人或者他的法定代理人、辩护人、近亲属上诉的案件,不得加重被告人的刑罚。第二审人民法院发回原审人民法院重新审判的案件,除有新的犯罪事实,人民检察院补充起诉的以外,原审人民法院也不得加重被告人的刑罚。人民检察院提出抗诉或者自诉人提出上诉的,不受前款规定的限制。"这就是上诉不加刑原则在我国刑事诉讼制度中的基本规定。

上诉不加刑原则已被世界各国普遍认可,是"禁止不利益原则"的一种引申,体现了民主、自由、人道的精神,具有十分重要的意义。

(1) 有利于保护被告人的上诉权,使其能充分行使自己的辩护权。被告人的上诉是行使其辩护权的重要途径。我国法律明确规定被告人有获得辩护的权利。如果上诉案件的审理结果可能会加重被告人的刑罚,就会使上诉辩护的风险加大,出于这种顾虑,被告方往往不敢上诉,那么,两审终审制也就流于形式而失去了意义。执行上诉不加刑原则,使得仅有被告方上诉的案件的二审处理结果只会有利于上诉人一方,这样就可以解除被告人上诉的顾虑,使之能充分行使上诉权,通过第二审程序保护其合法权益,使我国的两审终审制真正发挥其应有的作用。

(2) 有利于督促人民法院增强责任感,正确行使审判权。第一审人民法院的判决,如果在量刑上畸轻,而又仅有被告方上诉,第二审人民法院就无法改判重刑,以纠正一审判决中出现的偏差,从而产生放纵罪犯的不利后果。为了避免这种现象的发生,就要求一审法院增强责任感,正确运用法律,不枉不纵,努力提高办案质量。

(3) 有利于督促人民检察院履行审判监督权。既然上诉不加刑原则对二审法院纠正一审法院的判决作出了限制,那么,对确有错误、需要加重被告人刑罚的,只有通过人民检察院的抗诉来打破这种限制。这就要求人民检察院认真行使法律监督权,积极履行抗诉的职责,使案件得到公正的处理。

2. 上诉不加刑原则的适用。根据《刑事诉讼法》和最高法《解释》,应

从以下几个方面理解上诉不加刑原则:

(1) 上诉不加刑原则的适用条件。上诉不加刑原则适用于被告人一方提出的上诉案件,即只适用于被告人或者他的法定代理人、辩护人、近亲属提起上诉的案件。对于人民检察院提出抗诉或者自诉人提出上诉的案件,则因控告方也提出上诉、抗诉要求而使第二审人民法院不再受上诉不加刑原则的限制。不过人民检察院认为第一审判决确有错误、处刑过重而提出抗诉的,第二审人民法院也不应当加重被告人的刑罚。

(2) 上诉不加刑原则的适用阶段。根据1996年《刑事诉讼法》的规定,上诉不加刑原则仅适用于第二审法院审理上诉、抗诉案件的程序中。为避免第二审法院利用将案件发回重审而变相加重被告人刑罚的情况发生,现行《刑事诉讼法》明确规定,第二审人民法院发回原审人民法院重新审判的案件,除有新的犯罪事实、人民检察院补充起诉的以外,原审人民法院也不得加重被告人的刑罚。此外,最高法《解释》还进一步扩大了其适用阶段。最高法《解释》第349条第2款规定:"高级人民法院复核死刑缓期执行案件,不得加重被告人的刑罚。"第386条规定:"除人民检察院抗诉的以外,再审一般不得加重原审被告人的刑罚。再审决定书或者抗诉书只针对部分原审被告人的,不得加重其他同案原审被告人的刑罚。"据此,上诉不加刑原则实际上已贯穿死刑复核程序和审判监督程序。从这个意义上讲,上诉不加刑原则实际上已经演变为"禁止不利变更原则"。

(3) "不加刑"的内涵。根据最高法《解释》,"不加刑"是指:①同案审理的案件,只有部分被告人上诉的,既不得加重上诉人的刑罚,也不得加重其他同案被告人的刑罚;②原判事实清楚,证据确实、充分,只是认定的罪名不当的,可以改变罪名,但不得加重刑罚;③原判对被告人实行数罪并罚的,不得加重决定执行的刑罚,也不得加重数罪中某罪的刑罚;④原判对被告人宣告缓刑的,不得撤销缓刑或者延长缓刑考验期;⑤原判没有宣告禁止令的,不得增加宣告;原判宣告禁止令的,不得增加内容、延长期限;⑥原判对被告人判处死刑缓期执行没有限制减刑的,不得限制减刑;⑦原判事实清楚,证据确实、充分,但判处的刑罚畸轻、应当适用附加刑而没有适用的,不得直接加重刑罚、适用附加刑,也不得以事实不清、证据不足为由发回第一审人民法院重新审判。必须依法改判的,应当在第二审判决、裁定生效后,依照审判监督程序重新审判。

三、上诉、抗诉案件的处理

根据《刑事诉讼法》第225~227条的规定,第二审人民法院对不服第一审判决的上诉、抗诉案件,经过审理后,应当分别作出如下处理:

(一) 驳回上诉或者抗诉，维持原判

第二审人民法院审理后认为一审判决认定事实和适用法律正确、量刑适当的，应当裁定驳回上诉或者抗诉，维持原判。这是对一审判决的正确性的肯定。

(二) 撤销原判，发回重审

1. 原判决认定事实不清或者证据不足，可以裁定撤销原判，发回原审人民法院重新审判。如果第二审人民法院审理认为，原判决认定的主要犯罪事实不清，证据不足，证据之间有矛盾，不能得出排他性结论或者发现有漏罪等情况，第二审人民法院不宜直接调查的，可发回原审人民法院重审。但是原审人民法院重新作出判决后，被告人提出上诉或者人民检察院提出抗诉的，第二审人民法院应当依法作出判决或者裁定，不得再发回原审人民法院重新审判。也就是说，事实不清或者证据不足的案件，第二审人民法院发回重审仅限一次。这主要是为了避免案件被反复发回重审，久拖不决，影响司法权威和当事人利益。

2. 第二审人民法院发现第一审人民法院违反法律规定的以下诉讼程序的，应当撤销原判，发回重审：①违反本法有关公开审判的规定的；②违反回避制度的；③剥夺或者限制了当事人的法定诉讼权利，可能影响公正审判的；④审判组织的组成不合法的；⑤其他违反法律规定的诉讼程序，可能影响公正审判的。此外，最高法《解释》规定，第二审人民法院发现原审人民法院在重新审判过程中，有上述情形之一，或者没有另行组成合议庭，依照第一审程序审判的，应当裁定撤销原判，发回重新审判。

原审人民法院对于发回重新审判的案件，应当另行组成合议庭，依照第一审程序进行审判。对于重新审判后的判决，仍可提起上诉、抗诉。

(三) 直接改判

直接改判的情形包括两种：①原判决认定事实没有错误，但适用法律有错误，或者量刑不当的，二审法院可仅就法律适用方面予以纠正，直接改判；②原判决认定事实不清或者证据不足，可以在查清事实后改判。

(四) 判决宣告无罪

被告人死亡，根据已查明的案件事实和认定的证据材料，能够确认被告人无罪的，应当判决宣告被告人无罪。

(五) 裁定终止审理

被告人死亡，审查后认为构成犯罪的，应当裁定终止审理。

(六) 其他特殊情形的处理

第二审人民法院审理对刑事部分提出的上诉、抗诉，附带民事部分已经发生法律效力的案件，发现第一审判决、裁定中的附带民事部分确有错误的，应当依照审判监督程序对附带民事部分予以纠正。第二审人民法院审理对附带民事部分提出上诉，刑事部分已经发生法律效力的案件，发现第一审判决、裁定中的刑事部分确有错误的，应当依照审判监督程序对刑事部分进行再审，并将附带民事部分与刑事部分一并审理。第二审期间，第一审附带民事诉讼原告人增加独立的诉讼请求或者第一审附带民事诉讼被告人提出反诉的，第二审人民法院可以根据自愿、合法的原则进行调解；调解不成的，告知当事人另行起诉。对第二审自诉案件，必要时可以调解，当事人也可以自行和解。调解结案的，应当制作调解书，第一审判决、裁定视为自动撤销；当事人自行和解的，应当裁定准许撤回自诉，并撤销第一审判决、裁定。第二审期间，自诉案件的当事人提出反诉的，应当告知其另行起诉。

四、上诉、抗诉案件的审判期限

根据《刑事诉讼法》的规定，第二审人民法院受理上诉、抗诉案件，应当在2个月以内审结。对于可能判处死刑的案件、附带民事诉讼案件、交通十分不便的边远地区的重大复杂案件、重大的犯罪集团案件、流窜作案的重大案件或者犯罪涉及面广、取证困难的重大复杂案件，经省、自治区、直辖市高级人民法院批准或者决定，可以延长2个月；因特殊情况还需要延长的，报请最高人民法院批准。最高人民法院受理上诉、抗诉案件的审理期限，由最高人民法院决定。

第二审人民法院发回原审人民法院重新审判的案件，原审人民法院从收到发回的案件之日起重新计算审理期限。

五、查封、扣押、冻结的财物及其孳息的处理

公安机关、人民检察院和人民法院对查封、扣押、冻结的犯罪嫌疑人、被告人的财物及其孳息，应当妥善保管，以供核查，并制作清单，随案移送。对被害人的合法财产，应当及时返还。对违禁品或者不宜长期保存的物品，应当依照国家有关规定处理。

对作为证据使用的实物应当随案移送，对不宜移送的，应当将其清单、照片或者其他证明文件随案移送。

人民法院作出的判决，应当对查封、扣押、冻结的财物及其孳息作出处理。

人民法院作出的判决生效以后，有关机关应当根据判决对查封、扣押、冻结的财物及其孳息进行处理。对查封、扣押、冻结的赃款、赃物及其孳息，除依法返还被害人的以外，一律上缴国库。

司法工作人员贪污、挪用或者私自处理查封、扣押、冻结的财物及其孳

息的，依法追究刑事责任；不构成犯罪的，给予处分。

☞ 考核提示

了解：审级制度，案件审理中赃款、赃物的处理，上诉、抗诉案件的审判期限。

理解：上诉与抗诉的区别。

熟悉并能够运用：上诉、抗诉案件的提起，上诉、抗诉案件的审判。

☞ 主题讨论

有学者提出，我国应实行三审终审制；有学者提出，我国的第二审程序不应再对事实问题进行审理；有学者提出，第二审程序不应进行全面审查。

【讨论提示】
1. 如何看待上述观点？
2. 如何完善现行第二审程序？

☞ 阶段自测

一、单项选择题
1. 根据我国《刑事诉讼法》的规定，享有独立上诉权的主体是（　　）。
   A. 被告人　　　　　　　　　B. 被害人
   C. 被告人的辩护人　　　　　D. 被告人的近亲属
2. 对基层人民法院的第一审判决有上诉权的是（　　）。
   A. 第一审人民法院的同级人民检察院
   B. 第一审人民法院的上级人民检察院
   C. 被害人
   D. 被告人
3. 我国的审判制度实行（　　）。
   A. 四级三审终审制　　　　　B. 四级两审终审制
   C. 三级三审终审制　　　　　D. 三级两审终审制
4. 下列有关抗诉的表述，不正确的是（　　）。
   A. 抗诉应当通过原审人民法院提出抗诉书
   B. 抗诉应当通过第二审人民法院提出抗诉书
   C. 抗诉只能采用书状形式
   D. 人民检察院在抗诉期限内可以撤回抗诉
5. 第二审法院通过对案件的审理，认为原判认定事实没有错误，适用法律正确，只是量刑不当的，应当（　　）。
  A. 发回重审　　　　　　　　B. 改判
  C. 维持原判　　　　　　　　D. 重新审理

二、多项选择题

在我国刑事诉讼中，上诉与二审抗诉的相同之处有（　　）。
  A. 都可以采用书面形式
  B. 都可以采用口头形式
  C. 都可以经过一审法院向二审法院提出
  D. 都可以直接向二审法院提出
  E. 两者的法定期间相同

三、名词解释题

1. 上诉不加刑原则
2. 两审终审制

四、简答题

1. 如何正确理解我国的两审终审制？
2. 简述坚持上诉不加刑原则的意义。

五、案例分析题

被告人刘某，因犯抢劫罪被起诉至某县人民法院。在宣判前，被告人脱逃，人民法院决定延期审理。被告人归案后，人民法院以抢劫罪和脱逃罪数罪并罚，判处被告人无期徒刑。判决宣告后，被告人不服，提出上诉。人民检察院认为量刑过重，也提起了抗诉。二审法院受理后，经过书面审理，认为一审法院对该案无管辖权，但是原判认定事实清楚、证据确实充分，适用法律正确，量刑恰当，因此，裁定驳回上诉、抗诉，维持原判。

问：本案诉讼程序是否存在违法情形？若有，请指出并简要说明理由。

第五编 审后程序

第十九章

死刑复核程序

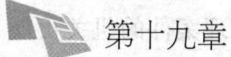 **本章导学**

本章的主要内容包括死刑复核程序的概念和意义、判处死刑立即执行案件的复核程序、判处死刑缓期两年执行案件的复核程序。重点是判处死刑立即执行案件的复核程序、判处死刑缓期两年执行案件的复核程序。难点是死刑核准的权限和死刑复核程序。

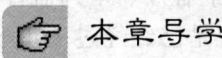 **学习引入**

2013年6月17日下午，最高人民法院在河北省黄骅市法院开庭，就被告人杨某某被二审判处死刑一案进行复核。这是自2007年1月1日最高院收回死刑核准权以来，首次开庭复核死刑案件。由于《刑事诉讼法》并未就死刑复核阶段如何开庭审理作出明确规定，在开庭之前，检察官询问按什么程序开庭，法官回答参照一审和二审的程序。检察官经请示领导后，下午3点半庭审正式开始。据辩护人介绍，当天的庭审主要是由新证人出庭作证，陈述其所了解到的被告人被刑讯逼供的情况，然后由检察官、辩护人、法官分别发问，再由书记员打印出庭审笔录，由证人签字确认。

复核死刑案件有什么特别程序？哪些案件需要开庭复核？开庭复核该如何进行？不开庭复核又该如何进行？

第一节 死刑复核程序的概念和意义

一、死刑复核程序的概念

死刑复核程序是指人民法院对判处死刑的案件进行审查核准的一种特殊

程序，其任务主要是对被告人被判处死刑的判决、裁定在认定事实、适用法律上进行全面审查，及时发现问题，以保证人民法院正确地适用死刑。死刑复核程序包括对判处死刑立即执行案件和对判处死刑缓期两年执行案件的复核程序两个方面。

死刑复核程序作为一种特殊程序，与普通程序相比，具有其自身的特点：①死刑复核程序的对象限于对被告人判处死刑的案件。②死刑复核程序的审理机关只能是最高人民法院或高级人民法院。普通程序审理案件的机关可能是各级人民法院，而死刑复核程序因其任务的特殊性，只能由最高人民法院和高级人民法院来进行。一般来讲，死刑案件核准权由最高人民法院行使，高级人民法院仅有复核权而无核准权；但对判处死刑缓期两年执行案件，高级人民法院有核准权。③死刑复核程序无审级的限制。普通程序、审判监督程序均受刑事诉讼两审终审制的限制，但死刑案件，即使是已经经过一审、二审的判决、裁定，在未经死刑复核程序前也不发生法律效力，只有经过死刑复核程序并核准死刑的，才发生法律效力。④死刑复核程序启动方式具有特殊性。普通程序，无论是一审程序还是二审程序的启动，都是由检察机关或当事人提起，而死刑复核程序则是以人民法院组织系统中下级向上级报请的方式提起。

二、死刑复核程序的意义

死刑作为最严重的刑种，是对罪犯最重的刑事惩罚，特别是死刑立即执行，一旦执行完毕，即使发现错判也无法挽回与弥补。因此，一方面，世界上多数国家废除了死刑；另一方面，在保留死刑的各国，适用死刑时都极其谨慎。在执行死刑上，我国一直贯彻少杀、慎杀的刑事政策，通过严惩极少数罪大恶极的犯罪分子，保障公民的合法权益，维护社会安全与秩序，树立法律的威严。为此，我国灵活地采用了死刑缓期两年执行与死刑立即执行两种方法，并且设置了死刑复核程序，以保证作出死刑判决、裁定的正确性。

1. 死刑复核程序有利于控制死刑的运用，将死刑范围减少到最低限度。死刑作为一种最严厉的刑罚手段，在打击重大犯罪分子的嚣张气焰，平息民愤，保护公民的人身、财产安全，保障国家安全和社会秩序方面一直发挥着积极的作用。随着社会发展，刑事犯罪行为也日趋复杂化，在团伙犯罪、黑社会性质的犯罪、各种严重的暴力犯罪、经济领域的重大犯罪现象还大量存在的情况下，保留死刑这一最严厉的刑罚手段是大有必要的。但是，死刑范围的扩大化同样会产生极强的负面效应，会使本可通过改造认罪服法的犯罪分子铤而走险，走向极端，反而增加了社会的不安全因素。因此，在适用死刑上，应尽量缩小范围，只对那些危害特别严重，情节特别恶劣或拒不改造，无悔改可能的犯罪分子处以死刑。对可杀可不杀的尽量不杀，通过死刑缓期两年执行的方式或通过其他刑种给予惩罚，以给犯罪分子改过自新、重新做人的机会。通过对死刑案件的复核，可有效保证缩小死刑的适用范围。

2. 死刑复核程序有利于保证死刑案件质量，有效防止错杀。死刑是对生命的剥夺。其他刑罚如果发现执行错误，可以通过改变执行、终止执行或经济补偿等方式加以补救。惟独死刑，一旦执行，即使发现执行错误，也是无法弥补的，生命是无价的，难以用金钱加以衡量。然而，死刑案件一般是重大复杂案件，涉及面广，社会影响大，人民法院在处理这类案件时，易受主客观各种因素的影响。通过死刑复核程序，可以在死刑案件判决、裁定正式生效前设置一道防线，及时发现案件审理及判决中存在的各种问题，纠正适用法律上的错误，防止错判的产生。从而避免错杀造成的无可挽回的社会后果，保证案件审理的质量。

第二节 判处死刑立即执行案件的复核程序

一、判处死刑立即执行案件的核准权

我国《刑事诉讼法》第 235 条规定："死刑由最高人民法院核准。"我国《刑法》规定，死刑除依法由最高人民法院判决的以外，都应当报请最高人民法院核准。由最高人民法院执行死刑案件核准权是我国一贯遵循的原则。

在授权高级人民法院行使部分死刑案件的核准权问题上，在不同时期，随着社会形势的变化而作出了不同的规定。

1. 1954 年颁布的《人民法院组织法》第 11 条规定，死刑案件由最高人民法院和高级人民法院核准，对中级人民法院和高级人民法院终审判决和裁定的死刑案件，如果当事人不服，可以申请上一级人民法院复核；基层人民法院对于死刑案件的判决和中级人民法院对于死刑案件的判决和裁定，如果当事人不上诉，不申请复核，应当报请高级人民法院核准后执行。那一时期，在基层人民法院有死刑判决权的情况下，对高院的死刑案件的核准权限定得比较严格。

2. 1957 年第一届全国人民代表大会第四次会议决定，凡判处死刑立即执行的案件，都由最高人民法院判决或核准。自此开始，死刑立即执行案件的核准权统一收归最高人民法院行使。1979 年颁布的《刑法》和《刑事诉讼法》也作出了相同的规定。如 1979 年《刑法》第 43 条第 2 款规定，死刑除依法由最高人民法院判决的以外，都应当报请最高人民法院核准。死刑缓期执行的，可以由高级人民法院判决或者核准。

3. 1980年以后，我国治安形势发生变化，恶性案件有所上升，为了使社会治安状况得以好转，加大对严重破坏社会治安的犯罪分子的打击力度，死刑核准权开始部分下放，1983年我国修改了《人民法院组织法》，其中第13条规定了前文所述的部分刑事案件，最高人民法院在必要的时候，得授权省、自治区、直辖市的高级人民法院行使。1991年以后，最高人民法院又分别授予云南、广东、甘肃等省高级人民法院对毒品案件的死刑判决行使核准权。1997年，针对修改后的《刑法》、《刑事诉讼法》，以及当前的客观形势，最高人民法院对授权各省、自治区、直辖市高级人民法院和解放军军事法院行使死刑案件的核准权方面作出了进一步规定。在其下发的有关《通知》中规定："自1997年10月1日修订后的《刑法》正式实施之日起，除本院判处的死刑案件外，各地对《刑法》分则第一章规定的危害国家安全罪、第三章规定的破坏社会主义市场经济秩序罪、第八章规定的贪污贿赂罪判处死刑的案件，高级人民法院、解放军军事法院二审复核同意后，仍应该报本院核准。对触犯《刑法》分则第二章（危害公共安全罪）、第四章（侵犯公民人身权利、民主权利罪）、第五章（侵犯财产罪）、第六章（妨害社会管理秩序罪，但毒品犯罪除外）、第七章（危害国防利益罪）、第十章（军人违反职责罪）的犯罪，判处死刑的案件（本院判决的和涉外的除外）的核准权，本院依照《人民法院组织法》第13条的规定，仍授权由各省、自治区、直辖市高级人民法院和解放军军事法院行使。但涉及港澳台死刑案件在一审宣判前仍必须报本院内核。对于毒品犯罪的死刑案件，除已获得授权的高级人民法院可以行使部分死刑案件核准权外，其他高级人民法院和解放军军事法院在二审或复核同意后，仍应报本院核准。"

4. 2006年10月31日，第十届全国人民代表大会常务委员会第二十四次会议通过了《关于修改〈中华人民共和国人民法院组织法〉的决定》，将《人民法院组织法》原第13条修改为第12条："死刑除依法由最高人民法院判决的以外，应当报请最高人民法院核准。"修改决定自2007年1月1日起施行。2006年12月13日，最高人民法院通过《关于统一行使死刑案件核准权有关问题的决定》规定：自2007年1月1日起，最高人民法院此前授权高级人民法院和解放军军事法院核准部分死刑案件的通知，一律予以废止；自2007年1月1日起，死刑除依法由最高人民法院判决的以外，各高级人民法院和解放军军事法院依法判决和裁定的，应当报请最高人民法院核准；2006年12月31日以前，各高级人民法院和解放军军事法院已经核准的死刑立即执行的判决、裁定，依法仍由各高级人民法院、解放军军事法院院长签发执行死刑的命令。

二、判处死刑立即执行案件的报请复核

报请最高人民法院核准死刑案件，应当按照下列情形分别处理：

1. 中级人民法院判处死刑的第一审案件，被告人未上诉、人民检察院未抗诉的，在上诉、抗诉期满后 10 日内报请高级人民法院复核。高级人民法院同意判处死刑的，应当在作出裁定后 10 日内报请最高人民法院核准；不同意的，应当依照第二审程序提审或者发回重新审判。发回重审仍判处死刑的，还应向高级人民法院报请复核。

2. 中级人民法院判处死刑的第一审案件，被告人上诉或者人民检察院抗诉，高级人民法院裁定维持的，应当在作出裁定后 10 日内报请最高人民法院核准。

3. 高级人民法院判处死刑的第一审案件，被告人未上诉、人民检察院未抗诉的，应当在上诉、抗诉期满后 10 日内报请最高人民法院核准。

4. 判处死刑缓期两年执行的罪犯，在死刑缓期执行期间如果故意犯罪，经查证属实，应当执行死刑的，由高级人民法院报请最高人民法院核准。

5. 因人民检察院提出抗诉而由人民法院按照第二审程序改判死刑的案件，应当报请最高人民法院核准。这类案件，主要指第一审人民法院未判处被告人死刑，由人民检察院提出抗诉，第二审人民法院加重被告人的刑罚而改判死刑的情形。其中，第二审人民法院可以是中级人民法院或高级人民法院。

6. 数罪并罚的案件，被告人被判处死刑的，或者共同犯罪案件中，部分被告人被判处死刑的，必须将全案报请最高人民法院核准。

三、报请复核的基本要求

根据最高法《解释》的规定，报请死刑复核必须符合以下要求：

1. 报请复核死刑案件，应当一案一报。即应当报请复核死刑的案件，在法定期间内及时报请。不能将多个死刑案件综合成一份材料，一并上报；也不能积压案件，待达到一定数量后成批上报。

2. 报送的材料包括：报请复核的报告，第一、二审裁判文书，死刑案件综合报告各 5 份以及全部案卷、证据。死刑案件的综合报告，第一、二审裁判文书和审理报告应当附送电子文本。同案审理的案件应当报送全案案卷、证据。曾经发回重新审判的案件，原第一、二审案卷应当一并报送。其中，报请复核的报告，应当写明案由、简要案情、审理过程和判决结果。死刑案件综合报告应当包括以下内容：①被告人、被害人的基本情况。被告人有前科或者曾受过行政处罚的，应当写明。②案件的由来和审理经过。案件曾经发回重新审判的，应当写明发回重新审判的原因、时间、案号等。③案件侦破情况。通过技术侦查措施抓获被告人、侦破案件，以及与自首、立功认定

有关的情况，应当写明。④第一审审理情况。包括控辩双方意见，第一审认定的犯罪事实，合议庭和审判委员会意见。⑤第二审审理或者高级人民法院复核情况。包括上诉理由、检察机关意见，第二审审理或者高级人民法院复核认定的事实，证据采信情况及理由，控辩双方意见及采纳情况。⑥需要说明的问题。包括共同犯罪案件中另案处理的同案犯的定罪量刑情况，案件有无重大社会影响，以及当事人的反应等情况。⑦处理意见。写明合议庭和审判委员会的意见。

四、判处死刑立即执行案件的复核程序

（一）合议庭的组成

《刑事诉讼法》第238条规定，最高人民法院复核死刑案件，应当由审判员3人组成合议庭进行。合议庭成员应当由具有较高素质的审判人员构成，并应排除原参加过本案审理的审判员参加，以保证复核的质量。

（二）复核的方式

对死刑案件的复核，一般采取不开庭复核的方式，但必要时也可开庭复核，以保证复核的准确性。至于哪些情形需要开庭复核，法律和司法解释均未明确规定。

最高人民法院复核死刑案件，应当讯问被告人。讯问被告人，可以当面讯问，也可以采取视频方式讯问。死刑复核期间，辩护律师提出要求的，应当听取辩护律师的意见；辩护律师要求当面反映意见的，最高人民法院有关合议庭应当在办公场所听取其意见，并制作笔录；辩护律师提出书面意见的，应当附卷。

在复核死刑案件过程中，最高人民检察院可以向最高人民法院提出意见。最高人民检察院提出意见的，最高人民法院应当审查，并将采纳情况及理由反馈给最高人民检察院。

最高人民法院通过远程视频提讯系统讯问死刑案件被告人

（三）复核审查的内容

最高人民法院复核死刑案件，应当全面审查以下内容：①被告人的年龄，被告人有无刑事责任能力，是否系怀孕的妇女；②原判认定的事实是否清楚，证据是否确实、充分；③犯罪情节、后果及危害程度；④原判适用法律是否正确，是否必须判处死刑，是否必须立即执行；⑤有无法定、酌定从重、从轻或者减轻处罚情节；⑥诉讼程序是否合法；⑦应当审查的其他情况。

五、死刑立即执行案件复核后的处理

（一）最高人民法院复核后的处理

《刑事诉讼法》第239条规定，最高人民法院复核死刑案件，应当作出核准或者不核准死刑的裁定。对于不核准死刑的，最高人民法院可以发回重新审判或者予以改判。具体地说，应当按照下列情形分别处理：

1. 原判认定事实和适用法律正确、量刑适当、诉讼程序合法的，应当裁定核准。

2. 原判认定的某一具体事实或者引用的法律条款等存在瑕疵，但判处被告人死刑并无不当的，可以在纠正后作出核准的判决、裁定。

3. 原判事实不清、证据不足的，应当裁定不予核准，并撤销原判，发回重新审判。

4. 复核期间出现新的影响定罪量刑的事实、证据的，应当裁定不予核准，并撤销原判，发回重新审判。

5. 原判认定事实正确，但依法不应当判处死刑的，应当裁定不予核准，并撤销原判，发回重新审判。

6. 原审违反法定诉讼程序，可能影响公正审判的，应当裁定不予核准，并撤销原判，发回重新审判。

7. 对一人有两罪以上被判处死刑的数罪并罚案件，最高人民法院复核后，认为其中部分犯罪的死刑判决、裁定认定事实不清、证据不足的，应当对全案裁定不予核准，并撤销原判，发回重新审判；认为其中部分犯罪的死刑判决、裁定认定事实正确，但依法不应当判处死刑的，可以改判，并对其他应当判处死刑的犯罪作出核准死刑的判决。

8. 对有两名以上被告人被判处死刑的案件，最高人民法院复核后，认为其中部分被告人的死刑判决、裁定认定事实不清、证据不足的，应当对全案裁定不予核准，并撤销原判，发回重新审判；认为其中部分被告人的死刑判决、裁定认定事实正确，但依法不应当判处死刑的，可以改判，并对其他应当判处死刑的被告人作出核准死刑的判决。

死刑案件复核完毕后，最高人民法院应当根据有关规定向最高人民检察院通报复核结果。我们认为，最高人民法院还应向被告人及其辩护人送达复核文书；对于核准死刑的案件，最高人民法院还应将复核文书送达罪犯的近亲属，以便其申请与罪犯会见。

(二) 发回重新审判案件的处理

最高人民法院裁定不予核准死刑的，根据案件情况，可以发回第二审人民法院或者第一审人民法院重新审判。第一审人民法院重新审判的，应当开庭审理。第二审人民法院重新审判的，可以直接改判；必须通过开庭查清事实、核实证据或者纠正原审程序违法的，应当开庭审理。

高级人民法院依照复核程序审理后报请最高人民法院核准死刑，最高人民法院裁定不予核准，发回高级人民法院重新审判的，高级人民法院可以依照第二审程序提审或者发回重新审判。

对于最高人民法院裁定不予核准死刑，发回重新审判的案件，原审人民法院应当另行组成合议庭审理。因复核期间出现新的影响定罪量刑的事实、证据，或者因原判认定事实正确，但依法不应当判处死刑的，裁定不予核准，并撤销原判，发回重新审判的案件，原审人民法院可以不另行组成合议庭，而由原合议庭审理。

第三节 判处死刑缓期两年执行案件的复核程序

一、判处死刑缓期两年执行案件的核准权

死刑缓期两年执行不是一个独立的刑种，而是对被告人判处死刑案件的一种执行方式，是对死刑的一种处理。即对应判处死刑但不需立即执行死刑的犯罪分子，在判处死刑的同时，宣告缓期两年执行，将罪犯收监羁押，进行劳动改造，如果在两年缓期执行期间没有故意犯罪，两年期满以后，减为无期徒刑或有期徒刑的一种执行方式。其目的在于给犯罪分子改过自新的机会，贯彻我国惩办与宽大相结合、区别对待和少杀、慎杀的刑事政策。在对死刑缓期两年执行的复核程序上，法律作出了相应的规定。

《刑法》第 48 条规定，死刑缓期执行，可以由高级人民法院判决或者核准。《刑事诉讼法》第 237 条规定："中级人民法院判处死刑缓期两年执行的案件，由高级人民法院核准。"可见，死刑缓期两年执行判决、裁定的核准权，由高级人民法院行使。这样，一方面保证了对该类案件的审核质量，防止错判。另一方面，因死刑缓期二年执行并未立即剥夺罪犯的生命，而且，多数死刑缓期执行的罪犯在缓期满后都能获得减刑，因而不必经过最高人民法院核准，以减轻最高人民法院的工作压力，使得案件得以及时处理。

二、判处死刑缓期二年执行案件的复核程序

中级人民法院判处死刑缓期两年执行的第一审案件，被告人不上诉，人民检察院不抗诉的，在上诉、抗诉期满后，报请高级人民法院核准；被告人上诉或者人民检察院抗诉的，高级人民法院应当依照第二审程序审理，维持原判的，即为生效判决，不需要再进行复核。

判处死刑缓期两年执行案件的报请复核要求及复核程序与判处死刑立即执行案件的报请复核要求及复核程序基本相同，如：均要求一案一报，报送的材料相同，审查的内容相同，应当由审判员3人组成合议庭进行，应当讯问被告人，等等。

高级人民法院复核死刑缓期二年执行案件，应当按照下列情形分别处理：

1. 原判认定事实和适用法律正确、量刑适当、诉讼程序合法的，应当裁定核准；

2. 原判认定的某一具体事实或者引用的法律条款等存在瑕疵，但判处被告人死刑缓期二年执行并无不当的，可以在纠正后作出核准的判决、裁定；

3. 原判认定事实正确，但适用法律有错误，或者量刑过重的，应当改判；

4. 原判事实不清、证据不足的，可以裁定不予核准，并撤销原判，发回重新审判，或者依法改判；

5. 复核期间出现新的影响定罪量刑的事实、证据的，可以裁定不予核准，并撤销原判，发回重新审判，或者依照最高法《解释》第220条的规定审理后依法改判；

6. 原审违反法定诉讼程序，可能影响公正审判的，应当裁定不予核准，并撤销原判，发回重新审判。

高级人民法院复核死刑缓期执行案件，不得加重被告人的刑罚。

考核提示

了解：死刑复核程序的概念、判处死刑缓期二年执行案件的复核程序。
理解：死刑复核程序的意义。
熟悉并能够运用：判处死刑立即执行案件的复核程序。

主题讨论

2007年1月1日开始，最高人民法院统一行使死刑核准权，结束了部分死刑案件核准权下放的历史。当年，判处死刑缓期二年执行的人数第一次超过了判处死刑立即执行的人数。时任首席大法官肖扬总结了死刑复核程序改革的五方面积极意义：①丰富了宽严相济的刑事司法政策。②统一死刑司法

尺度，避免量刑失衡，确保了被告人法律面前一律平等。③加强了司法领域的人权保障，可杀可不杀的一律不杀，可不立即执行的一律不立即执行，确保死刑立即执行只适用于罪行极其严重、性质极其恶劣、社会危害性极大的刑事犯罪分子，使死刑立即执行的刑事被告人人数逐步减少。④完善了死刑二审开庭程序，改变了死刑复核与二审程序"合而为一"以及二审基本不开庭的做法，有利于落实死刑案件中证人和鉴定人出庭制度。⑤完善死刑核准程序，改变过去以书面审为主的做法，对报请核准的案件，最高人民法院组织合议庭全面阅卷，讯问被告人，听取被告人及其律师的辩护意见。

【讨论提示】

1. 结合材料和 2012 年《刑事诉讼法》对死刑复核程序的修改内容，谈谈死刑复核程序对严格控制死刑的意义。

2. 如何进一步完善我国的死刑复核程序？

 阶段自测

一、单项选择题

关于死刑复核程序，下列哪一选项是正确的？（　　）

A. 最高法院复核死刑案件，可以不讯问被告人

B. 最高法院复核死刑案件，应当听取辩护律师的意见

C. 在复核死刑案件过程中，最高检察院应当向最高法院提出意见

D. 最高法院应当将死刑复核结果通报最高检察院

二、简答题

1. 判处死刑立即执行的案件如何报请复核？

2. 死刑立即执行案件复核后如何处理？

第二十章

审判监督程序

☞ 本章导学

本章的主要内容包括审判监督程序的概念、特点和意义，提起审判监督程序的材料来源及其审查处理，审判监督程序的提起，按照审判监督程序对案件进行重新审判。重点是审判监督程序的提起，按照审判监督程序对案件进行重新审判。难点是提起审判监督程序的主体、第二审抗诉与审判监督程序抗诉的区别。

☞ 学习引入

1994年9月23日，聂树斌因被石家庄市公安局郊区分局民警怀疑与一起奸杀案有关而被抓获。1995年3月3日，石家庄市人民检察院以聂树斌犯故意杀人罪、强奸罪，向石家庄市中级人民法院提起公诉。石家庄市中级人民法院于1995年3月15日作出（1995）石刑初字第53号刑事附带民事判决。法院认定："聂树斌于1994年8月5日17时许，骑自行车尾随下班的石家庄市液压件厂女工康菊花至石郊孔寨村的石粉路中段，聂故意用自行车将骑车前行的康菊花别倒，拖至路东玉米地内，用拳猛击康的头、面部，致康昏迷后，将康强奸。尔后用随身携带的花上衣猛勒康的颈部，致康窒息死亡。"遂以故意杀人罪、强奸罪判处聂树斌死刑，剥夺政治权利终身。

聂树斌不服，向河北省高级人民法院提出上诉。河北省高级人民法院于1995年4月25日作出（1995）冀刑一终字第129号刑事附带民事判决，维持了聂树斌故意杀人罪的死刑判决。4月27日，聂树斌被执行死刑。

2005年1月18日，河南省荥阳市公安局索河路派出所干警抓获河北省公安厅网上通缉的逃犯王书金。王书金供述其曾经多次强奸、杀人，其中一起是1994年8月在其打工的石家庄市液压件厂旁边的一块玉米地里，奸杀了一个30多岁的妇女。

2005年1月22日，王书金在河北省广平县警方的押解下，来到原石家庄市液压件厂旁边鹿泉市孔寨村村民马振才承包的玉米地，指认了当时的作案现场。

一起案件居然出现了两个"真凶"!

王书金案曝光以后,聂树斌的母亲张焕枝多次前往河北省高级人民法院和最高人民法院,要求重审聂树斌案。然而这么多年过去了,聂树斌案的重审似乎依然遥遥无期。

生效的刑事案件确有错误,应该如何纠正?还能够重新审判吗?如果可以,谁有权启动该程序?启动后又该如何进行审判?这些问题都可以通过学习审判监督程序得到解答。

第一节 审判监督程序的概念、特点和意义

一、审判监督程序的概念

审判监督程序,也被称为再审程序,是指人民法院、人民检察院对已经发生法律效力的判决和裁定,发现在认定事实或者适用法律上确有错误的,依法提出并由人民法院重新审判的一种特别程序。它是刑事审判程序的重要组成部分,但并非每个刑事案件的必经程序,只有已经发生法律效力而又确有错误的判决、裁定,才能适用这一程序。

审判监督程序与审判监督是两个不同的法律概念,审判监督的含义、内容和范围比审判监督程序广泛得多,审判监督程序仅是审判监督的一个方面或一种表现形式。审判监督既包括国家权力机关、人大代表、人民群众及新闻媒体等对审判工作的社会监督,也包括法院系统内上级法院对下级法院审判工作的监督,如通过二审程序、死刑复核程序、审判监督程序以及利用司法解释、批复、总结审判工作经验教训等方式对审判工作进行监督。而审判监督程序则是为了纠正错误裁判而提起的诉讼程序,是仅对已经发生法律效力的判决和裁定,经审查发现确有错误的,才依法提起并进行重新审判的特殊程序。因此,审判监督程序仅是审判监督的一种法定形式,并非审判监督的全部内容,不能将二者混为一谈。

从本质上讲,审判监督程序是一种补救性程序,它是对生效错误裁判的一种救济。一般来讲,已经发生法律效力的判决、裁定具有普遍的约束力,一旦确定,不得擅自更改,这是刑事诉讼中的一个基本原则。但是由于受各种主、客观因素的影响,一些已经生效的裁判也可能是错误的,这样法院裁判的确定性与案件的真实性之间就产生了矛盾,审判监督程序就是为解决这两者之间的矛盾而设立的。

二、审判监督程序的特点

审判监督程序作为刑事诉讼的一项特殊审判程序，既不同于二审程序，也不同于死刑复核程序，而是具有自身特点的诉讼程序。

（一）审判监督程序与二审程序的区别

审判监督程序与二审程序相比，虽然二者都是对案件进行重新审判的程序，都是通过审理维护正确的裁判，纠正错误的裁判。但是，这两种程序各有不同的特点，它们之间有明显的区别，主要表现在：

1. 审理的对象不同。审判监督程序审理的是已经生效的裁判，包括正在执行和已经执行完毕的裁判；而第二审程序审理的只限于尚未发生法律效力的裁判，不存在停止执行或中止执行的问题。

2. 提起的主体不同。有权提起审判监督程序的主体是最高人民法院、上级人民法院、本院的审判委员会以及最高人民检察院、上级人民检察院；而有权提起第二审程序的主体则是依法享有上诉权的当事人（被害人除外）及其法定代理人或经其同意的辩护人、近亲属，以及依法享有抗诉权的人民检察院。

3. 提起的条件不同。提起审判监督程序有严格的条件限制，即必须是经过法定主体认真审查，有充分的根据和理由认为原生效裁判确有错误，才能提起；第二审程序对上诉的条件未作限制，只要有合法的上诉或者抗诉，不论其上诉有无理由或抗诉理由是否充分，原审法院的上级法院都必须对案件进行审理。

4. 期限不同。对于提起审判监督程序，法律没有规定期限，只是在发现新罪或者需要将无罪改为有罪时，才受追诉时效期限的限制，对有罪改为无罪的，法律未规定任何期限限制；而第二审程序的上诉、抗诉，必须在法律规定的期限内提起，如果逾期又无正当理由提出上诉、抗诉的，第二审法院不予受理。

5. 审理案件的法院不同。按照审判监督程序重新审判的法院，既可以是原人民法院，也可以是提审的任何上级法院，还可以是由上级法院依法指令再审的任何法院；而按照第二审程序审理案件的法院，只能是第一审法院的上一级人民法院。

6. 加刑限制不同。按照审判监督程序重新审理的案件，除人民检察院抗诉的以外，一般不得加重原审被告人的刑罚；而按照第二审程序审理的案件，必须严格遵守上诉不加刑原则，在只有被告人一方提出上诉的情况下，第二审人民法院不得加重被告人的刑罚。

(二) 审判监督程序与死刑复核程序的区别

审判监督程序与死刑复核程序一样，都是普通程序以外的一种特殊程序，都是实现审判监督的方式，但两者有明显的区别。

1. 适用的案件范围不同。审判监督程序是对发生法律效力的一切确有错误的裁判（包括死刑裁判）所进行的重新审判；而死刑复核程序则是对尚未发生法律效力的死刑裁判的核准。

2. 审理的目的不同。审判监督程序是为了纠正错误裁判；而死刑复核程序则是为了防止发生错误裁判。

3. 提起和报请的主体不同。审判监督程序必须由最高人民法院和上级人民法院、各级人民法院院长及审判委员会，以及最高人民检察院和上级人民检察院依法提起；而死刑复核程序则是由下级人民法院将判处被告人死刑的案件主动报请有核准权的上级人民法院核准。

4. 审理的法院不同。有权依照审判监督程序重新审理案件的法院包括最高人民法院和地方各级人民法院；而有权依照死刑复核程序进行复核的则只有最高人民法院和高级人民法院。

三、审判监督程序的意义

审判监督程序作为我国刑事审判程序的重要组成部分，对于实现我国刑事诉讼的目的，完成刑事诉讼法的任务具有十分重要的意义。具体表现在：

(一) 它是准确适用刑罚、贯彻"实事求是，有错必纠"方针的重要法律保障

判决和裁定一经发生法律效力，就具有稳定性、权威性和排他性，任何机关、团体或个人都无权擅自变更或撤销。但是，生效裁判的权威性和稳定性应建立在认定事实清楚、适用法律正确、诉讼程序合法的基础之上。由于刑事案件的复杂性和各种主、客观因素的影响，已经生效的裁判也有可能存在着错误，尽管这种错误的裁判是极少数，但是也没有理由去维护其稳定性和虚假的权威性，而应当按照司法公正的要求，依照审判监督程序予以纠正。因此，审判监督程序是准确适用刑罚、贯彻"实事求是，有错必纠"方针的重要法律保障。

(二) 它是上级人民法院和上级人民检察院对下级人民法院审判工作实行监督的重要形式和有效措施

最高人民检察院和上级人民检察院、最高人民法院和上级人民法院在接受申诉及办案过程中，发现下级人民法院的生效裁判确有错误，通过提出抗诉或提审、指令再审的方式，对下级人民法院的审判工作进行监督，及时发现审判工作中存在的问题，并从中总结经验教训，促使下级法院改进审判作

风和工作方法，提高审判人员的政策法律水平，提高办案质量。

（三）它是人民群众对审判工作发挥监督作用的重要渠道

我国刑事诉讼法规定，对于已经生效的裁判，当事人及其法定代理人、近亲属等都可以提起申诉。有关国家机关、单位和公民可以提出纠正错误裁判的意见和要求，这就为提起审判监督程序提供了广泛的材料来源。有利于充分发挥人民群众对审判工作的监督作用，督促人民法院及时发现问题，纠正错误的裁判，增强人民群众对国家司法机关的尊重和信赖。

第二节 提起审判监督程序的材料来源及其审查处理

一、提起审判监督程序的材料来源

我国提起审判监督程序的材料来源，主要有下列几个方面：

（一）当事人及其法定代理人、近亲属和案外人的申诉

所谓申诉是指当事人及其法定代理人、近亲属对人民法院的生效裁判不服，向人民法院或人民检察院提出该裁判在认定事实或适用法律上的错误并要求重新审判的行为。

《刑事诉讼法》第241条规定："当事人及其法定代理人、近亲属，对已经发生法律效力的判决、裁定，可以向人民法院或者人民检察院提出申诉，但是不能停止判决、裁定的执行。"最高法《解释》进一步规定，当事人及其法定代理人、近亲属对已经发生法律效力的判决、裁定提出申诉的，人民法院应当审查处理。申诉是可能引起审判监督程序的最经常和最主要的材料来源，是司法机关发现错案的重要途径。因此，人民法院、人民检察院要认真做好申诉的审查处理工作，及时发现错误，确保审判的公正、合法。

需要注意的是，根据最高法《解释》第371条第2款的规定，案外人认为已经发生法律效力的判决、裁定侵害其合法权益，提出申诉的，人民法院也应当审查处理。

向人民法院申诉，应当提交以下材料：①申诉状。应当写明当事人的基本情况、联系方式以及申诉的事实与理由。②原一、二审判决书、裁定书等法律文书。经过人民法院复查或者再审的，应当附有驳回通知书、再审决定书、再审判决书、裁定书。③其他相关材料。以有新的证据证明原判决、裁定认定的事实确有错误为由申诉的，应当同时附有相关证据材料；申请人民法院调查取证的，应当附有相关线索或者材料。申诉不符合规定的，人民法院应当告知申诉人补充材料；申诉人对必要材料拒绝补充且无正当理由的，不予审查。

(二)各级人民代表大会代表提出的纠正错案的议案

人民代表来自于人民群众,因此他们与人民群众联系密切,人民群众也乐于向他们反映情况和要求。人民代表在视察工作和调查访问过程中,能够了解到人民群众对人民法院的判决、裁定是否有意见;在人民代表召开会议期间,可以有针对性地对确有错误的裁判提出议案,这体现着权力机关对司法工作的监督,司法机关应将人大代表提出的议案、质询意见或反映的情况作为提起审判监督程序的一个重要来源,迅速认真地进行审查,并将处理结果报告权力机关。

(三)人民群众的来信来访

人民群众来信来访是指人民群众对已经生效的裁判提出的意见和反映。他们如果认为生效裁判确有错误,可以用口头或书面的形式反映意见,要求司法机关予以复查和纠正。这种来信来访,既是审判监督程序的重要材料来源,又是人民群众监督人民法院、人民检察院司法工作的重要方式。但是这种涉及生效裁判的反映,不同于当事人的申诉,不同于人民群众对非诉讼问题的一般反映。对于人民群众的来信来访应当重视,并进行认真审查和处理,但是不能把它与申诉混为一谈,更不能把申诉当做群众的一般来信来访对待。

(四)司法机关自己发现的错案

司法机关为了保证办案质量,在定期或不定期的主动自查、互查,或按上级指示进行必要的总结检查、复查过程中,有可能发现错案,因此,司法机关通过自己办案、复查发现的错案,也是提起审判监督程序的重要材料来源。

(五)机关、团体、企事业单位和新闻媒体等对生效裁判提出的意见

各级党政领导部门、纪检组织、监察机关、海关、税务、工商等部门,在社会调查和履行职责过程中,如发现生效裁判可能有错误,可向有关司法机关提出建议、移交材料,这也是提起审判监督程序的重要材料来源。律师协会、律师事务所在履行职务过程中,也可能发现错误的生效裁判,对于他们以法律意见书的方式向司法机关提出的意见,司法机关也应高度重视。至于新闻媒体反映的意见,其监督作用日益巨大,司法机关不能仅仅将其作为一般舆论,也应该将其视为提起审判监督程序的重要材料来源,及时审查处理。

以上各种材料来源,仅仅是可能提起审判监督程序的原因与条件,并不能必然引起审判监督程序。只有经过司法机关认真审查,符合《刑事诉讼法》第242条规定的情形的,才能依法提起审判监督程序。

二、申诉的理由

申诉只是审判监督程序的材料来源，不具有直接提起再审的法律效力，自然也不能停止对生效裁判的执行。因此，我国《刑事诉讼法》第241条明确规定，当事人等提出申诉，不能停止对原裁判的执行。这一规定与世界上大多数国家的法律规定是相一致的。

为了维护生效裁判的严肃性和稳定性，《刑事诉讼法》第242条和最高法《解释》第375条对申诉的理由作了严格的限制规定。当事人及其法定代理人、近亲属和案外人的申诉具有下列9种法定情形之一的，人民法院应当重新审判：①有新的证据证明原判决、裁定认定的事实确有错误，可能影响定罪量刑的；②据以定罪量刑的证据不确实、不充分、依法应当排除的；③证明案件事实的主要证据之间存在矛盾的；④主要事实依据被依法变更或者撤销的；⑤认定罪名错误的；⑥量刑明显不当的；⑦违反法律关于溯及力规定的；⑧违反法律规定的诉讼程序，可能影响公正裁判的；⑨审判人员在审理该案件时有贪污受贿、徇私舞弊、枉法裁判行为的。

至于何为"新的证据"，根据最高法《解释》第376条，是指具有下列情形之一，可能改变原判决、裁定据以定罪量刑的事实的证据：①原判决、裁定生效后新发现的证据；②原判决、裁定生效前已经发现，但未予收集的证据；③原判决、裁定生效前已经收集，但未经质证的证据；④原判决、裁定所依据的鉴定意见，勘验、检查等笔录或者其他证据被改变或否定的。

三、对申诉的受理和审查处理

（一）对申诉的受理

根据《刑事诉讼法》的规定，申诉既可以向人民法院提出，也可以向人民检察院提出。

根据最高法《解释》，申诉由终审人民法院审查处理。但是，第二审人民法院裁定准许撤回上诉的案件，申诉人对第一审判决提出申诉的，可以由第一审人民法院审查处理。上一级人民法院对未经终审人民法院审查处理的申诉，可以告知申诉人向终审人民法院提出申诉，或者直接交终审人民法院审查处理，并告知申诉人；案件疑难、复杂、重大的，也可以直接审查处理。对未经终审人民法院及其上一级人民法院审查处理，直接向上级人民法院申诉的，上级人民法院可以告知申诉人向下级人民法院提出。对死刑案件的申诉，可以由原核准的人民法院直接审查处理，也可以交由原审人民法院审查。原审人民法院应当写出审查报告，提出处理意见，层报原核准的人民法院审查处理。

根据最高检察《规则》，申诉由作出生效判决、裁定的人民法院的同级人民检察院刑事申诉检察部门依法办理。当事人及其法定代理人、近亲属直接向上级人民检察院申诉的,上级人民检察院可以交由作出生效判决、裁定的人民法院的同级人民检察院受理;案情重大、疑难、复杂的,上级人民检察院可以直接受理。当事人及其法定代理人、近亲属对人民法院已经发生法律效力的判决、裁定提出申诉,经人民检察院复查决定不予抗诉后继续提出申诉的,上一级人民检察院应当受理。不服人民法院死刑终审判决、裁定尚未执行的申诉,由监所检察部门办理。对不服人民法院已经发生法律效力的刑事判决、裁定的申诉,经两级人民检察院办理且省级人民检察院已经复查的,如果没有新的事实和理由,人民检察院不再立案复查,但原审被告人可能被宣告无罪或者判决、裁定有其他重大错误可能的除外。

(二)对申诉的审查处理

根据最高法《解释》,对立案审查的申诉案件,应当在3个月内作出决定,至迟不得超过6个月。经审查,申诉符合法定情形的,应当决定重新审判。申诉不具有法定情形的,应当说服申诉人撤回申诉;仍然坚持申诉的,应当书面通知驳回。申诉人对驳回申诉不服的,可以向上一级人民法院申诉。上一级人民法院经审查认为申诉不符合法定情形的,应当说服申诉人撤回申诉;对仍然坚持申诉的,应当驳回或者通知不予重新审判。

根据2012年最高检《规则(试行)》,人民检察院刑事申诉检察部门对已经发生法律效力的刑事判决、裁定的申诉复查后,认为需要提出抗诉的,报请检察长或者检察委员会讨论决定。地方各级人民检察院刑事申诉检察部门对不服同级人民法院已经发生法律效力的刑事判决、裁定的申诉复查后,认为需要提出抗诉的,报请检察长或者检察委员会讨论决定。认为需要提请抗诉的,应当提请上一级人民检察院抗诉。上级人民检察院刑事申诉检察部门对下一级人民检察院提请抗诉的申诉案件审查后,认为需要提出抗诉的,报请检察长或者检察委员会决定。人民检察院刑事申诉检察部门对不服人民法院已经发生法律效力的刑事判决、裁定的申诉案件复查终结后,应当制作刑事申诉复查通知书,并在10日以内通知申诉人。经复查,向上一级人民检察院提请抗诉的,应当在上一级人民检察院作出是否抗诉的决定后制作刑事申诉复查通知书。

第三节 审判监督程序的提起

一、提起审判监督程序的主体

提起审判监督程序,是对已经发生法律效力且已交付执行或执行完毕的判决、裁定进行重新审判，必须特别慎重。因此，为保证人民法院裁判的稳定性和严肃性，并使确有错误的裁判能够得以纠正，我国法律对提起审判监督程序的机关、人员及其权限作了严格限制。根据《刑事诉讼法》第 243 条的规定，只有下列机关和人员才有权依法提起审判监督程序：

（一）各级人民法院院长和审判委员会

《刑事诉讼法》第 243 条第 1 款规定："各级人民法院院长对本院已经发生法律效力的判决和裁定，如果发现在认定事实上或者在适用法律上确有错误，必须提交审判委员会处理。"这表明：

1. 对本院已经发生法律效力的判决、裁定提起审判监督程序的权力，应由院长和审判委员会共同行使，即院长具有提交权，而审判委员会具有决定权。院长本人不能自行决定对案件的处理。

2. 各级人民法院院长和审判委员会提起审判监督程序的对象只能是本院的生效裁判，包括本院一审生效的裁判、二审终审和核准的裁判，不能是上级或者其他同级人民法院的生效裁判。如果原属本院第一审，但后来又经过二审终审的案件，即使确有错误，第一审人民法院院长和审判委员会也无权提交和决定再审，只能向第二审人民法院提出意见，由第二审人民法院决定是否提起再审。如果第二审人民法院经依法提交讨论，决定再审的，既可以由第二审人民法院再审，也可以发回原审人民法院再审。

3. 审判委员会对院长提交讨论的本院生效裁判决定再审的，应当另行组成合议庭。

4. 各级人民法院提起审判监督程序重新审结的案件，如果发现仍有错误，还可以提交审判委员会处理，也可以送请上一级人民法院依照审判监督程序处理。

（二）最高人民法院和上级人民法院

《刑事诉讼法》第 243 条第 2 款规定："最高人民法院对各级人民法院已经发生法律效力的判决和裁定，上级人民法院对下级人民法院已经发生法律效力的判决和裁定，如果发现确有错误，有权提审或者指令下级人民法院再审。"

所谓提审，是指最高人民法院或上级人民法院经过审查，认为原审人民法院已经生效的裁判确有错误，需要提起审判监督程序，但案件又不需要或不宜由原审人民法院重新审判的，直接由自己组成合议庭，调取原审的案卷和材料，对案件进行审理。所谓指令再审，是指上级人民法院对下级人民法院已经生效且确有错误的裁判，撤销原判，指令下级人民法院按审判监督程序重新审理。

我国法律赋予最高人民法院监督和指导地方各级人民法院和专门法院的审判工作的权利，赋予上级人民法院监督和指导下级人民法院的审判工作的权力，提审和再审是提起审判监督程序的两种方式。因此，凡最高人民法院或上级人民法院提审的案件，原审人民法院均应将案卷材料报送上去。凡是最高人民法院或上级人民法院指令再审的案件，下级人民法院必须进行再审，不必再提交审判委员会讨论决定。

最高法《解释》规定，上级人民法院发现下级人民法院已经发生法律效力的判决、裁定确有错误的，可以指令下级人民法院再审；原判决、裁定认定事实正确但适用法律错误，或者案件疑难、复杂、重大，或者有不宜由原审人民法院审理情形的，也可以提审。上级人民法院指令下级人民法院再审的，一般应当指令原审人民法院以外的下级人民法院审理；由原审人民法院审理更有利于查明案件事实、纠正裁判错误的，可以指令原审人民法院审理。

（三）最高人民检察院和上级人民检察院

《刑事诉讼法》第 243 条第 3 款规定："最高人民检察院对各级人民法院已经发生法律效力的判决和裁定，上级人民检察院对下级人民法院已经发生法律效力的判决和裁定，如果发现确有错误，有权按照审判监督程序向同级人民法院提出抗诉。"这一规定表明，最高人民检察院和上级人民检察院是提起审判监督程序的主体。人民检察院作为国家的法律监督机关，有权对人民法院确有错误的生效裁判按审判监督程序提起抗诉，这是人民检察院行使审判监督权的一个重要方面。

按照法律规定，有权通过审判监督程序提出抗诉的机关只能是最高人民检察院和上级人民检察院。地方各级人民检察院和下级人民检察院如果发现同级人民法院或上级人民法院的判决、裁定确有错误的，无权向这些法院提出抗诉，只能向上一级人民检察院报告，请求上级人民检察院向同级人民法院提出抗诉。是否提出抗诉，由接到请求的上级人民检察院决定。

如果最高人民检察院发现最高人民法院的生效裁判确有错误的，其有权按照审判监督程序直接向最高人民法院提出抗诉。因为法律规定，最高人民检察院有权对各级人民法院（包括最高人民法院）的错误裁判，依照审判监督程序提出抗诉。对于人民检察院抗诉的案件，接受抗诉的人民法院应当另行组成合议庭重新审理，对于原判决事实不清或证据不足的，可以指令下级人民法院再审。对于人民检察院依照审判监督程序提出抗诉的案件，人民法院不能裁定驳回。

审判监督程序的抗诉和第二审程序的抗诉，虽然都是人民检察院对审判的法律监督，但是，两者在抗诉对象、抗诉权限、抗诉期限、抗诉作用、法律后果及接受抗诉的人民法院等方面均有区别。

二、提起审判监督程序的条件

提起审判监督程序的条件，是指在什么情况下或者具备什么样的理由，就可以而且应当提起审判监督程序。《刑事诉讼法》为了维护已生效裁判的严肃性和稳定性，对提起审判监督程序的理由作了严格的限制性规定。只有对各种再审材料进行认真审查后，发现已经生效的判决、裁定在认定事实上或者适用法律上确有错误，才具备提起审判监督程序的理由，才能再审。至于如何确定"确有错误"，《刑事诉讼法》未作具体规定。不过2012年最高检《规则（试行）》规定，人民检察院认为人民法院已经发生法律效力的判决、裁定确有错误，具有下列情形之一的，应当按照审判监督程序向人民法院提出抗诉：①有新的证据证明原判决、裁定认定的事实确有错误，可能影响定罪量刑的；②据以定罪量刑的证据不确实、不充分的；③据以定罪量刑的证据依法应当予以排除的；④据以定罪量刑的主要证据之间存在矛盾的；⑤原判决、裁定的主要事实依据被依法变更或者撤销的；⑥认定罪名错误且明显影响量刑的；⑦违反法律关于追诉时效期限的规定的；⑧量刑明显不当的；⑨违反法律规定的诉讼程序，可能影响公正审判的；⑩审判人员在审理案件的时候有贪污受贿，徇私舞弊，枉法裁判行为的。以上10种情形可以视为"确有错误"。应该说，这10种情形与最高法《解释》关于申诉案件重新审判的9种法定情形几乎一致，这也说明，申诉的法定理由与提起审判监督程序的条件基本一致，人民法院和人民检察院认定判决、裁定"确有错误"的标准也基本一致。

第四节 按照审判监督程序对案件进行重新审判

一、重新审判的方式

根据法律规定和司法实践经验，我国依照审判监督程序审理案件的方式主要有以下两种：

（一）开庭审理

开庭审理，也叫直接审理，是指在控辩双方和其他诉讼参与人的直接参加下，由审判人员直接调查核实证据、查明事实、运用法律作出裁判。开庭审理最能体现刑事审判的公平、公开、公正的价值追求。至于哪些案件需要开庭审理，《刑事诉讼法》未作规定。最高法《关于刑事再审案件开庭审理程序的具体规定（试行）》规定，下列再审案件，应当依法开庭审理：①依照第一审程序审理的；②依照第二审程序需要对事实或者证据进行审理的；③人民检察院按照审判监督程序提出抗诉的;④可能对原审被告人(原审上诉人)加重刑罚的;⑤有其他应当开庭审理情形的。最高法《解释》没有对此进行规定。

(二) 不开庭审理

不开庭审理,是指法院不传唤原案当事人,不通知证人、鉴定人等诉讼参与人到庭,不进行法庭调查和辩论,只根据原案卷材料及申诉材料和意见,由合议庭评议后直接作出裁判的审理方式。不开庭审理可以讯问被告人,询问被害人、证人等,调查新事实,收集新证据,听取检察院和辩护人的看法和意见。最高法《关于刑事再审案件开庭审理程序的具体规定(试行)》规定,下列再审案件可以不开庭审理:①原判决、裁定认定事实清楚,证据确实、充分,但适用法律错误,量刑畸重的;②1979年《刑事诉讼法》施行以前裁判的;③原审被告人(原审上诉人)、原审自诉人已经死亡,或者丧失刑事责任能力的;④原审被告人(原审上诉人)在交通十分不便的边远地区监狱服刑,提押到庭有困难的,但人民检察院提出抗诉的,人民法院应征得人民检察院的同意;⑤人民法院按照审判监督程序决定再审,按规定通知人民检察院派员出庭,经两次通知,人民检察院不派员出庭的。最高法《解释》第384条第3款规定:"对原审被告人、原审自诉人已经死亡或者丧失行为能力的再审案件,可以不开庭审理。"显然,新解释缩小了不开庭案件的范围。我们认为,最高法《解释》的精神可以理解为:对于再审案件,原则上都应开庭审理,在原审被告人、原审自诉人已经死亡或者丧失行为能力的情形下,可以不开庭审理。

二、重新审判的程序

《刑事诉讼法》第245条规定:"人民法院按照审判监督程序重新审判的案件,由原审人民法院审理的,应当另行组成合议庭进行。如果原来是第一审案件,应当依照第一审程序审判,所作的判决、裁定,可以上诉、抗诉;如果原来是第二审案件,或者是上级人民法院提审的案件,应当依照第二审程序审判,所作的判决、裁定,是终审的判决、裁定。人民法院开庭审理的再审案件,同级人民检察院应当派员出席法庭。"根据这一规定以及最高人民法院的有关司法解释,按照审判监督程序重新审判的案件应当遵循以下程序:

1. 对决定依照审判监督程序重新审判的案件,除人民检察院抗诉的以外,人民法院应当制作再审决定书。再审期间不停止原判决、裁定的执行,但被告人可能经再审改判无罪,或者可能经再审减轻原判刑罚而致刑期届满的,可以决定中止原判决、裁定的执行,必要时,可以对被告人采取取保候审、监视居住措施。

2. 原审人民法院审理依照审判监督程序重新审判的案件，应当另行组成合议庭，以避免先入为主影响对案件的公正处理，同时也可以消除当事人不必要的疑虑。

3. 再审案件的审级，依原来的审级确定。原来是第一审案件，应当依照第一审程序进行审判，所作的判决、裁定可以上诉、抗诉；原来是第二审案件，或者是上级人民法院提审的案件，应当依照第二审程序进行审判，所作的判决、裁定是终审的判决、裁定。

4. 人民法院开庭审理的再审案件，同级人民检察院应当派员出席法庭；再审决定书或者抗诉书只针对部分原审被告人，其他同案原审被告人不出庭不影响审理的，可以不出庭参加诉讼。

5. 开庭审理的再审案件，系人民法院决定再审的，由合议庭组成人员宣读再审决定书；系人民检察院抗诉的，由检察人员宣读抗诉书；系申诉人申诉的，由申诉人或者其辩护人、诉讼代理人陈述申诉理由。

6. 依照审判监督程序重新审判的案件，人民法院应当重点针对申诉、抗诉和决定再审的理由进行审理。必要时，应当对原判决、裁定认定的事实、证据和适用法律进行全面审查。

7. 对再审改判宣告无罪并依法享有申请国家赔偿权利的当事人，人民法院宣判时，应当告知其在判决发生法律效力后可以依法申请国家赔偿。

三、重新审判的期限

重新审判的期限，是指人民法院从确定对生效裁判重新审判开始到审理终结之间所必须遵守的时间限制。

《刑事诉讼法》第247条规定："人民法院按照审判监督程序重新审判的案件，应当在作出提审、再审决定之日起3个月以内审结，需要延长期限的，不得超过6个月。接受抗诉的人民法院按照审判监督程序审判抗诉的案件，审理期限适用前款规定；对需要指令下级人民法院再审的，应当自接受抗诉之日起1个月以内作出决定，下级人民法院审理案件的期限适用前款规定。"

《刑事诉讼法》对再审案件的审理期限给予了明确的规定，有利于提高再审程序的工作效率，保障有关当事人的合法权益，对防止案件久拖不决，及时纠正错误裁判也具有十分重要的意义。

四、重新审判后的结果

人民法院按照审判监督程序对案件重新审理以后，应当分别案件的不同情况作出如下处理：

1. 原判决、裁定认定事实和适用法律正确、量刑适当的，应当裁定驳回申诉或者抗诉,维持原判决、裁定。

2. 原判决、裁定定罪准确、量刑适当,但在认定事实、适用法律等方面有瑕疵的,应当裁定纠正并维持原判决、裁定。

3. 原判决、裁定认定事实没有错误,但适用法律错误,或者量刑不当的,应当撤销原判决、裁定,依法改判。

4. 原判决、裁定认定事实不清或者证据不足,经审理,事实已经查清的,应当根据查清的事实依法裁判;事实仍无法查清,证据不足的,不能认定被告人有罪的,应当撤销原判决、裁定,判决宣告被告人无罪。依照第二审程序审理的案件,原判决、裁定认定事实不清或者证据不足的,可以在查清事实后改判,也可以裁定撤销原判,发回原审人民法院重新审判。

5. 原判决、裁定认定被告人姓名等身份信息有误,但认定事实和适用法律正确、量刑适当的,作出生效判决、裁定的人民法院可以通过裁定对有关信息予以更正。

6. 人民法院审理人民检察院抗诉的再审案件,人民检察院在开庭审理前撤回抗诉的,应当裁定准许;人民检察院接到出庭通知后不派员出庭且未说明原因的,可以裁定按撤回抗诉处理,并通知诉讼参与人。人民法院审理申诉人申诉的再审案件,申诉人在再审期间撤回申诉的,应当裁定准许;申诉人经依法通知无正当理由拒不到庭,或者未经法庭许可中途退庭的,应当裁定按撤回申诉处理,但申诉人不是原审当事人的除外。

除人民检察院抗诉的以外,再审一般不得加重原审被告人的刑罚。再审决定书或者抗诉书只针对部分原审被告人的,不得加重其他同案原审被告人的刑罚。

考核提示

了解:审判监督程序的概念、特点和意义,提起审判监督程序的材料来源及其审查处理,审判监督程序的提起。

理解:审判监督程序与其他程序的区别、第二审抗诉与审判监督程序抗诉的区别。

熟悉并能够运用:按照审判监督程序对案件进行重新审判。

主题讨论

材料一

《公民权利与政治权利国际公约》规定:任何人已依一国的法律及刑事程序被最后定罪或宣告无罪者,不得就同一罪名再予审判或惩罚。

材料二

最高法《解释》规定：除人民检察院抗诉的以外，再审一般不得加重原审被告人的刑罚。再审决定书或者抗诉书只针对部分原审被告人的，不得加重其他同案原审被告人的刑罚。

【讨论提示】

结合材料和相关法律、刑事诉讼理念，谈谈你对我国审判监督程序的看法并提出完善建议。

 阶段自测

一、单项选择题

关于审判监督程序，下列哪一选项是正确的？（　　）

A. 对于原判决认定事实不清楚或者证据不足的，应当指令下级法院再审

B. 上级法院指令下级法院再审的，应当指令原审法院以外的下级法院审理；由原审法院审理更为适宜的，也可以指令原审法院审理

C. 不论是否属于由检察院提起抗诉的再审案件，逮捕均由检察院决定

D. 法院按照审判监督程序审判的案件，应当决定中止原判决、裁定的执行

二、简答题

1. 提起审判监督程序的主体有哪些？
2. 审判监督程序的抗诉与第二审程序抗诉有何区别？

第二十一章

执 行

☞ **本章导学**

本章的主要内容包括执行的概念和意义，各种判决、裁定的执行程序，执行的变更，人民检察院对执行的监督。重点是执行的主体，执行的程序，执行的变更。难点是执行的变更。

☞ **学习引入**

2007 年 9 月 21 日，江门市原常务副市长林崇中因涉嫌滥用职权罪、受贿罪被逮捕。2009 年 7 月 30 日，河源市中级人民法院判处林崇中有期徒刑 10 年，剥夺政治权利 2 年。与此同时，河源市中级人民法院以林崇中患有高血压等疾病为由，允许其保外就医，决定对其暂予监外执行。林崇中于是被"当庭释放"。当地百姓议论纷纷：难道当官的判刑后不用坐牢？1 年以后，广东省检察院收到举报，前往河源调查，发现林崇中根本不符合保外就医的条件。林崇中这才被关进了监狱。

什么叫保外就医？保外就医与暂予监外执行是什么关系？各种刑罚该如何执行？分别需要遵守哪些程序？刑罚在执行过程中能否变更？如何对刑罚执行进行监督？这些都是本章学习的内容。

第一节 执行的概念和意义

一、执行的概念

执行是刑事诉讼的最后一个阶段。在这一阶段中，人民法院和其他执行机关采取法定措施，将判决或者裁定中所宣告的刑罚和其他决定付诸实施。因此，执行在整个刑事诉讼过程中占有重要的地位。为确保执行的正确实施，刑事诉讼法专门规定了执行程序，用于规范执行中所进行的各种行为。

刑事诉讼中的执行是指法定刑事执行机关将人民法院已经发生法律效力的判决和裁定付诸实施的活动，以及人民法院处理执行中的诉讼问题而进行的各种活动。

刑事执行的机关在我国主要包括人民法院、公安机关、监狱、未成年犯管教所、社区矫正机构等。依据有关法律的规定，这些机关分别行使不同的刑罚执行权。人民法院负责死刑、罚金刑、没收财产刑、无罪判决和免除刑罚判决等的执行。未成年犯管教所、监狱负责有期徒刑、无期徒刑的执行，监狱还负责死缓的执行。看守所不是刑罚执行机关，但为减少押解负担，对于判处有期徒刑余刑在3个月以下的罪犯可由其代为执行。公安机关负责拘役、剥夺政治权利的执行。对被判处管制、宣告缓刑、假释或者暂予监外执行的罪犯，由社区矫正机构负责执行。

另外，人民检察院作为专门的法律监督机关，对刑事执行活动是否合法有权实行监督。如发现执行中有违法情况，应当通知执行机关纠正。

执行是刑事诉讼的最后一个诉讼程序，但是，并非判决、裁定的整个执行过程和一切活动都属于刑事诉讼的范围。刑事执行中，属于刑事诉讼范畴的仅指两个方面：一是把人民法院已经发生法律效力的判决和裁定交付执行；二是解决执行过程中所发生的诉讼问题。简而言之，就是交付执行和变更执行。交付执行是指人民法院将已发生法律效力的判决和裁定，交付有关刑罚执行机关的活动，如将徒刑的判决交付监狱等国家刑罚执行机关；或者是人民法院自己实现生效判决、裁定的内容的活动，如自己实现判处罚金、没收财产的判决。变更执行是指判决、裁定在执行过程中，由于出现了法定情形，人民法院将原判决、裁定依法予以变更的活动，如对罪犯实施减刑、假释、监外执行等。其他执行活动则属于司法行政活动，如狱政管理、对罪犯的教育改造等。

刑事执行的依据是发生法律效力的判决和裁定，主要有以下几种：

1. 已过法定期限没有上诉、抗诉的地方各级人民法院的第一审案件的判决和裁定；

2. 终审的判决和裁定，包括中级、高级、最高人民法院第二审和最高人民法院一审的判决和裁定；

3. 最高人民法院核准的死刑判决和裁定，以及高级人民法院核准的死刑缓期两年执行的判决、裁定。

刑事执行的主要特点是：①合法性。刑事执行是一种刑事司法活动，必须依照法律的有关规定进行。执行机关在执行时必须严格依法办事，不能任意变更，否则就会侵犯公民的人身权利和财产权利。②及时性。判决和裁定一经发生法律效力，必须立即执行，任何机关和个人不得以任何借口拖延执行；③强制性。已生效的判决裁定对被告人以及一切机关和个人都有约束力，不管其对判决或裁定是否同意，都必须执行，如果抗拒执行，会受到法律惩处。《刑法》第 313 条规定："对人民法院的判决、裁定有能力执行而拒不执行，情节严重的，处 3 年以下有期徒刑、拘役或者罚金。"执行的强制性由法律的强制性所决定，以军队、警察、法庭、监狱等为后盾。

二、执行的意义

判决和裁定的执行是刑事诉讼的最后一个阶段。因此，执行在整个刑事诉讼过程中占有重要的地位，其意义在于：

1. 准确、及时地执行判决和裁定，不仅使被判处刑罚的犯罪分子受到应得的法律制裁，打击了犯罪活动，保护了国家和人民的利益，同时对被判处刑罚的犯罪分子本人，除死刑立即执行的以外，通过惩罚和教育进行改造，使其改恶从善，重新做人。

2. 准确、及时地执行判决和裁定，可以使无罪和被免除刑事处罚的在押被告人得到立即释放。特别是对依照法律被认定为无罪的被告人，可以使其名誉得到恢复，合法利益得到保护。

3. 通过正确地执行判决和裁定，可以教育公民遵守法律，增强公民的法制观念，提高同违法犯罪行为进行斗争的自觉性。同时，对那些违法尚未构成犯罪，或者对于那些有犯罪企图的社会不稳定分子，也是一种警诫，可以起到预防和减少犯罪的作用，实现社会秩序的长治久安。

第二节 各种判决、裁定的执行程序

一、无罪和免予刑事处罚判决的执行

无罪和免予刑事处罚的判决由人民法院执行。《刑事诉讼法》第 249 条规定："第一审人民法院判决被告人无罪、免除刑事处罚的，如果被告人在押，在宣判后应当立即释放。"《公安机关办理刑事案件程序规定》第 287 条第 2 款规定："对人民法院作出无罪或者免除刑事处罚的判决，如果被告人在押，公安机关在收到相应的法律文书后应当立即办理释放手续。"据此，如果人民法院作出无罪和免予刑事处罚的判决，在其发生法律效力以前，就应当"立即释放"已被羁押的被告人。即使在判决宣告后当事人提出上诉或者人民检察院提出抗诉，人民法院也应当将判决书立即送达公安机关，由公安机关通知看守所立即释放被告人，并向其发放《释放证明》。人民检察院发现被告人没有被立即释放的，应当立即向人民法院或者看守所提出纠正意见。

如前所述，判决和裁定只有生效以后才能执行，为什么无罪判决和免予刑事处罚的判决在未生效时就要"立即释放"被告人呢？一般认为，其目的在于使无罪的公民及时恢复人身自由、名誉，切实保障无辜公民的人权，使免除刑事处罚的人避免继续遭受剥夺人身自由之苦，及时从强制措施中解脱出来。因为不管是第一审的无罪判决还是免予刑事处罚判决，尽管面临第二审改判的可能，但这种可能性非常低，并且判决的内容也表明立即释放被告人不会发生社会危险性，因此，无继续羁押被告人的必要。也因为"立即释放"被告人发生在判决生效之前，有观点认为这种做法只是一项特别规定，不属于对刑事裁判的执行行为。

二、死刑立即执行判决的执行

死刑是依法剥夺犯罪分子生命的刑罚，是刑罚中最严厉的刑种。为了防止无法挽回的错杀，《刑事诉讼法》第 250～252 条以及最高法《解释》在死刑执行程序上作了严格而周密的规定。

（一）死刑执行的命令、机关和期限

最高人民法院判处和核准的死刑立即执行的判决，应当由最高人民法院院长签发执行死刑的命令。最高人民法院的执行死刑命令，由高级人民法院交付第一审人民法院执行。第一审人民法院接到执行死刑命令后，应当在 7 日内执行。执行死刑的这一法定期限必须得到严格遵守，不得借故延期执行。

（二）死刑犯会见近亲属

第一审人民法院在执行死刑前，应当告知罪犯有权会见其近亲属。罪犯申请会见并提供具体联系方式的，人民法院应当通知其近亲属。罪犯近亲属申请会见的，人民法院应当准许，并及时安排会见。我们认为，为保障罪犯和近亲属的会见权，会见程序宜进一步细化和完善。如告知罪犯有权会见近亲属时应进行录音录像并由人民检察院监督；第一审人民法院在接到死刑执行命令后，应及时将死刑执行时间通知罪犯近亲属，并告知其有权申请会见。当然，如果罪犯和近亲属在会见问题上意见不一致时，应尽量尊重罪犯的意见。

（三）死刑执行的主要工作和要求

执行死刑前，指挥执行的审判人员对罪犯应当验明正身，讯问有无遗言、信札，并制作笔录，再交执行人员执行死刑。执行死刑应当公布，禁止游街示众或者其他有辱罪犯人格的行为。死刑采用枪决或者注射等方法执行。采用注射方法执行死刑的，应当在指定的刑场或者羁押场所内执行。采用枪决、注射以外的其他方法执行死刑的，应当事先层报最高人民法院批准。

执行死刑后，应当由法医验明罪犯确实死亡，在场书记员制作笔录。负责执行的人民法院应当在执行死刑后 15 日内将执行情况，包括罪犯被执行死刑前后的照片，上报最高人民法院。

执行死刑后,负责执行的人民法院还应当办理以下事项:

1. 对罪犯的遗书、遗言笔录,应当及时审查;涉及财产继承、债务清偿、家事嘱托等内容的,将遗书、遗言笔录交给家属,同时复制附卷备查;涉及案件线索等问题的,抄送有关机关。

2. 通知罪犯家属在限期内领取罪犯骨灰;没有火化条件或者因民族、宗教等原因不宜火化的,通知领取尸体;过期不领取的,由人民法院通知有关单位处理,并要求有关单位出具处理情况的说明;对罪犯骨灰或者尸体的处理情况,应当记录在案。

3. 对外国籍罪犯执行死刑后,通知外国驻华使、领馆的程序和时限,根据有关规定办理。

(四) 死刑的停止执行

第一审人民法院在接到执行死刑命令后、执行前,发现有下列情形之一的,应当暂停执行,并立即将请求停止执行死刑的报告和相关材料层报最高人民法院:①罪犯可能有其他犯罪的;②共同犯罪的其他犯罪嫌疑人到案,可能影响罪犯量刑的;③共同犯罪的其他罪犯被暂停或者停止执行死刑,可能影响罪犯量刑的;④罪犯揭发重大犯罪事实或者有其他重大立功表现,可能需要改判的;⑤罪犯怀孕的;⑥判决、裁定可能有影响定罪量刑的其他错误的。最高人民法院经审查,认为可能影响罪犯定罪量刑的,应当裁定停止执行死刑;认为不影响的,应当决定继续执行死刑。最高人民法院在执行死刑命令签发后、执行前,发现有前述情形的,应当立即裁定停止执行死刑,并将有关材料移交下级人民法院。

下级人民法院接到最高人民法院停止执行死刑的裁定后,应当会同有关部门调查核实停止执行死刑的事由,并及时将调查结果和意见层报最高人民法院审核。对下级人民法院报送的停止执行死刑的调查结果和意见,由最高人民法院原作出核准死刑判决、裁定的合议庭负责审查,必要时,另行组成合议庭进行审查。

最高人民法院对停止执行死刑的案件,应当按照下列情形分别处理:①确认罪犯怀孕的,应当改判;②确认罪犯有其他犯罪,依法应当追诉的,应当裁定不予核准死刑,撤销原判,发回重新审判;③确认原判决、裁定有错误或者罪犯有重大立功表现,需要改判的,应当裁定不予核准死刑,撤销原判,发回重新审判;④确认原判决、裁定没有错误,罪犯没有重大立功表现,或者重大立功表现不影响原判决、裁定执行的,应当裁定继续执行死刑,并由院长重新签发执行死刑的命令。

三、死缓判决的执行

死缓不是一个独立的刑种，而是死刑的一种特殊的执行制度。这一执行方法考虑到严重犯罪分子也有实行改造的可能性，是我国立法的独创。

被判处死缓的罪犯，应先交付监狱执行。两年死刑缓期执行期满，如果在缓刑执行期间没有故意犯罪的，应当依法予以减刑。在死刑缓期执行期间故意犯罪的，应当由罪犯服刑地的中级人民法院依法审判，所作的判决可以上诉、抗诉。认定构成故意犯罪的判决、裁定发生法律效力后，应当层报最高人民法院核准执行死刑。

死刑缓期执行期满，依法应当减刑的，人民法院应当及时减刑。刑事执行机关不得任意拖延或提前对死缓犯予以减刑。对死缓犯，只要在缓期执行期间故意犯罪，查证属实，经最高人民法院核准，即可执行死刑，不受两年的限制。需要指出的是，如在两年期满后故意犯罪，不能执行死刑，而只能依法对所犯新罪另行判决并决定应合并执行的刑罚。

四、无期徒刑、有期徒刑和拘役判决的执行

被判处无期徒刑、有期徒刑、拘役的罪犯，交付执行时在押的，第一审人民法院应当在判决、裁定生效后 10 日内，将判决书、裁定书、起诉书副本、自诉状复印件、执行通知书、结案登记表送达看守所，由公安机关将罪犯交付执行。罪犯需要收押执行刑罚，而判决、裁定生效前未被羁押的，人民法院应当根据生效的判决书、裁定书将罪犯送交看守所羁押，并依法办理执行手续。

被判处有期徒刑和无期徒刑的罪犯，由看守所转送至指定的监狱执行。罪犯在被交付执行前，剩余刑期在 3 个月以下的，由看守所代为执行。被判处拘役的罪犯由公安机关在拘役所执行。未成年犯应在未成年犯管教所执行刑罚。

在执行无期徒刑、有期徒刑、拘役判决时，如有一罪犯同时被判处了徒刑和拘役，由于两种刑罚的性质不同，执行方式和场所也不同，不能将两个刑种合并折抵为一个刑种执行，而应按照有关司法解释的精神，先执行徒刑完毕后，再执行拘役。

五、有期徒刑缓刑、拘役缓刑的执行

缓刑是指对具备法定条件，被判处 3 年以下有期徒刑、拘役，在一定期间内暂缓执行刑罚，若在缓刑执行期间未违反相关规定，则原判刑罚不再执行的一种制度。缓刑并不是一种刑罚，而是有条件地暂缓执行刑罚，在一定期限内予以考验的特殊执行方式。《刑事诉讼法》第 258 条规定，对被宣告缓刑的罪犯，依法实行社区矫正，由社区矫正机构负责执行。

对被宣告缓刑的罪犯，人民法院应当核实其居住地。宣判时，应当书面告知罪犯到居住地县级司法行政机关报到的期限和不按期报到的后果。判决、裁定生效后 10 日内，人民法院应当将判决书、裁定书、执行通知书等法律文书送达罪犯居住地的县级司法行政机关，同时抄送罪犯居住地的县级人民检察院。对被宣告缓刑的罪犯，已被羁押的，由看守所将其交付社区矫正机构执行。

被宣告缓刑的犯罪分子，应当遵守下列规定：①遵守法律、行政法规，服从监督；②按照考察机关的规定报告自己的活动情况；③遵守考察机关关于会客的规定；④离开所居住的市、县或者迁居，应当报经考察机关批准。此外，被宣告禁制令的，必须遵守禁制令的规定，在缓刑考验期限内不得从事特定活动，不得进入特定区域、场所，不得接触特定的人。

被宣告缓刑的犯罪分子，在缓刑考验期限内犯新罪或者发现判决宣告以前还有其他罪没有判决的，应当撤销缓刑，对新犯的罪或者新发现的罪作出判决，把前罪和后罪所判处的刑罚，依照《刑法》第 69 条的规定决定执行的刑罚。被宣告缓刑的犯罪分子，在缓刑考验期限内，违反法律、行政法规或者国务院有关部门关于缓刑的监督管理规定，或者违反人民法院判决中的禁止令，情节严重的，应当撤销缓刑，执行原判刑罚。被宣告缓刑的犯罪分子，在缓刑考验期限内，如果没有前述情形，缓刑考验期满，原判的刑罚就不再执行，并公开予以宣告。

社区矫正

社区矫正是与监禁矫正相对的行刑方式，是将符合社区矫正条件的罪犯置于城市或农村社区内，由专门国家机关，在相关社会团体、民间组织以及社会志愿者的协助下，在判决、裁定或决定确定的期限内，矫正其犯罪心理和行为恶习，并促进其顺利回归社会的非监禁刑罚执行活动。与此同时，社区矫正也是充分利用社会资源，积极运用各种方法、手段，整合政法部门、社区等各方力量，着力对社区范围内的假释、暂予监外执行、管制、缓刑等罪犯进行有针对性的教育改造的手段和方法。

社区矫正的任务，就是按照有关法律、法规和规章，加强对社区服刑人员的管理和监督，确保刑罚的顺利实施；通过各种形式，加强对社区服刑人员的思想教育、法制教育、社会公德教育，矫正其不良心理和行为，使他们悔过自新，弃恶从善，成为守法公民；帮助社区服刑人员解决在就业、生活、法律、心理等方面遇到的困难和问题，以利于他们顺利地适应社会生活。

根据最高人民法院、最高人民检察院、公安部、司法部 2009 年颁行的《关于在全国试行社区矫正工作的意见》，社区矫正的适用范围包括被判处管制、被宣告缓刑、被暂予监外执行、被裁定假释以及被剥夺政治权利并在社区上服刑在社会上服刑的五种罪犯。不过现行《刑法》和《刑事诉讼法》均未将被剥夺政治权利并在社会上服刑的罪犯纳入社区矫正的适用范围。

2012年1月，最高人民法院、最高人民检察院、公安部、司法部联合制定了《社区矫正实施办法》，对社区矫正程序进行了较为完整的规定。根据该实施办法，司法行政机关负责指导管理、组织实施社区矫正工作；人民法院对符合社区矫正适用条件的被告人、罪犯依法作出判决、裁定或者决定；人民检察院对社区矫正各执法环节依法实行法律监督；公安机关对违反治安管理规定和重新犯罪的社区矫正人员及时依法处理。县级司法行政机关社区矫正机构对社区矫正人员进行监督管理和教育帮助；司法所承担社区矫正日常工作；社会工作者和志愿者在社区矫正机构的组织指导下参与社区矫正工作；有关部门、村（居）民委员会、社区矫正人员所在单位、就读学校、家庭成员或者监护人、保证人等协助社区矫正机构进行社区矫正。

社区矫正工作主要分为六个环节，即接收、管理、教育、考核、奖罚、解除矫正。

六、管制的执行

《刑事诉讼法》第258条规定，对被判处管制的罪犯依法实行社区矫正，由社区矫正机构负责执行。管制是一种适用于罪行较轻的犯罪分子的刑罚。它是指对犯罪分子不予关押而在社区矫正机构的管理和监督下进行矫正的一种刑罚。

对于对被判处管制的罪犯，人民法院应当核实其居住地。宣判时，应当书面告知罪犯到居住地县级司法行政机关报到的期限和不按期报到的后果。判决、裁定生效后10日内，应当将判决书、裁定书、执行通知书等法律文书送达罪犯居住地的县级司法行政机关，同时抄送罪犯居住地的县级人民检察院。对被判处管制的罪犯，已被羁押的，由看守所将其交付社区矫正机构执行。

被判处管制的犯罪分子，在执行期间，应当遵守下列规定：①遵守法律、行政法规，服从监督；②未经执行机关批准，不得行使言论、出版、集会、结社、游行、示威自由的权利；③按照执行机关规定报告自己的活动情况；④遵守执行机关关于会客的规定；⑤离开所居住的市、县或者迁居，应当报经执行机关批准。此外，被宣告禁制令的，必须遵守禁制令的规定，在执行期间不得从事特定活动，不得进入特定区域、场所，不得接触特定的人。违反禁止令的，由公安机关依照《治安管理处罚法》的规定处罚。

对被判处管制的犯罪分子，在劳动中应当同工同酬。

管制的刑期，从判决执行之日起计算；判决执行以前先行羁押的，羁押 1 日折抵刑期 2 日。管制期满，执行机关应即向本人和其所在单位或者居住地的群众宣布解除管制。

七、剥夺政治权利的执行

剥夺政治权利是我国《刑法》规定的一种附加刑，但也可以单独适用。剥夺政治权利是指剥夺罪犯的以下权利：选举权和被选举权；言论、出版、集会、结社、游行、示威自由的权利；担任国家机关职务的权利；担任国有公司、企业、事业单位和人民团体领导职务的权利。对被判处剥夺政治权利的罪犯，由罪犯居住地的派出所负责执行。对单处剥夺政治权利的罪犯，人民法院应当在判决、裁定生效后 10 日内，将判决书、裁定书、执行通知书等法律文书送达罪犯居住地的县级公安机关，并抄送罪犯居住地的县级人民检察院。

附加剥夺政治权利的刑期，从徒刑、拘役执行完毕之日或者从假释之日起计算；剥夺政治权利的效力当然适用于主刑执行期间。判处管制附加剥夺政治权利的，剥夺政治权利的期限与管制的期限相等，同时执行。执行期满，公安机关应当通知罪犯本人，并向所在单位或基层组织及住地等有关群众公开宣布，恢复其政治权利。

八、财产刑和附带民事裁判的执行

财产刑和附带民事裁判由第一审人民法院负责裁判执行的机构执行。财产刑和附带民事裁判的执行，参照适用民事执行的有关规定。

罚金应在判决规定的期限内一次或者分期缴纳。期满无故不缴纳或者未足额缴纳的，人民法院应当强制缴纳。经强制缴纳仍不能全部缴纳的，在任何时候，包括主刑执行完毕后，发现被执行人有可供执行的财产的，应当追缴。行政机关对被告人就同一事实已经处以罚款的，人民法院判处罚金时应当折抵，扣除行政处罚已执行的部分。因遭遇不能抗拒的灾祸缴纳罚金确有困难，被执行人申请减少或者免除罚金的，应当提交相关证明材料。人民法院应当在收到申请后 1 个月内作出裁定。符合法定减免条件的，应当准许；不符合条件的，驳回申请。

没收财产的判决无论是附加还是独立适用，都由人民法院执行。判处没收财产的，判决生效后，应当立即执行。没收财产的范围只限于罪犯本人所有财产的一部或全部。

被判处财产刑同时又承担附带民事赔偿责任的被执行人，应当先履行民事赔偿责任。判处财产刑之前被执行人所负正当债务，需要以被执行的财产偿还的，经债权人请求，应当偿还。

执行财产刑和附带民事裁判过程中，案外人对被执行财产提出权属异议的，人民法院应当参照民事诉讼有关执行异议的规定进行审查并作出处理。

第三节 执行的变更与其他处理

在生效判决和裁定的交付执行或执行的过程中，若出现了新情况，就可能阻碍判决和裁定的继续或顺利执行，此时，执行的内容或方法就需要加以变更。判决和裁定的严肃性决定了这种变更必须依照严格的程序进行。《刑事诉讼法》对此类诉讼问题的处理作了具体的规定。

一、死缓执行的变更

根据《刑法》第50条、第78条和《刑事诉讼法》第250条的规定，死缓的执行必然产生减刑或执行死刑两种结果，都涉及执行变更的问题。

（一）死缓减为无期徒刑或有期徒刑

死缓犯在死刑缓期执行期间，如果没有故意犯罪，两年期满以后，减为无期徒刑；如果确有重大立功表现，两年期满以后，减为25年有期徒刑。对被判处死刑缓期执行的累犯以及因故意杀人、强奸、抢劫、绑架、放火、爆炸、投放危险物质或者有组织的暴力性犯罪被判处死刑缓期执行的犯罪分子，人民法院根据犯罪情节等情况，可以同时决定对其限制减刑。人民法院决定限制减刑的死刑缓期执行的犯罪分子，缓期执行期满后依法减为无期徒刑的，减刑以后实际执行的刑期不能少于25年，缓期执行期满后依法减为25年有期徒刑的，减刑以后实际执行的刑期不能少于20年。

死缓犯减刑的管辖法院是服刑地的高级人民法院。审理死缓犯减刑案件的程序是：死缓犯所在监狱在缓刑两年期满时，提出减刑建议，报省、自治区、直辖市监狱管理机关审核后，报请高级人民法院裁定。高级人民法院组成的合议庭对申报材料审查后，认为应当减刑的，裁定减刑，并将减刑裁定书副本同时抄送原判人民法院及人民检察院。死刑缓期执行期满减为有期徒刑的，刑期自死刑缓期执行两年期满之日第二日起计算。

（二）对死缓犯执行死刑

被判处死刑缓期执行的犯罪人，如果在死刑缓期执行期间故意犯罪的，查证属实，应依法执行死刑。对死缓犯变更执行死刑的程序是：由人民检察院提起公诉、服刑地中级人民法院依法审判，所作的判决可以上诉、抗诉。认定构成故意犯罪的，判决、裁定发生法律效力后，由罪犯服刑地的高级人民法院报请最高人民法院核准。最高人民法院核准死刑后，由院长签发执行死刑命令，交罪犯服刑地的中级人民法院执行。

死刑缓期两年执行期满后，在尚未裁定减刑之前，罪犯又犯罪的，不能视为在死刑缓期执行期间的犯罪，对这种犯罪，应依照刑法和刑事诉讼法及监狱法的规定予以减刑，然后对其所犯新罪另行起诉、审判，作出判决，按照数罪并罚的规定，决定执行的刑罚，对新罪判处死刑的，才能执行死刑。

对于死缓犯在缓期两年执行期间故意犯罪的，只要经查证属实，可及时对其执行死刑，不必等到死刑缓期执行期满。

二、暂予监外执行

（一）暂予监外执行的概念和适用条件

暂予监外执行是指被判处无期徒刑、有期徒刑、拘役的罪犯因具备或出现法定特殊情形而不宜在刑罚执行场所内执行时，暂时将其放在刑罚执行场所外由社区矫正机构执行的一种变通方法。

根据《刑事诉讼法》第254条的规定，对被判处有期徒刑或者拘役的罪犯，有下列情形之一的，可以暂予监外执行：①有严重疾病需要保外就医的；②怀孕或者正在哺乳自己婴儿的妇女；③生活不能自理，适用暂予监外执行不致危害社会的。对被判处无期徒刑的怀孕妇女或者正在哺乳自己婴儿的妇女，也可以暂予监外执行。

司法实践中，对保外就医这种暂予监外执行的情形，由于法律规定不完善，曾出现过管理不严等问题。为防止罪犯在监外危害社会，避免保外就医的滥用，现行《刑事诉讼法》明确规定，对适用保外就医可能有社会危险性的罪犯，或者自伤自残的罪犯，不得保外就医；对罪犯确有严重疾病，必须保外就医的，由省级人民政府指定的医院诊断并开具证明文件。

（二）暂予监外执行的程序

1. 暂予监外执行的决定与交付程序。人民法院在判决时就已发现罪犯需要暂予监外执行的，可在宣告判决时，同时决定暂予监外执行。对于被告人可能被判处拘役、有期徒刑、无期徒刑，符合暂予监外执行条件的，被告人及其辩护人有权向人民法院提出暂予监外执行的申请，看守所可以将有关情况通报人民法院。人民法院应当进行审查，并在交付执行前作出是否暂予监外执行的决定。人民法院决定暂予监外执行的，应当制作暂予监外执行决定书，写明罪犯基本情况、判决确定的罪名和刑罚、决定暂予监外执行的原因、依据等，通知罪犯居住地的县级司法行政机关派员办理交接手续，并将暂予监外执行决定书抄送罪犯居住地的县级人民检察院和公安机关。

在执行过程中发现罪犯需要监外执行，由监狱或者看守所提出书面意见，报省级以上监狱管理机关或者设区的市一级以上公安机关批准；批准后，由批准机关通知罪犯居住地的县级司法行政机关派员办理交接手续。批准暂予监外执行的决定还应通知原审人民法院，抄送罪犯居住地的县级人民检察院和公安机关。

2. 暂予监外执行的效果与收监。暂予监外执行与监内执行一样，仍是对罪犯执行原判处的刑罚，只是执行的场所不同。暂予监外执行的时间应计算在刑期以内。不符合暂予监外执行条件的罪犯通过贿赂等非法手段被暂予监外执行的，在监外执行的期间不计入执行刑期。罪犯在暂予监外执行期间脱逃的，脱逃的期间不计入执行刑期。罪犯在暂予监外执行期间死亡的，执行机关应当及时通知监狱或者看守所。

暂予监外执行的罪犯具有下列情形之一的，原作出暂予监外执行决定的人民法院，应当在收到执行机关的收监执行建议书后15日内，作出收监执行的决定：①不符合暂予监外执行条件的；②未经批准离开所居住的市、县，经警告拒不改正，或者拒不报告行踪，脱离监管的；③因违反监督管理规定受到治安管理处罚，仍不改正的；④受到执行机关两次警告，仍不改正的；⑤保外就医期间不按规定提交病情复查情况，经警告拒不改正的；⑥暂予监外执行的情形消失后，刑期未满的；⑦保证人丧失保证条件或者因不履行义务被取消保证人资格，不能在规定期限内提出新的保证人的；⑧违反法律、行政法规和监督管理规定，情节严重的其他情形。人民法院应当将收监执行决定书送交罪犯居住地的县级司法行政机关，由其根据有关规定将罪犯交付执行。收监执行决定书应当同时抄送罪犯居住地的同级人民检察院和公安机关。

三、减刑与假释

被判处管制、拘役、有期徒刑或者无期徒刑的罪犯，在执行期间确有悔改或者立功表现，依法应当予以减刑、假释。

（一）减刑

减刑是指被判处管制、拘役、有期徒刑、无期徒刑的罪犯在执行期间认真遵守监规，接受教育改造，确有悔改或立功表现的，可以依法减轻其刑罚的一种制度。减刑以后实际执行的刑期，判处管制、拘役、有期徒刑的，不能少于原判刑期的1/2；判处无期徒刑的，不能少于13年。无期徒刑减为有期徒刑的刑期，从裁定减刑之日起计算；已执行的刑期，不计入减刑后的刑期之内。其他刑罚的刑期，原判刑期已执行部分，应当计入减刑后的刑期。

（二）假释

假释是指被判处有期徒刑和无期徒刑的罪犯，在执行一定刑罚以后，确有悔改且不致再危害社会的，被附条件地予以提前释放的制度。根据《刑法》第81条的规定，被判处有期徒刑的犯罪分子，执行原判刑期1/2以上，被判处无期徒刑的犯罪分子，实际执行13年以上，如果认真遵守监规，接受教育改造，确有悔改表现，没有再犯罪的危险的，可以假释。如果有特殊情况，经最高人民法院核准，可以不受上述执行刑期的限制。对累犯以及因故意杀人、强奸、抢劫、绑架、放火、爆炸、投放危险物质或者有组织的暴力性犯罪被判处10年以上有期徒刑、无期徒刑的犯罪分子，不得假释。

对被假释的罪犯，依法实行社区矫正。在假释考验期间，被宣告假释的犯罪分子如果没有犯新罪，也没有被发现有遗漏罪行的，考验期满，就认为原判刑罚已经执行完毕，并公开宣布；如果再犯新罪，应当撤销假释，把前罪没有执行的刑罚和后罪所判处的刑罚按数罪并罚原则予以执行；如果发现在判决宣告以前还有其他罪行没有判决的，应当撤销假释，实行数罪并罚并收监执行；如果有违反法律、行政法规或国务院有关部门关于假释的监督管理规定的行为，尚未构成犯罪的，应当撤销假释，收监执行未执行完毕的刑罚。

（三）减刑、假释程序

非经法定程序不得减刑、假释。减刑、假释程序从执行机关提请人民法院裁定减刑、假释开始。执行机关应根据具体情况，按照对应级别向中级人民法院或高级人民法院提出减刑、假释建议书。此外，还应提供以下材料供人民法院审查：①终审法院的裁判文书、执行通知书、历次减刑裁定书的复制件；②证明罪犯确有悔改、立功或者重大立功表现具体事实的书面材料；③罪犯评审鉴定表、奖惩审批表等；④罪犯假释后对所居住社区影响的调查评估报告；⑤根据案件情况需要移送的其他材料。

人民法院受理减刑、假释案件后，应当对以下内容予以公示：①罪犯的姓名、年龄等个人基本情况；②原判认定的罪名和刑期；③罪犯历次减刑情况；④执行机关的减刑、假释建议和依据。公示应当写明公示期限和提出意见的方式。公示地点为罪犯服刑场所的公共区域；有条件的地方，可以面向社会公示。

人民法院审理减刑、假释案件，可以采用书面审理的方式，但下列案件应当开庭审理：①因罪犯有重大立功表现提请减刑的；②提请减刑的起始时间、间隔时间或者减刑幅度不符合一般规定的；③社会影响重大或者社会关注度高的；④公示期间收到投诉意见的；⑤人民检察院有异议的；⑥有必要开庭审理的其他案件。人民法院审理减刑、假释案件，根据案件情况，可以采取视频方式进行。人民法院开庭审理减刑、假释案件，人民检察院应当指派检察人员出席法庭，发表意见。

人民法院审理减刑、假释案件，应当组成合议庭，对符合法律规定条件的裁定予以减刑或假释。对被判处无期徒刑的罪犯的减刑、假释,由罪犯服刑地的高级人民法院,在收到同级监狱管理机关审核同意的减刑、假释建议书后1个月内作出裁定,案情复杂或者情况特殊的,可以延长1个月;对被判处有期徒刑和被减为有期徒刑的罪犯的减刑、假释,由罪犯服刑地的中级人民法院在收到执行机关提出的减刑、假释建议书后1个月内作出裁定,案情复杂或者情况特殊的,可以延长1个月;对被判处拘役、管制的罪犯的减刑,由罪犯服刑地中级人民法院在收到同级执行机关审核同意的减刑、假释建议书后1个月内作出裁定。对暂予监外执行罪犯的减刑,应当根据情况,参照前述规定进行。

人民法院作出减刑、假释裁定后,应当在7日内送达提请减刑、假释的执行机关、同级人民检察院以及罪犯本人。

四、对新罪与漏罪的追究

新罪是指罪犯在服刑期间又实施了应当追究刑事责任的行为。漏罪是指在罪犯服刑过程中发现其在判决宣告以前实施的未被判决的罪行。

对于在监狱、未成年犯管教所服刑的罪犯,发现新罪或者有漏罪的,由执行机关进行侦查。侦查终结后,移送人民检察院审查决定,向有管辖权的人民法院提起公诉。

对在看守所、拘役所服刑的罪犯和依法实行社区矫正的罪犯,发现新罪或者有漏罪的,由公安机关立案侦查。侦查终结后移送当地人民检察院审查决定,向有管辖权的人民法院提起公诉。

对罪犯脱逃后又犯罪的,如果新罪是监狱捕获罪犯后发现的,由监狱侦查终结后移送审查起诉;如果新罪是犯罪地公安机关捕获罪犯后发现的,由犯罪地公安机关侦查终结后移送审查起诉。

人民法院对新罪、漏罪作出的生效裁判文书,除送达罪犯外,还应将副本送达原审人民法院、人民检察院和执行机关。

五、对错判的反映和申诉的处理

《刑事诉讼法》第264条规定:"监狱和其他执行机关在刑罚执行中,如果认为判决有错误或者罪犯提出申诉,应当转请人民检察院或者原判人民法院处理。"据此,在执行刑罚中,监狱和其他执行机关如果发现对罪犯的判决有错误,应本着对法律高度负责的精神,及时将有关情况及意见向人民检察院或原判人民法院反映。在执行刑罚中,罪犯本人认为生效裁判有错误的,也可以向人民检察院或原判人民法院提出申诉,请求重新处理。所谓申诉,是指罪犯认为对自己的判决有错误,在服刑中提出撤销或变更原判刑罚的请求。对于罪犯的申诉材料,监狱或其他刑罚执行机关应当及时转递,不得扣压。

人民检察院或者原判人民法院对收到的申诉材料及意见，应当迅速审查。对于确有错误的，应依法提起审判监督程序，对案件进行再审。对于原判正确，申诉理由不成立的，可以驳回申诉，并将处理结果通知申诉人和有关执行机关。人民检察院或人民法院应当自收到监狱提请处理意见书之日起6个月内将处理结果通知监狱。

第四节 人民检察院对执行的监督

执行监督，是指人民检察院对人民法院已经发生法律效力的判决、裁定的执行是否合法实行法律监督的活动。人民法院的判决和裁定发生法律效力后，在执行中如不能依法加以执行，就会破坏或影响刑事诉讼的结果，违背刑罚的目的。开展执行监督，有利于维护生效判决和裁决的稳定性和严肃性，有利于纠正冤假错案，保护公民的合法权益，从而保障刑事诉讼任务的实现。

一、人民检察院对各种判决、裁定执行的监督

（一）人民检察院对执行死刑的监督

《刑事诉讼法》第252条第1款规定："人民法院在交付执行死刑前，应当通知同级人民检察院派员临场监督。"根据最高法《解释》和最高检《规定》，第一审人民法院在执行死刑3日前，应当通知同级人民检察院派员临场监督。人民检察院收到同级人民法院执行死刑临场监督通知后，应当查明同级人民法院是否收到最高人民法院核准死刑的裁定或者作出的死刑判决、裁定和执行死刑的命令。

临场监督执行死刑的检察人员应当依法监督执行死刑的场所、方法和执行死刑的活动是否合法。在执行死刑前，发现有下列情形之一的，应当建议人民法院立即停止执行：①被执行人并非应当执行死刑的罪犯的；②罪犯犯罪时不满18周岁，或者审判的时候已满75周岁，依法不应当适用死刑的；③判决可能有错误的；④在执行前罪犯有检举揭发他人重大犯罪行为等重大立功表现，可能需要改判的；⑤罪犯正在怀孕的。

在执行死刑过程中，人民检察院临场监督人员根据需要可以进行拍照、录像；执行死刑后，人民检察院临场监督人员应当检查罪犯是否确已死亡，并填写死刑执行临场监督笔录，签名后入卷归档。人民检察院发现人民法院在执行死刑活动中有侵犯被执行死刑罪犯的人身权、财产权或者其近亲属、继承人合法权利等违法情形的，应当依法向人民法院提出纠正意见。

(二)人民检察院对暂予监外执行的监督

人民检察院对监狱、看守所、公安机关等的暂予监外执行活动拥有十分广泛的监督权。发现有下列情形之一的，应当依法提出纠正意见：①将不符合法定条件的罪犯提请暂予监外执行的；②提请暂予监外执行的程序违反法律规定或者没有完备的合法手续，或者对于需要保外就医的罪犯没有省级人民政府指定医院的诊断证明和开具的证明文件的；③监狱、看守所提出暂予监外执行书面意见，没有同时将书面意见副本抄送人民检察院的；④罪犯被决定或者批准暂予监外执行后，未依法交付罪犯居住地社区矫正机构实行社区矫正的；⑤对符合暂予监外执行条件的罪犯没有依法提请暂予监外执行的；⑥发现罪犯不符合暂予监外执行条件，或者在暂予监外执行期间严重违反暂予监外执行监督管理规定，或者暂予监外执行的条件消失且刑期未满，应当收监执行而未及时收监或者未提出收监执行建议的；⑦人民法院决定将暂予监外执行的罪犯收监执行，并将有关法律文书送达公安机关、监狱、看守所后，监狱、看守所未及时收监执行的；⑧对不符合暂予监外执行条件的罪犯通过贿赂等非法手段被暂予监外执行以及在暂予监外执行期间脱逃的罪犯，监狱、看守所未建议人民法院将其监外执行期间、脱逃期间不计入执行刑期或者对罪犯执行刑期计算的建议违法、不当的；⑨暂予监外执行的罪犯刑期届满，未及时办理释放手续的；⑩其他违法情形。

人民检察院应重点对以下环节进行监督：

1. 对执行机关提请暂予监外执行的监督。《刑事诉讼法》第255条规定："监狱、看守所提出暂予监外执行的书面意见的，应当将书面意见的副本抄送人民检察院。人民检察院可以向决定或者批准机关提出书面意见。"根据2012年最高检《规则（试行）》，人民检察院收到监狱、看守所抄送的暂予监外执行书面意见副本后，应当逐案进行审查，发现罪犯不符合暂予监外执行法定条件或者提请暂予监外执行违反法定程序的，应当在10日以内向决定或者批准机关提出书面检察意见，同时也可以向监狱、看守所提出书面纠正意见。

2. 对暂予监外执行决定的监督。《刑事诉讼法》第256条规定："决定或者批准暂予监外执行的机关应当将暂予监外执行决定抄送人民检察院。人民检察院认为暂予监外执行不当的，应当自接到通知之日起1个月以内将书面意见送交决定或者批准暂予监外执行的机关，决定或者批准暂予监外执行的机关接到人民检察院的书面意见后，应当立即对该决定进行重新核查。"根据2012年最高检《规则（试行）》，人民检察院接到决定或者批准机关抄送的暂予监外执行决定书后，应当对以下内容进行审查：①是否属于被判处有期徒刑或者拘役的罪犯；②是否属于有严重疾病需要保外就医的罪犯；③是否属于怀孕或者正在哺乳自己婴儿的妇女；④是否属于生活不能自理，适用暂予监外执行不致危害社会的罪犯；⑤是否属于适用保外就医可能有社会危险性的罪犯，或者自伤自残的罪犯；⑥决定或者批准机关是否符合法律的规定；⑦办理暂予监外执行是否符合法定程序。检察人员审查暂予监外执行决定，可以向罪犯所在单位和有关人员调查，可以向有关机关调阅有关材料。

人民检察院经审查认为暂予监外执行不当的，应当自接到通知之日起1个月内，报经检察长批准，向决定或者批准暂予监外执行的机关提出书面纠正意见。下级人民检察院认为暂予监外执行不当的，应当立即层报决定或者批准暂予监外执行的机关的同级人民检察院，由其决定是否向决定或者批准暂予监外执行的机关提出书面纠正意见。人民检察院向决定或者批准暂予监外执行的机关提出不同意暂予监外执行的书面意见后，应当监督其对决定或者批准暂予监外执行的结果进行重新核查，并监督重新核查的结果是否符合法律规定。对核查不符合法律规定的，应当依法提出纠正意见，并向上一级人民检察院报告。

3. 暂予监外执行过程中的监督。对于暂予监外执行的罪犯，人民检察院发现罪犯不符合暂予监外执行条件、严重违反有关暂予监外执行的监督管理规定或者暂予监外执行的情形消失而罪犯刑期未满的，应当通知执行机关收监执行，或者建议决定或者批准暂予监外执行的机关作出收监执行决定。

（三）人民检察院对减刑、假释的监督

1. 对执行机关提请减刑、假释的监督。人民检察院收到执行机关抄送的减刑、假释建议书副本后，应当逐案进行审查，发现减刑、假释建议不当或者提请减刑、假释违反法定程序的，应当在10日以内向审理减刑、假释案件的人民法院提出书面检察意见，同时也可以向执行机关提出书面纠正意见。人民检察院发现监狱等执行机关提请人民法院裁定减刑、假释的活动有下列情形之一的，应当依法提出纠正意见：①将不符合减刑、假释法定条件的罪犯，提请人民法院裁定减刑、假释的；②对依法应当减刑、假释的罪犯，不提请人民法院裁定减刑、假释的；③提请对罪犯减刑、假释违反法定程序，或者没有完备的合法手续的；④提请对罪犯减刑的减刑幅度、起始时间、间隔时间或者减刑后又假释的间隔时间不符合有关规定的；⑤被提请减刑、假释的罪犯被减刑后实际执行的刑期或者假释考验期不符合有关法律规定的；⑥其他违法情形。

2. 对减刑、假释裁定的监督。《刑事诉讼法》第263条规定："人民检察院认为人民法院减刑、假释的裁定不当，应当在收到裁定书副本后20日以内，向人民法院提出书面纠正意见。人民法院应当在收到纠正意见后1个月以内重新组成合议庭进行审理,作出最终裁定。"

人民检察院收到人民法院减刑、假释的裁定书副本后,应当及时对以下内容进行审查:①被减刑、假释的罪犯是否符合法定条件,对罪犯减刑的减刑幅度、起始时间、间隔时间或者减刑后又假释的间隔时间、罪犯被减刑后实际执行的刑期或者假释考验期是否符合有关规定;②执行机关提请减刑、假释的程序是否合法;③人民法院审理、裁定减刑、假释的程序是否合法;④按照有关规定应当开庭审理的减刑、假释案件,人民法院是否开庭审理。检察人员审查人民法院减刑、假释裁定,可以向罪犯所在单位和有关人员进行调查,也可以向有关机关调阅有关材料。

人民检察院经审查,认为人民法院减刑、假释的裁定不当,应当在收到裁定书副本后20日以内,报经检察长批准,向作出减刑、假释裁定的人民法院提出书面纠正意见。对人民法院减刑、假释裁定的纠正意见,由作出减刑、假释裁定的人民法院的同级人民检察院书面提出。下级人民检察院发现人民法院减刑、假释裁定不当的,应当向作出减刑、假释裁定的人民法院的同级人民检察院报告。人民检察院对人民法院减刑、假释的裁定提出纠正意见后,应当监督人民法院是否在收到纠正意见后1个月以内重新组成合议庭进行审理,并监督重新作出的裁定是否符合法律规定。最终裁定不符合法律规定的,应当向同级人民法院提出纠正意见。

二、人民检察院对执行机关执行刑罚活动的监督

《刑事诉讼法》第265条规定:"人民检察院对执行机关执行刑罚的活动是否合法实行监督。如果发现有违法的情况,应当通知执行机关纠正。"这是《刑事诉讼法》关于人民检察院对执行机关执行刑罚活动进行监督的原则性规定。这里所说的人民检察院对执行机关执行刑罚活动的监督,是指除《刑事诉讼法》已有专条规定之外的一切执行刑罚活动的监督。

这些监督主要包括:人民法院判决被告人无罪、免除刑罚处罚的,在押被告人是否被立即释放;人民法院将罪犯交付执行时,据以交付执行的刑事判决、裁定是否已经发生法律效力,交付执行的手续、程序是否合法,执行机关是否符合法律规定;监狱和其他刑罚执行机关收押罪犯的活动是否合法;对于死刑缓期二年执行的罪犯,两年期满是否依法及时予以减刑;对于被判处管制、剥夺政治权利的罪犯,宣告缓刑、假释的罪犯,以及暂予监外执行的罪犯,公安机关、社区矫正机构是否依法进行监督、考察;对于罚金、没收财产判决的执行是否合法,罚没钱物是否依法处理;对于服刑中的罪犯又犯新罪或者发现了漏罪,是否依法进行了追究;对于服刑罪犯的申诉是否及时转送,并作出正确处理;监狱、未成年犯管教所、看守所、拘役所、社区矫正机构的执行活动是否符合《刑事诉讼法》、《监狱法》、《看守所条例》、《社区矫正实施办法》等有关法律法规，是否保障了罪犯依法享有的各项权利，是否有利于罪犯改造，对于刑期届满的罪犯是否按期释放，等等。

人民检察院在对执行机关活动进行监督的过程中，发现有违法情况的，应当通知执行机关纠正。对于违法行为情节轻微的，检察人员可以口头提出纠正意见；发现严重违法行为，或者提出口头纠正意见后执行机关在7日以内未予以纠正的，应当报经检察长批准，向执行机关发出纠正违法通知书，同时将纠正违法通知书副本抄报上一级人民检察院并抄送执行机关的上一级机关。人民检察院发出纠正违法通知书15日后，执行机关仍未纠正或者回复意见的，应当及时向上一级人民检察院报告。上一级人民检察院应当通报同级执行机关并建议其督促下级执行机关予以纠正。

☞ 考核提示

了解：执行的概念和意义，人民检察院对执行的监督。
理解：社区矫正。
熟悉并能够运用：各种判决、裁定的执行程序，变更执行程序。

☞ 主题讨论

2013年3月1日，湄公河惨案制造者糯康等四人被注射执行死刑。在死刑执行之前，中央电视台进行了名为"诛枭"的直播报道。该报道一度被称为"直播死刑"，不过实际直播内容仅包括罪犯身份核对、记者提问、押上刑车、离开看守所等实况。尽管如此，这次史无前例的新闻报道还是引起了巨大的争议。

有观点认为，《刑事诉讼法》第252条第5款明确规定："执行死刑应当公布，不应示众。"央视的报道离文明很远。

央视则回应称："诛枭，不是看杀人。"没有行刑画面，只看到毒枭凶犯虚弱、很怕死。相对于糯康集团的残忍杀戮，严谨的司法审判、人道的注射死刑，展示了法治的尊严与文明。任何生命的离去都不值得大快人心，但对他人生命无所敬畏的枭首伏诛，告慰逝者，更宣示文明底线不可践踏。

还有观点认为，并非只有直播行刑过程才值得批评，直播执行死刑之前的具体环节仍然不妥。理解这一问题，不能简单地从文义来进行，而应考虑法律规定的目的。就第252条规范的目的来看，是为了避免将死刑执行的过程变为对罪犯羞辱的过程。从这一目的考量，死刑执行前的环节也不应直播。

【讨论提示】结合《刑事诉讼法》的规定和刑事诉讼理念，谈谈你的看法。

阶段自测

一、单项选择题

下列哪一选项是 2012 年《刑事诉讼法修正案》新增加的规定内容？（　　）

A. 怀孕或者正在哺乳自己婴儿的妇女可以暂予监外执行

B. 监狱、看守所提出暂予监外执行的书面意见的，应当将书面意见的副本抄送检察院

C. 决定或者批准暂予监外执行的机关应当将暂予监外执行决定抄送检察院

D. 检察院认为暂予监外执行不当的，应当在法定期间内将书面意见送交决定或者批准暂予监外执行的机关

二、简答题

1. 暂予监外执行的适用条件是什么？
2. 减刑和假释的程序如何进行？

第六编 特别程序

第二十二章

未成年人刑事案件诉讼程序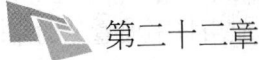

本章导学

本章的主要内容包括未成年人刑事案件诉讼程序概述、方针和原则、重要制度以及特别程序规定。重点是未成年人刑事案件诉讼程序的重要制度以及特别程序规定。难点是未成年人刑事案件不公开审判及其例外、犯罪记录封存、附条件不起诉。

学习引入

2013年，媒体曝光了一起某著名歌唱家之子涉嫌轮奸的案件。由于该案极具传播价值，尽管该嫌疑人未满18周岁，但是其姓名、图像等各种资料均被媒体一一起底。有人质疑媒体的做法违反了相关法律规定，但也有观点认为，该嫌疑人属于公众人物，对其保护可以有所不同。还有网友暗示该案背景很深，因此其余4名嫌疑人的身份才得以密不透风。承办案件的北京市公安局为此专门回应质疑，明确此案共涉及4名未成年人，并透露了1名未成年嫌疑人的大致身份信息。此后，该案进一步发酵，被告人的法定代理人提出要求对该案进行公开审理。

未成年刑事案件当事人的身份信息是否要一律保密？审理未成年刑事案件是否允许旁听？未成年被告人及其法定代理人提出公开审理申请的，人民法院能否同意？办理未成年人刑事案件有哪些特别规定？法律为何要对未成年刑事案件作出特别规定？如何平衡公众知情权和未成年人保护之间的矛盾？……

第一节 概 述

一、未成年人刑事案件诉讼程序的概念

根据《未成年人保护法》，未成年人是指未满18周岁的公民。由于《刑法》第17条规定，只有年满14周岁的人犯罪才需要追究刑事责任。因此，我国的未成年人刑事案件是指被告人实施犯罪时已满14周岁不满18周岁的案件。未成年人刑事案件诉讼程序，即指专门适用于未成年人刑事案件的一种特别刑事诉讼程序，涉及立案、侦查、审查起诉、审判、执行等全部刑事诉讼阶段。

近年来，我国司法机关在完善未成年人刑事司法制度方面进行了广泛的探索和实践，积累了丰富的经验，产生了良好的社会效果。根据司法改革的总体部署，结合全国人大代表和有关方面的意见和建议，2012年修订《刑事诉讼法》时，专门新增了一章，对未成年人刑事案件诉讼程序进行了较为完整的规定。

二、设立未成年人刑事案件诉讼程序的必要性

法律专门规定未成年人刑事案件诉讼特别程序，是由未成年人的身心特点决定的，也是世界各国和地区未成年人刑事立法和司法实践经验的结晶。

与成年人相比，未成年人有其独特的身心特征：①生理特征渐趋成人化。未成年人正值青春发育期，身体各组织、器官发育迅速，第二性征日益明显，新陈代谢加剧，精力旺盛，血气方刚。②心理特征具有半儿童半成人的特点。表现为有较强的模仿欲和好奇心，对外界反应敏感，自尊心强。但由于思想相对不成熟，辨别是非的能力较弱，情绪不稳定，容易冲动，也容易受外界环境的不良影响。③可塑性较强。未成年人的世界观、人生观、价值观尚未定型，法制意识较弱，法制观念尚待树立，因此，即便偶尔触犯刑律，矫正起来会比较容易。未成年人的这些特点，决定了他们易感情冲动，缺乏自控能力，所以犯罪动机一般都比较简单，犯罪行为带有很大的盲目性和随意性。但由于他们的行为习性和价值观念尚未成型，教育改造的有利因素比成年人多，容易挽救，因此，规定未成年人刑事案件诉讼程序，有利于对未成年人进行"教育、挽救、改造"。

世界各国和地区在未成年人刑事立法、司法方面进行了长期的探索和实践。早在1899年，美国伊利诺斯州就通过了世界上第一部关于处理未成年人违法犯罪的专门立法——《少年法庭法》。目前，世界上不少国家和地区都规定了单独的、专门适用于未成年人案件的刑事诉讼程序。如《俄罗斯联邦刑

事诉讼法典》在第 50 章规定了"未成年人刑事案件的诉讼"。我国司法机关也一直在探索少年刑事司法制度。1984 年，上海市长宁区人民法院建立了我国第一个专门审理未成年人刑事案件的少年法庭，率先进行了未成年人刑事案件诉讼程序的探索并取得了显著成绩，得到了最高司法机关的肯定。此后，少年法庭在我国遍地开花，少年刑事司法制度日臻完善。现行《刑事诉讼法》专门规定未成年人刑事案件诉讼程序，也是对我国少年刑事司法实践经验的总结和回应。

此外，建立专门的未成年人刑事案件诉讼程序也是我国履行国际公约义务的要求。我国已加入联合国《儿童权利公约》（公约所指儿童是指 18 岁以下的人）。该公约明确要求，缔约国应致力于促进规定或建立专门适用于被指称、指控或确认为触犯刑法的儿童的法律、程序、当局和机构。

总之，设立未成年人刑事案件诉讼程序，有利于结合未成年人的身心特点，对未成年人进行教育改造，促进其尽快回归社会；有利于在刑事诉讼中保护未成年人的诉讼权益，体现社会对未成年人的特别关爱。

三、未成年人刑事案件诉讼程序的法律依据

（一）《刑事诉讼法》的规定

现行《刑事诉讼法》用 11 个条文对未成年人刑事案件诉讼程序进行了较为详细的规定。既规定了办理未成年人刑事案件的方针、原则，也规定了诸多适合未成年人特点的特殊诉讼制度，如附条件不起诉制度和犯罪记录封存制度。

（二）《未成年人保护法》和《预防未成年人犯罪法》的规定

1992 年 1 月 1 日开始施行的《未成年人保护法》和 1999 年 11 月 1 日开始施行的《预防未成年人犯罪法》也对未成年人刑事案件的处理作了专门规定。两部法律都规定，对违法犯罪的未成年人实行教育、感化、挽救的方针，坚持教育为主、惩罚为辅的原则。司法机关办理未成年人犯罪案件，应当保障未成年人行使其诉讼权利，保障未成年人得到法律帮助，并根据未成年人的生理、心理特点和犯罪的情况，有针对性地进行法制教育。公安机关、人民检察院、人民法院办理未成年人犯罪的案件，应当照顾未成年人的身心特点，并可以根据需要设立专门机构或者指定专人办理。人民法院审判未成年人犯罪的刑事案件，应当由熟悉未成年人身心特点的审判员或者审判员和人民陪审员依法组成少年法庭进行。对被拘留、逮捕和执行刑罚的未成年人与成年人应当分别关押、分别管理、分别教育，等等。

（三）其他规定

除了前述法律，最高司法机关、公安部也通过司法解释、部门规章的形

式对办理未成年人刑事案件作了许多特别规定。最高人民法院于2000年11月15日通过了《关于审理未成年人刑事案件的若干规定》。该规定从审判组织的组成、开庭前的准备工作、审判程序、执行环节等方面对审理未成年人刑事案件作了较为详尽和全面的规定，当前各级人民法院审理未成年人刑事案件主要依照该规定执行。此外，最高人民法院又于2005年12月12日通过了《关于审理未成年人刑事案件具体应用法律若干问题的解释》。2006年12月28日，最高人民检察院通过了《人民检察院办理未成年人刑事案件的规定》。该规定从基本原则、审查批准逮捕、审查起诉与出庭支持公诉、法律监督以及刑事申诉检察等方面对检察机关办理未成年人刑事案件的诉讼程序作了规定，是各级检察机关办理未成年人刑事案件的依据。2012年10月22日，最高人民检察院又颁行了《关于进一步加强未成年人刑事检察工作的决定》，指导检察机关全面贯彻现行《刑事诉讼法》中未成年人刑事案件诉讼程序的相关规定。公安部于1995年10月23日颁布了《公安机关办理未成年人违法犯罪案件的规定》。该规定对办理未成年人犯罪案件的立案、调查、侦查、强制措施的适用、处理、执行等问题作了较为详细的规定。

需要特别注意的是，最新颁行的最高法《解释》、2012年最高检《规则（试行）》、公安部《规定》，对办理未成年人刑事案件都进行了比较全面的规定。

第二节 未成年人刑事案件诉讼程序的方针和原则

一、教育、感化、挽救方针

我国在1979年首次提出对违法犯罪的未成年人要实行"教育、挽救、改造"的方针。此后，中央颁发的一系列文件也要求对违法犯罪的未成年人"必须坚决实行教育、感化、挽救的方针，着眼于挽救"。我国现行法律也明确规定了教育、感化、挽救的方针。如《未成年人保护法》第54条规定，对违法犯罪的未成年人，实行教育、感化、挽救的方针。现行《刑事诉讼法》第266条亦明确规定，对犯罪的未成年人实行教育、感化、挽救的方针。

教育、感化、挽救的方针是指在依法追究未成年人刑事责任时，必须立足于教育、感化、挽救，通过教育、感化加强未成年犯罪人的法治观念，使其认罪悔罪，改过自新，重新回归社会。这表明，国家对待未成年人犯罪和犯罪的未成年人，不是一味地强调打击、惩罚，而是注重预防、教育、矫治和挽救。《预防未成年人犯罪法》亦明确规定，预防未成年人犯罪，立足于教育和保护，从小抓起，对未成年人的不良行为及时进行预防和矫治。该法还明确规定，司法机关办理未成年人犯罪案件，应根据未成年人的生理、心理特点和犯罪的情况，有针对性地进行法制教育。未成年人的父母或者其他监护人和学校、城市居民委员会、农村村民委员会，对因不满 16 周岁而不予刑事处罚、免予刑事处罚的未成年人，或者被判处非监禁刑罚、被判处刑罚宣告缓刑、被假释的未成年人，应当采取有效的帮教措施，协助司法机关做好对未成年人的教育、挽救工作。城市居民委员会、农村村民委员会可以聘请思想品德优秀、作风正派、热心于未成年人教育工作的离退休人员或者其他人员协助做好教育、挽救工作。

最高法《解释》还规定，人民法院应当加强同政府有关部门以及共青团、妇联、工会、未成年人保护组织等团体的联系，推动未成年人刑事案件人民陪审、情况调查、安置帮教等工作的开展，充分保障未成年人的合法权益，积极参与社会管理综合治理。审理未成年人刑事案件，应当由熟悉未成年人身心特点、善于做未成年人思想教育工作的审判人员进行，并应当保持有关审判人员工作的相对稳定性。未成年人刑事案件的人民陪审员，一般由熟悉未成年人身心特点、热心于教育、感化、挽救失足未成年人工作，并经过必要培训的共青团、妇联、工会、学校、未成年人保护组织等单位的工作人员或者有关单位的退休人员担任。

二、教育为主、惩罚为辅原则

教育为主、惩罚为辅原则是处理未成年人刑事案件的根本性原则。《刑事诉讼法》第 266 条明确规定，对犯罪的未成年人坚持教育为主、惩罚为辅的原则。这一原则要求，在处理教育与惩罚的关系时，要以教育为主要目的，而不能以刑罚作为目的。刑罚只是教育的一种手段，必须服从于教育、感化、挽救的目的。这一原则既体现了对未成年人的优先保护，也体现了人权保障与社会保护的平衡。

教育为主、惩罚为辅的原则贯穿于刑事诉讼的始终。这就要求公安司法机关在未成年人刑事案件立案、侦查、审查起诉、审判、执行的过程中都必须注重教育、感化，着眼于挽救，将教育作为优先选择。当然，这并不意味着对未成年人犯罪要采取纵容政策。相反，公安司法机关必须根据法律的规定，依法追究未成年犯罪人的刑事责任。当然，在法律允许的范围内，应尽量采取更缓和的方式来处理未成年人犯罪，能不惩罚的尽量不惩罚，能采用较轻的刑罚方法的尽量采用较轻的刑罚方法。

三、不公开审理原则

现行《刑事诉讼法》第 274 条规定："审判的时候被告人不满 18 周岁的案件，不公开审理。但是，经未成年被告人及其法定代理人同意，未成年被告人所在学校和未成年人保护组织可以派代表到场。"此即对未成年刑事案件不公开审理原则的规定。1996年《刑事诉讼法》曾经规定，14岁以上不满16岁未成年人犯罪的案件，一律不公开审理；16岁以上不满18岁未成年人犯罪的案件，一般也不公开审理。两相比较可以发现，现行规定从三个方面发展了未成年人刑事案件不公开审理原则：①凡是未成年人刑事案件，一律不公开审理，不再区分年龄段作不同规定。②明确规定不公开审理的对象是审判的时候被告人不满18周岁的案件。因此，犯罪的时候被告人未满18周岁，但是审判的时候已满18周岁的，应该按照公开审理的规定进行。最高法《解释》进一步明确，开庭审理时被告人不满18周岁的案件，一律不公开审理。③未成年人刑事案件不公开审理原则存在例外。即经本人和法定代理人同意，未成年被告人所在学校和未成年人保护组织可以派代表到场旁听审理。

未成年人刑事案件不公开审理，有利于保护未成年被告人的自尊心和人格尊严，防止公开审理给他们造成的不必要的心灵创伤和过大的精神压力，有助于他们接受教育，重新做人。

不公开审理原则包含两方面的含义：

1. 审判的时候被告人不满18周岁的案件，不公开审理。这就要求，对不公开审理的未成年人刑事案件，既不允许诉讼参与人以外的其他人员旁听案件审理，也不允许新闻媒体报道。对未成年人刑事案件宣告判决应当公开进行，但不得采取召开大会等形式。对依法应当封存犯罪记录的案件，宣判时不得组织人员旁听；有旁听人员的，应当告知其不得传播案件信息。

2. 经未成年被告人及其法定代理人同意，未成年被告人所在学校和未成年人保护组织可以派代表到场。最高法《解释》还规定，到场代表的人数和范围由法庭决定；到场代表经法庭同意，可以参与对未成年被告人的法庭教育工作；但对依法公开审理，但可能需要封存犯罪记录的案件，不得组织人员旁听。我们认为，这一例外规定实际上意味着在特定情形下，未成年人刑事案件可以进行"半公开"的审理。这种做法有利于学校和未成年人保护组织对未成年罪犯进行法制教育。需要注意的是，即便未成年被告人及其法定代理人申请公开审理，法院也只能允许未成年被告人所在学校和未成年人保护组织派代表到场旁听，不能允许其他社会公众、新闻媒体旁听案件审理。

此外，《未成年人保护法》和《预防未成年人犯罪法》还规定，"对未成年人犯罪案件，新闻报道、影视节目、公开出版物、网络等不得披露该未成年人的姓名、住所、照片、图像以及可能推断出该未成年人的资料"。这一规定是对不公开审理原则的进一步补充，而且贯穿刑事诉讼始终。最高法《解释》第469条亦规定，审理未成年人刑事案件，不得向外界披露该未成年人的姓名、住所、照片以及可能推断出该未成年人身份的其他资料；查阅、摘抄、复制的未成年人刑事案件的案卷材料，不得公开和传播。如果被害人是未成年人的，也必须遵循前述规定。根据这些规定的精神，人民法院在将未成年人刑事案件裁判文书上网公布的时候，也必须采取措施予以处理。

第三节 未成年人刑事案件诉讼程序的重要制度

一、分案处理制度

分案处理制度，是指公安司法机关在刑事诉讼过程中，应当将未成年人案件与成年人案件分开处理，对未成年人和成年人分别关押。分案处理制度重点强调三个方面：一是在采取羁押性强制措施时，未成年嫌疑人应与成年嫌疑人分开看管；二是在执行刑罚时，未成年罪犯应当与成年罪犯分别关押、分别教育；三是在整个刑事诉讼过程中，应由专门的机构、专门的人员适用专门的程序来处理未成年人案件，不宜将未成年人案件与成年人案件一并处理。

我国法律和相关规定明确规定了贯穿整个刑事诉讼过程的分案处理制度。《刑事诉讼法》第 269 条第 2 款规定，对被拘留、逮捕和执行刑罚的未成年人与成年人应当分别关押、分别管理、分别教育。公安部《规定》要求，公安机关应当设置专门机构或者配备专职人员办理未成年人刑事案件。最高法《解释》规定，中级人民法院和基层人民法院可以设立独立建制的未成年人案件审判庭；尚不具备条件的，应当在刑事审判庭内设立未成年人刑事案件合议庭，或者由专人负责审理未成年人刑事案件。高级人民法院应当在刑事审判庭内设立未成年人刑事案件合议庭；具备条件的，可以设立独立建制的未成年人案件审判庭。

分案处理的原因在于未成年人心智尚不够成熟，如果与成年人共同关押、审理、服刑，不仅不利于对未成年人进行教育、感化和挽救，还可能令其受到成年人的不良影响和"污染"，进而习得反侦查、反讯问手段，掌握更多犯罪技术，不利于预防未成年人再次犯罪。另外，未成年与成年人关押在一起，还可能使他们受到成年人的伤害，不利于保护未成年人的人身安全。

二、社会调查制度

《刑事诉讼法》第 268 条规定："公安机关、人民检察院、人民法院办理未成年人刑事案件，根据情况可以对未成年犯罪嫌疑人、被告人的成长经历、犯罪原因、监护教育等情况进行调查。"此即现行《刑事诉讼法》针对未成年人案件新增的社会调查制度。社会调查与法庭调查的内容不一样。法庭调查内容主要是犯罪事实及犯罪后表现,而社会调查的内容则主要是犯罪嫌疑人、被告人的成长经历、犯罪原因、监护教育等情况,偏重于犯罪前情况的调查。对未成年人进行社会调查,有利于发现未成年人犯罪的原因,以便因人施教,开展有针对性的教育、矫治、挽救工作,同时有利于防止涉案未成年人再犯罪,预防其他未成年人犯罪。

社会调查在侦查、起诉和审判阶段都可以进行。公安部《规定》要求,公安机关办理未成年人刑事案件,根据情况可以对未成年犯罪嫌疑人的成长经历、犯罪原因、监护教育等情况进行调查并制作调查报告;作出调查报告的,在提请批准逮捕、移送审查起诉时,应当结合案情综合考虑,并将调查报告与案卷材料一并移送人民检察院。2012年最高检《规则(试行)》规定,人民检察院根据情况可以进行社会调查并制作社会调查报告作为办案和教育的参考。人民检察院开展社会调查,可以委托有关组织和机构进行。人民检察院应当对公安机关移送的社会调查报告进行审查,必要时可以进行补充调查。人民检察院制作的社会调查报告应当随案移送人民法院。最高法《解释》规定,对人民检察院移送的关于未成年被告人性格特点、家庭情况、社会交往、成长经历、犯罪原因、犯罪前后的表现、监护教育等情况的调查报告,以及辩护人提交的反映未成年被告人上述情况的书面材料,法庭应当接受。必要时,人民法院可以委托未成年被告人居住地的县级司法行政机关、共青团组织以及其他社会团体组织对未成年被告人的上述情况进行调查,或者自行调查。对未成年人刑事案件,人民法院根据情况,可以对未成年被告人进行心理疏导;经未成年被告人及其法定代理人同意,也可以对未成年被告人进行心理测评。对未成年被告人情况的调查报告,以及辩护人提交的有关未成年被告人情况的书面材料,法庭应当审查并听取控辩双方意见。社会调查报告和材料可以作为法庭教育和量刑的参考。

综上所述,未成年人刑事案件的社会调查制度包含以下内容:①调查内容主要是未成年犯罪嫌疑人、被告人的成长经历、犯罪原因、监护教育等情况,必要时还会涉及心理测评等内容。②是否进行社会调查,由公安司法机关根据情况决定。③公安司法机关可以自行调查,也可以委托有关机构、组织进行调查。④在侦查、起诉、审判阶段均可进行社会调查。⑤辩护人也可以提交反映犯罪嫌疑人、被告人的成长经历、犯罪原因、监护教育等情况的书面材料。⑥社会调查报告或书面材料既可以作为法庭教育和量刑的参考,也可以作为矫治的依据,还能作为预防未成年人犯罪的基础材料。

三、犯罪记录封存制度

《刑事诉讼法》第275条规定:"犯罪的时候不满18周岁,被判处5年有期徒刑以下刑罚的，应当对相关犯罪记录予以封存。犯罪记录被封存的，不得向任何单位和个人提供，但司法机关为办案需要或者有关单位根据国家规定进行查询的除外。依法进行查询的单位，应当对被封存的犯罪记录的情况予以保密。"此即犯罪记录封存制度的规定。

犯罪记录封存是指将符合条件的未成年人犯罪记录予以保密，不得向外界提供；在有关方面要求为未成年人出具有无犯罪记录证明时，司法机关不应提供有犯罪记录的证明。此外，《刑法》第100条规定，依法受过刑事处罚的人，在入伍、就业的时候，应当如实向有关单位报告自己曾受过刑事处罚，不得隐瞒，但是犯罪的时候不满18周岁被判处5年有期徒刑以下刑罚的人，免除报告义务。

犯罪记录封存与前科消灭不同。前科消灭是将犯罪记录予以抹销，而犯罪记录封存仅仅是将犯罪记录予以保密；前科消灭往往附有一定条件并由有关机关予以考察，而犯罪记录封存只要满足条件就应该对犯罪记录保密。

犯罪记录封存要求对侦查、起诉、审判、执行全过程的犯罪记录、卷宗、法律文书等全部材料予以保密。公安司法机关应建立严格的保管、保密制度。如2012年最高检《规则（试行）》规定，人民检察院应当将拟封存的未成年人犯罪记录、卷宗等相关材料装订成册，加密保存，不予公开，并建立专门的未成年人犯罪档案库，执行严格的保管制度。

犯罪记录封存存在以下例外：一是司法机关为办案需要可以查询；二是有关单位根据国家规定可以查询。但是依法进行查询的单位，必须对被封存的犯罪记录的情况予以保密。最高法《解释》规定，司法机关或者有关单位向人民法院申请查询封存的犯罪记录的，应当提供查询的理由和依据；对查询申请，人民法院应当及时作出是否同意的决定。2012年最高检《规则（试行）》规定，除司法机关为办案需要或者有关单位根据国家规定进行查询的以外，人民检察院不得向任何单位和个人提供封存的犯罪记录，并不得提供未成年人有犯罪记录的证明；司法机关或者有关单位需要查询犯罪记录的，应当向封存犯罪记录的人民检察院提出书面申请，人民检察院应当在7日以内作出是否许可的决定。

对符合条件的未成年人的犯罪记录予以封存，体现了"教育、感化、挽救"方针和"教育为主、惩罚为辅"原则，有利于未成年犯罪人顺利回归社会。犯罪记录的存在，一方面给犯罪人贴上了罪犯的标签，另一方面也会给未成年人升学、就业、生活带来一些不利影响，因此，对社会危害性和人身危险性不大的一部分未成年犯罪人的犯罪记录予以封存，有利于消除这些消极因素的影响。总之，犯罪记录封存制度体现了国家对未成年人的特别保护和人文关怀,也是宽严相济刑事政策的必然要求。

第四节　未成年人刑事案件诉讼程序的特别规定

未成年人刑事案件的诉讼程序与成年人刑事案件的诉讼程序在整体框架上大体相同。但是为体现对未成年人的特殊司法保护,《刑事诉讼法》和相关司法解释也作了许多特别规定。

一、立案程序

在对未成年人刑事案件进行立案审查时,除需要查明是否具备立案条件外,还应当查明犯罪嫌疑人的确切出生时间。公安部《规定》要求,应当重点查清未成年犯罪嫌疑人实施犯罪行为时是否已满14周岁、16周岁、18周岁的临界年龄。此外,还应当进一步调查犯罪原因、犯罪前的人居环境以及嫌疑人的心理、性格特征,有无教唆犯罪的人。这些调查内容要写入立案报告。

二、侦查程序

侦查未成年人刑事案件,应遵守以下特别规定:

(一)照顾未成年人的身心特点,对其合法权益予以特别保护

侦查机关应当保障未成年人行使其诉讼权利并得到法律帮助,依法保护未成年人的名誉和隐私,尊重其人格尊严;对于未成年人刑事案件,应当安排熟悉未成年人身心特点、善于做未成年人思想教育工作、具有一定办案经验的人员办理。未成年犯罪嫌疑人没有委托辩护人的,公安机关应当通知法律援助机构指派律师为其提供辩护。

(二)讯问、询问未成年人应遵守特别规定

1. 讯问未成年犯罪嫌疑人,应当通知未成年犯罪嫌疑人的法定代理人到场。无法通知、法定代理人不能到场或者法定代理人是共犯的,也可以通知未成年犯罪嫌疑人的其他成年亲属,所在学校、单位、居住地基层组织或者未成年人保护组织的代表到场,并将有关情况记录在案。到场的法定代理人可以代为行使未成年犯罪嫌疑人的诉讼权利。到场的法定代理人或者其他人员提出办案人员在讯问中侵犯未成年人合法权益的,侦查机关应当认真核查,依法处理。

2. 讯问未成年犯罪嫌疑人应当采取适合未成年人的方式,耐心细致地听取其供述或者辩解,认真审核、查证与案件有关的证据和线索,并针对其思想顾虑、恐惧心理、抵触情绪进行疏导和教育。

3. 讯问女性未成年犯罪嫌疑人,应当有女工作人员在场。

4. 讯问未成年犯罪嫌疑人一般不得使用戒具。对于确有人身危险性，必须使用戒具的，在现实危险消除后，应当立即停止使用。

5. 讯问笔录应当交未成年犯罪嫌疑人、到场的法定代理人或者其他人员阅读或者向其宣读；对笔录内容有异议的，应当核实清楚，准予更正或者补充。

6. 询问未成年证人、被害人应参照讯问未成年犯罪嫌疑人的规定进行。

（三）严格限制和尽量减少使用逮捕措施

1. 慎用逮捕措施，可捕可不捕的不捕。人民检察院办理未成年犯罪嫌疑人审查逮捕案件，应当根据未成年犯罪嫌疑人涉嫌犯罪的事实、主观恶性、有无监护与社会帮教条件等，综合衡量其社会危险性，严格限制适用逮捕措施。对于罪行较轻，具备有效监护条件或者社会帮教措施，没有社会危险性或者社会危险性较小，不逮捕不致妨害诉讼正常进行的未成年犯罪嫌疑人，应当不批准逮捕。对于罪行比较严重，但主观恶性不大，有悔罪表现，具备有效监护条件或者社会帮教措施，具有下列情形之一，不逮捕不致妨害诉讼正常进行的未成年犯罪嫌疑人，可以不批准逮捕：①初次犯罪、过失犯罪的；②犯罪预备、中止、未遂的；③有自首或者立功表现的；④犯罪后如实交代罪行，真诚悔罪，积极退赃，尽力减少和赔偿损失，被害人谅解的；⑤不属于共同犯罪的主犯或者集团犯罪中的首要分子的；⑥属于已满14周岁不满16周岁的未成年人或者系在校学生的；⑦其他可以不批准逮捕的情形。

2. 年龄存疑时不捕。人民检察院审查逮捕未成年犯罪嫌疑人，应当重点查清其是否已满14、16、18周岁。对犯罪嫌疑人实际年龄难以判断，影响对该犯罪嫌疑人是否应当负刑事责任认定的，应当不批准逮捕。需要补充侦查的，同时通知侦查机关。

3. 必须讯问未成年人，听取辩护人意见。人民检察院审查批准逮捕和人民法院决定逮捕，应当讯问未成年犯罪嫌疑人、被告人，听取辩护律师的意见，并制作笔录附卷。

4. 及时变更逮捕措施。未成年犯罪嫌疑人被拘留、逮捕后服从管理、依法变更强制措施不致发生社会危险性，能够保证诉讼正常进行的，侦查机关应当依法及时变更强制措施；人民检察院批准逮捕的案件，侦查机关应当将变更强制措施情况及时通知人民检察院。

（四）可进行社会调查

办理未成年人刑事案件，侦查机关根据情况可以对未成年犯罪嫌疑人、被告人的成长经历、犯罪原因、监护教育等情况进行调查。调查后应制作社会调查报告并移送给审查起诉部门。

（五）分案处理、分别关押

侦查机关应当设置专门机构或者配备专职人员办理未成年人刑事案件。对被羁押的未成年人，应当与成年人分别关押、分别管理、分别教育，并根据其生理和心理特点在生活和学习方面给予照顾。人民检察院发现看守所没有将未成年人与成年人分别关押、分别管理、分别教育的，应当提出纠正意见。

三、起诉程序

在起诉阶段，办理未成年人案件除了要遵循普通刑事案件起诉程序外，还要遵守一些特别规定。这些特别规定有些和侦查程序要求相同，有些在未成年人刑事诉讼的所有阶段都要遵循，比如分案处理，讯问（询问）必须遵守特别规定，可以进行社会调查，不得公开或者传播涉案未成年人的姓名、住所、照片、图像及可能推断出该未成年人的资料，等等。在起诉阶段，现行《刑事诉讼法》最大的创新是设立了附条件不起诉制度，因此，本部分将主要对该制度进行介绍。

（一）附条件不起诉的概念

我国刑事诉讼中的附条件不起诉，是指对于符合起诉条件的未成年犯罪嫌疑人，在符合法律规定的情形时，检察机关暂时不对其提起公诉，同时为其附设一定的条件要求其遵守，并根据考察结果最终决定是否提起公诉。被决定附条件不起诉的未成年犯罪嫌疑人，在考察期限内没有违反相关规定的，人民检察院应作出不起诉决定；如果违反了相关规定，人民检察院应撤销附条件不起诉的决定，提起公诉。附条件不起诉制度是"教育、感化、挽救"方针和"教育为主、惩罚为辅"原则在起诉阶段的体现，有助于未成年犯罪嫌疑人早日顺利回归社会，同时有利于案件的分流。

（二）附条件不起诉的适用条件

《刑事诉讼法》第271条第1款规定："对于未成年人涉嫌刑法分则第四章、第五章、第六章规定的犯罪，可能判处1年有期徒刑以下刑罚，符合起诉条件，但有悔罪表现的，人民检察院可以作出附条件不起诉的决定。"据此，对涉嫌犯罪的未成年人适用附条件不起诉必须同时满足以下条件：

1. 犯罪种类条件。未成年人所涉犯罪必须为刑法分则第四章的侵犯公民人身权利、民主权利罪，第五章的侵犯财产罪，第六章的妨害社会管理秩序罪。对于未成年人涉嫌其他章节的犯罪，不得适用附条件不起诉。当然，刑法规定按照分则第四、五、六章罪名处理的犯罪也可适用附条件不起诉。

2. 刑期条件。未成年人所涉罪行可能被判处1年有期徒刑以下刑罚。可能被判处1年有期徒刑以下刑罚，说明所涉罪行较轻。如果对严重罪行附条件不起诉，一来起不到挽救的目的，二来也难以达到刑法的预防目的。

3. 符合起诉条件。即犯罪事实已经查清，证据确实、充分，符合起诉条件。如果符合《刑事诉讼法》第 15 条规定的情形，应直接作出不起诉的决定，不得适用附条件不起诉；如果属于犯罪情节轻微，依照刑法规定不需要判处刑罚或者免除刑罚的，可以直接作出不起诉决定；如果事实不清，证据不确实、不充分，应通过补充侦查查明犯罪事实。

4. 悔罪条件。该未成年人具有悔罪表现，表明人身危险性较低，有教育、感化、挽救的余地。悔罪表现一般表现为认罪态度好，积极赔偿，向被害方道歉，取得被害方谅解等。

只有同时满足以上条件，人民检察院才能作出附条件不起诉的决定。

（三）附条件不起诉所附监督考察条件

《刑事诉讼法》第 272 条第 3 款规定，被附条件不起诉的未成年犯罪嫌疑人，应当遵守下列规定：①遵守法律法规，服从监督；②按照考察机关的规定报告自己的活动情况；③离开所居住的市、县或者迁居，应当报经考察机关批准；④按照考察机关的要求接受矫治和教育。2012 年最高检《规则（试行）》第 498 条规定，人民检察院可以要求被附条件不起诉的未成年犯罪嫌疑人接受下列矫治和教育：①完成戒瘾治疗、心理辅导或者其他适当的处遇措施；②向社区或者公益团体提供公益劳动；③不得进入特定场所，不得与特定的人员会见或者通信，不得从事特定的活动；④向被害人赔偿损失、赔礼道歉等；⑤接受相关教育；⑥遵守其他保护被害人安全以及预防再犯的禁止性规定。目前看来，这些条件和矫治、教育措施还比较原则，人民检察院在作出决定时应结合未成年人的具体情况、犯罪的原因和性质以及矫治、教育条件科学地附设监督考察条件。

（四）附条件不起诉的适用程序

1. 作出附条件不起诉决定并宣告。对于符合《刑事诉讼法》第 271 条第 1 款规定条件的未成年人刑事案件，人民检察院可以作出附条件不起诉的决定。人民检察院在作出附条件不起诉的决定以前，应当听取公安机关、被害人以及未成年犯罪嫌疑人的法定代理人、辩护人的意见，并制作笔录附卷。

人民检察院作出附条件不起诉的决定后，应当制作附条件不起诉决定书，并在 3 日内送达公安机关、被害人或者其近亲属及其诉讼代理人、未成年犯罪嫌疑人及其法定代理人、辩护人。人民检察院应当当面向未成年犯罪嫌疑人及其法定代理人宣布附条件不起诉决定，告知考验期限、在考验期内应当遵守的规定以及违反规定应负的法律责任，并制作笔录附卷。

2. 附条件不起诉的异议程序。公安机关认为附条件不起诉决定不符合法定条件的,可以依据《刑事诉讼法》第 176 条的规定,要求作出决定的检察机关进行复议,如果请求复议的意见不被接受,可以向上一级人民检察院提请复核。

被害人对附条件不起诉决定不服的,可以根据《刑事诉讼法》第 176 条的规定,自收到决定书后 7 日内向上一级人民检察院申诉,请求提起公诉。人民检察院应当将复查决定告知被害人。对人民检察院维持附条件不起诉决定的,被害人可以向人民法院起诉;被害人也可以不经申诉,直接向人民法院起诉。

如果被附条件不起诉的未成年犯罪嫌疑人或者其法定代理人认为,该未成年人的行为不构成犯罪,或者犯罪情节轻微,依照《刑法》规定不需要判处刑罚或者免除刑罚,对附条件不起诉决定提出异议的,检察机关应当作出起诉的决定,依法提起公诉,由人民法院对其是否构成犯罪以及如何定罪量刑作出裁判。

3. 监督考察。人民检察院作出附条件不起诉决定的,应当确定考验期。考验期为 6 个月以上 1 年以下,从人民检察院作出附条件不起诉的决定之日起计算。在附条件不起诉的考验期内,由人民检察院对被附条件不起诉的未成年犯罪嫌疑人进行监督考察。未成年犯罪嫌疑人的监护人,应当对未成年犯罪嫌疑人加强管教,配合人民检察院做好监督考察工作。人民检察院可以会同未成年犯罪嫌疑人的监护人、所在学校、单位、居住地的村民委员会、居民委员会、未成年人保护组织等的有关人员,定期对未成年犯罪嫌疑人进行考察、教育,实施跟踪帮教。

4. 作出最终的起诉或不起诉决定。考验期届满,办案人员应当制作附条件不起诉考察意见书,提出起诉或者不起诉的意见,经部门负责人审核,报请检察长决定。被附条件不起诉的未成年犯罪嫌疑人,在考验期内有下列情形之一的,人民检察院应当撤销附条件不起诉的决定,提起公诉:①实施新的犯罪的;②发现决定附条件不起诉以前还有其他犯罪需要追诉的;③违反治安管理规定,造成严重后果,或者多次违反治安管理规定的;④违反考察机关有关附条件不起诉的监督管理规定,造成严重后果,或者多次违反考察机关有关附条件不起诉的监督管理规定的。被附条件不起诉的未成年犯罪嫌疑人,在考验期内没有上述情形,考验期满的,人民检察院应当作出不起诉的决定。

四、审判程序

(一)审判组织

1. 未成年人法庭的设置。中级人民法院和基层人民法院可以设立独立建制的未成年人案件审判庭；尚不具备条件的，应当在刑事审判庭内设立未成年人刑事案件合议庭，或者由专人负责审理未成年人刑事案件。高级人民法院应当在刑事审判庭内设立未成年人刑事案件合议庭。未成年人案件审判庭和未成年人刑事案件合议庭统称少年法庭。

2. 未成年人法庭的受案范围。根据最高法《解释》的规定，下列案件由少年法庭审理：①被告人实施被指控的犯罪时不满18周岁、人民法院立案时不满20周岁的案件；②被告人实施被指控的犯罪时不满18周岁、人民法院立案时不满20周岁，并被指控为首要分子或者主犯的共同犯罪案件。其他共同犯罪案件有未成年被告人的或者其他涉及未成年人的刑事案件是否由少年法庭审理，由院长根据少年法庭工作的实际情况决定。对分案起诉至同一人民法院的未成年人与成年人共同犯罪案件，可以由同一个审判组织审理；不宜由同一个审判组织审理的，可以分别由少年法庭、刑事审判庭审理。

(二) 审判程序

1. 开庭准备。人民法院向未成年被告人送达起诉书副本时，应当向其讲明被指控的罪行和有关法律规定，并告知其审判程序和诉讼权利、义务。

审判时不满18周岁的未成年被告人没有委托辩护人的，人民法院应当通知法律援助机构指派律师为其提供辩护。未成年被害人及其法定代理人因经济困难或者其他原因没有委托诉讼代理人的，人民法院应当帮助其申请法律援助。

人民法院决定适用简易程序审理的，应当征求未成年被告人及其法定代理人、辩护人的意见。上述人员提出异议的，不得适用简易程序。

被告人实施被指控的犯罪时不满18周岁，开庭时已满18周岁、不满20周岁的，人民法院开庭时，一般应当通知其近亲属到庭。近亲属无法通知、不能到场或者是共犯的，应当记录在案。

对人民检察院移送的关于未成年被告人性格特点、家庭情况、社会交往、成长经历、犯罪原因、犯罪前后的表现、监护教育等情况的调查报告，以及辩护人提交的反映未成年被告人上述情况的书面材料，法庭应当接受。必要时，人民法院可以委托未成年被告人居住地的县级司法行政机关、共青团组织以及其他社会团体组织对未成年被告人的上述情况进行调查，或者自行调查。对未成年人刑事案件，人民法院根据情况，可以对未成年被告人进行心理疏导；经未成年被告人及其法定代理人同意，也可以对未成年被告人进行心理测评。

开庭前，法庭根据情况，可以安排未成年被告人与其法定代理人或者其他成年亲属、代表会见。

2. 法庭审理。

（1）法庭布置。审理可能判处 5 年有期徒刑以下刑罚或者过失犯罪的未成年人刑事案件，可以采取适合未成年人特点的方式设置法庭席位，如采用"圆桌审判"的形式。

人民法院应当在辩护台靠近旁听区一侧为未成年被告人的法定代理人或者未成年犯罪嫌疑人、被告人的其他成年亲属，所在学校、单位、居住地基层组织或者未成年人保护组织的代表设置席位。

（2）戒具使用。在法庭上不得对未成年被告人使用戒具，但被告人人身危险性大，可能妨碍庭审活动的除外。必须使用戒具的，在现实危险消除后，应当立即停止使用。

（3）拒绝辩护。未成年被告人或者其法定代理人当庭拒绝辩护人辩护，要求另行委托辩护人或者指派律师的，合议庭应当准许。未成年被告人拒绝辩护人辩护后，没有辩护人的，应当宣布休庭；仍有辩护人的，庭审可以继续进行。有多名未成年被告人的案件，部分未成年被告人拒绝辩护人辩护后，没有辩护人的，根据案件情况，可以对该被未成年告人另案处理，对其他未成年被告人的庭审继续进行。

重新开庭后，未成年被告人或者其法定代理人再次当庭拒绝辩护人辩护的，不予准许。重新开庭时被告人已满 18 周岁的，可以准许，但不得再另行委托辩护人或者要求另行指派律师，由其自行辩护。

（4）法庭语言表达方式。法庭审理过程中，审判人员应当根据未成年被告人的智力发育程度和心理状态，使用适合未成年人的语言表达方式。发现有对未成年被告人诱供、训斥、讽刺或者威胁等情形的，审判长应当制止。

（5）社会调查及其他书面材料。对未成年被告人情况的调查报告，以及辩护人提交的有关未成年被告人情况的书面材料，法庭应当审查并听取控辩双方意见。上述报告和材料可以作为法庭教育和量刑的参考。

控辩双方提出对未成年被告人判处管制、宣告缓刑等量刑建议的,应当向法庭提供有关未成年被告人能够获得监护、帮教以及对所居住社区无重大不良影响的书面材料。

(6) 法庭教育。法庭辩论结束后,法庭可以根据案件情况,对未成年被告人进行教育;判决未成年被告人有罪的,宣判后,应当对未成年被告人进行教育。对未成年被告人进行教育,可以邀请诉讼参与人,未成年犯罪嫌疑人、被告人的其他成年亲属,所在学校、单位、居住地基层组织或者未成年人保护组织的代表,社会调查员,心理咨询师等参加。

(7) 最后陈述。未成年被告人最后陈述后,法庭应当询问其法定代理人是否补充陈述。

(8) 宣告判决。对未成年人刑事案件宣告判决应当公开进行,但不得采取召开大会等形式。对依法应当封存犯罪记录的案件,宣判时,不得组织人员旁听;有旁听人员的,应当告知其不得传播案件信息。定期宣告判决的未成年人刑事案件,未成年被告人的法定代理人无法通知、不能到庭或者是共犯的,法庭可以通知未成年犯罪嫌疑人、被告人的其他成年亲属,所在学校、单位、居住地基层组织或者未成年人保护组织的代表到庭,并在宣判后向未成年被告人的成年亲属送达判决书。

五、执行程序

(一) 执行材料的送达

将未成年罪犯送监执行刑罚或者送交社区矫正时,人民法院应当将有关未成年罪犯的调查报告及其在案件审理中的表现材料,连同有关法律文书,一并送达执行机关。

(二) 少年法庭的帮教

少年法庭可以与未成年罪犯管教所等服刑场所建立联系,了解未成年罪犯的改造情况,协助做好帮教、改造工作,并可以对正在服刑的未成年罪犯进行回访考察。

少年法庭认为必要时,可以督促被收监服刑的未成年罪犯的父母或者其他监护人及时探视。

对被判处管制、宣告缓刑、裁定假释、决定暂予监外执行的未成年罪犯,少年法庭可以协助社区矫正机构制定帮教措施。少年法庭可以适时走访被判处管制、宣告缓刑、免除刑事处罚、裁定假释、决定暂予监外执行等的未成年罪犯及其家庭,了解未成年罪犯的管理和教育情况,引导未成年罪犯的家庭承担管教责任,为未成年罪犯改过自新创造良好环境。

（三）执行机关、监护人及其他组织的帮教

对被判处管制、宣告缓刑以及裁定假释、暂予监外执行的未成年罪犯，执行机关应当组成由社区矫正机构、被执行人所在学校、单位，居民（村民）委员会以及监护人等参加的教育帮助小组，对其依法监督、帮教、考察，并将其表现通报原裁判或决定机关。对表现好的，应及时提出减刑意见。

未成年人的父母或者其他监护人和学校、城市居民委员会、农村村民委员会，对因不满 16 周岁而不予刑事处罚、免予刑事处罚的未成年人，或者被判处非监禁刑罚、被判处刑罚宣告缓刑、被假释的未成年人，应当采取有效的帮教措施，协助司法机关做好对未成年人的教育、挽救工作。城市居民委员会、农村村民委员会可以聘请思想品德优秀、作风正派、热心于未成年人教育工作的离退休人员或者其他人员协助做好对上述规定的未成年人的教育、挽救工作。

（四）就学、就业等的帮扶

被判处管制、宣告缓刑、免除刑事处罚、裁定假释、决定暂予监外执行等的未成年罪犯，具备就学、就业条件的，少年法庭可以就其安置问题向有关部门提出司法建议，并附送必要的材料。执行机关以及其他组织也应予协助、帮扶。

（五）犯罪记录封存

犯罪的时候不满 18 周岁，被判处 5 年有期徒刑以下刑罚的，应当对相关犯罪记录予以封存。犯罪记录被封存的，不得向任何单位和个人提供，但司法机关为办案需要或者有关单位根据国家规定进行查询的除外。依法进行查询的单位，应当对被封存的犯罪记录的情况予以保密。

 考核提示

了解：未成年人刑事案件诉讼程序的概念、设立必要性、法律依据。

理解：未成年人刑事案件诉讼程序的方针和原则。

熟悉并能够运用：未成年人刑事案件诉讼程序的重要制度，未成年人刑事案件诉讼程序的特别规定。

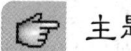 主题讨论

第二百七十四条　审判的时候被告人不满 18 周岁的案件，不公开审理。但是，经未成年被告人及其法定代理人同意，未成年被告人所在学校和未成年人保护组织可以派代表到场。（《刑事诉讼法》）

第二百七十五条　犯罪的时候不满 18 周岁，被判处 5 年有期徒刑以下刑

罚的,应当对相关犯罪记录予以封存。

犯罪记录被封存的,不得向任何单位和个人提供,但司法机关为办案需要或者有关单位根据国家规定进行查询的除外。依法进行查询的单位,应当对被封存的犯罪记录的情况予以保密。(《刑事诉讼法》)

第五十八条　对未成年人犯罪案件,新闻报道、影视节目、公开出版物、网络等不得披露该未成年人的姓名、住所、照片、图像以及可能推断出该未成年人的资料。(《未成年人保护法》)

【讨论提示】

1. 三个条文之间是什么关系?

2. 如何调和未成年人犯罪相关信息的特别保护与公众知情权、舆论监督权之间的冲突?

 阶段自测

一、单项选择题

关于附条件不起诉,下列哪一说法是错误的?(　　)

A. 只适用于未成年人案件

B. 应当征得公安机关、被害人的同意

C. 未成年犯罪嫌疑人及其法定代理人对附条件不起诉有异议的应当起诉

D. 有悔罪表现时,才可以附条件不起诉

二、多项选择题

1.《刑事诉讼法》规定,审判的时候被告人不满 18 周岁的案件,不公开审理。但是,经未成年被告人及其法定代理人同意,未成年被告人所在学校和未成年人保护组织可以派代表到场。关于该规定的理解,下列哪些说法是错误的?(　　)

A. 该规定意味着经未成年被告人及其法定代理人同意,可以公开审理

B. 未成年被告人所在学校和未成年人保护组织派代表到场是公开审理的特殊形式

C. 未成年被告人所在学校和未成年人保护组织经同意派代表到场是为了维护未成年被告人合法权益和对其进行教育

D. 未成年被告人所在学校和未成年人保护组织经同意派代表到场与审判的时候被告人不满 18 周岁的案件不公开审理并不矛盾

2. 关于犯罪记录封存的适用条件,下列哪些选项是正确的?(　　)

A. 犯罪的时候不满 18 周岁　　　　B. 被判处 5 年有期徒刑以下刑罚

C. 初次犯罪　　　　　　　　　　　D. 没有受过其他处罚

第二十三章

当事人和解的公诉案件诉讼程序

☞ **本章导学**

本章的主要内容包括当事人和解的公诉案件诉讼程序的概念和意义，公诉案件和解与相关概念的区别，公诉案件和解的范围、条件及程序。重点是公诉案件和解的范围、条件及程序。难点是公诉案件和解与相关概念的区别。

☞ **学习引入**

被告人无证驾驶不符合安全标准的三轮摩托车违章载客，车辆驶出路面，造成3人死亡的交通事故。交管部门认定被告人承担事故的全部责任。事故发生后，被告人对自己的犯罪行为深感后悔，积极筹措钱款，与死者亲属达成赔偿协议，分别赔偿其经济损失20万元（共计60万元），并取得了3名死者亲属的谅解。在法庭审理过程中，合议庭认真听取了当事人和其他相关人员的意见，对和解的自愿性、合法性进行了严格审查，遂作出了被告人犯交通肇事罪，判处有期徒刑3年，缓刑5年的从宽处罚判决。

公诉案件能否由当事双方自行和解？哪些案件可以进行和解？和解必须满足哪些条件？和解能否处理定罪量刑问题？当事双方达成和解协议后，对犯罪嫌疑人、被告人该如何处理？

第一节 概 述

一、当事人和解的公诉案件诉讼程序的概念和意义

当事人和解的公诉案件诉讼程序是一种特别诉讼程序，是指在特定范围内的公诉案件中，犯罪嫌疑人、被告人真诚悔罪，通过向被害人赔偿损失、赔礼道歉等方式获得被害人谅解，加害、被害双方自愿达成和解协议的，公安司法机关可以对犯罪嫌疑人、被告人从宽处理的一种程序。

在现行《刑事诉讼法》修订之前，我国刑事诉讼中只有自诉案件和附带民事诉讼案件允许和解，公诉案件不能和解。近年来，全国司法机关在和谐司法理念和宽严相济刑事政策指导下，探索通过当事人和解的方式解决轻微刑事公诉案件，取得了良好的社会效果。最高司法机关也先后发布司法解释，对各地的试点经验予以肯定。现行《刑事诉讼法》规定的当事人和解的公诉案件诉讼程序，正是我国刑事和解实践经验的结晶。

建立公诉案件的和解程序，是对世界司法潮流的回应。当代世界各国都存在不同性质和形式的刑事和解制度。最为有名且应用最广泛的当属美国的辩诉交易制度。有数据表明，美国联邦法院裁判的案件和州法院重罪案件90%以上都是通过检察官与辩护律师（或被告人）达成协议而结案的。此外，注重加害—被害关系修复的恢复性司法理念也得到了联合国和世界各国的广泛认同。

建立公诉案件的和解程序，也是向刑事诉讼本质的回归。在刑事诉讼产生之初，控辩双方即是加害与被害双方，随着国家对刑事诉讼的干预，才逐渐由检察官以国家公诉人的身份代替被害人成为刑事诉讼的控方，但这并未否认刑事诉讼本质上仍是发生在加害方、被害方之间的纠纷。因此，当国家起诉垄断被证明有其固有缺陷的情况下，当事人处分原则再次进入刑事诉讼视野。可以认为，公诉案件和解程序实际上是国家起诉垄断主义与当事人处分原则妥协的产物，是对刑事司法国家中心主义的补充。

建立公诉案件的和解程序，既能帮助加害人尽快回归社会，也有利于被害人获得足够的补偿和帮助，能够使受损害的加害—被害关系以及社会秩序得到恢复，有利于社会的和谐稳定。此外，公诉案件和解程序对于解决我国日益严峻的"人案矛盾"也不失为一剂良药，有利于节约司法资源。

二、公诉案件和解与相关概念的区别

（一）公诉案件当事人和解与私了

私了是日常生活中的通俗说法，大致等同于诉讼理论中所谓私力救济的

概念,是指纠纷发生后,双方当事人不经过国家公权机关、社会组织而自行解决纠纷的一种方式。私了在民事领域非常普遍。由于刑事案件尤其是公诉案件往往涉及国家和社会公共利益,私了一般不为法律所提倡,甚至为法律所禁止。但在现实生活中,刑事纠纷双方当事人基于利益考量,仍然会选择私了。如民族地区的人身伤害案件、农村地区的性犯罪案件中的私了现象就比较突出。从本质上讲,私了是一种诉讼外的和解,而公诉案件和解程序则是一种诉讼内的和解,国家司法机关在双方当事人达成和解协议后,仍会依职权对案件作出处理。此外,私了是一种替代性纠纷解决方式,不存在严格的程序,解决纠纷的效果也会因人因案而有所不同;而公诉案件的和解属于公力救济方式,有完善的程序。公诉案件和解与私了相比,有利于防止不平等、不自愿的"和解"出现,也有利于维护国家司法的权威。但是私了在特定情形下也有其独特作用。因此,我们不认为建立当事人和解的公诉案件诉讼程序会消除私了现象。

(二)公诉案件当事人和解与辩诉交易

根据美国《联邦刑事诉讼规则》(2010),辩诉交易是指检察官与辩护律师(或被告人)经协商就定罪量刑问题达成的协议。一旦被告人就所指控的犯罪或者更轻的或与其有关联的犯罪作出有罪或不予争辩的答辩,检察官将建议法庭对被告人从宽处理。美国的辩诉交易分为三种类型。其中,达成 A 型交易,检察官将不会向法官提出其他指控,或者建议撤销其他指控;达成 B 型交易,检察官将建议法官,或不反对被告人请求法官,对被告人判处特定或特定范围的刑罚是适当的处理,或者同意适用或者不适用量刑指南的特定条款、政策说明与量刑因素(B 型协议的内容对法庭没有约束力);达成 C 型协议后,双方同意对被告人判处特定或特定范围的刑罚是适当的处理,或者同意适用或者不适用量刑指南的特定条款、政策说明与量刑因素(法庭接受 C 型协议后则对其有约束力)。A 型交易属于定罪交易,B 型和 C 型交易属于量刑交易。根据《联邦刑事诉讼规则》,法官不能参与协商过程,但是法官有权决定是否接受辩诉协议并审查辩诉协议的自愿性和事实基础,以确保被告人获得程序正义。

大致说来,辩诉交易与我国的公诉案件和解程序有以下不同:①主体不同。辩诉交易的主体主要是检察官和辩护律师,在没有辩护律师的情况下,检察官也可和被告人直接协商,法官不能参与辩诉协商;而公诉案件和解的主体是加害—被害双方当事人,即犯罪嫌疑人、被告人与被害人,但公安司法机关应主持制作和解协议书。②适用案件范围不同。我国的公诉案件和解程序有特定的适用范围,而辩诉交易基本没有案件范围限制。③前提不同。

辩诉交易达成协议须以被告人作出认罪或不予争辩的答辩为前提；公诉案件和解则是犯罪嫌疑人、被告人真诚悔罪，通过向被害人赔偿损失、赔礼道歉等方式获得被害人谅解。④适用阶段不同。辩诉交易发生在提出指控以后，而公诉案件和解在侦查、起诉、审判阶段均可进行。⑤内容不同。如上所述，辩诉交易涉及内容涉及三种情况，既涉及定罪也涉及量刑；而公诉案件和解程序中，当事双方无权处分定罪、量刑问题，也不得具体约定定罪、量刑问题，但可建议或同意司法机关对犯罪嫌疑人、被告人从宽处理。⑥对司法机关的约束力不同。辩诉交易对交易双方具有合同效力，其中的A型和C型交易对法庭一般也具有约束力；而我国的公诉案件和解协议对公安司法机关没有强制约束力，犯罪嫌疑人、被告人的法律处理由公安司法机关自由裁量决定。⑦法庭能否拒绝不同。辩诉交易达成了，法庭可以接受，也可以拒绝；而公诉案件当事双方达成和解协议后，不存在公安司法机关接受或拒绝的问题。⑧是否需要披露不同。辩诉协议一般须在公开的法庭上披露，而和解协议则无此要求。⑨后果不同。法院接受辩诉交易意味着被告人要放弃陪审团审判、交叉询问等一系列诉讼权利，而公诉案件和解则不影响被告人的其他诉讼权利。

（三）公诉案件当事人和解与恢复性司法

恢复性司法是20世纪中下叶兴起于北美的一场刑事司法改革运动。但是何谓恢复性司法，目前并无统一的定义。根据联合国《关于在刑事事项中采用恢复性司法方案的基本原则》，"恢复性司法方案"系指采用恢复性程序并寻求实现恢复性结果的任何方案。而"恢复性程序"系指通常在调解人帮助下，受害者和罪犯及酌情包括受犯罪影响的任何其他个人或社区成员共同积极参与解决由犯罪造成的问题的程序。恢复性程序可以包括调解、调和、会商和共同确定责任。"恢复性结果"系指由于恢复性程序而达成的协议。恢复性结果可能包括旨在满足当事方的个别和共同需要和履行其责任并实现受害者和罪犯重新融入社会的补偿、归还、社区服务等对策和方案。不难看出，恢复性司法在于通过调解人的帮助，加害、被害及相关方共同解决因犯罪导致的各种问题，促使受害者和罪犯重新融入社会，以期恢复因犯罪而受到损害的加害—被害关系、社区秩序。

恢复性司法与我国的公诉案件和解程序有许多共同之处，如都强调加害—被害关系的修复，都必须以加害、被害双方自愿为前提，但两者又有明显的区别：①性质不同。恢复性司法更多是一种理念，是诸多恢复性措施的集合，范围非常广泛；而公诉案件和解程序是一种具体的诉讼程序。②主体不同。恢复性司法主体除了加害—被害双方外，还涉及与犯罪相关的其他人，尤其是社区成员，往往还存在调解人；而公诉案件和解程序主要涉及加害、被害双方。③适用范围不同。恢复性司法的适用没有犯罪种类的限制，而公诉案件和解仅仅适用于特定的公诉案件。④适用阶段不同。恢复性司法适用于刑事诉讼的整个过程，尤其强调执行阶段对罪犯的矫正；而公诉案件和解不涉及执行阶段。⑤内容不同。恢复性司法旨在恢复、修复因犯罪受损的加害—被害关系、社区秩序，让加害者和受害者都能尽快地重新融入社会，因此包括社区矫正等内容；而公诉案件和解程序仅仅涉及犯罪嫌疑人、被告人真诚悔罪，以及向被害人赔偿损失、赔礼道歉等方式获得被害人谅解。

第二节　公诉案件和解的范围、条件及程序

一、当事人和解的公诉案件范围

《刑事诉讼法》第277条通过正面列举与反面禁止的方式限定了当事人和解的公诉案件范围。

（一）可以和解的案件范围

1. 因民间纠纷引起的轻微刑事案件。这类案件必须同时满足三个条件：

（1）系因民间纠纷引起。至于何谓民间纠纷，司法部《民间纠纷处理办法》曾作了笼统规定，最高法《解释》则回避了这一问题。我们认为，可以对民间纠纷作比较宽泛的解释，如因婚姻关系、邻里纠纷、家庭矛盾以及因口角等偶发性矛盾引起的案件均可视为因民间纠纷引起的案件。公安部规定则明确规定，下列案件不属于因民间纠纷引起的犯罪案件：雇凶伤害他人的；涉及黑社会性质组织犯罪的；涉及寻衅滋事的；涉及聚众斗殴的；多次故意伤害他人身体的；其他不宜和解的。

（2）必须是涉嫌刑法分则第四章、第五章规定的犯罪案件。即必须是侵犯公民人身权利、民主权利罪和侵犯财产罪。这类犯罪主要涉及私法益，当事人的可处分属性更强。

（3）可能判处3年有期徒刑以下刑罚。所谓可能判处3年有期徒刑以下刑罚，是指根据犯罪的事实、情节，犯罪嫌疑人、被告人可能判处3年有期徒刑以下刑罚，而不是指法定刑在3年有期徒刑以下。判处3年有期徒刑以下刑罚的案件属于传统上所谓的轻微案件。对轻微犯罪适用刑事和解，不会对国家刑罚权的正常运作产生不良影响。

2. 特定的过失犯罪。《刑事诉讼法》规定，除渎职犯罪以外的可能判处7年有期徒刑以下刑罚的过失犯罪案件可以进行和解。这也包含三层意思：

（1）必须是过失犯罪。刑法以处罚故意犯罪为原则，以处罚过失犯罪为

例外，表明过失犯罪的可谴责性更低。过失犯罪多属不意误犯，对过失犯罪进行和解，容易为社会公众接受，也更容易取得良好的社会效果。

（2）可能判处 7 年有期徒刑以下刑罚。可能判处 7 年有期徒刑以下刑罚是指根据犯罪的事实、情节，犯罪嫌疑人、被告人可能被判处 7 年有期徒刑以下刑罚，而不是指法定刑在 7 年有期徒刑以下。

（3）不属于渎职犯罪。渎职犯罪违背了公务行为的公正性、纯洁性、勤勉性，有时也没有直接的受害人，因此，不宜纳入当事人和解的范围。

（二）不能和解的情形

《刑事诉讼法》明确规定，犯罪嫌疑人、被告人在 5 年以内曾经故意犯罪的，不适用和解程序。犯罪嫌疑人、被告人在 5 年以内曾经故意犯罪，说明其人身危险性较大，对其适用和解程序，不利于发挥刑罚的特殊预防功能。

二、当事人和解的适用条件

并非只要属于当事人和解的公诉案件范围即可进行和解。为了避免出现"花钱买刑"等不正当现象出现，也为了维护被害人、犯罪嫌疑人、被告人的正当权利，法律明确规定了适用当事人和解的条件。

（一）悔罪条件

犯罪嫌疑人、被告人必须真诚悔罪。真诚悔罪是指犯罪嫌疑人、被告人出于自己的意愿，充分认识到自己的犯罪行为给被害人带来的伤害，发自内心地向被害人表达忏悔，请求获得被害人的原谅。这事实上意味着犯罪嫌疑人、被告人要首先认罪。犯罪嫌疑人、被告人如果不真诚悔罪，则既没有和解的感情基础，也表明其具有相当的人身危险性，难以顺利回归社会，因此不能进行和解。

（二）谅解条件

犯罪嫌疑人、被告人必须获得被害人的谅解。谅解是指被害人原谅犯罪嫌疑人、被告人对自己犯下的错误。这也意味着，当事人和解的案件，必须有特定或者直接的被害人，否则也就不存在被害人的谅解。2012 年最高检《规则（试行）》对此作了明确规定。

至于获得被害人谅解的方式则在所不问。《刑事诉讼法》明确规定，犯罪嫌疑人、被告人可以通过向被害人赔偿损失、赔礼道歉等方式获得被害人谅解。由此可见，获得谅解不只是"花钱"的问题，关键在于要被害人谅解。因此，即便犯罪嫌疑人、被告人真诚悔罪并赔偿损失，但被害人不谅解的，就不能进行和解；相反，犯罪嫌疑人、被告人真诚悔罪，但无力赔偿，通过赔礼道歉、帮助被害人家属、进行社区劳动等方式获得了被害人原谅的，则可以进行和解。

（三）自愿条件

被害人必须自愿和解。自愿是指被害人不受外力干扰，出于自己的内心意愿与犯罪嫌疑人、被告人和解。这主要是为了防止被害人在受到暴力、胁迫等情形下违背自己的意志同意和解，影响和解的公正性。

（四）事实和证据条件

尽管《刑事诉讼法》未明确规定，但司法实践普遍认为，刑事和解的案件必须事实清楚、证据充分。最高法《解释》和2012年最高检《规则（试行）》亦对此予以肯定。

三、公诉案件当事人和解程序

（一）当事双方自行和解

对于符合和解范围的案件，当事双方可以自行和解，公安司法机关可以告知当事人可以自行和解。当事人提出申请的，公安司法机关可以主持双方当事人协商以达成和解。根据案件情况，公安司法机关可以邀请人民调解员、辩护人、诉讼代理人、当事人亲友等参与促成双方当事人和解。根据最高法《解释》，被害人死亡的，其近亲属可以与被告人和解。近亲属有多人的，和解协议的达成应当经处于同一继承顺序的所有近亲属同意。被害人系无行为能力或者限制行为能力人的，其法定代理人、近亲属可以代为和解。被告人的近亲属经被告人同意，可以代为和解。被告人系限制行为能力人的，其法定代理人可以代为和解。被告人的法定代理人、近亲属代为和解的，和解协议约定的赔礼道歉等事项应当由被告人本人履行。

双方当事人可以就赔偿损失、赔礼道歉等民事责任事项进行和解，并且可以就被害人及其法定代理人或者近亲属是否要求或者同意公安机关、人民检察院、人民法院对犯罪嫌疑人依法从宽处理进行协商，但不得对案件的事实认定、证据采信、法律适用和定罪量刑等依法属于公安机关、人民检察院、人民法院职权范围的事宜进行协商。

（二）对和解内容和程序进行审查

当事双方和解以后，公安司法机关应当听取当事人和其他有关人员的意见，对和解的自愿性、合法性进行审查。根据最高法《解释》，双方当事人在审判期间和解的，人民法院应当听取当事人及其法定代理人等有关人员的意见；双方当事人在庭外达成和解的，人民法院应当通知人民检察院，并听取其意见。

就自愿性审查而言，公安司法机关主要审查当事双方是否自愿和解，重点审查被害方是否遭受暴力、胁迫，和解行为是否处于其内心意愿。就合法性审查而言，公安司法机关主要审查案件是否属于可以适用和解的范围，是否存在不应该适用和解程序的情形,犯罪嫌疑人、被告人是否真诚悔罪,被害方是否明确表示对犯罪嫌疑人、被告人予以谅解,案件事实是否清楚,证据是否确实、充分,是否损害国家、集体和社会公共利益或者他人的合法权益,是否符合社会公德。

(三)主持制作和解协议书

在对和解适用范围、适用条件和适用程序进行审查后,如果当事人和解自愿、合法的,公安司法机关应主持制作和解协议书。对公安机关、人民检察院主持制作的和解协议书,当事人提出异议的,人民法院应当审查。经审查,和解自愿、合法的,予以确认,无需重新制作和解协议书;和解不具有自愿性、合法性的,应当认定无效。和解协议被认定无效后,双方当事人重新达成和解的,人民法院应当主持制作新的和解协议书。

根据最高法《解释》,和解协议书应当包括以下内容:①被告人承认自己所犯罪行,对犯罪事实没有异议,并真诚悔罪;②被告人通过向被害人赔礼道歉、赔偿损失等方式获得被害人谅解;涉及赔偿损失的,应当写明赔偿的数额、方式等;提起附带民事诉讼的,由附带民事诉讼原告人撤回附带民事诉讼;③被害人自愿和解,请求或者同意对被告人依法从宽处罚。

和解协议书应当由双方当事人和公安司法机关主持人员签名,但不加盖司法机关印章。

对和解协议中的赔偿损失内容,双方当事人要求保密的,司法机关应当准许,并采取相应的保密措施。和解协议约定的赔偿损失内容,被告人应当在协议签署后即时履行。和解协议已经全部履行,当事人反悔的,司法机关不予支持,但有证据证明和解违反自愿、合法原则的除外。

(四)达成和解协议后的处理

1. 侦查阶段。根据公安部《规定》,对达成和解协议的案件,经县级以上公安机关负责人批准,公安机关将案件移送人民检察院审查起诉时,可以提出从宽处理的建议。也就是说,公安机关不能撤销案件,也不能作出其他处理决定,只能移送人民检察院审查起诉,同时可以提出从宽处理的建议。

2. 起诉阶段。双方当事人在侦查阶段达成和解协议,公安机关向人民检察院提出从宽处理建议的,人民检察院在审查逮捕和审查起诉时应当充分考虑公安机关的建议。

人民检察院对于公安机关提请批准逮捕的案件,双方当事人达成和解协议的,可以作为有无社会危险性或者社会危险性大小的因素予以考虑,经审查认为不需要逮捕的,可以作出不批准逮捕的决定;在审查起诉阶段可以依法变更强制措施。

人民检察院对于公安机关移送审查起诉的案件，双方当事人达成和解协议的，可以作为是否需要判处刑罚或者免除刑罚的因素予以考虑，符合法律规定的不起诉条件的，可以决定不起诉。对于依法应当提起公诉的，人民检察院可以向人民法院提出从宽处罚的量刑建议。

人民检察院拟对当事人达成和解的公诉案件作出不起诉决定的，应当听取双方当事人对和解的意见，并且查明犯罪嫌疑人是否已经切实履行和解协议，不能即时履行的是否已经提供有效担保，并将其作为是否决定不起诉的因素予以考虑。当事人在不起诉决定作出之前反悔的，可以另行达成和解。不能另行达成和解的，人民检察院应当依法作出起诉或者不起诉决定。当事人在不起诉决定作出之后反悔的，人民检察院不撤销原决定，但有证据证明和解违反自愿、合法原则的除外。犯罪嫌疑人或者其亲友等以暴力、威胁、欺骗或者其他非法方法强迫、引诱被害人和解，或者在协议履行完毕之后威胁、报复被害人的，应当认定和解协议无效。已经作出不批准逮捕或者不起诉决定的，人民检察院根据案件情况可以撤销原决定，对犯罪嫌疑人批准逮捕或者提起公诉。

3. 审判阶段。对达成和解协议的案件，人民法院应当对被告人从轻处罚；符合非监禁刑适用条件的，应当适用非监禁刑；判处法定最低刑仍然过重的，可以减轻处罚；综合全案认为犯罪情节轻微不需要判处刑罚的，可以免除刑事处罚。共同犯罪案件，部分被告人与被害人达成和解协议的，可以依法对该部分被告人从宽处罚，但应当注意全案的量刑平衡。达成和解协议的，裁判文书应当作出叙述，并援引《刑事诉讼法》的相关条文。

☞ 考核提示

了解：当事人和解的公诉案件诉讼程序的概念及意义。
理解：公诉案件当事人和解与相关概念的区别。
熟悉并能够运用：当事人和解的公诉案件范围、公诉案件和解的适用条件及程序。

☞ 主题讨论

有人认为，刑事和解就是"花钱买刑"，是专为富人设置的。你怎么看待这种观点？如何评价当事人和解的公诉案件诉讼程序？

阶段自测

一、单项选择题

对于适用当事人和解的公诉案件诉讼程序而达成和解协议的案件,下列哪一做法是错误的?(   )

A. 公安机关可以撤销案件
B. 检察院可以向法院提出从宽处罚的建议
C. 对于犯罪情节轻微,不需要判处刑罚的,检察院可以不起诉
D. 法院可以依法对被告人从宽处罚

二、多项选择题

关于可以适用当事人和解的公诉案件诉讼程序的案件范围,下列哪些选项是正确的?(   )

A. 交通肇事罪　　　　　　　　B. 暴力干涉婚姻自由罪
C. 过失致人死亡罪　　　　　　D. 刑讯逼供罪

第二十四章

犯罪嫌疑人、被告人逃匿、死亡案件违法所得的没收程序

☞ **本章导学**

本章的主要内容包括犯罪嫌疑人、被告人逃匿、死亡案件违法所得的没收程序概述、适用条件及程序规定。重点是违法所得没收程序的适用条件和程序规定。难点是违法所得没收程序的适用条件。

☞ **学习引入**

2001年,最高人民检察院公布,有4000多名贪污贿赂犯罪嫌疑人携公款50多亿元在逃;2004年,公安部的统计资料表明,外逃经济犯罪嫌疑人有500多人,涉案金额逾700亿元;审计署发布的消息称,截至2006年5月,外逃经济犯罪嫌疑人有800人左右,直接涉案金额700多亿元人民币。尽管这些数据互有抵牾,但是贪官外逃愈演愈烈却是事实。这些外逃贪官多逃往与我国没有引渡条约的欧美发达国家或周边小国,往往很难缉捕归案,导致既无法追究其刑事责任,也无法没收其违法犯罪所得。

对外逃贪官能否缺席审判?在外逃贪官未到案的情形下,能否单独对其违法所得予以没收?如果要没收,应遵循哪些程序?

第一节 概 述

一、犯罪嫌疑人、被告人逃匿、死亡案件违法所得的没收程序的概念

犯罪嫌疑人、被告人逃匿、死亡案件违法所得的没收程序（以下简称"违法所得没收程序"）是指在贪污贿赂、恐怖活动等重大犯罪案件中，犯罪嫌疑人、被告人逃匿或者死亡，司法机关单独针对违法所得和涉案财物进行处理的特别诉讼程序。

一般来说，对犯罪嫌疑人、被告人罪责的追究和违法所得、涉案财物的处理是在同一个程序中进行的。但为严厉惩治贪污贿赂、恐怖活动等重大犯罪，并与我国已加入的国际公约的要求相衔接，对犯罪所得及时采取冻结追缴措施，现行《刑事诉讼法》新增了违法所得没收程序。

违法所得没收程序与缺席审判程序不同。缺席审判是指在被告人不到庭的情形下，法院依法对被告人被指控的犯罪进行审理，并就刑罚问题和涉案财产作出裁判的诉讼制度。缺席审判制度与普通审判程序的区别仅仅在于被告人不在庭。而违法所得没收程序仅仅涉及犯罪嫌疑人、被告人的违法所得和涉案财物的处理，不涉及犯罪嫌疑人、被告人的定罪量刑问题，是一种与罪责追究相对分离的刑事案件违法所得及涉案财物处分程序。

二、设置违法所得没收程序的意义

（一）是履行国际公约义务的需要

《联合国打击跨国有组织犯罪公约》第 12 条规定，缔约国应在本国法律制度的范围内尽最大可能地采取必要措施，以便能够没收：①来自本公约所涵盖的犯罪的犯罪所得或价值与其相当的财产；②用于或拟用于本公约所涵盖的犯罪的财产、设备或其他工具。《联合国反腐败公约》第 54 条规定，各缔约国均应当根据其本国法律，考虑采取必要的措施，以便在因为犯罪人死亡、潜逃或者缺席而无法对其起诉的情形或者其他有关情形下，能够不经过刑事定罪而没收因腐败犯罪所获得财产。我国立法机关分别于 2003 年 8 月 27 日和 2005 年 10 月 27 日批准了《联合国打击跨国有组织犯罪公约》和《联合国反腐败公约》。对于公约规定的义务，我国必须信守；对于公约体现的先进理念和经验，有必要通过制度化的措施予以借鉴吸收。

（二）有利于严惩和预防贪污贿赂、恐怖活动等重大犯罪

近年来，我国贪官外逃现象有所抬头。这些腐败分子往往通过各种渠道将贪腐所得转移境外或予以隐瞒。由于外逃贪官往往很难被及时缉拿归案，如不建立违法所得没收机制，则一来无法及时追回财产损失，必将造成国有、

集体资产损失进一步扩大;二来外逃贪官在违法所得的支持下,更容易逃避追捕;三来不利于违法所得追缴的国际合作。此外,我国近年深受恐怖主义犯罪的危害和威胁,而不少恐怖活动犯罪组织及其组织者往往盘踞境外,如不及时斩断其经济来源,则无法有效防止恐怖活动犯罪的发生。总之,建立违法所得没收程序,有利于震慑贪污贿赂、恐怖活动等重大犯罪,也有利于严惩和预防贪污贿赂、恐怖活动等重大犯罪。

第二节 违法所得没收程序的适用条件

《刑事诉讼法》第280条第1款规定:"对于贪污贿赂犯罪、恐怖活动犯罪等重大犯罪案件,犯罪嫌疑人、被告人逃匿,在通缉1年后不能到案,或者犯罪嫌疑人、被告人死亡,依照刑法规定应当追缴其违法所得及其他涉案财产的,人民检察院可以向人民法院提出没收违法所得的申请。"据此,适用违法所得没收程序必须同时满足以下条件:

一、属于贪污贿赂、恐怖活动等重大犯罪案件

(一)适用案件范围

违法所得没收程序只适用于贪污贿赂、恐怖活动等重大犯罪案件。

贪污贿赂犯罪是指人民检察院立案侦查的刑法分则第八章规定的国家工作人员贪污贿赂犯罪。具体地说,除贪污罪、受贿罪外,还包括利用影响力受贿罪、巨额财产来源不明罪、行贿罪等犯罪,但不包括非国家工作人员受贿罪、职务侵占罪等。

恐怖活动犯罪是指实施一切恐怖活动的犯罪行为。根据全国人大常委会《关于加强反恐怖工作有关问题的决定》,恐怖活动是指以制造社会恐慌、危害公共安全或者胁迫国家机关、国际组织为目的,采取暴力、破坏、恐吓等手段,造成或者意图造成人员伤亡、重大财产损失、公共设施损坏、社会秩序混乱等严重社会危害的行为,以及煽动、资助或者以其他方式协助实施上述活动的行为。恐怖活动犯罪不仅包括组织、领导、参加恐怖组织罪和资助恐怖活动罪,还应当包括由恐怖活动组织及其成员实施的,以制造社会恐怖为目的,危害公共安全、侵害公民人身或财产权利、危害社会管理秩序的放火、决水、爆炸、投放危险物质,非法制造、买卖、运输、储存危险物质,故意伤人、故意伤害、绑架、劫持航空器等犯罪。

值得讨论的是,《刑事诉讼法》第280条在描述适用案件范围时使用了"等"的表述。这里的"等"到底是表示列举未尽还是列举后煞尾?目前,立法机关编著的资料倾向于"等"表示列举后煞尾,即没收程序仅适用于贪

污贿赂和恐怖活动犯罪，不宜扩大到其他重大犯罪案件。而司法机关在制定司法解释时则倾向于"等"表示列举未尽，可以将洗钱犯罪的其他上游犯罪纳入，不过最高法《解释》最终未作明确规定。我们认为，待时机成熟时，立法机关可以适当扩大没收程序的适用案件范围，这与国际公约的精神也是一致的；但适用案件范围不能过度扩张，否则容易导致权力滥用。

（二）重大犯罪案件的认定

根据最高法《解释》，具有下列情形之一的，应当认定为"重大犯罪案件"：①犯罪嫌疑人、被告人可能被判处无期徒刑以上刑罚的；②案件在本省、自治区、直辖市或者全国范围内有较大影响的；③其他重大犯罪案件。

只有既属于贪污贿赂、恐怖活动等犯罪，又属于重大犯罪案件，才能够适用违法所得没收程序。

二、犯罪嫌疑人、被告人未到案

犯罪嫌疑人、被告人未到案包括两种情况：

1. 没有到案，即犯罪嫌疑人、被告人逃匿，在通缉1年后不能到案。这里的通缉是指发布通缉令进行通缉，包括网上发布通缉令，但不包括协查通报等追捕措施。1年的期限起于发布通缉令的第二日，止于人民检察院向人民法院提出没收申请之日。

2. 无法到案，即犯罪嫌疑人、被告人死亡。犯罪嫌疑人、被告人死亡的案件，取得死亡证明后，人民检察院即可提出没收申请。

三、依照《刑法》应当追缴违法所得及其他涉案财产

这一条件表明，没收程序的适用必须以《刑法》规定应当追缴违法所得及其他涉案财产为前提。我国《刑法》第64条规定："犯罪分子违法所得的一切财物，应当予以追缴或者责令退赔；对被害人的合法财产，应当及时返还；违禁品和供犯罪所用的本人财物，应当予以没收。没收的财物和罚金，一律上缴国库，不得挪用和自行处理。"最高法《解释》规定，实施犯罪行为所取得的财物及其孳息，以及被告人非法持有的违禁品、供犯罪所用的本人财物，应当认定为"违法所得及其他涉案财产"。

这一条件同时意味着，只有存在违法所得及其他涉案财产，才有启动没收程序的必要。至于违法所得及其他涉案财产的数额多少则在所不问。当然，基于司法资源考虑，违法所得及其他涉案财产不多的，则无启动没收程序之必要，否则难免"得不偿失"。

需要注意的是，六机关《规定》第37条规定："对于犯罪嫌疑人、被告人死亡，依照刑法规定应当追缴其违法所得及其他涉案财产的，适用刑事诉讼法第五编第三章规定的程序，由人民检察院向人民法院提出没收违法所得的申请。"也就是说，犯罪嫌疑人、被告人死亡的案件，不限于贪污贿赂和恐怖活动犯罪案件，也不限于重大犯罪案件，只要有违法所得及其他涉案财产需要追缴的，均可适用违法所得没收程序。

第三节 违法所得没收案件的程序规定

一、管辖

《刑事诉讼法》第281条第1款规定："没收违法所得的申请，由犯罪地或者犯罪嫌疑人、被告人居住地的中级人民法院组成合议庭进行审理。"就地域管辖而言，没收违法所得案件由犯罪地或者犯罪嫌疑人、被告人居住地的法院管辖。这一规定与一般刑事案件的地域管辖基本一致。不过两者之间还是有细微的差别的。因为《刑事诉讼法》第24条体现的是以犯罪地为主，以被告人居住地为辅的原则，而本条规定是将犯罪地和犯罪嫌疑人、被告人居住地同等对待的。就级别管辖而言，违法所得没收案件由中级人民法院管辖。由于没收违法所得案件都是重大犯罪案件，且往往具有涉外因素，需要将这些案件的裁判文书提供给其他国家作为刑事司法协助的依据，因此，由中级人民法院管辖比较合适。

尽管《刑事诉讼法》第281条只规定了审判管辖问题，但这实际也限定了侦查机关、起诉机关的管辖权限。不过由于需要启动没收程序的情形一般是在刑事案件按照一般程序进行立案、侦查、起诉过程中出现的，故无需对立案管辖予以特别规定。因此，只有在侦查机关、检察机关的级别与中级人民法院不对等的情况下，办理案件的侦查机关、检察机关才需要通过内部程序将案件材料移送给与中级人民法院对等的机关。2012年最高检《规则（试行）》也明确规定：公安机关向人民检察院移送没收违法所得意见书，应当由有管辖权的人民检察院的同级公安机关移送；没收违法所得的申请，应当由与有管辖权的中级人民法院相对应的人民检察院提出。

二、调查

对违法所得及其他涉案财产的调查一般是与案件的侦查同步完成的。六机关《规定》第38条规定，犯罪嫌疑人、被告人死亡，现有证据证明存在违法所得及其他涉案财产应当予以没收的，公安机关、人民检察院可以进行调查；公安机关、人民检察院进行调查，可以依法进行查封、扣押、查询、冻结。2012年最高检《规则（试行）》进一步规定，人民检察院直接受理立案侦查的案件，犯罪嫌疑人逃匿或者犯罪嫌疑人死亡而撤销案件，符合《刑事诉讼法》第280条第1款规定条件的，侦查部门应当启动违法所得没收程序进行调查。侦查部门进行调查应当查明犯罪嫌疑人涉嫌的犯罪事实、犯罪嫌疑人逃匿、被通缉或者死亡的情况，以及犯罪嫌疑人的违法所得及其他涉案财产的情况，并可以对违法所得及其他涉案财产依法进行查封、扣押、查询、冻结。

公安机关调查后，认为符合《刑事诉讼法》第280条第1款规定条件的，经县级以上公安机关负责人批准，应当写出没收违法所得意见书，连同相关证据材料一并移送同级人民检察院。检察机关侦查部门调查后，认为符合《刑事诉讼法》第280条第1款规定条件的，应当写出没收违法所得意见书，连同案卷材料一并移送有管辖权的人民检察院侦查部门，并由有管辖权的人民检察院侦查部门移送本院公诉部门。没收违法所得意见书应当包括以下内容：①犯罪嫌疑人的基本情况；②犯罪事实和相关的证据材料；③犯罪嫌疑人逃匿、被通缉或者死亡的情况；④犯罪嫌疑人的违法所得及其他涉案财产的种类、数量、所在地；⑤查封、扣押、冻结的情况等。

三、提出没收违法所得申请

（一）提出没收违法所得申请的情形

人民检察院在以下四种情形下可以提出没收违法所得申请：①经审查公安机关移送的没收违法所得意见书，认为符合《刑事诉讼法》第280条第1款规定条件的；②经审查本院侦查部门移送的没收违法所得意见书，认为符合《刑事诉讼法》第280条第1款规定条件的；③在审查起诉过程中，犯罪嫌疑人死亡，或者贪污贿赂犯罪、恐怖活动犯罪等重大犯罪案件的犯罪嫌疑人逃匿，在通缉1年后不能到案，依照《刑法》规定应当追缴其违法所得及其他涉案财产的，可以直接提出没收违法所得的申请；④人民法院在审理案件过程中，被告人死亡而裁定终止审理，或者被告人脱逃而裁定中止审理的，可以依法另行向人民法院提出没收违法所得的申请。

（二）对没收违法所得意见书进行审查

人民检察院审查公安机关移送的没收违法所得意见书，应当查明：①是否属于本院管辖；②是否符合《刑事诉讼法》第280条第1款规定的条件；③犯罪嫌疑人身份状况，包括姓名、性别、国籍、出生年月日、职业和单位等；④犯罪嫌疑人涉嫌犯罪的情况；⑤犯罪嫌疑人逃匿、被通缉或者死亡的情况；⑥违法所得及其他涉案财产的种类、数量、所在地，以及查封、扣押、冻结的情况；⑦与犯罪事实、违法所得相关的证据材料是否随案移送，不宜移送的证据的清单、复制件、照片或者其他证明文件是否随案移送；⑧证据是否确实、充分；⑨相关利害关系人的情况。

人民检察院应当在接到公安机关移送的没收违法所得意见书后30日以内

作出是否提出没收违法所得申请的决定。30日内不能作出决定的，经检察长批准，可以延长15日。对于公安机关移送的没收违法所得案件，经审查认为不符合《刑事诉讼法》第280条第1款规定条件的，应当作出不提出没收违法所得申请的决定，并向公安机关书面说明理由；认为需要补充证据的，应当书面要求公安机关补充证据，必要时也可以自行调查。

在审查公安机关移送的没收违法所得意见书的过程中，在逃的犯罪嫌疑人、被告人自动投案或者被抓获的，人民检察院应当终止审查，并将案卷退回公安机关处理。

人民检察院公诉部门对本院侦查部门移送的没收违法所得意见书的审查程序与审查公安机关移送的没收违法所得意见书的程序相同。

（三）制作没收违法所得申请书

人民检察院向人民法院提出没收违法所得的申请，应当制作没收违法所得申请书。没收违法所得申请书的主要内容包括：①犯罪嫌疑人、被告人的基本情况，包括姓名、性别、出生年月日、出生地、户籍地、身份证号码、民族、文化程度、职业、工作单位及职务、住址等；②案由及案件来源；③犯罪嫌疑人、被告人的犯罪事实；④犯罪嫌疑人、被告人逃匿、被通缉或者死亡的情况；⑤犯罪嫌疑人、被告人的违法所得及其他涉案财产的种类、数量、所在地及查封、扣押、冻结的情况；⑥犯罪嫌疑人、被告人近亲属和其他利害关系人的姓名、住址、联系方式及其要求等情况；⑦提出没收违法所得申请的理由和法律依据。

四、第一审程序

（一）审查与受理

对人民检察院提出的没收违法所得申请，人民法院应当审查以下内容：①是否属于本院管辖；②是否写明犯罪嫌疑人、被告人涉嫌有关犯罪的情况，并附相关证据材料；③是否附有通缉令或者死亡证明；④是否列明违法所得及其他涉案财产的种类、数量、所在地，并附相关证据材料；⑤是否附有查封、扣押、冻结违法所得及其他涉案财产的清单和相关法律手续；⑥是否写明犯罪嫌疑人、被告人的近亲属和其他利害关系人的姓名、住址、联系方式及其要求等情况；⑦是否写明申请没收的理由和法律依据。

人民法院应当在7日内审查完毕，并按照下列情形分别处理：①不属于本院管辖的，应当退回人民检察院；②材料不全的，应当通知人民检察院在3日内补送；③属于违法所得没收程序受案范围和本院管辖，且材料齐全的，应当受理。人民检察院尚未查封、扣押、冻结申请没收的财产或者查封、扣押、冻结期限即将届满，涉案财产有被隐匿、转移或者毁损、灭失危险的，人民法院可以查封、扣押、冻结申请没收的财产。

（二）公告

由于违法所得没收程序涉及的财产可能属于犯罪嫌疑人、被告人以外的人的合法财产。因此，《刑事诉讼法》专门设置了公告程序，以方便利害关系人主张权利。人民法院决定受理没收违法所得的申请后，应当在15日内发出公告，公告期为6个月。公告应当写明以下内容：①案由；②犯罪嫌疑人、被告人通缉在逃或者死亡等基本情况；③申请没收财产的种类、数量、所在地；④犯罪嫌疑人、被告人的近亲属和其他利害关系人申请参加诉讼的期限、方式；⑤应当公告的其他情况。公告应当在全国公开发行的报纸或者人民法院的官方网站刊登，并在人民法院公告栏张贴、发布；必要时，可以在犯罪地，犯罪嫌疑人、被告人居住地，以及申请没收的不动产所在地张贴、发布。人民法院已经掌握犯罪嫌疑人、被告人的近亲属和其他利害关系人的联系方式的，应当采取电话、传真、邮件等方式直接告知其公告内容，并记录在案。

（三）利害关系人参加诉讼

违法所得没收程序中的利害关系人包括两类人：一类是犯罪嫌疑人、被告人的近亲属，另一类是其他利害关系人。除了犯罪嫌疑人、被告人的近亲属，对申请没收的财产主张所有权的人，都是"其他利害关系人"。犯罪嫌疑人、被告人的近亲属和其他利害关系人有权申请参加诉讼，也可以委托诉讼代理人参加诉讼。犯罪嫌疑人、被告人的近亲属和其他利害关系人申请参加诉讼的，应当在公告期间提出。犯罪嫌疑人、被告人的近亲属应当提供其与犯罪嫌疑人、被告人关系的证明材料，其他利害关系人应当提供申请没收的财产系其所有的证据材料。犯罪嫌疑人、被告人的近亲属和其他利害关系人在公告期满后申请参加诉讼，能够合理说明原因，并提供证明申请没收的财产系其所有的证据材料的，人民法院应当准许。

（四）审理与裁定

公告期满后，人民法院应当组成合议庭对申请没收违法所得的案件进行审理。利害关系人申请参加诉讼的，人民法院应当开庭审理。没有利害关系人申请参加诉讼的，可以不开庭审理。利害关系人接到通知后无正当理由拒不到庭，或者未经法庭许可中途退庭的，可以转为不开庭审理，但还有其他利害关系人参加诉讼的除外。

开庭审理申请没收违法所得的案件，按照下列程序进行：①审判长宣布法庭调查开始后，先由检察员宣读申请书，后由利害关系人、诉讼代理人发表意见。②法庭应当依次就犯罪嫌疑人、被告人是否实施了贪污贿赂犯罪、恐怖活动犯罪等重大犯罪并已经通缉1年不能到案，或者是否已经死亡，以及申请没收的财产是否依法应当追缴进行调查;调查时,先由检察员出示有关证据,后由利害关系人发表意见、出示有关证据,并进行质证。③法庭辩论阶段,先由检察员发言,后由利害关系人及其诉讼代理人发言,并进行辩论。

人民法院审理后,应当按照下列情形分别处理:①案件事实清楚,证据确实、充分,申请没收的财产确属违法所得及其他涉案财产的,除依法返还被害人的以外,应当裁定没收;②不符合违法所得没收程序适用条件的,应当裁定驳回申请。

五、第二审程序

违法所得没收程序依然实行两审终审制。对于人民法院依法作出的没收违法所得的裁定,犯罪嫌疑人、被告人的近亲属和其他利害关系人或者人民检察院可以在5日内提出上诉、抗诉。对不服第一审没收违法所得或者驳回申请裁定的上诉、抗诉案件,第二审人民法院经审理,应当按照下列情形分别作出裁定:①原裁定正确的,应当驳回上诉或者抗诉,维持原裁定;②原裁定确有错误的,可以在查清事实后改变原裁定;也可以撤销原裁定,发回重新审判;③原审违反法定诉讼程序,可能影响公正审判的,应当撤销原裁定,发回重新审判。

六、终止审理

在审理申请没收违法所得的案件过程中,在逃的犯罪嫌疑人、被告人到案的,人民法院应当裁定终止审理。这里的审理过程中,既包括一审程序,也包括二审程序。犯罪嫌疑人、被告人到案,既包括自动投案,也包括被抓获归案。

此外,人民检察院申请没收的违法所得及其他涉案财产由于客观原因全部灭失,并且没有其他财产可以没收的,人民法院也应当终止审理。因为在这种情形下,审理标的已不存在,当然应当终止审理。

七、裁定生效后特殊情形的处理

没收违法所得裁定生效后,犯罪嫌疑人、被告人到案并对没收裁定提出异议,人民检察院向原作出裁定的人民法院提起公诉的,可以由同一审判组织审理。人民法院经审理,应当按照下列情形分别处理:①原裁定正确的,予以维持,不再对涉案财产作出判决;②原裁定确有错误的,应当撤销原裁定,并在判决中对有关涉案财产一并作出处理。人民法院生效的没收裁定确有错误的,除前述情形外,应当依照审判监督程序予以纠正。已经没收的财产,应当及时返还;财产已经上缴国库的,由原没收机关从财政机关申请退库,予以返还;原物已经出卖、拍卖的,应当退还价款;造成犯罪嫌疑人、被告人以及利害关系人财产损失的，应当依法赔偿。需要赔偿的，按照《国家赔偿法》的规定进行。

考核提示

了解：犯罪嫌疑人、被告人逃匿、死亡案件违法所得的没收程序的概念和意义。

理解：违法所得没收程序的适用条件。

熟悉并能够运用：违法所得没收案件的程序规定。

主题讨论

针对外逃贪官现象，有观点认为我国应该建立缺席审判制度，有观点认为建立违法所得没收程序已足够。

【讨论提示】

1. 缺席审判制度与违法所得没收程序有何区别？
2. 试权衡缺席审判制度与违法所得没收程序的利弊。

阶段自测

单项选择题

关于犯罪嫌疑人、被告人逃匿、死亡案件违法所得的没收程序，下列哪一说法是正确的？（   ）

A. 贪污贿赂犯罪案件的犯罪嫌疑人潜逃，通缉 1 年后不能到案，依照《刑法》规定应当追缴其违法所得及其他涉案财产的，公安机关可以向法院提出没收违法所得的申请

B. 在 A 选项所列情形下，检察院可以向法院提出没收违法所得的申请

C. 对于没收违法所得及其他涉案财产的申请，由犯罪地的基层法院组成合议庭进行审理

D. 没收违法所得案件审理中，在逃犯罪嫌疑人被抓获的，法院应当中止审理

第二十五章

依法不负刑事责任的精神病人的强制医疗程序

☞ **本章导学**

本章的主要内容包括依法不负刑事责任的精神病人的强制医疗程序概述、强制医疗适用条件、强制医疗的特别程序规定。重点是强制医疗适用条件和强制医疗的特别程序规定。难点是强制医疗的适用条件。

☞ **学习引入**

徐武系武汉钢铁集团下属炼铁厂保卫科的一名工作人员。因不满"同工不同酬",徐武将工作单位告上了法庭。案件败诉后,他开始不断上访。2006年12月30日,徐武父母在武钢公安分局及信访部门工作人员"不签就判刑"、"工作都保不住"的巨大压力下,在确认送儿子到精神病院治疗的文件上签字。自此,徐武被送进武钢职工二院精神科的特制病房,开始了4年多的"治疗"生涯。2011年4月19日,徐武模仿电影里的一幕场景,用床单包住窗户的两根铁栏,再用木棍搅动床单,使铁栏松开,得以从监护病房里逃脱。他一路向南,跑到广州向媒体寻求帮助。徐武向广州各大媒体投诉,称自己多年坚持上访,遭到前上司、原单位的"迫害",被非法收治在精神病院长达4年时间。

认定一名公民属于精神病人需要经过什么程序？对精神病人是否必须进行强制医疗？决定对精神病人进行强制医疗需要经过哪些程序？

第一节 概 述

依法不负刑事责任的精神病人的强制医疗程序（以下简称"强制医疗程序"）是指通过司法程序决定是否对依法不负刑事责任的精神病人采取强制医疗措施的特别诉讼程序。强制医疗程序是现行《刑事诉讼法》新增的特别诉讼程序之一。

在《刑事诉讼法》中创设强制医疗程序具有十分重要的意义：

1. 有利于保护人民群众免受精神病人的侵害。近年来，精神病人行凶的事件时有发生，严重威胁了人民群众的生命财产完全。因此，对具有暴力性、攻击性的精神病人予以强制医疗十分必要。设置强制医疗程序，有利于公安司法机关积极履行职责，依法对不负刑事责任但有继续危害社会可能的精神病人采取强制医疗措施。

2. 有利于保障公民权利不受公权非法侵害。强制医疗涉及公民人身自由的限制，对公民予以强制医疗必须遵循严格的法律程序。近年来，不少公民因上访等原因而"被精神病"的现象十分突出，这充分反映了由公安机关单方作出强制医疗的程序存在重大缺陷。将强制医疗纳入严格的司法审查程序中，规定有效的救济程序，有利于保护公民合法权利，使其免遭公权的非法侵害。

3. 有利于防止犯罪嫌疑人、被告人以患精神病为由逃避法律追究。在司法实践中，一些严重暴力犯罪案件犯罪嫌疑人、被告人通过违法手段获得"精神病人"身份，逃避法律追究，既损害了司法的尊严，也给社会留下了严重的安全的隐患。设置强制医疗程序，有利于甄别出假冒精神病人，维护法律的权威。

4. 有利于落实《刑法》的规定。《刑法》第18条第1款规定："精神病人在不能辨认或者不能控制自己行为的时候造成危害结果，经法定程序鉴定确认，不负刑事责任，但是应当责令他的家属或者监护人严加看管和医疗；在必要的时候，由政府强制医疗。"但这个规定对政府强制医疗的条件和程序都语焉不详。设置强制医疗程序，可以更好地落实《刑法》的规定。

第二节 强制医疗的适用条件

并非所有精神病人都需要进行强制医疗,因此,《刑事诉讼法》对采取强制医疗的条件作出了明确规定。只有对同时满足以下三个条件的精神病人,才可以采取强制医疗措施:

一、实施暴力犯罪行为

精神病人必须实施暴力行为,危害公共安全或者严重危害公民人身安全,才有必要对其采取强制医疗措施。根据最高法《解释》,这里的暴力行为的社会危害性必须已经达到犯罪程度,即实施了构成要件意义上的暴力犯罪行为,这是实施强制医疗的罪行条件。尽管精神病人对于不能辨认或者不能控制自己行为时造成的危害结果,经法定程序鉴定确认的,不负刑事责任,但是其实施的行为仍然属于犯罪行为,只是因其不具有责任能力而不予追究而已。对实施了暴力犯罪行为的精神病人予以强制医疗,更具有伦理正当性,而且也不会浪费有限的社会资源。由于强制医疗是一种严重限制人身自由的措施,对没有实施暴力犯罪行为或者没有危害公共安全、公民人身安全的精神病人予以强制医疗,也有违比例原则。我国《精神卫生法》第 30 条规定:"精神障碍的住院治疗实行自愿原则。诊断结论、病情评估表明,就诊者为严重精神障碍患者并有下列情形之一的,应当对其实施住院治疗:①已经发生伤害自身的行为,或者有伤害自身的危险的;②已经发生危害他人安全的行为,或者有危害他人安全的危险的。"第 31 条规定:"精神障碍患者有本法第 30 条第 2 款第 1 项情形的,经其监护人同意,医疗机构应当对患者实施住院治疗;监护人不同意的,医疗机构不得对患者实施住院治疗。监护人应当对在家居住的患者做好看护管理。"可见,即便精神病人已经发生危害他人安全的行为,或者有危害他人安全的危险的,也不一定要强制住院治疗。因此,将精神病人"实施暴力行为,危害公共安全或者严重危害公民人身安全,社会危害性已经达到犯罪程度"作为前提性条件是合理的。

二、经法定程序鉴定不具有刑事责任能力

精神病人必须经法定程序鉴定不具有刑事责任能力,这是实施强制医疗的医学条件。如果是具有完全刑事责任能力的人,或者是犯罪时精神正常的间歇性精神病人,就应当追究其刑事责任而不是采取强制医疗措施。只有经法定程序鉴定,实施危害行为时不能辨认或者控制自己行为的精神病人,不具有刑事责任能力的,才可以适用强制医疗。根据全国人大常委会《关于司法鉴定管理问题的决定》和司法部《司法鉴定程序通则》,对精神病鉴定应当

委托列入省级政府司法行政部门编制的名册中的鉴定机构及 2 名或 2 名以上无利害关系的鉴定人共同进行鉴定并作出鉴定意见。

三、有继续危害社会可能

精神病人必须"有继续危害社会可能",这是实施强制医疗的社会危险性条件。精神病人虽然实施了严重暴力行为,但不再具有继续危害社会可能的,如已经严重残疾、丧失生活自理能力等,就不必对其实施强制医疗。如果精神病人实施严重暴力行为后,由其监护人或者单位将其送医治疗,病情得到有效控制,不具有继续危害社会可能的,也没有必要进行强制医疗。

第三节 强制医疗的特别程序规定

办理强制医疗案件除了要遵守普通公诉案件的程序规定外,还要遵守以下特别规定。

一、强制医疗程序的启动

《刑事诉讼法》第 285 条第 2 款规定:"公安机关发现精神病人符合强制医疗条件的,应当写出强制医疗意见书,移送人民检察院。对于公安机关移送的或者在审查起诉过程中发现的精神病人符合强制医疗条件的,人民检察院应当向人民法院提出强制医疗的申请。人民法院在审理案件过程中发现被告人符合强制医疗条件的,可以作出强制医疗的决定。"据此,公检法三机关均有权启动强制医疗程序。

(一)公安机关启动强制医疗程序

公安机关是启动强制医疗程序的主要机关,因为暴力犯罪基本属于公安机关管辖。公安机关发现实施暴力行为,危害公共安全或者严重危害公民人身安全的犯罪嫌疑人,可能属于依法不负刑事责任的精神病人的,应当对其进行精神病鉴定。对经法定程序鉴定依法不负刑事责任的精神病人,有继续危害社会可能,符合强制医疗条件的,公安机关应当在 7 日内写出强制医疗意见书,经县级以上公安机关负责人批准,连同相关证据材料和鉴定意见一并移送同级人民检察院。公安机关对于已经立案的犯罪进行侦查过程中发现犯罪嫌疑人属于作案时无法辨认或者控制自己行为的精神病人,不负刑事责任的,应当撤销案件。如果需要对该精神病人进行强制医疗的,应按前述相同程序移送人民检察院审查。

(二)人民检察院启动强制医疗程序

1. 审查起诉中启动强制医疗程序。在审查起诉中,犯罪嫌疑人经鉴定系依法不负刑事责任的精神病人的,人民检察院应当作出不起诉决定。如果认为符合强制医疗条件的，应当向人民法院提出强制医疗的申请。

2. 审查公安机关移送的强制医疗案件。人民检察院审查公安机关移送的强制医疗意见书时，应当查明：①是否属于本院管辖；②涉案精神病人身份状况是否清楚，包括姓名、性别、国籍、出生年月日、职业和单位等；③涉案精神病人实施危害公共安全或者严重危害公民人身安全的暴力行为的事实；④公安机关对涉案精神病人进行鉴定的程序是否合法，涉案精神病人是否依法不负刑事责任；⑤涉案精神病人是否有继续危害社会的可能；⑥证据材料是否随案移送，不宜移送的证据的清单、复制件、照片或者其他证明文件是否随案移送；⑦证据是否确实、充分；⑧采取的临时保护性约束措施是否适当。

人民检察院应当在接到公安机关移送的强制医疗意见书后 30 日内作出是否提出强制医疗申请的决定。对于公安机关移送的强制医疗案件，经审查认为不符合强制医疗条件的，应当作出不提出强制医疗申请的决定，并向公安机关书面说明理由；认为需要补充证据的，应当书面要求公安机关补充证据，必要时也可以自行调查。

3. 强制医疗申请书。人民检察院向人民法院提出强制医疗的申请，应当制作强制医疗申请书。强制医疗申请书的主要内容包括：①涉案精神病人的基本情况，包括姓名、性别、出生年月日、出生地、户籍地、身份证号码、民族、文化程度、职业、工作单位及职务、住址，以及采取临时保护性约束措施的情况及处所等；②涉案精神病人的法定代理人的基本情况，包括姓名、住址、联系方式等；③案由及案件来源；④涉案精神病人实施危害公共安全或者严重危害公民人身安全的暴力行为的事实，包括实施暴力行为的时间、地点、手段、后果等及相关证据情况；⑤涉案精神病人不负刑事责任的依据，包括有关鉴定意见和其他证据材料；⑥涉案精神病人继续危害社会的可能性；⑦提出强制医疗申请的理由和法律依据。

（三）人民法院启动强制医疗程序

人民法院在审理案件中发现被告人符合强制医疗条件的，也可以启动强制医疗程序。首先，各级人民法院在审理普通程序的刑事案件过程中发现被告人属于实施犯罪行为时无法辨认或者控制自己行为的精神病人，不负刑事责任的，应当宣告被告人不负刑事责任。该被告人符合强制医疗条件的，可以直接作出强制医疗的决定。其次，如果被告人在实施犯罪行为时具有刑事责任能力，但在实施犯罪后患精神疾病，符合强制医疗条件的，属于《刑事诉讼法》第 200 条第 1 项规定的"被告人患有严重疾病，无法出庭的"情形，人民法院应当依法中止审理并作出强制医疗的决定。被告人经强制医疗后可以接受审判的，人民法院应依法对被告人实施的犯罪行为恢复审理并作出判决。

（四）对精神病人采取保护性约束措施

对实施暴力行为的精神病人，在人民法院决定强制医疗前，经县级以上公安机关负责人批准，公安机关可以采取临时的保护性约束措施。必要时，可以将其送精神病医院接受治疗。采取临时的保护性约束措施时，应当对精神病人严加看管，并注意约束的方式、方法和力度，以避免和防止危害他人和精神病人的自身安全为限度。精神病人已没有继续危害社会可能，解除约束后不致发生社会危险性的，公安机关应当及时解除保护性约束措施。

二、强制医疗案件的管辖

《刑事诉讼法》没有专门规定强制医疗程序的管辖，故应参照一般规定确定管辖。就地域管辖而言，精神病人强制医疗案件，由被申请人实施危害行为地的人民法院管辖，如果被申请人居住地或者接受医疗所在地的人民法院管辖更为适宜的，可以由被申请人居住地或者接受医疗所在地的人民法院管辖。就级别管辖而言，精神病人强制医疗案件由基层人民法院审理。由于《刑事诉讼法》规定"人民法院在审理案件过程中发现被告人符合强制医疗条件的，可以作出强制医疗的决定"，故中级以上人民法院在审理案件中发现被告人符合强制医疗条件的，可不再移交基层人民法院审理，也不再发回原审人民法院重新审理，而是直接作出强制医疗的决定。不过最高法《解释》规定，人民法院在审理第二审刑事案件过程中，发现被告人可能符合强制医疗条件的，可以依照强制医疗程序对案件作出处理，也可以裁定发回原审人民法院重新审判。

三、强制医疗案件的审理

（一）对强制医疗申请的审查

对人民检察院提出的强制医疗申请，人民法院应当审查以下内容：①是否属于本院管辖；②是否写明被申请人的身份，实施暴力行为的时间、地点、手段、所造成的损害等情况，并附相关证据材料；③是否附有法医精神病鉴定意见和其他证明被申请人属于依法不负刑事责任的精神病人的证据材料；④是否列明被申请人的法定代理人的姓名、住址、联系方式；⑤需要审查的其他事项。人民法院应当在 7 日内审查完毕，并按照下列情形分别处理：①不属于本院管辖的，应当退回人民检察院；②材料不全的，应当通知人民检察院在 3 日内补送；③属于强制医疗程序受案范围和本院管辖，且材料齐全的，应当受理。

（二）审判组织与审理方式

1. 审判组织。人民检察院申请对精神病人强制医疗的案件，由人民法院刑事审判庭组成合议庭进行审理。独任审判员在简易程序审理过程中发现被告人符合强制医疗条件的，应当决定将案件转为普通程序审理。

2. 审理方式。根据最高法《解释》的规定，强制医疗案件应当开庭审理，但是被申请人、被告人的法定代理人请求不开庭审理，并经人民法院审查同意的除外。此外，不管是否开庭审理，审理人民检察院申请强制医疗的案件，合议庭都应当会见被申请人。这主要是为了防止"被精神病"或假冒精神病人逃避刑事处罚的情况发生。

另外，《精神卫生法》第4条第3款规定："有关单位和个人应当对精神障碍患者的姓名、肖像、住址、工作单位、病历资料以及其他可能推断出其身份的信息予以保密；但是，依法履行职责需要公开的除外。"因此，精神病病情应视为当事人的隐私。故当事人申请不公开审理的，人民法院应当依法决定不公开审理。

（三）开庭前的准备工作

人民法院开庭审理申请强制医疗的案件，应当在开庭3日前通知人民检察院、被申请人的法定代理人及其诉讼代理人出庭。被申请人或者被告人没有委托诉讼代理人的，人民法院应当通知法律援助机构指派律师为其提供法律帮助。人民法院开庭审理申请强制医疗的案件，原则上应当通知鉴定人出庭作证。因为强制医疗案件中最核心的证据是精神病医学鉴定意见，为了保障案件质量，鉴定人原则上应当出庭作证，并回答被申请人的法定代理人、诉讼代理人以及有专门知识的人的发问。被申请人要求出庭，人民法院经审查其身体和精神状态，认为可以出庭的，应当准许。出庭的被申请人，在法庭调查、辩论阶段，可以发表意见。

（四）法庭审理程序

开庭审理申请强制医疗的案件，按照下列程序进行：①审判长宣布法庭调查开始后，先由检察员宣读申请书，后由被申请人的法定代理人、诉讼代理人发表意见；②法庭依次就被申请人是否实施了危害公共安全或者严重危害公民人身安全的暴力行为、是否属于依法不负刑事责任的精神病人、是否有继续危害社会的可能进行调查；调查时，先由检察员出示有关证据，后由被申请人的法定代理人、诉讼代理人发表意见、出示有关证据，并进行质证；③法庭辩论阶段，先由检察员发言，后由被申请人的法定代理人、诉讼代理人发言，并进行辩论。检察员宣读申请书后，被申请人的法定代理人、诉讼代理人无异议的，法庭调查可以简化。

对于人民法院在审理案件过程中发现被告人可能符合强制医疗条件，适用强制医疗程序进行审理的，应当先由合议庭组成人员宣读对被告人的法医精神病鉴定意见，说明被告人可能符合强制医疗的条件，后依次由公诉人和被告人的法定代理人、诉讼代理人发表意见。经审判长许可，公诉人和被告人的法定代理人、诉讼代理人可以进行辩论。

（五）审理后的处理

对申请强制医疗的案件，人民法院审理后，应当按照下列情形分别处理：①符合强制医疗条件的，应当作出对被申请人强制医疗的决定；②被申请人属于依法不负刑事责任的精神病人，但不符合强制医疗条件的，应当作出驳回强制医疗申请的决定；被申请人已经造成危害结果的，应当同时责令其家属或者监护人严加看管和医疗；③被申请人具有完全或者部分刑事责任能力，依法应当追究刑事责任的，应当作出驳回强制医疗申请的决定，并退回人民检察院依法处理。

对于人民法院在审理案件过程中发现被告人可能符合强制医疗条件的，适用强制医疗程序进行审理后，应当按照下列情形分别处理：①被告人符合强制医疗条件的，应当判决宣告被告人不负刑事责任，同时作出对被告人强制医疗的决定。②被告人属于依法不负刑事责任的精神病人，但不符合强制医疗条件的，应当判决宣告被告人无罪或者不负刑事责任；被告人已经造成危害结果的，应当同时责令其家属或者监护人严加看管和医疗。③被告人具有完全或者部分刑事责任能力，依法应当追究刑事责任的，依照普通程序继续审理。

四、强制医疗的执行程序

人民法院决定强制医疗的，应当在作出决定后5日内，向公安机关送达强制医疗决定书和强制医疗执行通知书，由公安机关将被决定强制医疗的人送交强制医疗。强制医疗的执行主体为公安机关下属的安康医院。

五、强制医疗的救济程序

被决定强制医疗的人、被害人及其法定代理人、近亲属对强制医疗决定不服的，可以自收到决定书之日起5日内向上一级人民法院申请复议。复议期间不停止执行强制医疗的决定。对不服强制医疗决定的复议申请，上一级人民法院应当组成合议庭审理，并在1个月内，按照下列情形分别作出复议决定：①被决定强制医疗的人符合强制医疗条件的，应当驳回复议申请，维持原决定；②被决定强制医疗的人不符合强制医疗条件的，应当撤销原决定；③原审违反法定诉讼程序，可能影响公正审判的，应当撤销原决定，发回原审人民法院重新审判。

最高法《解释》还规定,对于人民法院在审理案件过程中发现被告人可能符合强制医疗条件的,适用强制医疗程序进行审理后,判决被告人不负刑事责任同时决定对被告人强制医疗的,如果人民检察院提出抗诉,同时被决定强制医疗的人、被害人及其法定代理人、近亲属申请复议的,上一级人民法院应当依照第二审程序一并处理。

六、强制医疗的解除程序

(一)提出解除强制医疗的意见、申请

强制医疗机构、被强制医疗的精神病人及其近亲属和人民检察院都有权提出解除强制医疗的意见或申请。

1. 强制医疗机构提出意见。强制医疗机构应当定期对被强制医疗的人进行诊断评估。对于已不具有人身危险性,不需要继续强制医疗的,应当及时提出解除意见,报决定强制医疗的人民法院批准。强制医疗机构提出解除意见时,应当同时提交诊断评估报告。

2. 被强制医疗的精神病人及其近亲属提出申请。被强制医疗的精神病人及其近亲属如果认为被强制医疗的人的精神病情痊愈,不再具有继续危害社会的可能的,可以向强制医疗机构提出申请,要求其作出诊断评估,提出解除意见,报请人民法院批准。被强制医疗的精神病人及其近亲属也可以直接向作出强制医疗决定的人民法院提出解除强制医疗申请,强制医疗机构未提供诊断评估报告的,申请人可以申请人民法院调取。必要时,人民法院可以委托鉴定机构对被强制医疗的人进行鉴定。

3. 人民检察院提出申请。人民检察院对强制医疗机构的强制医疗活动进行监督过程中,发现被强制医疗的人已符合解除条件但强制医疗机构怠于提出解除意见时,可以责令该医疗机构改正;该医疗机构拒不改正的,人民检察院可以直接向人民法院提出解除强制医疗的申请。

(二)对解除强制医疗意见、申请的处理

强制医疗机构提出解除强制医疗意见,或者被强制医疗的人及其近亲属、人民检察院申请解除强制医疗的,人民法院应当组成合议庭进行审查,并在1个月内,按照下列情形分别处理:①被强制医疗的人已不具有人身危险性,不需要继续强制医疗的,应当作出解除强制医疗的决定,并可责令被强制医疗的人的家属严加看管和医疗;②被强制医疗的人仍具有人身危险性,需要继续强制医疗的,应当作出继续强制医疗的决定。

人民法院应当在作出决定后5日内,将决定书送达强制医疗机构、申请解除强制医疗的人、被决定强制医疗的人和人民检察院。决定解除强制医疗的,应当通知强制医疗机构在收到决定书的当日解除强制医疗。

七、强制医疗程序的监督

《刑事诉讼法》第289条规定:"人民检察院对强制医疗的决定和执行实行监督。"根据《刑事诉讼法》的精神和2012年最高检《规则(试行)》的规定,人民检察院有权对强制医疗程序的全过程进行监督。

(一)对启动程序的监督

人民检察院发现公安机关应当启动强制医疗程序而不启动的,可以要求公安机关在7日内书面说明不启动的理由;经审查,认为公安机关不启动理由不能成立的,应当通知公安机关启动程序。人民检察院发现公安机关对涉案精神病人进行鉴定的程序违反法律或者采取临时保护性约束措施不当的,应当提出纠正意见;公安机关应当采取临时保护性约束措施而尚未采取的,人民检察院应当建议公安机关采取临时保护性约束措施。人民检察院发现公安机关对涉案精神病人采取临时保护性约束措施时有体罚、虐待等违法情形的,应当提出纠正意见。

(二)对审理程序的监督

人民检察院发现人民法院或者审判人员审理强制医疗案件违反法律规定的诉讼程序的,应当向人民法院提出纠正意见。人民检察院认为人民法院作出的强制医疗决定或者驳回强制医疗申请的决定不当的,应当在收到决定书副本后20日内向人民法院提出书面纠正意见。

(三)对执行程序的监督

人民检察院发现交付执行机关未及时交付执行等违法情形的,应当依法提出纠正意见。发现被强制医疗的人不符合强制医疗条件或者需要依法追究刑事责任,人民法院作出的强制医疗决定可能错误的,应当在5日内报经检察长批准,将有关材料转交作出强制医疗决定的人民法院的同级人民检察院。收到材料的人民检察院公诉部门应当在20日内进行审查,并将审查情况和处理意见反馈负责强制医疗执行监督的人民检察院。

人民检察院发现强制医疗机构有下列情形之一的,应当依法提出纠正意见:①对被决定强制医疗的人应当收治而拒绝收治的;②收治的法律文书及其他手续不完备的;③没有依照法律、行政法规等规定对被决定强制医疗的人实施必要的医疗的;④殴打、体罚、虐待或者变相体罚、虐待被强制医疗的人,违反规定对被强制医疗的人使用戒具、约束措施,以及其他侵犯被强制医疗的人合法权利的;⑤没有依照规定定期对被强制医疗的人进行诊断评估的;⑥被强制医疗的人不需要继续强制医疗的,没有及时提出解除意见报请决定强制医疗的人民法院批准的;⑦对被强制医疗的人及其近亲属、法定代理人提出的解除强制医疗的申请没有及时进行审查处理,或者没有及时转送决定强制医疗的人民法院的;⑧人民法院作出解除强制医疗决定后,不立即办理解除手续的;⑨其他违法情形。

(四)对解除程序的监督

人民检察院监所检察部门收到被强制医疗的人及其近亲属、法定代理人解除强制医疗决定的申请后,应当及时转交强制医疗机构审查,并监督强制医疗机构是否及时审查及审查处理活动是否合法。人民检察院发现人民法院解除强制医疗的决定不当的,应当依法向人民法院提出纠正意见。

(五)受理控告、举报和申诉

人民检察院应当受理被强制医疗的人及其近亲属、法定代理人的控告、举报和申诉,并及时审查处理。对控告人、举报人、申诉人要求回复处理结果的,人民检察院监所检察部门应当在15日内将调查处理情况书面反馈控告人、举报人、申诉人。人民检察院监所检察部门审查不服强制医疗决定的申诉,认为原决定正确、申诉理由不成立的,可以直接将审查结果答复申诉人;认为原决定可能错误,需要复查的,应当移送作出强制医疗决定的人民法院的同级人民检察院公诉部门办理。

考核提示

了解:强制医疗程序的概念、强制医疗程序的监督。

理解:创设强制医疗程序的意义。

熟悉并能够运用:强制医疗程序的启动,强制医疗案件的管辖,强制医疗案件的审理、执行、救济和解除程序。

主题讨论

吴春霞系河南省周口市川汇区小桥街办事处高庄村民,曾因为家务和村务纠纷上访,被当地视为维稳对象。2008年7月16日,吴春霞在川汇区法院沙北法庭参加开庭审理时,周口市公安局第二分局在没有出示任何证件和手续的情况下,直接冲进法庭将吴春霞带走并拘留10日,随后将其送入河南省精神病院,住院长达132天。住院期间,吴春霞被勒令"禁止外出,禁止探视,不准接打电话"。

出院后,吴春霞决心为"被精神病"讨个说法。2009年,吴春霞将河南省精神病院和参与送治的川汇区小桥办事处告上法庭。2012年6月,周口市中级人民法院认为,"医院负有审查送治人监护人资格的责任而未尽审慎审查义务,应当承担侵权责任",最终判决小桥办事处及河南省精神病医院侵犯吴春霞人格权和身体健康权,赔偿15万元。

民事案件获得胜诉之后，吴春霞又将主要送治人周口市公安局第二分局告上法庭，请求法院确认公安局将她强送河南省精神病院的行为违法。2013年5月6日，周口市中级人民法院作出一审判决，支持了吴春霞的诉讼请求，判决认为公安局参与将吴春霞送往精神病院的行为存在过错，行为违法。

【讨论提示】
1. "被精神病"事件为何屡屡发生？
2. 如何有效防止"被精神病"事件的发生？

 阶段自测

简答题
1. 强制医疗的适用条件有哪些？
2. 强制医疗程序如何启动？
3. 强制医疗案件如何审理？

 参考文献

1. 陈云生:《反酷刑——当代中国的法治和人权保护》,社会科学文献出版社 2000 年版。
2. [英] 奈杰尔·S. 罗德雷:《非自由人的人身权利——国际法中的囚犯待遇》,毕小青、赵宝庆等译,生活·读书·新知三联书店 2006 年版。
3. 赵秉志主编:《酷刑遏制论》,中国人民公安大学出版社 2003 年版。
4. [法] 米歇尔·福柯:《规训与惩罚》,刘北成、杨远婴译,生活·读书·新知三联书店 2003 年版。
5. 《澳门刑法典 澳门刑事诉讼法典》,法律出版社 1997 年版。
6. 《中国与欧盟刑事司法制度研究》,中国检察出版社 2005 年版。
7. 《俄罗斯联邦刑事执行法典》,黄道修、李国强译,中国政法大学出版社 1999 年版。
8. 洪皓:《检察权论》,武汉大学出版社 2001 年版。
9. 谢佑平主编:《刑事诉讼法学论点要览》,法律出版社 2000 年版。
10. 龙宗智:《相对合理主义》,中国政法大学出版社 1994 年版。
11. 孙长永:《沉默权制度研究》,法律出版社 2001 年版。
12. 陈瑞华:《程序性制裁伦理》,中国法制出版社 2005 年版。
13. 甄贞:《刑事诉讼法学研究综述》,法律出版社 2002 年版。
14. 宋建强:《国际刑事法院"三造诉讼"实证研究》,法律出版社 2009 年版。
15. 卞建林:《刑事证明理论》,中国人民公安大学出版社 2004 年版。
16. 邓云:《刑事诉讼行为基础理论研究》,中国人民公安大学出版社 2004 年版。
17. 曹炳增:《无罪辩护》,中国人民公安大学出版社 2004 年版。
18. 张毅:《刑事诉讼中的禁止双重危险规则论》,中国人民公安大学出版社 2004 年版。

19. 公安部档案馆：《火刑——日本战犯供述档案揭秘》，中国人民公安大学出版社 2003 年版。

20. 白建军：《公正底线：刑事司法公正性实证研究》，北京大学出版社 2008 年版。

21. 徐静村主编：《21 世纪中国刑事程序改革研究》，法律出版社 2003 年版。

22. 陈瑾坤：《刑事诉讼法通义》，法律出版社 2007 年版。

23. 王秀梅：《国际刑事法院研究》，中国人民大学出版社 2002 年版。

24. 中华人民共和国司法部司法研究所等编：《中英刑事诉讼研讨会论文集》，法律出版社 2000 年版。

25. 谢佑平等：《刑事司法权力的配置与运行研究》，中国人民公安大学出版社 2006 年版。

26. 王进喜：《刑事证人证言论》，中国人民公安大学出版社 2002 年版。

27. 杨诚、单民主编：《中外刑事公诉制度》，法律出版社 2000 年版。

28. 林辉煌：《论证据排除——美国法之理论与实务》，北京大学出版社 2006 年版。

29. 杨宇冠：《非法证据排除规则研究》，中国人民公安大学出版社 2002 年版。

30. 龙宗智：《刑事庭审制度研究》，中国政法大学出版社 2001 年版。

31. 万毅：《超越当事人——职权主义　底限正义视野下的审判程序》，中国检察出版社 2008 年版。

32. 张建伟：《刑事司法体制原理》，中国人民公安大学出版社 2002 年版。

33. 陈光中主编：《刑事诉讼法实施问题研究》，中国法制出版社 2000 年版。

34. 陈光中主编：《沉默权问题研究》，中国人民公安大学出版社 2002 年版。

35. 赵秉志主编：《香港刑事诉讼程序法》，北京大学出版社 1996 年版。

36. 陈光中主编：《〈公民权利和政治权利国际公约〉与我国刑事诉讼法》，商务印书馆 2005 年版。

37. 何家弘主编：《证人制度研究》，人民法院出版社 2004 年版。

38. 孙长永等译：《英国 2003 年〈刑事审判法〉及其释义》，法律出版社 2005 年版。

39. 谢佑平、万毅：《刑事诉讼法原则：程序正义的基石》，法律出版社

2002年版。

40. 程荣斌主编：《外国刑事诉讼法教程》，中国人民大学出版社2002年版。

41. 周湘雄主编：《英美专家证人制度研究》，中国检察出版社2006年版。

42. 陈瑞华：《刑事审判原理论》，北京大学出版社2003年版。

43. 熊秋红：《刑事辩护论》，法律出版社1998年版。

44. 陈卫东主编：《刑事诉讼法实施问题调研报告》，中国方正出版社2001年版。

45. 陈卫东：《刑事审判监督程序研究》，法律出版社2001年版。

46. 陈瑞华：《刑事诉讼的前沿问题》，中国人民大学出版社2000年版。

47. 汪建成、黄伟民：《欧盟成员国刑事诉讼概论》，中国人民大学出版社2000年版。

48. 许永强：《刑事法治视野中的被害人》，中国检察出版社2003年版。

49. 陈瑞华：《问题与主义之间——刑事诉讼基本问题研究》，中国人民大学出版社2003年版。

50. 徐静村主持：《中国刑事诉讼法（第二修正案）学者拟制稿及立法理由》，法律出版社2005年版。

51. ［日］田口守一：《刑事诉讼法》，刘迪、张凌、穆津译，法律出版社2000年版。

52. ［法］卡斯东·斯特法尼等：《法国刑事诉讼法精义》，罗结珍译，中国政法大学出版社1999年版。

53. 《法国刑事诉讼法典》，罗结珍译，中国法制出版社2006年版。

54. 《美国联邦刑事诉讼规则和证据规则》，卞建林译，中国政法大学出版社1996年版。

55. 《韩国刑事诉讼法》，马相哲译，中国政法大学出版社2004年版。

56. 《日本刑事诉讼法》，宋英辉译，中国政法大学出版社2000年版。

57. 《俄罗斯联邦刑事诉讼法典》，黄道秀译，中国政法大学出版社2003年版。

58. 《德国刑事诉讼法典》，李昌珂译，中国政法大学出版社1995年版。

59. ［德］克劳思·罗科信：《刑事诉讼法》，吴丽琪译，法律出版社2003年版。

60. ［德］托马斯·魏根特：《德国刑事诉讼程序》，岳礼玲、温小洁译，中国政法大学出版社2004年版。

61. ［美］杰罗德·H. 以兹瑞、威恩·R. 拉法吾：《刑事程序法》，法律出版社1999年版。

62. ［日］松尾浩也：《日本刑事诉讼法（上、下）》，张凌译，中国人民大学出版社2005年版。

63. ［美］艾伦·德肖微茨：《最好的辩护》，唐交东译，法律出版社1994年版。

64. ［美］爱伦·奥切斯泰勒·斯黛丽、南希·弗兰克：《美国刑事法院诉讼程序》，陈卫东、徐美君译，中国人民大学出版社2002年版。

65. ［美］伟恩·R. 拉费弗、杰罗德·H. 伊斯雷尔、南西·J. 金：《刑事诉讼法（上、下册）》，卞建林、沙丽金等译，中国政法大学出版社2003年版。

66. ［美］罗斯科·庞德：《通过法律的社会控制》，沈宗灵译，商务印书馆1984年版。

67. ［英］杰弗里·威尔逊：《英国刑事司法程序》，姚永吉等译，法律出版社2003年版。

68. ［英］约翰·斯普莱克：《英国刑事诉讼程序》，徐美君、杨立涛译，中国人民大学出版社2006年版。

69. ［美］阿瑟·S. 奥布里等：《刑事审讯》，但彦铮等译，西南师范大学出版社1998年版。

70. 李心鉴：《刑事诉讼构造伦》，中国政法大学出版社1992年版。

71. 龙宗智：《上帝怎样审判》，中国法制出版社2000年版。

72. 何家弘主编：《刑事司法大趋势：以欧盟刑事司法一体化为视角》，中国检察出版社2005年版。

73. 赵秉志、王秀梅编：《国际刑事审判规章汇编》，中国人民公安大学出版社2003年版。

74. 张军、姜伟、田文昌：《刑事诉讼控·辩·审三人谈》，法律出版社2001年版。

75. 孙长永：《探索正当程序——比较刑事诉讼法专论》，中国法制出版社2005年版。

76. 陈光中、［加］丹尼尔·普瑞方廷主编：《联合国刑事司法准则与中国刑事法制》，法律出版社1998年版。

77. 陈瑞华：《刑事诉讼的中国模式》，法律出版社2008年版。

78. 左卫民等：《中国刑事诉讼运行机制实证研究》，法律出版社2007年版。

79. 胡常龙：《死刑案件程序问题研究》，中国人民公安大学出版社 2003 年版。
80. 林钰雄：《刑事诉讼法（上、下册）》，中国人民大学出版社 2005 年版。
81. 潘金贵：《公诉制度改革研究》，中国检察出版社 2008 年版。
82. 陈光中主编：《21 世纪域外刑事诉讼立法最新发展》，中国政法大学出版社 2004 年版。
83. 潘金贵：《刑事预审程序研究》，法律出版社 2008 年版。
84. 刘方权：《法治视野下的强制侦查》，中国人民公安大学出版社 2004 年版。
85. 魏东、赵勇：《诱惑侦查中的若干问题》，中国人民公安大学出版社 2004 年版。
86. 徐美君：《侦查讯问程序正当性研究》，中国人民公安大学出版社 2003 年版。
87. ［美］韦恩·W. 贝尼特、凯伦·M. 希斯：《犯罪侦查》，但彦铮等译，群众出版社 2000 年版。
88. ［美］米尔吉安·R. 达马斯卡：《比较法视野中的证据制度》，吴宏耀、魏晓娜译，中国人民公安大学出版社 2006 年版。
89. ［美］米尔建·R. 达马斯卡：《漂移的证据法》，李学军等译，中国政法大学出版社 2003 年版。
90. ［美］肯尼斯·S. 布荣登：《麦考密克论证据》，汤维建等译，中国政法大学出版社 2004 年版。
91. ［美］乔恩·R. 华尔兹：《刑事证据大全》，何家弘等译，中国人民公安大学出版社 2004 年版。
92. 龙宗智：《证据法的理念、制度与方法》，法律出版社 2008 年版。
93. 臧铁伟主编：《中华人民共和国刑事诉讼法解读》，中国法制出版社 2012 年版。
94. 张军、江必新主编：《新刑事诉讼法及司法解释适用解答》，人民法院出版社 2013 年版。
95. 陈光中主编：《刑事诉讼法》，北京大学出版社、高等教育出版社 2012 年版。
96. 张明楷：《刑法学》，法律出版社 2011 年版。
97. 王进喜：《美国〈联邦证据规则〉（2011 年重塑版）条解》，中国法制出版社 2012 年版。

声　明　　1. 版权所有，侵权必究。
　　　　　2. 如有缺页、倒装问题，由出版社负责退换。

图书在版编目（CIP）数据

刑事诉讼法学 / 赵兴洪主编.—北京：中国政法大学出版社，2014.1
ISBN 978-7-5620-5177-0

Ⅰ.①刑…　Ⅱ.①赵…　Ⅲ.①刑事诉讼法－法的理论－中国－教材　Ⅳ.①D925.201

中国版本图书馆CIP数据核字(2013)第305715号

出 版 者	中国政法大学出版社
地　　址	北京市海淀区西土城路25号
邮寄地址	北京100088 信箱8034 分箱　邮编100088
网　　址	http://www.cuplpress.com（网络实名：中国政法大学出版社）
电　　话	010-58908435（第一编辑部）58908334（邮购部）
承　　印	北京华正印刷有限公司
开　　本	720mm×960mm　1/16
印　　张	30
字　　数	539千字
版　　次	2014年1月第1版
印　　次	2014年1月第1次印刷
印　　数	0~3000册
定　　价	56.00元